Das Buch

Schon vor seiner Bewerbung als Präsidentschaftskandidat war Donald Trump in den USA eine Legende. Sein Name steht für Erfolg und unverfrorene Selbstdarstellung. Der Pulitzer-Preisträger Michael D'Antonio blickt hinter die Fassaden des Medienphänomens Trump. Für seine fundierte Biographie recherchierte er monatelang und sprach mit Trump selbst, seinen Exehefrauen und erwachsenen Kindern ebenso wie mit ehemaligen Kollegen, Lehrern und Wegbegleitern. Er zeichnet das so faszinierende wie verstörende Bild eines Mannes, der sich in jeder Hinsicht für überlegen hält und niemals genug bekommt. D'Antonio erklärt aber auch, warum Trumps Beliebtheit bei den Wählern kein Zufall ist. Dass er Trumps Aufstieg, Fall und Comeback in den Kontext größerer gesellschaftlicher und politischer Entwicklungen einordnet, macht seine Biographie auch für ein nicht-amerikanisches Publikum lesenswert.

Der Autor

Der Journalist und Autor Michael D'Antonio schrieb u. a. für *Esquire, The New York Times Magazine, The Times of London Magazine* und *Politico*. Gemeinsam mit einem Journalisten-Team von *Newsday* wurde er mit dem Pulitzer-Preis ausgezeichnet. Mehrfach wurden seine Bücher von der amerikanischen Presse zum jeweils »besten Buch des Jahres« gekürt. D'Antonio lebt in New York.

Michael D'Antonio

Die Wahrheit über Donald Trump

Aus dem Amerikanischen von
Bettina Engels, Norbert Juraschitz,
Karsten Petersen und
Thorsten Schmidt

Ullstein

Besuchen Sie uns im Internet:
www.ullstein-taschenbuch.de

Erweiterte Ausgabe im Ullstein Taschenbuch
1. Auflage Dezember 2017
© für die deutsche Ausgabe Ullstein Buchverlage GmbH, Berlin
2016 / Econ Verlag
© 2015 Michael D'Antonio
Titel der amerikanischen Originalausgabe:
Never Enough. Donald Trump and the Pussuit of Succes
(St Martin 's Press, New York)
Umschlaggestaltung: zero-media.net, München, unter Verwendung einer
Vorlage von FHCM GRAPHICS, Berlin
Titelabbildung: © Erik Tanner / Contour by Getty Images
Satz: Pinkuin Satz und Datentechnik, Berlin
Gesetzt aus der Minion
Druck und Bindearbeiten: CPI books GmbH
ISBN 978-3-548-37727-8

Für Toni

INHALT

Vorwort zur Taschenbuch-Ausgabe 9
Vorwort 23
Ausgewählte Quellen 39
Einleitung 41

1. Die Trumps von Brooklyn,
   Queens und dem Klondike 61

2. Der kleine König 90

3. Der Lehrling 118

4. Stadt der Angst 142

5. Donald rettet Midtown 175

6. Turmbauer Trump 207

7. Medienstar Donald 241

8. Donald im Land der Spieler 258

9. Das Glück schwindet 284

10. Das Spektakel Trump 334

11. Der neue Trump 357

12. Der Kandidat Trump 371

13. Trump, die Fernsehshow 393

14. »Das Schöne an mir« 426

15. Ein nicht ganz Unschuldiger auf Reisen 452

Nachwort: Donald Trump verstehen 486
Danksagung 523
Anmerkungen 525
Bibliographie 556

VORWORT ZUR
TASCHENBUCH-AUSGABE

Von all den Leuten, die sich wünschten, dass Donald Trump – statt Hillary Clinton – zum Präsidenten der Vereinigten Staaten gewählt werden möge, war niemand so wichtig wie Wladimir Putin. Bei ihrem ersten Präsidentschaftswahlkampf 2008 hatte Clinton George W. Bushs Behauptung, er habe Putins Seele gesehen, so kommentiert: »Er war früher KGB-Agent. Per definitionem hat er keine Seele.« Später, als US-Außenministerin, war Clinton alarmiert über Putins Unterstützung für den syrischen Diktator Baschar al-Assad und dessen autoritäre Methoden in seinem Land. Sie verwarf Präsident Obamas Plan für einen »Neubeginn« in den Beziehungen zu Russland und schrieb, kurz bevor sie aus dem Amt schied, in einem Memo an Obama: »Zeige dich nicht zu interessiert an einer Zusammenarbeit. Vermeide es, Putin mit zu viel Aufmerksamkeit auf höchster Ebene zu schmeicheln. Lehne seine Einladung zu einem Gipfeltreffen der Präsidenten ab.«

Als sie öffentlich sagte, dass sie den starken Mann Russlands und seinen Versuch, Russlands globalen Einfluss wiederherzustellen, ablehnte, wusste Clinton sicherlich, dass Putin durchaus in der Lage war, ihr Schwierigkeiten zu machen. Allerdings konnte sie nicht wissen, dass Moskau massive Anstrengungen unternehmen würde, um ihre Ambitionen auf das Präsidentenamt zu vereiteln. Sie konnte auch nicht wissen, dass einflussreiche Aktivisten und viele ganz normale US-Wähler nach Moskau blicken und in Putins Diktatur viel Positives entdecken würden. Am wichtigsten war jedoch, dass sie nicht wissen konnte, dass Putin in Donald Trump ein Instrument für seine Rache finden würde.

Noch bevor das Trump-Wahlkampfteam auch nur die Nominierung Donald Trumps als Präsidentschaftskandidat der Republikanischen Partei in der Tasche hatte, wurde ein Sohn des Kandidaten von einem Mann kontaktiert, der auf den ersten Blick nicht so wirkte, als könne er auf der politischen Bühne mitspielen. Rob Goldstone war bis dahin hauptsächlich dadurch aufgefallen, dass er lustige Hüte trägt und über die Schwierigkeiten eines sehr korpulenten Mannes beim Reisen schrieb. Er war als Boulevardreporter tätig gewesen, bevor er zu einem PR-Mann für Popstars mutierte. Zu seinen Klienten zählte der russische Sänger Emin Agalarow, dessen Vater Aras, ein Oligarch aus Putins Dunstkreis, im Jahr 2013 die Wahl der »Miss Universe« in Moskau gesponsert hatte. Damals gehörte dieser Schönheitswettbewerb Donald Trump. Auf dieser Veranstaltung wurden Beziehungen geknüpft, unter anderem zwischen Goldstone und Donald Trump jr. Ein Teenagerschwarm, ein russischer Oligarch und ein Popstar-PR-Mann, die den Plan aushackten, einen Präsidentschaftskandidaten ins Amt zu hieven, der sich dem Chaos verschrieben hat – was konnte da noch schiefgehen?

Goldstone pflegte häufig nach Russland zu reisen und war zwei Wochen, bevor er am 3. Juni 2016 Donald Trump jr. kontaktierte, dort gewesen. Er fragte ihn, ob das Trump-Wahlkampfteam daran interessiert sei, Hillary Clinton in den Schmutz zu ziehen. Goldstone bezog sich auf Emin, als er Trump jr. berichtete: »Der russische Generalstaatsanwalt hat sich heute Morgen mit seinem Vater Aras getroffen und ihm angeboten, dem Trump-Wahlkampfteam einige offizielle Dokumente und Informationen zur Verfügung zu stellen, die Hillary durch ihre Kontakte zu Russland belasten und die für Ihren Vater sehr nützlich wären. Ganz offensichtlich handelt es sich hier um hochsensible Informationen aus einer sehr hochrangigen Quelle, die ein Bestandteil der Unterstützung Russlands und seiner Regierung für Mr. Trump darstellen – mit der Hilfe von Aras und Emin.«

Donald Trump jr. antwortete: »Danke Rob, ich weiß das zu schätzen. Im Moment bin ich auf Reisen, aber vielleicht sollte ich erst einmal mit Emin sprechen. Anscheinend haben wir genug Zeit, und wenn das Material wirklich so ist, wie du sagst, ist das großartig, am besten im Spätsommer. Können wir gleich Anfang nächster Woche telefonieren, sobald ich zurück bin?«

In einer späteren E-Mail schrieb Goldstone an Trump jr., dass

»Emin mich gebeten hat, ein Treffen mit dir und der Anwältin der russischen Regierung zu arrangieren, die am kommenden Donnerstag aus Moskau anreist.« Trump jr. war mit dem Treffen einverstanden, bedankte sich bei Goldstone dafür, es arrangiert zu haben, und informierte ihn, dass er Trumps Wahlkampfmanager Paul Manafort und den Schwiegersohn und Berater des Präsidenten, Jared Kushner, mitbringen würde. Das Meeting sollte in einem Büroraum in dem Wolkenkratzer stattfinden, der »Trump Tower« genannt wird, an der Fifth Avenue in Manhattan. Am 9. Juni 2016 trafen sich diese drei Personen – Manafort, Trump jr. und Kushner – mit der Rechtsanwältin Natalia Weselnitskaja, die von einem Dolmetscher, einem russisch-amerikanischen Lobbyisten und einem Bevollmächtigten des Firmenimperiums von Agarolow begleitet wurde. (Die Identität eines weiteren Teilnehmers war bis Drucklegung noch nicht geklärt.)

Die Verantwortungslosigkeit, die Trumps Wahlkampffunktionäre an den Tag legten, indem sie bereit waren, sich mit einem Repräsentanten einer feindlichen Macht zu treffen, um in den Besitz von Geheimnissen über die Gegenkandidatin zu gelangen, wurde nur noch von dem Spektakel übertroffen, dieses Treffen von einer Figur wie Rob Goldstone einfädeln zu lassen. Bemerkenswerterweise hat niemand aus Trumps Wahlkampfteam versucht, Näheres über Frau Weselnitskaja in Erfahrung zu bringen. Selbst eine sehr oberflächliche Recherche hätte ergeben, dass sie sich im Kontext der intensiven Bemühungen der Putin-Regierung, die US-Sanktionen aufgrund der brutalen Behandlung von Oppositionellen in Russland und seinen Nachbarländern zu beenden, intensiv engagiert hatte. Diese Sanktionen wurden nach Maßgabe eines US-Gesetzes verhängt, dem sogenannten »Magnitsky Act«, das nach dem Putin-Gegner Sergei Magnitski benannt ist, der aller Wahrscheinlichkeit nach ermordet wurde, nachdem er einen groß angelegten Steuerbetrug durch Freunde des russischen Präsidenten öffentlich gemacht hatte. Dieses Gesetz machte es vielen dieser Oligarchen unmöglich, in die USA zu reisen oder innerhalb des US-Bankensystems Geschäfte zu machen. Putin reagierte auf die Sanktionen, indem er anordnete, dass US-Amerikaner keine russischen Kinder mehr adoptieren dürfen. Zwischen 1991 und dem Inkrafttreten dieses Erlasses waren etwa 50 000 russische Kinder von US-Bürgern adoptiert worden.

Wenn auch einige US-amerikanische Familien unter diesem Adoptionsverbot zu leiden hatten, waren die Auswirkungen des Magnitsky Act auf die schwächelnde russische Wirtschaft weit gravierender, und viele von Putins Freunden wurden noch stärker in Mitleidenschaft gezogen. Putin hatte sich lange um die Aufhebung der Sanktionen bemüht und zweifellos erkannt, dass es kaum dazu kommen würde, wenn Clinton die Wahl gewönne. Trump hatte sich dagegen schon in den 1980er-Jahren erstmals um geschäftliche Deals in Russland bemüht und des Öfteren seine Zuneigung für dieses Land und seinen Präsidenten zum Ausdruck gebracht. Während des »Miss Universe«-Schönheitswettbewerbs in Moskau hatte Trump eine pubertäre Botschaft über Twitter abgesetzt: »Glaubst du, dass Putin im November zum ›Miss Universe Pageant‹ in Moskau gehen wird – und falls ja, wird er mein neuer bester Freund werden?« In den darauf folgenden Monaten lobte er Putin mehrfach öffentlich. In einem Fernsehinterview sagte er, Putin habe »einen tollen Job gemacht, unser Land auszutricksen«.

In seiner bekannten sprunghaften Art hatte Trump Russland hin und wieder als »Feind Amerikas« bezeichnet, wenn auch hauptsächlich in der Absicht, Präsident Obama eins auszuwischen. (Trump hatte nicht nur an Obama, sondern auch an allen seinen Amtsvorgängern bis zurück zu Ronald Reagan schwerwiegende Fehler ausgemacht.) Aber meistens lobte Trump Putins Führungsqualitäten und behauptete, ihn persönlich getroffen zu haben, obwohl das nicht stimmte. Zwei Monate, bevor Natalia Weselnitskaja im Trump Tower auftauchte, sagte er seinem Publikum bei einem Wahlkampfauftritt: »Wir werden eine großartige Beziehung zu Putin und Russland haben.«

Beruhte diese Äußerung des Kandidaten auf seinen Geschäftsinteressen – oder vielleicht auf seinem Drang, stets der vorherrschenden politischen Meinung zu widersprechen? Wusste er nicht, dass die USA zu Recht besorgt waren, weil Putin nicht nur die eigenen Bürger, sondern auch benachbarte Länder unterdrückte, etwa die Ukraine, in die er die russische Armee hatte einmarschieren lassen? Konkrete Antworten auf solche Fragen waren unmöglich zu bekommen, und zwar unter anderem, weil Trump in seinen öffentlichen und privaten Äußerungen so widersprüchlich war, dass niemand wirklich sicher wissen konnte, was in seinem Kopf vorging. Und letztlich spielten innere Wahrheiten auch keine Rolle; es lag auf der Hand, dass Trump in Bezug auf Putin entweder falsch informiert oder naiv und leichtgläubig war – und beides spielte dem russischen Präsidenten in die Hände.

Die Zuneigung, die Trump für Russland und Putin äußerte, wurde während des Präsidentschaftswahlkampfs zu einem Problem, und zwar hauptsächlich, nachdem die Presse berichtet hatte, dass russische Hacker versuchten, die US-Wähler zu beeinflussen. Das wahre Wesen seiner Wahlkampagne wurde nach und nach aufgedeckt, als Präsident Obama sich darum bemühte, für ausgeglichene Wahlen zu sorgen, indem er bei den Wählern den Eindruck erweckte, sich in unfairer Weise für Clinton einzusetzen. Während diverse »Fake news«-Websites auf Servern in Osteuropa die Vereinigten Staaten mit gefälschten Nachrichten überschwemmten, die Clinton schaden sollten, erhielt die globale Anti-Geheimhaltungs-Organisation WikiLeaks Tausende von E-Mails, die mithilfe sogenannter »Phishing«-Angriffe auf die Demokratische Partei und deren Wahlkampfteam abgegriffen worden waren. (»Phishing« bedeutet, einen E-Mail-Empfänger dazu zu bringen, einen Mail-Anhang zu öffnen, der einen Virus auf seinem Computer installiert. Dieser Virus ermöglicht es dann den Urhebern der Phishing-Mail, E-Mails und andere Daten vom Computer des Nutzers zu stehlen.)

Obwohl die US-Geheimdienste wussten, dass Putin den Angriff auf den Wahlvorgang steuerte – etwa durch Versuche, sich Zugang zu US-Wahlmaschinen zu verschaffen –, wurden diese Informationen nicht öffentlich gemacht. Stattdessen stritten Trump und sein Team mehrfach ab, etwas von den russischen

Versuchen, den Wahlausgang zu beeinflussen, zu wissen, und sie dementierten auch, mit irgendjemandem in Kontakt getreten zu sein, der Verbindungen zu Moskau hatte. Auf entsprechende Fragen antworteten sie:

Donald Trump: »Ich habe nichts mit Russland zu tun, Leute. OK?«

Wahlkampf-Pressesprecherin Hope Hicks: »Es hat während des Wahlkampfs keinerlei Kommunikation zwischen dem Wahlkampfteam und irgendeiner ausländischen Person oder Organisation gegeben.«

Wahlkampfmanager Paul Manafort: »Das ist absurd.«

Wahlkampfmanagerin Kellyanne Conway: »Auf keinen Fall. Und ich habe gerade gestern Abend mit dem neu gewählten Präsidenten darüber gesprochen – solche Gespräche haben nie stattgefunden.«

Vizepräsident Mike Pence: »Ich kann Ihnen sagen, dass die Trump-Kampagne und ihre Berater ausschließlich Kontakte zu Amerikanern hatten.«

Hinweise, dass diese Behauptungen unwahr sein könnten, tauchten während des Wahlkampfs mehrere Male auf. So deutete zum Beispiel der langjährige Trump-Vertraute Roger Stone mehr als einmal an, dass er in Kontakt zu Hackern stehe und schon vorab gewusst habe, dass WikiLeaks Informationen veröffentlichen würde, die Clinton schaden könnten. Auf Nachfrage sagte Stone, seine Kontakte seien »völlig legal«. Solche Ausweichmanöver mit der Absicht, Fragen um »richtig« oder »falsch« darauf zu reduzieren, ob gegen Gesetze verstoßen wurde, vollzogen auch andere im Trump-Lager, als die Wahrheit über Russland und die US-Wahl allmählich besser bekannt wurde.

Trump und seine Verbündeten versuchten nicht nur, das öffentliche Interesse abzulenken, sondern verwendeten auch viel Energie darauf, Zweifel zu säen, ob Russland und Putin überhaupt für die Beeinflussungskampagne verantwortlich waren. Obwohl *alle* Geheimdienste der Vereinigten Staaten sich dem Konsens angeschlossen hatten, dass es in der Tat die Russen waren, äußerte erst der Kandidat und dann der gewählte Präsident Trump immer wieder Zweifel daran. An seinem ersten vollen Tag im Amt besuchte er die Central Intelligence Agency und machte dort langatmige und über weite Strecken unverständliche Bemerkungen, verbrämt mit Politik und Lügen über Nebensächlichkeiten, etwa die Größe der Menschenmenge bei seiner Amtseinführung. Bei diesem Auftritt beleidigte Trump die Ehre der toten Agenten, für die dort ein Ehrenmal steht, und brüskierte abermals die Beamten, die er schon vorher kritisiert und verunglimpft hatte.

Nach diesem ersten holprigen Tag, an dem auch sein Pressesprecher Sean Spicer sich in peinlichster Weise bemüht gezeigt hatte, die Lügen des Präsidenten über die Größe der Menschenmenge bei seiner Amtseinführung zu stützen, äußerten Trumps Anhänger in Washington die Erwartung, er werde bald »präsidial« werden. Damit meinten sie, dass er sich zu einem ernsthaften politischen Führer entwickeln würde, der seinen exekutiven und repräsentativen Amtspflichten gerecht wird. Was jedoch nie geschah.

Als die Tage und Wochen ins Land gingen, häuften sich die Misserfolge von Trump und seiner Regierung. Der nationale Sicherheitsberater Michael Flynn war gezwungen, zurückzutreten, nachdem die Presse berichtet hatte, dass er Kontakte zu und Zahlungen von ausländischen Partnern verschwiegen hatte. Der Justizminister Jeff Sessions erklärte sich in der Kontroverse um russische Einflussnahme auf die Präsidentschaftswahlen für befangen, weil er sich während des Wahlkampfs mit dem russischen Botschafter in Washington getroffen hatte. Über Sessions – unvermeidliche – Befangenheitserklärung war der Präsident verärgert und brachte wiederholt seine Frustration darüber zum Ausdruck. Dabei nutzte er auch das soziale Medium Twitter, um der Weltöffentlichkeit mitzuteilen, wie unzufrieden er mit dem von ihm selbst ernannten Amtsträger war.

Die Plattform Twitter, über die Trump direkt mit der ganzen Welt kommunizieren kann, wurde zu einer wichtigen Quelle von Nachrichten über die Regierung. Zahlreiche Journalisten folgten dem Twitter-Account des Präsidenten und stellten häufig fest, dass er sich in der einen oder anderen unsäglichen Weise geäußert hatte, oft schon in den frühen Morgenstunden, noch vor Sonnenaufgang. Manchmal verteidigte er mit seinen Tweets die US-Einreisesperre für Personen aus bestimmten muslimischen Ländern, die von mehreren Bundesgerichten aufgehoben wurde; bei anderen Gelegenheiten attackierte er Kongressabgeordnete – selbst solche aus seiner eigenen Partei –, weil sie sich weigerten, ihn zu unterstützen. (Trumps Beziehungen zum US-Kongress waren so gestört, dass es ihm nicht gelang, seine Pläne, das Gesundheitssystem zu reformieren und eine lange Mauer entlang der mexikanischen Grenze zu bauen, absegnen zu lassen – und das, obwohl seine Partei sowohl im Senat als auch im Repräsentantenhaus, den beiden Kammern des Kongresses, eine Mehrheit hatte.) Trump nutzte Twitter auch, um zu verkünden, dass Transgender-Personen nicht mehr zum Militärdienst zugelassen seien, was vom Pentagon nicht umgesetzt wurde, und um James Comey, den amtierenden Direktor des Federal Bureau of Investigation bei Trumps Amtseinführung, anzugreifen.

FBI-Direktoren werden jeweils für eine Amtszeit von zehn Jahren berufen, damit sie unter mehreren Präsidenten dienen. Sie sind überparteiliche Amtsträger, die dem Weißen Haus keine Rechenschaft schuldig sind. Durch diese Isolierung vom Präsidenten soll erreicht werden, dass die US-Bundespolizei unpolitisch bleibt, was auch jahrzehntelang der Fall war. Trump war aus vielen Gründen über Comey verärgert, so unter anderem, weil es Comey war, der Trump nach dessen Amtseinführung über potentiell kompromittierendes, von der russischen Regierung über ihn zusammengetragenes Material informiert hatte. Darüber hinaus leitete Comey einen Untersuchungsausschuss, der wegen möglicher Kontakte zwischen Trumps Wahlkampfteam und russischen Agenten ermittelte. Diese Ermittlungen – neben anderen, die zur gleichen Zeit von Repräsentantenhaus und Senat angestrengt wurden – warfen Zweifel auf über die Rechtmäßigkeit von Trumps Wahlsieg und seine wiederholten Behauptungen, dass niemand aus seinem Team Kontakte zu Russland gehabt habe. Trump warf sämtliche Regeln über Bord, als er versuchte, Comeys Ermittlungen zu beeinflussen. Als Comey sich standhaft zeigte, feuerte ihn der Präsident und prahlte dann damit, als er sich mit dem russischen Außenminister und dessen US-Botschafter im Oval Office traf.

Die Entlassung des FBI-Direktors, nachdem die Öffentlichkeit erfahren hatte, dass Comeys Ermittler Trumps Wahlkampfmanager, seinen Schwiegersohn und zahlreiche andere Personen aus seinem Wahlkampfteam befragen wollten, schien einen Tiefpunkt in der Amtsführung des neuen Präsidenten zu markieren. Aber es sollte noch schlimmer kommen – Trump und sein Team sanken beinahe täglich immer tiefer. Etliche Assistenten des Präsidenten spielten begierigen Journalisten immer neue Informationen über die Grabenkämpfe im Weißen Haus zu und beklagten sich über ihre fruchtlosen Bemühungen, einen Präsidenten, der sich weigerte, die normalen Anstandsregeln in Bezug auf Ehrlichkeit und politische Führung zu achten, zur Räson zu bringen. Er weigerte sich, verbündeten Mächten – etwa Deutschland und anderen NATO-Mitgliedsländern – mit Respekt oder auch nur Loyalität zu begegnen, er erklärte die Presse zu seinem Feind, und er beklagte sich mehrfach über die Ermittlungen, die der angesehene Sonderermittler Robert Mueller in die Wege geleitet hatte, nachdem Comey entlassen worden war.

Muellers Ermittlungen waren – wie so viele andere Probleme, mit denen Trump zu kämpfen hatte – eine direkte Folge von Trumps eigenem Verhalten. Wenn er nicht versucht hätte, die Ermittlungen des FBI über russische Manipulationen abzuwürgen, oder wenn er zumindest selbst einen vollständigen Bericht über die Aktivitäten seines Wahlkampfteams vorgelegt hätte, wäre Trump sehr viel erspart geblieben. Stattdessen verschlimmerte er seine Lage nur noch, als er versuchte, Comey unter Druck zu setzen. De facto lassen sich viele seiner Misserfolge – so auch die Ablehnung seiner Gesundheitsreform im Senat – auf Trumps haarsträubende Serie unüberlegter Äußerungen zurückführen. Die entscheidende Neinstimme bei der Abstimmungsniederlage im Senat hatte John McCain abgegeben, ein Republikaner, den der Präsident vor der Wahl beleidigt hatte. (Auf eine Frage über McCains Erfahrungen als Kriegsgefangener in Vietnam hatte

Trump geantwortet: »Er ist kein Kriegsheld. Er ist ein Held, weil er gefangen genommen wurde. Ich mag Leute, die nicht gefangen genommen wurden.«)

Durch sein schwindelerregendes Gerede vor und nach seiner Wahl machte Trump sich potentielle Verbündete wie John McCain zum Feind und sich selbst zum Gespött der Leute. Der Schauspieler Alec Baldwin, der in der Comedyshow *Saturday Night Live* einen völlig ahnungslosen und flatterhaften Trump parodierte, brachte der Sendung traumhafte Einschaltquoten, ebenso wie ein Sketch von Melissa McCarthy als Pressesprecher Sean Spicer. Monatelang wucherten Spekulationen über den Status von Spicer, dem Chefstrategen Stephen Bannon und Stabschef Reince Priebus. Es war Bannon – eine Art Fürst der Finsternis im Trump-Universum –, der pro-russische, rechtsextreme Aktivisten in der sogenannten »Alt-Right«-Bewegung zusammenführte, um Trumps Kandidatur zu unterstützen. Bannon, ein Anhänger von Schreibern am rechten Rand des politischen Spektrums, die glauben, der Westen befinde sich in einem existentiellen Krieg gegen den Islam, unterstützte Trumps apokalyptische Sicht der weltpolitischen Lage.

Am Ende behielt Bannon die Oberhand, als Trump einen erstaunlich ordinären und von sich überzeugten Wall-Street-Finanzier namens Anthony Scaramucci als den »Mann fürs Grobe« im Weißen Haus rekrutierte. Scaramucci servierte zuerst Spicer ab und attackierte dann Priebus und Bannon mit einer völlig derangierten, aktenkundigen Tirade: Priebus, so Scaramucci, sei »a fucking paranoid schizophrenic«. Bannon bezeichnete er als Dilettanten, der versuche, »to suck [his] own cock«. Priebus trat zurück, aber Bannon weigerte sich, auf diesen Anwurf zu reagieren. Ein paar Tage später war es dann Scaramucci selbst, der gefeuert wurde, weil der General des Marine Corps, der Priebus' Posten übernahm, ihn auf keinen Fall im Stab haben wollte. All das trug sich in einem Zeitraum von zehn Tagen zu, in denen der Präsident selbst bei einer Rede vor etwa 40 000 jungen Pfadfindern schlüpfrige und hochgradig parteipolitisch motivierte Bemerkungen machte.

All diese Kontroversen drückten die Unterstützung für Trump in landesweiten Umfragen auf immer niedrigere Werte. Anfang August 2017 meinte nur noch etwa ein Drittel der von einem renommierten Meinungsforschungsinstitut befragten Bürger, Trump würde gute Arbeit leisten. Seit es Meinungsumfragen gibt, hat kein US-Präsident in seiner ersten Amtszeit so schlecht abgeschnitten. Diese niedrigen Zustimmungswerte zeigen, dass nach sechs Monaten peinlicher Enthüllungen selbst manchen der eingefleischtesten Trump-Anhänger Zweifel kamen, ob der Präsident und seine Leute nicht vielleicht doch mit den Russen zusammengearbeitet haben könnten, um die Demokratie in den Vereinigten Staaten zu untergraben. Der überzeugendste Hinweis, dass es so gewesen sein könnte, trat zutage, als über das von Rob Goldstone eingefädelte Meeting in der Presse berichtet wurde. Und es erschienen Berichte, dass Trump selbst am Entwurf einer Pressemitteilung beteiligt gewesen sein soll, die sein Sohn dann auf entsprechende Fragen herausgab. Das soll an Bord der Air Force One stattgefunden haben, während der Präsident und seine Entourage vom G20-Gipfeltreffen in Deutschland zurück nach Washington flogen.

In dieser Pressemitteilung hieß es, dieses Treffen sei nicht wichtig gewesen, es sei dabei um die Adoption russischer Kinder durch US-Bürger gegangen. Das ist nicht wahr. Das Treffen wurde arrangiert, weil die Russen dem Trump-Wahlkampfteam Informationen über Hillary Clinton anbieten wollten. Diese Tatsache war so beunruhigend für die Ermittler in Sachen Russlandaffäre, dass dem Sohn des Präsidenten mitgeteilt wurde, er müsse über diese Angelegenheit aussagen. Immer mehr Staatsrechtsexperten äußerten die Vermutung, dass Trump durch diese und andere Aktionen den Eindruck erweckt habe, er wolle versuchen, die Ermittlungen zu behindern; solche Einflussnahme könne möglicherweise gegen Gesetze verstoßen und es wahrscheinlicher machen, dass ein Amtsenthebungsverfahren gegen Trump eingeleitet werde und der Kongress ihn aus dem Amt jagen würde.

Im Weißen Haus waren Trumps Assistenten dermaßen aufgebracht über die Einstellung des Präsidenten zu seinen zahlreichen Krisen, dass sie sich darüber beklagten, er scheine nicht zu erkennen, dass er rechtlich und politisch in großer Gefahr sei. Schlimmer noch: Dem Präsidenten schien es egal zu sein, dass der Ruf der Vereinigten Staaten in der Weltgemeinschaft immer schlechter wurde, dass rivalisierende Mächte Morgenluft witterten und seine eigene Regierung gelähmt war. Als er fröhlich in das Führerhaus eines großen Lastwagens kletterte, der ihm vor dem Weißen Haus vorgeführt wurde, wirkte er eher wie ein ahnungsloser kleiner Junge denn als der Mann, der für die wichtigste Supermacht der Erde verantwortlich ist.

Für diejenigen, die Trump schon kannten, bevor er zum Präsidenten gewählt wurde, und sich mit seiner Biographie beschäftigt hatten, ist der Stand der Dinge im Jahr 2017 keineswegs überraschend. Der Welt wird allmählich klar, dass Donald Trumps größtes Talent darin besteht, im Stil eines TV-Showmoderators Werbung für sich selbst zu machen – was ja auch der Job war, der ihn vor seinem Präsidentschaftswahlkampf bekannt gemacht hatte. In seiner Vergangenheit hatte er immer wieder über alles Mögliche gelogen, etwa die Höhe des Trump Towers oder die Namen der Frauen, die ihm angeblich für ein romantisches Abenteuer nachgestellt hatten (Madonna, Kim Basinger, Carla Bruni). Nie hatte er sich in irgendeiner Weise um gesellschaftliche Belange verdient gemacht. Sollte Donald Trump sich tatsächlich für irgendetwas außer seiner eigenen Berühmtheit und seinen Reichtum interessieren, fällt es schwer, dafür Belege zu finden.

Für alle, die von Trump angewidert sind, bieten hauptsächlich zwei Umstände Trost und Grund zur Hoffnung. Der erste ist sein Mangel an Kompetenz, der dazu führt, dass er einen großen Teil seiner radikalen Agenda nicht umsetzen kann. Der andere ist die Widerstandsfähigkeit des politischen Systems der Vereinigten Staaten. Je lauter Präsident Trump brüllt und lärmt, desto mehr Widerstand setzen ihm die Gerichte, der Kongress und vor allem die unabhängige Presse entgegen. Ungeachtet seines hektischen Aktionismus konzentrieren sich Ermittler, Staatsanwälte und Journalisten unbeirrt auf seine Exzesse und behalten die Entwicklungen im Auge. Durch ihre Anstrengungen setzen sie der Trump-Präsidentschaft Grenzen und sorgen dafür, dass sein endgültiges Scheitern vor den Augen der Geschichte immer gewisser wird.

Die große bleibende Frage ist: Wie viel Schaden muss in der Welt angerichtet werden, bevor es alles vorbei ist?

Michael D'Antonio im August 2017

AUSGEWÄHLTE QUELLEN

Joby Warrick und Karen DeYoung, »From ›reset‹ to ›pause‹:
The real story behind Hillary Clinton's feud with Vladimir
Putin«, *Washington Post*, 3.11.2016.

Der vollständige Text der E-Mail-Korrespondenz zwischen Donald Trump jr. und Rob Goldstone: *The Guardian*, 11.7.2017.

»Q&A: The Magnitsky affair«, BBC News, July 11, 2013,
http://www.bbc.com/news/world-europe-20626960.

Andrew Kaczynski, Chris Massie und Nathan McDermott,
»80 times Trump talked about Putin«, CNN.com,
http://www.cnn.com/interactive/2017/03/politics/trump-putin-
russia-timeline.

Julie Vitkovskaya, Samuel Granados und John Muyskens,
»The Post's new findings in Russia's bold campaign to influence
the U.S. election«, *Washington Post*, 11.7.2017,
https://www.washingtonpost.com/graphics/2017/world/
national-security/russia-hacking-timeline/?utm_term=.
e39155db23e2.

Andrew Kaczynski, Nathan McDermott und Chris Massie,
»Trump advisor Roger Stone Repeatedly Claimed to Know of
Forthcoming Wikileaks Dumps«, CNN, 20.3.2017,
http://www.cnn.com/2017/03/20/politics/kfile-roger-stone-
wikileaks-claims/index.html.

»All those times trump insulted U.S. veterans and military
service«, *New York Daily News*, 29.5.2017,
http://www.nydailynews.com/news/politics/times-trump-
insulted-u-s-veterans-military-service-article-1.3204210

Ashley Parker, Carol D. Leonnig, Philip Rucker und Tom Hamburger, »Trump dictated son's misleading statement on meeting with Russian lawyer«, *Washington Post*, 31.7.2017.

VORWORT

Wie ein beleidigter Teenager hatte Donald Trump beschlossen, nie wieder mit mir zu reden. Nachdem wir fünf der vereinbarten sieben Interviews absolviert hatten, ließ der große Geschäftemacher unseren Deal durch einen Assistenten aufkündigen – er wollte nie wieder ein Wort mit mir wechseln. Und warum? Ich hatte mit jemandem gesprochen, den er hasst. Da ich ihn kannte, konnte mich das nicht wirklich überraschen. Don – so musste ich ihn nennen, er bestand darauf – fühlt sich gekränkt, wenn ihm jemand nicht zu Diensten steht. Und wenn er gekränkt ist, dann ist die betreffende Person für ihn gestorben, ein für alle Mal. Er hat mir einmal erzählt: »Wenn jemand etwas gegen mich unternimmt, ist er für mich gestorben. Es ist vorbei. Es gibt kein Zurück. Das ist okay. Es gibt Milliarden von Menschen auf der Welt. Du brauchst sie nicht.«

Es vergingen einige Monate, dann zeigte mein klingelndes Telefon mir einen Anruf aus dem »Trump Tower« an. Einer seiner Anwälte – von denen er eine ganze Menge beschäftigt – namens Michael Cohen war am Apparat. Er wollte das Manuskript für dieses Buch sehen, weil er davon ausging, dass es von Fehlern nur so strotzt. Er wollte mir »helfen« zu verhindern, dass ich unrichtige Informationen veröffentliche. Ich erklärte ihm, wie der Inhalt eines Buches vor seiner Veröffentlichung überprüft wird, und dass der Leser sich auf die Unabhängigkeit des Autors verlässt. Wenn ein Mensch, über den ein Buch geschrieben wird, das Recht bekäme, das Manuskript zu redigieren, könnte er genauso gut als dessen Koautor genannt werden, da er seine subjektiven Ansichten und Voreingenommenheiten einbringen würde. Bei Trump, der Gerichtsprozesse wie Waffen einsetzt, wäre außerdem damit zu rechnen, dass er mich wegen meiner Aussagen vor Gericht zerren würde.

Als Cohen allmählich klarwurde, dass er den Text nicht bekommen würde, fing er an, Fragen zu stellen. Ob in dem Buch bestimmte prominente Damen erwähnt würden? Werde darin behauptet, Trump sei ein Rassist? Als ich mich weigerte, seine Fragen zu beantworten, wurde sein Ton immer rauer und bedrohlicher, bis er sich anhörte wie der fiktive Gangster Tony Soprano aus der Serie *The Sopranos*, wenn auch mit Jura-Abschluss. Als Cohen schließlich erkannte, dass er nichts erreichen würde, ließ er diese Rolle wieder fallen.

»Sie wollen mir überhaupt nichts sagen«, stellte er entgeistert fest.

»Michael, das darf ich auch nicht«, antwortete ich.

Ich glaube, an dieser Stelle hat er leise in sich hineingekichert.

Nach diesem etwas kontroversen Gespräch legte Cohen nach, indem er mehrfach die Rechtsabteilung meines Verlages anrief und ihr mindestens einen Brief schickte. Irgendwann verkündete er: »Jetzt habt ihr euch eine verdammte Klage eingehandelt.« Dies war ein klassisches Trump-Manöver. In seiner gesamten Karriere hat Trump so häufig Journalisten angedroht, sie zu verklagen, dass jeder Reporter, dem er nicht mit so etwas droht, sich vernachlässigt fühlen muss. Schon bei unserem allerersten Gespräch, zwischen Small Talk und scherzhaftem Geplänkel, hatte er darüber spekuliert, dass er mich eines Tages verklagen würde.

Aber es kam zu keiner Klage, was ebenfalls nicht überraschend war. Einige Wochen später, an einem sonnigen Tag im Juni 2015, lud Cohens Boss zu einer Pressekonferenz in die Lobby des Trump Tower ein. Zur angekündigten Zeit fuhr er eine Rolltreppe hinab, etliche Stufen hinter seiner Frau Melania, und verkündete dann, er wolle sich als Präsidentschaftskandidat aufstellen lassen. Ich hatte den Verdacht, dass dies der Grund für Cohens Anruf gewesen war – er befürchtete, Trump werde unvorteilhaft dargestellt und dachte sich, zur Verteidigung könne er mich mit einer kleinen Drohung unter Druck setzen.

Solche Drohgebärden waren schon von jeher ein charakteristisches Merkmal des trumpschen Modus Operandi gewesen. Dazu gehört zum Beispiel, dass er stämmige bewaffnete Männer beschäftigt, die unübersehbar im Vorzimmer seines Büros postiert sind – sie haben nichts anderes zu tun, als ihre Muskeln spielen zu lassen und ihre Waffen zur Schau zu stellen – und ihn zu begleiten, wenn er geht. Dieses Schauspiel, das Trump seit Jahrzehnten in Szene setzt, ist vielleicht eine seiner ganz individuellen Marotten; jedenfalls ist es bei mächtigen Managern keineswegs gang und gäbe. Trump indessen macht oft und gern auf die Mitglieder seiner Sicherheitsbrigade aufmerksam und gibt damit an, wie gut sie ausgebildet seien, als frühere Polizisten und Kriminalbeamte. Damit will er natürlich erreichen, dass andere sich körperlich schwach oder gar bedroht fühlen.

Häufig lag etwas Bedrohliches in der Luft, als Trump den vielleicht bizarrsten Präsidentschaftswahlkampf führte, den Amerika jemals erlebt hat. Er zog über Immigranten ohne Aufenthaltsgenehmigung her und drohte ihnen, sie millionenweise abzuschieben. Er entrüstete sich über Muslime, denen er generell die Einreise in die USA verwehren wollte. Der Kandidat Trump war sich für kaum etwas zu schade; so retweetete er zum Beispiel eine rassistische Falschmeldung über Morde in Amerika. Laut den falschen, von einem nicht existierenden »Crime Statistic Bureau« stammenden »Daten«, waren für 81 Prozent der Morde an weißen Amerikanern schwarze Täter verantwortlich. (Tatsächlich zeigt die vom FBI veröffentlichte Kriminalstatistik für 2014, dass 82 Prozent der weißen Opfer von Gewaltverbrechen von weißen Tätern getötet wurden.) Trump verbreitete diese rassistisch motivierte Lüge nur wenige Tage nachdem ein schwarzer Protestierender ihn bei einer Wahlkampfrede in Birmingham, Alabama, unterbrochen hatte und dafür von einigen Trump-Anhängern getreten und geschlagen worden war. Trump rief ins Publikum (und meinte damit anscheinend alle und jeden): »Schafft ihn hier raus, verdammt noch mal, würdet ihr ihn bitte rausbringen? Schafft ihn raus, schmeißt ihn raus!« Einer seiner Sprecher sagte später zu CNN, das Trump-Wahlkampfteam würde »ein solches Verhalten nicht dulden«, aber Trump selbst formulierte es etwas anders: »Vielleicht hätte man ihn etwas rauer anfassen sollen, weil es absolut widerwärtig war, wie er sich verhalten hat.« Bei einem anderen Wahlkampfauftritt benutzte er sein Mikrophon, um zu kommentieren, wie ein einsamer Kritiker hinausgeführt wurde: »Die Ordner gehen sehr sanft mit ihm um«, sagte er bei dieser Gelegenheit, »ich würde ihm am liebsten eine runterhauen, mitten ins Gesicht, das kann ich euch sagen.«[1]

Trumps Wahlkampfreden, die er ohne Manuskript und anscheinend völlig unvorbereitet hielt, waren frei von tiefergreifenden politischen Inhalten und glichen Comedy-Auftritten für begeisterte Fans, die im Übrigen ihre Eintrittskarten kostenlos bekamen. Er verunglimpfte andere Politiker, dämonisierte Journalisten und bejubelte Umfrageergebnisse, die zeigten, dass er vor seinen Rivalen lag. Das alles und mehr lieferte er ab im Stakkato-Stil einer »*insult comedy*« (Beleidigungscomedy). Hier ein Auszug aus einem Bericht der Zeitung *The Kansas City Star* über Trumps Wahlkampfauftritt am 20. Januar 2016 in South Carolina:

Seht euch nur mal diesen Burschen Jeb Bush an. Er hat 59 Millionen Dollar für seinen Wahlkampf ausgegeben und ist so gut wie tot. Er ist erledigt. Nein, nein, denkt mal drüber nach – eigentlich muss er viel mehr ausgegeben haben. Es ist schon eine Weile her, dass es 59 Millionen waren.

Jedes Mal, wenn ich Werbung von ihm sehe, geht es darin um Trump. Und ich finde, die Werbung ist gar nicht mal schlecht. Sie ist – na ja, ihr wisst schon.

(Lachen im Publikum)

Wenn du Werbung für dich machen willst, dann mach Werbung. Aber er ist ein Mensch, der zu wenig Energie hat, das müssen wir uns klarmachen. Wir brauchen keine schlaffen Leute – wir brauchen jemanden mit viel Energie.

(Applaus)

Aber er hat – denkt nur mal drüber nach. Denkt mal drüber nach. Er hat 59 Millionen Dollar ausgegeben. Ich habe keinen Cent ausgegeben, oder? Keinen Cent.

(Applaus)

Aber ich werde jetzt anfangen, Geld auszugeben. Wahrscheinlich habt ihr schon gemerkt, dass ich jetzt Geld ausgeben werde –

wir werden jetzt anfangen, eine Menge Geld auszugeben, weil ich kein Risiko eingehen will. Wisst ihr, es ist – ich liebe es, voranzukommen – und in den letzten Monaten habe ich praktisch immer vorn gelegen, seit ich meine Kandidatur angekündigt habe, oder? Und im letzten – sogar mit großem Abstand vorn gelegen. Darüber will ich reden, weil bei mir alles über Meinungsumfragen läuft. Ich liebe Umfragen. Ich liebe Umfragen.[2]

Trumps Kampagne, ein Spektakel von Verfälschungen, bruchstückhaften Wortfetzen und einem extrem emotional aufgeheizten Stil, trotzte den üblichen Arten politischer Analyse. Wenn er über seinen immensen Reichtum, seine überlegene Intelligenz und seine angeborene Fähigkeit sprach, bei allem und jedem zu »gewinnen«, wirkte er eher wie eine Figur aus einer Hollywood-Farce denn als legitimer Kandidat. Er setzte sein gummiartiges Gesicht ein, um Abscheu, Verärgerung, Wut und Selbstzufriedenheit zum Ausdruck zu bringen. Und er setzte seinen Körper ein, um Aussagen zu unterstreichen, die er betonen wollte. Als er über einen Reporter sprach, der zufällig körperlich behindert war, machte er sich über ihn lustig, indem er seine Bewegungen nachäffte. Um seine Behauptung zu unterstreichen, dass ein anderer Kandidat – Marco Rubio – während einer Debatte geschwitzt hatte, verspritzte er Wasser und tat dann so, als würde er gierig aus einer Plastikflasche trinken.

Das zustimmende Gelächter und die Beifallsbekundungen, die er für seine Show mit der Wasserflasche erntete, gingen auf den Umstand zurück, dass Rubio – ein amtierender Senator der Vereinigten Staaten – mit dem ganzen Gerede über Körperflüssigkeiten begonnen hatte. Von Trump – der bereits in drei Bundesstaaten die Vorwahlen gewonnen hatte – im Wahlkampf deklassiert, übernahm Rubio im Februar 2016 dessen Stil. Bei einem seiner Auftritte erzählte er seinem Publikum, Trump habe während einer Pause bei einer im Fernsehen übertragenen Debatte »nach einem Ganzkörperspiegel verlangt … vielleicht, um sich davon zu überzeugen, dass seine Hose nicht nass ist«. So weit war der Präsidentschaftswahlkampf schon heruntergekommen:

Zwei erwachsene Männer, die darüber redeten, wer wie stark geschwitzt oder sich in die Hose gemacht haben könnte. Aber dann wurde es noch schlimmer.

Als Trump und seine Rivalen um die Gunst der Wähler im tiefen Süden der Vereinigten Staaten buhlten, sagte der bekannteste Rassist der US-Politik, wenn weiße Amerikaner Trump ablehnen, sei das »ein Verrat an eurem Erbe«. David Duke ist ein ehemaliger Chef des Ku Klux Klan, einer Gruppe, die fanatisch an die Überlegenheit der weißen Rasse glaubt und in ihren diversen Inkarnationen Schwarze, Juden, Katholiken und andere Minderheiten in Schrecken versetzt und terrorisiert hat. Im Jahr 2000 hatte Trump selbst Dukes Namen erwähnt, als er die Gründe aufzählte, warum er, Trump, die Reform Party verlassen hat. (Er sagte damals, Duke sei »eine bigotte Person, ein Rassist, ein Problem«.) Als jedoch im Jahr 2016 die Vorwahlen im tiefen Süden näher rückten, schien Trump sich nicht mehr daran erinnern zu können, wer Duke ist. Er sagte außerdem, er könne das Wesen der Bewegung, die sich die Überlegenheit der weißen Rasse auf die Fahnen geschrieben habe, nicht verstehen. In einem live ausgestrahlten Interview mit CNN-Reporter Jake Tapper sagte Trump: »Ich weiß überhaupt nicht, wovon Sie reden – weiße Überlegenheit oder deren Verfechter? … Also, ich weiß nicht. Ich weiß es wirklich nicht – hat der sich hinter mich gestellt oder was? Ich weiß nichts von einem David Duke; ich weiß nichts von weißer Überlegenheit und deren Verfechtern.«[3]

Als Trump es nicht hinbekam, ganz einfach die Unterstützung rassistischer Organisationen abzulehnen und behauptete, nichts zu wissen von einem Mann, den er zuvor als bigotte Person verdammt hatte, waren viele seiner Genossen in der Republikanischen Partei entsetzt. Paul Ryan aus Wisconsin, Sprecher des Repräsentantenhauses, sagte: »Wenn jemand zum Präsidentschaftskandidaten der Republikanischen Partei nominiert werden will, darf es kein Ausweichen und keine Spielchen geben. Er muss jede Gruppe und jede Sache, die sich auf Intoleranz gründet, ohne Wenn und Aber ablehnen. Unsere Partei lehnt es ab, sich die Vorurteile der Menschen zunutze machen zu wollen.« In der erhitzten Kontroverse um diese Sache wies Trump auf andere Gelegenheiten hin, bei denen er sich von Duke distanziert hatte.[4]

Diese Debatte löste eine Lawine an Presseberichten aus, bei denen Trump nicht gut wegkam. Dessen ungeachtet hielt er auch weiterhin Reden vor großen Menschenmengen, und am sogenannten »Super Tuesday«, an dem Vorwahlen in elf Bundesstaaten stattfinden, gewann er sieben davon. Führende Persönlichkeiten aus der politischen Mitte der Republikanischen Partei mussten sich mit dem Gedanken vertraut machen, dem polarisierendsten Kandidaten seit Jahrzehnten in die Präsidentschaftswahl im November folgen zu müssen. Sie mussten befürchten, dabei nicht nur das Rennen ums Weiße Haus zu verlieren, sondern auch die Mehrheit im Senat der Vereinigten Staaten. In dieser albtraumhaften Vision der Zukunft war es durchaus denkbar, dass die Partei selbst auseinanderbrechen und untergehen würde wie ein Schiff, das sich gegen die Gewalt einer sturmgepeitschten See nicht behaupten kann.

Trumps Wahlkampf war ein sorgfältig geplanter und durchaus erfolgreicher Versuch, die Sorgen und den Zorn verunsicherter Menschen auszunutzen, denen ein politisches System zutiefst suspekt war, das von Menschen dominiert wurde, die den Parteien riesige Wahlkampfspenden zukommen ließen.

Zu den Ängsten, die Trump für sich ausnutzte, zählten (neben anderen) die folgenden:

- Angst vor islamistischen Terroristen – Trump drang darauf, allen Muslimen vorübergehend die Einreise in die Vereinigten Staaten zu verwehren und massive militärische Operationen im Nahen Osten in die Wege zu leiten.
- Angst vor Arbeitslosigkeit – er schlug vor, elf Millionen mexikanische Einwanderer ohne Aufenthaltsgenehmigung abzuschieben, eine riesige Mauer an der Grenze zu Mexiko zu bauen und das Nachbarland zu zwingen, für die Kosten aufzukommen.
- Angst vor Kriminalität – Trump machte sich dafür stark, dass

die Todesstrafe häufiger verhängt wird; das ist etwas, was ein US-Präsident nicht durch Erlass verfügen kann.

- Angst vor der Globalisierung – er befürwortete Handelskriege mit China und Mexiko.

Trump nutzte die Wut und das Misstrauen der Menschen aus, indem er:

- sich über die militärischen Verdienste des früheren Kriegsgefangenen und jetzigen Senators John McCain lustig machte;
- verkündete, der Klimawandel sei ein Schwindel;
- die Lüge verbreitete, dass »Abertausende von Menschen« in New Jersey den Einsturz der Türme des World Trade Centers nach den Terroranschlägen vom 11. September 2001 bejubelt hätten;
- Reporter dämonisierte als »totalen Abschaum. Sie sind zutiefst verlogen.«

Die Quintessenz von Trumps Attraktivität war im Titel seines schnell zusammengestückelten Wahlkampfprogramms wiederzufinden, einem Buch mit dem Namen *Crippled America: How to Make America Great Again* (Verkrüppeltes Amerika: Wie wir Amerika wieder zu alter Größe führen). Bei seinen Wahlkampfveranstaltungen schwenkten die Menschen Plakate, die sich auf die Wendung »Schweigende Mehrheit« der Nixon-Ära bezogen, und die Formel »Wir müssen unser Land zurückerobern« war ein häufig zu hörender Refrain. Die implizite Botschaft war, dass Millionen von Amerikanern sich machtlos und sogar geknebelt gefühlt hatten durch eine fremde Macht, die das Land übernommen hatte – aber mit Trump hätten sie eine Stimme gefunden. Die Trump-Wählerin Patricia Aguilar aus Everett, Massachusetts, sagte der *New York Times*, Trump würde ausdrücken, was »die Menschen wirklich fühlen«, aber »was wir uns alle nicht zu sagen trauen«.[5]

Inspiriert durch Trumps Rhetorik und seinen pompösen Stil, durch den er sich von der Masse abhob, liefen die Menschen in Scharen in seine Reden und Wahlkampfauftritte. Die TV-Produzenten räumten ihm in ihren Programmen wesentlich mehr

Zeit ein als den anderen Kandidaten. Wann immer er im Fernsehen auftrat, schossen die Einschaltquoten derart in die Höhe, dass Trump begann, sich über diese sprudelnde Einnahmequelle für die Fernsehsender zu beklagen. In der Online-Welt fanden sich Trump-Unterstützer zu Tausenden in Gruppen zusammen und verbreiteten Falschmeldungen und Solidaritätsbekundungen. Es tauchten mit Bildbearbeitungssoftware gefälschte Bilder von Trump-Unterstützern auf. (Eines dieser manipulierten Fotos zeigte einen schwarzen Mann, der ein T-Shirt mit einem Pro-Trump-Slogan trägt.) Manche Blogger fälschten Artikel unter den Namen etablierter Autoren, die für *The Wall Street Journal* und *The New Yorker* schreiben. Im gesetzlosen Raum des Internets wurden solche Lügen weithin für akzeptabel gehalten, und sie standen im Einklang mit Trumps eigenen Botschaften in sozialen Medien, die häufig Verunglimpfungen, Wutausbrüche und Verfälschungen enthielten. Im Online-Portal Reddit beschrieb es einer seiner Anhänger – anscheinend voller Bewunderung – so: »Er betreibt ›shitposting‹, ganz so, wie er es jeden Tag und den ganzen Tag lang macht.«[6]

Konventionelle Politiker verstanden nicht, dass Trump durch sein »*shitposting*« (Scheiße posten) seine Jünger zusammenschweißen und sie gegen den störenden Einfluss von Fakten, die von außen in die Diskussion getragen werden, immunisieren konnte. In solchen Trump-Fangruppen wurde kein Außenseiter angehört, und interne Abweichler wurden mit einer Flut beleidigender Kommentare abgestraft. Meinungsforscher und politische Strippenzieher, die blind waren für die Macht, die diesem alternativen Universum innewohnt, unterschätzten Trump monatelang. Im Juni 2015 sagte Mara Liasson vom National Public Radio: »Ich glaube, dies ist Donald Trumps größter Tag. Und von heute an wird man ihn ignorieren.« Im November sagte der angesehenste politische Jounalist des *U.S. News & World Report* voraus, dass »Trumps Vorsprung schrumpfen wird«, und der Meinungsforscher Nate Silver riet der Presse, »sich wieder einzukriegen«, da Trumps Stammgefolge kaum acht Prozent der Wählerschaft ausmache. Noch im Januar 2016 setzten die Buchmacher, die

Wetten auf den Ausgang des Nominierungsverfahrens für den Präsidentschaftskandidaten anboten, auf Marco Rubio.[7,8]

Die Wahrheit über Trumps Anziehungskraft begann solchen Experten zu dämmern, als er die Vorwahlen in New Hampshire mit einem Vorsprung von fast 20 Prozent gewann. Dann kamen die Siege in South Carolina und Nevada. Am ersten Dienstag im März gewann Trump sieben von elf Vorwahlen und schien auf dem besten Weg zu seiner Nominierung zu sein. Diese Realität, die ihnen noch wenige Monate zuvor unvorstellbar erschien, war so alarmierend für das Partei-Establishment, dass sie in ein kopfloses Gerangel verfielen, um Wege zu finden, Trumps Nominierung zu verhindern. Ihre Sorge war, dass es ihm trotz der Unbeirrbarkeit seiner Hardcore-Unterstützer womöglich nicht gelingen würde, genug Wechselwähler und Demokraten auf seine Seite zu ziehen, um gegen die wahrscheinliche Kandidatin der anderen Partei, Hillary Clinton, das Rennen zu machen.

Die Führer der »Grand Old Party« (GOP, gebräuchliche Bezeichnung für die Republikanische Partei) hatten durchaus Anlass zur Sorge, weil bei einer offiziellen Wahlanalyse nach der Wahl 2012 festgestellt worden war, dass die Partei es sich mit bestimmten großen Wählergruppen – Latinos, Schwarzen, Frauen, Asiatischstämmigen und anderen – verscherzt hatte, die ausschlaggebend für den Wahlerfolg eines Kandidaten auf der nationalen Ebene sind. Je mehr Trump diese Wähler von der GOP entfremdete, desto alarmierter wurden langjährige Parteiführer, vor allem jene, die im Präsidentschaftswahlkampf des Kandidaten Mitt Romney im Jahre 2012 eine Rolle gespielt hatten. Einer von ihnen, Kevin Madden, meinte, man müsse Trumps Kandidatur als »Charakter-Lackmustest« ansehen und jeder, der ihn unterstütze, sei bei diesem Test durchgefallen. Ein anderer, Stuart Stevens, beschwor seine Parteifreunde, Hillary Clinton zu wählen, die Kandidatin der Demokratischen Partei, weil sie eine bessere Präsidentin abgeben würde. Meg Whitman, eine frühere Kandidatin für den US-Senat, hat Trump als »unehrlichen Demagogen« bezeichnet.[9]

Als Trump immer weiter gewann, kamen die besonneneren Mitglieder des GOP-Establishments zusammen, um ihn davon abzuhalten, der Führer ihrer Partei zu werden. Es bildete sich eine von Romney und anderen geführte Koalition unter dem Motto »Jeder, bloß nicht Trump«, um ihn entweder im weiteren Verlauf der Vorwahlen zu stoppen, oder, falls das misslingen sollte, auf dem Parteikonvent, wo die Regeln des Auswahlverfahrens für die Vereitelung seiner Kandidatur genutzt werden konnten. »Trumps charakteristisches Merkmal ist Unehrlichkeit«, sagte Romney. (Worauf Trump mit der scherzhaften Bemerkung reagierte, Romney hätte ihn, als die beiden sich 2012 begegneten, sogar oral befriedigt, um seine Unterstützung zu gewinnen.) William Kristol, der Herausgeber des konservativen *Weekly Standard*, sagte, er würde im Rennen ums Weiße Haus einen alternativen unabhängigen Kandidaten oder den Kandidaten einer anderen Partei unterstützen. Der GOP-Kongressabgeordnete Scott Rigell aus Virginia erklärte: »Ich sehe mich nicht nur außerstande, für ihn zu stimmen, sondern ich kann auch nicht stillsitzen und zusehen, wie er seinen Vorsprung immer weiter ausbaut.« Ganz ähnlich äußerten sich die sechzig Außenpolitik-Experten der Republikanischen Partei, viele von ihnen ehemalige Diplomaten und Berater des jeweiligen Präsidenten, die Trump als Bedrohung für das Ansehen der Vereinigten Staaten in der Welt anprangerten.[10,11]

Diese außenpolitischen Experten, die endlich erkannt hatten, welch ein Problem Trump für die Interessen der Vereinigten Staaten auf der weltpolitischen Bühne darstellte, bezogen ihre Informationen von den TV-Nachrichtenteams und Auslandskorrespondenten, die seit Anfang 2016 ihre Bedenken wegen Trump in meine Heimat in den Vororten von New York mitgebracht hatten. Viele von ihnen, etwa Suh Yong Ha vom Korean Broadcasting System, waren bei Trumps Wahlkampfauftritten dabei gewesen, bei denen er mit dem Finger auf Reporter gezeigt und sie als »Abschaum« bezeichnet hatte, worauf seine Unterstützer mit Buhrufen und Pfiffen reagiert hatten. Andere hatten miterlebt, wie Trump-Fans Protestierende packten und sie mit Gewalt aus solchen Veranstaltungen entfernten. In ihren Gesprächen mit mir verwendeten drei verschiedene Reporter aus Deutschland das Wort »Nazi«, um zu beschreiben, was sie in Trump sahen. Jeder Einzelne von ihnen bedrängte mich, ihm zu erklären, was hier vor sich gehe und wie dieser Mann zu verstehen sei.

Ist er ein Rassist?

Ist er geisteskrank?

Ist er böse?

Im Gegensatz zu Trump weigere ich mich, mit Plattitüden zu antworten – das ist *sein* Stil. Allerdings ist es durchaus möglich, Trumps Verhalten zu beobachten und dadurch zu begründeten Erkenntnissen zu kommen. Ich habe drei Jahre dafür aufgewendet, sein Privatleben, seine geschäftlichen Unternehmungen und vieles mehr zu recherchieren. Ich habe die Einflüsse und Erlebnisse ausfindig gemacht, die augenscheinlich seine Neigung erklären können, andere Menschen zu schikanieren, zu manipulieren und zu täuschen – und auch seinen Größenwahn.

Trump glaubt, das vieles von dem, was eine Persönlichkeit ausmacht, in den Genen und in der frühen Kindheit der betreffenden Person zu finden ist. Er wurde als Kind einer Mutter geboren, die süchtig nach Aufmerksamkeit war, zwanghaft auf sozialen Status achtete und so knickerig war, dass sie persönlich in die Waschkeller der trumpschen Gebäude hinunterging, um dort die Münzen aus Waschmaschinen und Trocknern einzusammeln. Außerdem war sie über ausgedehnte Zeiträume im frühen Leben des jungen Donald krank. Sein Vater Fred war zahlreichen Berichten zufolge extrem streng und fordernd, aber auch eingebildet, manipulativ und heuchlerisch. Zwei von der Regierung angestrengte Untersuchungen ergaben, dass er ständig die Gesetze beugte, um exzessive Profite aus staatlichen Programmen zu schlagen, die darauf ausgelegt waren, Kriegsveteranen und Mittelklasse-Amerikaner mit erschwinglichem Wohnraum zu versorgen.

Fred Trumps kreativste geschäftliche Aktivität war nicht etwa das Errichten seiner Nullachtfünfzehn-Wohnblocks, sondern vielmehr das Spinnen eines Firmennetzwerks, mit dem er verschleiern wollte, was er mit seinen staatlich subventionierten

Finanzen anstellte. Als man ihn zur Rechenschaft zog, stand er zu seinem gierigen und unschicklichen Verhalten und bot dafür die unmoralische Erklärung an, das System habe sein Verhalten überhaupt erst ermöglicht – es sei nichts verwerflich daran, den Geist staatlich finanzierter Wohnungsbauprogramme mit den Füßen zu treten, solange es denn legal sei.

Zu Hause führte Trump senior seine Methoden und Prioritäten vor, wenn er bis spät in die Nacht seine Geschäfte machte. Einer seiner Tricks am Telefon bestand darin, seine Identität zu verleugnen – er pflegte sich als »Mr Green« zu melden –, um sich irgendeinen Vorteil über den Angerufenen zu verschaffen. Wenn er sich denn tatsächlich einmal mit seinen Sprösslingen beschäftigte, brachte er ihnen bei, sich ebenso skrupellos, ehrgeizig und aggressiv zu verhalten. Von Donald erwartete er, sowohl zu einem »Killer« als auch zum »King« zu werden. Statusgemäß wurde Donald in einer großen Limousine auf seine tägliche Routinerunde chauffiert – und so ist es kein Wunder, dass er sich zu einem streitsüchtigen, tyrannischen und körperlich aggressiven kleinen Jungen entwickelte.

Donald besuchte eine vornehme Privatschule, wo er jeden Tag ein kleines Jackett und einen Schlips tragen musste. Er störte ständig den Unterricht und war ausgesprochen aufsässig, und der Kew-Forest School gelang es nicht, ihm diese Unarten abzugewöhnen. Trump ließ sich auch durch die geistlichen Lehren nicht bändigen, die in der Marble Collegiate Church gepredigt wurden und denen er hin und wieder mit seiner Familie beiwohnte. Diese Kirchengemeinde war der Sprengel des bekannten Reverend Norman Vincent Peale, der lehrte, dass Geschäftstüchtigkeit gottgefällig sei und Ehrgeiz praktisch eine Art Gottesdienst. Peale sprach so gut wie nie von Sünde oder moralischen Pflichten; als eingefleischter Anti-Katholizist lehnte er die Bewerbung des römisch-katholischen John F. Kennedy um das Präsidentenamt zutiefst ab. Die Gefolgschaft dieses Priesters begründete so etwas wie einen Kult, der sich um die Botschaften seines Buches *The Power of Positive Thinking* (*Die Kraft positiven Denkens*) scharte.

Da so vieles von dem, was er außerhalb der Schule erlebte,

ihn darin bestärkte, sich anderen Menschen überlegen zu fühlen, schikanierte Donald Trump seine Schulkameraden und Lehrer. Für die achte Klasse wurde er deswegen fortgeschickt an die weit entfernte New York Military Academy (NYMA), wo man ihn in eine Uniform steckte und in einer leerstehenden kleinen Kammer unterbrachte – fort waren die Familie und Freunde und die Opulenz der Trump-Villa, und an ihre Stelle waren ein hierarchisches System und autoritäre Disziplin getreten. Die Erwachsenen an der NYMA – viele von ihnen Veteranen aus dem Zweiten Weltkrieg – herrschten mit körperlicher und psychischer Brutalität; Donald hat es mir so geschildert: »Sie prügelten dir die Knochen aus dem Leib.«

Die NYMA bestätigte nicht nur, dass Tyrannei die Welt beherrscht, sondern bestärkte Trump auch in seiner Vorstellung, dass es ausschließlich auf Wettbewerb und Ehrgeiz ankommt. Sein alter Mentor in der militärischen Anstalt, »Colonel« Theodore Dobias, hat mir erzählt, dass Trump bei allem, was er tat, der Erste sein musste – auch der Erste, der in der Warteschlange vor der Essensausgabe im Speisesaal vordrängelt. Außerdem erinnert er sich, dass Donalds Vater »sehr streng mit dem Jungen umging. Er war sehr deutsch.«

Zum Corps der Kadetten an der NYMA zählten auch Söhne von Mafiabossen und Sprösslinge, deren Väter einem lateinamerikanischen Diktator dienten – aber kein einziger schwarzer oder asiatischstämmiger Schüler. In Donalds letztem Schuljahr wurden die Demütigungsrituale unter den Schülern der Abschlussklasse so schlimm, dass ein jüngerer Schüler ins Krankenhaus musste, nachdem er von einem älteren mit einer schweren Kette zusammengeschlagen worden war. Als die brutalen Umgangsformen an der Akademie öffentlich bekannt wurden, traten drei führende Offiziere an der Schule zurück.[12]

Nachdem er sich an der NYMA durchgesetzt hatte, ging Donald Trump ans College heran, als sei es eine Handelsschule. Jedes Wochenende fuhr er nach Haus, um im Geschäft der Familie zu lernen. Dort konnte er beobachten, wie sein Vater diverse Politiker durch Spenden für seine Zwecke einspannte und seine

Beziehungen spielen ließ, um immer reicher zu werden. Während junge Männer aus armen Bevölkerungsschichten und aus Minderheiten in Vietnam kämpften und starben, konnte er sich mit einem kleinen gesundheitlichen Problem um den Militärdienst drücken. (Seine Fersenbeinsporne hinderten ihn keineswegs daran, Sport zu treiben, aber irgendwie machten sie es ihm unmöglich, als Soldat zu kämpfen.)

Nach seinem Studium am College ließ Donald sich in Manhattan nieder, wo er sich in den Niederungen von Gier, Täuschung und Verworfenheit herumtrieb. Nach eigenem Bekunden beobachtete er Orgien im Hauptquartier der Prominenz, der angesagten Diskothek Studio 54, und wurde zum Augenzeugen der in der politischen Szene von New York grassierenden Korruption. (Später äußerte er einmal, dass Gouverneur Hugh Carey für eine Wahlkampfspende »alles« tun würde.) Einer von Trumps frühesten engen Kumpanen war Roy Cohn, Gangster-Advokat und politischer Mann fürs Grobe, der berüchtigt war für seine rassistischen und antisemitischen Statements (obwohl er selbst Jude war). Unter Cohns Anleitung perfektionierte Trump bald die Kunst, die Presse zu benutzen, um ein falsches Image von Erfolg aufzubauen. Mit ein bisschen Manipulation errang er das Wohlwollen der *New York Times*, die ihn als attraktiv und brillant darstellte, und die Produzenten der wichtigsten TV-Talkshow der Stadt wurden auf ihn aufmerksam. Die Presse brauchte gute Storys, ob sie nun ganz stimmten oder nicht, und dabei konnte es auch nicht schaden, dass Donald durchaus fotogen war.

An jeder Weggabelung sah der junge Trump, ob er nun danach Ausschau hielt oder nicht, dass jeder, der bereit war, altmodische Vorstellungen von Recht und Anstand zu missachten, sich bereichern konnte. In seinem New York der Siebzigerjahre gewährten Zeitungskolumnisten ihre Gunst gegen gewisse Gefälligkeiten, Gangster genossen eine Prominenz, die mit derjenigen von Sport-Stars vergleichbar war, und Werte wie Treue und Redlichkeit waren Relikte der Vergangenheit. Seine Welt war eine vergoldete Gosse, in der er zu der Überzeugung gelangte, dass der Mensch im Wesentlichen eine käufliche Kreatur ist. Je gieriger und egozentrischer er sich zeigte, desto mehr Menschen schien das zu gefallen. Er hatte jemanden angeheuert, um ein Buch zu schreiben, gerierte sich daraufhin als Schriftsteller, und das Buch wurde zu einem Bestseller. In aller Öffentlichkeit betrog er seine erste Frau, und im darauffolgenden Skandal wurden seine Kinder mit Spott und Verachtung überzogen. Seine Firmen machten vier massive Insolvenzen durch, und er scheiterte mit unzähligen Unternehmungen. Und zahllosen Klagen, Zeitungsreportagen und persönlichen Berichten zufolge haben er und seine Unternehmen Tausende von Investoren, Konsumenten und Unbeteiligte zu Opfern gemacht.

Und heute, im November 2016, ist Trump der neu gewählte US-Präsident, der keine Ideale kennt und der sich außer seinem Machtwillen kaum etwas verpflichtet fühlt. Ohne ein solides Fundament aus Mitgefühl und Ethos zu besitzen, macht er sich rassistischen Hass zunutze, ergeht sich in Frauenfeindlichkeit und ermutigt stillschweigend gewalttätiges Verhalten. Je näher die Wahl heranrückte, desto häufiger bestätigte sich seine abscheuliche Sicht des menschlichen Wesens. Und die wichtigen Fragen, die sich uns stellen, drehen sich nicht etwa um Trump – was in ihm lauert, ist offensichtlich. Weniger gewiss ist dagegen, was in uns selbst zu finden ist.

EINLEITUNG

Meistenteils kann man die Menschen nicht respektieren,
weil die meisten Leute keinen Respekt verdienen.

Donald Trump

Im Profil – und so sahen ihn die Fernsehzuschauer an jenem Abend – erinnerte Donald Trump am ehesten an einen Gockel im Smoking. Seine Körperhaltung, die er sich in der Militärschule angewöhnt hatte, war so aufrecht und steif, als habe er einen Ladestock verschluckt. Sein Blick war konzentriert und intensiv, mit zusammengekniffenen Augen, als nehme er einen fernen Gegner ins Visier. Und mit seinem von der Stirn bis zum Nacken geschwungenen Bogen erinnerte sein berühmter Helm aus goldenem Haar an den Kamm eines Hahns der Sorte Rhode Island Red. Bei diesem Hahn soll jenes markante Signal das Interesse von weiblichen Tieren auf sich ziehen und Feinde abschrecken. Bei Trump, der 2011 beim Korrespondenten-Dinner des Weißen Hauses zwischen Bewunderern und Kritikern saß, zog die Frisur nur den Blick der Fernsehkameras auf sich. Sie fingen seine Reaktion auf den öffentlichen Spott ein, mit dem er zur Unterhaltung des Publikums überzogen wurde, sowohl von dem Comedian Seth Meyers als auch vom Präsidenten der Vereinigten Staaten.

Das einzige Anzeichen, dass Trump darunter litt, zeigte sich, als Meyers volle zweieinhalb Minuten über ihn herzog. Als die Leute lachten und die Hälse reckten, um einen Blick auf Trump zu erhaschen, fixierte er den Comedian bitterböse – »Wenn Blicke töten könnten«. Sein Gesichtsausdruck blieb unbewegt und grimmig, als selbst die Dinnergäste an seinem eigenen Tisch es nicht schafften, dem allgemeinen Drang zu widerstehen, sich vor Lachen auszuschütten. Anlass für all diesen Spott gab Meyers, als er von einer Umfrage erzählte, die ergeben hatte, dass nur 38 Prozent der Amerikaner sicher waren, dass Präsident Obama in den Vereinigten Staaten geboren worden war. Da die Verfassung vorschreibt, dass der Präsident im Land geboren worden sein muss, war diese – von Verschwörungstheoretikern konstruierte – Frage ein plumper Versuch, Obama als einen »Andersartigen« darzustellen, dessen Anspruch aufs Präsidentenamt nicht legitim sei. Durch seine anhaltenden, angestrengten Bemühungen, dieses Geburtlertum (»*birtherism*«) zu fördern, hatte Trump sich zum Ziel von Kritikern gemacht, die meinten, solches Gerede sei spalterisch, destruktiv und womöglich eine verdeckte Form von Rassismus. Trump wies solcherlei Kritik zurück und bestand darauf, keineswegs voreingenommen zu sein, sondern vielmehr wichtige Fragen zu stellen. »Wenn es um Rassismus und Rassisten geht«, so Trump, »bin ich die am wenigsten rassistische Person, die es überhaupt gibt.«

Als er an der Reihe war, zu den Korrespondenten und ihren Gästen zu sprechen, ging der Präsident die »*birthers*« frontal an, aber mit bemerkenswertem Humor. Er präsentierte sogar einen Ausschnitt aus dem Zeichentrickfilm *Der König der Löwen* als »das offizielle Video meiner Geburt«. Dann erwähnte Obama Trump namentlich, lobte seine Führungsqualitäten als Moderator der TV-Realityshow *The Apprentice* (Der Lehrling), wo er »Entscheidungen treffen muss, die mir nachts den Schlaf rauben würden«. Obama fuhr fort, da ja nun das *Birther*-Problem geklärt sei, könne Trump »sich wieder auf die Dinge konzentrieren, die wirklich wichtig sind – zum Beispiel, ob wir vielleicht die Mondlandung gefälscht haben?« Von einem Kritiker angegriffen, der in der Statushierarchie mehrere Stufen über ihm stand, verzichtete Trump auf seinen »Killer-Blick«; stattdessen ließ er es zu, dass seine Mundwinkel sich ein winziges bisschen hoben, wodurch die Krähenfüße rings um seine Augen noch deutlicher sichtbar wurden. Er winkte dem Präsidenten zu – ja, er konnte einen Witz auf seine Kosten vertragen. Anschließend gab er sich Mühe, unbeeindruckt zu wirken und tat so, als sei es eine Leistung, die Aufmerksamkeit des Präsidenten zu gewinnen. »Ich fühlte mich tatsächlich sehr geehrt durch die Art, wie ich behandelt wurde«, sagte er. »Sie haben mich mit großem Respekt behandelt. Sie haben Witze gemacht und herumgealbert, aber ich war das Gesprächsthema, und das ist vielleicht gar nicht so schlecht.«[1]

In vielerlei Hinsicht ist Donald Trump seit fast vierzig Jahren ein Gesprächsthema gewesen. Niemand in der Geschäftswelt ist schon seit so langer Zeit so bekannt – weder Bill Gates noch Steve Jobs noch Warren Buffett. Sein Name, der zuerst mit publicityträchtigen Immobilienprojekten im Manhattan der Siebzigerjahre in Verbindung gebracht wurde, entwickelte sich bald zu einem Synonym für Erfolg, der sich durch Wohlstand und Luxus definierte. Der Schriftzug TRUMP, den er auf Wolkenkratzer, Casinos und Linienflugzeuge malen ließ (meist in goldenen Großbuchstaben), wurde zu einer echten persönlichen Marke, die einen einzigen Mann mit einer scheinbar endlosen Zahl von Angeboten verknüpfte. Nach und nach wurde dieses Markenzeichen auch für Hotels, Möbel, Krawatten und Fleischprodukte verwendet – also für fast alles, was man als hochwertig, teuer und erstklassig verkaufen kann.

Die Art von Klasse, die Trump bieten wollte, definierte sich nicht über sozialen Status, sondern über Geld. In seinem Eifer, sich mit seinen Angeboten an Neureiche und Möchtegerne zu wenden, ließ er diejenigen links liegen, die Mitglieder des von ihm so genannten »*lucky sperm club*« (sinngemäß etwa: Club der durch Geburt Privilegierten) waren. Dabei ignorierte er den Umstand, dass er selbst in eine der reichsten Familien des Landes hineingeboren worden war. Trump stellte sich als der reiche Freund eines jeden Normalbürgers dar, der Mitglieder der High Society mied – wenn er sie nicht gerade brauchte, um teure Apartments zu verkaufen. Bei solchen Gelegenheiten ließ er die Rolle des Anti-Snobs fallen und bezog sich bereitwillig auf die Astors, Whitneys, Vanderbilts und andere Mitglieder des Geldadels eines vergangenen Zeitalters. Es verstand sich jedoch von selbst, dass er diese Namen aus kommerziellem Interesse im Munde führte und sein Herz eigentlich für die Mittelklasse schlug – also für die Menschen, die seine Fernsehsendungen sahen, seine Produkte kauften und ihn vielleicht sogar wählen würden, falls er sich jemals für die Präsidentschaftskandidatur entscheiden sollte.

Nach den besten verfügbaren Daten kennen heute 96 Prozent der US-Bevölkerung den Namen »Trump«, aber die meisten mögen ihn nicht. Henry Shafer von der Firma, die Prominente mit dem »Q Score« einstuft, bezeichnet Trump als einen »Quasi-Prominenten, den zu hassen die Leute lieben«. Im Jahr 2014 hatten 61 Prozent der in Trumps Heimatstadt New York befragten Umfrageteilnehmer eine negative Meinung von ihm. Für Comedians ist er eine unwiderstehliche Zielscheibe. Jon Stewart, der ehemalige Star der jahrelang ausgestrahlten satirischen Nachrichtensendung *The Daily Show*, machte ihn routinemäßig zum Ziel seiner Attacken – so nannte er ihn zum Beispiel einmal »Fuckface von Clownstick«. Bekanntlich hat der Fernsehmoderator und Comedian Bill Maher Trump fünf Millionen Dollar angeboten, falls er beweisen könne, dass er nicht »das Ergebnis einer sexuellen Begegnung zwischen seiner Mutter und einem Orang-Utan« sei.[2]

Das Niveau der Kommentare von Stewart und Maher sagt eine Menge darüber aus, wie boshaft die Umgangsformen heutzutage geworden sind. Es fällt schwer, sich Äußerungen von Mark Twain vorzustellen, die durch solche Pieptöne zensiert werden müssten, wie sie Stewarts Tiraden begleiten. Natürlich kann es gut sein, dass Twain nie einem Menschen wie Trump begegnet ist. In seiner hämisch-aggressiven Art sucht Trump ständig nach Gelegenheiten, sich beleidigt zu fühlen und dann mit seinem vermeintlichen Gegner eine Schlammschlacht zu beginnen. Als Stewart einmal eine allgemeingehaltene spöttische Bemerkung auf Teenager-Niveau über ihn machte, antwortete Trump, als habe er sich zutiefst persönlich angegriffen gefühlt: »Wenn er so über den Dingen steht und wenn er so cool ist, warum hat er dann seinen ursprünglichen Namen Jonathan Liebowitz geändert? Er sollte stolz sein auf sein Erbe! Jon Stewart @TheDailyShow ist ein totaler Blender. Er sollte seine Herkunft in Ehren halten, nicht vor ihr davonlaufen.« Nach Mahers Kommentar reichte Trump eine Klage über fünf Millionen Dollar ein; obwohl er sie letztlich wieder zurückzog, erforderte sie die Bearbeitung durch ein Gericht, auf Kosten des Steuerzahlers, und eine Verteidigung von Maher.[3]

Aber selbst, als er mit seinen Kritikern wieder Frieden geschlossen zu haben schien, machten Trumps Ansichten und seine rabaukenhafte Persönlichkeit ihn bei jenen Menschen extrem beliebt, die in ihm wichtige Ideale sahen, vor allem das amerikanische Versprechen, durch großen Wohlstand repräsentierten Erfolg erreichen zu können. Dieses Image wurde noch verstärkt, als er als Gastgeber der TV-Gameshow *The Apprentice* auftrat und im sozialen Netzwerk Twitter sehr aktiv wurde, wo Millionen seinen Kommentaren folgten und zahlreiche Fans ihn bedrängten, sich um die US-Präsidentschaft zu bewerben.[4]

Trump provozierte ständig und erregte Aufmerksamkeit, indem er rohe und ungehobelte Ideen statt differenzierter Überlegungen von sich gab. Aus seiner Sicht kommt Ehrlichkeit aus jener Ecke des Herzens, die auch Beleidigungen hinausschleudert und die Welt in Freund und Feind aufteilt. In den Augen der altgedienten Klatschkolumnistin Liz Smith wird Trump häufig von dem bedürftigen Kind gesteuert, das in seiner Psyche wohnt und lieber negative Aufmerksamkeit bekommt, als völlig ignoriert zu werden. Natürlich profitiert Trump auch finanziell, wenn er diesen Teil seiner Persönlichkeit von der Leine lässt, und fürs Nachdenken oder Analysieren bringt er kaum die Geduld auf. Er redet einfach weiter und ignoriert wissenschaftliche Erkenntnisse, wenn er Impfungen für Kinder kritisiert oder die Fakten zum Klimawandel bestreitet.

Trump hat zeit seines langen und hyperaktiven Lebens immer wieder Tatsachen bestritten, die allgemein anerkannt sind, und sich dabei hart an den Grenzen des Anstands bewegt. Im Elternhaus, in der Schule und in der Welt von Wirtschaft und Politik hat er ständig seine Überlegenheit behauptet, kaum jemals von einem Anflug von Zweifel getrübt. Vielleicht ist nichts in der Natur unersättlicher als der Hunger dieses Mannes nach Reichtum, Macht und Ruhm. Und es ist diese Kraft, die ihn in die Lage versetzt, allerlei Spott und schmerzliche geschäftliche Rückschläge zu ertragen, sich aber immer wieder aufzurappeln und noch mehr zu wollen. In der Tat, nach den Demütigungen beim Korrespondenten-Dinner im Weißen Haus nährte Trump seinen Ehrgeiz, eine Kampagne für seine eigene Bewerbung um die US-Präsidentschaft auf die Beine zu stellen – eine echte Kampagne, nicht nur eine weitere seiner oberflächlichen Spielereien – und so das höchste Ziel anzustreben, das ein normaler Sterblicher im 21. Jahrhundert erreichen kann.

Trumps Kandidatur sollte für 2016 geplant und organisiert werden; er wollte sie seinen Unterstützern und zahlreichen Journalisten bei einer Pressekonferenz in der Lobby seines Wolkenkratzers Trump Tower in Manhattan offiziell ankündigen. Trumps Ansprache war seit vielen Wahlperioden der unkonventionellste Auftakt eines Wahlkampfs – vor allem mit seiner Behauptung, Mexiko würde scharenweise Kriminelle über die US-Grenze »schicken« – und bildete den Start eines rapiden Aufstiegs an die Spitze der Kandidatenriege der Republikanischen Partei. Fortan würde Trump über viele Wochen immer wieder seine Kritiker empören und seine Gegner verblüffen, indem er die Aufmerksamkeit der Nation mit einem ungeheuerlichen Statement nach dem anderen fesselte. Während manche Republikaner spekulierten, er sei ein Agent der Demokratischen Partei, sagten viele Liberale, Trumps Beliebtheit reflektiere die irrationalen Ängste der GOP-Parteibasis. Sie alle konnten sich jedoch darauf einigen, dass seine Fähigkeit, den Status quo zu stören, atemberaubend war in ihrer Wirksamkeit und Effizienz. Trump war, so schien es, konkurrenzlos in seiner Fähigkeit, das Interesse der amerikanischen Öffentlichkeit auf sich zu ziehen und zu fesseln.

Obwohl er wie eine einzigartige und völlig moderne Figur wirkt, entstammt Donald Trump tatsächlich der langen Tradition des Landes mit ihren reichen, aber rauen Leistungsmenschen, über die Alexis de Tocqueville 1831 schrieb: »Die Liebe zum Geld ist entweder das Hauptmotiv oder der Hintergedanke bei allem, was ein Amerikaner tut.« Gegen Ende des 19. Jahrhunderts waren die Reichen in den Vereinigten Staaten dermaßen wohlhabend geworden, dass ihre Macht und ihr Einfluss der europäischen Aristokratie gleichkamen. Dank der massenhaften Verbreitung von Zeitungen wurden die Superreichen zu einer Quelle allgemeiner Faszination; die Presse war voll von Geschichten aus dem Alltagsleben der Carnegies, Rockefellers, Goulds und anderen, die enormes Vermögen in die Lage versetzte, einen unglaublichen Luxus zur Schau zu stellen. (Daher auch Mark Twains Bezeichnung für diese Ära, die aus seinem Buch *The Gilded Age* [*Das vergoldete Zeitalter*] stammt.) J. P. Morgan legte sich immer größere Yachten zu, die stets auf den Namen *Corsair* getauft und in bedrohlichem Schwarz lackiert wurden, um mit seinem ständig wachsenden Reichtum zu prahlen. Auch die Vanderbilts besaßen riesige Yachten, waren allerdings besser bekannt für ihre Villen. Im Jahr 1883 erstaunten sie das Land mit dem größten Haus, das jemals in New York City gebaut worden war. Dieser Familie gehörte außerdem ein »Ferienhaus« in Newport, das immerhin 70 Zimmer hatte und »The Breakers« genannt wurde, sowie Biltmore Estate in North Carolina mit seinen über 220 Zimmern.

Die reichen Männer dieses vergoldeten Zeitalters wussten, dass ihre Landsleute zwar das Geld liebten, aber auch die Exzesse der High Society als fremdartig und suspekt empfanden. Wilbur Fisk Crafts, ein beliebter Schriftsteller aus dieser Zeit, hat es so ausgedrückt: »Gibt es etwas Unamerikanischeres als die Gesellschaft, die wir ›High Society‹ nennen und deren aristokratisches Gebaren aus Paris und London nach New York importiert und von dort aus über die anderen großen Städte unseres Landes verbreitet wurde?« Um diesem Eindruck entgegenzuwirken, sorgten die großen Männer des Landes dafür, dass die großen Bälle und Galen von der Öffentlichkeit als Sache der Damen wahrgenommen wurden, an denen sie nur teilnahmen, um ihre Frauen und Töchter zu erfreuen. In ihren Biographien und öffentlichen Äußerungen stützten sie sich auf Tugenden wie Fleiß und Entschlossenheit. Andrew Carnegie gab den Rat, dass Erfolg eher auf Motivation denn auf Talent beruhe, und John D. Rockefeller, der Gründer von Standard Oil, empfahl »Zielstrebigkeit«.

In ähnlicher Weise spielten die Führungspersönlichkeiten der Geschäfts- und Finanzwelt ihre intellektuellen Beschäftigungen und ihre gute Bildung herunter. Es war genug für einen Mann, das College besucht zu haben – wenn er das denn hatte –, aber es musste nicht sein. Wenn jemand seine Schulbildung oder sein Studium beendet hatte, tat er gut daran, über praktische Dinge zu reden und die Welt der Kunst und Literatur jenen zu überlassen, die mit dem Chaos der Geschäftswelt überfordert waren. Zu Beginn des 20. Jahrhunderts, als Elbert Hubbard den Begriff »*school of hard knocks*« (etwa: Die harte Schule des Lebens) prägte, wurden praktische Erfahrungen und gesunder Menschenverstand weithin als ebenso gut – oder sogar besser – wie das Lernen aus Büchern angesehen. Diese Sicht der Dinge stand sowohl mit einem amerikanischen Gefühl von Gleichheit in Einklang als auch mit der immer beliebter werdenden Idee, dass das Anhäufen von Reichtümern das erfolgreiche Leben eines Menschen ausmacht.[5]

Über kurz oder lang brachte Amerikas erste große Ära des Reichtums zahllose Bücher hervor, die sich ums Geldverdienen drehten. Im Jahr 1914 stellte der Prediger und Schriftsteller William Woodbridge die Frage des Tages: »Was ist es, was die oberen Zehn besitzen, die unteren Zehntausend dagegen nicht?« In seinem Buch *That Something* (Das gewisse Etwas) ging es um eine fiktive Begegnung zwischen einem Bettler und einem Finanzier, der dem Bettler seine Visitenkarte gibt und ihm sagt, er brauche kein Essen, sondern vielmehr »jenes gewisse Etwas«, das alle erfolgreichen Männer besitzen. Der junge Bettler fühlt sich inspiriert und entdeckt den Wert von »Glaube, Selbstbewusstsein, Macht, Ehrgeiz …« – und, zu guter Letzt, die Macht seines eigenen Willens: »Den Talisman des Erfolgs«. Es sei die Willenskraft der Seele, so schrieb Woodbridge, die erkläre, warum einige wenige Männer dazu berufen seien, »auf unser aller Muskeln« getragen zu werden, wie ein Mann auf dem Rücken eines Pferdes. In einem weiteren Buch dieser Art, *Letters from a Self-Made Merchant to His Son* (*Briefe eines Dollar-Königs an seinen Sohn*), betonte der Chicagoer Fleischgroßhändler John Graham die Wichtigkeit von Persönlichkeit und Aussehen und erklärte:

»Zwei Drittel deines Erfolgs sind, die Leute glauben zu machen, dass es dir gut geht.«

Während die Massen versuchten, hinter die Geheimnisse des Erfolgs zu kommen – Willenskraft? Persönlichkeit? Glaube? Selbstbewusstsein? –, gelangten einige an der Spitze zu der Überzeugung, ihr Erfolg sei von Gott gesandt oder eine Frage ihrer überlegenen Moral. John D. Rockefeller behauptete: »Gott hat mir mein Geld gegeben.« Als J. P. Morgan nach seinem Imperium gefragt wurde – das er zum großen Teil durch Aktien-Manipulationen aufgebaut hatte –, sagte er, dessen Fundament sei »Charakter«.

Das erste *Gilded Age* schwand in diversen Rezessionen und Börsenpaniken und verging schließlich, als es ungefähr 65 Jahre alt war, nach dem Börsencrash von 1929. Aus den Ruinen der darauffolgenden Weltwirtschaftskrise erwuchs ein sichereres Finanzsystem, ein progressiveres Steuersystem und die US-Sozialversicherung. In den nachfolgenden Jahrzehnten wuchs die Mittelklasse mit beispielloser Geschwindigkeit. Eine neue Ära des Wohlstands brach 1946 an, also dem Jahr, in dem Donald Trump geboren wurde. (Was ihn zu einem Gründungsmitglied der Babyboomer-Generation macht.) Als der Zweite Weltkrieg beendet war, lagen die wirtschaftlichen Konkurrenten der Vereinigten Staaten in Ruinen, und über zehn Millionen US-Soldaten kehrten heim, um sich wieder in einem zivilen Leben einzurichten. Als die Exportmärkte nach immer mehr Waren verlangten und die inländische Nachfrage nach Konsumgütern explodierte, begann eine goldene Ära. Millionen von heimgekehrten Soldaten gründeten Familien, die Wohnungen brauchten, und Immobilienentwickler wie Trumps Vater Fred wurden reich, indem sie sie bauten. Durch clevere Geschäftspraktiken und schiere Entschlossenheit hatte Fred es bis 1975 – dem Jahr, in dem er siebzig wurde – zu einem Vermögen von schätzungsweise 100 Millionen Dollar gebracht.[6]

Die goldenen Nachkriegsjahre, die es Männern wie Fred Trump ermöglicht hatten, ein finanzielles Wunder zu erleben, waren gekennzeichnet durch ein beispielloses Maß an Gleichheit, da die verschiedenen Einkommensgruppen – Ober-, Mittel- und Unterschicht – jeweils einen angemessenen Anteil der expandierenden Wirtschaft für sich beanspruchen konnten und die Einkommensunterschiede, die sie trennten, weitgehend konstant blieben. Dieser erfreuliche Zustand hielt bis zur Rezession der Jahre 1973–75 an. Dann ließen jahrelange wirtschaftliche Stagnation und Krisen eine konservative politische Bewegung erstarken, die entschlossen war, durch Steuersenkungen und Deregulierung das Entstehen neuer großer Vermögen zu fördern. Theoretisch sollte eine Flut des Wohlstands, die einigen wenigen zufloss, »alle Boote heben« und so die Mittelschicht retten.

Als Ronald Reagan 1980 zum Präsidenten gewählt wurde, bekamen zündelnde Konservative, was sie wollten. Washington begann die Steuersätze, die Reichen auferlegt wurden, zu senken und die Regulierungen für Industriebetriebe und Finanzinstitutionen zu lockern. Das alles wurde im Namen von Wachstum und Gerechtigkeit für die Reichen getan. Um den letzteren Punkt zu betonen, schenkte Präsident Reagans Budgetdirektor David Stockman jedem Kabinettsmitglied ein Exemplar seines neuen Lieblingsbuches *Wealth and Poverty* (Reichtum und Armut) von George Gilder, das die moralische Rechtfertigung für das Anhäufen großer Reichtümer verkündete. Gilder feierte die Unternehmer und verunglimpfte die Armen mit der Behauptung, »die heutigen Armen – die Weißen noch mehr als die Schwarzen – weigern sich, hart zu arbeiten«. Um Gilders Überzeugungen in praktische Politik umzusetzen, beschnitt die Reagan-Regierung soziale Programme, senkte Steuern und strebte danach, die Unternehmen von lästigen Regulierungen zu befreien. So begann das zweite *Gilded Age* der Vereinigten Staaten.[7]

Zunächst bemerkte kaum jemand, dass irgendetwas Wichtiges geschah. Anfang der Achtzigerjahre machten dem US-Normalbürger hauptsächlich zweistellige Inflationsraten und Arbeitslosenquoten um die zehn Prozent zu schaffen. Als diese Probleme allmählich zurückgingen, wurde das von vielen Beobachtern auf eine Politik zugunsten der Reichen zurückgeführt, und trotz diverser Finanzkrisen, die zumeist auf Spekulation und lasche Regulierung zurückzuführen waren, wurde das »zweite *Gilded Age*« erst 1990 als solches bezeichnet, als Kevin Phillips sein Buch *The Politics of Rich and Poor* (Die Politik von arm und reich) veröffentlichte. Phillips verkündete, über die Vereinigten Staaten sei »eine plutographische Revolution hinweggefegt, die derjenigen des späten 19. Jahrhunderts vergleichbar ist«, und obwohl er vorhersagte, dass dieser Trend früher oder später zu seinem Ende kommen würde, konnte er nicht sagen, wann das geschehen würde – bis 2015 war es jedenfalls noch nicht so weit. Im ersten Jahrzehnt dieses Jahrhunderts gingen die Einkommen der Mittelschicht sogar zurück, und das oberste ein Prozent gewann die Kontrolle über mehr Wohlstand als die unteren 90 Prozent. Im Jahr 2014 besaßen die 500 reichsten Menschen der Welt 4,4 Billionen Dollar an Vermögenswerten. Dieser Betrag übersteigt die Summe der jährlichen Wirtschaftsleistung von Indien (Bevölkerung: 1,2 Milliarden Menschen) und Brasilien (Bevölkerung: 200 Millionen Menschen).

Wie bereits in der Vergangenheit finden große Vermögen ihren Ausdruck in großen Villen – in »Mega«- oder »Monster«-Villen – und opulenten Partys, zum Beispiel der drei Millionen Dollar teuren Geburtstagsfeier, die Investor Stephen Schwarzman sich 2007 gönnte. Erneut zeigen gigantische Yachten wirtschaftlichen Erfolg; ein hervorragendes Beispiel ist die stahlgepanzerte *Rising Sun*, die 2004 zu Wasser gelassen wurde. Ihre Eigner sind Larry Ellison und David Geffen. Das Schiff hat 83 Räume, einen überdachten Swimmingpool und einen Schacht für ein privates U-Boot. Im Vergleich dazu ist Donald Trumps Yacht ein bescheidener, gut 90 Meter langer, traditioneller Dampfer. Da Trump für Luxusreisen seinen Privatjet bevorzugt, verbringt er nur wenig Zeit an Bord der *Trump Princess*. Heutzutage ziehen private Flugzeuge, die wohlhabende Amerikaner mit Hilfe großzügiger Steuererleichterungen erwerben, mehr öffentliches Interesse auf sich. Immer häufiger staut sich der Verkehr privater Jets auf Flughäfen in der Nähe von Urlaubsorten wie East Hampton, New

York, oder Aspen, Colorado, und Milliardäre versuchen, sich gegenseitig zu übertrumpfen, indem sie immer schnellere und immer luxuriösere Flugzeuge kaufen. Donald Trump machte sein Statement mit einer 100 Millionen Dollar teuren Boeing 757. Ein solches Flugzeug ist darauf ausgelegt, im Liniendienst 200 oder mehr Passagiere zu befördern; in Trumps Fall wurde es für nur 43 Personen ausgestattet, deren Sitzgurte mit vergoldeten Verschlüssen zusammenklicken.

Trumps Boeing 757, die oft am LaGuardia-Flughafen an einer Stelle geparkt wird, wo sie so auffällig ist wie ein Werbeplakat, verkündet seinen Status als reicher und erfolgreicher Mann. Kaum jemand würde heute bestreiten, dass Reichtum gleichbedeutend mit Erfolg ist. Im neuen *Gilded Age* haben im Jahr 2006 in einer von der Pew Organization durchgeführten Umfrage 81 Prozent der befragten Studenten, die ein College-Studium beginnen, angegeben, ihr wichtigstes Ziel im Leben sei es, reich zu werden; das ist ein ungefähr doppelt so hoher Anteil wie in den Sechzigerjahren. In derselben Umfrage antwortete über die Hälfte der Teilnehmer, eines ihrer wichtigsten Ziele sei es, berühmt zu werden. Weniger als ein Drittel gaben an, sie wollten »anderen Menschen helfen, die Hilfe brauchen«.[8]

Begabung und Intelligenz werden im Streben nach Erfolg nach wie vor für notwendig gehalten, aber wie schon in der Vergangenheit wird höherer Bildung und Intellektualität weit weniger Wert beigemessen. Unternehmer und Erfinder, die ihr Studium abbrachen und unglaublich erfolgreich wurden, werden bewundert. (Microsoft-Gründer Bill Gates ist einer von ihnen.) Mit noch mehr Aufmerksamkeit werden Menschen überhäuft, die nicht nur Reichtum, sondern auch großen Ruhm erlangen. Niemand hat diese Ziele in so hohem Maße erreicht wie Donald Trump, der – fast buchstäblich – zum Gesicht des modernen Erfolgs wurde.

Dutzende von Männern und Frauen, deren Vermögen um ein Vielfaches größer ist als jenes von Trump, sind außerhalb der Welt der Milliardäre völlig unbekannt. Donald Bren, Dan Duncan und Leonard Blavatnik waren im Jahr 2014 allesamt über 50 Ränge weiter oben auf der *Forbes*-Liste der reichsten Menschen der Welt zu finden, aber sie können in jeder amerikanischen Stadt durch die Straßen gehen, ohne bemerkt oder behelligt zu werden. Trump kann nirgendwo hingehen, ohne Aufmerksamkeit zu erregen. Bemerkenswerter ist jedoch, dass seine Berühmtheit bereits seit über vier Jahrzehnten anhält, über diverse Phasen von Erfolg, Versagen, Schande und Triumph hinweg. Indem er sich in ein Problem nach dem anderen stürzt und sich mit beispielloser Unverfrorenheit äußert, hat er sich zu einem der meistzitierten Männer seiner Zeit gemacht. In den frühen Jahren seiner Bekanntheit genoss Trump so breite öffentliche Zustimmung, dass die US-Gallup-Umfrage ergab, dass er in der Liste der meistbewunderten Männer der Achtzigerjahre an siebter Stelle landete – nur der Papst, der polnische Volksheld Lech Walesa und die vier noch lebenden US-Präsidenten liefen ihm den Rang ab.

Obwohl er häufig versucht hat, seine Prominenz zu nutzen, um Einfluss auf öffentliche Angelegenheiten auszuüben, hat Trump immer wieder behauptet, dass seine Allbekanntheit auch einen echten finanziellen Wert hat. Seiner Meinung nach macht der Name Trump – wie der von Disney oder Ford – die Produkte, Leistungen und Vermögenswerte, die er auf dem Markt anbietet, wertvoller. Markennamen sind viel Geld wert. Apple ist der wertvollste Markenname der Welt, der 2013 nach einer Schätzung des Meinungsforschungsinstituts Interbrand 28 Milliarden Dollar wert war. Gleichzeitig bezifferte Interbrand den Wert der Bekleidungsmarke Gap auf 3,9 Milliarden Dollar. Der Name Trump taucht in den veröffentlichten Interbrand-Ranglisten mit wertvollen Namen nicht auf, aber in einem Schriftsatz von 2010 gab Trump an, eine unabhängige Einschätzung habe dessen Wert bei drei Milliarden Dollar angesetzt. Dieser Betrag würde seinen Namen zum wertvollsten Einzelposten in seinem Portfolio machen.[9]

Trump hat betont, dass seine Marke am ehesten für »Luxus« steht. Allerdings hat er sich stets Mühe gegeben, nicht als zu elitär wahrgenommen zu werden, um auch für die Massen attraktiv zu bleiben. Diese Sensibilität, die ihm gute Dienste leistete, als er

Angebote für Spielsüchtige in Atlantic City machte, lässt sich zurückführen auf Trumps Vater Frederick, der sich stets »Fred« nennen ließ. Er war ein Mann, der durch die harte Schule des Lebens gegangen war und der ein privates Vermögen von über 100 Millionen Dollar anhäufte, indem er Wohnungen an Menschen aus der New Yorker Arbeiterklasse verkaufte und vermietete. Trump senior wollte, dass seine Kinder College-Abschlüsse machen. Allerdings waren ihm Intellektuelle generell suspekt, harte Arbeit bedeutete ihm mehr als alles andere. Donald Trump, ganz der Vater, entwickelte eine exquisite Kombination von Eigenschaften, die es ihm erlaubte, mit seinem Ivy-League-Abschluss zu prahlen, aber auch nach dem Vorbild des Vaters seine Ellenbogen einzusetzen, um sich gegen Konkurrenten und Gegner durchzusetzen.

Anscheinend überzeugt von der Idee, dass jede Form von Publicity gute Publicity sei, zeigte Trump eine Persönlichkeit, die praktisch nur aus dem freudschen »Es« bestand – und zwar immer –, und ein echter Ausdruck des amerikanischen Drangs war, aus Ehrgeiz ein Imperium zu formen. Er flog in seinem Trump-Hubschrauber und seinem Trump-Jet von Ort zu Ort, äußerte ungefragt seine Meinung zu allem und jedem, von Politik bis Sex, und verkündete ständig, in jeder Hinsicht überlegen zu sein. Häufig erwähnte er die vielen Menschen, die meinten, er solle sich ums Präsidentenamt bewerben, und manchmal benahm er sich, als sei er ein echter Kandidat. In einem besonders angespannten Moment des Kalten Krieges bot er sich der Welt gar als Vermittler für einen Atomwaffensperrvertrag an. Sein Argument? Nun, ein Mann, der erfolgreich Geschäfte mit Luxus-Immobilien abschließen kann, sollte auch in der Lage sein, die Vereinigten Staaten und die Sowjetunion zu einer Einigung zu bringen.

Hätte er etwas mehr Humor an den Tag gelegt, hätte Donald Trump zu einem P. T. Barnum seiner Zeit werden können, der trotz seiner pompösen Art von allen geliebt wurde, weil jeder verstand, welch ein Witz er war. Aber die Zeitgenossen, die ihn mit dieser Show-Persönlichkeit des 19. Jahrhunderts verglichen – die bekannter war als jeder Präsident ihrer Zeit –, lagen um einiges daneben. Trump lächelte zwar hin und wieder auf eine Art, die den Eindruck erweckte, er wisse, wie lächerlich er ist, aber es fehlte ihm Barnums sonnige Verspieltheit. Stattdessen war er oft streitlustig und manchmal richtiggehend fies. Er verklagte alle, die ihm zu nahe traten (oder drohte es an), und er erklärte, bestimmte weibliche Kritiker seien unwürdig, weil sie »grotesk« oder »fett« oder »hässlich« seien. Einmal schickte er der *New York Times*-Journalistin Gail Collins eine Kopie ihrer Kolumne, auf der ihr Foto eingekreist und von Hand danebengekritzelt worden war: »Das Gesicht eines Hundes!«[10]

Wenn man ihn zu solchem Verhalten befragt, rechtfertigt Trump es wie ein Junge, der sich prügelt und darüber klagt, der andere habe angefangen. Comedians, Politiker und andere haben sich *tatsächlich* über vieles an ihm lustig gemacht, von seinem Ego bis hin zu seiner extravaganten hellblonden Windkanal-Frisur. Aber seine Angewohnheit, jede kleine Spitze mit einem K.-o.-Schlag zu beantworten, zeigt eine erstaunliche Empfindlichkeit für jemanden, der verbale Gefechte so gewohnt ist. Als ein Mann, der sagt, für ihn sei Geld eine Methode, um »den Punktestand« im Leben festzuhalten, hat er sich besonders an Personen gerieben, die behauptet haben, er sei gar nicht so immens reich. Gail Collins erhielt den Hundegesicht-Zeitungsausschnitt, nachdem sie ihn als »Tausendär in finanzieller Bedrängnis« bezeichnet hatte. Als der Schriftsteller Timothy L. O'Brien ein Buch veröffentlichte, in dem er ungenannte Quellen zitierte, die Trumps Nettovermögen auf unter 250 Millionen Dollar geschätzt hatten, verklagte Trump Buchautor und Verlag und verlangte fünf Milliarden Dollar Schadensersatz. Trumps große Bekanntheit macht es schwierig für ihn, in solchen Fällen zu gewinnen, weil ihn das Gesetz als »Person des öffentlichen Lebens« nicht vor solchen Angriffen schützt. Das Gericht wies Trumps Klage ab, nachdem es zu dem Schluss gekommen war, dass Trump nicht genügend Beweise dafür geliefert hatte, dass O'Brien wusste, dass die Informationen von seinen Quellen falsch waren oder dass er ernsthafte Zweifel an ihrer Richtigkeit hatte. Aber schon das Einreichen einer Klage verursacht dem Gegner finanzielle – und womöglich auch emotionale – Schmerzen, und daran delektiert Trump sich vermutlich. Natürlich will er am liebsten gewinnen, aber ein Sieg ist nicht notwendig. »Ich habe schon immer gern gekämpft«, hat er mir in einem Gespräch über seine Jugend erzählt, »auf alle möglichen Arten, auch körperlich.«

Was soll man nur von einem erwachsenen Mann halten, der, wenn er sich mit einer Frau streitet, so tief sinkt, dass er über ihr Aussehen spottet, und der so stolz von seiner früheren Kampflust spricht? Und welchen Schluss soll man daraus ziehen, wenn derselbe Mann einer der prominentesten Menschen der Welt ist und privat so großzügig, dass er einmal einem todgeweihten Kind einen Scheck über 50 000 Dollar in die Hand gedrückt hat, damit es die letzten Monate seines Lebens genießen kann? Wenn man dieses Bild um seine Unverwüstlichkeit ergänzt, die es ihm ermöglicht hat, nach zahllosen Niederlagen immer wieder ein Comeback hinzulegen, und um seinen grenzenlosen Optimismus, erhält man eine so bezwingende Figur, dass man ihn nicht einfach wegen seiner prahlerischen Persönlichkeit abtun kann.

Tatsächlich ist Donald Trump trotz all seiner Exzesse ein perfekt an seine Zeit angepasster Mensch. Nachdem er in Tom Wolfes »*Me Decade*« (Ich-Jahrzehnt) der Siebzigerjahre herangewachsen war, hat er einen sehr effektiven Selbstdarsteller aus sich gemacht, in einer Stadt, in der es von solchen Leuten nur so wimmelt. In den Achtzigerjahren, als der fiktive Gordon Gekko seinen Leitspruch »Gier ist gut« verkündete, lud Trump die Presse – und durch sie die Öffentlichkeit –, ein, seinen luxuriösen Lebensstil zu beobachten und zu beneiden, den er seinem eigenen kompromisslosen Profitstreben zu verdanken hatte. Dann, nach ein paar Skandalen und sehr öffentlich ausgelebten geschäftlichen Schwierigkeiten, verbrachte er die Neunzigerjahre damit, die amerikanischste aller Leistungen ins Werk zu setzen – ein Comeback. In dieser Hinsicht hatte er eine Menge mit anderen bemerkenswerten Männern gemein, so zum Beispiel mit kompromittierten Evangelisten, dem verurteilten Anleihenhändler Michael Milken und Präsident Bill Clinton, der sich wegen der Causa Lewinsky einem Amtsenthebungsverfahren stellen musste. In den Neunzigerjahren bewiesen diese Männer, dass Bekanntheit einem Menschen helfen kann, fast jede Blamage hinter sich zu lassen.

In jeder Phase seines erwachsenen Lebens führte Trump hauptsächlich sein Immobiliengeschäft, aber im Laufe der Zeit dilettierte er nebenbei auch in allerlei anderen Aktivitäten, von Sportveranstaltungen bis hin zu Schönheitswettbewerben. Das eine stetige Element bei allen diesen Interessen war, dass er immer großen Wert auf Publicity legte, die er mit der Geschicklichkeit eines Menschen sucht, der verstanden hat, dass Berühmtheit gleich Macht ist, Reporter manchmal zu faul zum Recherchieren sind und ein glanzvolles Image die Wirklichkeit überstrahlen kann. Er avancierte von jemandem, der die Presse mit Zitaten und Interviews versorgt, zu einem Mann, der in dem 1987 erschienenen Buch *Trump: The Art of the Deal* (*Trump: die Kunst des Erfolges*) seine eigene Geschichte erzählt (mit der Hilfe eines professionellen Ghostwriters).

Auf dieses erste von Trump veröffentlichte Buch folgten über ein Dutzend weitere. Jedes von ihnen beförderte die Vorstellung, er sei brillant und erfolgreich. Auf jedem Schutzumschlag erschien sein Gesicht, was bedeutete, dass er von den Regalen in Tausenden von Buchläden und Flughafen-Zeitungskiosks in den gesamten Vereinigten Staaten hinabstrahlte. Aber die Anerkennung, die diese Bücher erzeugten, verblasste im Vergleich zu der Aufmerksamkeit, die seine häufig verkündeten politischen Ambitionen erregten. Obwohl viele politische Beobachter Trumps Bestrebungen abtaten, erzeugten seine Liebäugeleien mit einem politischen Amt wertvolle Publicity. Außerdem bereiteten seine politischen Aktivitäten Trump auf die größte Rolle seines Lebens vor – nämlich in der TV-Unterhaltungsserie *The Apprentice* sich selbst zu spielen.

Diese Sendung wurde zum ersten Mal 2004 ausgestrahlt, als ein neues Format, die sogenannten »Reality-Shows«, immer bessere Einschaltquoten erzielte. Diese Show war als Wettbewerb zwischen zwei Teams konzipiert, in dem es letztlich einen einzigen Gewinner geben würde, der dann einen Job bei Trump bekommen sollte. Der Höhepunkt jeder Folge war der Moment, wenn Trump verkündete: »Du bist gefeuert«, woraufhin einer oder mehrere der Teilnehmer aus dem Spiel ausscheiden mussten. *The Apprentice* war ein echter Hit und landete in der ersten Staffel unter den zehn beliebtesten Sendungen; die letzte Folge der Staffel wurde von beinahe 30 Millionen Zuschauern gesehen. Trumps Spruch »Du bist gefeuert« wurden zu einer solchen Sensation, dass ein Spielzeughersteller eine mit blauem Anzug und rotem Schlips angezogene Puppe kreierte und verkaufte, die auf Knopfdruck diesen Spruch aufsagt.

The Apprentice fügte Trumps langem Lebenslauf den Eintrag »Fernsehstar« hinzu und bestätigte endlich, dass er ebenso sehr Entertainer wie Geschäftsmann war. In der Sendung zeigte er sein erstaunliches Gespür für Popkultur und was es wert war, prominent zu sein. Außerdem machte sie ihn einer neuen Generation von Amerikanern bekannt. Trump stellte für sie eine Mischung aus Reichtum, Vulgarität und einem erfrischend ehrlichen Hedonismus dar. Wie die Spielfigur »Uncle Pennybags« mit ihrem Zylinderhut aus dem Brettspiel Monopoly wurde Trumps Image in den Nachrichtenmedien häufig verwendet, um zu signalisieren, dass es im folgenden Bericht um Geld, Reichtum oder Luxus ging. Das Wort »Trump« wurde zu einem Synonym für schamlosen Erfolg und unverfrorene Selbstdarstellung. Zu sagen, jemand sei »der Donald Trump« von diesem oder jenem – was ziemlich häufig passierte –, war entweder ein schmeichelhaftes Kompliment oder eine Beleidigung. Bis 2014 war Trump zu einem wandelnden Rorschachtest geworden; man konnte ihn jeweils als extremes Beispiel für Ehrgeiz, Obsession, Aggression und Unsicherheit sehen. Außerdem zeigte er sich kreativ, stark und offen. Trumps Kollegen in der Geschäftswelt berichten, er sei ehrenwert und zuverlässig, obwohl er manchmal dafür kritisiert wurde, Rechnungen verspätet zu zahlen (aber wem ist das nicht schon einmal passiert?). Mit wenigen Ausnahmen haben seine Angestellten ihn als fordernd, aber auch großzügig im Hinblick auf Bezahlung und Sonderleistungen beschrieben. In unseren Gesprächen fand ich ihn schlagfertig, witzig und charmant. Er redet wie ein Wasserfall, wenn er auch einige seiner Anekdoten schon seit Jahrzehnten wiederholt.

Trump hat auch die Vorstellung widerlegt, dass es ihm egal sei, was die Menschen von ihm halten. Seine vielen Fehden und Konflikte lassen vermuten, dass ihm viel daran liegt, wie er wahrgenommen wird und ob man ihn als Gewinner oder Verlierer sieht, als attraktiv oder abstoßend, stark oder schwach. Er sagt zwar, ihn treibe der Nervenkitzel des Wettbewerbs an, aber sein rabaukenhaftes Verhalten ist ein Zeichen dafür, dass auch noch etwas anderes ihn dazu drängt, seine Gegner zu überrennen, Punkte zu machen und Kritik beiseitezuschieben.

In seinem Büro im 26. Stock, hoch über den Straßenschluchten von Manhattan, grummelt Trump, dies werde zweifellos ein »schlechtes Buch« werden, womit er meint, dass es wahrscheinlich seine Geschichte nicht als glänzendes Beispiel eines unternehmerischen Genies erzählen wird. »Die Leute wollen inspiriert werden«, sagt er, »sie wollen aufgebaut werden. Wenn man ihnen das gibt, dann bekommt man einen Bestseller.« Aber ein »gutes Buch« liegt im Auge des Lesers, und Donald Trump ist vielleicht am wenigsten qualifiziert, um sich selbst zu beurteilen. Dennoch mag sein Gespür für das, was die Öffentlichkeit haben will, in unserer Zeit unübertroffen sein. Seit Jahrzehnten hat niemand mehr so hartnäckig wie er die Aufmerksamkeit der Nation gefesselt. Trump beginnt jeden Tag damit, einen Pressebericht zu sichten, in dem genau aufgeführt ist, wo und wie oft sein Name in der weltweiten Presse erwähnt wurde. Diese Berichte sind meist so umfangreich, dass er sie nicht wirklich durchlesen kann, aber das Gewicht des Papierstapels gibt seinem empfindlichen Ego ein Gefühl dafür, wie wichtig er an jenem Tag ist. Dieses Bedürfnis, bemerkt zu werden, und sein Drang, es zu befriedigen, macht ihn zu einer einzigartigen Figur, die genau zu betrachten sich lohnt.

Wer waren die Menschen, die ihn in seinen frühen Jahren geprägt und ihm als Erwachsenem geholfen haben? Welche Wertvorstellungen leiteten ihn durch seine berufliche und persönliche Entwicklung? Ist Donald Trump ein Produkt seiner Zeit, geprägt durch Strömungen in unserer Kultur und Wirtschaft? Und inwieweit hat er, kraft seiner verschiedenen Identitäten – Geschäftsmann, politische Nervensäge, Entertainer – unsere Gesellschaft beeinflusst? Da er zu einem Symbol für einen Satz von Idealen und Einstellungen geworden ist, habe ich, als ich mich mit Trumps Leben beschäftigte, versucht, ihn als Idee zu verstehen. Was hat es zu bedeuten, dass dieser erstaunliche Mann, der zugleich so bewundert und verabscheut wird, die bekannteste Wirtschaftspersönlichkeit unserer Tage ist? Wie konnte er so viele Menschen vor den Kopf stoßen und dabei weiterhin so viel Aufmerksamkeit auf sich lenken? Und warum finden seine Feinde es so schwierig, ihn zu ignorieren?

KAPITEL 1

DIE TRUMPS VON BROOKLYN, QUEENS UND DEM KLONDIKE

> Er war ein sehr schwieriger Mann,
> aber er war mir ein großer Lehrer.
> *Donald Trump über seinen Vater*

Ein Ausschuss des amerikanischen Senats hatte Frederick Trump zwar einberufen, damit er sich für den Geldsegen in Höhe von vier Millionen Dollar rechtfertigte, den er aus dem staatlichen Wohnungsbauprogramm für Kriegsveteranen eingestrichen hatte, aber es hätte für ihn weit schlimmer kommen können. Er hätte Roy Cohn sein können.

Einen großen Teil des vorhergegangenen Monats hatten das Kapitol und die ganze Nation wie gebannt jene Anhörungen verfolgt, in welchen sich Angehörige der US Army mit Senator Joseph McCarthy, dem berüchtigten Kommunistenhetzer aus Wisconsin, über das Gebaren seines streitbaren Chefberaters Roy Cohn stritten. (Die Angelegenheit hatte sich so schlimm für Cohn entwickelt, dass seine politische Karriere auf jeden Fall ruiniert war. Für den Senator liefen die Anhörungen genauso schlecht. Ein Zeuge wurde zu einer Berühmtheit, als er McCarthy fragte: »Haben Sie denn keinen Anstand, Sir?« Der junge Cohn verließ anschließend Washington in Ungnade. Von Kollegen gemieden sollte McCarthy nicht lange danach im Alter von 48 Jahren wegen Trinksucht an einer Lebererkrankung sterben.)

Das Drama der McCarthy-Anhörungen war am 12. Juli 1954

noch frisch, als Fred Trump an einem Zeugentisch saß und sich Fragen zu Bestechung und Geschäftemacherei im Zusammenhang mit einem Bauprogramm der Federal Housing Administration (FHA) stellen lassen musste. Zu einem anderen Zeitpunkt hätte Korruption in einer Bundesbehörde, die Unternehmer dabei unterstützte, Wohnungen für Veteranen des Zweiten Weltkrieges zu bauen, womöglich im ganzen Land für Aufsehen gesorgt. Aber unmittelbar nach der McCarthy-Ära konnte man es den Amerikanern nicht verübeln, wenn sie die Politik eine Zeitlang aus ihrem Kopf verdrängten.

Man hatte Trump aufgefordert, Fragen zu beantworten, die durch den ersten Zeugen, der vor dem Ausschuss ausgesagt hatte, aufgeworfen worden waren: In seiner Aussage hatte Ermittler William McKenna Trump als einen der Höchstverdienenden unter den Bauherrn genannt, die an den außerordentlich hohen Zahlungen teilhatten; und diese Zahlungen wiederum waren so gut wie sicher von korrupten FHA-Beamten genehmigt worden. Viele dieser Bürokraten hatten von Bauunternehmern kostspielige Geschenke angenommen: Fernsehapparate, Armbanduhren, Küchengeräte. Andere lebten so weit über ihre Verhältnisse, dass kaum jemand daran zweifelte, dass sie beträchtliche Schmiergelder kassiert hatten. Die Bauunternehmer bekamen ihrerseits dafür Begünstigungen im Wert von Millionen Dollar. Laut McKenna hatte Trump insbesondere von den Gesetzesbeugungen profitiert, die eine einflussreiche Washingtoner Figur namens Clyde L. Powell praktiziert hatte. Powell hatte es Trump gestattet, einen Wohnkomplex am Beach Haven sechs Monate vor dem vereinbarten Zeitpunkt fertigzustellen, an dem er auch mit der Tilgung seines staatlich geförderten Darlehens beginnen musste. In diesem Zeitraum strich Trump bereits 1,7 Millionen Dollar an Mietzahlungen ein.

McKennas Aussage über Trump und andere hatte den Ausschussvorsitzenden Homer Capehart entsetzt – der Senator aus Indiana benutzte das Wort »ekelhaft«. Er erklärte, dass die Bauunternehmer sowohl die Bundesregierung als auch unzählige Veteranen ausgenutzt hätten. Capehart nahm sich ein Beispiel an

Präsident Dwight »Ike« Eisenhower, der knallrot angelaufen war, als McKenna ihm von den Schwierigkeiten mit der FHA berichtete. Als erster Nichtberufspolitiker im Amt des Präsidenten seit Ulysses S. Grant hatte General Eisenhower mit dem Versprechen Wahlkampf gemacht, die Korruption auszumerzen. Der Präsident hatte nicht generell etwas gegen Bauunternehmer. Erst kurz zuvor hatte er sich mit einem anderen großen Bauunternehmer aus New York, William Zeckendorf, getroffen und ihn gedrängt, ein Projekt in Angriff zu nehmen, das später die L'Enfant Plaza im Südosten von Washington wurde. Aber Ike lagen die Kämpfer, die er im Zweiten Weltkrieg zum Sieg geführt hatte, wirklich am Herzen. Als er mit einer Anweisung der Regierung die Bundesermittler von der Leine gelassen hatte – wobei er die FHA-Bauunternehmer »Hurensöhne« nannte –, hatte Senator Capehart, eher der typische Politiker, seine große Chance gewittert.

Wie Eisenhower war auch Capehart Republikaner. Die FHA war von dem Demokraten Franklin Delano Roosevelt ins Leben gerufen worden, und die Vorfälle, die jetzt untersucht wurden, waren alle eingetreten, als ein weiterer demokratischer Präsident, Harry S. Truman, am Ruder war. Wenn es Capehart gelang, um die FHA genügend Staub aufzuwirbeln, könnte er den Demokraten bei den kommenden Kongresswahlen womöglich einen schweren Schlag versetzen. Also sagte er, dass die Bauunternehmer und die FHA in »einen großen Skandal« verwickelt seien, viel schlimmer als der berüchtigte »Teapot-Dome«-Bestechungsskandal der Zwanzigerjahre, als Regierungsbeamte Schmiergelder erhielten, damit sie Pachtlizenzen für lukrative Ölfelder vergaben. Der Teapot-Dome-Skandal, bei dem es um Ölvorkommen im Wert von Hunderten Millionen – wenn nicht Milliarden – Dollar ging, ereignete sich unter einem republikanischen Präsidenten: Warren G. Harding.

Capehart, der nach einer Karriere als Verkäufer von Jukeboxen und Popcornautomaten in den Senat eingezogen war, war für sein Talent als Selbstdarsteller bekannt. Er beschloss, aus den Anhörungen eine Art Wanderzirkus zu machen, der in Washington eröffnet wurde und dann durch das ganze Land reiste. Auf

diese Weise sollten mehr Amerikaner Gelegenheit haben zuzusehen, wie er Beamte und Bauunternehmer, die sich miteinander
verschworen hatten, durch die Mangel drehte. Mit ein bisschen
Glück kamen sogar Kamerateams, um die Show live zu übertragen. Wie jeder clevere Politiker wusste, würde das Fernsehen
die Ermittlung und den Skandal in den Augen der allgemeinen
Öffentlichkeit viel wichtiger erscheinen lassen. Die Juristen, Senatoren und Zeugen im Ausschuss würden wie Bühnengestalten
wirken, und der Skandal wie ein Lehrstück über Gut und Böse.
Am Ende würde das Kürzel FHA womöglich sogar in die Annalen der Politik eingehen und eine ebenso starke Wirkung wie
die Wendung Teapot Dome haben, die jeder Amerikaner mit
Korruption identifizierte.

In den Tagen der Anhörung vor Fred Trumps Auftritt hatten
die meisten Zeugen den ihnen zugedachten Part gespielt. Clyde
L. Powell etwa ließ, nachdem er zu Beginn erklärt hatte, dass
er keine Fragen beantworten werde, weil er sich nicht selbst
belasten wolle, die Fragensteller abblitzen, indem er unablässig
wiederholte: »Meine Antwort ist immer noch die gleiche, Sir«
oder »Meine Antwort lautet wie die bereits gegebene.« Andere
versuchten, die erschreckenden Gewinne zu erklären, welche die
Bauunternehmer einstrichen, was ihnen aber nicht gelang. In
einem Fall wurden aus jedem Fünf-Dollar-Schein, den ein Unternehmer investiert hatte, in kurzer Zeit 1737 Dollar. In einem
anderen Fall wuchsen 10 000 Dollar rasant zu 3,1 Millionen an.
Ein Bauunternehmer hämmerte gar auf den Tisch, während er
seine Unschuld beteuerte. Ein anderer erlitt während der Befragung einen Herzinfarkt.

Keinem gelang jedoch eine bessere Vorstellung als dem Zeugen, der den größten Teil der Nachmittagsanhörung am 12. Juli
in Anspruch nahm. Tadellos in einen schicken Anzug gekleidet
und mit sorgfältig getrimmtem Schnurrbart saß Fred Trump von
Anwälten flankiert am Zeugentisch. Wie alle anderen Zeugen
hatte Trump einen Platz auf der Saalebene und war deshalb gezwungen, zum Podium aufzublicken, wo der Vorsitzende wie ein
Richter im Gerichtssaal oder ein König auf dem Thron saß. Aber

Trump benahm sich nicht wie ein Bittsteller oder ein Angeklagter. Vielmehr sprach er selbstbewusst über die verschlungenen, aber legalen Wege, die er genommen hatte, um für sich das Beste aus einem Programm herauszuholen, das wie geschaffen schien für einen Bauunternehmer, der Regularien ebenso gut wie Baupläne lesen konnte.

Phasenweise klang Trumps Aussage wie der berühmte Sketch »Who's on first?« des Komikerduos Bud Abbott und Lou Costello. Auf die Frage, wann Trump denn Bauland gekauft habe, antwortete er »fünf oder acht oder zehn Jahre« zuvor. Befragt nach einem Kostenvoranschlag, der zusätzliche fünf Prozent »Architektenhonorar« enthielt, das zum größten Teil in seine Tasche floss, bestand Trump darauf, dass man den Passus auf Wunsch der FHA aufgenommen habe. Als der skeptische Senator Capehart nachhakte, fügte Trump hinzu: »Und sie sind nach den Bestimmungen vorgesehen.«

»Was ist nach den Bestimmungen vorgesehen?«, erwiderte Capehart.

»Die fünf Prozent Architektenhonorar.«

»Haben Sie jemals eine Bestimmung gelesen, die das besagt?«

»Nein, ich bin Bauunternehmer.«

»Woher wissen Sie dann, dass die Bestimmungen ein Architektenhonorar von fünf Prozent vorsehen?«

»Man hätte das doch nicht genehmigt, wenn dem nicht so wäre.«

So ging das während eines Großteil des Nachmittags, wobei Trump von Zeit zu Zeit vorausschickte: »Das ist eine sehr heikle Frage«, um dann zu einer umständlichen Erklärung der komplexen Methoden anzusetzen, mit deren Hilfe er den größtmöglichen Gewinn aus den Steuerzahlern herausgequetscht hatte. Beispielsweise erklärte er, dass das Grundstück seines Bauprojekts Beach Haven im Besitz eines Fonds auf den Namen seiner Kinder sei. Die Gebäude hingegen gehörten einem halben Dutzend Unternehmen. Jedes Jahr zahlten diese sechs Betriebe an den Fonds – genaugenommen seine Kinder – eine Pacht für die Nutzung des Landes. Nach den Bestimmungen des Pachtvertrags durften die Kinder von Trump noch weitere 98 Jahre lang jedes Jahr mindestens 60 000 Dollar einstreichen. Anschließend konnte die Pacht für weitere 99 Jahre verlängert werden.

Mit einer ähnlichen Freimütigkeit erklärte Trump, wie er sich selbst das Honorar der Vertragsfirma gezahlt hatte, das in dem Kostenvoranschlag, den er der FHA vorgelegt hatte, enthalten war; und wie er seine eigene Brieftasche füllte, indem er eines seiner Unternehmen einen Auftrag für ein anderes seiner Unternehmen ausführen ließ. Den Senatoren kam dies vor wie ein Mann, der seinen eigenen Rasen mäht und dann darauf besteht, für die Arbeit bezahlt zu werden. Trump hingegen betonte, dass er eher ein Schneider sei, der einen schlechtbezahlten Assistenten dafür einstellt, dass er einen Maßanzug näht, und von dem Kunden dann den vollen Preis verlangt. Wenn die Qualität – dank der Aufsicht des Schneiders – die gleiche sei, warum sollte er dann nicht das Geld bekommen?

Für Beach Haven hatte Trump sich folgenden Plan zurechtgeschneidert: Er hatte bei der Regierung einen Kostenvoranschlag eingereicht, der mit außerordentlich hohen Baukosten rechnete, was es ihm gestattete, sich günstig mehr Geld zu leihen, als er eigentlich brauchte, und die amtliche Genehmigung zu bekommen, höhere Mieten zu fordern. Aus der Endabrechnung des Projekts ging hervor, dass Beach Haven für vier Millionen Dollar weniger als veranschlagt gebaut worden war. (Nach dem Wert von 2015 gut 35 Millionen Dollar.) Die sehr hohen Mieten, die man festgelegt hatte, als das Projekt bewilligt wurde, blieben in Kraft, selbst nachdem die überhöhten Gewinne aufgedeckt worden waren, weil die FHA sie genehmigt hatte. Ebenso blieb das übrige Bargeld aus dem FHA-Baudarlehen auf einem Bankkonto von Trump. Was ihn betraf, so war dieses Geld ehrlich verdient und, genaugenommen, kein persönliches Einkommen. Nach seinen Ausführungen konnte man die vier Millionen Dollar, solange er sie nicht in die eigene Tasche steckte, als »Schlechtwettergeld« für Beach Haven betrachten.

Mit gelegentlicher Unterstützung seiner Anwälte sagte Trump mehr als zwei Stunden ununterbrochen aus. Ein großer Teil von dem, was er sagte, hätte jeden gestört, der der Auffassung war, dass die Gelder der Steuerzahler, die über das FHA-Programm investiert wurden, eigentlich dafür gedacht waren, dem ehrenwerten, öffentlichen Zweck zu dienen, Veteranen so gut wie möglich unter die Arme zu greifen. Aber Trump und andere Bauunternehmer pflegten zu erklären, dass der plötzliche Geldsegen sie für ihre hervorragende Arbeit entschädigte, die sie beim Bau von Zehntausenden von Wohneinheiten in Rekordgeschwindigkeit geleistet hatten. Jede Andeutung, dass er gegen irgendwelche Bestimmungen oder Gesetze verstoßen habe, sei »völlig falsch und schmerzt mich«, erklärte Trump empört. Er sei es, der hier allen Grund habe, verärgert zu sein, nicht die Senatoren, wegen des »unsäglichen Schadens für mein Ansehen und meinen Ruf«.[1]

Obwohl Fred Trump eindeutig gegen die Idee des FHA-Programms verstoßen hatte, konnte ihm kein Gesetzesverstoß nachgewiesen werden. Unterdessen bewunderten unzählige Amerikaner womöglich einen ehrgeizigen und raffinierten Landsmann, der wusste, wie der Hase läuft und wie er das am besten ausnutzen konnte, und drückten ihm sogar die Daumen. Trump war genau dieser Typ; ein klassischer New Yorker, der direkt aus einem Buch über politische Korruption im *Gilded Age* mit dem Titel *Plunkitt of Tammany Hall** stammen könnte. Der Mann, dessen Reden in diesem Buch gesammelt wurden, war George Washington Plunkitt, ein Gesetzgeber des Bundesstaates New York, der bekanntlich erklärte: »Ich sah meine Chancen, und ich habe sie genutzt.« Eine der berühmtesten Reden Plunkitts konzentrierte sich auf »ehrenvolle Bestechung«, wie er es nannte, die von Politikern praktiziert wurde, die dafür sorgten, dass Freunde besondere Vergünstigungen bekamen, einschließlich ein wenig Unterstützung bei Immobiliengeschäften.

---

* Tammany Hall war ab 1789 der Treffpunkt der Demokratischen Partei von New York City. Der Name steht aber auch für die dort entstandene Seilschaft, die im 19. und 20. Jahrhundert mit korrupter Parteipolitik die Geschicke der Stadt lenkte.

Der Humor des Halunken in *Plunkitt* stand in einem krassen Gegensatz zu den gehässigen Kommentaren von Thorstein Veblen, der ebenfalls ein Standardwerk über das *Gilded Age* schrieb. In seiner *Theory of the Leisure Class* (*Die Theorie der feinen Leute*) wies Veblen nach, dass die amerikanische Elite nach einer Ethik der absoluten Gier und Unmoral lebte, die von einer Fassade anständiger Bildung und guter Manieren übertüncht war. Viel mächtiger und deshalb auch viel gefährlicher als Plunkitts Kumpanen und Mitläufer waren die von Veblen beschriebenen »feinen Leute«. Ihnen standen gewaltige Vermögen zur Verfügung, angehäuft von grausamen Männern, die »eine Freiheit von jedem Skrupel, jeder Sympathie, jedem Ehrgefühl und Respekt für das Leben« auszeichnete.

Die gemeinhin unter der Bezeichnung »Räuberbarone« bekannten Protagonisten Veblens trugen Namen wie Rockefeller, Morgan, Carnegie und Vanderbilt. Er sah in ihren unübersehbaren wohltätigen Projekten, üppigen Ausgaben und zeitraubenden Vergnügungen wie Segeln und Golf eine gezielte Anstrengung, andere von ihren Gesetzesverstößen abzulenken und sowohl zur Bewunderung als auch zur Nachahmung aufzufordern. Große Vermögen erkauften auch ihren Schützlingen und Sprösslingen den Zugang zu den höchsten Weihen der Wirtschaft – Finanzen, industrielle Monopole, Öl und Rohstoffe –, wo ihr Status mit der Hilfe von Beratern, Juristen und anderen bewahrt wurde, die ihrerseits hofften, in die Klasse der feinen Leute aufzusteigen.

In den Neunzigerjahren des 19. Jahrhunderts, als Plunkitt seine Reden und Veblen an der Cornell University Vorlesungen hielt, hatte Fred Trumps Vater weder Zugang zu Tammany Hall, wo sich die Seilschaften der Demokraten abspielten, noch zu den feinen Leuten. Der in Deutschland geborene und aufgewachsene Friedrich war im Oktober 1885 von Bremen aus über Southampton ausgewandert und reiste im Zwischendeck der neuen in Glasgow gebauten *SS Eider*. Er war 16 Jahre alt und Friseur – in einem Land, das bereits einen Überschuss an jungen Männern hatte, die mit Schere und Rasiermesser umgehen konnten.

Donald Trumps Großvater setzte bei Castle Garden zum ersten Mal seinen Fuß auf amerikanischen Boden. Dort befand sich ein Einwanderungszentrum in einem ehemaligen Fort, das man auf einer Insel gebaut hatte, ursprünglich eine Erddeponie vor der Südspitze von Manhattan. Ankommende Immigranten mussten eine Tortur an Untersuchungen über sich ergehen lassen, ehe ihnen erlaubt wurde, über eine Brücke das Stadtgebiet zu betreten. Waren sie dann in New York City angekommen, stand es ihnen frei, an einen beliebigen Ort in den Vereinigten Staaten und ihren Territorien zu reisen. Wie viele andere Neuankömmlinge ließ Friedrich Drumpf seinen Namen ohne große Formalitäten von den Einwanderungsbeamten ändern. Laut amtlichen Unterlagen verließ er Castle Garden als Friedrich Trumpf, und diesen Namen führte er noch einige Jahre lang weiter.

Nach sechs Jahren in New York folgte Friedrich den Meldungen von einem Bergbauboom im Westen, wo neue Städte und Orte entstanden. Im Rotlichtbezirk von Seattle hatte er als Besitzer eines Restaurants Erfolg, das warme Mahlzeiten und Prostituierte im Séparée anbot. Es war nicht gerade die Verwirklichung des Horatio-Alger-Mythos vom Tellerwäscher zum Millionär, aber in einem Land, das Reichtum mit Tugend gleichsetzte, entwickelte sich Friedrich zu einem echten und rechtschaffenen Amerikaner. Sieben Jahre nach seiner Ankunft in New York ging er zum Bezirksgericht für den Staat Washington und unterschrieb, nachdem er »seiner Loyalität und Treue« zu »Kaiser Wilhelm II. von Deutschland« abgeschworen hatte, die Erklärung, die ihn zu einem Bürger der Vereinigten Staaten machte. In diesem Dokument verschwand das »f« in Trumpf.

Als Staatsbürger und Geschäftsmann namens Trump hielt Friedrich nunmehr nach Gelegenheiten Ausschau, viel Geld zu verdienen. Eine Möglichkeit erblickte er im Bergarbeiterlager Monte Cristo in den Cascade Mountains, das von Schürfern überrannt wurde, die nach Gold und Silber suchten. Trump hielt seinerseits die Goldgräber für eine sicherere Geldquelle als den Boden und behauptete fälschlich, er habe Gold auf einem Stück Land gefunden. So gelang es ihm, sich ein hervorragend gelegenes Grundstück zu verschaffen, ohne dafür zu bezahlen. (Ein »Treffer« verschaffte einem Goldgräber den ausschließlichen Zugang zu einer Parzelle.) Trump schürfte nie in seinem Claim, sondern baute stattdessen eine Pension. Die Pension wurde ein großer Erfolg. Friedrichs Gewinn fiel umso höher aus, weil er für den Standort keinen Cent gezahlt hatte.

Als Trump mit Hilfe seiner Dreistigkeit und harten Arbeit ein Vermögen anhäufte, erwies er sich als echter Amerikaner. Ende des 19. Jahrhunderts herrschte in einem großen Teil der nordwestlichen Pazifikküste weder Recht noch Ordnung, und es wimmelte von Männern und Frauen, die sich munter den Umstand zunutze machten, dass die Zivilisation hier noch nicht Einzug gehalten hatte. In der Abgeschiedenheit der Wälder und Berge bedeuteten Formalitäten wenig, und deshalb reichten unter Umständen schon ein wenig Mut und Kühnheit zum Erfolg. Der unternehmerische Gesetzlose löste schrittweise den Kämpfer gegen die Indianer in der Rolle des archetypischen Grenzbewohners ab. An einem Ort wie Monte Cristo wäre niemand schockiert gewesen, wenn er erfahren hätte, dass ein Mann einfach das Land eines anderen besetzt hatte. Trump mag dreister als die meisten gewesen sein, als er eine Ladung Holz bestellte und einfach sein Unternehmen auf dem Land eines anderen baute, aber viele Männer lebten und schürften auf Land, das ihnen nicht gehörte.

Und es war auch niemand überrascht, dass sich Monte Cristo als ein leeres Versprechen entpuppte, das eine Zeitlang aufrechterhalten wurde, damit sich John D. Rockefeller, dessen Spekulationen den Gold- und Silberrausch ausgelöst hatten, mit einem großen Gewinn in der Tasche davonstehlen konnte. Im Jahr 1891 hatte Amerikas reichster Mann auf der Basis überaus optimistischer Berichte eines Geologen in der Bergbauregion investiert. Rockefeller baute eine große Aufbereitungsanlage, um Erz für den Transport auf einer neuen Bahnlinie vorzubereiten. Allerdings war die Produktion recht dürftig, und irgendwann erfuhren Rockefeller und seine Partner, dass sich der Geologe geirrt hatte. In aller Stille verkauften sie das Werk mit Gewinn und investierten ihr Geld wieder im Osten.

Als das Geheimnis Rockefellers, dass es kein Erz gab, ans Licht kam und Monte Cristo aufgegeben wurde, beschwerte sich kaum jemand über den Irrtum des Geologen und den heimlichen Abzug des New Yorkers. Was hätte das schon genützt? Außerdem hatte bereits ein neuer Goldrausch in der Region Klondike im Nordwesten Kanadas begonnen. Grob geschätzt hunderttausend Mann stürmten nach Norden, nachdem zwei Schiffe in Seattle mit Goldgräbern angekommen waren, die Gold im Wert von einer Milliarde Dollar (nach dem Kurs von 2015) mit sich führten. Friedrich Trump machte sich auf den Weg zum Yukon und hatte die Absicht, den Erfolg in Monte Cristo zu wiederholen. Nach der Ankunft in Alaska durchlebte er einen der härtesten und tödlichsten Trecks durch die Wildnis, den man sich vorstellen kann. Zu Anfang betrieb Trump eines der Zeltrestaurants, die sich auf Mahlzeiten aus den unterwegs verendeten Pferden spezialisiert hatten. Es folgte schon bald ein richtiges, aus Schindeln und Planken gebautes Etablissement – das New Arctic Restaurant and Hotel –, wo er einmal mehr auch die Dienste von Prostituierten anbot. Das New Arctic lag zuerst in einem Ort namens Bennett und zog danach über Seen und Wasserläufe in die größere Siedlung White Horse um. Wiederum nahm Trump Land in Besitz, das ihm eigentlich nicht gehörte, und verdiente viel mehr Geld als die Goldgräber, mit Ausnahme der größten Glückspilze unter ihnen. Als der Goldrausch abklang, verabschiedete er sich von White Horse und überließ das New Arctic einem Partner, der schon bald das Unternehmen verlieren sollte.

Mit einem stattlichen Vermögen und doppelt so alt wie bei seiner Ankunft in Amerika reiste der 32-jährige Friedrich Trump nach New York und nahm einen Dampfer nach Deutschland, weil er sich dort eine Frau suchen wollte. Einem Bericht zufolge brachte er ein Vermögen mit, das nach heutigem Wert über acht Millionen Dollar betrug. Im Jahr 1905 kehrte er zusammen mit seiner Frau Elizabeth Christ Trump nach New York zurück. Sie war schwanger mit dem Sohn, der in Amerika zur Welt kommen und Frederick (nicht Friedrich) Christ Trump heißen sollte.

Der Vater des jungen Frederick legte seine Schätze vom Yukon in Immobilien an. Er konzentrierte sich klug auf den verschlafenen Stadtteil Queens, in dem damals nicht einmal 200 000 verstreute Seelen lebten. Eine neue Brücke nach Manhattan wurde gerade gebaut, sowie ein Eisenbahntunnel. Die Brücke wurde 1909 eröffnet. Im Jahr 1910, als die ersten Züge der Long Island Rail Road von Queens zur prächtigen neuen Pennsylvania Station fuhren, lebten 284 000 Menschen in dem Viertel. Bauunternehmer zogen so schnell sie konnten Apartments und Häuser hoch. Wohnblocks entstanden entlang der Hillside, Jamaica und Atlantic Avenue. Schon im Jahr 1920 war Queens die Heimat von knapp einer halben Million Menschen.[2]

Friedrich Trump erkannte einen Goldrausch, wenn er einen sah. Mit der Absicht, sein Vermögen über die Investition in Grundstücke zu vergrößern, stattete er regelmäßig Immobilienmaklern einen Besuch ab. Häufig ging er Hand in Hand mit seinem Sohn zu diesen Terminen. Bei einem dieser Gänge im März 1918 fühlte er sich auf einmal nicht gut. Binnen weniger Stunden traten bei ihm die ersten Symptome der Grippe auf. In manchen Darstellungen wird sein Tod ausschließlich der sogenannten »Spanischen Grippe« zugeschrieben, die zwischen 1918 und 1919 rund 775 000 Amerikaner das Leben kostete. Aber im Kreis der Familie gab man dem Alkohol zumindest eine Mitschuld.[3]

Auf einmal musste der Mann der Familie, der junge Frederick, anfangen zu arbeiten und seinen Beitrag zum Haushalt zu leisten, während eine landesweite Wirtschaftskrise – die Depression von 1920/21 – einen großen Teil des Familienvermögens aufzehrte. Er besuchte die Abendschule, die er mit Fernkursen ergänzte, und lernte die verschiedenen Branchen der Bauindustrie kennen. Kaum hatte er die Highschool abgeschlossen, da suchte er sich Arbeit bei einem Bauunternehmer. Er fing als ungelernter Hilfsarbeiter an und musste unter anderem die schweren Steine schleppen. An guten Tagen arbeitete er mit einem Pferd. An schlechten Tagen war er das Pferd. Gewissenhaft und stark wie er war, stieg er schon bald zum Zimmermann auf. So lernte er die Tricks und das Handwerk des Baugewerbes und des Immobiliengeschäfts von der Pike auf.

Der extrem ehrgeizige Fred Trump gründete im Alter von 21 Jahren zusammen mit seiner Mutter ein eigenes Unternehmen. Ihr reifes Alter beruhigte alle, die mit der Firma »E. Trump and Son« ins Geschäft kamen. Die Familie hätte sich keinen günstigeren Augenblick aussuchen können. New York City war in eine Phase des rasanten Wachstums eingetreten, in dessen Verlauf die Einwohnerzahl binnen zehn Jahren um zwanzig Prozent steigen sollte. Während sich New York zur größten Stadt der Welt entwickelte, war sein wirtschaftlicher und kultureller Einfluss überall in Amerika und auf dem ganzen Erdball zu spüren. Dank der Wochenschauen und gedruckten Fotografien dominierten die Wolkenkratzer, Theater und Straßenzüge von Manhattan weltweit das Bild von New York, und dank eines skrupellosen Bürgermeisters namens Jimmy Walker stand das Viertel in einem Ausmaß für Reichtum, Glanz und Korruption, das ebenso atemberaubend wie einschüchternd war. Wer in Manhattan Erfolg hatte, den erwarteten zwar riesige Gewinne, aber der Konkurrenzkampf war gnadenlos. Die Trumps beschlossen, auf Nummer sicher zu gehen, und hielten sich an die äußeren Viertel Brooklyn und Queens. Von Projekten mit einzelnen Häusern arbeiteten sie sich hoch zum Bau von kleinen Häusergruppen auf unterteilten Grundstücken. Innerhalb von zwei Jahren hatten sie Dutzende von Häusern fertig gestellt und verkauft und erwarben größere Grundstücke in der Nähe der Grenze zum vorstädtischen Nassau County.[4]

Die fiktive Stadt West Egg aus F. Scott Fitzgeralds Roman *The Great Gatsby* (*Der große Gatsby*) befand sich an der Nordküste von Nassau County, und neue Häuser, die in der Nähe dieses modischen Distrikts gebaut wurden, hatten von vornherein ein Gütesiegel vorzuweisen. Da die Einwohnerzahl Queens noch schneller als im vorigen Jahrzehnt wuchs, kletterten die Immobilienpreise auf Rekordniveau. Während die sogenannten »Roaring Twenties« eine Blase des Wohlstands hervorbrachten, bauten die Trumps größere Häuser auf größeren Grundstücken und schmückten sie mit architektonischen Details aus, die allen gefielen, die den äußeren Schein von Erfolg mochten. Zu einer

Zeit, als das typische amerikanische Haus 8500 Dollar kostete, bauten die Trumps Anwesen im Wert von 30 000 Dollar.

Der Börsenkrach von 1929 veränderte, was viele Leser vom glamourösen Leben in Fitzgeralds Roman hielten – es wurde zu einem abschreckenden Beispiel. Der Immobilienboom in Queens war vorbei. Das Beben an der Wall Street, das sich in jeder Richtung ausbreitete, wuchs sich zur Weltwirtschaftkrise der Dreißigerjahre aus. So viele Arbeiter verloren ihren Job, dass die Arbeitslosigkeit, die bislang um fünf Prozent geschwankt war, auf einmal zweistellige Zahlen erreichte. Als sich die ersten Schlangen vor den Bäckereien bildeten, hörten so gut wie alle – auch die, die Geld hatten – auf, es auszugeben. Da das Unternehmen auf Grundstücken saß, die kein Mensch kaufen wollte oder konnte, ging E. Trump and Son pleite. Fred machte einen Lebensmittelladen auf, den er halbherzig leitete, und wartete nur auf eine Gelegenheit, wieder in das Immobiliengeschäft einzusteigen.

Die amerikanische Wirtschaft erreichte im Jahr 1933 ihren absoluten Tiefpunkt, als die offizielle Arbeitslosenzahl bei 25 Prozent lag und der Wertverlust der Eigenheime 20 Prozent erreichte. An vielen Orten war die Lage noch viel schlimmer, und für die Millionen, die ihre Stelle verloren hatten und sich abrackerten, um Lebensmittel, Kleidung und Wohnung zu bezahlen, sagten die statistischen Angaben nichts über ihre Ängste, Befürchtungen und Verzweiflung aus. Eine Rekordzahl an Familien verlor wegen Zwangsvollstreckungen ihr Zuhause. An einem einzigen Tag im Januar wurden fünfzehn Immobilien auf einer Auktion in New York verkauft, die wegen der Nichtzahlung fälliger Hypothekenraten gepfändet worden waren.

Bemerkenswerterweise zählte mitten in der düsteren Stimmung die feierliche Geschichte mit dem Titel *The Epic of America* (Das Epos von Amerika), die der Welt die Vorstellung vom »amerikanischen Traum« präsentiert, zu den beliebtesten Büchern dieser Zeit. Der Autor James Truslow Adams definierte diesen Traum als eine gemeinsame Überzeugung, dass alle Bürger die Chance haben sollten, »das erfüllteste Leben zu führen, zu dem sie imstande wären«. Diese Vorstellung bezog sich nicht allein auf die Wirtschaft. Adams betonte die Würde und den Respekt, den jeder Mensch anstrebt – das waren die zentralen Elemente des Traums –, und bedauerte »den Kampf jeder gegen jeden«, dem er die Schuld an den exzessiven Spekulationen der Zwanzigerjahre und dem Börsenkrach gab.[5] Nach dem Erscheinen seines Buches Ende 1931 reiste Adams über ein Jahr umher und schrieb von seiner Hoffnung, dass die Krise eine Rückkehr zu weniger materialistischen Werten auslösen werde. Im Jahr 1934, als das Schlimmste vorüber schien, stellte er fest, dass zu viele seiner Landsleute zu ihrer Leidenschaft für das »Besitzen und Ausgeben« zurückgekehrt waren, und warnte vor einer »weiteren Orgie« der Spekulation.

Adams war mit dieser Befürchtung nicht der Einzige. Im März 1934 fielen Hunderte von Bewohnern aus Brooklyn und Queens – vierzehn Busse voll – über die Gesetzgeber des Bundesstaates in Albany her und forderten etwas zu unternehmen, damit die Menschen ihre Eigenheime behalten konnten und den Immobilienspekulanten das Handwerk gelegt wurde. In den beiden Vierteln hatten so viele Hausbesitzer über ein staatliches Programm Unterstützung beantragt, dass die zuständige Behörde bei der Bearbeitung der Anträge ein volles Jahr im Rückstand war. »Wenn der Immobilienmarkt in Gang kommt, werden der Kredithai und der Spekulant ernten«, sagte Matthew Nappear, ein Sprecher der um Hilfe suchenden Hausbesitzer. »Viele der großen Vermögen wurden auf diese Weise angehäuft. Das sollte nicht wieder passieren.«[6]

Nappear hatte mit einem recht: Die Immobilienprobleme des einen sind die große Chance eines anderen. Alle Märkte funktionieren auf diese Weise, indem sie Anlegern mit Kapital die Chance bieten zu kaufen – sei es Aktien, Anleihen, Immobilien oder Waren –, wenn die Preise niedrig sind. An dieser Tatsache ist nichts Emotionales und sie entspricht einer grundlegenden Wahrheit, die kapitalistische Volkswirtschaften in Gang hält. Der Unterschied, wenn es um Immobilien geht, besteht darin, dass das »Investitionsobjekt« unter Umständen das Zuhause eines

Menschen ist. Ein Haus ist im Gegensatz zu, sagen wir, einer Aktie mit einer zusätzlichen Bedeutung belastet. Als Quelle der Sicherheit, des Komforts und sogar der Identität ist ein Zuhause nicht einfach nur ein Ort, sondern die Heimat des Herzens. Wir träumen nicht von Portfolios und Anlagefonds. Wir träumen von den Häusern und Wohnungen, die wir als Kinder kannten.

Weitere Faktoren unterscheiden eine Immobilie von anderen Investitionen. Zum einen wird der größte Teil des Grundbesitzes mit Hilfe einer Hypothek gekauft, was bedeutet, dass eine vergleichsweise kleine Summe an verfügbarem Bargeld genügt, um einen weit höheren Kauf zu finanzieren. Außerdem ist Immobilienbesitz, oder genauer Grundbesitz, dauerhaft und amtlich festgehalten. Wertpapiere und die Unternehmen, die sie repräsentieren, können sich unter Umständen in Luft auflösen, was durchaus vorkommt. Mit Ausnahme einer staatlichen Enteignung, für die Besitzer entschädigt werden müssen, wird Land im Privatbesitz immer einen Wert haben. »*They ain't makin' any more of it*« (Sie können nicht mehr davon machen), heißt es, um die besondere Attraktivität von Grundbesitz zu vermitteln. Diese Worte geben ein so ursprüngliches Bedürfnis wieder, das so gut wie jedes Geschöpf kennt oder besser spürt, das jemals ein bestimmtes Territorium gegen einen Rivalen verteidigt hat. Ob es nun ein Baugrundstück oder ein Wald ist, kein Ort ist genauso wie *dieser* Ort.

Die Anziehungskraft von Immobilien ist kein Geheimnis. In wachsenden Städten sind sich Grundbesitzer darüber im Klaren, dass eine starke Nachfrage den Wert steigert, und viele werden verkaufen, um den Gewinn auf dem Papier in Bargeld umzuwandeln. Aber wenn Nachfrage und Preise immer weiter steigen und mehr Besitzer danach trachten, aus der Gelegenheit Kapital zu schlagen, entsteht eine Blase auf den Märkten. Das Angebot übersteigt dann die Nachfrage, und die Blase platzt, die Preise stürzen ab. Kluge Investoren legen ihr Geld an, wenn die Preise auf dem tiefsten Stand sind und ziehen ihr Kapital vor dem Platzen wieder ab.

Im New York der Dreißigerjahre hielten sich kluge Investoren im Umfeld der Gerichtshöfe auf, wo Richter Insolvenzen und Zwangsversteigerungen abwickelten und über Immobilien zu extrem niedrigen Preisen verfügten. Als politisch denkende Zeitgenossen erkannten die Richter wohl, dass das Procedere zwar durch Vorschriften geregelt war, Akteure mit guten Beziehungen aber bevorzugt werden konnten, wo es nur ging. Freunde und Partner konnten als Treuhänder benannt werden, wenn Spitzenimmobilien bei Insolvenzen abgegeben wurden, und konnten sich so das erste Angebot sichern. Mit den entsprechenden Informationen konnten Investoren sogar direkt an Hausbesitzer herantreten, die mit den Zahlungen im Rückstand waren, und ihnen anbieten, ein Gebäude oder ein Grundstück abzukaufen, bevor ein Geldgeber es zwangsvollstreckte oder die Stadt von ihrem Pfandrecht Gebrauch machte. Dem Verkäufer würden der Stress und die Peinlichkeit einer Zwangsräumung erspart, während der Käufer ohne die Scherereien vor Gericht oder die Konkurrenz anderer Anleger eine Immobilie erwarb.

Da Fred Trump nicht über die nötigen Beziehungen verfügte, um diese günstigen Gelegenheiten zu nutzen, beobachtete er die Zwangsräumungen in der Hoffnung, irgendwann eine Chance zu erblicken, den Fuß in die Tür zu bekommen. Er lernte die Namen und Gewohnheiten der einflussreichen Männer, die in den Clubs der Demokraten in der Stadt das Sagen hatten, und behielt die Prozesslisten im Auge. Ende 1933 wurde Trump auf Forderungen gegen eine der größten Hypothekenbanken in Brooklyn aufmerksam, die Lehrenkrauss & Co. Das Unternehmen mit der staatlichen Lizenz einer Investmentbank war im Familienbesitz und seit über 50 Jahren im Anlagegeschäft tätig. In den Zwanzigerjahren, als sich Amerikaner aller Bevölkerungsschichten eifrig in den Geldanlageboom gestürzt hatten, verkaufte Lehrenkrauss alles von Devisen bis zu Gold. Das Hauptgeschäft der Firma war jedoch der Verkauf von Pfandbriefen, die von dicken Bündeln aus Hypotheken gedeckt wurden. Viele Inhaber von Pfandbriefen waren erst kürzlich eingereiste deutsche Immigranten, die auf den guten Ruf der Bank vertrauten, als sie ihre Ersparnisse anlegten.

Die Familie Lehrenkrauss war so bekannt, dass über ihr Kommen und Gehen auf den Gesellschaftsseiten der Zeitungen berichtet wurde – »Charles F. Lehrenkrauss hat an Bord seiner Yacht in Manhasset Bay eingeladen« – und ihre Scheidungen in den Kolumnen auftauchten. (J. Lester Lehrenkrauss' Frau Beatrice setzte dank eines Gerichts in Reno, Nevada, ihre Scheidung durch.) Jedes Jahr wurde der sogenannte Lehrenkrauss Cup an den besten Schüler einer lokalen Schule verliehen, und Mitglieder der Familie wurden gebeten, sich in verschiedenen Aufsichtsräten und Ausschüssen zu engagieren. Im April 1929 wurde der älteste Lehrenkrauss, Julius, in den Aufsichtsrat eines neuen Finanzinstituts namens Brooklyn Capital berufen. Gleich im nächsten Monat trat er in den Beraterausschuss der Abteilung Hamilton Trust in der Chase National Bank ein.

Alle drei Männer der Familie – Julius, Charles und Lester – wurden namentlich genannt, als Anleger ihre Anklagen gegen die Firma am Bundesgerichtshof in Brooklyn einreichten. Laut den Unterlagen hatten die Anleger den Verdacht, dass das Unternehmen bankrott sei und dass die Wertpapiere, welche die Firma verkauft hatte, praktisch wertlos seien. Tausende Inhaber von Pfandbriefen waren empört über das Täuschungsmanöver, das bei den Anhörungen vor Gericht ans Licht kam. Wie Julius ausführte, hatte er Pfandbriefe für einen Preis verkauft, der um ein Vielfaches höher war als der Wert der Hypotheken, die sie absicherten. Dividenden wurden nach dem Ponzi-Schema mit neuen Einkünften ausgezahlt, und Bargeld wurde von einem Konto zum anderen verschoben, um Rechnungsprüfern den falschen Eindruck zu vermitteln, die verschiedenen Operationen der Firma seien solvent. Als die Firma kurz vor dem Zusammenbruch stand, hatte Julius 1900 Dollar in bar abgezogen, ausnahmslos in 20-Dollar-Scheinen, weil er, wie er sagte, »für die Zukunft vorsorgte«.

Doch die Tortur war noch nicht zu Ende: Nun entdeckten die Fahnder, dass Dutzende von Urkunden in den Akten des Unternehmens fehlten; außerdem hatte Julius, ohne Wissen anderer in der Firma, an der Börse mehr als 450 000 Dollar verloren – nach heutigem Wert grob geschätzt 8,1 Millionen Dollar. Ein Neffe sagte, Julius habe ihm neulich erklärt: »Aktien steigen zwangsläufig.« Da er außerstande war, eine schlagkräftige Verteidigung zu bezahlen, und von den vorgelegten Beweisen geradezu erdrückt wurde, zog Julius sein bestes Hemd, eine gestreifte Hose und ein schwarzes Jackett an, als er zu der Gerichtssitzung ging, wo er sich des schweren Diebstahls schuldig bekannte. Sein Anwalt sagte, Julius Lehrenkrauss werde seine Strafe »wie ein Mann« akzeptieren. Der Richter, ein langjähriger Freund des Angeklagten, verurteilte ihn zu einer Haftstrafe von fünf bis zehn Jahren im Staatsgefängnis, das unter dem Namen Sing Sing bekannt war.

Auch wenn die Pfandbriefe von Lehrenkrauss wertlos waren, so hatte ein kleiner Teil des Unternehmens, das die Hypothekenraten der Schuldner einzog, immer noch einen gewissen Wert. Die vom Gericht ernannten Treuhänder baten um Kaufgebote für diesen Geschäftszweig. Ein großes Unternehmen zur Betreuung von Hypotheken, die Home Title Company, trat in den Wettbewerb ein. Andere Bewerber waren nicht ganz so bekannt, hatten aber bessere Beziehungen zum politischen Betrieb in Brooklyn. Fred Trump, der für viele Häuser, die er verkauft hatte, auch Hypotheken verwaltet hatte, polierte seine Qualifikation auf, indem er dem Gericht mitteilte, er sei bereits seit zehn Jahren im Immobilien- und Hypothekengeschäft. (Das hieße, er hätte schon in der Highschool Häuser verkauft.) Doch selbst mit dieser Übertreibung hätte er ohne einen besonderen Vorteil den Kürzeren ziehen können.

Trump hofierte Brooklyns Strippenzieher und tat sich mit einem anderen in Queens ansässigen Bewerber namens William Demm zusammen. Weil sie befürchteten, eine große Gruppe der Lehrenkrauss-Anleger könnte den Verkauf aufhalten, gingen die beiden zu einer Anlegerversammlung in der Bushwick Highschool. Die Opfer hatten Angst, dass die alte Firma eines Tages wiederbelebt würde und dass sie dann auch den restlichen Wert im Hypothekengeschäft verlieren würden. Nur ein Wunder hätte Lehrenkrauss zu neuem Leben erweckt, aber Trump hatte

Verständnis für die Ängste der Anleger. Er und Demm versprachen, dass sie, falls Lehrenkrauss jemals von den Toten auferstehen sollte, das Hypothekengeschäft für einen Nettogewinn von nur tausend Dollar an die Geldgeber weiterverkaufen würden. Als Gegenleistung baten sie lediglich, dass die Gruppe ihr Gebot bei den Treuhändern befürwortete. Die Sache war perfekt, und das Gericht, das einen Konflikt mit den Opfern des Lehrenkrauss-Clans unbedingt vermeiden wollte, akzeptierte das Gebot von Trump und Demm.[7]

Auch wenn sie mit der Betreuung der Hypothekenraten ein bisschen was verdienen würden, bestand der eigentliche Wert des von Trump und Demm übernommenen Geschäfts in den Informationen, die sie anhand der Geschäfte von Lehrenkrauss zusammentrugen. In den aktuellen Unterlagen der Firma entdeckten sie, welche Hausbesitzer mit den Zahlungen im Verzug waren und wann Zwangsräumungen bevorstanden. Mit diesem Insiderwissen konnten sie anbieten, belastete Immobilien zu kaufen, noch bevor sie auf den Markt kamen.

Als Fred Trump Grundstücke kaufte, konzentrierte er sich auf die Wohngegend East Flatbush in Brooklyn, wo vor nur dreißig Jahren noch Bauern Gemüse angebaut hatten, um die Märkte in Manhattan zu beliefern. Der Wandel des Viertels von einer ländlichen zu einer städtischen Gegend begann, als ein Immobilienbüro namens Wood, Harmon and Company das Busunternehmen Brooklyn Rapid Transit Company überredete, die Straßenbahn auszubauen, die bislang in der Nähe des Prospect Park aufhörte. Das Immobilienbüro baute in einem Jahr fünfzig Häuser. Die Wohngegend wuchs noch schneller, als die August Belmont's Interborough Rapid Transit Company ihre U-Bahn bis zur Nostrand Avenue führte. Pendler, die so gut wie überall in Manhattan arbeiteten, fanden East Flatbush auf einmal attraktiv, und so blühte die Gegend mit neuen Einfamilienhäusern, Doppelhaushälften und Apartments auf.

Ende der Dreißigerjahre fügte Fred Trump Grundstücke zusammen, so dass große Gelände entstanden, wo er Gebäude mit einer Größe von ein paar Dutzend bis zu Hunderten von Wohneinheiten hochzog. Sein größtes Projekt entstand auf einem lange leerstehenden Platz, wo der Zirkus Barnum & Bailey unter einem großen Zelt seine Vorführungen präsentiert hatte. Als der Zirkus im Jahr 1938 zum letzten Mal nach East Flatbush kam, war ein Gorilla mit dem Bühnennamen Gargantua der Star der Show. Buddy, wie er von seinen Freunden genannt wurde, war von einer exzentrischen Frau in Brooklyn aufgezogen worden, die ihn in Hemd und Hose gesteckt hatte und mit ihm auf dem Beifahrersitz durch das ganze Viertel gefahren war.

Trumps Projekt auf dem Zirkusplatz, der in der Nähe von zwei verschiedenen U-Bahn-Haltestellen lag, wurde von der gleichen Federal Housing Administration gefördert, die im Jahr 1954 von Senator Capehart so kritisch geprüft wurde. Die Behörde, die potentiellen Käufern, Bauträgern, Bauunternehmern und Bauarbeitern helfen sollte, war ein Teil des »New Deal« von Franklin Delano Roosevelt, um die Wirtschaft in der Rezession mit eben jenen zusätzlichen Regierungsausgaben anzuregen, die der Wirtschaftsexperte John Maynard Keynes »Pump Priming« nannte.

Vor den Dreißigerjahren und der Gründung der FHA hatte die Bundesregierung keine richtige Wohnungsbaupolitik, und der Hausbesitz war nicht das Kennzeichen der Zugehörigkeit zur Mittelschicht, das er später wurde. Die Anbieter von Hypotheken forderten Barzahlungen in Höhe von 50 Prozent des Kaufpreises oder mehr, und Darlehen waren in der Regel innerhalb von fünf oder zehn Jahren vollständig zurückzuzahlen – das nannte sich damals Zahlung mit Tilgungsaufschub. (Die meisten Hausbesitzer tilgten den Kredit vor Ablauf der Frist.) Im Jahr 1940 gehörte nur 43 Prozent der Amerikaner das Haus, in dem sie wohnten. In stärker urbanisierten Bundesstaaten war der Anteil sogar noch niedriger. Für New York lag die Zahl bei nur 30 Prozent. Neben der FHA-Förderung für neuen Wohnungsbau lösten weitere Programme des New Deal einen stetigen Anstieg des Hausbesitzeranteils aus. Der Abschluss von 20-jährigen Hypotheken für bis zu 80 Prozent des Hauswertes wurde gefördert und Geldgeber wurden gegen Verluste versichert – für den Fall, dass ein Kreditnehmer in Zahlungsverzug geriet.

Auch wenn die meisten Amerikaner Schwierigkeiten hätten, wenn man sie bitten würde, den Unterschied zwischen der FHA und Fannie Mae (die Federal National Mortgage Association, entspricht der Bundeshypothekenbank) zu erklären, sahen Geschäftsleute und Politiker, die die Entwicklung dieser Programme vorantrieben, was für Chancen sich hier boten. Immobilienmenschen erkannten die Möglichkeit, in viel größerem Stil Geschäfte zu machen, mit weit mehr potentiellen Kunden und erheblich verringertem Risiko. Die Politiker sahen große neue Verwaltungsapparate, die man mit demokratischen Kandidaten auffüllen würde. Die Beamten wiederum würden über Millionen und am Ende Milliarden Dollar Budget verfügen, das man an bevorzugte Antragsteller verteilen konnte, sofern man ihnen wohlgesinnt war. In New York ging der höchste FHA-Posten an einen gewissen Thomas »Tommy« G. Grace, ein ehemaliger Highschool-Football-Trainer, der zum Anwalt aufgestiegen war. Grace, ein Veteran des Ersten Weltkrieges und Stammgast im Clubhaus der Demokratischen Partei in der Brooklyner Gegend Bay Ridge, war erst neunundreißig, als er 1935 ernannt wurde. Sein Bruder war Fred Trumps Anwalt, und im August 1936 schenkte Tommy Trump eine Gedenktafel, die an die Zusage der Bundesregierung erinnerte, die Finanzierung eines Projekts mit 400 Wohneinheiten zu fördern.

Die kleine Zeremonie, die sogar in der *New York Times* dokumentiert wurde,[8] war ein klassisches Pseudo-Ereignis von der Art, wie Geschäftsleute und Politiker es sich ausdachten und zu dem einzigen Zweck inszenierten, um Publicity zu bekommen. Im Gegensatz zu echten Ereignissen in den Nachrichten, die spontan eintrafen, gingen solchen inszenierten Anlässen »Nachrichtenmeldungen« voraus, die an Chefredakteure und Reporter verschickt wurden, und sie ereigneten sich zu einer bestimmten Uhrzeit, wobei sich die Teilnehmer an ein vorgegebenes Drehbuch hielten. New York, wo in den Zwanzigerjahren die ersten großen PR-Firmen aufblühten, war die Hauptstadt dieser neuen Branche. Der Begriff »Public Relations« war von einem New Yorker geprägt worden: Edward Bernays, ein Neffe von Sigmund

Freud, der im Jahr 1923 an der New York University den ersten Kurs in diesem Fach gegeben hatte.

Bernays glaubte, dass er mit der richtigen Kombination fingierter Ereignisse, positiver Rückmeldungen von Berühmtheiten und Verbündeter auf hohen Posten nicht nur die Verkaufszahlen für einen Kunden steigern, sondern auch Trends ins Leben rufen, Moderichtungen verändern oder die Politik beeinflussen konnte. Als die kurzhaarigen Frisuren der sogenannten Flapper die Nachfrage nach den Haarnetzen eines Kunden ruinierten, brachte Bernays prominente Frauen dazu, sich für lange Haare auszusprechen. Außerdem überzeugte er Regulierungsbehörden, dass Haarnetze überall Vorschrift sein müssten, wo Frauen mit Lebensmitteln zu tun hatten oder in der Nähe von Maschinen arbeiteten. Es existierten kaum Belege dafür, dass diese neuen Vorschriften wirklich nötig waren, aber Bernays argumentierte so überzeugend, dass die Politik und die Einstellung der Bevölkerung sich veränderten. Die Verkaufszahlen von Haarnetzen schossen in die Höhe. Ähnliche Wunder vollbrachte er für die Hersteller von Koffern, die darunter litten, dass die neuen Modestile es Männern und Frauen gestatteten, mit leichtem Gepäck zu reisen. Als Bernays mit seiner Kampagne fertig war, redeten Gesundheitsbeamte den Leuten ein, dass es unhygienisch sei, einen Koffer mit anderen zu teilen. Prompt kletterten die Verkaufszahlen nach oben.

Bernays wurde die Arbeit erleichtert durch »die zweidimensionale Gesellschaft«, wie der Kritiker Neal Gabler es nannte. Sie begann mit der Verbreitung reich bebilderter Boulevardblätter und Wochenschauen in den Kinosälen, die Personen und Ereignisse bei Millionen von Menschen in das Gedächtnis einprägten, obwohl diese im realen Leben niemals zu ihnen Zugang bekommen hätten. Der PR-Pionier Bernays hatte mit seinen Methoden so großen Erfolg, dass die Zeitung *The Nation* im Jahr 1927 sagte, er kündige »das himmlische Königreich der Handelsvertreter« an. Schon bald hatte er unzählige Nachahmer, darunter gewöhnliche Bürokraten und Geschäftsleute, die entdeckten, dass sie das auch selbst konnten. Indem sie Reporter mit einem stetigen Nachschub aus Ankündigungen und Ereignissen fütterten, verschafften sie sich Zugang zu den neuen Kolumnen der Lokalzeitungen. Die kostenlosen Artikel, die sie bekamen, waren wertvoller als bezahlte Werbeinserate, weil sie der Öffentlichkeit als echte Nachrichten präsentiert wurden, von professionellen Journalisten als solche anerkannt. Diese Manipulation war zum großen Teil harmlos, aber in manchen Fällen schufen PR-Mitarbeiter – vor allem jene in der Politik – über negative Stereotypen Sündenböcke und öffentliche Feindbilder.[9]

Indem er regelmäßig Pressemitteilungen verschickte, wollte Fred Trump für alles, was er unternahm, kostenlose Publicity bekommen; dazu zählte auch seine Rolle als Gastgeber für ein Picknick der Firma. Er bekam ein paar kostenlose Zeilen durch die schlichte Ankündigung, dass ein Bauprojekt in Brooklyn jetzt ein Jahr alt sei – »Der Erbauer von Flatbush feiert« – und nur zwölf Tage später noch einmal – »Häuser in Flatbush verkauft« – mit der Bekanntgabe, dass er innerhalb von drei Wochen 40 Häuser verkauft habe. Dass ein Bauprojekt ein Jahr alt war oder dass ein Immobilienmakler Häuser verkauft, waren »Neuigkeiten« von der Kategorie »Hund beißt Mann«. Aber irgendwie gelang es Trump, diese Meldungen veröffentlichen zu lassen, und die Häufung wirkte sich für sein Unternehmen positiv aus. Im Jahr 1940 wurde er in einem Report, in dem gemeldet wurde, dass seine Leute derzeit den letzten Fleck Wald in dem Viertel plattmachten, als einer der größten Bauunternehmer Brooklyns gerühmt. Die Gegend Paerdegat Woods, wo einst Canarsee-Indianer gejagt hatten, war der Schauplatz eines Scharmützels während des Revolutionskrieges zwischen den Kolonisten und hessischen Söldnern im Rahmen der großen Schlacht um Long Island gewesen.

Viele Projekte von Trump wurden auf Grundstücken errichtet, die er von staatlichen oder staatlich beaufsichtigten Verkäufern erworben hatte, etwa von der Stadt New York oder, im Fall von Paerdegat Woods, der Brooklyn Water Company. Es war bei diesen Deals gewiss nicht zum Schaden von Trump, dass er bei den städtischen Führern der Demokraten sehr bekannt war. An jedem Ort oder Zeitpunkt ist ein Immobilienentwickler gut beraten, sich mit lokalen Politikern gut zu stellen. Im New York der Vierzigerjahre war es ebenfalls vernünftig, auf der richtigen Seite der Mafia zu stehen.

Als mit der Aufhebung der Prohibition das Spirituosengeschäft wegfiel, verstärkten die italoamerikanischen Gangster ihre Präsenz im Baugeschäft und in den Gewerkschaften. Diese Männer setzten Gewalt oder die Androhung von Gewalt ein, um den Nachschub an Materialien und Arbeitskräften zu kontrollieren, und bestimmten, welche Unternehmen in ihrem Syndikat oder »Club« Aufträge für Großprojekte bekamen. Die Gefahr, die von diesen Leuten ausging, war sehr real. Durch einen Doppelmord, den eine Mafiabande in Brooklyn an einer anderen verübte, gerieten die Gewerkschaften für Maler und Installateurgehilfen unter die Kontrolle von Louis Capone und seine Partner. Die Hinrichtungen signalisierten auch, wie wichtig dem organisierten Verbrechen die Beteiligung am Baugeschäft war. Die Mafiabosse waren so gefürchtet, dass sie mit einem Wort ein Projekt begraben und einem Entwickler zusätzliche Kosten auferlegen konnten, oder sie konnten billige Arbeiter, die keiner Gewerkschaft angehörten, zu einer Baustelle schicken und damit die Arbeitskosten drastisch senken. Manchmal forderten die Mafialeute »Schutzgeld«, um den Frieden zu bewahren, oder sie zwangen einen Entwickler, Arbeiter zu bezahlen, die niemals zur Arbeit erschienen. In anderen Fällen wurden Extrakosten einfach bei der Auftragsvergabe aufgeschlagen. Welche Methode sie auch anwandten, die Beteiligung der Mafia machte das Baugeschäft in New York teurer und gefährlicher als in jeder anderen Stadt Amerikas.

Nach dem Zweiten Weltkrieg, als sich die FHA der Finanzierung von Wohnungen für Veteranen widmete, schloss sich Trump mit einer Maurerfirma mit guten Mafiakontakten zusammen, um sein großes Projekt Beach Haven zu verwirklichen. Vor der Partnerschaft mit Trump hatte William »Willie« Tomasello bereits bei einer Reihe von Bauprojekten in New York und Florida mit Figuren aus den genuesischen und Gambino-Verbrecherclans zusammengearbeitet. Die Anwesenheit Tomasellos bei Beach Haven bedeutete, dass Trump sich keine Sorgen um Störungen beim Nachschub von Ziegeln, Zement, Bauholz oder Eisen machen musste. Sie garantierte ihm auch zuverlässige Arbeitskräfte, darunter Männer, die keiner Gewerkschaft angehörten und schlechter bezahlt werden konnten. Trump arbeitete danach nie wieder mit Tomasello zusammen. Im Jahr 1990 wurde Tomasellos Partner Louis DiBono, der nacheinander bei vier Projekten mit ihm zusammengearbeitet hatte, tot in einem Cadillac aufgefunden, der in einer unterirdischen Garage im World Trade Center in Lower Manhattan abgestellt war.[10]

Da er mit jedem Jahr reicher wurde, bewarb Fred Trump seine Immobilien auf Reklametafeln und auf aus Flugzeugen abgeworfenen Gutscheinen, die einen Rabatt auf seine Wohnungen versprachen. Er fing an, der Presse seine Meinung zu aktuellen Themen – auch zur Politik von Präsident Harry S. Truman – zu unterbreiten, und sprach davon, für den Posten des Stadtbezirkspräsident von Queens zu kandidieren. Dieses Amt, das es praktisch nur in New York City gibt, wurde Ende des 19. Jahrhunderts eingeführt, als mehrere Stadtbezirke neu hinzukamen. Die Stadtbezirkspräsidenten saßen in einem Rat namens Board of Estimate (Schätzungsausschuss) und kontrollierten die Verwendung von städtischem Land, die Erschließung, Lizenzen und andere kommunale Angelegenheiten. Das Gewohnheitsrecht erlaubte ihnen, Veto gegen bestimmte Ernennungen und Entscheidungen des Oberbürgermeisters einzulegen. Das Amt war wie maßgeschneidert für einen Insider wie Fred Trump. Aber sein Wunsch wurde vereitelt, als er an eine Macht geriet, die sich von den Clubs der Brooklyner Demokraten oder seinen Freunden im Gericht nichts sagen ließ.

Im Jahr 1954 hatten mehrere Fahnder angefangen, die verbreitete Korruption der Regierung und bestimmter Branchen – wie Baugewerbe, Fuhrwesen, Hafendienste – in vielen Großstädten Amerikas aufzudecken. Senator Estes Kefauvers Sonderausschuss zur Ermittlung krimineller Machenschaften im zwischenstaatlichen Handel hatte die Verbindungen zwischen der Mafia und Tammany Hall enthüllt und die Ausmaße der Korruption im Baugewerbe umrissen. Eine Sonderkommission des Staates New York dokumentierte die Schmiergeldzahlungen an Regierungsvertreter, und ein Senator aus Manhattan forderte die Einrichtung einer ständigen »Grand Jury«, um die städtischen Angelegenheiten kontinuierlich zu überprüfen.

Die von Kefauver aufgedeckten Machenschaften ließen die von Plunkitt propagierte Bestechung regelrecht idyllisch erscheinen. Wie die Sonderkommission nachwies, setzten Gangster Erpressung, Gewalt und Schmiergelder ein, um sowohl die städtischen Beamten als auch private Unternehmer zu kontrollieren. Die Details empörten den seit 1953 amtierenden Präsidenten Dwight D. Eisenhower und eine Handvoll Geistlicher in New York, die prompt die Habgier und die Selbstbedienung verunglimpften. »Wir sind eine Stadt geworden, die eine öffentliche Kloake ist«, sagte Rabbi William Rosenbaum vom Temple Israel in Manhattan. Das Netz an Beziehungen, das diese Schattenwelt regierte, war jedoch so weitreichend und komplex, dass nur wahre Experten – und davon gab es wenige – alle Namen der Beteiligten kannten. Als Fred Trump vor dem Bankenausschuss des Senats erschien, erwähnte niemand, dass sein Partner Willie Tomasello ebenfalls mit Mitgliedern des organisierten Verbrechens Geschäfte machte. Als die Angehörigen des Bankenausschusses und ihre Mitarbeiter über 3000 Seiten an Zeugenaussagen anhäuften, hatten sie kein Interesse an den Mafiosi, die im Umfeld des Baugewerbes tätig waren. Sie kümmerten sich lediglich um den plötzlichen Geldsegen von Immobilienentwicklern und den Bürokraten, die ihnen unter die Arme griffen.

Zwei Hauptzielpersonen des Ausschusses, die FHA-Beamten Tommy Grace und Clyde L. Powell, hatten für Bauträger in New York als wichtigste Helfer fungiert, und Trump hatte mit beiden zu tun gehabt. Als Stammgast im Clubhaus der Demokraten und Politiker in Brooklyn hatte Grace Trump seinen ersten FHA-Auftrag verschafft, samt der Gedenktafel, die sogar in der *Times* erwähnt worden war. Laut den Fahndern hatte Grace von der Anwaltskanzlei, wo sein Bruder George viele FHA-Antragsteller, auch Fred Trump, vertrat, 48 000 Dollar erhalten. George räumte irgendwann ein, dass ein bisschen »Grün« (Dollarnoten) geflossen sei, »um etwas zu erreichen«, aber in seiner offiziellen Antwort auf die staatliche Ermittlung erklärte er, dass niemand glauben dürfte, die Brüder Grace hätten etwas Ungesetzliches getan.

Fred Trumps Verbindung zu Clyde L. Powell wurde ebenfalls durch die Mitarbeiter des Ausschusses dokumentiert, die herausfanden, dass Powell in Trumps Namen gehandelt hatte. Wenn zum Beispiel der Rechnungsprüfer der Behörde Unstimmigkeiten in manchen Papieren von Trump entdeckte, so befreite Powell ihn kurzerhand davon, sich an die Vorschriften zu halten. Das Gleiche tat Powell für andere Bauträger und schaffte es, bei einem offiziellen Gehalt von allenfalls 10 000 Dollar im Jahr, auf einem Bankkonto die Summe von 100 000 Dollar anzusammeln. Die Fahnder ließen durchblicken, dass das Geld als Schmiergeld von denjenigen gezahlt worden war, die ein von Powell betreutes FHA-Darlehen bekommen wollten. Vor seiner Tätigkeit in der Verwaltung war Powell mehrmals unter dem Vorwurf der Veruntreuung und des Scheckbetrugs verhaftet worden. Außerdem litt er unter Spielsucht, und zwar so schwer, dass er einmal in einer einzigen Nacht 5000 Dollar verlor – ein halbes Jahresgehalt.

Bemerkenswerterweise wurden weder Powell noch Grace wirklich zur Sprache gebracht, als Trump vor dem Ausschuss erschien, und er wurde nie direkt gefragt, ob er ihnen jemals Geld oder Geschenke hatte zukommen lassen. Fred Trump zahlte jedoch einen Preis für seine Beteiligung an dem Skandal, weil er den Zugang zum FHA-Programm verlor. Aber in seiner beherzten Selbstverteidigung hinterließ er einen viel besseren Eindruck als seine Entwicklerkollegen, die die Aussage verweigerten. Ungeachtet seiner weitschweifigen Antworten wirkte Fred Trump kooperativ. Am Ende des Nachmittags hatte sich selbst Senator Capehart so sehr für Trump erwärmt, dass er ihm für sein Erscheinen dankte und ihm versicherte, dass der Ausschuss »erfreut« gewesen sei, ihn anzuhören.

Da Fred Trump seine Aussage noch vor Sonnenuntergang beendet hatte, nahm er einen Flug nach New York, damit er den

Tag zu Hause mit seiner Familie in der schicken Gegend Jamaica Estates von Queens ausklingen lassen konnte. In einem dieser »Die Welt ist klein«-Momente, die seinerzeit, als täglich nur rund 300 Flüge vom National Airport in Washington starteten, noch weit häufiger vorkamen, lief er dem Senator über den Weg, der ebenfalls nach New York City wollte. Capehart sagte munter zu ihm, dass Amerika mehr Wohnraum brauche, deshalb solle Trump »die gute Arbeit fortsetzen«.

KAPITEL 2

DER
KLEINE KÖNIG

> Wenn ich mich selbst in der ersten Klasse anschaue und
> mich heute anschaue, dann bin ich im Grunde der Gleiche.
> Das Temperament hat sich nicht allzu sehr verändert.
>
> *Donald Trump*

Das oberhalb eines abschüssigen Rasens und unter hoch auf-
ragenden Eichen gelegene Haus, das Fred Trump nach seiner
Befragung in Washington erwartete, war das einzige Haus in
Jamaica Estates, Queens, das man zu Recht ein Herrenhaus nennen konnte. Es nahm zwei volle Grundstücke an einer reizenden
Allee mit einem breiten Mittelstreifen für Bäume, Sträucher und
Blumen ein. Gestaltet nach der amerikanischen Vorstellung einer
britischen Vorstadt voller Parks, wurde Jamaica Estates von Straßen mit original englischen Namen durchzogen. Die Allee, an
der die Trumps wohnten, hieß Midland. Die nächste Querstraße
war Henley Road.

Das von Trump selbst gebaute Haus im Kolonialstil begrub das
Grundstück völlig unter sich, und fiel in einer Gegend mit beschei-
deneren Häusern im Tudor-Stil aus dem Rahmen. Die Außenwän-
de aus roten Ziegeln wurden oben von einem breiten Zahnschnitt-
fries und einem steilen Schieferdach begrenzt. Der Eingang wurde
von vier dicken Säulen gehütet, die einen Giebel mit einem zweiten
First stützten. Insgesamt erinnerte das Aussehen an eine Junior
Highschool in einer neuen Vorstadt, wo der Vorstand der Schule
einen Entwurf wollte, der unerschütterlich institutionell wirkt.
Nur dass auf der Auffahrt anstelle von Schulbussen Nobelkarossen
standen: ein Cadillac für ihn, ein Rolls-Royce für sie.

Besucher der Trump-Villa näherten sich über einen Fußweg, der von zwei Reitern aus bemaltem Gusseisen flankiert war. Im Innern gelangten sie in eine Halle mit einer geschwungenen Treppe, die zu den Wohnräumen im ersten Stock führte. Die Treppe war beeindruckend und wirkte repräsentativ, aber kein einziger Raum der 23 Zimmer im Haus war sonderlich pompös. Ungeachtet der Verzierungen an der Fassade war dies ein zweckmäßiger Ort, der den Bedürfnissen der sieben Trumps und ihrer im selben Haus wohnenden Bediensteten – eine Haushälterin und ein Chauffeur – angepasst war. Deshalb auch neun Badezimmer.

Im Sommer 1954 umfasste die Familie Trump bereits fünf Kinder, zwei Mädchen und drei Jungs, im Alter von sechs bis siebzehn, die von ihrer Mutter Mary Anne MacLeod Trump gehütet wurden. Die 42-jährige Mrs Trump war hübsch, groß und schlank, mit blauen Augen und blondem Haar, und sie sprach mit einem leichten schottischen Akzent. Sie war auf ihre stillere Art ebenso hart, stur und ehrgeizig wie ihr Mann. »Meine Mutter war still kämpferisch«, erinnerte sich Donald Trump lange nach ihrem Tod. »Sie war ein sehr kämpferischer Mensch, aber das sah man ihr nicht an. Sie hatte einen großen Kampfgeist, wie Braveheart.« Sie liebte außerdem jene Art von Überfluss, wie er von der britischen Monarchie repräsentiert wurde. Donald erinnerte sich noch gut, dass seine Mutter im Jahr 1953 von der Krönung der Königin Elizabeth II. ganz begeistert gewesen war. Als kleiner Junge hatte ihn das Interesse seiner Mutter beeindruckt, die gebannt jede Minute der live im Fernsehen übertragenen Feier verfolgte. Es war das erste Mal, dass in der Westminster Abbey Kameras erlaubt wurden.

Als jüngstes von zehn Kindern kam Mary Anne MacLeod im Jahr 1912 im Haus ihrer Eltern im Dorf Tong auf der rauen schottischen Insel Lewis zur Welt, die näher bei Island als bei London liegt. Sie stammte von zwei Clans ab, den Smiths und den MacLeods, die ihre Wurzeln auf den Hebriden hatten. Auf der Smith-Seite waren ihre Ahnen Kleinbauern gewesen, die während der »Highland Clearances« (Räumung des Hochlands) ihren gepachteten Hof verlassen mussten. Diese von auswärts wohnenden Gutsherren durchgesetzten Massenvertreibungen trieben viele ländliche Familien in die Armut. Ein Bericht aus dieser Zeit schildert die landlosen Menschen von Tong, die in »menschlichem Elend« neben fruchtbarem Land lebten, das für Wildgehege vorgesehen war. Die Insel Lewis wurde von Jahr zu Jahr ärmer, verlor Arbeitsplätze, Gewerbetätigkeit und Menschen.

Im Jahr 1917 wurde fast ganz Lewis – gut 1750 Quadratkilometer – von dem Seifenmagnaten William Lever gekauft, der ankündigte, er werde eine Summe im Wert von 500 Millionen heutigen Dollar investieren, um aus der Insel ein Paradies der Industrie, Landwirtschaft und Fischerei zu machen. Der weltbekannte Exzentriker Lever war ein Frischluftfanatiker, dessen Schlafzimmer das ganze Jahr über den Naturgewalten offen stand. Er war außerdem ein selbsterklärter Gesellschaftspionier, der überzeugt war, dass er für eine große Zahl von Menschen die perfekte Lebensform schaffen konnte. Sie sollten leben, als wären sie seine Untertanen, und wären bei ihrer Arbeit, Unterkunft und dem Gemeinschaftsleben ganz von ihm abhängig. Lever hatte seine Vision in Port Sunlight im Nordwesten von England verwirklicht, wo 3500 Lever-Anhänger in seinem Dorf voller Parks lebten und in seinen Fabriken arbeiteten.

Auf Lewis träumte William Lever von einem zweiten Port Sunlight, nur größer. In diesem »Lever-Land« würden geschulte Kundschafter die Insel in ehemaligen Kriegsflugzeugen umkreisen und das Meer nach Heringsschwärmen absuchen. Die ausgeschickten Fangboote würden zurückkehren und eine riesige Konservenfabrik beliefern, die von einem neuen Kraftwerk angetrieben wurde. Das Kraftwerk würde auch die Spinnräder und Webstühle in neuen Textilfabriken antreiben. Abends würden dann alle Kundschafter, Fischer und Spinner in ihre von Lever gebauten Häuser zurückkehren, wo sie sich an den Lebensmitteln labten, die von den Bauern ihres Herrn erzeugt wurden. An Wochenenden würden alle die Erholung oder die Vergnügungen genießen, die von ihrem Arbeitgeber und Wohltäter gefördert wurden.

Die einheimischen Bürger waren ganz begeistert von Levers Plan, von dem sie sich erhofften, dass er die Not beenden würde, die mit den Vertreibungen begonnen hatte. Allerdings hatte Lever zwei Jahre nach seiner Ankunft so gut wie keine Fortschritte gemacht. Keine Fabriken, keine Jobs, keine Aufklärungsflugzeuge. Viele Inselbewohner, insbesondere die Nachkommen der Kleinbauern, wurden sowohl unruhig als auch misstrauisch. Am 10. März 1919 besetzten landlose Männer Grundstücke von Lever in mehreren Dörfern, auch in Tong. Die Besetzer steckten Felder ab und bearbeiteten das Land, um es für die Saat vorzubereiten. Der von König Georg zwei Jahre zuvor in den Hochadel aufgenommene Lord Leverhulme wandte sich an einflussreiche Freunde in der Regierung. Ein Regierungsvertreter, den man zur Schlichtung des Konflikts ausgeschickt hatte, sollte über Lever sagen: »Ich habe noch nie einen Mann getroffen, der so offensichtlich größenwahnsinnig und gewohnt ist, seinen Willen durchzusetzen.« Dennoch war das Gesetz auf Levers Seite, und die Besetzer wurden überredet, wieder abzuziehen und zu warten, bis der große Mann sein Versprechen einlöste. Er starb im Jahr 1925, ohne auch nur eines der von ihm versprochenen Projekte zu verwirklichen.[1]

Bei all seinen Konflikten und der ganzen Armut sollte man meinen, Lewis hätte bereits genug Leiden durchgemacht, aber das schlimmste Unheil kam nicht von Menschenhand, sondern von der Natur. Lewis hatte im Ersten Weltkrieg über 6000 Männer in den Krieg geschickt und fast eintausend verloren und wartete nun sehnsüchtig auf die Rückkehr der überlebenden Soldaten. An Silvester 1918 schloss sich ein kleines Schiff namens *Iolaire* (Gälisch für »Adler«) der Pendlerfähre an, die den Hafen von Stornoway anlief, um die Männer von dem Endbahnhof bei Kyle auf dem Festland nach Hause zu bringen. Als sich die *Iolaire* bei Nacht und in einem Sturm Stornoway näherte, lief sie auf eine Felszunge namens Beast of Holme auf und brach langsam auseinander. In einer Nacht, in der viele behaupteten, sie hätten Wildtiere in der Nähe ihres Hauses gesehen – nach einer einheimischen Sage bedeutete das nichts Gutes –, kamen 205 Männer in Sichtweite der Küste um. Die Trauer, die die ganze Insel erfasste, hielt viele Jahre an.[2]

Vor dem Hintergrund solchen Elends war der Entschluss von Mary Anne MacLeod, Tong zu verlassen und nach Amerika zu fahren, ebenso realistisch wie tapfer. Es gab kaum Arbeit, und Männer im heiratsfähigen Alter waren auf der Insel Mangelware. Im Jahr 1930, mit achtzehn, ging sie in Glasgow an Bord des Dampfschiffs *Transylvania* mit Kurs auf New York. Eine verheiratete Schwester lebte bereits in Astoria in Queens und hieß sie willkommen. Die gleiche Schwester sollte Mary Anne zu der Party mitnehmen, wo sie Fred Trump kennenlernte. Die beiden heirateten im Januar 1936 und fuhren zur Feier für eine Nacht nach Atlantic City, ehe sie nach New York zurückkehrten.

Das erste Kind von Fred und Mary Anne, Maryanne, kam im Jahr 1937 zur Welt. Es folgten Fred junior (1938), Elizabeth (1942), Donald (1946) und Robert (1948). Wegen einer starken Blutung nach der letzten Entbindung wurde die Gebärmutter ganz entfernt, danach entwickelte sich eine lebensbedrohliche Bauchfellentzündung, und weitere Operationen waren nötig. Nachdem Mary Anne wieder gesund war, übernahm sie das Kommando im Haushalt und stürzte sich in wohltätige Projekte. Willensstark und tatkräftig wie sie war, war sie zugleich bezaubernd und scheute sich nicht, bei einer Party im Mittelpunkt zu stehen – fast schon eine Schauspielerin. In dieser Beziehung unterschied sie sich stark von ihrem Ehemann. Fred Trump entwickelte nie die Lockerheit und Anmut, die unerlässlich sind, um Freunde zu gewinnen und Menschen bei gesellschaftlichen Anlässen zu beeinflussen, obwohl er hart daran arbeitete und sogar einen Kurs von Dale Carnegie besuchte: »Wirkungsvolles Sprechen und menschliche Beziehungen«. Der 1888 als Dale Carnagey geborene Carnegie änderte seinen Namen, um von dem Ruhm des großen Tycoons Andrew Carnegie zu profitieren, und kündigte seinen Job im Vertrieb des Fleischgroßhändlers Armour, um seinen Traum zu verwirklichen, ein bekannter Schriftsteller und öffentlicher Redner zu werden. Nachdem er dieses Gebiet intensiv studiert hatte, machte er die Kunst der öffentlichen Rede zum Gegenstand seines ersten Buches. In den folgenden Bänden bot er umfassende Ratschläge zu allen möglichen Themen an, von »Wie bringen wir unsere Zuhörer dazu, uns zu mögen« bis zu »Das Lächeln, das einen guten Preis auf dem Markt einbringen wird«.

In seiner achtseitigen Abhandlung über das Lächeln forderte Carnegie all jene, die Erfolg haben wollten, auf, anderen »ein echtes Lächeln zu schenken, das sagt: ›Ich mag dich. Du machst mich glücklich. Ich bin froh, dich kennengelernt zu haben.‹ … Ein unaufrichtiges Lächeln? Auf keinen Fall. Davon lässt sich niemand täuschen.« Indem Carnegie seine Anhänger eindringlich ermahnte, mit Hilfe künstlicher Methoden – Studien, Praxis, Üben – ein aufrichtiges Lächeln zu pflegen, bestätigte er auch den Triumph der persönlichen Ausstrahlung, selbst einer fabrizierten, über den Charakter, harte Arbeit und Qualität. Das war die tragische Lebensrealität im Amerika des 20. Jahrhunderts, die in Arthur Millers Stück von 1949 *Death of a Salesman* (*Tod eines Handlungsreisenden*) vermittelt wird. Der Protagonist Willy Loman erklärt dort selbst: »Es kommt nicht drauf an, was du sagst, sondern wie du wirkst … nur die Persönlichkeit zählt.« Womöglich muss man es Fred Trump zugutehalten, dass er die Carnegie-Methode nie beherrschte.

Fred Trump kompensierte seine Mängel im zwischenmenschlichen Kontakt durch extrem harte Arbeit. Er verbrachte selten einen Tag, ohne in irgendeiner Form geschäftlich tätig zu sein, und er arbeitete auch zu Hause, am Telefon, so gut wie jeden Abend. Ein Sohn oder eine Tochter, der oder die sich ein wenig Zeit mit ihm wünschte, begleitete ihn bei einem Wochenendausflug ins Büro oder bei einem Besuch von Baustellen. Er nannte das »die Runde machen«. Unterwegs bekamen sie dann Vorträge über die Bedeutung von Ehrgeiz, Disziplin und harter Arbeit zu hören. Trump wollte in seinen Kindern die Überzeugung wecken, dass sie im Leben etwas Großartiges erreichen konnten und sollten. Nach dem Familienkodex waren unflätige Wörter und kleine Snacks zwischendurch tabu, darüber hinaus verlangte er Gehorsam und Loyalität. Verstöße jeglicher Art wurden jeden

Abend bei Freds Heimkehr gemeldet, und er verhängte dann die entsprechende Strafe.[3]

Als barsches und anspruchsvolles Familienoberhaupt verlangte Fred Trump von seinen Töchtern ebenso wie von seinen Söhnen, dass sie arbeiteten, um selbst Geld zu verdienen, aber er legte größeren Wert darauf, seine Söhne für ein Leben des harten Konkurrenzkampfes zu trainieren: »Sei ein Killer«, bläute er ihnen immer wieder ein. Aber er verwöhnte sie auch auf eine Weise, wie es nur ein Mann mit einem hart erkämpften Reichtum vermochte. Sie besuchten Privatschulen und machten im Winter in Florida und im Sommer in den Catskill Mountains, einem Ausläufer der Appalachen, Urlaub. Wenn es regnete oder schneite, stellte er den Jungs für das Austragen der Zeitungen die Limousine samt Chauffeur zur Verfügung. »Du bist ein König«, sagte Fred zu Donald.[4]

Auf diese ungewöhnliche Kombination aus strenger Disziplin, Luxus und Überlegenheitsgefühl reagierten die fünf Trump-Kinder sehr unterschiedlich. Die älteste Tochter Maryanne entwickelte sich zu einer fleißigen jungen Frau und machte als Juristin große Karriere. Die zweite Tochter Elizabeth ging auf ein kleines College, arbeitete in einer Bank und heiratete später. Fred Trump junior hingegen, der dem großen Vorbild nie entsprach, scheiterte als Assistent seines Vaters und fand später eine Stelle als Pilot bei einer Fluglinie. Der jüngste Sohn Robert wählte einen Mittelweg durch das Leben. Er hatte zwar in der Wirtschaft Erfolg, aber ohne den Tatendrang seines Vaters und dessen Bedürfnis, andere zu dominieren. Damit blieb Fred Trumps Vermächtnis seinem mittleren Sohn Donald vorbehalten, der schon von Kindesbeinen an bewies, dass er durch und durch seines Vaters Sohn war, und mehr als das.

Auf Lehrer geworfene Radiergummis und durch die Luft sausende Kuchenstücke bei Kindergeburtstagen waren eindrückliche Beispiele für das Verhalten eines Problemkindes, mit dem Donald Trump sich von den anderen Kindern an der privaten Kew-Forest-Schule unterschied, die er im Grundschulalter besuchte. Die Kew-Forest-Schule war 1918 eröffnet worden, als sich amerikanische Erzieher von der schulischen Strenge abwandten und einen am Kind orientierten Ansatz bevorzugten, für den die Psychologen John Dewey und G. Stanley Hall plädierten. Dewey und Hall waren überzeugt, dass Lehrer das Tempo und den Inhalt ihres Unterrichts an die Schüler anpassen mussten, statt einfach nur zu verlangen, dass sie Schritt hielten. Die Kew-Forest-Schule wurde zu einer Bildungseinrichtung für die Kinder der Elite an der Nordküste des Queens County, wo in Heiratsanzeigen häufig darauf hingewiesen wurde, welche Bräute und Bräutigame dort zur Schule gegangen waren. Als Mitglied des Vorstands hatte Fred Trump Material für den Bau eines neuen Flügels der Schule gestiftet, die alle seine Kinder besuchten.

An der Kew-Forest-Schule war Donald Trump so etwas wie der Albtraum. Er sagte einmal, dass er einem Lehrer ein blaues Auge verpasste, »weil ich nicht den Eindruck hatte, dass er überhaupt eine Ahnung von Musik hatte«. Laut Trumps eigener Aussage, war er damals bereits der gleiche Mensch, der er immer bleiben würde. »Ich glaube nicht, dass sich Menschen sehr verändern«, sagte Trump zu mir. »Wenn ich mich selbst in der ersten Klasse anschaue und mich heute anschaue, dann bin ich im Grunde der Gleiche. Das Temperament hat sich nicht allzu sehr verändert.«

Donald Trumps Schwester Maryanne Trump Barry beschrieb ihren Bruder als »extrem rebellisch« in seiner Kindheit. Ein Klassenkamerad erinnerte sich an Donald als einen Jungen, der die Grenzen der Vorschriften und der Lehrer austestete – bis zum Äußersten. Ein Betreuer in einem Ferienlager war beeindruckt von Donalds »störrischer« Einstellung, die ihn dazu brachte, »sämtliche Winkelzüge« herauszufinden, um seinen Willen durchzusetzen. Im Kindergottesdienst war sein Verhalten kein Deut besser, geschweige denn zu Hause, wo er seinem Vater selbst in Situationen die Stirn bot, in denen sein älterer Bruder Fred klein beigegeben hätte. Mit der Zeit schrieb Donald den Umstand, dass er sich den Respekt seines alten Herrn verdient hatte, darauf zurück, »dass ich mich ständig wehrte«.[5]

Vater Trump gefiel es, dass Donald sich für die Welt der Immobilienentwicklung und des Baugewerbes interessierte. Jedes Mal, wenn der mittlere Sohn die Gelegenheit dazu hatte, kam er mit, wenn Fred zu den vielen Immobilien und Baustellen fuhr, um dafür zu sorgen, dass alles glatt lief. Da Fred Trump die meisten Jobs auch schon mal selbst gemacht hatte, war er geschickt bei Gesprächen mit den Installateuren und Maurern, Elektrikern und Mechanikern. Während Fred die beste Arbeit zum günstigsten Preis und im idealen Zeitplan forderte, verinnerlichte Donald die Arbeitsweise seines Vaters. »Er sagte nicht extra: ›Jetzt hör mal genau zu‹, sondern ich hörte ihn einfach reden … und ich saugte es ganz natürlich auf«, erinnerte sich Donald. Ein Großteil von dem, was er »aufsaugte«, war die Vorstellung, dass ein Leben voller Ehrgeiz und harter Arbeit angenehm sei. »Ihm gefiel sein Leben wirklich, dabei arbeitete er die ganze Zeit.«

Die Arbeitsmoral der Trumps war ein Teil dessen, was beide Männer als genetisch vererbte Veranlagung zum Erfolg betrachten sollten. Nach dieser Anschauung sind manche Menschen zum Gewinnen geboren. Da Fred Trump diesen Zug an Donald wahrnahm, ließ er den Jungen auch wissen, dass er für große Dinge bestimmt sei. »Mein Vater erwartete enormen Erfolg von mir«, drückte Donald es später aus. Aber wenn Fred auch das Kind bewunderte, das ihm am stärksten glich, so blieb Donald deswegen keineswegs von der Disziplin seines Vaters verschont. Fred Trump war außerordentlich beunruhigt über die Berichte von Donalds Lehrern über sein schlechtes Benehmen. Als sich die Beschwerden über seinen Sohn häuften, erfuhr er, dass Donald einmal heimlich mit der U-Bahn nach Manhattan gefahren war und dort eine kleine Sammlung Schnappmesser gekauft hatte. (Er und ein Freund hatten sich von den Sharks und Jets aus der *West Side Story* anstecken lassen.) Fred Trump kam zu dem Schluss, dass er keinen Einfluss mehr auf das Verhalten seines Sohnes hatte. Obwohl Trump Vorstandsmitglied der Schule war, beschloss er, dass der Junge nach der siebten Klasse die Schule verlassen würde. Im Herbst 1959 wurde Donald an die New York Military Academy (NYMA) versetzt, eine Jungenschule am Hudson, nur knapp 13 Kilometer von der Militärakademie auf West Point.

Private Internate hatten seit langem die Eliten der Nation gefördert. Die überwiegend im Nordosten der Staaten angesiedelten Einrichtungen boten Orte, wo die Kinder der Reichen und Mächtigen gemeinsam für ihren künftigen Platz in der Welt ausgebildet werden konnten. Zwar wurden sie auch von Oberschichtfamilien genutzt, doch alle *militärischen* Jungeninternate nahmen mit einer größeren Wahrscheinlichkeit Schüler auf, die eine härtere Hand als etwa Exeter oder Andover brauchten. Auf diesen Schulen mussten Kadetten bereits im Alter von sechs Jahren eine Uniform tragen, Befehlen gehorchen und sich einem extrem reglementierten Tagesablauf unterwerfen. Die von Natur aus konservativen Militärschulen boten eine noch stärkere Isolation von der Außenwelt als die gewöhnlichen Internate. Männer, die diese Einrichtungen leiteten, waren überzeugte Anhänger der Körperstrafe und behinderten die Entwicklung von Individualität. Außerdem forderten sie zumindest eine äußere Bezeugung von Respekt ein, selbst von Schülern, die sich weigerten, ihnen wirklich Respekt zu zollen.[6]

Im besten Fall bewahrten altmodische militärische Einrichtungen die Schüler vor der Kriminalität. Im schlimmsten Fall trieben sie die Jungs geradezu zu Straftaten, indem sie diese einer Kultur aussetzten, die Herrschaft, Gewalt und Subversion von Autoritäten wertschätzte. Diese Erfahrung wird ausgezeichnet in Pat Conroys Roman *Lords of Discipline* (*Stolz und Ehre*) geschildert, der das Leben an einer Militärschule beschreibt, die der Citadel in South Carolina gleicht. Conroy schreibt darüber zwar ebenso voller Entsetzen wie voller Zuneigung, doch andere Autoren haben eine weit schärfere Einschätzung dieser Institutionen geliefert. In seinen Erinnerungen mit dem Titel *Breakshot* (Eröffnungsschuss) stellte der ehemalige Mafioso Kenny Gallo fest, dass seine Erlebnisse an einem militärischen Internat ihn veränderten, von »einem undisziplinierten Lausbuben zu einem richtigen Gesetzlosen«. Über seine Karriere an der Army and Navy Academy in Kalifornien schreibt Gallo: »Ich nehme an, man kann mit Recht sagen, dass meine ›normale‹ soziale Entwicklung an der Militärschule abbrach, als ich dreizehn war; ich hörte auf, mich zu einem gesunden, erwachsenen Bürger zu entwickeln und fing an, anfangs zur Selbstverteidigung und dann zum Spaß, mein Talent als Raubtier zu entfalten.«[7]

Als dreizehnjähriger Neuling an der NYMA bekam es der blonde Donald Trump mit dem Milchgesicht schon bald mit einem brüllenden Kriegsveteran der US Army namens Theodore Dobias zu tun. Der ehemalige NYMA-Kadett Dobias hatte sich mit siebzehn freiwillig zur Army gemeldet, um im Zweiten Weltkrieg zu kämpfen. Mit seiner Einheit, der Tenth Mountain Division, war er einen großen Teil der Apenninen-Halbinsel nach Norden marschiert, in einem Feldzug, bei dem fast eintausend seiner Kameraden umkamen. Nach dem Krieg kehrte Dobias mit unauslöschlichen Erinnerungen an »die Erdlöcher, das Blut, die Schreie« des Gefechts an die New York Military Academy zurück. In Italien hatte er Benito Mussolinis verstümmelten Leichnam und sechs weitere gesehen, wie sie am Metallrahmen eines Tankstellenvordachs in Mailand baumelten. Unter ihnen lag ein knappes Dutzend weiterer Leichen übereinander. Fast 70 Jahre danach erinnerte sich Dobias noch lebhaft an diese Szenerie, als wir uns zu einem Interview trafen.

Dobias schloss seine Ausbildung an der NYMA ab und begann eine lebenslange Karriere an der Schule. Von Anfang an legte er großen Wert auf eiserne Disziplin. Für Neulinge markierte das Bellen von Dobias den Moment, in dem sie den Ernst ihrer Lage erkannten. »Damals prügelte man einen noch grün und blau. Es war nicht wie heute, wo man jemanden schlägt und dann ins Gefängnis wandert«, sagte Trump Jahrzehnte später. »Er konnte ein fieses Arschloch sein. Er vermöbelte uns gnadenlos. Man musste lernen zu überleben.« Trump erinnerte sich, dass Dobias einmal, als er einen Befehl nur mit einem Blick erwiderte, der um eine Atempause bettelte, »über mich herfiel, wie man es kaum glauben würde«.

Im Alter von 89 Jahren war Dobias ein wenig gebeugt, aber immer noch robust wie ein rundes Whiskyfass auf Beinen. Im Frühjahr 2014 wieselte er um sein Haus herum, in dem ein Holzofen das letzte Aufbäumen des Winters vertrieb und eine Uhr die volle Stunde mit der Melodie »Hey Jude« elektronisch ankündigte.

»Der Vater behandelte den Jungen wirklich sehr streng«, erinnerte sich Dobias, als ich ihn nach den Trumps fragte. »Er war sehr deutsch. Sonntags kam er oft vorbei und ging mit dem Jungen essen. Das machten nicht viele. Aber er war sehr hart.«

Die NYMA erlebte gerade ihre Blütezeit, als Trump sie besuchte. Unter seinen Mitschülern waren die Söhne von Wall-Street-Bankern, Industriellen aus dem Mittleren Westen und Oligarchen aus dem Süden. Der Junge mit dem ärgsten Heimweh, den Dobias damals betreute, war der Sohn eines Mafiabosses. Der dankbare Vater schickte zu Weihnachten dosenweise Kekse an die Schule. Ein anderer Vater schickte Kisten voller Fleisch.

»Ich trainierte sie in Baseball und Football und ich brachte ihnen bei, dass Gewinnen nicht das Wichtigste ist, sondern das Einzige«, fügte Dobias hinzu, in Anlehnung an einen Spruch von Vince Lombardi, den Profi-Footballtrainer, der Mitte des Jahrhunderts zum Inbegriff der Mannhaftigkeit wurde. »Donald fuhr darauf regelrecht ab. Er sagte seinen Mitspielern immer: ›Wir sind nur zu einem Zweck hier. Um zu gewinnen.‹ Er musste immer und überall die Nummer eins sein. Er war schon damals ein Intrigant. Eine furchtbare Nervensäge. Er hätte alles getan, um zu gewinnen.«

Als Dobias einen Jungen voller Sehnsüchte und Ehrgeiz beschrieb, sagte er, Trump »wollte einfach der Erste sein, in allem, und er wollte, dass die Leute auch wussten, dass er der Erste war«. Dobias wird nie die Parade am Kolumbus-Tag in New York vergessen, als die NYMA den Umzug anführen sollte, mit Donald Trump an der Spitze. »Wir kamen an und dann waren all diese katholischen Schulmädchen vor uns aufgereiht. Er sagte ›Maje, überlassen Sie das mir‹. Er ging weg und sprach mit jemandem, und als er zurückkam, setzten sie uns an die Spitze. So war er nun einmal.«

Ein von der Schule geschickter Fotograf machte ein Bild von Trump, adrett uniformiert bis hin zu den strahlend weißen

Handschuhen, direkt vor dem Kultladen Tiffany auf der Fifth Avenue. Einige Blocks weiter im Süden wurden die NYMA-Kadetten herzlich von Kardinal Joseph Spellman begrüßt, der auf den Stufen der St.-Patricks-Kathedrale stand.

Das Durchsetzungsvermögen, das Trump bewies, als er die katholischen Mädchen aus dem Weg räumte, gefiel Dobias. Er sagte, er habe versucht, seinen Jungen bestimmte Grundsätze der Männlichkeit einzuimpfen, unter anderen:

> Respekt für Autorität.
> Gib ein gutes Beispiel mit deinem Äußeren, deinem Benehmen und der Art, wie du sprichst.
> Sei stolz auf deine Familie.
> Sei stolz auf dich selbst.

»Trump war immer auf sich stolz«, sagte Dobias. »Er glaubte, er sei der Beste.« (Als er über diese Zeit nachdachte, sagte Trump zu mir: »Ich war eine elitäre Person. Als ich meinen Schulabschluss machte, war ich eine sehr elitäre Person.«)

Theodore Dobias sagte den Jungs nicht, dass sie etwas Bedeutendes erreichen mussten, damit sie sich stolz fühlen konnten. Es reichte aus, sich an das Programm der Militärschule zu halten, sich gut zu präsentieren und den eigenen Status als Mitglied der NYMA-Gemeinschaft wertzuschätzen. Dieser Status war zum Teil eine Entschädigung für die strenge Disziplin, die dort gefordert wurde. Obwohl er bereits erwachsen war, musste sich auch Dobias streng an die Vorschriften halten. Als junger Mann durfte man das Gelände nicht ohne Erlaubnis verlassen, was das Werben um seine Zukünftige zu einer schwierigen und langwierigen Angelegenheit machte. In der Mitte seines Lebens wurde Dobias eine kostenlose Reise in die Slowakei angeboten, um seine Großeltern zu besuchen, die ihn aufgezogen hatten, bis er dreizehn war. Er hatte sie zuletzt unter Tränen vom Deck des Schiffes aus gesehen, das ihn 1939 nach Amerika gebracht hatte. Sein Kommandant verweigerte ihm die Reiseerlaubnis. Dobias gehorchte, ohne sich zu beschweren.

Am Ende bis zum Rang unmittelbar unter dem eines Schulleiters aufgestiegen, verbrachte Dobias sein ganzes Erwachsenenleben auf dem Campus bei Cornwall, wo er mit seiner Frau und seinen Kindern sogar ein Gebäude der Schule bewohnte. (Sein einziger Sohn war hier Kadett.) Die Schüler nannten ihn »Maje«, eine Kurzform für Major. Auch wenn er, wie er selbst sagte, »manchmal vergaß, dass es noch eine Außenwelt gab«, kam sie von Zeit zu Zeit zu ihm. Als sich in den Siebzigerjahren der erste schwarze Kadett an der NYMA einschrieb, war es Dobias' Aufgabe, seine Eingewöhnung in die Schule zu erleichtern, was beinahe allabendlich lange Diskussionen über die Kultur der Schule, Rassismus und die Schwierigkeiten des jungen Mannes mit sich brachte. »Wir führten einige wirklich großartige Gespräche.«

Jahre später rief eine Anwältin aus Pennsylvania Dobias an, um mit ihm über eben diesen Mann zu sprechen. Sie sagte, er befinde sich im Todestrakt, nachdem er wegen mehrfachen Mordes verurteilt worden war, und wünsche sich, dass Dobias zu ihm komme. Mittlerweile war der Maje jedoch an der Schule in jeder Hinsicht so sehr verwurzelt, dass er sich nicht vorstellen konnte, nach Pennsylvania zu fahren, um mit dem ehemaligen Schüler zu sprechen. »Das war so weit weg«, erklärte er, »und ich glaubte nicht, dass ich mich da einmischen sollte.«

Trotz des harten Beginns ihrer Beziehung betrachtete Donald Trump schließlich Ted Dobias als sein erstes echtes Vorbild, von seinem Vater einmal abgesehen. Dobias half ihm, sich an eine Umgebung anzupassen und in ihr aufzublühen, wo das Machoprinzip der Stärke und Männlichkeit dominierte. Ein Mitschüler von Trump, Harry Falber, erinnerte sich, dass die systematischen Schikanen unter den Schülern viel schlimmer waren als die Disziplin, die vom Personal eingefordert wurde. Es war vielleicht nicht gerade wie in William Goldings *Lord of the Flies* (*Herr der Fliegen*), aber der Umgang an der Schule war »voller Aggression«, sagte Falber, und gelegentlich herrschte eine Mafiamentalität. Er beobachtete einmal, wie eine große Gruppe Kadetten, die von Schulpersonal beaufsichtigt wurde, ein Auto angriff, das auf den Campus gefahren war. »Es war voller Mädchen, und diese Typen bombardierten es einfach mit Steinen«, erinnerte sich Falber. »Sie machten mindestens eine Scheibe kaputt. Niemand hielt sie auf. Disziplin war dort sehr wichtig, aber nicht immer.«

Die Regeln, an die sich die Kadetten halten mussten, waren in einer Broschüre mit dem Titel »Generalanweisung Nr. 6« zusammengefasst, die den unheilvollen Untertitel »Strafmaßnahmenkatalog« trug. Jeder Junge bekam sie bei seinem ersten Tag an der Schule überreicht. Dieser Verhaltenskodex wies darauf hin, dass ein Junge für alles von einer Fluse auf der Uniform über einen Telefonanruf, der länger als fünf Minuten dauerte, bis hin zum Händchenhalten »mit einer jungen Dame« Minuspunkte erhalten konnte. Ein schwerer Verstoß, oder eine Reihe kleinerer, wurde mit einer Stunde Marsch geahndet. Viele Verstöße, darunter Insubordination und »Unmoral« (womit die Kadetten homosexuelle Praktiken assoziierten), waren so gravierend, dass sie unter Umständen den Rauswurf eines Jungen nach sich zogen.

Donald Trump blühte an der NYMA offenbar regelrecht auf. Er fühlte sich in der Uniform wohl – glänzend geputzte Schuhe und spiegelblank polierte Gürtelschnallen – und gewöhnte sich an die Mahlzeiten in der Kantine. Auf sich gestellt in einer rein männlichen, militärischen Umgebung, weit weg von Mutter, Vater und Geschwistern, lernte der Junge schon bald, dass »Leben überleben heißt. Es geht immer ums Überleben.« Als guter, wenn auch nicht herausragender Schüler wurde er zu einem Liebling von Dobias und verinnerlichte das Gefühl der Überlegenheit, das einem an der NYMA mit der Stetigkeit eines Trommelschlags eingebläut wurde. (Sogar der Katalog der Schule prahlte damit, dass sie »überlegen« und eine »ausgezeichnete Schule« sei, wo »jeder Junge über persönliche Erfahrung vertraut gemacht wird mit den Problemen derjenigen, die geführt werden, und derjenigen, die führen«.)

Die streng hierarchisch organisierte und hypermaskuline Einrichtung verlangte physische Opfer ab, und den Kadetten wurden eine Erlebniswelt und Beziehungen verwehrt, die ihre Freunde zu Hause genossen. Keine Mütter, keine Väter. Keine Brüder, keine Schwestern. Bei Theateraufführungen wurden weibliche Rollen von Jungen in Frauenkleidern gespielt. Das Ganze war Teil eines Erziehungsplans, den man ausgearbeitet hatte, um eine gewisse Selbstdisziplin und die Fähigkeit zu vermitteln, auch unter Druck Leistung zu bringen. Sportler wurden bewundert, was allerdings für viele, wenn nicht die meisten Highschools im Nachkriegsamerika galt. Während sich unterbezahlte Lehrer in überfüllten Klassenzimmern abplagten, dominierten Football und Basketball nach und nach die höhere Schulbildung, wobei Marschkapellen und Cheerleader eine wichtige unterstützende Rolle spielten. Dies alles und noch mehr wurde von Richard Hofstadter in seinem bahnbrechenden Werk *Anti-Intellectualism in American Life* (Anti-Intellektualismus im amerikanischen Leben) beschrieben, das im Jahr 1963 erschien, als Donald Trump in seinem dritten Jahr an der NYMA allmählich auf Touren kam.

Hofstadter widmete einen großen Teil seines Buchs der modernen amerikanischen Art, Kinder aufzuziehen und auszubilden; und einem Leser, der auf eine humane und gerechte Gesellschaft hoffte, gab er einiges zu denken. Er beobachtete etwa, dass im Namen der Kindesentwicklung großen Wert auf die Persönlichkeit und soziale Anpassung gelegt wurde, während der Charakter und Intelligenz vernachlässigt wurden. Unter dem Einfluss der »Propheten der Machbarkeit in der Wirtschaft«, schrieb Hofstadter, brachten die Lehrer ihren Schülern »weder Shakespeare noch Dickens bei, sondern wie man einen Geschäftsbrief schreibt«. Ein Distrikt im Staat New York legte so großen Wert darauf, erfolgreiche junge Menschen auszubilden, dass jeder Schüler einen Kurs der Selbstverbesserung besuchen musste, wo sie etwas darüber lernten, wie »man mit der Menge tickt« und »wie man Anklang findet«.[8]

An der NYMA trachteten die Ausbilder danach, den Kadetten ein Selbstvertrauen zu vermitteln, das dem militärischen Auftreten – Rücken gerade, Augen nach vorn, Kinn vorgestreckt – entsprach. Es sollte sie mit dem Gefühl durch das Leben bringen, sie hätten größeren Erfolg als andere verdient, weil die Schule sie zu etwas Besserem als alle anderen gemacht hatte. Donald Trump verinnerlichte diese Lektion und stieg an die, wie er es nannte,

»Spitze des militärischen Haufens« auf und zeichnete sich im Baseball aus. (»Immer der beste Spieler«, sagte Trump über sich selbst. »Nicht nur im Baseball, sondern in jedem Sport.«) In seinem dritten Jahr an der Schule bekam er sogar eine Schlagzeile in der Lokalzeitung – »Trump gewinnt Spiel für die NYMA« – und dieses Erlebnis war geradezu berauschend. »Es tat gut, meinen Namen in der Zeitung zu lesen«, sagte er 50 Jahre danach. »Wie viele Menschen kommen in die Zeitung? Niemand kommt in die Zeitung. Es war das erste Mal, dass ich jemals in der Zeitung stand. Ich fand das faszinierend.«

Der erste Kontakt mit dem Ruhm konnte als der Funke eines Feuers gewertet werden, das früher oder später das ganze Leben Trumps erhellen sollte. Die Notiz in der Zeitung machte ihn zu etwas Realem und zu einem Helden für Menschen, die davon nur träumen konnten. Der Ruhm bestätigte auch, dass Donald Trump ein besonderer Junge war. Seine tiefe Wertschätzung für diese Erfahrung zeigt, dass er erkannte, dass sehr viele Menschen gerne Ruhm hätten, aber die wenigsten ihn erringen. Trump gelang dies wegen seiner sportlichen Fähigkeiten, und weil er zu einer Zeit erwachsen wurde, als die Massenmedien den Ruhm demokratisiert hatten. Jahrhundertelang konnten nur wahre Führungspersonen wie Könige und Königinnen und Menschen mit besonderen Leistungen darauf hoffen, von der Öffentlichkeit wahrgenommen zu werden. Die moderne Presse änderte das von Grund auf und machte Ruhm, so vergänglich er auch war, für völlig neue Gruppen von Menschen – Sportler, Schauspieler, Verbrecher, Gewinner von Schönheitswettbewerben – möglich.

Trump sollte sich sein Leben lang an die Erinnerung seiner sportlichen Leistungen klammern und sie bei Presseinterviews erwähnen. Er war überzeugt, dass seine Erfahrungen auf dem Baseballfeld prägend waren, weil sie ihn auf lokaler Ebene berühmt machten und weil sie in ihm die Gewohnheit zu siegen weckten. Nach seiner eigenen Meinung war er definitiv »der beste Baseballspieler in ganz New York«, und er wäre auch Profisportler geworden, nur: »damit konnte man nicht richtig Geld verdienen«. Im Jahr 1964 lag das Durchschnittsgehalt für einen

Spieler der ersten Liga bei 16 000 Dollar, was nach heutigem Wert 120 000 Dollar wären. Bis 1970 sollte sich das Gehalt verdoppeln.[9] Das war mehr als genug, um es einem jungen Mann, der das Spiel liebte, zu gestatten, sich mit den besten Spielern zu messen und, wenn das Abenteuer vorbei war, nach Herzenslust Geld zu scheffeln.

War Trump wirklich ein herausragender Spieler? Ja und nein. Im Staat New York zählten zu seinem Highschool-Jahrgang Dave Cash, der spätere dreifache All-Star-Spieler der National League aus Utica, und die Profis Terry Crowley und Frank Tepedino. Crowley und Tepedino spielten in New York City Baseball, wo der Konkurrenzkampf heftig war. Die NYMA schlug sich dagegen mit kleinen Privatschulen wie Our Lady of Lourdes in Poughkeepsie herum, die die Kadetten in Trumps letztem Jahr, als das Team die Saison mit einer negativen Bilanz abschloss, mit 9 zu 3 abfertigte.

Erinnerungen an sportliche Erfolge werden im Laufe der Zeit verbrämt. Jeder einzelne Homerun in der Amateurliga bleibt haften, und jedes Ausscheiden gerät in Vergessenheit. Viel wichtiger ist, wie sehr sich ein Mann in seiner Vorstellung damit identifiziert, ein Sportler zu sein. In Trumps Fall sind die Tage auf dem Baseballfeld stets frisch in Erinnerung geblieben, und er legt Wert darauf, anderen weiszumachen, dass er ein großartiger Spieler am ersten Base war und dass er als Golfspieler 18 Clubmeisterschaften gewonnen hat, die »für Amateure wirklich mit großen Turnieren vergleichbar sind«. Bei dieser Konzentration auf sportliche Leistung geht es für einen Mann ebenso darum, sein Interesse am Konkurrenzkampf zu etablieren, wie darum, einen überprüfbaren Nachweis dafür zu vermitteln. Trump möchte den Menschen mitteilen, dass er schon immer das Herz und das Können eines Siegers hatte, und an diesen Behauptungen war auch etwas dran. Trump kann auch nachweisen, dass er sich schon immer für attraktive Frauen interessierte. An der Militärschule, wo Händchenhalten verboten war, bezeichneten die Kadetten ihn im Jahrbuch dennoch als den offiziellen »Frauenheld« seiner Klasse, mit dem passenden Beinamen »Shrapnel«.

Nach der NYMA kam die Fordham University in der Bronx, wo Donald Trump sich durch sein militärisches Auftreten auszeichnete, und durch seine Weigerung, Alkohol zu trinken oder zu rauchen, ganz zu schweigen von irgendwelchen Experimenten mit Drogen, die auf amerikanischen Campussen immer öfter anzutreffen waren. (Wie die abstinenten Multimillionäre des *Gilded Age* sollte Trump stolz sein Leben lang Antialkoholiker bleiben.) Die ganze Rebellion Donald Trumps in seinen College-Jahren bestand darin, dass er von einer Karriere am Theater oder im Film träumte. Hollywood und der Broadway steckten damals zwischen der Gute-Laune-Phase der Fünfziger und der Angst der Sechziger. *Mary Poppins* und *Dr. Strangelove* (*Dr. Seltsam*) liefen in den gleichen Kinos. *Hair* kam im Biltmore Theater am Broadway auf die Bühne, als *Barefoot in the* Park (*Barfuß im Park*) ausgelaufen war. Für einen Absolventen einer Militärschule, dessen kreative Leidenschaft von seinem Streben nach Reichtum und konventionellem Erfolg weit übertroffen wurde, waren Film und Theater so wechselhaft, dass eine Karriere in der Wirtschaft viel vernünftiger war.

In der Gewissheit, dass seine Zukunft zumindest in den Fußstapfen seines Vaters beginnen würde, widmete Donald einen großen Teil seiner Freizeit der Arbeit im Familienunternehmen. Er pendelte vom Elternhaus in Queens zur Schule und verbrachte die Wochenenden entweder im Büro oder bei Immobilien Trumps. Während er die Grundlagen des Gebäudemanagements von seinem Vater lernte, wandte er sich in Fragen des Stils einem anderen Immobilienmann zu. William Zeckendorf war der erste New Yorker Bauunternehmer, den man auch als Entertainer betrachten konnte. Der geschwätzige Zeckendorf, der in einem glänzenden Cadillac – Kennzeichen WZ – durch Manhattan gondelte, kündigte häufig Pläne an, die man fast schon phantastisch nennen könnte. Ein Vorschlag sah unter anderem den Bau eines Flugplatzes auf dem Dach eines neuen Geschäftshauses an der West Side von Manhattan vor. Nach einem anderen Entwurf sollte ein 102-stöckiger Wolkenkratzer über dem Bahnhof Grand Central gebaut werden.

Obwohl Zeckendorf meist über zweieinhalb Zentner auf die Waage brachte, war er hyperaktiv und häufig in Bewegung, physisch ebenso wie mental. Seine Projekte waren gewagt groß, wie im Fall des gigantischen Einkaufszentrums namens Place Ville Marie in Montreal, das auf einem stillgelegten Rangierbahnhof gebaut wurde und schon allein mit seiner Masse das Stadtzentrum in seine Richtung verlagerte. Mit seiner kreativen Energie entdeckte Zeckendorf außerdem neue Möglichkeiten, aus Immobilien Gewinn zu schlagen. Zum Beispiel erkannte er, dass er ein Gebäude kaufen und danach das darunter liegende Grundstück, die künftigen Mieteinnahmen von Bewohnern und sogar die Privilegien beim Steuerabzug jeweils an separate Parteien weiterverkaufen konnte.

Zeckendorf war außerdem für seine Verschrobenheit bekannt. Er arbeitete in einem vollkommen runden, fensterlosen Büro, das mit Teak verkleidet war und von Deckenlampen erhellt wurde. Ein System aus ferngesteuerten Kunststofffiltern gestattete es ihm, die Farbe des Lichts an seine Stimmung anzupassen. Er hatte mehrere Telefone auf seinem Schreibtisch und nahm in den hektischsten Phasen Dutzende von Anrufen in der Stunde entgegen. Dabei kritzelte er Notizen und Zeichnungen in Notizhefte, die von seinen Sekretären eingesammelt und geordnet wurden. Häufig kaufte er Immobilien, die er noch nie gesehen hatte, und stürzte sich voller Enthusiasmus in neue Geschäfte. Nachdem er am Broadway Gefallen gefunden hatte, produzierte er 30 Shows.

Immer auf Publicity bedacht, stellte Zeckendorf den bekannten Presseagenten John »Tex« McCrary dafür ein, dass sein Name ständig in der Zeitung genannt wurde. Und er legte Wert darauf, Reportern zu beweisen, dass er außerordentlich aktiv und erfolgreich war und im Luxus schwelgte. Er lud sie zum Mittagessen in einen privaten Speisesaal ein, wo sein persönlicher Küchenchef Eugene ein von Zeckendorfs Frau zusammengestelltes Menü zubereitete. Das Mahl wurde auf einer Tafel serviert, die mit dem edelsten chinesischen Porzellan und Silberbesteck gedeckt war. Die Vorliebe des viermal verheirateten Zeckendorf für Frauen entsprach in etwa seiner Wertschätzung guten Essens.

Auf dem Höhepunkt seines Erfolgs beschäftigte Zeckendorf eine eindrucksvolle Reihe an Spitzenarchitekten wie Le Corbusier, William Lescaze und Ieoh Ming Pei, mit denen er Großprojekte in ganz Amerika verwirklichte. Anfang der Sechzigerjahre besaß er vermutlich mehr Immobilien als irgendein anderer in den Vereinigten Staaten, einschließlich der New Yorker Hotels Astor und Drake. Allerdings geriet er häufig in finanzielle Schwierigkeiten, die kreative Lösungen erforderten. Als er mit dem Bau der sogenannten Century City für die Filmgesellschaft Fox in Los Angeles in Verzug geriet, bezahlte er die Filmschauspielerin Mary Pickford dafür, dass sie an einem Schuppen, der ohnehin abgerissen werden sollte, eine Flasche Champagner zerschlug und damit den Beginn der Bauarbeiten ankündigte. Nach dem Abriss des Schuppens passierte nicht viel auf der Baustelle. Die Publicity des Ereignisses war jedoch so überzeugend, dass Fox immerhin lange genug aufhörte, Zeckendorf unter Druck zu setzen, bis er einen reichen Partner fand, der ihm unter die Arme griff.

Die Widerstandsfähigkeit und Extravaganz Zeckendorfs lehrten Donald Trump, welchen Ruhm man mit einer theatralischen Geschäftsstrategie ernten konnte. Andere Männer boten in seinen Augen warnende Beispiele für das Schicksal, das die Schüchternen und Bescheidenen erwartete. Im November seines ersten Jahres an der Fordham University nahmen Trump senior und junior an der offiziellen Eröffnung der großen Verrazano-Narrows-Brücke teil. Bei diesem Ereignis an einem wolkenlosen Dienstag vor Thanksgiving sollte der junge Trump eine Lektion lernen, die er nie wieder vergaß.

Jahrzehntelang waren die New Yorker in Scharen zu Zeremonien gekommen, die den Abschluss verschiedener öffentlicher Bauprojekte (Tunnel, Highways, Brücken) markierten, die unter der stahlharten Hand des Bauzaren Robert Moses vollendet wurden. Die große Brücke, eines der letzten wichtigen Projekte von Moses, war 70 Stockwerke hoch und über eine Meile lang, womit sie damals die längste Hängebrücke der Welt war. Indem die Brücke die Meerenge überspannt, wo der Hudson in den Atlantik mündet, verbindet sie Staten Island mit Brooklyn. Als man das Projekt vorgeschlagen hatte, protestierten die Brooklyner, die dort lebten, wo die Brücke verankert werden sollte, sie würde ihre Wohngegend ruinieren. Zu der Zeit, als die Brücke eröffnet wurde, hatte sich dieser Konflikt aufgelöst, und niemand erschien, um zu protestieren und den kommunalen Prunk zu stören. Fahnen und patriotische Wimpel flatterten im Wind. Die Kapelle der Müllmänner spielte. Der Ozeandampfer *United States* fuhr unter der Fahrbahn durch.

Die Öffentlichkeit wurde willkommen geheißen, damit sie die feierliche Eröffnungszeremonie bestaunen konnte. Einige junge Männer erwarben sich sogar einen gewissen Ruhm, indem sie sich mit Smoking in Schale warfen und eine Woche lang direkt vor der Mautstelle parkten, um als Erste über die Brücke zu fahren. Die Ehrengäste wurden jedoch aufgefordert, sich in der Nähe der Redner und derjenigen, die das Band zerschneiden würden, aufzustellen. Unter diesen fanden sich der Gouverneur, der Bürgermeister, Italiens Botschafter in den Vereinigten Staaten und eben jener Kardinal Spellman, der die Kadetten der NYMA am Kolumbus-Tag auf den Stufen der St.-Patricks-Kathedrale gegrüßt hatte.

Von einem Platz aus, der nahe genug war, dass er gute Sicht auf die Plattform hatte, fiel Donald Trump auf, dass der alte Planer der Brücke Othmar Ammann übersehen wurde, als Moses die ausgewählten Würdenträger aufforderte, sich ein wenig Applaus gefallen zu lassen. (Der Reporter der *New York Times* Gay Talese, der eines Tages ein berühmter Autor werden sollte, bemerkte ebenfalls das unscheinbare Auftreten des Konstrukteurs.) Trump lernte daraus, dass Ammann in irgendeiner Form selbst schuld daran sein musste, dass er übergangen wurde. Er beschloss, sich diesen Vorfall zu merken, weil er »nicht zu irgendjemandes Trottel gemacht werden« wollte.

In der Welt der Geschäfte und großen Pläne, in die Donald vorhatte einzutreten, waren diejenigen die Schwachköpfe, die zusahen, wie andere in einem Spiel reich wurden, das sie nicht begriffen hatten. Sein Vater war kein Trottel. Nachdem Fred Trump

111

wegen der Probleme im Umfeld der Senatsanhörungen zur FHA der Anspruch auf Bundesförderprogramme verweigert worden war, hatte er inzwischen ein anderes Spielzeug namens Mitchell-Lama-Programm entdeckt, das man nach dem Gesetz für »Limited-Profit«-Wohnungsgesellschaften von 1955 ins Leben gerufen hatte. Das nach seinen Schöpfern, den damaligen Gesetzgebern des Staates New York, benannte Programm Mitchell-Lama gestattete es Immobilienentwicklern, auf Land zu bauen, das die Regierung gekauft hatte, verschaffte ihnen vergünstigte Darlehen und befreite sie von bestimmten Steuern. Es garantierte den Entwicklern sogar ein Bauträgerhonorar von 7,5 Prozent und einen jährlichen Gewinn von 6 Prozent.

In den Monaten vor der Eröffnung der Verrazano-Narrows-Brücke hatte Fred Trump ein Mitchell-Lama-Projekt namens »Trump Village« abgeschlossen, wo es ihm mit einigen Tricks gelungen war, den größten Teil des Landes zu übernehmen, das zuvor für einen gemeinnützigen Entwickler reserviert gewesen war. Anschließend konnte Fred 3700 Wohnungen bauen. (Die riesige Fläche kam durch die staatliche Enteignung kleinerer Grundstücke zustande. Die Personen, die die Enteignung beaufsichtigten und den Preis für jede Parzelle festlegten, waren Richter aus Brooklyn, die mit Trump bekannt waren.) Trump Village hatte als eine Art praktische Einführung für den jungen Donald gedient, indem es ihm die Gelegenheit bot, etwas aus nächster Nähe zu beobachten, was die wenigsten Menschen jemals zu Gesicht bekamen. In unzähligen Gesprächen und vielen Besuchen auf der Baustelle lernte er, wie man Regierungsbeamte, Politiker, Vertragsfirmen und Handwerker lenken und bearbeiten konnte. (Fred hatte stets Zigarren in der Tasche, um sie im geeigneten Moment anzubieten.) Donald erlebte auch, wie sein Vater auf eine unerwartete Krise reagierte.

Da Fred Trump noch nie ein Gebäude höher als sechs Stockwerke gebaut hatte, stieß er im Trump Village, wo jedes Haus 23 Stockwerke aufragen sollte, an die Grenzen seiner Fachkenntnisse. Wegen seiner finanziellen Einschränkungen und der fehlenden Erfahrung mit Hochhausprojekten war es ihm nicht möglich, die Bürgschaft zu bekommen, die der Bundesstaat als Garantie einer Kreditfinanzierung verlangte. Weil er aus eigener Kraft nicht weiterkam, wandte er sich an seine Berater bei einem Bauunternehmen namens HRH Construction. Sie beschafften die Bürgschaft und wurden als Generalunternehmer beauftragt. Unter HRH wurde Trump Village vor dem geplanten Endtermin und zu einem Preis, der unter den ursprünglichen Schätzungen lag, fertig gestellt. Auch wenn Fred eigentlich immer noch der Boss war, war er bei seinem allergrößten Projekt nur ein Zuschauer.

Obwohl Trump Village von dem bekannten Architekten Morris Lapidus entworfen wurde, hatte das fertige Wohnprojekt nichts von dem Stil seiner berühmten Hotels Fontainebleau und Eden Roc in Miami. Vielmehr zog Lapidus, unter ständigem Druck, die Kosten zu senken, karge, modernistische Bauten mit großen Fenstern und Aussparungen hoch, wo die Bewohner ihre eigenen Klimaanlagen einbauen konnten. Die wenigen Design-Highlights konnte man im Inneren der Gebäude sehen, wo Spritzer aus bunten Kacheln und heller Farbe die Monotonie aus Ziegel und Glas belebten. Einige von Lapidus entworfene Möbelstücke für die Eingangshallen in Trump Village waren so kunstvoll, dass sie in einem Museum landeten.

Das einzige Projekt, dem Fred jemals seinen Namen aufdrückte, Trump Village, wurde ebenso zu seinem krönenden Meisterwerk, wie es ihm langwierige Kopfschmerzen bereitete. Als sein Sohn im Jahr 1966 von der Fordham University abging, um seinen Bachelorabschluss an der University of Pennsylvania zu machen (er studierte Immobilienwirtschaft als Hauptfach), fingen Regierungsmitarbeiter an, die Kunstgriffe unter die Lupe zu nehmen, zu denen Trump senior gegriffen hatte, als er sowohl das Land für sein Projekt als auch die staatliche Förderung erworben hatte. Es ging immerhin um eine vergünstigte Finanzierung in Höhe von 50 Millionen Dollar und wertvolle Steuererleichterungen.

Zu der Zeit, als sich ein Skandal zusammenbraute, arbeitete Donald an den Wochenenden und in vorlesungsfreien Zeiten in Trump Village. Er machte Wohnungen für den Bezug fertig und nahm sich der Beschwerden von Bewohnern an. Der schlanke Donald mit blauen Augen und relativ langen blonden Haaren, überragte um einige Zentimeter seinen Vater, der immer noch einen Fedora-Hut auf dem Kopf und einen tipptopp gestutzten Schnurrbart trug. Fred war wegen seiner deutschen Abstammung inzwischen so gehemmt, dass er angefangen hatte, den Menschen zu sagen, er sei Schwede. Donald ging auf alle Menschen, mit denen er zu tun hatte, mit einem lockeren Selbstvertrauen zu. Aber so verschieden Vater und Sohn in ihrer Art auch waren, so waren sie doch einig, wenn es um ihre Ambitionen und Wünsche ging. Keiner der beiden schien sich sonderlich für menschliche Vergnügungen wie feines Essen oder Kunst zu interessieren. Und wenn sie irgendwelche glühenden politischen oder moralischen Ideale hegten, so war davon nichts zu sehen, auch wenn sie sich im privaten Kreis mit den Republikanern identifizierten und beide Reverend Norman Vincent Peale sehr bewunderten.

Der im Mittleren Westen geborene und aufgewachsene Peale wurde im Jahr 1932 Pfarrer der Marble Collegiate Church in Manhattan. In New York arbeitete er mit einem Psychoanalytiker mit dem treffenden Namen Smiley Blanton zusammen und entwickelte eine Philosophie, die Peale »die Kraft des positiven Denkens« nannte. Nachdem er finanzielle Unterstützung von Berühmtheiten wie Thomas Watson von IBM und Branch Rickey, dem Eigentümer der Baseballmannschaft Brooklyn Dodgers erhalten hatte, gründete er ein Ein-Mann-Unternehmen als Mahner, um seine Ideen in Büchern, Zeitschriften und Rundfunksendungen unters Volk zu bringen. Er erreichte über seine Sendungen 30 Millionen Amerikaner und von seinem Buch aus dem Jahr 1952 *The Power of Positive Thinking* (*Die Kraft des positiven Denkens*) wurden binnen 24 Monaten zwei Millionen Exemplare verkauft. Das Buch sollte mehr als 50 Jahre lang immer wieder aufgelegt werden und wurde zur Grundlage von Peales Erfolgskult.

Seine Botschaft konnte man im Grunde auf die These reduzieren, dass man mit Selbstvertrauen und Visualisierung so gut wie jedes Hindernis überwinden könne, das sich einem in den

Weg stellt. Für einen christlichen Geistlichen schenkte er der Bibel oder Gott herzlich wenig Aufmerksamkeit, sondern zog es vor, Geschichten von Personen zu erzählen, die mit Hilfe seiner Methoden alle Schwierigkeiten vom Alkoholismus bis hin zur Armut überwunden haben. Wenn Gott in Peales Schriften und Predigten vorkam, wurde Er häufig als eine Art Lebensberater oder ein Objekt der Meditation dargestellt. »Ich weiß, dass ich mit Gottes Hilfe«, schrieb Peale, »sogar Staubsauger verkaufen könnte.«

Ein großer Teil von dem, was Peale predigte, wiederholte die Lehren von Napoleon Hill, dessen Buch *Think and Grow Rich* (*Denke nach und werde reich*) im Jahr 1937 erschienen war und riet: »Sie werden niemals große Reichtümer besitzen, wenn es Ihnen nicht gelingt, sich zu einem glühenden Streben nach Geld zu steigern.« Peale war bei seinen Empfehlungen ein wenig nachsichtiger und plädierte für meditative Techniken, die er den Theorien des berühmten französischen Hypnotiseurs Émile Coué entlehnt hatte. Coué wies seine Patienten an, sich der »Autosuggestion« zu bedienen, indem sie den Satz wiederholten: »Es geht mir mit jedem Tag in jeder Hinsicht immer besser und besser!« Sein Buch *Self-Mastery Through Conscious Autosuggestion* (*Die Selbstbemeisterung durch bewusste Autosuggestion*) wurde in Amerika in dem Jahr veröffentlicht, als Peale zu einem methodistischen Geistlichen geweiht wurde. Der Autor unterstützte das Erscheinen mit einer groß angekündigten Lesereise, bei der Spenden in Höhe von 16 000 Dollar (nach heutigem Wert 220 000 Dollar) für die Gründung eines Coué-Instituts in New York zusammenkamen. Dem Vorstand sollten ein Mitglied der Vanderbilts, ein methodistischer Bischof, eine kalifornische Prominente, die mit einem italienischen Graf verheiratet war, und ein ehemaliger Polizeipräsident angehören.

Wie Coué sagte auch Peale seinen Anhängern, sie sollten sich selbst so vorstellen, wie sie auch sein wollten, und alle Zweifel überwinden, indem sie Sätze wiederholen wie: »Gott gibt mir die Kraft zu erreichen, was ich wirklich will.« Diese Sätze und andere sollten mindestens sechs Mal am Tag wiederholt werden, schreibt

Peale, um »euer Denken zu erfüllen«. Seine Religion war vor allem praktisch und nutzorientiert für das Streben nach »Macht und Leistung«. Nur selten kam Peale auf christliche Vorstellungen wie Sünde, Leid oder Erlösung zu sprechen. Er predigte lieber davon, dass Anhänger »frei von einem Schuldgefühl« wegen ihrer Missetaten sein sollten. Als Peale einmal über die Unsicherheiten und Ängste der Menschen in seiner großen Gemeinde sprach, erklärte er: »Jeder normale Mensch möchte Macht über die Verhältnisse, Macht über Angst, Macht über Schwäche, Macht über sich selbst.« Und diese Macht würden sie über das Gebet, über Visualisierung und über Taten erreichen, welche ihre Träume von »Wohlstand, Leistung, Erfolg verwirklichen« würden. Er schrieb: »Lernt, große Gebete zu beten. Gott wird euch an der Größe eurer Gebete messen.«

Peale war ebenso umstritten wie beliebt. Der Theologe Reinhold Niebuhr betrachtete Peales verschiedene Organisationen als eine Sekte. Als führende Psychologen Peale ebenfalls kritisierten – einige warnten sogar, dass seine Methoden zu psychischen Störungen führen könnten –, weigerte sich Smiley Blanton, ihn zu verteidigen, und untersagte Peale, künftig Blantons Namen zu verwenden. Peale geriet auch in Schwierigkeiten, als er sich gegen John F. Kennedys Präsidentschaftskandidatur von 1960 aussprach und sagte: »Konfrontiert mit der Wahl eines Katholiken steht unsere Zivilisation auf dem Spiel.« In dem Wirbel um diese Äußerung stärkte Peales Gemeinde ihm fast einmütig den Rücken, aber er äußerte rasch sein Bedauern und distanzierte sich von einer Gruppe Geistlicher, die gegen Kennedy waren. Nach Kennedys Sieg geriet Peales Sünde rasch in Vergessenheit. Im darauffolgenden Frühjahr wurde er für 40 Jahre Dienst auf der Kanzel gefeiert, und die Elite der New Yorker Wirtschaftsgemeinde versammelte sich zum Ostergottesdienst in der Marble Collegiate Church.

Peale blieb eine prominente Persönlichkeit und der Lieblingsprediger amerikanischer Konzerne, weil er sowohl eine moralische Rechtfertigung des Kapitalismus als auch Inspiration für Staubsaugervertreter bot. Im Jahr 1961 abonnierten Manager von mehr als 750 Firmen seine Zeitschrift *Guideposts* für ihre Beschäftigten. (In einem Jahr gab allein US Steel 150 000 Dollar für die Zeitschrift aus.) In New York wuchs Peales Gemeinde an der Fifth Avenue von 600 auf 5000 Mitglieder, und zu seinen Gottesdiensten kamen Bankiers, Politiker, leitende Angestellte und Geschäftsleute wie Fred und Donald Trump.

Als fast perfekte Praktikanten der Kraft des positiven Denkens wollten die beiden Trumps eben jenen Reichtum und Status erreichen, der sie über andere Menschen stellen würde. In Peale fanden sie einen Pfarrer, der sie lehrte, dass Gott für sie genau das Gleiche wolle und dass ihnen die »unendlichen Kräfte des Universums« zur Verfügung ständen, wenn sie nur positives Denken einsetzten und ihren Verstand schulten, »an den Sieg zu denken«. Donald sollte sein Leben lang positives Denken an den Tag legen, weil es zu einer wahren Gewohnheit seines Herzens wurde. Seine Projekte und Kreationen waren ausnahmslos, wie er sagte, »die Besten« und »die Großartigsten«. Wenn man ihn einmal auf Mängel oder Unstimmigkeiten in seinen Äußerungen aufmerksam machte, dann pflegte er mit Floskeln wie »Ja, was weiß ich« zu antworten, und ging schleunigst dazu über, eine andere seiner Großtaten zu beschreiben. Positiv immer und überall.[10]

KAPITEL 3

DER
LEHRLING

Ja, bei meinem Geschäft geht es darum, Häuser zu bauen,
aber es geht auch darum, mit diesen Leuten umzugehen.
Es geht darum, nett zu Politikern zu sein. Es geht darum,
von ihnen respektiert zu werden. Es geht darum,
von ihnen gemocht zu werden.

Donald Trump

Als Schauplatz von Träumen ließ Fred Trumps Büro einiges zu wünschen übrig. Vor ihm hatte ein Zahnarzt es als Praxis genutzt. Es war mit kitschigen Indianerfiguren aus dem Zigarrenladen dekoriert und mit ramponierten Schreibtischen, Aktenschränken und Bürostühlen möbliert. Der vollgestellte Raum wirkte noch enger durch eine billige abgehängte Decke und Neonröhren, die einen bläulichen Schimmer auf das Ganze warfen. Die Wände waren vollgehängt mit Dingen, die man als Jagdtrophäen eines Geschäftsmannes bezeichnen könnte – gerahmte Plaketten und Zertifikate –, aber davon abgesehen, war der Raum frei von jeder menschlichen Note, außer vielleicht einer kleinen Sammlung von patriotischem Trödel, darunter eine Adlerstatue mit gespreizten Schwingen, die stolz ein »Stars and Stripes«-Schild in ihren Klauen hielt.

So kühl und funktional es auch gewesen sein mag, so bildete Trumps Büro doch einen Ruhepol in der unmittelbaren Nachbarschaft. Zwei Straßenblöcke entfernt in westlicher Richtung befand sich ein weitläufiges U-Bahn-Depot mitsamt Reparaturwerkstatt, die rund um die Uhr in Betrieb war. Dieses kreuz und quer von Gleisen durchzogene Gelände war 30 Hektar groß. Im

Osten lag das Coney Island Hospital, wo ständig Rettungswagen mit heulenden Sirenen eintrafen, Tag und Nacht. Im Süden befand sich der Belt Parkway, eine Stadtautobahn auf Pfeilern, von der ununterbrochen Verkehrslärm herüberwehte. Die Hochstraße warf Schatten auf die Straßen darunter und nebelte sie in einer Abgaswolke ein. Die Nachbarschaft war als Gravesend bekannt und wurde kaum jemals in den Nachrichten erwähnt, außer vielleicht, wenn dort ein Mord verübt worden war, oder als zum Beispiel im Jahr 1970 der Bürgermeister ankündigte, dass am Ende der Avenue Z ein riesiges Klärwerk gebaut werden sollte.

In Anbetracht dieser Umgebung konnte man es dem jungen Donald Trump wohl nachsehen, wenn er seine Gedanken hinüber nach Manhattan schweifen ließ. Er war sich des Wertes, der in den rund 80 Gebäuden seines Vaters steckte, nur allzu bewusst – immerhin waren sie deutlich über 100 Millionen Dollar wert. Donald drängte ihn, zu refinanzieren und so einen Bestand an Barmitteln für neue Unternehmungen freizumachen. Fred glaubte an Donalds Fähigkeiten, betrachtete ihn als seinen natürlichen Nachfolger und war deshalb bereit, die Ideen seines Sohnes mit Eigenkapital zu unterstützen. Allerdings war Fred sehr vorsichtig, wenn es daran ging, in Manhattan Geschäfte zu machen – einem der weltweit teuersten Pflaster für Immobilienentwickler, und einer Gegend, wo seine Freunde von der Brooklyn Democratic Party (dem Ortsverband der Demokratischen Partei in Brooklyn, New York City) womöglich an die Grenzen ihrer Macht stoßen konnten.

Fred Trump hatte sich nie wirklich wohl gefühlt als Person des öffentlichen Lebens, und nach seinem Zusammenstoß mit der Bankenaufsicht des US-Senats hatte er aufgehört, die Aufmerksamkeit der Medien zu suchen. Diese instinktive Reaktion hatte sich bei den seltenen Gelegenheiten als richtig erwiesen, wenn er in Kontakt kam mit den Männern, deren Wirkungskreis die City Hall – das Rathaus – von Manhattan war. Einmal nahm er an einem Fundraising-Lunch zur Wiederwahl des Bürgermeisters Robert F. Wagner, einem Mitglied der Demokratischen Partei, teil und spendete ihm dabei 2500 Dollar für seinen Wahlkampf.

Darüber wurde in den Zeitungen berichtet, weil die Republikaner Wagner dafür kritisierten, dass er Geld annahm von Leuten, die Geschäfte mit der Stadt machten. (Wagner zahlte die Spende daraufhin zurück.) Der Fundraising-Lunch war von einem politisch einflussreichen Rechtsanwalt namens Abraham Lindenbaum organisiert worden, der im Planungsausschuss der Stadt saß. Viele New Yorker Immobilienentwickler, auch William Zeckendorf, nutzten die Dienste von Lindenbaums Kanzlei. Fred Trump hatte ihn im Zusammenhang mit Trump Village engagiert, dem Wohnprojekt, das nach den Maßgaben des Mitchell-Lama-Gesetzes gebaut worden war. Lindenbaum und sein Partner Matthew Tosti reichten für den Lunch eine 99-seitige Rechnung über 4500 Arbeitsstunden vor Gericht ein, die aus öffentlichen Mitteln bezahlt werden sollte, obwohl die Arbeit, die sie angeblich gemacht hatten, von einer Behörde der Stadt und einem anderen Vertragspartner erledigt worden war. Diese Rechnung wurde der lokalen Presse zugespielt, wo sie sich dann prompt zu einem Skandal auswuchs.[1]

Obwohl Fred Trump in der Lindenbaum-Affäre keine Gesetzesverstöße vorgeworfen wurden, musste er in diesem Zusammenhang vor dem Untersuchungsausschuss des Bundesstaates New York aussagen, der in den Fünfzigerjahren eingerichtet worden war, um politische Korruption einzudämmen. In einer weniger angenehmen Umgebung als bei seiner Befragung vor der Bankenaufsicht des Senats musste Fred stundenlang Fragen über sein staatlich subventioniertes Entwicklungsprojekt Trump Village beantworten. Vieles von dem, was er sagte, ließ ein beinahe schwindelerregendes Ausmaß an Manipulation erkennen. Ein Beispiel: Nachdem er zunächst ausgesagt hatte, er wisse von nichts, beriet er sich mit seinem Anwalt und änderte daraufhin seine Aussage. Dann erklärte er, dass er eine unabhängige Firma gegründet hatte, um gebrauchte Baumaschinen – Bagger, LKWs, et cetera – zu kaufen, die dann zu Raten an Trump Village verleast wurden, die bis zu zwanzigmal höher lagen als ihr tatsächlicher Kaufpreis. (Ein LKW, der für 2600 Dollar gekauft worden war, wurde für 21 000 Dollar vermietet. Zwei Maschinen zur Entfernung von Bodenbelägen, die jeweils 500 Dollar wert waren, brachten Trump einen Gewinn von 8200 Dollar ein.) Da Trumps Honorar als Bauträger auf den endgültigen Gesamtkosten des Projekts basierte – wie eine Provision –, verdiente er einmal daran, die Maschinen zu exorbitanten Kosten zu vermieten, und dann noch einmal, wenn er sein Abschlusshonorar für den Bau des Wohnkomplexes erhielt.

Trumps Baumaschinen-Trick war extrem clever, da er nach den Bestimmungen des Mitchell-Lama-Gesetzes aus formaler Sicht legal war. Trump zeigte sich durch die bohrenden Fragen der Anwälte des Untersuchungsausschusses sehr irritiert. »Ich habe 43 Firmen, bei denen ich der einzige Anteilseigner bin«, erklärte er. »Solche Details entfallen mir manchmal.«

Trump wurde bei seiner Zeugenaussage von demselben Matthew Tosti beraten, dessen Name auch auf der umstrittenen 99-Seiten-Rechnung auftauchte. Bei manchen Fragen wollte Tosti für seinen Mandanten antworten, wurde jedoch ermahnt, den Zeugen für sich selbst sprechen zu lassen. Der Ausschuss stellte fest, dass Trump seine Schätzung der Baukosten vorsätzlich in die Höhe getrieben hatte und nicht genutzte Subventionsmittel verwendet hatte, um unweit der Wohnungen ein Einkaufszentrum zu bauen. Andere Zeugen erklärten, wie er zusätzliche Gewinne in Höhe von 500 000 Dollar eingestrichen hatte, indem er bestimmte Lücken des Gesetzes ausnutzte. Und schließlich sagte der Direktor einer großen, alteingesessenen, gemeinnützigen Wohnungsbaugesellschaft aus, dass seine Organisation 1957 ermächtigt worden war, auf dem Trump-Village-Baugrundstück zu bauen, aber dann in politische Schwierigkeiten geraten war.

»Uns wurde von Mitgliedern des Board of Estimate gesagt, dass wir keine Baugenehmigung bekommen würden, bevor wir uns nicht mit Mr Trump auf einen Kompromiss geeinigt hätten«, sagte Abraham Kazan von der United Housing Federation aus. »Also haben wir über die Hälfte des Projekts aufgegeben … und das Board of Estimate genehmigte schließlich den geänderten Plan im Mai 1960.«[2]

Wie vorher schon die Ermittler der Eisenhower-Regierung,

die die Federal Housing Administration geprüft hatten, deckte auch der Untersuchungsausschuss des Bundesstaates New York ein Programm auf, das anscheinend absichtlich darauf ausgelegt war, Bauunternehmern, die von cleveren Anwälten beraten wurden, Vorteile zu verschaffen. Im Laufe der Anhörungen wurde genau der Senator MacNeil Mitchell, der am Entwurf des Mitchell-Lama-Gesetzes federführend beteiligt gewesen war, über 400 000 Dollar an Rechtsberatungsgebühren befragt, die seine Kanzlei von beteiligten Bauunternehmern – darunter auch Fred Trump – erhalten hatte. Und auch dieser Zeuge wies darauf hin, der unschickliche Gewinn sei völlig legal gewesen, um sich dann indigniert zu zeigen über die Unterstellung, dass irgendetwas Unanständiges stattgefunden habe. Mitchell bezeichnete sogar die Leistungen, die er für die Bauunternehmer erbracht hatte, als »einen Dienst an der Allgemeinheit« und hielt sich zugute, dass er nicht zu den zahlreichen Staatsdienern zählte, die sich von Bauunternehmern nur für ihre Einflussnahme mit Geld hatten bezahlen lassen – nein, er habe tatsächlich für das Geld gearbeitet.[3]

Als Ergebnis der Anhörungen vor dem Untersuchungsausschuss wurde niemand angeklagt. Aber in einem Editorial zog die *New York Times* über die als »Geschäftemacher« bezeichneten Bauunternehmer her, die den Steuerzahler ausgenutzt hätten, und erwähnte Fred Trump dabei namentlich. Der Vorsitzende des Untersuchungsausschusses kritisierte Trump und andere als »habgierige Individuen«, die mit ihren Manipulationen die Bürger von New York übervorteilten, die Mieten in die Höhe trieben und gegen den Geist des Mitchell-Lama-Gesetzes verstießen, das durch eine Kombination aus Steuererleichterungen und subventionierter Finanzierung erschwinglichen Wohnraum schaffen sollte.[4]

Obwohl er seine Profite behalten durfte und noch jahrelang die Mieten sowohl aus Trump Village als auch dem Einkaufszentrum kassieren würde, war Fred Trump durch seine Erfahrungen vor dem Untersuchungsausschuss angeschlagen. Kein Gesetz, weder nach Landes- noch nach Bundesrecht, würde ihn davon abhalten, weitere Anträge auf Steuererleichterungen oder Sub-

ventionen zu stellen, wie sie die staatlichen Wohnungsbauprogramme vorsahen. Aber der Ruch des Skandals, der ihm seit den
Anhörungen vor dem Untersuchungsausschuss anhaftete, würde
es ihm deutlich erschweren, einen solchen Antrag genehmigt zu
bekommen. Konkurrenten und Feinde – wie jeder Geschäftsmann sie hat – würden zweifellos diese Geschichte verwenden,
um jeden neuen Antrag von Trump zu torpedieren, in der Hoffnung, einem Rivalen zu schaden oder die eigenen Aussichten auf
staatliche Wohltaten zu verbessern.

Und dann war da noch die politische Landschaft. Obwohl er
Republikaner war, pflegte der pragmatische Trump gute Beziehungen zum Klüngel der Demokratischen Partei, der verstärkt
damit rechnen musste, dass seine Aktivitäten von Korruptions-
bekämpfern mit Argusaugen beobachtet wurden. Einige Wochen
vor Trumps Zeugenaussage war der demokratische Bürgermeister Wagner, Mitglied von Tammany Hall, einer Seilschaft der Demokratischen Partei, bei den Wahlen von dem reformorientier-
ten Republikaner John V. Lindsay geschlagen worden, der seinen
Wahlkampf unter das von dem Journalisten Murray Kempton ge-
borgte Motto »*He is fresh and everyone else is tired*« (Er ist frisch
und alle anderen sind müde) gestellt hatte. Lindsay bekleidete
dann acht Jahre lang das Amt des Bürgermeisters von New York
City, und in dieser Zeit wurden all die Lindenbaums, Mitchells
und anderen, die so lange ihren erheblichen Einfluss zugunsten
von Bauunternehmern geltend gemacht hatten, kaltgestellt. Jedes
Trump-Projekt, das die Genehmigung der Stadtverwaltung erforderte – und das galt für jedes große Wohnungsbauprojekt –,
musste aufgrund seiner objektiven Vorzüge die Zustimmung der
Lindsay-Verwaltung erringen. Da Trump sein Geschäft noch nie
unter solchen Bedingungen betrieben hatte, verlegte er sich immer mehr darauf, seinen Nachfolger Donald auszubilden.

In einer Familie, die männliche Privilegien hochhielt, war
Fred Trump junior der erste Sohn, dem es zustand, das Geschäft
zu übernehmen. Freddy, acht Jahre älter als Donald, hatte sich
bemüht, der »Killer King« zu werden, den sein Vater sich vorstellte, aber er war zu weichherzig, um dabei Erfolg zu haben. Er

verbrachte seine Highschool-Jahre an einer vornehmen episko-
palen Ganztagsschule auf Long Island statt an einer Militärschule. Als er später an der Lehigh University studierte, trat er in die
Air Force Reserve Officers Training School ein und spielte mit
dem Gedanken, Pilot zu werden. Aber nachdem er sein Studium
beendet hatte, fing er pflichtschuldigst als Assistent seines Vaters
zu arbeiten an.

Im Büro an der Avenue Z und auch draußen auf den Baustellen hatte Freddy Trump Schwierigkeiten, die Lektionen zu ver-
innerlichen, die sein Vater ihm beibringen wollte. Fred Trump,
der ungeachtet seines enormen Reichtums jeden heruntergefalle-
nen Nagel auf seinen Baustellen aufhob, konnte es nicht ertragen,
wenn auch nur ein einziger Cent verschwendet wurde. Irgendwie
verstand sein Sohn nicht, wie wichtig es ihm war, sparsam zu
sein. Als er die Gelegenheit bekam, ein altes Gebäude renovieren
zu lassen, ließ Freddy nagelneue Fenster einbauen. Sein Vater las
ihm die Leviten, als er das mitbekam, weil er meinte, die alten
Fenster hätten es auch noch ein paar Jahre lang getan.

Donald, der beobachtete, wie sehr sich sein älterer Bruder
abmühte, es dem Vater recht zu machen, hatte Mitleid mit ihm.
Freddy war ihm ein liebevoller und fürsorglicher Bruder gewesen, der Donald eindringlich gewarnt hatte, nicht mit dem
Rauchen und Trinken anzufangen – zwei Angewohnheiten, von
denen Freddy nicht lassen konnte. Aber sosehr Donald seinen
Bruder auch mochte, war er wegen dieser Probleme auch ein
bisschen wütend auf Freddy. Vater und Mutter tranken nie exzes-
siv und hielten solches Verhalten wahrscheinlich für ein Zeichen
von Charakterschwäche. (Es kann gut sein, dass Fred seniors eigener Vater Alkoholiker gewesen war.) Donald wünschte sich,
dass Freddy sich etwas mehr Mühe gegeben hätte, um ihnen
zu zeigen, dass er sich beherrschen konnte. Außerdem wurde
von einem männlichen Trump erwartet, hart zu sein, selbst im
Umgang untereinander; aber als der Vater Freddy eine Ohrfeige
verpasste, war der so verletzt, dass er körperlich zu schrumpfen
schien. Es war schwer zu ertragen, das mit anzusehen.

Donald zog seine Lehren aus dem, was er beobachtete, und

beschloss, sich gegen jeden zu wehren, der ihn herausforderte – auch gegen seinen Vater. Viele Jahre später sagte er einmal: »Ich habe mich immer gewehrt. Mein Vater war schon ein richtig harter Knochen.« Aber dann sagte er auch: »Mein Vater respektiert mich, weil ich nicht vor ihm gekuscht habe.«

Als Donald anfing, Vollzeit im Geschäft der Familie zu arbeiten, erhielt Freddy den einschüchternden Auftrag, ein geplantes Immobilienprojekt auf dem Gelände von Steeplechase Park zu betreuen, dem letzten großen Vergnügungspark auf Coney Island. Er hatte seine Tore für Besucher seit 1897 auf einem sechs Hektar großen Gelände am Meer geöffnet. Der Betreiber George Tilyou war in das Geschäft mit Vergnügungsparks eingestiegen, weil ihm Immobilien zu langweilig geworden waren. Er ließ eine Mittelgasse mit Fahrgeschäften und Verkaufsständen bauen und dekorierte das Ganze mit dem Bild einer dämonisch grinsenden Figur, die entweder Tillie oder Steeplechase Jack genannt wurde. Ihr Haar bildete die Hörner eines Teufels und ihre Fratze spukte wahrscheinlich in den Albträumen manch eines verängstigten Kindes herum. Die Hauptattraktion des Rummelplatzes war ein mechanisches »Pferderennen«, bei dem ein Dutzend Reiter – die jeweils zu zweit auf einem Pferd saßen – auf einem Gleis entlangreiten konnten, das rings um das gesamte Gelände verlief. Das Personal war in Samt und Seide gekleidet und ein Trompeter verkündete den Start eines jeden Rennens mit der berühmten Fanfare »*Call to Post*«. Die Freizeitjockeys überwanden dann mehrere Hürden und überquerten einen Graben, wobei sie mit Wasser bespritzt wurden. Am Ende des Rennens fand ein Spießrutenlauf statt, mit dreisten Clowns und »Blaslöchern«, die die Röcke der Damen nach oben bliesen, was dem Publikum auf einer kleinen Tribüne verzückte Jubelschreie entlockte.

Im Laufe der Jahre hatten sich Millionen von Menschen im Steeplechase Park amüsiert. Tilyous 75 Meter hoher Fallschirm-Sprungturm wurde zu einem Wahrzeichen von Coney Island. Das Geschäft blühte, trotz zunehmender Konkurrenz durch den größeren Luna Park, dessen Hauptattraktion ein Fahrgeschäft war, bei dem dreißig Passagiere in einem geflügelten »Ornithopter«

durch eine Mondlandschaft aus Pappmaché fuhren, wo sie von Mondjungfrauen begrüßt wurden. Zusammen schufen diese Vergnügungsparks den Mythos von Coney Island, der diesen kiesigen Küstenstreifen zu einem Objekt der Nostalgie machte – selbst für Menschen, die noch nie dort gewesen sind. (Dieses Phänomen ist auch darauf zurückzuführen, dass Coney Island in zahlreichen Büchern, Filmen und Schlagern verklärt wurde.) Zu der Zeit, als Fred Trump das Steeplechase-Gelände kaufte, war die Blütezeit von Coney Island als Ziel von Tagesausflügen bereits vorbei. Viele der Mittelschicht-Einwohner von Brooklyn, die einst in die Vergnügungsparks strömten, waren mittlerweile in die Vororte gezogen. Das Geschäft ließ nach, viele Kneipen schlossen, Grundstücke wurden verkauft und immer mehr Wohnblocks wurden gebaut. George Tilyous Erben verkauften das fünf Hektar große Steeplechase-Gelände für 2,5 Millionen Dollar an Fred Trump. Er hatte die Vision, dort Wohnhochhäuser zu bauen, so ähnlich, wie er sie im Urlaub in Miami Beach gesehen hatte.

Auf Coney Island waren zwar Wohnblöcke gebaut worden, aber keiner davon südlich der Surf Avenue. Dort hatten sich die Vergnügungsparks befunden, und dieses Gelände war von der Stadtverwaltung für Freizeiteinrichtungen reserviert worden. In dieser Gegend boten fast alle Grundstücke direkten und uneingeschränkten Zugang zum Strand, den viele Bürger der New Yorker Unter- und Mittelschicht als ihr Eigentum betrachteten. Seit Generationen war der frei zugängliche Strand auf Coney Island ein Symbol der egalitären Seite der Großstadt New York gewesen – eine ihrer wenigen Freizeiteinrichtungen, wo man nicht gezwungen war, eine Eintrittskarte zu kaufen. Ein Sprecher der lokalen Wirtschaft hat einmal gesagt, die Stadt brauche unbedingt »einen Ort, wo auch der einfache Mann mal hingehen und sich austoben kann«. Freddy Trump hielt dagegen, dass Coney Islands Tage als Freizeiteinrichtung selbst für die Unterschicht längst gezählt waren. »Sie und ich würden nicht mit unseren Kindern dort hinfahren«, gab er zu bedenken. »Bei Dunkelheit haben die Menschen Angst, an der Surf Avenue spazieren zu gehen.«

Zu Freddys Leidwesen wurde das Steeplechase-Projekt im

Laufe der Zeit immer schwieriger. Der glänzende Wahlsieg des forschen Bürgermeisters Lindsay über einen altmodischen, zigarrekauenden Herausforderer namens Abe Beame beschnitt die Macht des Politikerklüngels ganz erheblich, der Fred senior so vieles erleichtert hatte. Und dann war da noch der misslungene Auftritt von Freddys Vater vor dem Ermittlungsausschuss; dessen glimpflichem Ausgang zum Trotz waren die Aussichten der Trumps, die Restriktionen der Stadt hinsichtlich des Coney-Island-Geländes zu überwinden, weitgehend geschwunden, da bei diesem Verhör der Eindruck entstanden war, Trump senior sei an der korrupten Vergangenheit von Tammany Hall beteiligt gewesen. Er versuchte, Walt Disney und andere davon zu überzeugen, Steeplechase Park als Vergnügungspark zu betreiben, aber niemand biss an. Im Sommer 1966 ließ er diesen Plan zugunsten eines größeren fallen, zu dem auch Wohngebäude, ein rund ums Jahr geöffneter Vergnügungspark und ein von einer Glas- oder Plexiglas-Kuppel überdachtes Kongresszentrum gehören sollten. Diese Einrichtungen sollten auf Gelände gebaut werden, das die Stadt hätte erwerben müssen; außerdem hätten dort ansässige und aktive kleine Geschäfte beseitigt werden müssen.

Der von der New York Times so getaufte und von Morris Lapidus entworfene »Pleasure Dome« sollte so hoch sein, dass unter der Kuppel ein Riesenrad Platz fand. Die kühn geschwungenen Linien des Entwurfs erinnerten an Eero Saarinens markantes neues Terminal am Dulles International Airport in Washington, D. C., das 1962 eröffnet worden war. Eine Architektenzeichnung kostet nicht die Welt, und der Entwurf, der in dem von Lapidus gebauten Americana Hotel in Manhattan präsentiert wurde, war nicht viel mehr als eine vage Vision, die nur unter idealen Bedingungen hätte realisiert werden können. Lapidus schlug sogar vor, der Freizeitkomplex solle von einer neuen, ausschließlich für diesen Zweck zu gründenden Behörde finanziert und betrieben werden, die auch die Kleinunternehmer, die durch das neue Projekt vertrieben würden, entschädigen sollte.

Einen Fürsprecher für seine grandiose Vision für Coney Island fand Trump in Abe Stark, dem Stadtbezirkspräsidenten von

Brooklyn. Er war 1931 mit einem Werbeplakat für seine Schneiderei zu lokaler Berühmtheit gelangt, das er im kurz zuvor stillgelegten Baseball-Stadion Ebbets Field direkt unter der Anzeigetafel hatte anbringen lassen. Es versprach: »*Hit Sign, Win Suit*« (Triff dieses Plakat, gewinne einen Anzug). Jeder, dem es gelang, einen Baseball so zu schlagen, dass er damit das Plakat traf, sollte einen Anzug gewinnen. Das Plakat wurde von Baseballfans im Stadion gesehen, auf Fotos in der Zeitung und in Wochenschauen, die im Kino gezeigt wurden, und machte Stark so bekannt, dass die Wähler ihn vom Herrenschneider erst zum Stadtrat und dann zum Stadtbezirkspräsidenten beförderten. Freilich war Stark kein geborener Politiker und errang nie die Art von politischer Macht, die sein Vorgänger (und Trump-Unterstützer) John »Cashbox« Cashmore genossen hatte. Stark schaffte es nicht einmal, befreundete Geschäftsleute für das Trump-Lapidus-Projekt zu gewinnen. Die Handelskammer von Coney Island bekämpfte das Projekt aktiv und gab eine vernichtende Pressemitteilung heraus, in der es unter anderem hieß: »Mr Trump kann mit dem Steeplechase-Gelände in seinem jetzigen Zustand nichts anfangen, weil er aufgrund des Nutzungsplans dort keine Wohnungen bauen darf. Nach seinem jetzt vorgestellten Plan will er es gegen Grundstücke der Stadt eintauschen. Er will einen Klotz am Bein loswerden. [...] Der Strand würde zu einem privaten Tummelplatz für Menschen werden, die Wohnungen von Mr Trump mieten.«

Die von Fred junior organisierte Pressekonferenz im Americana Hotel brachte kaum mehr als ein bisschen Publicity für Fred Trump senior, der als kühner Visionär präsentiert wurde. Einige Wochen später lud Freddy Freunde und Geschäftspartner seines Vaters zu einer Abrissparty in den riesigen »Pavilion of Fun« aus Glas und Stahl ein; darin hatten sich früher überdachte Karussells und Attraktionen befunden, die mittlerweile an Schausteller in anderen Teilen des Landes verkauft worden waren. (Der hoch aufragende Fallschirm-Sprungturm blieb an Ort und Stelle stehen, weil potentielle Käufer von den geschätzten Kosten, um ihn zu demontieren und an einen neuen Standort zu verfrachten, abgeschreckt wurden.)

Obwohl seine Ideen nach wie vor durch den Nutzungsplan der Stadt vereitelt wurden, tat Fred Trump senior so, als habe er seine Probleme mit der Stadt bereits gelöst. Während seine Gäste an ihrem Champagner nippten, tauchten sechs mit Bikinis und Schutzhelmen bekleidete junge Frauen auf, die an vorbereiteten Leinen zogen und dadurch kleine Stücke aus einer Ziegelwand zogen. Dann stellten sich die »Mädchen«, wie sie in den Zeitungs-berichten genannt wurden, in die Schaufel eines riesigen Baggers und posierten für Fotos. Auch Fred ließ sich im Fahrersitz eines Bulldozers ablichten. Nun bekamen die Zuschauer Gelegenheit, Ziegelsteine auf einen Teil der Verglasung des Pavillons zu wer-fen, der von einem Gemälde des »Steeplechase Jack« geziert wur-de, das dort seit über 50 Jahren die Besucher begrüßt hatte.

Dieser letzte Publicity-Gag in Fred Trumps Karriere, die Bi-kini-Bagger-Champagner-Sause, war ein gutes Beispiel für ein Phänomen, das der Historiker Daniel J. Boorstin kurz zuvor in seinem 1964 erschienenen bahnbrechenden Buch *The Image: A Guide to Pseudo-Events in America* (Das Image: ein Leitfaden für Pseudo-Ereignisse in Amerika) beschrieben hatte. Boorstin zeigte sich darin zutiefst besorgt darüber, dass moralische Ideale, echte Beziehungen und menschliches Erleben immer mehr durch »Images« (geschönte öffentliche Darstellungen) und »Pseudo-Events« ersetzt wurden, die von Public-Relations-Experten, Konzernen, Politikern und Regierungen fabriziert werden. Viele der von solchen Images und Events überfluteten US-Bürger nah-men sie für bare Münze und akzeptierten sie als real. Ein Zeichen dieser Akzeptanz war, dass die Menschen immer häufiger selbst für gestellte Fotos posierten und im trauten Heim ihre eigenen Homevideos inszenierten. Diese konnte man dann mit den öf-fentlichen Darstellungen prominenter Menschen vergleichen, die als »Stars« geschätzt wurden, und mit den Konzepten von einem »guten Leben«, die von der Werbung für alles, was gerade »neu« und »modern« war, präsentiert wurden. Natürlich funktioniert Werbung nur, wenn der Konsument das betreffende Produkt auch tatsächlich kauft, und dadurch wird dessen Neuheit zer-stört. Deshalb werden statusbewusste Menschen immer wieder frustriert sein, bis sie das nächste neue Ding erwerben, das angepriesen und verkauft wird.

Diese von Boorstin beschriebenen Probleme sollten noch Generationen von zukünftigen Buchautoren beschäftigen. Viele von ihnen versuchten, die Ängste und die Langeweile zu analysieren, die Symptome dessen waren, was Boorstin als eine »Krankheit extravaganter Erwartungen« bezeichnet hatte, erzeugt von bildlichen Symbolen und Pseudo-Events. Susan Sontag stellte in ihrem 1978 erschienenen Buch *On Photography* (*Über Fotografie*) fest, dass durch kostengünstige, dutzendfach produzierte Fotos eine biographische Aufzeichnung entsteht, die ein noch nie dagewesenes Maß an Selbstbeobachtung – sie nennt es »Selbstüberwachung« – ermöglicht, das spontane menschliche Äußerungen hemmt und Posieren und Inszenieren fördert. Die meisten Menschen seien jedoch viel zu beschäftigt, um viel Zeit darauf zu verwenden, darüber nachzudenken, wie sich die mediale Bilderflut auf sie auswirkt – sie ließen sie einfach über sich ergehen oder reagierten darauf, so gut sie konnten.

Abgesehen von ihren gelegentlichen Klagen über den Druck, »*to keep up with the Joneses*« (mit den Nachbarn Schritt zu halten), waren die meisten Leute tatsächlich ziemlich beschäftigt damit, Schritt zu halten. Jeder Tag brachte mehr Bilder und Pseudo-Events, die nachdrücklich suggerierten, dass es Erfüllung bringen würde, nach neuen Besitztümern – einem neuen Anzug, Auto, Haus – zu streben. Dass kaum jemand jenen – von den Produzenten dieser Realität definierten und im Fernsehen illustrierten – Zustand jemals erreichte, wurde so gut wie nie erwähnt, auch nicht im privaten Kreis, weil dadurch Zweifel aufkommen konnten an der gesamten Grundlage des kommerziellen Lebens.

Auf dem beschleunigten Marktplatz, den Boorstin und andere beschrieben haben, konnte eine kleine Zahl von energischen, begabten und einfallsreichen Männern tatsächlich das statusträchtige Leben erreichen, das in der sie umgebenden Bildersprache gezeigt wurde. Das galt vor allem für diejenigen unter ihnen, die – wie Donald Trump – die Vorteile von Begabung, Familienvermögen und nützlichen Beziehungen genießen konnten, die sie von einem erfolgreichen Vater geerbt hatten. Als er noch an der University of Pennsylvania studierte, war Donald sich seiner glänzenden Zukunft so gewiss, dass er es kaum erwarten konnte, sein Leben als Partner des Vaters zu beginnen und dessen Lebenstraum für ihn zu erfüllen. »Mein Vater war ein Geschäftsmann, der enormen Erfolg von mir erwartete«, erinnerte er sich später.

Einen Monat nach der Abrissparty auf Coney Island erschien Fred Trump vor dem Planungsausschuss der Stadt, der seinem Projekt ablehnend gegenüberstand und eher dazu neigte, das Steeplechase-Gelände zu kaufen und einen öffentlichen Park daraus zu machen. Trump sagte den Mitgliedern des Gremiums, sie würden »ein wertvolles Stück Land« verschwenden, weil die Menschen nur im Sommer dort hinkommen würden. Aber er kämpfte nicht besonders engagiert, um sein Projekt zu retten, und der Schmerz, den er über den Verlust des Geländes verspürt haben mag, wurde sicherlich durch die 1,2 Millionen Dollar an Gewinn gelindert, den er durch dessen Verkauf an die Stadt einstreichen konnte.[5]

Obwohl dieser Gewinn von etwa 25 Prozent pro Jahr die Wachstumsrate des Dow-Jones-Index im gleichen Zeitraum um mehr als das Dreifache überstieg, war Fred Trumps Profit aus dem Verkauf des Steeplechase-Geländes weit geringer als das, was ihm sein ursprünglicher Plan eingebracht hätte. Er hatte eine Flut von Mietzahlungen von privaten und gewerblichen Mietern erwartet, mit der er über kurz oder lang seine Geldgeber hätte auszahlen können; anschließend hätte ihm das Objekt Millionengewinne beschert, während gleichzeitig dessen Wert durch die Inflation emporgetrieben worden wäre. In dieser Erfolgsformel – Investition + Zeit = Ertrag *und* Wertsteigerung – lag die Magie des Immobilienmarkts. Indem er sie befolgte, hatte Fred Trump ein Vermögen angehäuft, das ihn in die Lage versetzte, immer größere Projekte umzusetzen, während er gleichzeitig das Risiko für seinen privaten Besitz reduzierte. Nach einer Weile im Geschäft kann ein Immobilienentwickler auf diese Weise das Eigenkapital aus einem Projekt als Anzahlung für ein weiteres einsetzen und es so vermeiden, überhaupt noch eigenes

Geld einsetzen zu müssen. Er kann es sogar vermeiden, Steuern auf seine Gewinne zahlen zu müssen, indem er sie in ein neues Projekt investiert. Durch diese Bestimmung des Steuerrechts, die ursprünglich dazu gedacht war, Farmern zu helfen, werden Immobilienprojekte zu einem noch besseren Geschäft.

Zur trumpschen Variante dieses Immobilien-Grundrezepts gehörte häufig ein Schuss politisches Schmiermittel und ein bisschen Showbiz-Gewürz, um das Geschäft zu beleben. Die genaue Mixtur hing von der Location ab, von den Konkurrenten und der Intensität des öffentlichen Interesses. So konnte zum Beispiel ein gefeierter Architekt unbezahlbare Publicity für ein geplantes Projekt bringen und die zuständigen Beamten der Stadt dazu bewegen, es als nützlich und sogar prestigeträchtig anzusehen. Eine gute Presse konnte im Rahmen eines bestimmten Projekts potentielle Käufer oder Mieter beeinflussen. Womöglich hatte das Steeplechase-Projekt Morris Lapidus und die bezaubernden Badenixen in der Schaufel eines Baggers dringend nötig; aber als Fred Trump Sektflöten reichen ließ und seine Gäste einlud, Jacks Gesicht zu zertrümmern, zeigte er, dass sein Gespür für New York City im Allgemeinen und Coney Island im Besonderen ein kleines bisschen danebenlag.

Bei einem passenden Pseudo-Event, um sich von dem alten Vergnügungspark zu verabschieden, hätte man eine Runde Bier ausgegeben. Anstatt die Gäste einzuladen, Ziegelsteine auf ein beliebtes Emblem der guten alten Zeit zu werfen, hätten sie vom Fallschirm-Sprungturm zu Boden schweben können. Was verlorenging, hatte es verdient, mit etwas mehr Respekt behandelt zu werden. Stattdessen verschmolz Trumps Event sein Profitstreben mit den Notwendigkeiten der Stadt. Bei diesem Ansatz wurde der Freizeitwert eines öffentlich zugänglichen Meeresstrandes ignoriert, der von Millionen von Stadtmenschen zum Preis einer U-Bahn-Fahrkarte genutzt werden konnte. Und mit seinem Einwand, dass es Verschwendung wäre, die Grundstücke mit Zugang zum Strand für eine Freizeiteinrichtung zu reservieren, die nur zwei Monate im Jahr genutzt werden würde, überging Trump die vielen Anwohner und Touristen, die einfach einen Spaziergang am Strand machen, den Sonnenuntergang bewundern oder in den kühleren Monaten Wolfsbarsch angeln wollen. Dies war das Coney Island, das durch ein solches Projekt verlorengehen würde, und dies war es, was bewahrt wurde, als die Stadt Fred Trump die Änderungen des Nutzungsplans verweigerte, die er gebraucht hätte, um das Projekt zu verwirklichen.

Fred Trump junior, der sich eigentlich um das Projekt hatte kümmern sollen, bis es fertig gestellt war, verließ fluchtartig das Familienunternehmen, nachdem die Steeplechase-Pläne gestoppt worden waren. Er bewarb sich bei der Fluggesellschaft TWA, und als man ihm dort einen Job anbot, ließ er sich zum Piloten ausbilden, ein Beruf, den er dann viele Jahre lang ausübte. Zu dieser Zeit erhielt ein Verkehrspilot ein Anfangsjahresgehalt, das der Kaufkraft von 110 000 Dollar im Jahr 2015 entsprach, und die erfahrensten Flugkapitäne verdienten sogar mehr als das Dreifache.

Damals wurden Piloten in den Medien verklärt und von den Bürgern respektiert, sie genossen ein hohes gesellschaftliches Ansehen. Später erinnerte sich Donald Trump, dass diese Arbeit und sein Familienleben in Florida seinen Bruder glücklicher machten, als Donald ihn je gesehen hatte. Aber ein glückliches Leben war nicht genug für einen Mann in der Trump-Familie; das Modell von Männlichkeit, das Fred senior etabliert – und sicherlich von seinem aus Deutschland eingewanderten Großvater übernommen – hatte, forderte extremes Konkurrenzdenken und triumphale Siege, die großen Reichtum einbrachten. Ein Pilot verdiente gut, aber nach den Maßstäben eines Trump konnte man ihn nicht »reich« nennen. Und da der Job hauptsächlich darin bestand, ein Flugzeug und seine Passagiere sicher von A nach B zu steuern, wie hätte ein Pilot einen anderen ausstechen können? Das konnte er nicht, und deswegen konnten Fred senior und Donald es nicht lassen, Freddy zu triezen, wenn sie sich trafen. »Was ist der Unterschied«, fragte Donald ihn, »zwischen dem, was du tust, und dem Job eines Busfahrers?«[6]

Als sein ältester Sohn seine eigenen Wege ging und sein Traumprojekt gescheitert war, kam Fred Trump senior an einen Wendepunkt in seinem Leben. Er war 61 Jahre alt und hatte somit schon zwölf Jahre länger als sein Vater gelebt; er hatte in kaum drei Jahrzehnten eines der größten Immobilien-Portfolios in New York City aufgebaut. Aber er wusste, dass die Regeln des Spiels, wie er sie kannte, dabei waren, sich zu verändern. Alte Freunde aus Politik und Stadtverwaltung wurden aus ihren Positionen gedrängt, oder sie gingen von sich aus. Die Stadtverwaltung geriet in Schwierigkeiten, weil das unter Wagner begonnene Haushaltsdefizit sich unter Bürgermeister Lindsay fortsetzte. Die Mittelschichtarbeiter und ihre Familien, die früher begeistert in Trumps Wohnblöcke in Brooklyn eingezogen waren, schlossen sich der »white flight« (Flucht der Weißen) in die Vororte der Stadt an. Die Viertel, die sie zurückließen, verarmten.

New York war nicht die einzige Stadt, die sich mit dieser Krise auseinandersetzen musste. In vielen Städten der Vereinigten Staaten hatte seit den Fünfzigerjahren ein langsamer, aber sicherer Niedergang begonnen. Diese Entwicklung beschleunigte sich in den Sechzigerjahren und wurde von Rassenunruhen verschärft, bei denen überwiegend weiße Polizeikräfte auf schwarze Bürger einprügelten. Im Jahr 1964 gingen Tausende von schwarzen Anwohnern in Harlem und anderen Wohnvierteln von New York auf die Straße, nachdem ein weißer Polizist außer Dienst einen schwarzen Teenager erschossen hatte. Im Jahr 1965 führten seit langem schwelende Rassenressentiments zu ausgedehnten Unruhen in Watts, einem Wohnbezirk von Los Angeles, und in beiden darauffolgenden Jahren kam es im Sommer zu Unruhen in Städten wie Cleveland, Omaha, Newark und Detroit. So schlimm die Lage 1967 auch gewesen sein mag, so wurde sie jedoch 1968 noch schlimmer, nachdem Martin Luther King junior vor dem Lorraine Motel in Memphis, Tennessee, getötet worden war. In jenem Sommer kam es in fünfzig Städten zu gewalttätigen Ausschreitungen. Die Polizeikräfte in Baltimore und Chicago waren so überfordert, dass die Nationalgarde gerufen werden musste, um in den Straßen zu patrouillieren.

Die Rassenunruhen der Sechzigerjahre hatten anhaltende Auswirkungen; aus den Stadtkernen wanderten Geschäfte, Jobs und Menschen ab. Im Laufe der Siebzigerjahre erlitt New York City einen Rückgang der Bevölkerung um 10 Prozent – das erste Mal in der Geschichte der Stadt, dass sie einen zweistelligen Schwund ihrer Einwohnerzahl hinnehmen musste. Viele Geschäfte schlossen, und große Arbeitgeber – darunter auch Industriebetriebe – zogen in die Randbezirke oder den »Sunbelt« (Sonnengürtel, südlicher Teil der Vereinigten Staaten von North Carolina bis Kalifornien) und nahmen ihre Arbeitsplätze mit. Andere Städte hatten ähnliche Probleme. Im Jahr 1971 kamen über zweihundert Menschen bei Rassenunruhen ums Leben, von Boston bis Los Angeles. Zahlreiche Städte waren mit Sachschäden in Milliardenhöhe konfrontiert, und in vielen Gegenden fielen die Immobilienpreise, weil Brandstifter einzelne Gebäude und ganze Straßenzüge abfackelten.

Obwohl Rassenunterschiede der augenfälligste Auslöser für *white flight* und gewalttätige Unruhen waren, spielte dabei auch die Armut breiter Bevölkerungsschichten eine wichtige Rolle. Angehörigen von Minderheiten, die einen gewissen Wohlstand und gesicherte Lebensverhältnisse anstrebten, wurde das Leben durch Diskriminierung auf dem Arbeits-, Wohnungs- und Bildungsmarkt schwergemacht. In den Außenbezirken von New York City zogen arme schwarze und lateinamerikanische Neuankömmlinge in Wohnblöcke, die von den Weißen und ihren Arbeitgebern verlassen worden waren. Viele dieser Gegenden wurden zu offiziellen »Armutszonen«, in denen ein Bevölkerungsanteil von 30 Prozent oder mehr auf staatliche Sozialleistungen angewiesen war. Dieses Problem war in Gegenden von Brooklyn wie Flatbush, Greenpoint und Coney Island besonders akut, weil dort die Einkommen sanken und die Kriminalitätsraten stiegen.[7]

Angesichts von Mieten und Immobilienpreisen, die unter Abwärtsdruck standen, sahen sich Hauseigentümer, Immobilienanleger und Vermieter in bestimmten New Yorker Wohnbezirken mit den ungünstigsten Marktbedingungen seit der Weltwirtschaftskrise von 1929 konfrontiert. Jeden Monat wurden über hundert Wohnhäuser aufgegeben, und in den meisten Fällen verließen dann auch die Mieter rasch ihre Wohnungen, weil sie ohne Wasser, Strom, Heizung, Müllabfuhr und Instandhaltung dastanden. Hausbesetzern und Plünderern folgten dann über kurz oder lang Abrisstrupps der Stadtverwaltung. Auf diese Weise führte die hohe Kriminalität zu flächendeckender Verwahrlosung und Zerstörung, die ganze Straßenzüge zugrunde richtete.

Manche Hauseigentümer lehnten es ab, ihre Immobilien an Schwarze oder Latinos zu verkaufen, die entsprechende Anfragen stellten, und manche Vermieter weigerten sich, ihre Wohnungen an sie zu vermieten. Zwar waren manche Vermieter echte Rassisten, aber die meisten von ihnen hätten wohl gesagt, ihre Motive seien finanzieller Natur. Für sie war »schwarz« und »braun« gleichbedeutend mit »arm«, und sie fürchteten Mietausfälle und kostspielige Zwangsräumungsverfahren. Immobilienentwickler in den Außenbezirken von New York schränkten ihre Aktivitäten ein, vor allem in Wohnbezirken der Mittel- und Unterschicht, und hofften, einige Jahre später durch den Neubau von Wohngebäuden und Gewerbeimmobilien wieder echte Gewinne machen zu können. Im Jahr 1969 hatten private Immobilienentwickler aufgehört, frei finanzierte Wohnungen zu bauen, außer für die wohlhabendsten New Yorker (die New York Times bezeichnete sie als die obersten »7 Prozent«), und die einzigen Wohnungen, die dann noch für den Rest der Bevölkerung entstanden, waren staatlich subventioniert. Davon wurden aber so wenige geschaffen, dass die Wartelisten mehrere Jahrzehnte lang waren.[8]

In seinem Büro in der Avenue Z übte Fred Trump sich in Geduld und begnügte sich damit, Mieten zu kassieren und die Betriebskosten der vielen tausend Wohnungen, die er besaß oder verwaltete, unter Kontrolle zu halten. Nachdem Freddy das Geschäft verlassen hatte, konzentrierte Fred sich außerdem darauf, seinen Sohn Donald auszubilden, der unter der Woche an der University of Pennsylvania studierte und die Wochenenden in New York im Geschäft der Familie verbrachte. An der »Penn«,

wo er sich nach zwei Jahren an der Fordham University einge-
schrieben hatte, studierte Donald Immobilienwirtschaft an der
Wharton School of Finance and Commerce. Zehn Jahre zuvor
hatten Redakteure der dortigen Studentenzeitschrift die Wharton School als »den ersten und wichtigsten destruktiven Einfluss«
auf das Studium von naturwissenschaftlichen und geisteswissen-
schaftlichen Fächern beklagt. In seiner Zeit an der Uni bemühte
sich Donald Trump, möglichst viel Wissen von seinen Professo-
ren aufzusaugen, wobei er sich vor allem auf die Feinheiten der
Hochfinanz konzentrierte. Zu Hause in New York beschäftigte er
sich ausführlich mit dem Portfolio seines Vaters, um zu sehen,
wo er Wachstumschancen finden konnte.[9]

Bei Hausbesuchen in diversen Wohnblocks mit seinem Vater
erlernte Donald die profane Kunst des Mieteeintreibens. Wobei
man, wenn man das persönlich erledigt, stets einen Schritt zur
Seite treten sollte, sobald sich eine Tür öffnet – nur für den Fall,
dass jemand zum Beispiel mit einem Eimer heißem Wasser be-
waffnet ist. So etwas kam durchaus vor. Donald lernte auch, wie
man ohne kostspielige Reparaturen mit allerlei Tricks das Leben
bestimmter Anlagen und Einrichtungen verlängern kann. Dem
Beispiel seines Vaters folgend, erschien Donald stets in Schlips
und Kragen zur Arbeit. Und er sorgte dafür, dass er genug über
jeden Aspekt des Geschäfts wusste, um seinen Mitarbeitern
fundierte Anweisungen geben und prüfen zu können, ob sie die
ihnen erteilten Aufgaben zufriedenstellend erledigt hatten.

Hätte er die Wahl gehabt, hätte Donald wahrscheinlich sein
Studium aufgegeben. Er war nicht gerade zum Studenten geboren, und die gesellschaftlichen Aktivitäten, die sich ihm auf und
rings um den Campus in Philadelphia boten, interessierten ihn
nicht sonderlich. Aber sein Vater bestand darauf, dass er seinen
Abschluss machte. (Er war stolz darauf, dass sein Sohn an einer
Ivy-League-Universität studiert hatte.) Hätte Donald sein Studium abgebrochen, hätte er seine Freistellung vom Militärdienst
als Student verwirkt und wäre unter Umständen eingezogen worden – womöglich sogar zum Fronteinsatz in Vietnam.

Als der Vietnamkrieg sich immer länger hinzog, wurden pro

Jahr über eine Million junge Männer aus Trumps Generation zum Militärdienst eingezogen. Über ein Drittel von ihnen diente in Südostasien. Als die Anzahl der gefallenen US-Soldaten sich allmählich der Gesamtzahl von fast 60 000 näherte, nahm auch der Widerstand gegen den Krieg zu, und an vielen Universitäten im ganzen Land wurden Antikriegsdemonstrationen organisiert. An manchen Colleges und Universitäten wurde der Lehrbetrieb von Demonstranten unterbrochen. Aufgebrachte Studenten blockierten die Straßen mit Barrikaden und verbrannten ihre Einzugsbescheide. In manchen Fällen wurden auch Universitätsgebäude in Brand gesetzt. Das Schlimmste kam 1970, als Truppen der Nationalgarde auf Demonstranten an der Kent State University in Ohio das Feuer eröffneten; dabei wurden vier Studenten getötet und neun verletzt. Es folgten Hunderte von Protestdemonstrationen im ganzen Land; die Kent-State-Todesfälle stärkten die Widerstandsbewegung der jungen Generation gegen den Krieg.

Ivy-League-Universitäten wie Columbia und Harvard bildeten Brennpunkte des Aktivismus, aber die Studenten an der University of Pennsylvania waren nicht so aufsässig. Dennoch beteiligten sich dort 1965 über tausend Studenten an einem Antikriegs-»Teach-in«, und 1967 befestigten etwa 50 Studenten schwarze Bänder an ihren Strohhüten und trugen Gasmasken, während sie an dem traditionell im Frühjahr stattfindenden »Hey Day«-Fest mit Paraden, Ausschank und Picknicks teilnahmen. Im Jahr 1968, Donald Trumps letztem an der Penn, besetzte eine kleine Gruppe Studenten ein Universitätsgebäude und vertrieb Anwerber der CIA und des Chemiekonzerns Dow Chemical, der unter anderem Napalm herstellte – eine Substanz, die eingesetzt wurde, um riesige Flächen in ländlichen Regionen Vietnams in Brand zu stecken.

Donald Trump beteiligte sich nicht an Protestdemonstrationen, unterschrieb keine Petitionen und agitierte auch sonst nicht gegen die Macht des »Establishments«. Er sei zwar persönlich gegen den Krieg gewesen, so sagte Trump später einmal, aber er habe sich so intensiv auf seine Zukunft im Geschäft konzentriert, dass er die Proteste auf dem Campus gar nicht wahrgenommen habe. Angesichts von Trumps politischem Desinteresse könnte man meinen, er habe eher einem Studenten aus den Fünfzigerjahren geglichen als einem aus den Sechzigerjahren; aber auch für die altmodische Version des Studentenlebens zeigte er nicht mehr Begeisterung als für den psychedelischen Lebensstil seiner eigenen Generation. Er trank nie Alkohol und machte sich nichts aus den Bierbesäufnissen der Studentenverbindungen oder aus drogengeschwängerten Privatpartys. Meistens blieb er nach den Vorlesungen zu Hause, sah sich die Talkshow von Johnny Carson an, den er sehr bewunderte, und ging schlafen. So sah sein Alltag aus, bis er seinen Abschluss machte und zurück nach New York zog. Später sagte er oft, er habe einen der besten Abschlüsse seines Jahrgangs gemacht, aber da seine Universität keine offiziellen Ranglisten veröffentlicht, kann diese Behauptung weder bestätigt noch widerlegt werden.

Nachdem Trump dauerhaft nach New York zurückgekehrt war, erschütterten Proteste den Parteitag der Demokratischen Partei in Chicago, und die Zahl der im Vietnamkrieg eingesetzten US-Soldaten erreichte mit 541 000 ihr Maximum. Tausende von jungen Männern, die nicht mehr als Studenten vom Kriegsdienst freigestellt waren, setzten sich nach Kanada ab, um nicht eingezogen zu werden. Wie bei vielen anderen, die ihren Abschluss machten und im Frühjahr 1968 die Universität verließen, lief Trumps »2-S *student deferment*«, seine Zurückstellung vom Wehrdienst als Student, im Juli 1968 aus. Zwei Monate lang war er als »1-A« klassifiziert und hätte eingezogen werden können, aber als er im September 1968 zu seiner Musterung erschien, wurde er als untauglich eingestuft. Aufgrund seiner neuen Klassifikation »1-Y« konnte er dann nur noch im Falle eines nationalen Notstands eingezogen werden.

Wenn man bedenkt, dass etwa 60 Prozent seiner Altersgenossen ebenfalls den Militärdienst vermieden, war Trumps Verhalten nicht allzu bemerkenswert. Etwa 10 Millionen Männer aus seiner Altersgruppe wurden nicht eingezogen, weil sie zurückgestellt oder untauglich waren. Nach einigen Jahren wurde jedoch die Frage des Militärdienstes während des Vietnamkriegs zu einem Problem für eine bestimmte Generation von Politikern, zum Beispiel Bill Clinton, Dick Cheney und Mitt Romney, die allesamt erklären mussten, aufgrund welcher Umstände sie nicht eingezogen worden waren. Wenn Trump nach seinen Erlebnissen während der Kriegsjahre gefragt wurde, wies er häufig auf ein Lotteriesystem hin, das im Dezember 1969 eingeführt worden war. Nach diesem System wurde jedem wehrpflichtigen Mann aufgrund einer zufälligen Ziehung von Geburtsdaten eine Einzugspriorität zugewiesen, in Trumps Fall die Zahl 356. Niemand mit einer Zahl höher als 195 wurde jemals eingezogen.

»Ich hatte Glück, weil ich eine sehr hohe Einzugsnummer bekommen hatte«, erzählte er 2011 einem TV-Interviewer. »Ich werde es nie vergessen, das war eine phantastische Zeit in meinem Leben.« Tatsächlich spielte die Lotterie jedoch keine Rolle in seinem Leben; sie fand erst 14 Monate nachdem er als untauglich gemustert worden war und 18 Monate nachdem er die University of Pennsylvania verlassen hatte statt. Dennoch pflegte er sich zu erinnern: »Als ich an der Wharton School of Finance war, habe ich im Fernsehen gesehen, wie sie die Einzugsnummern gezogen haben.«

Als dieses Thema 2014 in einem Gespräch aufkam, wiederholte er die Geschichte von der hohen Einzugsnummer. Aber als er die Gelegenheit erhielt, sich noch einmal im Detail zu erinnern, nutzte er sie. Ja, so räumte er ein, wenn die erste Lotterie 1969 stattfand, dann konnte er damals nicht mehr in Philadelphia gelebt haben. Und die zeitliche Lücke zwischen seinem Abschluss an der University of Pennsylvania und der Lotterie ließ sich mit Untauglichkeit aus gesundheitlichen Gründen erklären. Während er sprach, zog Trump einen seiner schwarzen Slipper aus und zeigte auf seine Ferse, wo ein kleiner Höcker die Socke ausbeulte. »Fersenbeinsporne«, erklärte er. »An beiden Füßen.« Solche Missbildungen machen einen Wehrpflichtigen untauglich aus gesundheitlichen Gründen. Im Gegensatz zu anderen, die diese Frage als Person des öffentlichen Lebens beantworten mussten, hatte Trump nie das Gefühl, sich verteidigen zu müssen, weil er nicht gedient hatte. Der Krieg »war ein Fehler«, so sagte er, und er war dankbar dafür, dass er Zivilist bleiben konnte.[10]

Aber Trump bestand auch darauf, das Militärleben kennengelernt zu haben. In einem anderen Gespräch sagte er: »Aus meiner Sicht war immer klar, dass ich beim Militär gewesen bin.« Er erklärte, in der weiterführenden Schule NYMA habe er mehr an militärischer Ausbildung absolviert als die meisten echten Soldaten, und er hatte unter dem Kommando von Männern wie Ted Dobias leben müssen, die echte Offiziere und Soldaten gewesen seien. »Ich hatte schon das Gefühl, richtig beim Militär gewesen zu sein«, so Trump, »weil ich jeden Tag mit diesen Leuten zu tun hatte.«

Wahrscheinlich würden nicht viele NYMA-Ehemalige auf die Idee kommen, die Militärschule mit wirklich absolviertem Militärdienst zu vergleichen. Aber diese Darstellung stimmt überein mit dem Selbstbild, das Trump häufig zeigt. In seinem maßlosen Ehrgeiz macht er das meiste aus jeder seiner Erfahrungen und Leistungen und nimmt für sich in Anspruch, bei fast allem, was er versucht hat, hervorragend abgeschnitten zu haben. Er hat nicht nur an der University of Pennsylvania studiert, sondern behauptet, dort auch einen der besten Abschlüsse seines Jahrgangs gemacht zu haben. Der Umstand, dass solche Behauptungen nicht überprüft werden können, muss nicht bedeuten, dass er absichtlich lügt – nein, er scheint sie ehrlich zu glauben. Und wenn er so etwas sagt wie: »Aus meiner Sicht war immer klar, dass ich beim Militär gewesen bin«, sagt er die Wahrheit – so, wie er sie empfindet.

Niemand würde jedoch bestreiten wollen, was Trump über sein Lebensgefühl in der Zeit, als er 1968 begann, als Erwachsener in New York City zu leben, zu sagen hatte. Immer wieder hat er erzählt, wie er auf Manhattan blickte und sich vorstellte, wie er die berühmteste Skyline der Welt verändern würde. Er vertraute auf seine Fähigkeiten und war mit Leib und Seele Optimist, und so kann man nicht sagen, er habe sich Hoffnungen oder Träumen hingegeben. Er glaubte – nein, er wusste –, dass es so kommen würde. Es war nur eine Frage der Zeit.

KAPITEL 4

STADT
DER ANGST

*Ich pflegte über diese Brücke zu gehen, und ich sagte mir
jedes Mal: »Ich will irgendwann in Manhattan leben.«*
Donald Trump

Seine erste Wohnung in Manhattan verschaffte Donald Trump
einen Adlerblick auf die Stadt aus einer Höhe von 17 Stockwerken über dem Gehsteig. Das 1959 fertig gestellte Gebäude 196
East Seventy-fifth Street war mit den glasierten weißen Ziegeln
verblendet, die Mitte des 20. Jahrhunderts in Mode kamen, als
Bauunternehmer das modische Manhattan House des Architekten Gordon Bunshaft an der Ecke Sixty-sixth Street und Third
Avenue nachahmten. (Manhattan House selbst wurde später
unter Denkmalschutz gestellt.) Der junge Trump scherte sich
nicht sonderlich um die Ästhetik der Nachkriegsarchitektur auf
der East Side. Er wollte in erster Linie Fuß fassen an dem Ort,
der seine Vorstellungskraft beherrschte, seit er wusste, was einen
am westlichen Ende der Queensboro Bridge erwartete. Zu seiner
Freude war er in einem der schickeren Viertel des Bezirks gelandet und dank der geltenden Mietpreisbindung war es ein re-
gelrechtes Schnäppchen.[1]

In einem Cadillac-Cabrio pendelte Donald in umgekehrter
Richtung nach Brooklyn und verbrachte den Tag bei seinem Vater. Dort konnte jeder sehen, dass sich der Verfall allmählich aus
den Armenvierteln ausbreitete und bislang stabile Gegenden be-
drohte. Wäre dieser Abschwung ein typischer Bestandteil des Im-
mobilienzyklus gewesen, so hätten die niedrigen Preise auf einen
Projektentwickler mit ausreichend Bargeld attraktiv gewirkt. Das

Problem in Brooklyn lag jedoch tiefer. Der Rückgang der Einwohnerzahl von New York City äußerte sich hauptsächlich hier. Und die Neuankömmlinge, die die von Möchtegernvorstädtern verlassenen Häuser und Wohnungen bezogen, waren nicht so wohlhabend und nicht so gebildet.[2]

Ein ähnlicher Prozess war im ganzen Land zu beobachten, als die Innenstädte immer leerer wurden und die Immobilienentwicklung in den Vorstädten boomte. Der Kontrast zwischen dem urbanen und dem suburbanen Leben war bei der Mittelschicht besonders ausgeprägt. In den Städten stagnierten die mittleren Immobilienpreise und sanken sogar, weil die Nachfrage zurückging. In den Vorstädten beobachteten die Käufer von neuen Eigenheimen, die beim Kauf eine geringe Anzahlung geleistet hatten, häufig, wie der Wert ihres Hauses rasant anstieg. Und dann tauschten sie es gegen ein größeres und schickeres Eigenheim ein. Als die Menschen an der scheinbaren Magie des »Aufwertens« mit Hilfe steigender Kaufpreise Gefallen fanden, waren Häuser nicht länger einfach nur Häuser, sondern Vermögenswerte, die man nutzen konnte, um den eigenen Wohlstand zu steigern. Zu diesem Zeitpunkt fing ein Immobilienspekulant namens Albert J. Lowry in Kalifornien an, die Festsäle von Hotels zu mieten, wo die Leute dann gegen eine Gebühr an seinem Seminar »Wie man in Amerika Erfolg hat« teilnahmen.

Lowry lehrte, dass mit ein bisschen Geld und einer gehörigen Portion Mut jeder Erfolg haben konnte, indem er unterbewerteten oder zwangsvollstreckten Grundbesitz lokalisierte, die Gebäude mit billigen Renovierungs- und Reparaturarbeiten aufbesserte und anschließend mit einem Gewinn weiterverkaufte. Wenn jeder, der an einem Seminar von Lowry teilnahm, diese Lektion sofort in die Tat umsetzte, dann wetteiferten alle natürlich um die gleiche Zahl an Schnäppchenimmobilien. Die Nachfrage würde prompt das Angebot übersteigen, und vorbei wäre es mit dem Schnäppchen. Aber nur ein kleiner Prozentsatz seiner Schüler befolgte wirklich seine Ratschläge. Manche hatten so großen Erfolg, dass sie zum Gegenstand der Geschichten wurden, die Lowry in seinen Kursen erzählte, auch wenn keiner es mit Lowrys eigenem Aufstieg vom Waisen- ins Herrenhaus aufnehmen konnte. Ein paar wenige wurden zu Partnern bei seinen Seminaren. Das Unternehmen war so erfolgreich, dass Lowry, herausgeputzt im dreiteiligen Anzug samt Toupet, einen 30-minütigen Fernsehwerbespot aufzeichnen und für einen guten Sendplatz mitten am Abend bezahlen konnte.

Als Lowry nach New York kam, bot er seine Seminare unter der Woche abends an, was den Pendlern aus den Vorstädten die Teilnahme erleichterte. Während sie im Zug nach Hause fuhren, durchquerten sie Teile der Bronx, Brooklyns und Queens', wo so gut wie niemand in Immobilien investierte. Auch wenn das damals kaum jemand wusste, hatte für New York City die Phase eines tiefgreifenden wirtschaftlichen Umbruchs begonnen. Die Beschäftigung in der Privatwirtschaft, die im Jahr 1969 ihren Höhepunkt erreicht hatte, ging allmählich zurück und sollte sich mehr als 40 Jahre lang nicht wieder ganz erholen. Während eines Großteils dieses Zeitraums erhielten steigende Spitzengehälter außergewöhnlich viel Aufmerksamkeit in der Presse, doch die mittleren Einkommen der Stadtbewohner blieben unter dem landesweiten Durchschnitt. Im Lauf der Zeit sollten die Reichen Manhattans aus ihren Bastionen in Midtown und an der East Side vorstoßen und Block für Block neue Gebiete für Luxusapartments und Nobelboutiquen beanspruchen. Die Verdrängung der Armen und der Mittelschicht würde als eine Gefahr für die reichhaltige Kultur des Viertels erkannt werden. In den späten Sechziger- und frühen Siebzigerjahren war jedoch der drohende Verfall ein weit dringenderes Problem.

In dem Bestreben, das Zentrum der städtischen Wirtschaft zu schützen, legten Vertreter der Verwaltung unter Bürgermeister John Lindsay eine Fülle von Ideen vor, um die Stadtentwicklung in Manhattan zu fördern. Neue Schnellstraßen wurden vorgeschlagen, die die altersschwache West-Side-Hochstraße ersetzen und den Holland-Tunnel und die Brücken von Brooklyn miteinander verbinden sollten. Laut den Befürwortern würden diese Straßenbauprojekte Arbeitsplätze schaffen und angeblich die Wirtschaft stärken. Allerdings würden sie auch Zehntausende aus ihren Häusern vertreiben, und deshalb stießen sie unter den Anwohnern auf heftigen Widerstand. Den Gegnern schlossen sich Umweltschützer an, die der Architekturkritikerin Ada Louise Huxtable beipflichteten. Sie wies darauf hin, dass die Route durch das untere Manhattan offenbar so gewählt war, dass sie »den größtmöglichen historischen und architektonischen Schaden« anrichtete. Als die Schnellstraßenpläne auf Versammlungen vorgestellt wurden, brüllten wütende Anwohner häufig die Stadtvertreter nieder, wenn sie versuchten, etwas zu sagen.

Am Ende wurde trotz großer Summen, die in die Planung und Machbarkeitsstudien investiert worden waren, keine einzige der Manhattan-Schnellstraßen gebaut. Die Bauindustrie überlebte stattdessen mit der Schaffung von Büro- und Wohngebäuden. Die Zwillingstürme des ursprünglichen World Trade Centers, die im Jahr 1973 bei ihrer Fertigstellung die höchsten Gebäude der Welt waren, führten diese Tätigkeit an. Eine Zeitlang weckte dies unter der Immobilienelite regelrecht Neid. Die Besitzer des Empire State Buildings, die das Ende der 40-jährigen Herrschaft ihres »welthöchsten« Gebäudes kommen sahen, kündigten sogar an, sie würden es um elf Stockwerke erhöhen und sich so den Titel zurückholen. Aber die Idee blieb nur leeres Gerede. Unterdessen bemühte sich die Hafenbehörde von New York und New Jersey, der das Trade Center gehörte, die Gebäude mit Bewohnern zu füllen. Die beiden Türme trugen zu einem Überangebot an Büroräumen bei, das die Mieten drückte.

Der Wohnungsbau steckte Anfang der Siebzigerjahre ebenfalls in einer Flaute. Nur zwei große Projekte wurden in dieser Phase verwirklicht, darunter ein Komplex aus 1470 Wohnungen namens Waterside Plaza und die Erschließung von Roosevelt Island, bei der 20 000 Menschen mitten auf dem East River untergebracht wurden. Beide wurden von Richard Ravitch beaufsichtigt, dessen Firma HRH Construction auch den Bau von Trump Village durchgeführt hatte. Beide wurden ebenfalls über günstige Staatsanleihen finanziert.

Trotz des Hoffnungsschimmers, der von den HRH-Projekten an der East Side ausging, herrschte in vielen Diskussionen über die Zukunft der Stadt eine »Festung Manhattan«-Mentalität vor, als aus den äußeren Vierteln beängstigende Meldungen über Verbrechen und Verzweiflung eingingen. In der südlichen Bronx, wo 40 Prozent der Bewohner auf Sozialhilfe angewiesen waren, hatten gesetzestreue Bürger selbst am helllichten Tag Angst, ihre Wohnung zu verlassen. In Gebäuden, die von ihren Besitzern vernachlässigt worden waren, zitterten sich die Bewohner ohne Heizung durch den Winter. Schließlich stellten 8000 Menschen fest, dass ihre Wasserversorgung nicht zuverlässig funktionierte. Immer wieder mussten sie notgedrungen Wasser von Hydranten holen und in Eimern nach Hause schleppen. Hunderudel streunten durch die Straßen. Der Müll türmte sich auf leeren Plätzen. Ein ansässiger Arzt nannte die Bronx eine »Nekropolis«, eine Totenstadt. Die Bewohner von Manhattan sahen Schatten der Totenstadt in Teilen von Harlem und in den Slums der Lower East Side, sowie in den zwielichtigen Stripteasebars und Pornokinos um den Times Square. Im Jahr 1975 mussten Immobilienmakler gegen einen Anflug von Panik ankämpfen, weil die Preise für einige Wohngebäude um sage und schreibe 50 Prozent abstürzten und es keinerlei Nachfrage mehr gab.[3]

Während andere zusahen, wie die Angst das ganze Immobiliengeschäft überschwemmte, erkannte Donald Trump günstige Gelegenheiten. Bei der Erkundung von Manhattan – einen Block nach dem anderen – waren ihm mehrere Orte aufgefallen, wo er sich eine bessere Nutzung des vorhandenen Raums vorstellen konnte. Dieses Unterfangen erforderte einen kreativen Kopf, der erkannte, wenn ein Viertel mehr Spitzenwohnungen brauchte oder wenn ein niedriges Gebäude bereit war für den Ausbau zu einem großen, gemischt genutzten Komplex. Verkehrsfluss, Zugang zum öffentlichen Verkehr und der Wert der benachbarten Parzellen spielten alle bei der Kalkulation eine Rolle. Diese Visionen waren nur der Anfang. Sobald er ein Grundstück ausgemacht hatte, musste Trump es erst erwerben, und das konnte Verhandlungen mit einer Reihe von Eigentümern mit sich bringen, die womöglich den Preis nach oben trieben, sobald sie merkten, was hier gespielt wurde.

In Anbetracht der extremen Schwierigkeiten, die bei Grundstücken mit mehreren Eigentümern auftraten, waren die Immobilienentwickler in Manhattan vor allem an den seltenen großen Parzellen interessiert, die von einer Partei kontrolliert wurden. In vielen Fällen handelte es sich bei den Besitzern um Regierungsbehörden und große Unternehmen, die sich selten von ihrem Eigentum trennten. In Manhattan zu Beginn der Siebzigerjahre waren die Überreste der Eisenbahngesellschaft Penn Central eine Ausnahme. Die ehemals mehrere große Linien umfassende Penn Central trieb auf den Konkurs zu. Aber die Bahngesellschaft kontrollierte immer noch Hunderte von Grundstücke, die man zu Geld machen konnte. Trump war, genau wie andere im New Yorker Immobiliengeschäft, vor allem an den wenig genutzten Eisenbahndepots an der West Side von Manhattan interessiert. Das eine Depot befand sich in Midtown, das andere an der Upper West Side. Es handelte sich um die letzten großen, nicht ausgebauten Flächen im Viertel. Ein Käufer mit einer gewissen Voraussicht konnte die Depots einer bankrotten Eisenbahngesellschaft unter Umständen zu einem außerordentlich attraktiven Preis erwerben.

Jahre gingen ins Land, während sich die Penn Central nach und nach von ihren Vermögenswerten trennte und einen langsamen Tod starb. Trump wartete seine Zeit ab und genoss, was New York einem jungen Mann mit einem guten Einkommen, einem reichen Vater und ohne echte Verantwortung zu bieten hatte. Im Winter 1969/70 versuchte er sich als Koproduzent eines Stücks am Broadway im Unterhaltungsgeschäft. Die Kritiker fanden kaum etwas, das ihnen an dem Stück *Paris is Out!* gefiel, das die Geschichte eines streitsüchtigen Paares mittleren Alters erzählte. »Weder hasste ich es, noch mochte ich es«, schrieb der Theaterkritiker und Schriftsteller Walter Kerr. »Ich saß einfach da und schaute es mir an.«[4] Das schon bald nach der Premiere abgesetzte Stück kreierte zumindest den Nebeneffekt, dass Donald Trump sich »Broadway-Produzent« nennen konnte, als er eine Reihe von Nachtclubs aufsuchte. Dazu gehörten das 21, das Four Seasons und die Kombination aus Restaurant, Bar und Diskothek namens Le Club, der Mitgliedern vorbehalten war.

Le Club war bekannt dafür, dass schöne Frauen dort hingingen, die Trumps Aufmerksamkeit magisch anzogen, wie Alkohol und Drogen es nie vermochten. (Einmal gestand er, dass Sex sein einziges echtes Laster war.) Später schrieb er darüber: »Manche waren eitel, manche waren verrückt, manche waren wild, und viele von ihnen waren Blenderinnen.« Trump sollte seinem NYMA-Ruf als »Frauenheld« gerecht werden und investierte viel Zeit und Energie mit der Jagd auf Models, Flugbegleiterinnen und andere Frauen, die er für attraktiv hielt. Er schloss auch rasch Freundschaft mit älteren, einflussreichen Männern, die ihm womöglich auf die Sprünge helfen konnten. Der erste davon war der Besitzer der New York Yankees George Steinbrenner. Der aufgeblasene Raufbold Steinbrenner, der das ideale Objekt für die Boulevardpresse war, war durch seine Ausbrüche und Anfälle zu einer landesweiten Berühmtheit geworden, was für einen Eigentümer eines Baseballteams damals noch eine Seltenheit war. Zweifellos hielt er seinen persönlichen Ruhm für gut fürs Geschäft, und die Anerkennung schmeichelte seinem Ego.[5]

Der ganze Zweck des Le Club bestand darin, als einflussreich oder schön bemerkt und neben einer Berühmtheit fotografiert zu werden und dadurch selbst zu einer Berühmtheit zu werden. Das noble Etablissement wurde von dem Modedesigner Oleg Cassini und seinem Bruder Igor gegründet und betrieben. Zuvor hatte Igor unter dem Pseudonym Cholly Knickerbocker eine Klatschspalte geschrieben. Igor nahm für sich in Anspruch, den Begriff »Jetset« geprägt zu haben und gab eine Zeitlang eine Zeitschrift mit dem schlichten Namen *Status* heraus. Im Le Club ging es um nichts anderes als Status. Auf der Mitgliederliste standen nach eigenen Angaben die Namen von dreizehn Prinzen und vier Baronen, und der Direktion gehörten der Maharadscha von Jaipur und der Herzog von Bedford an. Obwohl Le Club 1200 Mitglieder zählte, waren die Hälfte davon Auswärtige, und die Räumlichkeiten waren so eng, dass an einem Abend allenfalls 200 Personen Platz hatten. Diese Exklusivität brachte es mit sich, dass man, wenn man einmal drin war, gute Chancen hatte, irgendwelche Stars – Diana Ross, Al Pacino, einen Kennedy – oder einen der echten Stammgäste zu treffen. Zur letzten Gruppe zählten Trump, Steinbrenner und der berühmt-berüchtigtste Anwalt in New York City, Roy Cohn.[6]

Die McCarthy-Anhörungen waren längst Schnee von gestern, und der Roy Cohn der Siebzigerjahre hatte sich zum ultimativen Schlitzohr unter den Anwälten entwickelt. Buchstäblich in den politischen Clubhäusern aufgewachsen, wo sein Vater Privilegien und Einfluss verhandelte, manipulierte Cohn schon in der Highschool Strafzettel. Als gestandener Anwalt verbrachte er einen Großteil seiner Zeit und Energie damit, zu zeigen, dass er außerordentlich gute Beziehungen zu einflussreichen Leuten hatte, die etwas bewegen konnten. Unablässig sammelte und verbreitete Cohn ebenso Klatsch wie wichtige Informationen. Den ganzen Tag über telefonierte er mit Bezirksrichtern, Stadtbeamten, dem katholischen Erzbischof von New York und Politikern im ganzen Land. Er zeichnete viele dieser Gespräche auf und sollte später den Inhalt dazu verwenden, andere unter Druck zu setzen. Wenn er ein Problem nicht mit Hilfe seiner Beziehungen oder dem Geld seines Kunden lösen konnte, dann ging er vor Gericht, wo er sich in den meisten Fällen bravourös schlug, ob er nun ein Mitglied des organisierten Verbrechens oder sich selbst gegen Vorwürfe des standeswidrigen Verhaltens verteidigte. »Ein absolutes Genie« nannte Donald Trump ihn einmal und fügte hinzu: »Aber er hätte für jemanden, den er mochte, getötet.«[7]

Während eines Großteils seines Lebens sah sich Cohn fast ständig mit der Gefahr strafrechtlicher Ermittlungen zu seinen Steuererklärungen – Fahnder taxierten seine Steuerschulden am Ende auf sieben Millionen Dollar – und zu seinem Gebaren als Anwalt konfrontiert. (Einmal drückte er einem komatösen Mann einen Stift in die Hand in dem Bestreben, eine Unterschrift unter eine Testamentsänderung zu bekommen.) Obwohl wiederholt versucht wurde, ihn über die Anwaltsvereinigung strafrechtlich zu belangen oder zur Ordnung zu rufen, scheiterten alle Anläufe bis auf einen. Der letzte Versuch, der mit dem Entzug seiner Anwaltslizenz endete, ereignete sich im Jahr 1986 kurz vor Cohns Tod im Alter von 59 Jahren.

Mehr als die meisten Menschen war Cohn ein Mann scheinbar unversöhnlicher Widersprüche. Obwohl er selbst homosexuell war, freundete er sich mit Schwulenhassern an, lehnte alle Initiativen zur Verbesserung der Rechte Homosexueller ab und half bei der Verfolgung anderer Homosexueller. Obwohl er Jude war, gab er häufig antisemitische Äußerungen von sich. Seine hervortretenden Augen waren von tiefen Ringen umgeben, und sein sonnengegerbtes ledriges Gesicht war von den Narben etlicher Schönheitsoperationen übersät. Aber er kleidete sich tadellos – nobler Anzug, Seidenkrawatte, passende Handschuhe – und war so eitel, dass er sich nur tipptopp frisiert in der Öffentlichkeit zeigte. Er sah aus wie ein Gangster, der sich auf die harte Tour in der Hierarchie hochgearbeitet hatte. Er sprach mit einer leisen, verschwörerischen Stimme, und sein Akzent, wenn er auch kaum hörbar war – »*open da door*« (öffne die Tür), »*go out fuh lunch*« (zum Essen ausgehen) –, verriet ein wenig seine Herkunft von der Straße. Einige seiner Lieblingswendungen, wie »in diesem Sinne« und »zu gegebener Zeit«, ließen ihn wie jemand klingen, der sich verzweifelt bemühte, wie ein raffinierter Anwalt zu klingen. Auch wenn er offensichtlich sein Handwerk verstand, stolperte er gelegentlich über Banalitäten. In einem Radiointerview, das er gab, um Werbung für ein von ihm geschriebenes Buch zu machen, sagte Cohn, das Hauptproblem von Joseph McCarthy sei es gewesen, »dass er die gesellschaftlichen Annehmlichkeiten nicht beachtet« habe, und meinte wohl »Gepflogenheiten«.

Cohns Stil gefiel denjenigen, die glaubten, sie bräuchten einen harten Kerl an ihrer Seite, und er half ihm, mit einer Klientel zurechtzukommen, der viele richtige Mafiosi angehörten. Unter anderen vertrat er bekannte Bandenbosse und zwielichtige Figuren, denen er half, Gewinne aus nicht jugendfreien Filmtheatern unversteuert abzuschöpfen. Weil es den Behörden nicht erlaubt war, die Büroräume eines Anwalts abzuhören, wurde seine Kanzlei gelegentlich von mutmaßlichen Kriminellen genutzt, die sich einer Observierung entziehen wollten. Zu Cohns eigenen Geschäften zählte etwa ein Täuschungsmanöver, mit dem er die Stadt New York um ihren Anteil an Einnahmen betrog, die durch die Vermietung von Parkplätzen zustande kamen. Ein Manager des Parkplatzes räumte irgendwann ein, dass Cohn der Nutznießer dieses Schwindels war und dass er jede Woche Tausende von Dollar eingesackt hatte.[8]

Wie viele Gangster, die er vertrat, besaß auch Cohn einen Charme, den selbst viele, die ihn am liebsten gehasst hätten, unwiderstehlich fanden. Loyal und großzügig wie er war, ließ der Klatsch, den er bei einem Drink oder auf dem Rücksitz seines klapprigen Rolls-Royce – seine Initialen RMC standen selbstverliebt auf dem Kennzeichen – zum Besten gab, jeden Zuhörer sich privilegiert und ein kleines bisschen mächtig fühlen. Im Le Club haben Cohn und Trump vielleicht Geschichten über beiderseitige Freunde und Bekannte ausgetauscht, darunter eine Fülle politischer Macher wie Fred Trumps alter Kumpel Abraham »Abe« Beame, den Cohn seit vielen Jahren kannte. Cohn und Trump waren außerdem über ein gemeinsames Interesse am Ausgang einer Diskriminierungsklage gegen die Trump Organization durch die Bundesregierung im Herbst 1973 miteinander verbunden.

Aufgrund der Beschwerden von Vertretern des Urban League's Open Housing Center, das schwarze und weiße Bewerber ausgesandt hatte, um die Praktiken der Vermieter zu testen, hatte das Justizministerium FBI-Agenten aufgefordert, die Geschäftstätigkeit der Trumps zu prüfen. Diese Nachforschungen veranlassten die Staatsanwaltschaft, die Immobilienfirma der Familie, die Trump Management Corporation, zu verklagen, und zwar unter dem Vorwurf, dass sich das Unternehmen »wegen der Rasse und Hautfarbe« geweigert hatte, an potentielle Bewerber zu vermieten. Die Trumps waren nicht die Einzigen, denen dieses zweifelhafte Privileg zuteilwurde. Im Jahr 1971 hatte die Civil Rights Division, die Bürgerrechtsabteilung des Justizministeriums, eine ähnliche Beschwerde gegen die Firma von Samuel J. LeFrak eingereicht, einem noch größeren Wohnungsvermieter in Brooklyn und Queens. (Ihm gehörten 21 000 Wohnungen. Über den Besitz der Trumps wurde unterschiedlich mit 14 000, 15 000 oder 16 000 Wohneinheiten berichtet.) Aber während LeFrak rasch die Aushandlung eines Vergleichs angeboten hatte, nahmen sich die Trumps Cohn zum Anwalt und signalisierten damit ihre Bereitschaft, einen langen Kampf auszutragen.

Am 12. Januar 1974 bestellten Roy Cohn und Donald Trump, der allmählich das Gesicht des Familienbetriebs wurde, die Presse in einen Konferenzsaal im New Yorker Hilton. (Als Lieblingsort der Publicity-Jäger war das Hotel vor nicht allzu langer Zeit auch der Ort des ersten Mobiltelefonanrufs der Geschichte gewesen, den ein Manager der Firma tätigte, welche die Technologie entwickelt hatte.) Cohn teilte den Reportern mit, dass die Bundesregierung es versäumt habe, den Namen wenigstens einer Person anzugeben, die angeblich von den Trumps diskriminiert worden war. Ferner gab er bekannt, dass er eine Gegenklage eingereicht habe, und behauptete, die Trumps hätten einen Verlust in Höhe von 100 Millionen Dollar wegen der »unverantwortlichen und haltlosen« Anschuldigungen der Bürgerrechtsbehörde erlitten. Als Donald Trump das Wort ergriff, klang er selbst ein wenig wie ein Anwalt, indem er die Vorwürfe in einer Weise zurückwies, die ihm noch eine Hintertür offen ließ, falls die Beweise ihn widerlegen sollten: »Ich habe niemals, noch hat jemand in meiner Organisation jemals, nach meiner besten Kenntnis, jemanden bei der Vermietung unserer Wohnungen diskriminiert oder Vorurteile gehabt.«

Der Punkt, in dem sich Trump und die Bundesbehörden uneinig seien, sagte er, seien die Maßstäbe der Hausbesitzer für die Annahme oder Ablehnung eines Bewohners. Die Anwälte der Regierung, die sich auf die Behauptungen potentieller Mieter stützten, sagten, schwarze Bewerber mit den gleichen finanziellen Voraussetzungen wie weiße seien abgelehnt worden, während die Weißen die Wohnung bekommen hätten. Donald Trump betonte, dass das falsch sei, und dass sein Unternehmen lediglich danach trachte, Sozialhilfeempfänger zu vermeiden, die, wie er befürchtete, keine Miete zahlen und in »ein oder zwei Monaten« wieder ausziehen würden. Laut Trump verlangte der Vergleich, den Samuel LeFrak geschlossen hatte, auch an Sozialhilfeempfänger zu vermieten. Und wenn Trump nun der gleichen Regelung zustimme, würden die Bewohner aus seinen Gebäuden und sogar bestimmten »Gebieten als Ganzes« wegziehen. Obwohl LeFrak diese Darstellung der Vereinbarung bestritt, hatte Trump genaugenommen recht. LeFrak hatte zugestimmt, dass Bewerber, die zwar keine Arbeit hatten, aber genügend staatliche Unterstützung bekamen, um die Miete zu bezahlen, in seinen Gebäuden wohnen durften.

Gefragt nach seinen aktuellen Mietern, schätzte Donald, dass 700 (oder 4,3 Prozent) der Wohnungen seiner Firma an Schwarze vermietet seien. Zu der Zeit war Brooklyn zu 25 Prozent schwarz und Queens zu 13 Prozent. Die Diskrepanz zwischen dem schwarzen Bevölkerungsanteil und den schwarzen Trump-Mietern ließ sich zum Teil durch die Lage erklären. Viele Trump-Gebäude befanden sich in überwiegend weißen Gegenden wie Coney Island, das nach der Volkszählung von 1970 zu 85 Prozent weiß war. Es war durchaus möglich, dass kaum ein Schwarzer den Wunsch hatte, in diesen Gegenden zu leben. Aber Wohnungen waren Mangelware, und die Mieten, die in Trump-Immobilien verlangt wurden, konnten sich selbst Bewerber aus der unteren Mittelschicht leisten. Außerdem legte die Beschwerde der Bürgerrechtsvereinigung Urban League Fälle offensichtlicher Diskriminierung vor.

In einem anderen historischen Augenblick hätte sich die Bundesregierung wohl kaum die Mühe gemacht, die Zusammensetzung der Bewohner von Trumps Häusern zu untersuchen. Nach der berauschenden Wiederwahl des Präsidenten Richard Nixon im Jahr 1972 hatte die Regierung jedoch beschlossen, die Durchsetzung des Fair Housing Act von 1968 zu forcieren. Das vom Kongress nicht zuletzt als Reaktion auf die landesweiten Rassenunruhen verabschiedete Gesetz untersagte jede Diskriminierung bei der Vergabe von Wohnraum. Darunter fiel auch die Praxis der Hausbesitzer, Bewerber wegen ihrer Rasse von bestimmten Gebäuden weg, hin zu anderen, zu »lotsen«. (LeFrak hatte man vorgeworfen, die Bewerber aus Minderheiten zu den Gebäuden zu schicken, die überwiegend von Schwarzen bewohnt waren.) Offensichtlich besorgt, wie sich die Reaktion der Weißen auf seinen Wahlkampf auswirken würde, hatte Nixon die Antidiskriminierungsmaßnahmen seines Bauministers George Romney zuerst nur halbherzig unterstützt. Aber als Nixon nach einem erdrutschartigen Sieg erneut ins Weiße Haus einzog, fing seine Regierung an, sich der Durchsetzung des Fair Housing Act zu widmen und brachte Hunderte von Beschwerden gegen Hausbesitzer im ganzen Land vor.

Die wenigsten angeklagten Hausbesitzer reagierten auf das Vorgehen des Justizministeriums mit einer Gegenklage, wie der von Roy Cohn im Namen der Trumps eingereichten Strafanzeige in Höhe von 100 Millionen Dollar. Cohn beschwerte sich auch, dass die Bundesbeamten »storm trooper«, also SA-Männer, seien, die »Gestapo-ähnliche Methoden« angewandt hätten. Bundesrichter Edward Neaher reagierte gereizt auf Cohns Äußerungen und wies darauf hin, er habe zum ersten Mal gehört, wie jemand dem FBI Nazi-ähnliches Verhalten vorgeworfen habe. Er wies die Gegenklage als reine Verschwendung von »Zeit und Papier« ab und drängte die Parteien, sich auf dem Verhandlungsweg zu einigen. Bei den Gesprächen mit den staatlichen Anwälten versuchte Cohn, Donna Goldstein, die junge Staatsanwältin, der man den Fall anvertraut hatte, unter Druck zu setzen. Das Ergebnis zeigte die Grenzen von Cohns Einfluss auf, wie sich J. Stanley Pottinger noch gut erinnerte, der damals Leiter der Bürgerrechtsabteilung im Justizministerium war.

»Ich saß in J. Edgar Hoovers ehemaligem Büro, das man mir aus irgendwelchen Gründen zugeteilt hatte, und mein Stellvertreter Jim Turner kommt rein und sagt: ›Wir haben ein Problem. Würden Sie Donna Goldstein empfangen? Sie zittert wie Espenlaub, weil sie gehört hat, Sie würden sie entlassen.‹«

Laut Pottinger hatte Roy Cohn Goldstein wegen eines angeblichen Fehlers angeschrien, der ihr bei irgendeinem Papierkram unterlaufen war. Er hatte behauptet, er sei ein großes Tier bei den Republikanern und er werde im Weißen Haus und beim Justizminister anrufen und dafür sorgen, dass sie gefeuert werde.

Pottinger hatte seine Zweifel, ob Justizminister Elliott Richardson einen Anruf von Cohn überhaupt angenommen hätte. »Das Entscheidende beim Justizminister, und auch bei Nixon, war, dass sie in dieser Frage wirklich das Richtige tun wollten. Wir bekamen ein großes Budget – ich hatte zweihundert Anwälte, die für mich arbeiteten – und ich war bei diesem Treffen im Weißen Haus gewesen, wo [der innenpolitische Chefberater John] Ehrlichman uns sagte: ›Es ist höchste Zeit. Los. Los. Los.‹«

Im Fall Trump vertraute Pottinger auf die klare Beweislage, die Aussagen von aktuellen und ehemaligen Trump-Mitarbeitern umfasste. Nach ihren Angaben mussten sie die Rasse der Wohnungssuchenden melden, und sie hatten Anweisung bekommen, schwarze Bewerber zu entmutigen. Einer sagte, dass Fred Trump ihn angewiesen habe, er solle Wohnungen schwarzen Bewerbern verweigern. »Donna erzählte mir, wie Cohn ihr gedroht habe. Ich sagte: ›Vergessen Sie ihn. Machen Sie Ihre Arbeit und machen Sie sich deswegen keine Sorgen.‹«

Als die Regierung hart blieb, fing Cohn an, ernsthaft zu verhandeln. Am Ende stimmten seine Mandanten einer Regelung zu, die eine öffentliche Verpflichtung zur Antidiskriminierung vorsah. Donald Trump meinte später dazu: »Das bedeutete gar nichts, weil wir eigentlich niemals jemanden diskriminiert haben.« Allerdings sah die Einigung auch weitere Regelungen vor, die bislang in New York einmalig waren. Zwei Jahre lang mussten die Trumps dem Urban League's Open Housing Center wöchentlich Listen der leerstehenden Wohnungen zukommen lassen. Sollte eine Wohnung in einem Gebäude frei werden, wo weniger als zehn Prozent der Bewohner Schwarze oder Latinos waren, hatte das Wohnungszentrum eine Frist von drei Tagen, um Bewerbungen von Kandidaten einer Minderheit einzureichen, die diese Wohnungen beziehen wollten. Sofern sie die nötige Qualifikation hatten, mussten sie bevorzugt werden.

Als Donald sich um die Verhandlungen der Firma mit der Bundesregierung kümmerte, etablierte er ein Muster für die meisten juristischen Streitigkeiten, die ihn in der Zukunft erwarteten. Wann immer möglich würde er, nach der Manier Roy Cohns, in die Offensive gehen. Er räumte auf keinen Fall Fehlverhalten ein und definierte einen Konflikt stets so, dass er das Opfer war und nicht der Akteur einer unmoralischen oder gar illegalen

Tat. In dem Bürgerrechtsfall etwa erklärte er, die Regierung habe die Trump Organization ausgesucht, weil sie als Großunternehmer ein leichtes Angriffsziel sei. Außerdem sagte er, die Bundesbehörden würden versuchen, das Unternehmen zu zwingen, an Sozialhilfeempfänger zu vermieten. Weder die eine noch die andere Behauptung entsprach genau der Wahrheit. Die Regierung ging gegen große und kleine Hausbesitzer vor. Und auch wenn Behörden beabsichtigten, die Diskriminierung von Sozialhilfeempfängern zu beenden, hatten sie nicht vor, Trump oder einen anderen zu zwingen, sie unterzubringen. Sie wollten einfach nur, dass die Hausbesitzer staatliche Zuwendungen als Einkommen anerkannten, mit dem man die Miete zahlen konnte.[9]

Wenn Trump über Sozialhilfe anstelle von Rasse sprach, so spielte er auf die Vorurteile jener an, die dazu neigten, Zuwendungen als unverdiente Almosen für schwarze Familien zu betrachten. Die Verknüpfung der Wörter *welfare* (Sozialhilfe) und *black* (schwarz) hatte in den Fünfzigerjahren begonnen, als Schwarze aus dem ländlichen Süden in den städtischen Norden zogen und einige von ihnen Anspruch auf Sozialhilfeleistungen hatten. Als Präsident Lyndon B. Johnson in seiner Rede zur Lage der Nation von 1964 einen »Krieg gegen die Armut« ausrief, erlebte die amerikanische Öffentlichkeit einen dramatischen Anstieg der nationalen Presseberichte über Armut. Obwohl Schwarze lediglich rund 30 Prozent der Sozialhilfeempfänger ausmachten, zeigten die meisten Fotos von Empfängern in landesweiten Zeitschriften Schwarze – im Jahr 1967 etwa 75 Prozent der Bilder. Da die Presse auch über Missbrauch durch manche Empfänger berichtete, stand Sozialhilfe in den Köpfen vieler symbolisch für ein ganz bestimmtes Bild: schwarze Frauen im erwerbstätigen Alter mit Kindern, die heimlich Beziehungen zu Männern hatten, die sich weigerten, sich um ihre Sprösslinge zu kümmern. Diese »Sozialhilfeköniginnen« stellten eine winzige kriminelle Gruppe unter den Empfängern, aber ihre Existenz und die dazugehörigen Reportagen über sie reichten aus, um *welfare* zu einem Codewort zu machen, das rassistische Annahmen kommunizierte.[10]

Wusste Donald Trump, dass er, wenn er sich darüber beschwerte, auf Sozialhilfe angewiesene Bewohner akzeptieren zu müssen, einen Code – später nannte man das »*dog-whistle language*«[11] – benutzte, der auf rassistische Einstellungen anspielte? Er betonte, dass er so etwas nie beabsichtigt habe, und beschwerte sich in der *New York Times,* dass die Überprüfung der Praktiken der Immobilienmanager »einer Form furchtbarer Belästigung« gleichkäme. Indem Trump beschloss, Cohn gegen die Regierung kämpfen zu lassen, und behauptete, die Behörden würden ihn zwingen wollen, Sozialhilfeempfänger aufzunehmen, machte er sich jedoch Klischees zunutze. (Cohns eigene Vorurteile waren allgemein bekannt. Er benutzte häufig Wörter wie *spic* [abwertende Bezeichnung für Hispanics], *nigger* und *fag* [abwertende Bezeichnung für Homosexuelle].) Als der Fall schließlich zu den Akten gelegt wurde, willigte Trump in ein Verfahren ein, das es Angehörigen von Minderheiten erleichterte, in seine Gebäude einzuziehen. So eine Einigung war alles, was die Bundesbehörden erreichen wollten, als sie zum ersten Mal an die Trumps herantraten. Und das hätte man auch ohne politische Drohungen gegen Donna Goldstein oder Pressekonferenzen im New Yorker Hilton haben können.

Der Prozess machte den Namen Trump vermutlich bei mehr New Yorkern bekannt und steigerte Cohns Ruhm noch. Der Anwalt erkannte, dass Gerichtsverfahren reichlich Gelegenheit für den Kontakt mit der Presse boten – Prozesse waren häufig eine Meldung wert – und dabei spielte es kaum eine Rolle, ob man selbst Anklage erhob oder sich gegen eine verteidigte. Als Senator McCarthys Hauptankläger hatte Cohn entdeckt, dass er ohne weiteres einflussreiche, konservative Klatschkolumnisten wie Walter Winchell und Westbrook Pegler dahingehend manipulieren konnte, sich für Mitspieler in einem Spiel zu halten, das gegen verschiedenste Gegner geführt wurde. Winchell drohte tatsächlich dem Reporter Murrey Marder von der *Washington Post,* der McCarthys Hexenjagd unerbittlich entlarvt hatte. »Wir kriegen dich«, hatte Winchell in einem überfüllten Aufzug Marder zugeraunt. Cohn und seine Kumpanen »kriegten« Marder nie, aber der Vorfall zeigte, wie sich gewisse Journalisten mit einem Mann identifizierten, der ihnen Informationshäppchen über Verdächtige in Hollywood oder Washington lieferte, mit denen sie anschließend ihre Klatschkolumnen pfeffern und so neue Leser gewinnen konnten.

Nach seiner Niederlage in Washington setzte Cohn die gleichen Methoden in New York ein: Er freundete sich mit Kolumnisten an und ließ Informationen durchsickern. Im Jahr 1973, als Cohn den Trumps bei ihrem Kampf gegen die Bundesbehörden half, griff er außerdem ihrem gemeinsamen Freund Abe Beame unter die Arme. Er teilte Journalisten der *New York Times* mit, dass sich das Kongressmitglied Mario Biaggi, als er vor eine Grand Jury vorgeladen wurde, auf sein Recht der Aussageverweigerung nach dem fünften Verfassungszusatz berufen hatte. Biaggi war zu der Zeit Beames härtester Konkurrent bei der Vorwahl, die darüber entscheiden würde, wer bei den Bürgermeisterwahlen im November als Kandidat der Demokraten antrat. Die Verhandlungen einer Grand Jury sind eigentlich vertraulich, und »*taking the Fifth*«, wie die Amerikaner diese Aussageverweigerung nennen, darf nicht als Schuldbekenntnis gewertet werden. Als die *Times* Biaggi auf diese Information von Cohn hin ansprach, dementierte er die Behauptung. Das Dementi ging jedoch nach hinten los, weil andere Quellen Cohns Information bestätigten. Eine Flut von Presseartikeln folgte, die ausführlich über die Ermittlungen zu Biaggis Finanzen und mögliche politische Korruption berichteten. Dann bewies die Veröffentlichung seiner Aussage vor der Grand Jury, dass Biaggi gelogen hatte, als er bestritt, die Aussage verweigert zu haben. Seine Kampagne war ruiniert. Im November 1973 gewann Beame, der schon zwei Mal der oberste städtische Rechnungsprüfer gewesen war, den Posten des Bürgermeisters mit einem Vorsprung von über 40 Prozentpunkten.[12]

Mit Beames Wahl nach den unruhigen acht Jahren unter dem Möchtegernreformer John Lindsay übernahmen wieder die Clubhaus-Demokraten von Brooklyn die Stadtverwaltung, die eine lange und für beide Seiten einträgliche Beziehung zu den

Trumps hatten. Ein Jahr später sollte Beames Rückendeckung gewährleisten, dass mit Hugh Carey ein weiterer Demokrat aus Brooklyn und Trump-Freund Gouverneur des Staates New York wurde. Aber gerade als diese beiden Männer ihre großen Ambitionen verwirklichen konnten, sahen sie sich mit der Finanzkrise konfrontiert. Sie brachte New York City, das lange schlecht verwaltet wurde und kein kohärentes Finanzmanagement hatte, an den Rand des Bankrotts.[13]

Der Moment der Krise, an den sich viele Amerikaner noch heute erinnern, kam, als der republikanische Präsident Gerald Ford es ablehnte, der Stadt zu helfen. Die New Yorker *Daily News* gab die Neuigkeit in einer fetten Schlagzeile bekannt: »*FORD TO CITY: DROP DEAD*« (Ford an Stadt: Scher dich zum Teufel!) Der Präsident hatte diese Worte zwar so nie gesagt, aber sie gaben seine Einstellung wieder, als er ein Gesuch ablehnte, nach dem die Bundesregierung für städtische Anleihen bürgen sollte. Danach hielt er Vorträge über die fiskale Rechenschaftspflicht und erklärte, die Stadt müsse die kommunalen Ausgaben kürzen. Viele Vertreter der Republikaner hielten die Großstädte im Norden, die für gewöhnlich von Parteiapparaten der Demokraten kontrolliert wurden, für unverbesserlich korrupt. Die Krawalle der Sechzigerjahre hatten lediglich ihre Zweifel bezüglich des städtischen Amerikas bestätigt. In ihren Augen war der Gedanke, die dortigen Bürgermeister zu einer Kürzung der Ausgaben und zur Entlassung der gewerkschaftlich organisierten städtischen Arbeiter zu zwingen, die ohnehin immer für die Demokraten stimmten, gar keine so schlechte Idee.

Beame setzte kostensparende Maßnahmen durch, aber er war gezwungen, einen Teil dieser Maßnahmen wieder rückgängig zu machen. Ein Straßenprotest der Bauarbeiter beendete beispielsweise einen Baustopp, den er für städtische Bauprojekte erklärt hatte. Diese erneute Lockerung bei den Bauausgaben brachte Beame jedoch nur vorübergehend Ruhe. Schon bald drehten die Geldgeber der Stadt dem Bürgermeister den Geldhahn zu, und die Gesetzgeber in Albany, der Hauptstadt des Staates New York, von denen viele eher antiurban eingestellt waren, forderten neue

Brückenzölle, erhöhten die Gebühren für den öffentlichen Verkehr und wollten sogar eine Viertagewoche für städtische Angestellte, um die Lohnkosten zu senken. Während der Streit um diese und andere Ideen in vollem Gange war, druckten und verteilten Angehörige der Polizei- und der Feuerwehrgewerkschaft ein ominöses Flugblatt, das Touristen vor den Gefahren warnte, die mit den Entlassungen der Stadt verbunden waren. Unter der Überschrift »Willkommen in der Stadt der Angst« riet das Flugblatt den Gästen, »sich nach 6 Uhr abends nicht einmal in Midtown Manhattan noch auf der Straße blicken zu lassen«. Die Müllarbeiter begannen einen wilden Streik, durch den tonnenweise stinkender Abfall auf den Straßen liegen blieb, und die Straßenarbeiter behinderten mit Streikposten am Straßenrand den Verkehr. Die Solidarität der Streikenden wurde zum Albtraum, als drei Zugbrücken hochgezogen wurden und dann die zuständigen Brückenwarte unauffindbar waren.

In monatelangen Auseinandersetzungen, an denen Stadtvertreter, Finanziers und Politiker in Albany beteiligt waren, musste Abe Beame eine Demütigung nach der anderen über sich ergehen lassen, weil Gewerkschaften, Bankiers und Beamte von ihm verlangten, ihre Forderungen zu erfüllen, bevor sie ihm halfen. Als er eine Verfügung unterschrieb, die für städtische Arbeiter einen Lohnstopp vorsah, wurde der Bürgermeister ausgepfiffen und ausgebuht: »Wer ist hier der Boss? Ist es das Volk oder die Banken? Wer hat das Sagen?« Am Ende des Sommers 1975 bestimmten Staatsbeamte und Geldgeber, wo es langging, indem Sonderbehörden ins Leben gerufen wurden, um die Rückzahlung städtischer Anleihen zu garantieren und die Stadtverwaltung zu beaufsichtigen. Eine mehr oder weniger endgültige Lösung der Krise stellte sich erst ein, als sich die städtischen Gewerkschaften bereit erklärten, Anleihen im Wert von 500 Millionen Dollar zu kaufen, und als Präsident Ford auf Druck ausländischer Staatschefs – die einen Dominoeffekt befürchteten – seine Haltung zu Darlehensgarantien änderte.

Die Krise schlug der Stadt zahlreiche Wunden: eine drastische Abnahme von öffentlichen Wohnungsbauprogrammen, Kürzungen bei Programmen für die Essensversorgung armer Kinder, und massive Entlassungen bei der Polizei. Außerdem mussten Studenten des City College künftig Studiengebühren zahlen. Hinzu kamen nicht ganz so gravierende Demütigungen wie weniger Schülerlotsen und ein reduzierter Fährdienst nach Staten Island. Die New Yorker merkten, dass sie in einer Stadt lebten, wo das Leben ein bisschen weniger angenehm und ein wenig herausfordernder geworden war. Schlimmer als die Kürzungen war womöglich ein drastischer Rückgang des Wohnungsbaus, wie man ihn seit der Weltwirtschaftskrise nicht mehr erlebt hatte. Im Jahr 1975 wurden Baugenehmigungen für nicht einmal 4000 Einheiten erteilt.

Für Bürgermeister Beame, der versprochen hatte, New York einen »neuen Stolz« zu verschaffen, war die Finanzkrise eine Demütigung, weil seine Befugnisse eingeschränkt wurden. Auf einen Lokaljournalisten wirkte er wie »ein ruinierter Mann«. Obwohl man Beame wegen seiner finanzpolitisch bedingten Ohnmacht zu den schlechtesten Bürgermeistern zählen muss, polarisierte er immerhin längst nicht so stark wie manche seiner Zeitgenossen. Zwei andere prominente Bürgermeister der Siebzigerjahre, Sam Yorty von Los Angeles und Frank Rizzo von Philadelphia, zeichneten sich durch Äußerungen aus, die den Rassenhass schürten und zur Gewalt auf den Straßen beitrugen. Verglichen mit diesen beiden war Beame der Inbegriff der Ruhe, da er sich unablässig bemühte, jeden Einzelnen zu besänftigen, von den Titanen an der Wall Street bis hin zu den Bürgern, die am Fernseher zusahen, wie er verzweifelt versuchte, die Finanzkrise und seine Lösungskonzepte zu erklären.

Man hätte es dem Bürgermeister kaum verdenken können, wenn er Wutanfälle bekommen hätte. Da er nie eine überwältigende Ausstrahlung besessen hatte, war der leichte Weg an die Macht, den der telegene Lindsay eingeschlagen hatte, für Beame keine Option gewesen. Stattdessen hatte er sich im demokratischen Parteiapparat mehr als 30 Jahre lang abgerackert, geduldig anderen gedient und seine Chance auf den hohen Posten abgewartet. Als er ihn endlich bekam, detonierten finanzielle Sprengsätze, die allesamt Jahre vor seiner Amtszeit gelegt worden waren. Außerdem bekam Beame auch die Rezession zu spüren, die im Jahr 1973 einsetzte und das Ende des goldenen Zeitalters der amerikanischen Wirtschaft markierte. Verschärft durch ein Embargo der erdölproduzierenden Länder, das den Ölpreis innerhalb von zwei Jahren auf das Vierfache trieb, richtete die Rezession bei den Unternehmen verheerende Schäden an, drückte die Steuereinnahmen und setzte viele Arbeiter auf die Straße, als die Volkswirtschaft in Beames erstem Amtsjahr schrumpfte.[14]

Während Donald Trump zusah, wie Bürgermeister Beame sich abplagte und die Stadt von Krisenstimmung gepackt wurde, spürte er die Gelegenheit, die sich ihm bot. Beame hatte kaum Vorschläge für Bauprojekte in der Stadt gemacht, aber eines, das ihm am Herzen lag, war ein neues Tagungszentrum, um den Status von New York als attraktiver Standort für große Konferenzen zu halten. Unlängst hatten Vertreter von Chicago am McCormick Place eine riesige Konferenzhalle eröffnet und würden sie schon bald ausbauen. Ein ähnlich großes Konferenzzentrum war für San Francisco geplant. In New York war der Tourismus von 1969 bis 1975 kontinuierlich zurückgegangen, aber er brachte der Stadt immer noch jährlich über eine Milliarde Dollar ein. Fest entschlossen, die Branche wiederzubeleben, nahm Beame in seinen Haushalt von 1977/78 den Bau eines Tagungszentrums auf und erkannte drei mögliche Standorte. Der erste war ein Betriebsgelände der Penn Central, das sich entlang des Hudsons zwischen der Thirtieth und der Thirty-ninth Street über knapp 18 Hektar erstreckte. Die Erschließungsrechte für dieses Grundstück kontrollierte Donald Trump. Die Geschichte, wie er an sie herankam, illustriert sein Vertrauen auf Vetternwirtschaft, Hartnäckigkeit und eine merkwürdige Art von Charme. Diese Formel, die stets ein größeres Maß an äußerer Form als an Inhalt erforderte, sollte ihm sein Leben lang bei allen Deals Kraft geben.

Das Eisenbahndepot der Penn Central lag zum Teil in dem berüchtigten Hell's Kitchen, einem Uferviertel aus Docks, Spelunken, Lagerhäusern und billigen Wohnungen, wo das Verbrecken seit Generationen florierte. Auch wenn die Aufhebung der Prohibition den Alkoholschmuggel beendete, hörte damit die Tätigkeit der Banden von Hell's Kitchen nicht auf. In den Sechziger- und Siebzigerjahren machte die mächtigste Verbrechensorganisation der Gegend, eine irisch-amerikanische Bande namens die »Westies«, gemeinsame Sache mit dem Gambino-Clan der italienischen Mafia. Die beängstigend gewalttätigen Westies wurden in zehn Jahren mit über 50 Morden in Verbindung gebracht.[15]

Die meisten New Yorker mieden zwar Hell's Kitchen, vor allem nach Einbruch der Dunkelheit, doch Donald Trump hatte ein Auge auf das Bahngelände geworfen, schon bevor Beame es als potentiellen Standort für das Tagungszentrum ausmachte. Trumps Erkenntnis war gewiss kein großer Geniestreich. Die New Yorker Immobilienentwickler liebäugelten schon seit langem mit dem Depot und mit einem zweiten Gelände an der West Side, das unter dem Namen Sixtieth Street Yards bekannt war, weil sie schlicht die einzigen großen offenen Flächen in privatem Besitz waren, die es in Manhattan noch gab. Seit Jahrzehnten hatten sie beobachtet, wie der Güterverkehr zurückging – von rund 200 000 Waggons jährlich auf weniger als 25 000 –, und warteten nur den Moment ab, an dem die Treuhänder der Bahn einen Berater namens Victor Palmieri einstellten, um die Immobilie zu verkaufen. Mit dem Erlös sollten die Geldgeber in dem bis dahin größten Insolvenzfall der US-Geschichte zufrieden gestellt werden.

Als Anwalt, der sich mit einem Baujob in Alaska das Geld für das Studium in Stanford verdient hatte, sagte Palmieri, er arbeite gerne in Krisensituationen, weil ihm das gestatte, die Bürokratie abzukürzen und »in relativ kurzer Zeit einen Erfolg oder ein Scheitern« zu erreichen. Das Konkursgericht bestätigte die Ernennung Palmieris, die mit einem Gehalt von 150 000 Dollar im Jahr verbunden war, sowie der Option, Millionen Dollar an Provisionen für Grundstücke zu verdienen, deren Wert auf über eine Milliarde Dollar geschätzt wurde. Das wäre leicht verdientes Geld. Bei einem Konkursverfahren haben die Treuhänder, die ein Unternehmen kontrollieren, in der Regel keine große Motivation, den bestmöglichen Preis für die zu Verkauf stehenden Vermögenswerte zu erzielen. Das gezahlte Geld wird weder eine künftige Geschäftstätigkeit finanzieren noch in ihre Taschen wandern. Vielmehr möchten sie rasch vorankommen, alle nötigen Anforderungen des zuständigen Gerichts erfüllen, und den verrottenden Leichnam des Unternehmens loswerden. Kurz gesagt, es war Palmieris Aufgabe, so schnell wie möglich Käufer zu finden und einen Deal abzuschließen.[16]

Mit seinen politischen Verbindungen bis in die höchsten Ebenen hatte Palmieri schon zuvor große Jobs übernommen. In den Jahren 1967/68 etwa hatte er bei der Organisation und Durchführung der Kerner Commission mitgearbeitet, eines historisch bedeutenden Präsidialausschusses, der über aktuelle Rassenkrawalle berichtete. Für den Verkauf von Penn Central stellte er ein Team aus Rechts- und Immobilienexperten zusammen. Die Zuständigkeit für die Betriebsgelände in Manhattan bekam Edward »Ned« Eichler, dessen Familie ein großes und innovatives Bauunternehmen in der Bay Area von San Francisco gegründet hatte. Die Firma Eichler Homes war bekannt dafür, dass sie bezahlbare, luftig gestaltete Häuser anbot, die vom Zartgefühl des Architekten Frank Lloyd Wright inspiriert waren. Die Häuser von Eichler trugen dazu bei, den modernen Baustil Kaliforniens zu prägen, und das Unternehmen verkaufte über 11 000 von ihnen, darunter das Anwesen, in dem Paul und Clara Jobs ihren Adoptivsohn Steven aufzogen. Als das Unternehmen Gewinn machte, verfolgte Eichler auch eine nicht groß angekündigte soziale Agenda, indem sie es ablehnten, sich an die inoffiziellen rassistischen Praktiken der Vergangenheit zu halten, und an alle geeigneten Käufer verkauften. Als Folge waren ihre Trabantenstädte von dem Moment an, wo sie bezogen wurden, durchmischt. Außerdem vermarktete sich das Unternehmen mit einem gewissen Flair der Fünfziger. Im Jahr 1956 baute Eichler ein Experimentalhaus ganz aus Stahl mit dem vom Jet-Zeitalter inspirierten Namen »X-100«. Es wurde mit zwei Gärten im Inneren, einer durchsichtigen Plastikkuppel als Oberlicht und elektrischen Schiebetüren gebaut.[17]

Ned Eichler verließ den Familienbetrieb nach einem hitzigen

Streit mit seinem Vater. Er ging dann nach New York, um für Palmieri zu arbeiten. Während er sich noch in seinem Büro einrichtete, bekam er einen Brief von Donald Trump von der Trump Organization in Brooklyn. Obwohl Eichler den Namen nicht kannte, war er froh, von jemandem zu hören, der ein Interesse an dem Betriebsgelände hatte. Das Grundstück war zwar attraktiv, weil es jeglicher Nutzung offen stand, aber das Gelände erforderte erheblichen Aufwand seitens des Entwicklers, der mit mehreren Ebenen des bürokratischen Apparats verhandeln und sich mit dem Widerstand auseinandersetzen musste, der mit Sicherheit aus der Nachbarschaft kommen würde, die sich gegen jede Veränderung wehrte. Die Finanzprobleme der Stadt und ein abflauender Immobilienmarkt verschärften die Schwierigkeiten nur noch. Als Eichler sich die Branche anschaute, entdeckte er kaum einen Entwickler mit der nötigen Erfahrung und Kühnheit, um aus so einer großen Baustelle an einem Ort wie Manhattan das Beste herauszuholen. Sogar William Zeckendorf, der alte Draufgänger im Immobiliengeschäft, hatte seine Bemühungen, sich von einem Insolvenzverfahren zu erholen, auf Eis gelegt und an die Seitenlinie zurückgezogen.

Nach einem Telefongespräch mit Trump nahm Eichler eine Einladung zu einem Besuch in der Avenue Z Ende Januar an. Er traf dort auf einen jungen Mann, der vor Ehrgeiz geradezu strotzte. Mit seinen 42 Jahren war Eichler 15 Jahre älter als sein Gastgeber, und er hielt den schlanken blonden Trump für bemerkenswert jungenhaft und merkwürdig ehrgeizig. Gegenüber der Autorin Gwenda Blair beschrieb er ihn als jemanden mit einem »überbordenden Ego, der unbedingt in der Stadt Karriere machen wollte«. Eichler war beeindruckt von dem Tatendrang des jungen Mannes, auch wenn dieser hier und da fatalistische Äußerungen fallenließ. Er erinnerte sich, dass Trump seine Ungeduld damit begründete, dass er davon ausging, dass er vor vierzig sterben werde. Er sagte zu Eichler auch: »Ich werde nie heiraten.«

Auf einer Tour durch Trumps Reich in den Vororten fiel Eichler auf, dass die Gebäude, die er sah, gut entworfen, gut gebaut und gut instand gehalten waren. Aber er hatte Bedenken wegen der politischen Komplikationen, die der Bau eines gigantischen Wohnungskomplexes in Manhattan mit sich brachte, und er konnte nicht vergessen, dass auf seine Frage im Büro der Penn Central, ob jemand die Trumps kenne, kein Mensch ihm Auskunft hatte geben können. Als er zu Trump sagte, er befürchte, eine Firma in einem bescheidenen Büro in Brooklyn verfüge nicht über die nötige Schlagkraft für so ein Projekt, beteuerte Trump, dass die Firma der Aufgabe sehr wohl gewachsen sei. Eichler sagte, es wäre hilfreich, wenn er sich ans Rathaus wenden und Bürgermeister Beame bitten würde, sich für die Trumps einzusetzen. Trump fragte: »Wann möchten Sie mit ihm sprechen?« Eichler ging auf Trumps Angeberei ein und antwortete: »Morgen um zwei Uhr.« Trump sagte, er werde ein Auto schicken, um Eichler punkt ein Uhr dreißig abzuholen. Trump wollte auf keinen Fall, dass der Mann von der Penn Central zu spät kam.

Zur vereinbarten Uhrzeit betrat Eichler das Büro des Bürgermeisters und traf dort Vater und Sohn Trump an, die gemeinsam mit Beame und John Zuccotti aus dem New Yorker Stadtplanungsausschuss warteten. Nach dem Austausch einiger Höflichkeitsfloskeln teilte der Bürgermeister Eichler mit: »Was immer meine Freunde Fred und Donald in dieser Stadt wollen, bekommen sie auch.«

In seiner Inszenierung war das Treffen im Rathaus Oscarverdächtig. Es bestätigte, dass die Trumps so gute Beziehungen hatten, dass sie mit einer größeren Wahrscheinlichkeit als andere die Genehmigung der Stadt für Bauprojekte auf dem Gelände der Penn Central bekommen würden. Dieser politische Einfluss war wichtig für Eichler und Palmieri, deren Honorar und Provisionen – am Ende über 21 Millionen Dollar – davon abhingen, dass Optionen in reale Grundstücksverkäufe umgewandelt wurden. Persönlich war Eichler stärker von der offensichtlich engen Beziehung berührt, die er zwischen Fred und Donald wahrnahm. Während Eichler unter der mangelnden Unterstützung seines Vaters gelitten hatte, fiel ihm nunmehr auf, dass Fred seinen Sohn Donald und dessen Ambitionen unerschütterlich unterstützte. Der Rückhalt des älteren Mannes war so bedingungslos, dass Eichler dies noch viele Jahre später als wesentlichen Faktor für seine Bewertung der Trumps als Immobilienentwickler in Erinnerung behielt. Aber auch wenn Eichler auf ihre Fähigkeit vertraute, mit der Stadt zusammenzuarbeiten und Wohnungen zu bauen, musste eine Einigung über den Verkauf des Betriebswerkes auch das Insolvenzverfahren in Philadelphia zufrieden stellen, wo die restlichen Vermögenswerte der Penn Central in Ordnung gebracht wurden.

Der Insolvenzrichter John P. Fullam war zuständig für die Leitung des Verkaufs der Vermögenswerte außer dem Passagier- und Gütergeschäft, die zwei von der Bundesregierung ins Leben gerufene Unternehmen namens Amtrak und Contrail übernehmen sollten. Fullam seinerseits versuchte, eine möglichst hohe Entschädigung für die Geldgeber zu bekommen, die von einer kleinen Armee aus Anwälten vertreten wurden, darunter ein Pionier in Sachen Sammelklage namens David Berger. (Der in Philadelphia arbeitende Berger sollte später die Anwohner des Atomkraftwerks Three Mile Island vertreten, nachdem es zu einer teilweisen Kernschmelze gekommen war.) Während Eichler und Palmieri an einem Verkaufsvorschlag für die Eisenbahndepots arbeiteten, standen sie unter Druck, eine möglichst hohe Geldsumme zu nennen, die am Ende in die Taschen von Bergers Mandanten fließen würde. Die Gewinnaussichten schienen sich zu erhöhen, als sie eine Anfrage wegen der Grundstücke von einem bekannten Bauunternehmen namens Starrett Corporation bekamen.

Starrett war berühmt dafür, das Empire State Building in weniger als einem Jahr hochgezogen zu haben – ein beeindruckendes Unterfangen. Neben anderen Projekten hatte die Firma die 12 000 Wohnungen von Parkchester in der Bronx sowie Stuyvesant Town und Peter Cooper Village auf der East Side gebaut. Diese Projekte waren durchaus vergleichbar mit den Neubauten, die sich für die Betriebsgelände eignen würden, und übertrafen bei weitem alles, was die Trumps bislang in Angriff genommen hatten. Starrett Corporation war außerdem bereit, unter den richtigen Voraussetzungen fast 40 Millionen Dollar mehr zu zahlen als der höchste Betrag, den die Trumps bieten konnten. Starrett und die Trumps waren jedoch in Brooklyn in einem Wohnungskomplex namens Starrett City geschäftlich miteinander verbunden. Im August 1974 stattete Donald Robert Olnick, dem Geschäftsführer von Starrett, einen Besuch ab und erinnerte ihn an diese Geschäftsbeziehung. Daraufhin rief Olnick den Makler an, der für ihn das Penn-Central-Projekt betreute, und wies ihn an, das Gebot zurückzuziehen. Er sagte jedoch auch, dass falls die Trumps straucheln sollten, Starrett das Projekt zu den gleichen Bedingungen wieder aufgreifen würde.

Nachdem Starrett aus dem Rennen war, setzte Eichler auf Donald Trump als das »Pferd«, das die Penn Central reiten würde, was bedeutete, dass dieser besondere Aufmerksamkeit und Protektion erfuhr. Er und Trump freundeten sich sogar ein bisschen an. Sie spielten zusammen Golf im exklusiven Winged Foot Club in Westchester County und aßen einmal zusammen mit Roy Cohn im Restaurant des Hotels Four Seasons. Eichler mochte Cohn nicht sonderlich und merkte auf, als der Anwalt erzählte, dass er sich mit Hugh Carey getroffen habe, der für das Amt des Gouverneurs kandidierte. Donald sagte über Carey: »Er wird alles für einen Immobilienentwickler tun, der für seinen Wahlkampf spendet.« Die Trumps sollten 135 000 Dollar (556 000 Dollar nach dem Wert von 2015) für Careys erfolgreichen Wahlkampf spenden. Nur der Bruder des Kandidaten war noch großzügiger.

Die vom New Yorker Journalist Wayne Barrett berichtete Aussage von Trump über Carey war genau die Art von unziemlichem Kommentar, die bei einem vorsichtigen Menschen wie Eichler die Alarmglocken läuten ließen. Ganz ähnlich reagierte Eichler, als Trump ihm zu Weihnachten einen Fernsehapparat schickte, genau wie die Bauunternehmer, die seinerzeit die FHA-Beamten mit Geschenken geschmiert hatten. Eichler schickte das Gerät zurück. »Ich habe Donald zu keinem Zeitpunkt persönlich gemocht«, sagte Eichler Jahre später, »aber das hatte nichts damit zu tun, ob er der Richtige war«, um das Betriebsgelände der Penn Central zu bebauen.

In der Gewissheit, dass Donalds unerschöpflicher Vorrat an Energie und Ehrgeiz auf dem Gelände Häuser aus dem Boden schießen lassen würde, befürwortete Eichler das Gebot Trumps und leitete es weiter. Der Anwälte der Geldgeber, David Berger und seine Partner, befragten Menschen, die am Vorgang beteiligt gewesen waren, und fanden heraus, dass Eichler deshalb den Trumps den Vorzug gegeben hatte, weil sie seiner Meinung nach über einzigartige politische Verbindungen verfügten. Bergers Kanzlei entdeckte außerdem, dass die Schätzung des Wertes des Geländes aufgrund von Grundstückspreisen für vergleichbare Flächen in Brooklyn und in der Bronx, aber nicht in Manhattan erfolgt war. Tatsächlich waren erst vor kurzem benachbarte Grundstücke für mehr als das Sechsfache verkauft worden als die knapp 44 Dollar pro Quadratmeter, die man für das Bahngelände veranschlagt hatte. Diese Information war in einer ausführlichen, eidesstattlichen Aussage enthalten, die Berger und seine Partner an Richter Fullam schickten. Ungefähr um die gleiche Zeit schrieb Richard Ravitch von HRH Construction an Richter Fullam, um ein Gebot für die Baugrundstücke abzugeben.

In seinem Schreiben erklärte Ravitch, er habe, obwohl er seit fast zehn Jahren bereits mit der Erschließung des Geländes liebäugle, von den Verkaufsplänen erst erfahren, als das Trump-Gebot dem Gericht vorgelegt worden sei. Donald Trump bezweifelte, dass dies der Wahrheit entsprach, denn das Insolvenzverfahren von Penn Central war das Wirtschaftsereignis, über das in den Siebzigerjahren wohl am häufigsten berichtet wurde. Dass die Besitztümer der Bahngesellschaft verkauft werden sollten, war ebenfalls bekannt. Aber das spielte kaum eine Rolle, weil Ravitch auf sein Schreiben ein Gebot folgen ließ, das in mancher Hinsicht für die Gläubiger von Penn Central ein besseres Geschäft war. Das HRH-Gebot und die Kritik David Bergers drohten das Arrangement zu torpedieren, das Eichler und Trump so mühsam ausgetüftelt hatten.

Eichler und Palmieri wollten zwar auch am liebsten ihre Arbeit abschließen und von den Treuhändern der Penn Central ihre Provision einstreichen, aber sie konnten es sich leisten abzuwarten, bis der Richter die fraglichen Punkte im Zusammenhang mit dem Betriebsgelände geklärt hatte. Donald Trump hatte nicht so viel Geduld. Er erkannte in David Berger einen ähnlichen Hemmschuh, wie ihn sein Vater 1933 erlebt hatte, als er die Hypothekenverwaltung des bankrotten Bankhauses Lehrenkrauss erwarb. Deshalb beschloss Donald, einen Trick aus dem Drehbuch seines Vaters anzuwenden. Er fuhr nach Philadelphia und stürmte, laut Wayne Barrett, »ganz aufgebracht und hochrot im Gesicht, in einen langen dunkelgrünen Umhang gewickelt in Bergers Kanzlei«.

Nachdem Trump Berger in einem Konferenzzimmer ausfindig gemacht hatte, zogen sich die beiden Männer zu einem Gespräch unter vier Augen zurück. Am Ende hatten sie sich darauf geeinigt, dass Penn Central und damit auch die Gläubiger bessere Bedingungen erhalten sollten – eine zusätzliche Summe von 20 Millionen Dollar oder mehr –, falls Trumps Vision jemals verwirklicht werde. Sie vereinbarten ferner, dass die Eisenbahngesellschaft Donald Trump für die Zeit und sämtliche Ausgaben entschädigen müsse, die er aufbringen würde, um auf dem Baugrund etwas in die Wege zu leiten. Vermutlich bekam Berger für seine Dienste ein höheres Honorar von seinen Mandanten, wenn die Gesamtsumme, die sie erhielten, erhöht wurde. Immerhin bestand sein Lohn in einer Beteiligung an den Verkaufseinnahmen. Aber abgesehen von seinem potentiellen Gewinn, der erst Jahre später verwirklicht würde, schien Berger von der Vereinbarung nicht im Geringsten zu profitieren. (Ein Bundesermittler sollte die Angelegenheit später prüfen und zu einer ähnlichen Schlussfolgerung gelangen.)

Die Kehrtwende verblüffte einen jungen Partner von Berger namens Edward Rubenstone, der sich dem Kampf für die Gläubiger von Penn Central verschrieben hatte und glaubte, dass sie mit einer echten, offenen Ausschreibung ein besseres Ergebnis für das Bahngelände an der West Side erzielen würden. Ned Eichler wiederum bewunderte Trumps Findigkeit. Er sagte später dazu: »Was immer Donald da getan hat, vorausgesetzt, er hat überhaupt etwas getan, war eine sehr raffinierte Leistung.« Als Richter Fullam im November 1974 über diese Wende der Ereignisse informiert wurde, antwortete er skeptisch. »Ich bin überhaupt nicht zufrieden mit dem, was mir über die angemessene Berücksichtigung der konkurrierenden Angebote zu Ohren gekommen ist«, sagte er den Parteien, als sie sich im März 1975 vor ihm versammelten. Insbesondere wollte Fullam mehr von Richard Ravitch hören. In dem Zeitraum zwischen den Anhörungen erannte jedoch der frisch gewählte New Yorker Gouverneur Hugh Carey, den Donald Trump für so offensichtlich korrumpierbar hielt, Ravitch zum Leiter einer Untersuchung der gravierenden Finanzkrise bei der staatlichen Urban Development Corporation (UDC). Die Baubehörde war mit den Märkten in Konflikt geraten und konnte keine Käufer von Anleihen mehr anlocken. Die Verpflichtungen übertrafen die angenommenen Einnahmen um über 500 Millionen Dollar.

Die Schwierigkeiten der UDC waren, zumindest zum Teil, dadurch verursacht worden, dass sie außerhalb des üblichen Systems der *checks and balances*«, also der gegenseitigen Kontrolle, tätig war, das es den Gesetzgebern und anderen ermöglichte, staatliche Behörden zu überwachen. Die UDC war eigens zu dem Zweck ins Leben gerufen worden, Regierungsvertretern die Möglichkeit zu geben, gesetzliche Bestimmungen zu umgehen, bevor sie zur Geldbeschaffung Anleihen verkauften, um unter anderem Wohnungsbauprojekte privater Firmen wie der HRH zu finanzieren. Eigentlich wären die Beamten nach den Vorschriften nämlich verpflichtet gewesen, vor dem Anleihenverkauf über ein Referendum die Zustimmung der Wähler einzuholen. Gewöhnliche Anleihen galten als sichere Anlagen, weil sich der Staat seiner Zusage nicht entziehen konnte, den Investoren ihr Geld samt Zinsen zurückzuzahlen. Die Sorte von Anleihen, die die UDC verkaufte, wurde von dem Wall-Street-Anwalt John N. Mitchell entwickelt, der sie »moralisch verpflichtende« Anleihen nannte und der später erklärte, dass es »ihr eigentlicher Zweck« war, den Behörden zu ermöglichen, ihre Rechenschaftspflicht gegenüber den Wählern zu vermeiden. Der Staat war zwar moralisch verpflichtet, diese Schulden zu begleichen, aber er war nicht gesetzlich gebunden, sie zu zahlen. Als die Stadt New York in finanzielle Schwierigkeiten geriet, zogen Investoren zumindest die Möglichkeit in Betracht, dass Beamte sich unter Umständen nicht moralisch korrekt verhielten, und kauften die Anleihen fortan nicht mehr.

Da Ravitch mit der UDC vollauf beschäftigt war, setzte er Richter Fullam wegen des Bahngeländes an der West Side nicht unter Druck. Im März 1975 billigte das Insolvenzgericht in Philadelphia die Vereinbarung, die David Berger und Donald Trump ausgehandelt hatten. Die Vertreter von Penn Central schätzten die Aussichten eher zurückhaltend ein und stellten fest, dass der Verkauf, wenn alles gutging, Einnahmen zwischen 62 und 120 Millionen Dollar einbringen würde. Angesichts seiner ersten Chance, ein gigantisches Werbe-Bohei zu veranstalten, erklärte Donald Trump, dass die Eisenbahn im Begriff sei, aus zwei groß-angelegten Projekten 300 Millionen Dollar zu erhalten. Er sagte, er werde 20 000 Wohnungen auf dem Grundstück zur Stadt hin bauen. Die kleinere Fläche, das sogenannte Hell's Kitchen, würde 10 000 Wohnungseinheiten oder womöglich eine andere Erschließung bekommen. In der Öffentlichkeit erwähnte Trump ein Industrie- oder Einkaufszentrum, aber unter vier Augen hatte er es als den idealen Standort für ein von der Stadt finanziertes Tagungszentrum bezeichnet. Er schätzte, dass auf den beiden Flächen am Ende eine Milliarde Dollar ausgegeben würden, wobei der Bau innerhalb von 18 bis 24 Monaten beginnen könne.

Tausende von Arbeitern würden bei dem Projekt Beschäftigung finden, sagte Trump, und er hoffte, eine staatlich geförderte Finanzierung aus den Wohnungsbauprogrammen für die Mittelschicht zu erhalten. Die Mieten sollten zwischen 100 und 115 Dollar monatlich pro Zimmer liegen.[18]

Nachdem Trump mit Hilfe seiner politischen Beziehungen und seinem Insiderwissen seinen ersten großen Fisch an Land gezogen hatte, hätte er rings um sich eine Fülle von Beweisen entdecken können, dass viele Menschen manche Vorschriften für optional hielten. Am gleichen Tag, an dem sein Triumph bekanntgegeben wurde, wählten in Trenton Staatsanwälte Geschworene für einen Prozess aus, bei dem Bauunternehmer angeklagt wurden, weil sie versucht hatten, den Bürgermeister von Fort Lee – gelegen auf der New-Jersey-Seite der George-Washington-Brücke – zu bestechen, um seine Zustimmung zu einem 250 Millionen Dollar teuren Projekt zu bekommen. In New York wurden zwei Polizisten angeklagt, weil sie einen Angestellten erschossen und 2000 Dollar aus einem Lebensmittelgeschäft gestohlen hatten, das eine Tarnfirma für Drogen war. Und in Newark gestand ein Bankangestellter, dass er 400 000 Dollar unterschlagen hatte, um Spielschulden zu bezahlen. Jeffrey Miller sagte, er habe die Absicht gehabt, das Geld zurückzuzahlen, indem er bei lokalen Pferderennen auf Siegerpferde setzte, doch sein Plan funktionierte nicht.[19]

Natürlich waren Miller und die anderen nur diejenigen, die geschnappt wurden und bildeten deshalb lediglich die Spitze des Eisbergs Korruption. Ihre angeblichen Verbrechen verblassten im Vergleich zu den sich überlagernden Täuschungsmanövern, zu denen die US-Regierung in ihrem Krieg in Vietnam und die Regierung Nixon im Watergate-Skandal griffen. Der politisch motivierte Einbruch, der im Auftrag Nixons im Watergate-Gebäude verübt wurde, führte zum ersten Rücktritt eines Präsidenten in der amerikanischen Geschichte. Mehrere Regierungsvertreter, darunter der ehemalige Justizminister John N. Mitchell (der Erfinder der moralisch verpflichtenden Anleihen), wurden wegen schwerer Verbrechen verurteilt. Das allgemeine Vertrauen in öffentliche Einrichtungen ging nach Meinungsumfragen allmählich zurück und sollte sich nie wieder ganz erholen. Anfang der Sechzigerjahre gaben noch volle 70 Prozent der Befragten an, sie hätten Vertrauen zu den politischen Führern des Landes. Anfang der Achtzigerjahre äußerten nur 25 Prozent die gleiche Meinung.[20]

Viele fühlten sich zwar von den Ereignissen der Siebzigerjahre verunsichert, doch der junge Donald Trump sollte Watergate und die Lügen, die zur Rechtfertigung des Vietnamkrieges erzählt wurden, als Hinweise auf den wahren Charakter der Welt deuten: gefährlich, korrupt und voller Intrigen. Als außerordentlich aggressiver junger Mann, der glaubte, er sei anderen überlegen, akzeptierte Trump, dass Menschen versuchten, für sich Vorteile herauszuschlagen, wo immer sie welche entdeckten. Dank der Privilegien, die er von seinem Vater geerbt hatte, und dank Abe Beame hatte er das Vertrauen von Ned Eichler und Victor Palmieri gewonnen, die in dem Insolvenzverfahren zu seinen Verbündeten wurden.

Die Stadt sollte tatsächlich das Hell's-Kitchen-Gelände für das neue Tagungszentrum kaufen, zahlte dafür aber nur 12 Millionen Dollar – eine Summe, von der die Gläubiger der Penn Central mit Sicherheit enttäuscht waren. Ihre Einnahmen wurden noch durch die Provision, die sie an Palmieris Firma zahlen mussten, verringert. Trump wurde der große Gewinn verwehrt, den er gemacht hätte, wenn er das Land bekommen und dort ein Gewerbe- oder Wohnprojekt gebaut hätte. Allerdings strich er eine Verkaufsprovision von 500 000 Dollar ein, die zu der Summe hinzukam, die ihm für seine Zeit und Ausgaben bereits von den Treuhändern der Penn Central ausgezahlt worden war. Das hieß, dass er 1 250 000 Dollar für sein Abrackern und seine Machenschaften bekam. Der große Wermutstropfen für ihn sollte darin bestehen, dass die Stadt sein Gesuch ablehnte, das Tagungszentrum nach seinem Vater Fred Trump zu benennen. Diese Ehre wurde dem ehemaligen US-Senator Jacob Javits zuteil, dessen politische Karriere begonnen hatte, als er 1934 als Freiwilliger bei Fiorello La Guardias Wahlkampf um den Bürgermeisterposten mitmachte.

KAPITEL 5

DONALD RETTET MIDTOWN

Ich habe diese ganze Gegend gerettet.
Diese Gegend war eine Katastrophe.
Donald Trump über die Gegend
rings um den Bahnhof
»Grand Central Terminal«

Im darniederliegenden Immobilienmarkt im New York der Siebzigerjahre verkörperten Victor Palmieri und Ned Eichler eine einmalige Gelegenheit. Sie waren von den Treuhändern der Penn Central Transportation Company engagiert worden, um ein Portfolio zu verkaufen, zu dem neben den kaum genutzten Eisenbahndepots in Manhattan auch zahlreiche wertvolle Immobilien zählten. Darunter waren einige renommierte Hotels, die ihre Blütezeit schon hinter sich hatten – das Barclay, das Biltmore, das Commodore und das Roosevelt –, sowie diverse gewerbliche Gebäude und Einrichtungen der Eisenbahngesellschaft. Penn Central gehörte auch der vornehme alte Yale Club sowie das Grundstück, auf dem das ultramoderne Pan Am Building stand (das später in MetLife Building umbenannt wurde).

Ein italienischer Entwickler namens Renzo Zingone schlug für ein 40 Hektar großes Gelände in der South Bronx, das als Harlem River Yards bekannt war, den Bau eines Industriekomplex vor, der 40 Millionen Dollar kosten sollte. Zingone sagte, er stehe in Verhandlungen mit europäischen Unternehmen, die dort Industriebetriebe mit bis zu 5000 Arbeitsplätzen ansiedeln wollten. Da pro Jahr etwa 50 000 Industriearbeitsplätze aus New York fortzogen, unterstützten die Funktionäre der Stadt Zingones Pläne, obwohl er wollte, dass die Stadt das Land für ihn kauft. (Dieser Ansatz war ungewöhnlich, aber nicht ohne Beispiel. Die Nutzungsrechte an dem Land – die Zingone dann erhalten würde – konnte ein Darlehensgeber als Form von Eigenkapital betrachten und Zingone daraufhin die benötigten Baukredite gewähren.)[1]

Zu den anderen Bewerbern um die New Yorker Immobilien der Penn Central zählten etliche Banken, arabische Scheichs, die Hilton-Hotelkette und mehrere Investoren aus dem Iran. Der erste Deal, den Palmieri unter Dach und Fach brachte, war der Verkauf des 34-stöckigen Wolkenkratzers 230 Park Avenue an die New York Bank for Savings. Dieses markante Gebäude mit seinen knapp 93 000 Quadratmetern Nutzfläche und dem charakteristischen Kupferdach mit vergoldeten Verzierungen steht nicht an der Park Avenue, sondern ist über sie gebaut; die Straße verläuft durch zwei Portale unten durchs Gebäude hindurch, das auf seiner Nordseite mit Statuen und einer vergoldeten Uhr verziert ist. Es wurde damals für 26 Millionen Dollar verkauft, was im Jahr 2015 der Kaufkraft von etwa 115 Millionen Dollar entsprochen hätte. Wenn man bedenkt, dass es 2007 für über eine Milliarde Dollar weiterverkauft wurde, war das ein Schnäppchen.

Die Immobilienpreise waren im rapiden Sinkflug begriffen, und es kam so selten zu einem Geschäft, dass der umstrittene Reverend Sun Myung Moon – dem vielfach vorgeworfen wurde, eine religiöse Sekte zu betreiben – Schlagzeilen machte, als er nicht nur das New Yorker Hotel mit 2000 Zimmern, sondern auch den benachbarten Theaterkomplex an der Thirty-fourth Street für weniger als acht Millionen Dollar kaufte. In dem darniederliegenden Markt wurden für die meisten Immobilien der Penn Central Angebote abgegeben, die deutlich unter den Erwartungen der Treuhänder lagen oder an komplizierte Bedingungen geknüpft waren, die erfüllt werden mussten, bevor Geld fließen würde. In der ersten Bieterrunde erhielten sie kein einziges Angebot für das klotzige Commodore Hotel, das auf einem Grundstück an der nordwestlichen Ecke der Kreuzung Lexington Avenue und Forty-second Street über dem Bahnhof Grand Central Terminal aufragte.

Das Hotel war nach dem verstorbenen Cornelius Vanderbilt benannt, einem Tycoon aus dem 19. Jahrhundert (der allerdings kein echter Commodore war), um ihn als einen der ersten prominenten Geschäftsmänner der Vereinigten Staaten zu ehren. Vanderbilt war dank seiner beispiellosen Kreativität und Skrupellosigkeit vom Fährschiffbetreiber zu einem Räuberbaron avanciert. Sein Vermögen, das er durch den Betrieb von Dampfschiff- und Eisenbahnlinien angehäuft hatte, beruhte letzten Endes zum größten Teil auf Finanztricks und juristischen Attacken auf seine Konkurrenten. Der Commodore gewann praktisch jedes Scharmützel, und sein Vermögen wuchs immer weiter, bis es eines Tages größer war als die Besitztümer der heutigen Mogule Bill Gates und Warren Buffett zusammengenommen. Zu Vanderbilts Hinterlassenschaft – er starb 1877 – zählte auch die New York Central Railroad, die später dieses großartige Hotel erbaute und betrieb.

Das Commodore wurde 1919 feierlich eröffnet, mit seinen 1900 Zimmern und Annehmlichkeiten wie En-suite-Bädern, sowie einer Lobby, die den größten einzelnen Raum in ganz New York City bildete. Sie war in ihrem Design und Dekor einem italienischen Innenhof nachempfunden, komplett mit Wasserfall und Palmen, die aus großen Kübeln emporwuchsen. Der Ballsaal war so groß, dass er genug Platz bot für eine komplette Zirkusvorstellung mitsamt Elefanten, was auch tatsächlich einmal stattgefunden hat. Zu den hochmodernen Einrichtungen, die zur Verfügung standen, als das Commodore eröffnete, zählten ein Schalter für inländische Telegramme, ein Büro für Überseekabeltelegramme und eine Lounge, in der die aktuellen Aktienkurse auf riesigen Wandtafeln notiert wurden.

Obwohl das Commodore sich seinen Charme jahrzehntelang bewahren konnte, bauten seine Konkurrenten über kurz oder lang neue Hotels mit größeren Zimmern und modernerer Ausstattung. Als die Sechzigerjahre anbrachen, hatte das Commodore den Großteil seiner Geschäftsreisenden an das Americana und andere Hotels verloren und wurde fast nur noch von Kongressteilnehmern und budgetbewussten Touristen frequentiert; bessergestellte Reisende bevorzugten das Plaza oder Harry Helmsleys Park Lane Hotel. Als die wirtschaftlichen Schwierigkeiten von New York City in den Siebzigerjahren begannen, verhandelte das Management des Commodore mit dem Betriebsrat des Hotels, um durch die Streichung bestimmter Dienstleistungen und Entlassungen von Mitarbeitern die Kosten zu senken. Sämtliche Hotels in New York hatten darunter zu leiden, dass ihre Auslastung im Jahr 1971 auf 62,5 Prozent fiel, den niedrigsten Wert seit dreißig Jahren. Sieben Hotels mussten schließen und wurden zur anderweitigen Nutzung umgebaut. Im Jahr 1972 konnte das Commodore nur die Hälfte seiner verfügbaren Zimmer vermieten, und seine enorme Größe wurde zu einer Belastung. Das Management begann, ganze Etagen zu schließen, um Betriebskosten zu sparen. Der Ballsaal wurde für eine halbe Million Dollar renoviert, aber auch diese Initiative konnte das Geschäft nicht wiederbeleben. Bis zur Mitte der Siebzigerjahre hatten viele der Läden, die sich auf der Hauptetage des Commodore eingemietet hatten, das Hotel verlassen. Einige dieser Räumlichkeiten standen danach leer, andere wurden von Anbietern übernommen, die Discountwaren und Dienstleistungen wie Massagen und Ähnliches mehr anboten, in einem Bereich, der »Relaxation Plus« hieß. An vielen Wochenenden fand in einem Teil der Lobby ein Flohmarkt statt. Ein Brancheninsider kommentierte die Entwicklung so: »Der Wert dieses Hotels ist der Wert des Grundstücks abzüglich der Abrisskosten.«[2]

Die Gegend um das Grand Central Terminal litt nicht nur unter dem Niedergang des Commodore Hotels, sondern auch, als die Eigentümer des Chrysler Buildings, einer Jugendstil-Ikone, von ihren Gläubigern mit einem Zwangsvollstreckungsverfahren überzogen wurden und ihr wichtigster Mieter, der Texaco-Konzern in die Randbezirke der Stadt umzog. Durch Texacos Umzug verließen auch Hunderte von Angestellten die Nachbarschaft, was bei den lokalen Betrieben zu entsprechenden Einbußen führte. Die Eigentümer des berühmten Restaurants Schrafft's, das einen großen Teil des Erdgeschosses im Chrysler Building gemietet hatte, entschieden sich, das Restaurant zu schließen, bevor diese Verluste zu groß wurden. Das Schrafft's, ein holzgetäfeltes Refugium seit fast 45 Jahren, hatte für jeden Geschmack etwas geboten, mit einem separaten Speiseraum, einer Theke für Softdrinks und dem Men's Grill im Basement. Als es seine Türen schloss, verloren Anwohner, Pendler, Touristen und Tagesausflügler einen behaglichen Zufluchtsort mitten in einer Stadt, die immer gefährlicher zu werden schien.[3]

Obwohl sie kaum jemals so verkam wie der Times Square, der in Verruf geriet, weil sich immer mehr Pornokinos dort ansiedelten, verwahrloste auch die Gegend um das Grand Central Terminal. In einem einzigen Jahr, von 1975 bis 1976, nahm die Kriminalität in Midtown South – einschließlich der Straßenblocks rings um den Bahnhof – um 18,5 Prozent zu. Die Auslastung der U-Bahn-Linien, die als Zubringer für das Grand Central Terminal dienten, ging um 20 Prozent zurück.

Vor dem Hintergrund all dieser Schwierigkeiten im Stadtteil Midtown hatte Fred Trump erhebliche Vorbehalte gegen jegliches Projekt, bei dem das Commodore eine Rolle spielen sollte. »Das Commodore zu einer Zeit zu kaufen, wenn selbst das Chrysler Building unter Zwangsvollstreckung steht«, so verkündete er, »ist ungefähr so, als wolle man sich auf der *Titanic* einen Sitzplatz erkämpfen.« Sein Sohn sah das anders. Inmitten all der Sorgen und wachsenden Ängste um die Gegend am Grand Central Terminal sah Donald im Niedergang des Commodore eine Chance. Die große, neben dem Hotel gelegene Bahnhofshalle war die Endstation zahlreicher Pendler aus den Vororten in Westchester County und den vornehmeren Ecken von Connecticut; sie wurde jeden Tag von Zigtausenden Menschen auf dem Weg zu ihrem Arbeitsplatz in Midtown passiert. Trotz der Probleme rings um den Bahnhof hatten diese Pendler wegen der chronisch verstopften Straßen von Manhattan keine andere Wahl, als mit der Bahn zur Arbeit zu fahren. Außerdem war Trump davon überzeugt, dass dieser Stadtteil auch in Zukunft die klangvollste Geschäftsadresse des Landes bleiben würde, selbst wenn Texaco und andere – zum Beispiel American Airlines und UPS – sich von dort zurückzogen. In anderen Großstädten, etwa Detroit, St. Louis und New

Orleans, war noch häufiger zu beobachten, wie große Konzerne abwanderten. Als Finanzzentrum von globaler Bedeutung mit einer hohen Dichte wirtschaftlichen Talents war zu erwarten, dass Manhattan sich von dieser Krise erholen und sogar wieder aufblühen würde, während diese anderen Städte auch weiterhin litten. Das Chrysler Building würde gerettet und renoviert werden. Neue Wolkenkratzer würden den alternden Bestand an Bürogebäuden ersetzen, und all die Manager und Verkäufer, die dort hinkamen, um ihre Geschäfte zu machen, würden Hotelzimmer, Konferenzräume und Restaurants brauchen. Ein wiederbelebtes Commodore Hotel würde all das bieten können und, wenn es richtig aufgestellt war, einen hübschen Gewinn abwerfen.[4]

Zur richtigen Aufstellung des Hotels gehörte, aus Trumps Sicht, auch großzügige staatliche Hilfe. Ganz so, wie sein Vater von den Programmen der Bundesregierung und des Bundesstaates New York profitiert hatte, die seine Wohnungsbauprojekte subventioniert hatten, war Donald der Meinung, der Steuerzahler müsse ihm helfen, Geld zu verdienen. Das Projekt erforderte außerdem von Anfang an und in allen Phasen einen erstklassigen Hotelbetreiber als Partner. Nachdem es ihm nicht gelungen war, die Westin-Hotelkette dafür zu gewinnen, nahm Trump die Hyatt-Kette ins Visier, die der wohlhabenden Familie Pritzker aus Chicago gehörte. Das erste Hyatt-Hotel war 1957 eröffnet worden, dort gab es zum ersten Mal eine Hotellobby in Gestalt eines modernen Atriums, mitsamt gläsernen Aufzügen. Inzwischen betrieb Hyatt über sechzig Hotels und Motels, darunter auch einige im Ausland. Das Unternehmen, das seit seinen Anfängen mit einem einzigen Haus am Flughafen von Los Angeles rapides Wachstum verzeichnet hatte, war die einzige größere Hotelkette ohne Präsenz in New York City.

Als Teil seiner Kampagne, Hyatt zu umwerben, lud Trump den Bankier der Pritzkers, Benjamin Lambert, zu einem gemeinsamen Lunch ein. Trump holte ihn mit der Limousine seines Vaters ab. Als Lambert einstieg, stellte er fest, dass Trump im Fond des Wagens einige Entwürfe für ein renoviertes Commodore Hotel angebracht hatte. Lambert war vom Unternehmungsgeist des jungen Mannes – wenn auch vielleicht nicht im gleichen Maße von seinen Zeichnungen – so beeindruckt, dass er sich bereit erklärte, ihn den Pritzkers vorzustellen. Aber soviel Begeisterung und jungenhaften Charme Trump auch versprühen mochte – es gelang ihm nicht, Lambert dazu zu bewegen, der Familie Pritzker die Idee zu verkaufen, das Commodore würde zum besten Hotel Manhattans werden. Falls Trump das glaube, so Lambert, müsse er die Familie selbst davon überzeugen. Aber ein derartiges Tamtam sollte keinen Einfluss haben auf die Entscheidung der Pritzkers und anderer Hyatt-Manager; wesentlich stärker ließen sie sich davon beeindrucken, dass Trump erhebliche Erleichterungen in Bezug auf die Grundsteuer von der Stadt erwarten konnte, wodurch die Gewinnaussichten des Hotels dauerhaft verbessert würden – jedes Jahr aufs Neue.

Trump verhandelte gleichzeitig mit Hyatt, der Stadt und Penn Central und versuchte, die Vorzüge des einen ins rechte Licht zu rücken, um den anderen zu überzeugen. Trump gelang es, mit Hyatts hervorragendem Ruf als Bauherrn und Hotelbetreiber Victor Palmieri, Ned Eichler und ihren Kollegen John Koskinen (der später zum Direktor der Finanzbehörde des Bundesstaates New York avancierte) davon zu überzeugen, dass er das Commodore-Projekt über die Bühne bringen konnte. Die zuständigen Palmieri-Anwälte gaben Trump eine informelle Zusage, die auf einem späteren Kaufpreis von 10 Millionen Dollar beruhte, aber sie unterschrieben noch keinen verbindlichen Vertrag. Für Trump, der die 250 000 Dollar nicht hatte, die er brauchte, um seine Kaufoption auf die Immobilie auszuüben, war das kein echtes Problem. Er sagte der Presse, er habe eine »Option« und einen »Kaufvertrag« für das Commodore, und niemand widersprach ihm. Als die Verhandlungsführer der Stadt um eine Kopie seines Vertrages mit Penn Central baten, schickte er ihnen die Dokumente – allerdings ohne die Unterschriften, die sie verbindlich gemacht hätten. Dieses kleine, aber wichtige Detail wurde entweder übersehen oder kümmerte niemanden, da die Mühlen der Bürokratie unbeirrt weitermahlten, als hätten die Parteien schon unterzeichnet und Trump tatsächlich gezahlt. Als letzten Schritt nutzte er die Kooperationsbereitschaft der Stadt, um Hyatt davon zu überzeugen, dass er etwas in die Partnerschaft einbrachte, was einen echten Wert darstellte.

Der Schlüssel zum Ganzen war dieser Trick mit den Dokumenten, von dem Trump viele Jahre später gern und voller Stolz zu erzählen pflegte. »Sie hatten nur darum gebeten, *einen* Vertrag zu sehen«, berichtete er bei solchen Gelegenheiten. »Sie hatten nicht gesagt, dass er unterschrieben sein muss.«

Während er so improvisierte, bevor die wichtigsten Details seines Deals geklärt waren, warb er sehr selbstbewusst für das Projekt und demonstrierte dabei viele der Eigenschaften, die Sozialpsychologen später bei sogenannten »*high achievers*« (Überfliegern) entdecken würden: Erst setzte er sich ein ehrgeiziges Ziel, dann konzentrierte er sich unbeirrt darauf und arbeitete jahrelang auf seine Verwirklichung hin, ohne sich von Hindernissen entmutigen zu lassen, an denen ein weniger selbstbewusster Mensch gescheitert wäre. Trump bewahrte sich vor seinem geistigen Auge ein lebhaftes Bild des neuen Hotels und lehnte alle Bedenken rundweg ab, dass sein zartes Alter, seine Unerfahrenheit oder die schwierigen Marktbedingungen ihn daran hindern könnten, es zu verwirklichen. Als kleiner Junge hatte er beobachtet, wie sein Vater auf schuttübersäten Grundstücken solide Bauten aus Ziegelsteinen und Stahl errichtet hatte, die Tausenden von Familien ein Zuhause boten. Er hatte nicht die geringsten Zweifel daran, dass er das Gleiche erreichen konnte, sogar besser, und dass ein Erfolg an der Forty-second Street ihm den Weg zu immer größeren und besseren Projekten ebnen würde.

Nachdem das Hyatt-Management im Mai 1975 einer Partnerschaft zugestimmt hatte, setzte Trump eine Pressekonferenz an, auf der er und Jay Pritzker Entwürfe präsentierten und ankündigten, sie wollten 70 Millionen Dollar investieren, um das Commodore bis auf sein stählernes Grundgerüst zu entkernen und es dann zu einem Luxushotel neu aufzubauen. Es sollte 1400 Zimmer haben, einen riesigen Ballsaal, 6500 Quadratmeter Ladenflächen, ein Atrium im Stil der Hyatt-Hotels, und eine Bar im zweiten Stock, die über den Bürgersteig der Forty-second Street hinausragte. Das gesamte Gebäude würde eine Fassade aus stark reflektierendem Glas erhalten. Es sollte, so sagten sie, 1978 eröffnet werden.

Die Entwürfe waren von einem Architekten namens Der Scutt gezeichnet worden, der zu Beginn seiner Karriere mit Philip Johnson, einem Pionier des Minimalismus, zusammengearbeitet hatte. Gegen Ende der Sechzigerjahre hatte Scutt das 54-geschossige Gebäude entworfen, das am Times Square auf dem Grundstück des früheren Hotel Astor erbaut worden war. Das alte Hotel Astor, ein Beaux-Arts-Meisterstück mit einer Fassade aus Ziegel und Schiefer, hatte seinen Gästen einen üppig bewachsenen und beschaulichen Dachgarten geboten, wo sie zwischen Blumen, Farnen und mit Kletterpflanzen umrankten Spalieren dinieren und tanzen konnten. Diese Arbeit von Scutt an der Astor Plaza hatte viel Aufmerksamkeit erregt, weil sie an die Stelle eines innig geliebten Wahrzeichens trat. In seinen Entwurf hatte er auch einen großen Kinosaal und ein Broadway-Theater integriert. Aber sein architektonischer Stil war extrem sparsam, mit einer Fassade aus schwarzem Glas und oben abgeschlossen von einer kronenartigen Assemblage spitz zulaufender Panele aus weißem Stein. Wenn man es vom gegenüberliegenden Ufer des Hudson Rivers aus betrachtete, wirkte es wie eine Skulptur eines gestärkten Herrentaschentuchs, das zu Spitzen gefaltet und in die Smokingtasche gesteckt wurde.

An Scutts Gebäude störten sich viele Kritiker, die das alte Astor geliebt hatten und den Charme eines großen Klotzes mit einer schiefen Krone nicht erkennen konnten. Donald Trump war kein solcher Nostalgiker. Ihm lagen klare Kanten, glänzende Fassaden und ein geradliniges Design, und so bewunderte er die schlichte Funktionalität des Astor Hotels. Er sah in Der Scutt einen aufstrebenden Star-Architekten mit dem entsprechenden Prestige, und engagierte ihn für die Neugestaltung des Commodore Hotels. Ebenso wie sein Vater Morris Lapidus verpflichtet hatte, um seiner Vision eines Vergnügungsparks unter einer Glaskuppel auf Coney Island Glanz zu verleihen, verließ Donald sich auf Der Scutt, um seine Ideen für das Commodore erstrahlen zu lassen.

Der Schlüssel zu dem ganzen glanzvollen Projekt sollten umfassende Steuervergünstigungen sein, die Trump zunächst von der Regierung des Bundesstaates New York in Albany einwerben wollte; dort hatte er alte Freunde aus dem Brooklyn Club sitzen, nämlich Gouverneur Hugh Carey und Stanley Steingut, den Sprecher der New York State Assembley. Als er jedoch mit diesem Ansatz nicht weiterkam, wandte er sich an die Stadtverwaltung, wo gewisse Stadtplaner ihm mit einem geschickt eingefädelten Plan weiterhalfen. Nach diesem Plan sollte die Urban Development Corporation des Bundesstaates New York, die ihre Aktivitäten praktisch eingestellt hatte, als ihre Anleihen so gut wie unverkäuflich wurden, der eigentliche Eigentümer des Hotels werden und es an Trump verleasen. Die UDC als Körperschaft des öffentlichen Rechts, die nicht steuerpflichtig war, konnte das Objekt aus den Steuerlisten der Stadt heraushalten. Auf diese Weise würden Trump und Hyatt über vier Millionen Dollar im Jahr einsparen.

Die Funktionäre der Stadt, die diese Steuervergünstigung zu Trumps Vorteil ersonnen hatten, präsentierten das Vorhaben als etwas Größeres – ein neues »Business Investment Incentive Program« (Investitionsförderprogramm) –, das auch im Rahmen von anderen gewinnorientierten Bau- und Sanierungsprojekten genutzt werden sollte. Richard Ravitch, der Chef der UDC (der nach seinen Ermittlungen gegen die UDC auf diesen Posten berufen worden war), drängte darauf, das Programm zu modifizieren, um bessere Konditionen für den Bundesstaat New York herauszuholen. Dabei wurde er von Mitgliedern des Board of Estimate der Stadt unterstützt, die erkannt hatten, dass ein Unternehmen mit besonders guten Beziehungen – die Trump Organization – der Hauptnutznießer dieses Förderprogramms sein würde. Diese Erkenntnis ging auch an anderen Hoteliers nicht vorbei – Mario di Genova, der Direktor des Americana Hotel, beklagte sich, der Deal sei »unmoralisch und unfair«. Und Harry Helmsley überlegte laut, ob den Trumps nicht »vielleicht zu viel gegeben wird«.[5]

Als er von diesen Klagen hörte, drohte Donald, seinen Vorschlag zurückzuziehen und behauptete, dass niemand anders in das Commodore investieren würde, wenn er sich zurückzog. Das stimmte allerdings nicht so ganz. Anfang 1976 hatte die Carter-Hotelkette, ein kleiner regionaler Hotelbetreiber, angeboten, das Hotel zu renovieren und die Gegend rings um das Grand Central Terminal zu retten, und zwar zu Konditionen, die für die Stadt günstiger waren. Dieses Angebot konnte von Penn Central nicht berücksichtigt werden, solange Donald Trump noch eine Kaufoption besaß; aber diese Option war keineswegs juristisch unumstritten. Zwar mochte Palmieris Team dem Deal zugestimmt haben und alle taten so, als ob er schon abgeschlossen sei, aber Trump hatte die Option *immer noch nicht* bezahlt, und nichts war unterschrieben worden.[6]

Kritische Stimmen aus dem Board of Estimate und aus den Reihen der anderen Hoteliers wurden besänftigt, als Trump sich bereit erklärte, die jährlichen Gewinne des Hotels mit der Stadt zu teilen – aber nur, solange sie die normale Grundsteuerschuld nicht überstiegen. Nach diesem Zugeständnis waren auch Ravitch und die UDC bereit, der Vereinbarung zuzustimmen. Später, als die Details erkennen ließen, dass Trump durch diverse Buchhaltungstricks seine Zahlungen an die Stadt begrenzen konnte, sagte Ravitch, er betrachte diese Entscheidung rückblickend als einen Fehler.

Aber auch nachdem die UDC ihre Rolle akzeptiert hatte, tickte die Uhr im Hinblick auf Trumps sogenannte Option, die eigentlich nach achtzehn Monaten ablaufen sollte. Sowohl er als auch die Palmieri-Anwälte wollten das Geschäft unter Dach und Fach bringen. Gemeinsam ergriffen sie Schritte, um das Board of Estimate unter Druck zu setzen. Für seinen Teil wies Trump die Arbeiter auf der Hotelbaustelle an, die ordentlich aussehenden Sperrholzplatten wegzureißen, mit denen sie die Fenster der leerstehenden Läden im Erdgeschoss verkleidet hatten. Stattdessen brachten sie Verkleidungen aus gebrauchtem und verschmutztem Baustellenholz an, damit bei den Passanten auf dem Bürgersteig der Eindruck entstehen möge, im Commodore herrsche Chaos und sie sich darüber bei der Stadt beschwerten. Zur gleichen Zeit kündigte John Koskinen aus heiterem Himmel an, das Commodore – das während der gesamten Verhandlungen geöffnet gewesen war – werde innerhalb weniger Tage schließen.

Die Palmieri Company hatte vorher den Funktionären der Stadt gesagt, das Hotel werde den gesamten Sommer über geöffnet bleiben. Es wurde erwartet, dass die Zweihundertjahrfeier der USA und der Parteitag der Demokratischen Partei zur Nominierung ihres Präsidentschaftskandidaten scharenweise Gäste bringen würden. Dennoch war die Auslastung des Commodore in den ersten drei Monaten des Jahres auf 33 Prozent abgestürzt. Bei dieser Auslastung, so sagte Koskinen, würde das Hotel höhere Verluste produzieren – nämlich 4,6 Millionen Dollar, aufs Jahr gerechnet –, als wenn es schließen würde. Und außerdem wollte Koskinen durch das Schließen des Hotels und das Entlassen seiner 500 Mitarbeiter den Bürokraten der Stadt einen Schock versetzen, weil sie dann für die verlorenen Arbeitsplätze verantwortlich gemacht würden und die Aussicht fürchten mussten, das riesige Gebäude direkt neben dem Grand Central Terminal leerstehen zu lassen. Der Vorsitzende des örtlichen Gemeinderates sagte: »Ich habe das Gefühl, hier will irgendjemand Druck machen.«

Am Dienstag, dem 18. Mai 1976, checkte der letzte Gast aus dem Commodore Hotel aus. Mr W. J. Schaap aus St. Louis, Missouri, war mit Gattin und Schwägerin nach New York gereist, um die Touristenattraktionen der Stadt zu besuchen. Er verkündete, das Hotel sei »wunderschön«. Am Donnerstag, dem 20. Mai, gewährte das Board of Estimate der Stadt New York Donald Trump seine Steuervergünstigung. Sobald er die in der Tasche hatte, stand seinen Plänen nichts mehr im Wege, ein Wahrzeichen der wichtigsten Stadt der Nation – wenn nicht gar der Welt – unter seine Kontrolle zu bringen. Und er war noch keine 30 Jahre alt.[7]

Selbst mit dieser Vereinbarung, die einer jährlichen 4-Millionen-Dollar-Subvention vom Steuerzahler gleichkam, hatte Donald Trump Schwierigkeiten, die Entkernung des alten Hotels und den Neubau des neuen zu finanzieren. Etliche Monate gingen ins Land, während er mit dem Management der Equitable

Life Insurance Company – einem Versicherungskonzern, der nach und nach einen immer größeren Anteil seiner Rücklagen in Immobilien investierte – um einen Kredit verhandelte. Solche Investments reflektierten einen Branchentrend unter den großen Immobilienentwicklern. Bis 1970 waren diese vor allem private Investoren, die wohlhabend genug waren, um für Darlehen von konservativen Bankiers privat zu haften. Das neue Finanzierungsmodell sah »nonrecourse lending« (projektgebundene Darlehen) vor, wodurch ein Bauunternehmer wie Trump in die Lage versetzt wurde, sich große Beträge zu leihen, obwohl er nicht genug Vermögen hatte, um den Kredit zurückzuzahlen, falls er pleiteging. In solchen Fällen betrachtete der Darlehensgeber ein wertvolles Grundstück als Kreditsicherheit und berechnete höhere Zinsen für die Schuldverschreibungen, von denen er sich so einen langfristigen Ertragsstrom erwartete. Aber selbst nach diesem neuen Finanzierungsmodell schwankten die Entscheider bei Equitable, als sie Trumps Bewerbung prüften.

Trump wurde immer frustrierter, während die Monate ins Land gingen. An einem bestimmten Punkt der Verhandlungen weigerte sich Equitable, das gesamte Projekt – mit einem Volumen von 75 Millionen Dollar – zu finanzieren; sie sagten, sie wollten höchstens ein Drittel dieser Summe verleihen. Trumps Finanzberater Henry Pearce, eine graue Eminenz in der lokalen Immobilienszene, riet Trump, weiterzukämpfen. Letztlich erhielt Trump sowohl von Equitable als auch der Bowery Savings Bank unbefristete Darlehen, statt einer kurzfristigen Finanzierung der Baukosten. Dieses Arrangement bedeutete, dass keine der beiden Institutionen das gesamte Risiko übernehmen würde, und dass das Projekt von zwei verschiedenen Teams finanzieller Aufseher überwacht werden sollte.

Als die Darlehensgeber sich langsam durch ihre Bewertung des Projekts und dann die juristischen Dokumente voranarbeiteten, wurde bekannt, dass Trumps politischer Wohltäter Abe Beame nach einer Amtsperiode seinen Stuhl für Percy Sutton räumen sollte, der New Yorks erster schwarzer Bürgermeister werden wollte. (Sutton, ein dekorierter Kriegsveteran, wurde 1965 Stadtbezirkspräsident von Manhattan, nachdem er mit 80 Prozent der Stimmen gewählt worden war, und bekleidete diesen Posten zwölf Jahre lang.) Beame beschloss jedoch, er habe sich durch das Management der fiskalischen Krise der Stadt – und dem Ertragen der Erniedrigungen, die damit einhergegangen waren – die Chance verdient, wiedergewählt zu werden. Seine Entscheidung führte zu einer völlig offenen Vorwahl, bei der Percy Sutton, der New Yorker Staatssekretär Mario Cuomo sowie drei Kongressabgeordnete gegeneinander antraten. Diese ethnisch und religiös heterogene Gruppe attackierte Beame als einen Versager, der eine Stadt ins Chaos geführt habe. Ihre Angriffe erhielten eine neue Bedeutung, als ein Stromausfall im Hochsommer zu ausgedehnten Plünderungen führte. In einer Stadt, die zu dieser Zeit ohnehin schon von einem Serienmörder, der sich selbst »Son of Sam« nannte, in Angst und Schrecken versetzt wurde, besiegelte der Blackout Beames Schicksal als »*one-termer*« (nach einer Amtsperiode abgewählter Funktionär).Die beiden Kandidaten, die bei der Vorwahl im September 1977 die meisten Stimmen gewannen, waren Mario Cuomo, der von Beames altem Verbündeten Gouverneur Carey unterstützt worden war, und der Kongressabgeordnete Edward I. Koch, der die überhandnehmende Kriminalität zu seinem wichtigsten Wahlkampfthema gemacht hatte. Koch versäumte es nicht, seiner liberalen Gesinnung zum Trotz häufig seine Befürwortung der Todesstrafe zu verkünden. Bei Wahlkampfauftritten pflegte er sein Publikum und andere Politiker zu fragen, »Wie viele der Anwesenden sind für die Todesstrafe?«, um dann ungefragt zu erklären, dass er dafür sei.

Koch hat später einmal gestanden, dass seine Haltung zur Todesstrafe ein politischer Schachzug gewesen sei, mit dem er sich von anderen Demokraten unterscheiden und die Unterstützung verängstigter Wähler gewinnen wollte. Sie half ihm auch, sich so entschlossen und aggressiv zu präsentieren, dass er vielen Leuten auf die Nerven ging – mit anderen Worten, er zeigte sich als typischer New Yorker, der bemüht ist, sich auf entschiedene Weise zu definieren. Aus ähnlichen politischen Gründen verweigerte Koch – der mit ziemlicher Sicherheit schwul war – jeden Kommentar auf Fragen zu seiner sexuellen Orientierung und trat im Wahlkampf mit der ehemaligen »Miss America« Bess Myerson an seiner Seite auf. Myerson, die ungeheuer beliebt war, hielt Händchen mit dem Kandidaten und ließ ihn über ihre Zukunft als »First Lady« von New York City schwadronieren. Myersons Popularität half Koch, das Problem zu überwinden, dass ihn außerhalb seines Wahlkreises als Kongressabgeordneter kaum jemand kannte. Und schließlich half ihm auch ein genau zur rechten Zeit veröffentlichtes, sehr wohlwollendes Editorial in der *New York Post*, die im vorangegangenen Jahr von dem internationalen Medien-Tycoon Rupert Murdoch gekauft worden war.

Murdochs Erwerb des Boulevardblattes *New York Post* brachte marktschreierische, an die britische Zeitungslandschaft erinnernde Sensationsgier in die Stadt. (Allerdings importierte er nicht die Gepflogenheit, in jeder Ausgabe ein pornographisches Foto zu veröffentlichen, wie sein britisches Boulevardblatt *The Sun* es tat.) Unter Murdochs Leitung lieferte die *Post* den New Yorkern krude Geschichten von Verbrechen und bunte Bilderbögen von Prominenten, die den Eindruck erweckten, New York sei eine Dystopie, in der die Reichen und Schönen sich Macht und Sicherheit kaufen konnten, aber alle anderen unter der ständigen Drohung einer zufälligen Katastrophe leben mussten. So bezeichnete zum Beispiel eine Schlagzeile der *Post* den Stromausfall von 1977 als »24 STUNDEN DES TERRORS«. Als es den Polizeikräften der Stadt nicht gelang, den Killer »Son of Sam« dingfest zu machen, verkündete die *Post*: »NIEMAND IST SICHER«.

Osborn Elliott, der Dekan der School of Journalism an der Columbia University, kommentierte die von der Zeitung präsentierte verzerrte Weltsicht so: »Die *New York Post* ist nicht mehr nur ein journalistisches Problem; nein, sie ist ein gesellschaftliches Problem – eine Macht des Bösen.« Elliott brachte die einhellige Meinung der gesamten Branche zum Ausdruck. Abraham Michael Rosenthal, der Herausgeber der *New York Times*, sagte, die *Post* würde »gemeinen, hässlichen, gewalttätigen Journalismus« praktizieren. Dennoch, so stellte Elliott fest, produzierte Murdochs Methode höhere Auflagen, und seine Präsenz in New York, der Hochburg der wichtigsten Zeitschriften, TV-Nachrichtensender und Presseagenturen des Landes, verschaffte ihm übermäßigen Einfluss auf die gesamte US-Medienlandschaft. Das bemerkte auch die Konkurrenz und ahmte Murdochs Mischung aus Klatsch und Provokation nach, die dem Leser eine Form von »sugar high« (einen durch Zucker ausgelösten Energieschub) verschaffte, das kurzfristige Befriedigung, aber auch die Gier nach mehr erzeugte.[8]

Kochs »Law and Order«-Pose verschaffte ihm in den Wochen vor der Wahl im November einen immer größeren Vorsprung, da jedes Verbrechen, das es in die Schlagzeilen schaffte, ihm die Gelegenheit gab, davon zu sprechen, wie hart er gegen alle vorgehen wolle, die einige Stadtteile so gefährlich machten wie ein Kriegsgebiet. Die Befürchtung, dass New York völlig außer Kontrolle geraten war, erreichte beim zweiten Spiel der 1977 World Series, dem Finale der Baseball-Profiliga, einen Höhepunkt, als der TV-Sportreporter Howard Cosell sah, dass hinter dem Yankee Stadium Rauch aufstieg und das mit der berühmten Bemerkung kommentierte: »Da haben wir es, meine Damen und Herren – die Bronx brennt.« Seine Worte und die Bilder von der in den strahlend blauen Himmel aufsteigenden Rauchsäule führten dazu, dass viele Wähler sich fragten, warum um alles in der Welt überhaupt irgendjemand Bürgermeister von New York City werden wolle. Koch gewann die Wahl mit einem Vorsprung von fast 10 Prozent.

Sechs Wochen vor dem Ende seiner Amtszeit wollte Abe Beame sich darum kümmern, die Zukunft für sich selbst und seine Freunde zu sichern. Er nahm eine überwiegend ehrenamtliche Teilzeitstelle in der Carter-Regierung an, ernannte einige neue Richter und berief Stanley Friedman, den stellvertretenden Bürgermeister von New York, auf eine lebenslange Position im Board of Water Supply (Ausschuss für Wasserversorgung). Dieser Job erforderte ein bisschen mehr Einsatz – Friedman musste alle ein bis zwei Wochen an einer Vorstandssitzung teilnehmen – als Beames Posten im President's Advisory Commission on Intergovernmental Relations (Beratungsausschuss des Präsidenten zu zwischenstaatlichen Beziehungen), aber dafür wurde er auch mit Bezügen von 25 000 Dollar pro Jahr plus Dienstwagen mit Fahrer vergütet.

Freilich konnte man keineswegs sagen, dass Friedman das Geld gebraucht hätte. Friedman, ein hyperaktiver, zigarrekauender Berufspolitiker, hatte ein Angebot für eine Stelle in der Anwaltskanzlei Roy Cohn angenommen, die mit einem sechsstelligen Gehalt ausgestattet war. Aber er blieb auf seinem Posten im Rathaus als stellvertretender Bürgermeister, solange Beame im Amt war. Daher hatte er gute Gründe, am Wohlergehen von Cohns Mandanten Donald Trump sehr interessiert zu sein. In den letzten Wochen von Beames Amtszeit arbeitete Friedman energisch daran, die Rollen des Bundesstaats und der Stadt in dem Commodore-Projekt festzuzurren, damit Koch – der im Wahlkampf mit dem Versprechen angetreten war, die politische Günstlingswirtschaft zu beenden – nicht die Möglichkeit hatte, es zu stoppen. Letzten Endes bugsierte Friedman das Projekt durch neun verschiedene Aufsichtsbehörden, darunter das Brandschutzamt, das Stadtplanungsamt sowie die Gas- und Elektrizitätswerke. So brachte er einen ganzen Stapel Vereinbarungen unter Dach und Fach, denen zufolge die Stadt und der Bundesstaat über die UDC das Eigentum an dem neuen Hotel halten würden, komplett mit Leasingvereinbarung und der Steuervergünstigung für Trump. Außerdem wurde die äußerst ungewöhnliche Vereinbarung getroffen, dass es dem Entwickler für einen Zeitraum von neun Monaten ab Vertragsabschluss gestattet sein sollte, das Projekt straflos aufzugeben, falls die Dinge nicht so liefen, wie er es sich wünschte.

Selten – wenn überhaupt jemals – war einer Person mit so überschaubaren früheren Leistungen, die nicht einmal eigenes Geld investierte, von der Stadt so viel anvertraut worden. Wahrscheinlich hatten das alle Vertragsparteien im Hinterkopf, als sie mit Hochdruck an den Vereinbarungen arbeiteten, um sie in trockene Tücher zu bringen, bevor Koch sein Amt antrat. In der Woche vor Weihnachten rief Friedman die jeweiligen Anwälte von Stadt, Trump und UDC zu einem Marathon-Meeting zusammen. Als Stellvertreter des nicht anwesenden Bürgermeisters unterschrieb er persönlich im Auftrag der Stadtverwaltung die wichtigsten Dokumente. Das einzige noch nicht geklärte Detail war die Sondergenehmigung, die für das Restaurant notwendig war, das über den Bürgersteig der Forty-second Street hinausragen sollte. Am 29. Dezember 1977 kümmerte sich Friedman auch um dieses lose Ende, wobei er dafür sorgte, dass Trump eine ungewöhnlich langlaufende Genehmigung bekam – und zwar über fünfundzwanzig Jahre statt der normalen zehn –, sowie einen Sonderpreis für die Nutzung von öffentlichem Raum. Beides war möglich, weil die UDC der tatsächliche Eigentümer des Objekts sein würde, die – wenn man die Regeln großzügig auslegte – die Voraussetzungen für diese Sonderbehandlung erfüllte. Ein gewöhnlicher Geschäftsmann, der ein normales Privatunternehmen führt, hätte höchstens eine Genehmigung über zehn Jahre bekommen, und das auch nur zum vollen Preis.

Donald Trump war jedoch kein gewöhnlicher Geschäftsmann, sondern in fast beispielloser Weise mit den Leuten verbandelt, die an den Hebeln der politischen Macht saßen, und er profitierte dank Cohn, Friedman, Beame und anderen, von der gleichen Art Günstlingswirtschaft, wie sie vor ihm George Washington Plunkitt genossen hatte. Bei einem Lunch im 21 Club erzählte Friedman der Journalistin Marie Brenner: »Roy kann jeden in dieser Stadt überzeugen.« Trump, der ebenfalls mit am Tisch saß, sagte über Cohn: »Er ist ein lausiger Anwalt, aber er ist ein Genie.«[9]

Bei der Art von Überzeugungsarbeit, die Friedman meinte, ging es in der Regel um Politiker, die durch Gefälligkeiten oder Drohungen motiviert werden konnten. Nüchterne Bankiers wollten Sicherheiten sehen, die Trump nicht hatte. Als es ihm aus eigener Kraft nicht gelang, ein Darlehen für die Baukosten zu bekommen, bat Trump seinen Vater und den Hyatt-Konzern um Unterstützung, und beide halfen ihm, indem sie für ein Darlehen von der Manufacturers Hanover Bank bürgten. (Das später mit Geldern aus den unbefristeten Darlehen der Equitable Life Insurance Company und der Bowery Savings Bank zurückgezahlt wurde.) Ohne die Garantien dieser Verbündeten, die sich verpflichteten, das Projekt fertigzustellen, falls Donald daran scheitern sollte, hätten die Bauarbeiten am Commodore nicht begonnen.

Als im Mai 1978 die Abrissarbeiten anfingen, hatte die Gefahr der Verwahrlosung der Gegend rings um das Grand Central Terminal – auf die man sich berufen hatte, um staatliche Wohltaten für Trump und Hyatt zu rechtfertigen – bereits begonnen, sich zu verflüchtigen, und zwar aufgrund etlicher Projekte, die durch ganz gewöhnlichen, nicht subventionierten Kapitalismus vorangetrieben wurden. An der Lexington Avenue, gegenüber vom Commodore an der Forty-second Street, wurde das Chrysler Building für 23 Millionen Dollar saniert, und zwar dank der Massachusetts Mutual Life Insurance Company, die 34 Millionen Dollar gezahlt hatte, um das Gebäude aus der Zwangsvollstreckung zu befreien. Der Ölkonzern Mobil und die Fluggesellschaft Pan Am kauften jeweils das Gebäude, in dem sie die wichtigsten Mieter waren, und nur wenige Straßenblöcke vom Grand Central Terminal entfernt waren an sieben anderen Objekten große Projekte in Angriff genommen worden. Bei keinem davon war es zu besonderen Vergünstigungen von Behörden des Bundesstaates oder Steuererleichterungen von der Stadt gekommen. Jedes von ihnen war das Ergebnis einer vorausschauenden, profitorientierten Entscheidung, die der Vorstellung entgegentrat, diese Nachbarschaft sei dem Untergang geweiht und ohne staatliche Subventionen könne nichts getan werden, um sie zu retten.[10]

Sobald Trumps Deal abgeschlossen war, hörten Günstlingswirtschaft und Subventionen auf, von besonderer Bedeutung zu sein. Als der Architekturkritiker Paul Goldberger sich mit den Veränderungen beschäftigte, die am Standort des großartigen alten Hotels stattfinden sollten, beschrieb er die mühsame Entstehungsgeschichte des Arrangements als »eines der kompliziertesten Immobiliengeschäfte, das jemals konzipiert wurde«, aber sein Hauptinteresse galt der zukünftigen Ästhetik des Commodore. Er sah ein Gebäude mit Glasfassade, das inmitten all der nüchternen Stein- und Betonarchitektur entlang der Park Avenue dreißig Stockwerke in die Höhe ragen sollte, mit großer Skepsis. Ein Hyatt-Hotel mit spiegelnder Glasfassade könne so wirken, als habe man ein bisschen Houston in diese Nachbarschaft quetschen wollen. Anfang 1978 wies Goldberger in der *New York Times* darauf hin, dass eine Kalksteinfassade »das gewünschte neue Image gebracht, aber wesentlich besser mit den soliden Nachbarn harmoniert hätte«.[11]

Als die Abrisstrupps in das alte Commodore einrückten, machten sie ein paar erstaunliche Entdeckungen. Tief in den Eingeweiden des Gebäudes fanden sie ein paar Obdachlose, die einen Heizkeller aufgebrochen und sich dort häuslich eingerichtet hatten. Die Ratten, die in den Untergeschossen ihr Unwesen trieben, waren so groß, dass sie die Katzen umbrachten, die man auf sie ansetzte. Als die Wände in den oberen Geschossen eingerissen wurden, stellten die Bauingenieure fest, dass große Teile des ursprünglichen Stahlgerüsts, das auch das neue Gebäude hatte tragen sollen, verrottet oder beschädigt waren und ersetzt werden mussten. Diese Schäden am Stahlgerüst trieben den Preis des Projekts in die Höhe.

Obwohl Fred Trump versuchte, ein Auge auf den Fortgang der Arbeiten zu werfen, fielen die täglichen Entscheidungen in Donalds Verantwortungsbereich. Zum ersten Mal in seinem Leben war er für den Erfolg oder das Scheitern eines Projekts verantwortlich, und dieses Bauvorhaben war wesentlich komplizierter und riskanter als alles, was sein Vater jemals in Angriff genommen hatte. Da ihm die Gläubiger im Nacken saßen – es war ein besonderes Arrangement getroffen worden, das vorsah, dass selbst die kleinsten Zahlungen an Lieferanten und Subunternehmer kontrolliert wurden –, war Donald sehr daran gelegen, Kosten zu sparen. Als er – in der Hoffnung, Geld zu sparen – versuchte, Elemente des alten Gebäudes zu bewahren, riskierte er jedes Mal, die Baukosten durch Verzögerungen und Planänderungen in die Höhe zu treiben. Eine der wichtigsten Personen im Team der Bauingenieure, Barbara Res, erinnert sich, dass Donalds Entscheidungen – die er so nachdrücklich verkündete, dass niemand wagte, sie in Frage zu stellen – erheblich zu den

Kostenüberschreitungen beitrugen. Das Projekt, dessen Kosten ursprünglich auf 40 Millionen Dollar geschätzt worden waren, würde letzten Endes 70 Millionen Dollar verschlingen.

Um diese Budgetüberschreitungen auszugleichen, mussten Trump und Hyatt ihr Hotel, das ursprünglich dafür gedacht war, die Mitte des Marktes zu bedienen, zur Luxusdestination umkonzipieren. So konnten sie höhere Zimmerpreise verlangen, um ihre Kosten zu decken. Das wurde durch Änderungen in Design und Dekor erreicht, die dem Hotel ein luxuriöseres Ambiente verliehen. Als das neue Hyatt gut zwei Jahre später öffnete, ließ Goldberger seine Vorbehalte fast gänzlich fallen. Er proklamierte das Hotel zu einem »eleganten« Erfolg, bei dem die Auswahl der »auffälligen Materialien« letzlich gerechtfertigt sei. Er meinte, von außen sehe es besser aus als das New York Hilton oder das Sheraton am Times Square. Die Lobby des Hotels mit ihren Messinginstallationen und dem Hyatt-typischen Atrium sei »eher laut als wirklich erholsam«. Goldberger vermutete jedoch, dass Der Scutt und Trump die Energie Manhattans vor Augen führen wollten, was ihnen auch gelungen sei. Er stellte fest, dass die Zimmer des Hotels gut ausgestattet seien, aber nicht den Luxus des Marktführers Helmsley Palace böten, das erst kurz zuvor eröffnet hatte, nur sieben Blöcke entfernt. Freilich begann im Helmsley Palace die Zimmerpreisspanne bei 140 Dollar – im Hyatt waren es 95 Dollar – und endete bei extravaganten 1500 Dollar pro Tag.

Harry Helmsley, mittlerweile 70 Jahre alt, hatte sich in seiner Branche von ganz unten – mit sechzehn war er Bürojunge gewesen – zum Miteigentümer der größten Immobilienmanagementgesellschaft des Landes emporgearbeitet. Anfang der Siebzigerjahre, als er seine zweite Frau Leona heiratete, sagte er, sein Vermögen betrage drei Milliarden Dollar (was 17 Milliarden Dollar im Jahr 2015 entspricht). Wie die Trumps war auch Helmsley politisch aktiv gewesen. Er hatte 48 000 Dollar für den ersten Wahlkampf von Gouverneur Carey gespendet. Er begann, seinen Namen auf Dinge zu schreiben, die er gekauft hatte, zum ersten Mal bei dem Objekt 230 Park Avenue, das er damit anscheinend bekannter machen wollte. (Bei einer früheren, aber weniger offensichtlichen Manifestation seines Egos wurde die Bar im Park Lane Hotel in »Harry's« umbenannt.) Helmsley und Leona gaben Reportern Interviews, in denen er verkündete, Reichtum sei »die einzige Art, geschäftlichen Erfolg zu messen«, während sie sich zu ihrer unvergänglichen Hingabe für ihren Mann bekannte. Leona weigerte sich, über ihre Vergangenheit zu sprechen. Sie hatte die Highschool abgebrochen und mehrmals ihren Namen geändert, und sie stellte gewisse Behauptungen auf – zum Beispiel, dass sie als Model gearbeitet habe –, die verdächtigerweise unmöglich nachzuprüfen waren. Sie lehnte es ab, über frühere Ehemänner, ihren Sohn oder ihre Enkelkinder zu sprechen. Aber sie stellte eifrig ihr aktuelles Leben zur Schau, das voller Privilegien und Glamour war, einschließlich Spritztouren im Privatjet nach Palm Beach, Partys mit Frank Sinatra und einem Privatdomizil in Manhattan mit Indoor-Swimmingpool.

Die Helmsleys präsentierten Leona nicht nur als Direktorin ihres Hotelimperiums, sondern auch als die Königin eines Reiches, in dem die Kunden die »königliche Familie« bildeten. Leona »garantiert die Erhabenheit«, die ihre Gäste im Palace erlebten, so hieß es in Anzeigen für das Hotel. Und für den Fall, dass irgendjemand daran zweifeln sollte, dass Leona entschlossen war, die Gäste mit Aufmerksamkeit zu »überschütten«, wurde ein Reporter eingeladen, zuzuhören, wie sie mit ihrer heiseren Stimme einen Mann aus Kalifornien anrief, der sich über den schlechten Service beim Frühstück im Helmsley Park Lane beschwert hatte. Äußerst beflissen versicherte sie dem Mann, der »wunderschöne Frühstücksraum« sei dermaßen beliebt, dass das Personal manchmal Schwierigkeiten habe, mit dem Servieren hinterherzukommen. Beim nächsten Mal, das versprach sie ihm, werde der Service besser sein. Nachdem sie das Telefonat beendet hatte, verkündete sie: »Er wird wiederkommen.«[12]

Mit solchen Auftritten in der Presse und einer Flut bezahlter Anzeigen wurden Harry und Leona Helmsley berühmt. Ihre Aktivitäten wurden von der Boulevardjournalistin Liz Smith, der Klatschseite »Page Six« der *New York Post* und der Zeitschrift

People protokolliert, wodurch sie zu »Celebritys« (Prominenten, oder wörtlich übersetzt: Gefeierten) wurden. Im Laufe der Geschichte wurden Männer und Frauen gefeiert, die eine Heldentat vollbracht oder andere Menschen auf eine noble Mission geführt hatten. Breite öffentliche Verehrung war Menschen vorbehalten, die Tugenden und moralische Charakterzüge an den Tag legten, die von der Gesellschaft geschätzt wurden. In diesem Sinne war zum Beispiel die Jungfrau von Orléans eine Celebrity im ursprünglichen Sinne – eine Gefeierte. Im Zeitalter der Massenmedien entwickelte sich eine neue Form von Verehrung, die von der Historikerin Barbara Goldsmith als »synthetische Celebrity« bezeichnet wurde. Damit ist gemeint, dass Publicity in jedweder Form schon genügt, um einen Menschen zu einer Celebrity zu machen, was mit kriecherischer Aufmerksamkeit, mit Geld und Macht belohnt wird. Goldsmith hat darauf hingewiesen, dass die Watergate-Vergehen von Richard Nixon und seinen Mittätern sie zu Celebritys gemacht haben, die sich für 100 Millionen Dollar Buchverträge und -verkäufe sicherten. Selbst jene Nixon-Handlanger, die tatsächlich zu Gefängnisstrafen verurteilt wurden – wie etwa G. Gordon Liddy –, avancierten schnell von Infamie zu Celebrity und Profit. Von dem ersten der zahlreichen Bücher, die Liddy verfasst hat, wurden eine Million Exemplare verkauft.[13]

Als geschickte »synthetische Celebritys« setzten sich die Helmsleys als leichtverständliche Karikaturen in Szene. Er gab sich als liebenswürdiger, betagter und sehr wohlhabender Mann, den man bewundern konnte, weil er sich sein Vermögen durch harte Arbeit verdient hatte. Sie trat als die schöne, in ihn vernarrte junge Ehefrau auf, die sich mit eiserner Entschlossenheit um ihr gemeinsames Vermögen kümmerte, die ihr über kurz oder lang den Spitznamen »Queen of Mean« (Königin der Gemeinheiten) eintrug. Doch obwohl gewisse negative Attribute an Leona hängenblieben, zogen die Helmsleys insgesamt durchaus Nutzen aus all der Aufmerksamkeit: Sie half ihnen, sich in einem umkämpften Markt zu profilieren und so bessere Geschäfte – und somit fettere Profite – zu machen.

Der scheinbar einfache Weg, den Leona und Harry nahmen,

von Geld zu Celebrity zu noch mehr Geld, war eine wohlbekannte Route. In Leonas Fall erforderte sie die sorgfältige Konstruktion eines künstlichen Bildes von sich selbst. Es basierte einerseits auf Qualitäten, die sie auszustrahlen hoffte, andererseits auf Auslassungen – sie weigerte sich, zu verraten, wie alt sie war –, die ihre Vergangenheit verschleierten. Dieses künstliche Image präsentierte sie der Welt mit der Hilfe von ausgewählten, unkritischen Reportern, von denen sie wusste, dass sie nur die Aspekte enthüllen würden, die jene Version von Leona illustrierten, die sie konstruiert hatte. Zu dieser Art von Öffentlichkeitsarbeit gehört es, dass clevere Celebritys dem einen oder anderen Reporter sorgsam geplante Einblicke in ihre kleinen Fehler und Schwächen gewähren, wodurch sie dem Publikum als »menschlicher« und daher sympathischer erscheinen. Im New York der Siebzigerjahre wurden solche Dienste am zuverlässigsten von Klatschkolumnisten geleistet, aber die wertvollste Publicity wurde mit dem Gütesiegel der *New York Times* geliefert. Wenn die *New York Times* über jemanden schrieb, verlieh sie ihrem Subjekt eine einzigartige Seriosität. Dort stellte Judy Klemesrud – die zu Beginn ihrer Karriere bei dieser Zeitung für die Frauenseite geschrieben hatte – Leona Helmsley als streitbare, aber traditionsbewusste Frau dar. Bei diesem Interview holte Leona mit einer schwungvollen Geste ihre »wertvollste Auszeichnung« aus einer silbernen Schatulle hervor – es war, wie Klemesrud pflichtschuldigst berichtete, ihre Heiratsurkunde.

Ihre eitlen Kommentare über ihre berühmten Freunde, ihre vielen Talente und ihren Reichtum – »ich muss leider inzwischen eine Menge Steuern zahlen« – präsentierte Leona Helmsley in einer nonchalanten Art, die immer besser ankam in einer Gesellschaft, die von Marketing- und Werbebotschaften überflutet wurde. Die Idee, dass man ein künstliches Image von sich selbst konstruieren kann und sollte, auf das man dann die öffentliche Aufmerksamkeit lenkt, beschränkte sich keineswegs auf die Reichen und Berühmten. Der Schriftsteller Tom Wolfe schrieb in seinem zukunftsweisenden Essay »The Me Decade« (Das Ich-Jahrzehnt) in der Zeitschrift *New York*, dass der US-Amerikaner generell von der Aussicht gefesselt sei, »seine Persönlichkeit zu verändern – sein ureigenstes Selbst neu zu erfinden, neu zu formen, zu erhöhen und zu polieren [...] und es zu beobachten, zu studieren und sich daran zu ergötzen (Ich!)«. Menschen aus allen Gesellschaftsschichten gaben sich dieser Art von Ichbezogenheit hin, die es Männern gestattete, ihre »überreifen Frauen abzulegen und sich eine frische zu suchen«, und Frauen ermutigte, ihre Verbitterung mit Affären und Dreiecksbeziehungen zu bekämpfen. Ein wichtiges Element dabei war, so stellte Wolfe fest, die Aufmerksamkeit von anderen auf sich zu ziehen, während man seine ichbezogene Verwandlung durchlebte.[14]

Nirgendwo in den Vereinigten Staaten trat diese Gier nach öffentlichem Interesse deutlicher zu Tage als in New York City, wo so viele Menschen sich um einen Augenblick des Ruhms drängelten, dass es sehr ausgefallener Anstrengungen bedurfte, dabei Erfolg zu erzielen. Solche Anstrengungen waren jeden Abend in Clubs wie dem Studio 54 zu beobachten, wo Filmstars, Künstler, Sportler und Gangster sich Sex und Drogen hingaben und für die Fotografen in Szene setzten. Die Reichen und Mächtigen – und solche, die es vielleicht einmal werden würden – waren ebenfalls gern gesehen, und daher waren Roy Cohn und Donald Trump Stammgäste. Drogen und Orgien waren an der Tagesordnung, wie Trump sich in einem Gespräch mit dem Schriftsteller Timothy O'Brien erinnerte: »Ich konnte zusehen, wie Supermodels genagelt wurden, sehr bekannte Supermodels genagelt wurden, auf einer Bank in der Mitte des Raumes. Es waren sieben von ihnen, und jede wurde von einem anderen Typen genagelt, mitten im Raum.«[15]

Während Tom Wolfe überlegte, ob die *Me Decade* Ausdruck einer Art spiritueller Krise sei, erkannte der Historiker Christopher Lasch in ihr die massenpsychologische Reaktion einer Gesellschaft, die von riesigen Bürokratien beherrscht und von Bildern – Werbung, Fernsehsendungen, Filmen – überflutet wird, und die unter dem Eindruck zahlloser Pseudo-Events steht, die wie Theaterproduktionen gemanagt werden. In seinem 1979 erschienenen Buch *The Culture of Narcissism* (*Das Zeitalter des*

Narzißmus) beschreibt Lasch die Vereinigten Staaten als ein Land, in dem Menschen akzeptieren, dass das Image einer Person, ob es nun übers Fernsehen ausgestrahlt oder in einem Album mit Familienfotos gezeigt wird, eine wichtige Quelle von Identität und Macht ist. Zugleich fühlten sich die Menschen durch ihre Arbeit in großen Konzernen und ihr Leben in endlos wuchernden Vorstädten entfremdet. Insgesamt führten solche Entwicklungen dazu, dass große Teile der Bevölkerung unzufrieden waren. Sie wollten ihr Unbehagen bekämpfen, indem sie anderen ein attraktives Image von sich selbst vorführten, komplett mit begehrenswerten Besitztümern und spannenden Erlebnissen – tollen, auf Schnappschüssen festgehaltenen Urlaubsreisen –, die andere bewundern konnten. Das Erzeugen eines solchen Images erlangte so eine Wichtigkeit im Alltagsleben, dass Familienfotos und Heimvideos typischerweise erst aufgenommen und später so bearbeitet wurden, dass sie aussahen wie die Arbeiten eines Profis. Und wenn tatsächlich einmal ein Profi auftauchte, um ein Interview zu führen, stellte er häufig fest, dass sein Gesprächspartner genau wusste, was von ihm erwartet war, wenn Kamera und Mikrophon auf ihn gerichtet wurden. Wenn er nicht gerade zum Beispiel in einer Live-Reportage vom Schauplatz einer Naturkatastrophe auftrat, zeigte sich der Normalbürger sehr bemüht, sich dem Zuschauer vorteilhaft zu präsentieren.

Nach einer von Lasch vertretenen Theorie sozialisiert jede Kultur ihre Kinder auf eine bestimmte Art und Weise, damit sie den Anforderungen ihrer Zeit und Umgebung gerecht werden; dadurch entstehen unterscheidbare Persönlichkeitstypen. Als die US-Nachkriegsgesellschaft sich in Gewinner und Verlierer spaltete, die durch ihren Status als Konsumenten definiert wurden, waren jene Menschen mit dem ausgeprägtesten Drang nach Reichtum und Aufmerksamkeit am besten ausgestattet, um auf der »Gewinnerseite« zu stehen. Lasch vermutete, dass Größenwahn – der dazu führt, dass man in sich selbst nur das Gute und in allen anderen nur das Schlechte sieht – ein natürlicher Auswuchs dieses Dranges und die charakteristische psychische Störung des späten 20. Jahrhunderts ist. Aus Laschs Sicht waren die US-Amerikaner, die früher lediglich neurotisch oder obsessiv gewesen waren, gefährlich genusssüchtig und wirklichkeitsfremd geworden.

Lasch zitiert Studien von Wissenschaftlern aus so unterschiedlichen Disziplinen wie Anthropologie und Betriebswirtschaftslehre und argumentiert, dieser Größenwahn sei eine epidemische Entwicklung. Er berichtet, dass viele Psychiater bei ihren Patienten weit seltener alltägliche Neurosen beobachten, während narzisstische Störungen immer häufiger auftreten. Obwohl Narzissmus manchmal bösartig ist, muss er nicht unbedingt ein Zeichen einer psychischen Störung sein; er kann auch eine funktionale Reaktion auf ein berufliches oder soziales Umfeld darstellen, das es notwendig macht, andere stark zu beeindrucken und zu manipulieren, um erfolgreich zu sein. Aber für einen Menschen, der danach strebt, eine wirklich wichtige Persönlichkeit zu sein, ist Erfolg allein nicht genug. »In unserer Gesellschaft«, so Lasch, »muss Erfolg durch Publicity bestätigt werden.«

Das Streben nach Publicity war für Donald Trump – der als Heranwachsender beobachtet hatte, wie sein Vater sich Ehrennadeln ans Revers heftete und der eifrigen Presse Badenixen präsentierte – so natürlich, dass er weit mehr als den ihm zustehenden Anteil davon erhaschen konnte, ohne sich sonderlich anzustrengen. Schon 1976 wurde Judy Klemesrud, eine Reporterin der *New York Times*, auf ihn aufmerksam, noch bevor er – um im Jargon seiner Branche zu bleiben – »zwei Ziegelsteine aufeinandergesetzt hatte«.

Im Sommer 1976 kontaktierte Klemesrud Trump, weil sie in einer ihrer Celebrity-Geschichten über ihn schreiben wollte. Sie hat einmal erklärt, sie würde die Arbeit an solchen Artikeln damit beginnen, indem sie sich eine interessante Frage ausdachte und dann berühmte Persönlichkeiten anrief, bis sie genügend Antworten erhalten hatte, um einen ganzen Artikel damit füllen zu können. Im Juli baute sie Trump in einen Artikel ein, mit dem sie Touristen über die »beliebtesten Locations« von »bedeutenden New Yorkern« informieren wollte. Trump freute sich, für einen »bedeutenden New Yorker« gehalten zu werden und empfahl dem Reisenden, nach Brooklyn oder Queens zu fahren, um von dort aus die Skyline auf sich wirken zu lassen – aus seiner Sicht die beeindruckendste Attraktion von New York. Im nächsten Absatz empfahl Harry Reems, ein Star zahlreicher Pornofilme, eine Passage in Chinatown, wo jeder Besucher sich für nur 25 Cents einen Live-Hühnertanz ansehen konnte.

Einige Monate später begleitete Klemesrud Donald Trump durch Manhattan und sammelte Eindrücke von einem Tag im Leben eines jungen Mannes mit »blendend weißen Zähnen«, der »Robert Redford zum Verwechseln ähnlich sieht«. (Redford hatte kurz zuvor von der Leinwand herab sein Publikum geblendet, als der mysteriöse Jay Gatsby.) Obwohl er in einer Limousine mit seinen Initialen »DJT« als Kennzeichen herumchauffiert wurde und angesagte Läden frequentierte, gekleidet in einen angeberischen Anzug und dazu passenden Hochglanzschuhen – für seinen Tag mit der *New York Times* hatte er die Farbe Kastanienbraun gewählt –, bestand Trump darauf, publicityscheu zu sein. Außerdem erzählte er Klemesrud, er sei »über 200 Millionen« schwer und habe »wahrscheinlich 14 Millionen Dollar« an Immobiliengeschäften in Kalifornien verdient, »nur in den letzten beiden Jahren«.

Dann überwand Trump seine Publicityscheu und erklärte der Reporterin, »Flair« sei ein wichtiger Schlüssel zum Erfolg für einen jungen Mann in New York, und verriet, dass er einen der besten Abschlüsse seines Jahrgangs an der Wharton School gemacht habe. Er sagte, obwohl er häufig irrtümlich für einen Juden gehalten werde, sei er tatsächlich schwedischer Abstammung. Aber trotzdem wolle ihn das National Jewish Hospital of Denver bei einem bevorstehenden Galadinner im Waldorf-Astoria als »Mann des Jahres« ehren.

Klemesrud, die aus einer Kleinstadt im ländlichen Iowa nach New York gekommen war, schrieb in einem überschwänglichen Stil, der die große Stadt und ihre Menschen glänzen ließ – ein bisschen wie in der Wunderwelt von Oz. (Wahrscheinlich vermittelte sie mit ihrer Sicht auf New York und seine Charaktere ihren Lesern das Gefühl, ihre Stadt sei ein ganz besonderer Ort.)

Sie zitierte Trumps Aussagen mit erstaunlicher Gutgläubigkeit, wodurch die *New York Times* ihn als einen Menschen präsentieren konnte, der den kostbaren Platz auf ihren Seiten verdient habe. Und so erlaubte sie auch seinem Vater, zu verkünden: »Donald ist der klügste Mensch, den ich kenne.«

Die einzigen Zweifel in dem Artikel über den bemerkenswerten Mr Trump wurden von einem anonymen Bankier und dem Architekten Der Scutt zum Ausdruck gebracht, der einräumte, dass sein Kunde »manchmal ein bisschen übertreibt, um ein Geschäft zum Abschluss zu bringen«. Mit seinen 42 Jahren war Scutt zwölf Jahre älter als Trump. Er stammte aus Reading, Pennsylvania, und wie Trump war er in das Geschäft seines Vaters eingetreten und hatte versucht, seinen alten Herrn in den Schatten zu stellen. Er hatte seinen Vornamen von »Donald Clark« in »Der« geändert – wie der deutsche Artikel »der« –, was offenbar seinen Drang zum Ausdruck brachte, den Vater zu überflügeln. Außerdem fing er an, Pfeife zu rauchen. Er sprach von Trump eher wie von einem übermütigen Jungen denn als böswilligem Lügner.

Insgesamt zeichnete Klemesruds Artikel ein Bild von Reichtum, Gefahr, Sex und jungenhafter Begeisterungsfähigkeit, als sei Donald Trump der James Bond der Immobilienszene. Klemesrud schrieb, er gehe mit »aufreizenden Models« aus und sei Mitglied der »elegantesten Clubs«. Als sie ihn fragte, ob er darüber nachdenke, zu heiraten, antwortete er, als sei eine Ehefrau so eine Art Accessoire oder Akquisition. »Wenn ich die richtige Frau treffe, würde ich sie vielleicht heiraten, aber im Moment habe ich alles, was ich brauche.« Klemesrud ließ ihre Leser auch wissen, dass Trumps Chauffeur ein früherer Polizist der Stadt New York war, der wegen der Finanzkrise der Stadt entlassen worden war und stets einen geladenen Revolver trug.[16]

Warum sollte Donald Trump einen bewaffneten, zum Polizisten ausgebildeten Fahrer brauchen? Dafür wurde keine Erklärung angeboten, aber es blieb dem Leser überlassen, daraus zu schließen, dass Trump – wie der fiktive Jay Gatsby, wenn schon nicht der reale Robert Redford – in einem Umfeld der Gewalt lebte. Aber es stimmte schon: Das Baugeschäft in New York stand *tatsächlich* auch in den Siebzigerjahren noch unter dem Einfluss von Figuren aus der organisierten Kriminalität, die sowohl etliche Gewerkschaften kontrollierten als auch Preis und Angebot von Beton im gesamten Stadtgebiet. Dass Trump einen bewaffneten Fahrer brauchte, war durchaus plausibel, also eine der glaubwürdigeren Behauptungen in dem Artikel.[17] Das 200 Millionen Dollar schwere Vermögen? Vielleicht hatte Donalds Vater so viel, aber er bestimmt nicht. Sein hervorragender Abschluss an der Wharton School? Niemand weiß es.

Natürlich prüfte niemand, ob die in Klemesruds Artikel gemachten Behauptungen zutrafen. Es handelte sich dabei um ein weichgezeichnetes Porträt, nicht einen Enthüllungsbericht. Journalisten hatten nicht viel zu gewinnen, wenn sie die Wahrheit herausfanden über einen jungen Mann, bei dem noch unklar war, ob er sich als bedeutende Figur herausstellen würde oder nicht. Außerdem stand die *New York Times* in dem Ruf einer ehrwürdigen »alten Dame« des Nachrichtengeschäfts – sie war eine Quelle von Wahrheiten, die die Realität für alle anderen definierte. Wenn diese Zeitung beschloss, dass Trump ehrenwert war, dann war er es auch.

Innerhalb weniger Tage produzierte der Artikel das Ergebnis, das jeder sich wünscht, der eine Celebrity werden will – mehr Publicity. Trump wurde in Stanley Siegels morgendliche Talkshow auf Channel 7 eingeladen. Siegel verstand es meisterhaft, Aufmerksamkeit zu erregen, und unterzog sich regelmäßig psychotherapeutischen Sitzungen, während er auf Sendung war. Er stach Klemesrud noch aus, indem er Trump als »Immobilien-Tycoon« bejubelte. (Sie hatte ihn als »Immobilien-Promoter« bezeichnet.) Das Schlagwort »Tycoon« lieferte den Bezugspunkt, der dem Publikum half, Trump als Celebrity zu verstehen – dass es nicht auf ihn passte, machte dabei kaum etwas aus. In einer Zeit, in der so gut wie jeder versuchte, sich ein Image aufzubauen, blickten die meisten Menschen nicht hinter solche Schlagworte. Donald Trump, Absolvent einer Militärschule, der penibel die Verzierungen seiner Uniform poliert hatte, besaß einen hervorragenden Instinkt, wenn es um sein Image ging – niemand konnte von ihm erwarten, irgendjemanden dahinterschauen zu lassen. Sein Vater, den Klemesrud zitiert hatte, war ebenso daran interessiert, seinen Sohn zu pushen. Wenn sie allerdings auch einmal mit Trumps Bodyguard und Chauffeur gesprochen hätte, wäre es gut möglich gewesen, dass er ein Bild gezeichnet hätte, welches das Klischee durchbrochen und Trump als menschlicher und liebenswerter hätte erscheinen lassen. Jahrzehnte nachdem er aus den Diensten des Mannes ausgeschieden war hatte Robert Utsey, Trumps erster Bodyguard und Chauffeur, ihn als rücksichtsvoll, großzügig und ehrlich in Erinnerung:

D er Job, für den er mich anheuerte, war in der Stellenkartei der Polizeibehörde ausgeschrieben, die für Polizisten angelegt worden war, die von der Stadt entlassen wurden. Ich war neu, noch in meiner Probezeit im 43. Bezirk in der Bronx, deswegen wurde ich entlassen.

Zum Vorstellungsgespräch fuhr ich in Trumps Büro in Brooklyn. Es waren ungefähr sieben andere Bewerber da. Ich wartete, bis ich an der Reihe war, und als er mich interviewte, sagte ich ihm, ich sei der beste Fahrer in meiner Klasse auf der Polizeiakademie gewesen, was auch stimmte. Dann testeten sie uns auf einem Rundkurs. Ich fuhr die besten Zeiten mit den wenigsten Fahrfehlern. Ich konnte auch ein bisschen Karate, was er gut fand. Also habe ich den Job bekommen.

Die Bezahlung entsprach dem Gehalt eines Polizisten, einschließlich Überstunden abends und nachts. Ich musste oft abends und nachts arbeiten, weil er viel ausging, aber ich war Single, also war das kein Problem. Als ich heiratete, kam er zu unserer Hochzeit und gab uns ein schönes Geschenk, was er nicht gemusst hätte. Als meine Frau schwanger wurde, ging sie zu einem Arzt, der von der Krankenversicherung nicht bezahlt wurde, aber er zahlte die Arztrechnung, ungefähr ein Monatsgehalt. Als unsere Tochter zur Welt gekommen war, bezahlte er den Kindersitz fürs Auto, in dem wir sie von der Klinik nach Hause brachten.

Er war ein netter Kerl, der mich immer gut behandelt hat. Er erwartete Loyalität von mir, aber er war umgekehrt auch loyal. Als ich die Chance bekam, wieder zur Polizei zu gehen, war es eine schwierige Entscheidung für mich, weil ich gern für ihn arbeitete. Später, als all das negative Gerede über ihn anfing, habe ich das nicht verstanden. Der Mann, den ich damals kannte, war ein guter Mann.[18]

KAPITEL 6

TURMBAUER TRUMP

Ich würde sagen, dass man mir nie die
Anerkennung gezollt hat, die mir zusteht.
Donald Trump

So viel steht fest: Ihr Vorname war Ivana. Aber dann werden die Fakten auch schon nebulös. Sie war nach dem Krieg in der kommunistischen Tschechoslowakei geboren worden, oder vielleicht in Österreich. Als sie im April 1977 in New York heiratete, wurde ihr Nachname als »Winklmayr« eingetragen, den sie durch eine Scheinehe mit einem Österreicher erworben hatte. Dieser hatte sich dazu bereit erklärt, damit sie einen Reisepass bekommen konnte. Aber sie war auch schon unter ihrem Mädchennamen – Zelníčková – aufgetreten. Und dann wurde in Montreal in einem Zeitungsartikel berichtet, Ivana habe einen weiteren Ehemann, einen Tschechen namens George Syrovatka, der nach einem Ski-rennen im Westen geblieben war.

Neben den Rätseln um ihren Geburtsort und ihre Namen gab es zahlreiche andere Mysterien um die Frau, die mit der geistlichen Hilfe des Reverend Norman Vincent Peale in der Marble Collegiate Church Donald Trump ehelichte. Sie war entweder ein Mitglied der tschechischen Mannschaft, die zur Winterolympiade 1972 entsandt wurde, oder vielleicht nur eine gute Skiläuferin, die mit den Winterspielen in Sapporo überhaupt nichts zu tun hatte. In Montreal war sie entweder das gefragteste Model der Stadt gewesen, oder auch nur eine der vielen jungen Frauen, die ab und zu auf einem Catwalk liefen, im Showroom eines Modeherstellers auftraten oder hin und wieder für ein

Boulevardblatt posierten – es kam nur darauf an, wer die Mär gerade erzählte.

Die Fakten über Ivana Trumps frühes Leben sollten sich für die vielen Journalisten, die sie zu recherchieren suchten, als schwer fassbar erweisen. (Unter den diversen Stolperfallen, die sie meiden mussten, war auch die Geschichte von einem Autounfall, bei dem einer ihrer Boyfriends ums Leben gekommen war. Der Teil der Geschichte, dass er bei einem Autounfall gestorben sei, stimmte – dass auch Ivana in diesem Auto gewesen sei und sich bei dem Unfall das Rückgrat gebrochen habe, stimmte dagegen nicht.) Aber das Image, das sie der Welt präsentierte – schön, erfolgreich und vor allem begehrenswert –, würde konsistent bleiben. Seit sie zum ersten Mal in der Presse erwähnte wurde (*Montreal Gazette*, 1975), bot Ivana das Bild einer vielseitigen und vollkommenen Frau. Ihre Tätigkeit als Model war nur eines von vielen Elementen ihres Lebens, das ihr nicht einmal besonders wichtig war. »Das ist nur ein Job für mich, keine Karriere«, sagte sie, als wolle sie den Eindruck vermeiden, dass sie sich aus ihrer Arbeit etwas mache. »Ich habe mein gesellschaftliches Leben, meinen Mann, mein Zuhause.« Der Mann, den sie hier meinte, war Syrovatka, der genaugenommen nicht ihr Ehemann war, sondern ihr Freund, mit dem sie zusammenlebte. Aber im erzkatholischen Montreal um 1975 war es einfacher und unkomplizierter, »mein Mann« zu sagen, und außerdem hatte sie sich auch irgendwie verheiratet gefühlt – bis sie Donald kennenlernte.

Das war 1976 – wahrscheinlich. Ivana arbeitete bei einer Modenschau in New York, die organisiert worden war, um die bevorstehenden Olympischen Sommerspiele zu promoten. Vielleicht hat Donald sie auf der Modenschau kennengelernt. Auf jeden Fall hat er sie später an diesem Tag getroffen, am Abend, als er mit ein paar Freunden im Maxwell's Plum, einem Restaurant mit angeschlossener Bar, auf einen Tisch wartete. Das Lokal gehörte Warner LeRoy, dessen Großvater Harry Warner einer der Gründer des Warner Bros. Filmstudios gewesen war. Sein Vater Mervyn LeRoy hatte den *Wizard of Oz* (*Der Zauberer von Oz*) produziert. Warner LeRoy pflegte gern die Geschichte zum Besten zu geben, dass er die Magie der Showbiz-Illusion im zarten Alter von vier Jahren kennengelernt habe, als er auf eine Bühne geklettert und auf der »Yellow Brick Road« entlanggehüpft war, bis er gegen eine Wand knallte.[1]

Maxwell's Plum war schwülstig dekoriert mit Tiffanylampen, Porzellantieren und einer Decke aus bemaltem Glas – es hatte einen Einrichtungsstil kreiert, der letzten Endes sogar von schlichten Kettenrestaurants wie TGI Fridays übernommen wurde. Das Szenelokal war auch ein Magnet für Celebritys wie Warren Beatty oder Barbra Streisand, und für die sogenannten »swinging singles« (die Schriftstellerin Susan Jacoby nannte sie »swingles«), die Maxwell's Plum so populär machten, dass selbst bekannte Models auf einen Sitzplatz warten mussten. LeRoy nannte sein Restaurant ein »lebendes Theater«. Es war die Art von Lokal, wo Popstars sich mit Gangstern mischten und so viele Gäste Kokain konsumierten, dass es eigentlich auf der Speisekarte hätte stehen müssen.

Als Donald Trump sie am Eingang warten sah, tippte er Ivana auf die Schulter, was sie ziemlich impertinent fand, und bot ihr seine Hilfe an, um schneller einen Tisch zu bekommen. »Ich kenne den Eigentümer ganz gut«, sagte er. Sie ging zu ihren Freundinnen und berichtete: »Ich habe gute und schlechte Nachrichten für euch. Die gute Nachricht ist, dass wir sofort einen Tisch bekommen werden. Die schlechte ist, dass dieser Typ bei uns sitzen wird.« Donald ging, bevor das Dinner zu Ende war, aber er verschwand mit einem dramatischen Plan. Die Damen waren entzückt, als der Kellner ihnen mitteilte, dass ihre Rechnung bereits bezahlt worden sei. Dann, als sie das Restaurant verließen, entdeckten sie draußen Trump hinter dem Lenkrad seines Cadillacs. »Er fuhr uns in unser Hotel«, erinnert sich Ivana viele Jahre später. »Am nächsten Tag schickte er mir drei Dutzend Rosen. Und wir trafen uns zum Dinner, und dann zum Lunch im 21 Club, und dann kehrte ich zurück nach Montreal. Donald sagte, er würde kommen, um mich auf den Modenschauen zu sehen, und das tat er auch.«

Bei seinem darauffolgenden Werben ließ Donald sich von

Ivanas Beziehung zu George Syrovatka nicht stören. Er kam öfter nach Montreal, und einmal besuchte sie ihn in New York, um seinen Eltern vorgestellt zu werden. »Er fragte mich, ob wir über Weihnachten zusammen verreisen wollen, und ich erzählte ihm, dass ich Weihnachten normalerweise in Österreich in den Bergen verbringe und so'n Zeugs. Ich habe ein Chalet in der Slowakei. Also fuhren wir nach Aspen. Donald mietete ein unglaubliches Chalet, wissen Sie, mit Spiegeln an der Decke und so'n Zeugs. Dann fragte er mich: ›Kannst du Ski laufen?‹ Ich antwortete: ›Ja, das kann ich.‹ Er fragte: ›Du bist gut?‹ Und ich: ›Ja, das bin ich.‹«

Am Berg lief Trump mit der absichtsvollen Vorsicht eines An-fängers. Ivana überraschte ihn mit ein paar gekonnten Schwün-gen und zischte dann an ihm vorbei, den Hang hinab. Noch lange, nachdem dieser Tag zu einer Erinnerung geworden war, konnte sie sich an jede Einzelheit seiner Reaktion erinnern: »Ich verschwand. Donald war so wütend, dass er seine Ski abnahm, die Skistiefel auszog und dann zum Restaurant hinaufstapfte. Wir fanden seine Ski unten am Hang, der Skilehrer hatte sie in Sicher-heit gebracht. Er war auf Socken zum Restaurant hinaufgestapft und sagte: ›Solchen Scheiß mache ich nicht mit, für niemanden, auch nicht für Ivana.‹ Er konnte es nicht ertragen, dass ich etwas besser konnte als er.«[2]

Trumps angeschlagenes Ego erholte sich schnell. Am Neu-jahrsabend machte er Ivana einen Heiratsantrag. Sie nahm an. Später schenkte er ihr einen Diamantring, einen Dreikaräter, den er bei Tiffanys gekauft hatte. In den Monaten zwischen seinem Antrag und der Hochzeit am 9. April schwankte Ivana ein biss-chen, beendete aber dann die Beziehung zu Syrovatka und be-kräftigte ihre Verbindung zu Donald. Dann bat er sie, einen Ehe-vertrag zu unterschreiben.

Der Ehevertrag war Roy Cohns Idee, die er aufbrachte, nach-dem es ihm nicht gelungen war, seinen Mandanten davon zu überzeugen, dass eine Ehe nicht in dessen Interesse war. Ein Ver-trag über die Aufteilung von Vermögen nach einer Scheidung war über die längste Zeit der US-Geschichte verboten gewesen. Nach einem Rechtskonzept, das als »*coverture*« (Ehestand) bezeichnet wird und ein Teil des bürgerlichen Rechts in England war, verlor eine Frau, wenn sie heiratete, das individuelle Recht, Verträge abzuschließen und Immobilien zu besitzen. In den Sechzigerjahren begannen Gesetzgeber und Justiz der US-Bundesstaaten, diese Frage neu zu überdenken, und gegen Ende jenes Jahrzehnts wurde über den Ehevertrag, den Jacqueline Kennedy und Aristoteles Onassis abgeschlossen hatten, lang und breit in der Presse berichtet.

Eheverträge waren zwar beileibe noch nicht allgemein üblich, wurden aber unter den Reichsten des Landes – und jenen, die erwarteten, eines Tages reich zu sein – immer häufiger abgeschlossen. Manche Hollywood-Filmstars trafen solche Arrangements, aber außerhalb dieser erlauchten Kreise begann kaum eine Ehe mit einem Vertrag, der eine mögliche zukünftige Scheidung regelte. Anfang 1977 bezeichnete der bekannte New Yorker Scheidungsanwalt Raoul L. Felder Eheverträge als »eine kaltblütige Art, in den Stand der Ehe einzutreten« und meinte, unter dem Druck der Vertragsverhandlungen würden viele Ehen zerstört, bevor sie überhaupt erst begonnen hätten.

Felder machte seine Kommentare an genau dem Tag – dem 18. März –, an dem Ivana Winklmayr und Donald Trump sich mit Roy Cohn trafen, um ihren Ehevertrag auszuhandeln. Ivana wurde von dem Rechtsanwalt Lawrence Levner beraten, den Cohn ihr empfohlen hatte. (Levner hatte bereits in früheren Fällen mit Cohn zusammengearbeitet.) Als die kleine Gruppe Cohns Vertragsentwurf durchging, wobei allzu juristische Formulierungen in etwas einfacheres Englisch übersetzt wurden, begriff Ivana allmählich, dass sie im Falle einer Scheidung jedes Geschenk, das sie von Donald erhalten hatte, zurückgeben musste. In dem Streit, der daraufhin ausbrach, konterte Ivana mit der Forderung, dass eine Rücklage von 150 000 Dollar auf ein Konto eingezahlt werden sollte, das auf ihren Namen lief. Dieses Geld sollte ihr im Falle einer Trennung zur Verfügung stehen.

Mit Ivanas Verlangen nach Cash war Donald mit der Forderung konfrontiert, seine öffentlichen Behauptungen, sehr reich zu sein – nämlich, ein Vermögen von 200 Millionen Dollar und vor kurzem Gewinne von 14 Millionen Dollar gemacht zu haben –, mit einem Beweis für echte Liquidität zu untermauern. Dokumenten zufolge, die später öffentlich gemacht wurden, betrug Donalds zu versteuerndes Einkommen in dieser Zeit kaum 2200 Dollar pro Woche. Er kontrollierte einen kleinen Anteil an einer der zahlreichen Firmen seines Vaters und erhielt regelmäßige, aber bescheidene Zahlungen aus dem Treuhandvermögen seiner Familie. Es lag auf der Hand, dass es ihm schwerfallen würde, innerhalb weniger Wochen 150 000 Dollar zwischen die Finger zu bekommen. Folglich uferte der Streit über Ivanas Forderung dermaßen aus, dass sie aus dem Meeting stürmte und erst zurückkehrte, nachdem Donald ihr bis auf die Straße hinterhergelaufen war und sie überzeugt hatte, weiterzuverhandeln. Aber es wurde keine Einigung erreicht.

Die zweite Verhandlungsrunde fand in Roy Cohns Stadthaus statt, wo sich sowohl seine Privatwohnung als auch sein Büro befanden. Harry Hurt III erzählt in seinem Buch *The Lost Tycoon – The Many Lives of Donald J. Trump* (Der verlorene Tycoon – die vielen Leben des Donald J. Trump), dass Cohn die Parteien im Bademantel empfing. Berechnend wie er war, sollte Cohns Wahl seiner Kleidung zweifellos eine Botschaft aussenden. Wie Lyndon B. Johnson, der bekanntlich Reporter einzuladen pflegte, ihm in die Toilette zu folgen, um das Gespräch fortzusetzen, während er sich erleichterte, demonstrierte Cohn damit sowohl sein Selbstbewusstsein als auch seine Macht. Er hatte so viel Macht, dass niemand es wagte, zum Beispiel zu sagen: »Roy, warum ziehst du dir nicht was Richtiges an?« Und er gierte so sehr nach Aufmerksamkeit, dass ihm jeglicher Klatsch und jede Zeitungsmeldung willkommen war, die daraus entstehen konnte, dass er juristische Verhandlungen führte, bei denen die Parteien darauf vorbereitet sein mussten, einen Blick auf das zu erhaschen, was immer auch unter seinem Bademantel lauern mochte.

Vor dem Meeting hatte Cohn jene Klauseln in dem Ehevertrag getilgt, die bestimmten, dass Ivana die von Donald erhaltenen Geschenke würde zurückgeben müssen. Diese Konzession reichte anscheinend, um Ivana dazu zu bewegen, ihre geforderte

Rücklage für schlechte Zeiten um ein Drittel zu reduzieren, also auf 100 000 Dollar. Schließlich wurde am 22. März eine endgültige Einigung erzielt. Sie sah vor, dass Donald im Scheidungsfall jährliche Unterhaltszahlungen an Ivana leisten sollte. Deren Höhe sollte von der Dauer ihres ehelichen Bundes abhängen, höchstens jedoch 90 000 Dollar pro Jahr betragen, nach mindestens 30 Jahren Ehe. Obwohl diese Summe in späteren Jahren lächerlich scheinen mochte, war dieses Paket weit besser als der Deal, der im ursprünglichen Vertragsentwurf angeboten worden war. Diese Vereinbarung zeigte, dass Ivana gut verhandeln konnte und den zunehmenden Druck verstand, den Donald spürte, je näher der Tag der Hochzeit heranrückte. Angesichts der tatsächlichen finanziellen Verhältnisse von Donald und der Beziehung ihres eigenen Anwalts zu Cohen war dieser Deal wahrscheinlich das Beste, was für Ivana für sich herausholen konnte.

Am 9. April stellten sich über zweihundert Hochzeitsgäste in der Marble Collegiate Church ein. Es war der Samstag vor Ostern – ein Tag, den viele fromme Christen im Gedenken an die Beisetzung Christi mit so großer Ehrfurcht begehen, dass alle Blumen aus den Kirchen entfernt werden. In der Marble Collegiate Church, wo fröhlicher Optimismus praktisch das elfte Gebot war, hatte man den Altarraum mit weißen Lilien prachtvoll geschmückt. Unter den Festgästen waren Abe Beame, einige weniger bedeutende Politiker und diverse Anwälte, die für die verschiedenen Unternehmen der Trumps tätig geworden waren. Einige von Ivanas Freunden waren aus Montreal angereist. Ihr Vater Milos war der einzige Repräsentant ihrer Familie in der Tschechoslowakei; das Flugticket war einfach zu teuer, als dass auch ihre Mutter hätte kommen können. Auf der Hochzeitsparty nach der kirchlichen Trauung unterhielt der Comedian Joey Adams – dessen Frau Cindy die wichtigste Klatschkolumnistin der *New York Post* war – die Gäste.

Allem Anschein nach waren die frisch vermählten Mr und Mrs Trump glücklich miteinander. Nachdem Ivana am 31. Dezember ihr erstes gemeinsames Kind, Donald junior, zur Welt gebracht hatte – Robert Utsey chauffierte Mutter und Kind aus der Klinik nach Haus –, zog die junge Familie in eine Achtzimmerwohnung in der Fifth Avenue. Diese Wohnung war nicht nur ihr Zuhause, sondern auch die Kulisse für publicityträchtige Auftritte, da die Trumps häufig Vertreter der Presse einluden, sich bei ihnen umzuschauen. Einer Reporterin, die sie für eine solche Homestory eingeladen hatten, fiel das österreichisch gefärbte Englisch auf, das ihre Gastgeberin sprach, obwohl sie doch nie in Österreich gelebt hatte. (Bei dieser Gelegenheit tauchte wieder die Ski-Olympiamannschaft in ihrer Biographie auf, aber dieses Mal war sie für Österreich angetreten, nicht für die Tschechoslowakei.) Schon damals markenbewusst, bevor dieser Begriff überhaupt geprägt worden war, beantworteten die Trumps Fragen über die Herkunft ihres Mobiliars und ihrer eigenen Garderobe. Sie bevorzugte Galanos und Valentino; seine Anzüge waren von Pierre Cardin, Yves Saint Laurent und Bill Blass. Donald wies darauf hin, dass Ivana, die ungefähr vier Jahre in Montreal gelebt hatte, acht Jahre lang das Model Nummer eins der Stadt gewesen sei. Sie habe »Flair«, ebenso wie er. Sie gab ihm den Spitznamen »The Donald«, der ihn für den Rest seines Lebens begleiten sollte.[3]

Man muss Trump zugutehalten, dass er nicht nur Flair gezeigt hatte, sondern auch den Einfallsreichtum und die Entschlossenheit, das beinahe aufgegebene Commodore in ein attraktives, profitables und modernes Hotel zu verwandeln. Außerdem hatte er ein enormes – und enorm ehrgeiziges – Projekt in Angriff genommen, das seinen Namen auch denjenigen New Yorkern bekannt machen würde, die niemals die Klatschkolumnen lasen.

Laut Trump ist der beste Flecken für ein Gebäude in jeder nennenswerten Stadt die »*Tiffany Location*«. Das hatte er 1980 der *New York Times* erzählt: »Wenn Sie nach Paris gehen, wenn Sie nach Duluth gehen – die beste Location ist als ›die Tiffany Location‹ bekannt. Das ist ein Standardbegriff im Immobiliengeschäft.«

Falls tatsächlich irgendjemand vor Trump den Ausdruck *Tiffany Location* benutzt haben sollte, gibt es auf jeden Fall keinen offensichtlichen Beweis dafür. Der Juwelier hat sein bekanntes Geschäft an der Ecke Fifth Avenue und Fifty-seven Street erst 1940 eröffnet, und seinen Platz in der Populärkultur fand es erst in den Fünfzigerjahren, als Marilyn Monroe und Truman Capote das Juweliergeschäft zur Ikone machten. Aber selbst danach war es schwierig, sich vorzustellen, dass ein Immobilienmakler ein attraktives Objekt in Duluth – oder gar in Paris – als eine *Tiffany Location* beschreiben würde. Trotzdem hörte sich der Begriff überzeugend an, und Trump begann, ihn zu verwenden, als er das Gebäude direkt neben Tiffany ins Visier nahm. Dort befand sich das Kaufhaus von Bonwit Teller & Co.

Bonwit Teller war – ebenso wie viele andere New Yorker Einzelhandelsgeschäfte, auch Tiffany – gegen Ende des 19. Jahrhunderts auf der »Ladies Mile« in Lower Manhattan gegründet worden und dann weiter nach Norden umgezogen, als diverse Entwickler immer mondänere Wohnungen in Midtown bauten. Bonwit Teller war schon lange als Luxuskaufhaus profitabel gewesen, wurde in den Vierziger- und Fünfzigerjahren besonders erfolgreich und hatte Zweigniederlassungen im Nordosten des Landes und etliche Geschäfte in Florida etabliert, die nur in der Urlaubssaison geöffnet waren. Als dann jedoch die Gründerfamilie das Unternehmen verkaufte, ging es letztlich in einem Konglomerat namens Genesco auf, und aus den Gewinnen wurden Verluste. Die Kaufhauskette verlor im Wettbewerb mit Konkurrenten wie Lord & Taylor und Saks Fifth Avenue immer mehr an Boden, und bald begannen Schnäppchenjäger, seine attraktiven Immobilien zu umkreisen.

Das Vorbild für die Erschließung des Bonwit-Grundstücks fand Trump bei Aristoteles Onassis. Dieser hatte sein Projekt mit Hilfe der cleveren Immobilienanwälte der Stadt umgesetzt, an einer Adresse an der Fifth Avenue, die ein paar Blöcke südlich von Tiffany's lag, direkt neben der St. Patrick's Cathedral. Dort hatte sich der Herrenausstatter Best & Co. befunden, der sein Geschäft mit Kinderkleidung begonnen hatte, unter dem Namen Lilliputian Bazaar. Der Laden von Best & Co. war ein elegantes Gebäude mit einer weißen Marmorfassade und einer loyalen

Stammkundschaft. Aber er verpasste den Jugendkultur-Boom der Sechzigerjahre und entschied, sich stattdessen mit seinem Angebot auf Kinder und ältere Damen zu konzentrieren. Als das Management von Best & Co. schließlich doch Abteilungen für Teenager, jüngere Damen sowie Herren einrichtete, war es schon zu spät. Der Laden an der Fifth Avenue wurde im Oktober 1970 geschlossen. Im Sommer 1971 genehmigte die Lindsay-Stadtverwaltung den Bau des Olympic Tower auf diesem Grundstück; im Oktober begannen die Abrissarbeiten.

Das Projekt von Onassis erforderte den Erwerb der »*air rights*« (Hochbaurechte) der angrenzenden Grundstücke. Die Hochbaurechte legen in den Vereinigten Staaten fest, bis zu welcher Höhe ein bestimmtes Grundstück nach dem städtischen Nutzungsplan bebaut werden darf. Für Gebäude, die deutlich unterhalb dieser Höhe bleiben, kann der Eigentümer diese Rechte an einen Nachbarn übertragen, wodurch der ein Gebäude bauen darf, das weit höher ist als eigentlich im Nutzungsplan vorgesehen. Auf diese Weise kann freier Raum, der auf einem Grundstück ungenutzt bleiben würde, auf dem Nachbargrundstück genutzt werden. Onassis erwarb die Hochbaurechte, die – unter anderem – von den Cartier-Juwelieren gehalten wurden. Und so konnte er, mit der Hilfe eines Konkurrenten von Tiffany's, ein Gebäude mit Hunderten von Wohnungen, neunzehn Stockwerken Büroraum sowie Ladengeschäften im Erdgeschoss errichten. Das fertige Hochhaus hatte eine Glasfassade und erhob sich 51 Stockwerke – 189 Meter – über den Bürgersteig.

Für das Olympic-Tower-Projekt war es nicht nur erforderlich, diese Hochbaurechte zu sichern – Onassis machte sich auch Bestimmungen der Stadt zunutze, die es ihm erlaubten, zusätzlich höher zu bauen, weil er ein Gebäude errichten wollte, in dem sich nicht nur Läden, Büros und Wohnungen befinden sollten, sondern auch eine öffentlich zugängliche Passage im Erdgeschoss, inklusive Wasserfall. Seine Architekten hatten vorgesehen, die Bewohner des Towers von der Öffentlichkeit abzuschirmen, indem sie einen separaten Eingang und eigene Fahrstühle für sie planten. Das war aber auch das mindeste, was sie tun konnten, wenn man bedenkt, dass die Wohnungen bis zu 650 000 Dollar kosten sollten (das entspricht 2,7 Millionen Dollar im Jahr 2015).

Dieser Plan für die Mehrfachnutzung des Olympic Tower war von Beamten der Stadtverwaltung vorgeschlagen worden, die hofften, dass sich die Fifth Avenue ihre Mischung aus Wohn- und Gewerbeflächen würde bewahren können. Onassis nahm darüber hinaus Steuererleichterungen des Bundesstaates New York in Anspruch, welche die Neuentwicklung von veralteten oder unzureichend genutzten Immobilienobjekten fördern sollten. Die Fragen, ob das Ladenlokal von Best & Co. veraltet war oder ob das Grundstück, auf dem es sich befand, unzureichend genutzt wurde, erübrigten sich, als die Abrissbirnen anrückten. Onassis kam in den Genuss der Steuererleichterung, die auf zehn Jahre befristet war, und sein Olympic-Tower-Grundstück wurde das am dichtesten genutzte Stück Land in Manhattan, wahrscheinlich sogar auf der ganzen Welt. Mindestens ein Funktionär der Stadt hielt es für ein viel zu niedrig besteuertes »Monstrum«, das durch das Ausnutzen staatlicher Bestimmungen erschaffen wurde, die ohne gebührende Berücksichtigung der Möglichkeit eingeführt worden waren, dass jemand sie sich alle gleichzeitig zunutze machen konnte.

Was die einen für ein Monstrum hielten, war für ehrgeizige Immobilienentwickler eine herrliche Kreatur, die riesige Profite für einen Mann erzeugte, der ohnehin schon einer der reichsten Männer der Welt war. Onassis gehörten fünfzig Öltanker, eine Fluglinie, die im Ionischen Meer gelegene Insel Skorpios sowie diverse, über den Globus verstreute Immobilien. Seine Heirat mit Präsident John F. Kennedys Witwe Jacqueline Bouvier Kennedy hatte weltweit für Schlagzeilen gesorgt. Aber der Olympic Tower – oder vielmehr Onassis' Manipulationen, um möglichst viel Profit aus dem Grundstück herauszuschlagen – war es, was gewisse Geschäftsleute in New York am meisten beeindruckt hatte. Einer von ihnen war Donald Trump, der sogar eine Weile in Onassis' Gebäude gelebt hatte und es deswegen in- und auswendig kannte. Er war entschlossen, dessen hochprofitables Rezept zu kopieren und begann, sich nach einem im Niedergang befindlichen Einzelhändler an der Fifth Avenue umzusehen. Einer seiner politischen Kontakte, eine politische Fundraiserin mit dem unwahrscheinlichen Namen Louise Sunshine, stellte ihn einem großen Anteilseigner derjenigen Firma vor, der Bonwit Tellers Ladenlokal in der Fifth Avenue gehörte. Trump erfuhr, dass Bonwit in Schwierigkeiten war und begann, darauf hinzuarbeiten, deren Grundstück zu kaufen. Gleichzeitig machte er sich daran, die von Tiffany gehaltenen Hochbaurechte zu erwerben und zu überlegen, was getan werden musste, um mit der neuen Stadverwaltung möglichst reibungslos zusammenzuarbeiten.

Die Stadtplaner des neugewählten Bürgermeisters Ed Koch hatten Trump – und seine verschlungenen Methoden – beinahe sofort nach ihrem Einzug ins Rathaus kennengelernt, als sie daran arbeiteten, den Erwerb des Geländes der Penn Central Railroad an der Thirty-fourth Street durch die Stadt abzuschließen. Zu Beginn ihrer Verhandlungen hatte Trump sie darüber informiert, dass der Optionsvertrag, den er mit Palmieris Kanzlei ausgearbeitet hatte, vorsah, dass die Stadt ihm eine Provision von 4,4 Millionen Dollar zahlen sollte, auf die er aber gern verzichten würde, wenn die neue Einrichtung den Namen »Fred C. Trump Convention Center« erhielt. Da die Stadt ohnehin schon Schwierigkeiten hatte, die Gehälter ihrer Polizisten und Feuerwehrmänner zu zahlen, reichte die Summe von 4,4 Millionen Dollar, um Kochs Beamte ins Grübeln zu bringen. Aber dann, so erinnerte sich der stellvertretende Bürgermeister Peter J. Solomon später, »las irgendjemand sich endlich einmal die Bedingungen in dem ursprünglichen Vertrag zwischen Penn Central und Trump durch«. Dieser Vertrag sah vor, dass keineswegs 4,4 Millionen Dollar an Trump gezahlt werden sollten, sondern vielmehr 500 000 Dollar, zuzüglich knapp 90 000 Dollar für seine Kosten. Obwohl Solomon beeindruckt war von Trumps Chuzpe, wurde sein Angebot abgelehnt.

Diese Episode warf die Frage auf, warum ein wichtiges Gebäude der Stadt ausgerechnet den Namen eines Wohnungsbauunternehmers aus den Außenbezirken der Stadt tragen sollte, der – abgesehen von einigen Vorfällen, die ihn nicht gerade in einem günstigen Licht hatten erscheinen lassen – keineswegs als eine bedeutende Persönlichkeit des öffentlichen Lebens bezeichnet werden konnte. Donald antwortete darauf, seine Familie verdiene diese Ehre, weil »es ohne mich überhaupt kein Kongresszentrum in dieser Stadt geben würde«. Dies war eine Behauptung, die unmöglich zu beweisen war, aber der Trump-Kritiker und Stadtrat Henry J. Stern räumte ein, dass Trump eine wichtige Rolle dabei gespielt hatte, das Gelände an der Thirty-fourth Street auszusuchen, wenn auch zu seinem eigenen Vorteil. »Donald Trump kungelt mit derselben Clique, die nach wie vor hinter den Kulissen die Strippen zieht, um die Angelegenheiten der Stadt zu manipulieren«, sagte Stern der *New York Times*. »Über seinen Vater hat er Beziehungen zum Klüngel der Demokratischen Partei in Brooklyn, aus dem Hugh Carey hervorgegangen ist. Roy Cohn ist sein Anwalt, und der schmeißt bei politischen Kampagnen mit Geld nur so um sich.«

Niemand, der in dem Zeitungsartikel erwähnt wurde, bestritt Sterns Analyse. Angesichts der Spende von 135 000 Dollar (was 2015 etwa 550 000 Dollar entsprochen hätte), die Carey von den Trumps erhalten hatte, traf Sterns Aussage über politisch motivierte Geldflüsse durchaus zu. Und der ewig umstrittene Cohn *war* Trumps Anwalt. In der Tat war Cohn für Trump so wichtig, dass er ein Foto von Cohn aufbewahrte, das ihn in der Pose eines undurchsichtigen Gangsters zeigte – mit blutunterlaufenen Augen, Narben, seelenlosem Gesichtsausdruck –, um es Leuten zeigen zu können, die er einschüchtern wollte. (Als er es aus einer Schublade hervorholte, um es der Ingenieurin Barbara Res zu zeigen, erinnerte es sie an ein Bild vom Satan höchstpersönlich.) Cohn bestätigte in einem Telefongespräch mit einem Reporter der *New York Times*, dass die Trumps bereitwillig viel Geld für politische Kampagnen spendeten, aber nur, »weil es zu dem Spiel gehört«, das alle großen Immobilienentwickler spielen. Das leuchtete jedem Zeitungsleser sofort ein. Nicht so glaubwürdig war jedoch Cohns Behauptung, sein Mandant »versuche aber nicht, irgendetwas dafür zu bekommen«. In der langen Geschichte der US-Politik hat kaum ein Geber von großen

Wahlkampfspenden – und Donald Trump war ein solcher großer Spender – einem Kandidaten Geld gegeben, ohne im Gegenzug etwas von ihm zu erwarten, falls er gewählt werden sollte. Zumindest erwartete er Zugang zu den Leuten, zu deren Wahlsieg er beigetragen hatte – nur für den Fall, dass zum Beispiel ein Meeting mit dem Bürgermeister von New York würde helfen können, den Weg für einen Immobiliendeal zu ebnen.

Cohn wollte die Öffentlichkeit glauben machen, dass Immobilienentwickler typischerweise Politiker mit Geld überschütten und dass ohne solche Zuwendungen nie irgendetwas gebaut werden würde. Obwohl in der Tat Männer wie Donald Trump dieses von Cohn beschriebene altmodische und theatralische Spiel spielten, war das keineswegs notwendig für einen Bauherrn, der Bau- und Nutzungsgenehmigungen erhalten wollte. So waren zum Beispiel im Zusammenhang mit dem Olympic Tower keine politischen Zuwendungen geflossen, und als Boston Properties ein gewaltiges Hochhaus an der Ecke Fifty-second Street und Lexington Avenue errichtete, hatte diese auswärtige Firma keine echten Beziehungen zum politischen Establishment der Stadt. In diesen und in anderen Projekten war es auf die tatsächlichen Regeln und Vorschriften angekommen, und nicht auf persönliche oder politische Gefälligkeiten. Als in der Zeit nach dem Watergate-Skandal die Wahlkampffinanzierung reformiert wurde und die Öffentlichkeit leichteren Zugang zu Unterlagen der Regierung erhielt, kam es von Jahr zu Jahr immer weniger auf Gekungel im Stil eines Plunkitt an.

Trumps Erfolg mit dem Commodore-Hyatt-Projekt verlieh ihm eine gewisse Glaubwürdigkeit, als er seinen großen Traum von einem Gebäude an der Fifth Avenue verfolgte. Das Grundstück, auf dem sich das Kaufhaus von Bonwit Teller befand, gehörte Equitable Life Insurance, einem der Kreditgeber für das Commodore-Projekt. Als er das Management des Versicherungskonzerns ansprach, zeigte man sich bereit, eine Partnerschaft mit Trump einzugehen, um ein neues Gebäude auf diesem Grundstück zu errichten. Bis November 1978 hatte Trump seine Verhandlungen mit der Mutterfirma von Bonwit Teller abgeschlossen: Nun besaß er die Option, den Pachtvertrag des Grundstück für 25 Millionen Dollar zu kaufen. Dieses Arrangement gab ihm sechs Monate Zeit, um zu verhandeln, zu charmieren und sonst wie zu manipulieren, um sein Ziel zu erreichen. Falls ihm das nicht gelingen sollte, hätte er keinen Cent verloren; falls er jedoch Erfolg haben sollte, würde er die Skyline von Manhattan verändern können.

Während seine Partner bei Equitable ihn beobachteten und sich in Geduld fassten, engagierte Trump Der Scutt, um Herz und Verstand des über achtzigjährigen Chairman von Tiffany, Walter Hoving, zu gewinnen. Seit vielen Jahren hatte Tiffanys Erfolg auf Hovings Snobismus beruht, aufgrund dessen die Kundschaft sicher sein konnte, die feinsten Waren von den renommiertesten Händlern zu erhalten. (Hoving hatte eine so überhebliche Ausstrahlung, dass manch ein Kunde schon dankbar war für die Gelegenheit, ihm sein Geld geben zu dürfen.) Trump war entschlossen, die Passion des alten Mannes für Tradition und raffinierte Eleganz auszunutzen, und so ließ er Scutt einen grauenhaften Entwurf für das Bonwit-Grundstück zeichnen und präsentierte ihn Hoving, um ihm zu zeigen, mit welchem Design er das meiste aus dem Grundstück herausholen wollte.

Mit Hilfe von Scutts Zeichnung konnte Trump einen cleveren Schachzug machen, der zu einem regelmäßigen Element seines Repertoires werden sollte. Indem er etwas vorschlug, was bedrohlich oder gar ungeheuerlich wirken mochte, steckte er eine Position ab, die es ihm erlaubte, sich in den weiteren Verhandlungen flexibel und einsichtig zu geben, während er den Weg zu seinem eigentlichen Ziel immer im Blick behielt. In seinen Diskussionen mit Hoving präsentierte er die Vision eines hässlichen Gebäudes und erklärte dann, er könne ein viel schöneres Gebäude errichten, das sich viel besser in die Nachbarschaft einfügen würde, wenn Hoving ihm Tiffanys Hochbaurechte verkaufen würde. Bald gab Hoving ihm, was er wollte, wofür dieser im Namen seiner Firma das Versprechen erhielt, fünf Millionen Dollar und die Zusicherung zu bekommen, dass der eigene Laden nicht durch einen hässlichen Bau direkt daneben verschandelt werden sollte.

Der etwas phantasievoller konstruierte Wolkenkratzer, den Scutt für das Grundstück an der Fifth Avenue entwarf, beruhte auf einem Zickzack-Design, durch das es möglich wurde, dass jede Wohnung in zwei Richtungen einen freien Blick über die Stadt erhielt. Durch diesen kreativen Ansatz würde es teurer werden, das Gebäude zu errichten, als wenn man einen einfachen Kasten wie zum Beispiel den Olympic Tower hätte bauen wollen, aber mit ihren freien Panoramablicken konnten die Wohnungen auch teurer verkauft werden. Und durch dieses kunstvolle Design würde das Gebäude zu einem Aushängeschild der Gegend werden: Aus der Entfernung sollten die oberen Stockwerke wie ein Sägeblatt aus schwarzem Glas wirken. (Barrett hat berichtet, dass Scutt später einmal gesagt hat, Trump habe ihm erzählt, dass eine der Wohnungen für ihn selbst reserviert werden sollte, nur für den Fall, dass seine Ehe – die gerade erst ein paar Jahre alt war – in einer Scheidung enden würde.)[4]

Aus der Ferne sollte das Hochhaus schlank aussehen, aber unmittelbar davor würde ein Passant vor einem massiven Unterbau stehen, der aus dem Bürgersteig aufragt, mit den Worten TRUMP TOWER in großen goldenen Lettern über dem Eingang angebracht. Innen in der Lobby würde der Besucher ein luftiges Atrium betreten und in einer luxuriösen Einkaufspassage mit einem Wasserfall vor einer Natursteinwand stehen. Der öffentlich zugängliche Raum sollte mit glänzendem roséfarbenem Marmor und poliertem Messing gestaltet werden und gleichzeitig einen soliden und glanzvollen Eindruck erwecken, so etwas wie eine Kreuzung zwischen Spielcasino und Bank.

Die Baugesetze, die es Trump nun gestatten würden, einen Turm mit 62 Stockwerken zu errichten, hatte es auch IBM und AT&T gestattet, im selben Stadtteil in einem ähnlichen Maßstab zu bauen. Diese riesenhaften Gebäude warfen Schatten auf ihre Nachbarn und sorgten dafür, dass die Bevölkerung in einer ohnehin schon sehr dichtbesiedelten Gegend von Manhattan noch einmal erheblich zunahm. Eine sanftmütige Oppositionsgruppe, das New York Committee for a Balanced Building Boom (New Yorker Initiative für einen ausgewogenen Bauboom), wies

auf diese Probleme hin und kritisierte die übermäßige Bebauung in dieser Gegend. Die von einem bekannten Aktienmakler
und einem Investmentbanker geführte Initiative schaffte es nie,
nennenswerte Unterstützung zu mobilisieren; das Viertel, das
sie schützen wollte, war reich und exklusiv, und es war frei von
der Art Normalbürger, die öffentliche Anteilnahme hervorrufen
könnte. Warum sollte der durchschnittliche New Yorker, der mit
der U-Bahn fuhr und in den Außenbezirken wohnte, sich darum
kümmern, ob ein Millionär Schatten auf einen anderen wirft?
Einige Bürger begrüßten sogar alle neuen Projekte, die Arbeitsplätze im Baugewerbe entstehen ließen – ganz gleich, ob sich darüber die Mächtigen und Privilegierten ärgerten, die in der Nachbarschaft lebten.

Der Trump Tower war das höchste und am raffiniertesten
konstruierte der neuen gigantischen Gebäude und versprach den
Bauträgern großartige Renditen auf ihre Investments. Trotzdem
zeigte der Sohn eines Vaters, der pingelig jeden fallengelassenen
Nagel aufhob, häufig eine sehr sparsame Einstellung zu dem
100-Millionen-Dollar-Projekt. Als die Manager von Bonwit
Teller einen Räumungsverkauf veranstaltet und anschließend
Trump die Schlüssel übergeben hatten, öffnete er die Türen
des Gebäudes für jedermann und bot die wenigen noch übrig-
gebliebenen Möbel und Einrichtungsgegenstände zum Verkauf
an – Dinge wie Jalousien, Glühbirnen und Wandspiegel. Als er
danach gefragt wurde, konnte Trump sogar berichten, wie viel
er eingenommen hatte – 5000 Dollar – und nannte diese Summe
»eine nette kleine Überraschung«.

Nachdem das Gebäude von Bonwit Teller geräumt worden
war, wurde der Abriss von Kaszycki & Sons aus Herkimer, New
York, erledigt, dem günstigsten Anbieter von zwölfen, die sich
um den Job beworben hatten. Es war keine leichte Aufgabe. Aufgrund der Lage verbot es sich, eine Abrissbirne oder Sprengstoff
zu verwenden; vielmehr musste das Gebäude von innen nach
außen zerlegt werden, wobei die Abrisstrupps im obersten Stockwerk anfingen und den Schutt über die Fahrstuhlschächte nach
unten beförderten. Die Arbeit wurde noch komplizierter durch

die Dekoration an der Fassade, die der Fifth Avenue zugewandt und künstlerisch wertvoll war – ein aufwendiges, komplett aus Nickel gefertigtes Gitterwerk und zwei Jugendstil-Friese, die halbnackte Frauen darstellten.

Ein Kunsthändler von der Fifth Avenue hielt die Skulpturen am Geschäft von Bonwit Teller für ebenso bedeutend wie die architektonischen Kunstwerke am nahegelegenen Rockefeller Center und sagte, sie seien wohl ungefähr so viel wert wie ein Paar von Lalique-Türen, die er gerade für 200 000 Dollar verkauft hatte. Der Scutt gefielen sie so gut, dass er sie in sein Design für den großen, öffentlich zugänglichen Raum im Erdgeschoss des neuen Gebäudes integrieren wollte. Trump hatte sich längst einem viel moderneren Look verschrieben und sagte Scutt, er wolle nicht, dass die Bonwit-Stücke in seiner Lobby verwendet würden. Aber als er ihren Wert erfuhr, versprach er, sie zu retten und dem Metropolitan Museum of Art zu stiften. Durch dieses Versprechen blieb es den Funktionären im Stadtplanungsamt erspart, mit Trump darüber verhandeln zu müssen, wie diese Kunstwerke bewahrt werden konnten.

Thomas Macari, der für die Trump Organization arbeitete, sagte, das Gitterwerk würde sich relativ leicht abnehmen lassen. Es war über dem Eingangsbereich in Stein gefasst, leicht zugänglich und wurde durch einfache Bolzen zusammengehalten. Bei den Friesen war die Sache komplizierter; sie waren aus Kalksteinplatten herausgemeißelt worden, die an der Vorderseite des Gebäudes angebracht waren, mehr als 15 Meter über dem Bürgersteig. Aber trotzdem war Macari sicher, dass man sie von der Wand würde schneiden können, um sie dann auf einem eigens zu diesem Zweck gebauten hölzernen Gerüst abzulegen und von dort aus mit einem Kran auf die Straße herunterzulassen. William Kaszycki, der aus Polen stammende Gründer der Abrissfirma, war sich da nicht so sicher. Auf die Frage, ob er das wohl hinkriegen werde, zuckte er nur mit den Schultern und sagte: »Wir werden sehen.«

Bei seinem Kampfpreisangebot für die Abrissarbeiten hatte Kaszycki die Erlöse berücksichtigt, die er aus dem Verkauf des

Abrissmaterials erzielen wollte. Außerdem plante er, Hunderte von polnischen ungelernten Arbeitern ohne Papiere zu beschäftigen, die von etwa zwei Dutzend qualifizierten Männern beaufsichtigt werden sollten, Mitgliedern der Gewerkschaft »House Wreckers Union Local 95«. (Dieser Ortsverband der Gewerkschaft wurde von Vincent »Chin« Gigante geführt, einem Gangsterboss aus der Szene der organisierten Kriminalität. Im Jahr 1984 wurden zwei Funktionäre dieses Ortsverbands wegen krimineller Geschäfte und organisierter Erpressung verurteilt.) Die sogenannte polnische Brigade begann, das Bonwit-Gebäude auseinanderzunehmen, bevor Kaszycki überhaupt eine Abrissgenehmigung erhalten hatte. Sie arbeiteten mit den üblichen Sicherheitsvorkehrungen wie Schutzhelmen und rissen die Wände und Fußböden heraus, bis nur noch Stahl, Beton und Stein übrig war.

Die Männer der Brigade arbeiteten sieben Tage die Woche und bis zu achtzehn Stunden pro Tag, um den Zeitplan ihres Chefs einzuhalten. Wenn sie nicht arbeiteten, ruhten sie sich in überbelegten Wohnungen aus, die Kaszycki ihnen stellte, oder auf einem der noch verbliebenen Fußböden im Bonwit-Gebäude selbst. Ihr Lohn, der weit unter dem Tariflohn lag, wurde unregelmäßig gezahlt; manchmal bekamen sie Wodka statt Geld. Beschwerden wurden mit Drohungen beantwortet, abgeschoben zu werden. Als das Fahrpersonal der U-Bahnen in einen Streik trat, gingen viele der Männer jeden Tag zu Fuß von Brooklyn nach Midtown Manhattan, um zu ihrem Arbeitsplatz zu kommen. Wenn jemand kündigte, wurde er sofort durch einen der anderen polnischen Männer ersetzt, die jeden Tag dutzendweise auf der Baustelle auftauchten und nach Arbeit fragten.

Die polnischen Bauarbeiter wurden ausgebeutet und schlecht behandelt. Ihnen wurden der Tariflohn, die Sozialleistungen und Schutzmaßnahmen vorenthalten, die gewerkschaftlich organisierte Arbeiter genossen. Letzten Endes kam ein Zivilrichter zu dem Urteil, dass diese Ausbeutung durch eine »stillschweigende Übereinkunft« zwischen der Trump Organization und der House Wreckers Union Local 95 erleichtert wurde, und dieser Prozess endete in einem Vergleich zwischen den Parteien. Aber damals arbeiteten die polnischen Arbeiter im Akkord, während sie gleichzeitig sorgfältig darauf achten mussten, dass Gegenstände aus Messing, Kupfer und Stahl gerettet wurden, die für wenige Cent pro Kilo an Schrotthändler verkauft werden sollten. Dass Kaszycki für einen großen Teil seines Gewinns auf die Erlöse aus solchen Verkäufen angewiesen war, zeigt, unter welchem hohen Kostendruck er gestanden haben muss. Er erzählte der *New York Times*, dass es mindestens 2500 Dollar an zusätzlichen Arbeitskosten verursacht hätte, die Kunstwerke an der Vorderseite des Gebäudes zu retten – etwa die Hälfte des Betrages, den der Verkauf der Glühbirnen und Spiegel aus dem Bonwit-Gebäude eingebracht hatte. Aber die eigentliche Entscheidung, die Kunstwerke doch zu vernichten, wurde nicht von Kaszycki getroffen, sondern von Trump, und zwar um ein bisschen Zeit und Geld einzusparen.

Am 4. Juni 1980, einem Mittwoch, sah Peter Warner in seinem Büro an der Fifth Avenue aus dem Fenster und stellte fest, dass Arbeiter mit einer großen Trennscheibe eines der großen steinernen Friese durchschnitten und dann begannen, auch das andere zu zerschneiden. Warner arbeitete als Rechercheur für ein Architekturbüro, und häufig hatte er aus seinem Büro im 12. Stock die Kunstwerke an der gegenüberliegenden Fassade bewundert. Er hatte gelesen, dass der neue Eigentümer des Bonwit-Grundstücks sie erhalten wollte und war deswegen erstaunt zu sehen, dass Kaszyckis Männer rasch beide Friese abtrennten und sie dann von der Seite des Gebäudes herunterschoben. Warner, der die beiden Stücke für wichtige Artefakte aus der Stadtgeschichte hielt, sagte später der *New York Times*, »dass ich meinen Augen nicht trauen konnte«, als er sah, was dort geschah.

Die Zerstörung der Bonwit-Friese wäre nie zu einem Problem geworden, wenn Trump nicht vorher versprochen hätte, sie zu erhalten. Das hatte er aber, und als die Skulpturen verschwanden, begann die Presse, Fragen zu stellen. Donald Trump war telefonisch nicht zu erreichen, doch ein Mann namens John Baron, der sich als Vizepräsident der Trump Organization vorstellte, war bereit, mit Reportern zu sprechen. Er erklärte, dass drei verschiedene Gutachter übereinstimmend zu dem Ergebnis gekommen seien, die Friese hätten »keinen künstlerischen Wert« gehabt und würden bei einem Verkauf weniger als 9000 Dollar einbringen. Es hätte 32 000 Dollar gekostet, sie sorgfältig abzunehmen, in Kisten zu verpacken und zu transportieren, und durch Verzögern der Abrissarbeiten wären zusätzliche Kosten und entgangene Gewinne von 500 000 Dollar entstanden. Er sagte abschließend, dass angesichts solcher Beträge »diese Steine nicht wertvoll genug waren, um den Aufwand zu rechtfertigen, sie zu retten«.

Ashton Hawkins vom Metropolitan Museum meldete Zweifel an Barons Einschätzung der Friese an und stellte fest: »Wir waren nicht an ihrem finanziellen Wert interessiert; die Abteilung für Kunst des 20. Jahrhunderts hätte sie gern wegen ihres künstlerischen Werts erhalten.« Da die Stücke zerstört waren, hatte es sich erübrigt, über ihren tatsächlichen Wert zu spekulieren. Ohnehin hätten sich Ashton Hawkins, wenn er sich denn mit John Baron zu einem Gespräch über die Wertschätzung moderner Kunst hätte treffen wollen, große Hindernisse in den Weg gestellt. Das Wichtigste davon war, dass John Baron – zumindest der John Baron, der am Telefon im Namen der Trump Organization gesprochen hatte – gar nicht existierte.

Obwohl der mysteriöse »John Baron« (der hin und wieder auch als »Barron« buchstabiert wurde) hin und wieder in der Presse auftauchte, war dies lediglich ein Name, hinter dem Trump und mindestens einer seiner Angestellten sich versteckten, wenn sie mit einer Aussage nicht persönlich in Verbindung gebracht werden wollten. »John Baron« rief einen Rechtsanwalt an und drohte, ihn zu verklagen, als Antwort auf Anschuldigungen, die der Anwalt im Namen von Mitgliedern der House Wreckers Union gegen Trump erhoben hatte. Baron reagierte auch auf ein umlaufendes Gerücht, indem er sagte, dass »Mr Trump zwar gern im 21 Club isst, aber nicht das geringste Interesse daran hat, ihn zu kaufen«. Und als Reporter anriefen, um zu fragen, was mit dem Gitterwerk aus Nickel am Bonwit-Laden – das ebenfalls hätte erhalten bleiben sollen – passiert war, antwortete John Baron:

»Wir wissen nicht, was damit passiert ist.« In ihrem Bericht stellte die *New York Times* fest, dass »mehrere Versuche, in den vergangenen drei Tagen Mr Trump zu erreichen, erfolglos blieben«.

»John Baron« war eine praktische Erfindung, eine Figur aus Fred Trumps Märchenbuch. In seiner aktiven Zeit hatte Fred Trump den Namen »Mr Green« verwendet, um seine Identität zu verschleiern, wenn er bestimmte Leute anrief. Dieser Trick war unter den Mitgliedern des Trump-Clans so bekannt, dass ein Rechtsanwalt und Schwager häufig zu Donald sagte, es würde ihn nicht im Geringsten überraschen, wenn John Baron sehr bald, nachdem eine Zwangsvorladung gegen ihn ergangen wäre, ganz plötzlich erkranken und dann sterben würde.

Außerhalb der Familie und der Trump Organization wurde »John Baron« in der Presse zitiert, als sei er so real wie die Betonpfeiler, die an der Fifth Avenue in die Höhe wuchsen, sobald die letzten Überreste des Bonwit-Gebäudes fortgeschafft waren. Die Baustelle wurde von einer Ingenieurin namens Barbara Res beaufsichtigt, die auch beim Commodore-Hyatt-Projekt eine wichtige Rolle bei der Bauaufsicht gespielt hatte. Bei diesem Projekt war sie die einzige der drei involvierten Frauen gewesen, die jemals ihr Büro verlassen und sich tatsächlich auf der Baustelle umgesehen hatte. In dieser völlig von Machos geprägten Umgebung, in der Bauarbeiter gegen Betonpfeiler pinkelten und die Aufzüge mit Fotos nackter Damen aus Herrenzeitschriften dekorierten, war Res beinahe ständig sexuellen Belästigungen ausgesetzt. In den Auseinandersetzungen mit Gewerkschaftsführern und diversen Subunternehmern hatte sie sich so gut geschlagen, dass Trump sie als Bauaufsicht an der Fifth Avenue engagiert hatte, obwohl sie kaum 31 Jahre alt war – also ungefähr im gleichen Alter wie Trump selbst, was vielleicht erklären kann, warum er bereit war, sie trotz ihrer Unerfahrenheit anzuheuern.

Der Trump Tower wurde fast vollständig aus Beton gebaut, was bedeutete, dass Planänderungen auch im letzten Moment noch umgesetzt werden konnten. Mit dem Bau des Turms wurde unten schon begonnen, bevor überhaupt die Pläne für die oberen Stockwerke fertiggestellt waren. Res hatte nur zwei Jahre, um ihn zu errichten, und stand nicht nur durch den engen Zeitplan unter Druck, sondern auch durch Trumps widersprüchliche Wünsche. Res zufolge wollte Trump seinen Turm als das exklusivste Gebäude überhaupt anpreisen, aber gleichzeitig Geld sparen, wo immer es nur ging. In ihrem 2013 erschienenen Buch schreibt Res, dass Trump bei einigen der Wohnungen eine Innenausstattung verwendete, die sie für zu gewöhnlich hielt.

Obwohl Res gezwungen war, an der Ausstattung einiger Wohnungen zu sparen, wurden die öffentlich zugänglichen Räume im Trump Tower gestaltet, um Eindruck zu schinden. Ein ungewöhnlicher rötlicher Breccia-Pernice-Marmor wurde das bekannteste Designelement des Gebäudes. Barbara Res und Ivana Trump reisten nach Italien, um den Steinbruch und die Werkstätten zu besichtigen, die den Marmor produzieren sollten. Auf dieser Reise machten sie einen Abstecher nach Monte Carlo, wo sie Ivanas Jetset-Freundin Verina Hixon besuchten. Obwohl sie bei allen gesellschaftlichen Anlässen stets dabei war, fühlte Res sich nie wirklich zugehörig unter den Leuten, die sie an der Riviera kennenlernte. Der Unterschied fiel ihr am deutlichsten auf, als sie im Fond eines Rolls-Royce saß, der sich langsam durch die überfüllten Straßen schob. Der Fahrer schwadronierte, dass die vielen »Penner« in Monte Carlo nichts zu suchen hätten, weil sie dafür nicht reich genug seien, und phantasierte davon, sie mit einer Flinte zu erschießen, um sie aus dem Weg zu räumen. Später schrieb Res in ihren im Selbstverlag veröffentlichten Erinnerungen, diese Kommentare hätten ihr Angst gemacht und sie gezwungen, zu akzeptieren, »dass es Menschen auf der Welt gibt, die ernsthaft glauben, etwas Besseres zu sein«.

Solche unangenehmen, sogar verstörenden Gefühle, die Res hin und wieder überkamen, wenn sie die Welt der Trumps besuchte, stellten sich auch bei anderen ein, die für sie arbeiteten. Obwohl Transatlantikflüge mit der Concorde und gesellschaftliche Anlässe mit Reichen und Berühmten zu Res' Job gehörten, konnte sie sich mit diesem glamourösen Lebensstil nie wirklich anfreunden. Sie war nur dabei, weil sie hervorragende Leistungen erbrachte – einschließlich der Fähigkeit, mit Ivana, Donald und seinem Vater zurechtzukommen. Im Jahr 1980 feierte Fred Trump seinen 75. Geburtstag; es waren beinahe fünfzehn Jahre vergangen, seit er selbst etwas gebaut hatte. Er tat sein Bestes, um sich aktiv und gebieterisch zu zeigen; er ließ sich die grauen Haare und den Schnurrbart rötlich-braun färben, drängte in Meetings und versuchte, die Leute in seinem Umfeld herumzukommandieren. Fred Trump trat besonders energisch auf, als es um die Vergabe der Betonarbeiten am Trump Tower ging, die er einer Firma namens Dic-Underhill Concrete zuschanzte, die früher schon für ihn gearbeitet hatte.

In Manhattan war Beton teurer als in jeder anderen Stadt des Landes. Ein großer Teil des Preisunterschiedes, der bis zu 70 Prozent betragen konnte, war darauf zurückzuführen, dass die organisierte Kriminalität jeden Aspekt des Geschäfts beherrschte, was aufgrund der geographischen Gegebenheiten erstaunlich leicht zu bewerkstelligen war. Beton muss, sobald er angemischt ist, innerhalb von weniger als zwei Stunden angeliefert und gegossen werden. Diese technische Notwendigkeit führt in Verbindung mit Manhattans ständig verstopften Straßen dazu, dass die einzigen zuverlässigen Lieferanten die Handvoll sind, die ihren Sitz innerhalb des Stadtteils oder im benachbarten Queens haben.

Diese wenigen Lieferanten gehörten einem von einer kriminellen Bande dominierten Kartell an, das die Preise manipulierte, indem es die Arbeit unter seinen Mitgliedern aufteilte. Die Gewerkschaften, denen die Betonbauer und LKW-Fahrer angehörten, standen ebenfalls unter dem Einfluss diverser Gangsterbosse. Bauunternehmer, die sich gegen dieses Kartell wehrten, hatten unter Brandanschlägen, Diebstahl von Maschinen und Baumaterial sowie Unterbrechungen der Bauarbeiten zu leiden. Es war ungefährlicher und letztlich billiger, gute Miene zum bösen Spiel zu machen.[5]

Obwohl der Trump Tower keineswegs, wie Trump behauptete, das größte aus Beton errichtete Gebäude der Welt war, erforderte er 90 000 Tonnen des grauen Baustoffs, zu einem Preis von 22 Millionen Dollar (das entspricht 63 Millionen Dollar im Jahr 2015). Als er sich in die Vergabe des Auftrags einmischte, wusste Fred Trump womöglich nicht, ob das Kartell überhaupt die Absicht hatte, den Auftrag an Dic-Underhill gehen zu lassen. De facto kontrollierte die kriminelle Bande das Betongeschäft inzwischen nicht mehr so intensiv wie damals, als Fred noch selbst aktiv im Geschäft war. Allerdings fielen Res zwei mutmaßliche Brandstiftungen auf der Baustelle auf, die darauf hindeuteten, dass jemand nicht zufrieden damit war, wie die Dinge liefen. Beim ersten Brand wurde ein teurer elektrischer Generator zerstört, was aber die Bauarbeiten nicht ernsthaft verzögerte. Der zweite, der am 29. Januar 1982 ausbrach, war schwerwiegender.

Res erinnert sich, dass sie eines Morgens gegen 5:30 Uhr durch einen Anruf von Ivana Trump mit den Worten geweckt wurde: »Der Bau steht in Flammen.« Bis Res sich an Bauzäunen und Löschzügen vorbei bis zur Baustelle vorgekämpft hatte, war es der Feuerwehr bereits gelungen, den Brand zu löschen. Ein Kranführer, der schon in seine Kabine hinaufgestiegen war, um sich auf seinen Arbeitstag vorzubereiten, saß in der Falle, weil die Flammen auf die hölzernen Verschalungen an der Basis des Krans übergegriffen hatten. Res beobachtete, wie einige Feuerwehrmänner dem Mann halfen, sicher von seinem Kran wieder herunterzukommen.

Ein Stockwerk des Gebäudes war durch den Brand stark beschädigt worden; andere waren durch das Löschwasser in Mitleidenschaft gezogen. Durch den Vorfall verzögerten sich die Bauarbeiten um zwei Monate.

Zwar brachte das Feuer negative Publicity für Trump, aber seine Probleme mit Brandstiftung und der Intrige rund um die Vergabe der Betonarbeiten waren Routine für einen Bauunternehmer im New York der Achtzigerjahre. Etwas ungewöhnlicher war ein kompliziertes und letztlich ziemlich problematisches Arrangement, das Trump in die Wege leitete, um Verina Hixon etliche Wohnungen zu verkaufen – der Dame, die für Barbara Res und Ivana in Monte Carlo die Stadtrundfahrt im Rolls-Royce organisiert hatte. Mit Hilfe von Hypothekendarlehen, die Trump selbst eingefädelt hatte, kaufte Hixon mehrere Wohnungen und begann, sie luxuriös auszustatten, unter anderem mit einem Indoor-Swimmingpool. Während diese Arbeiten im Gange waren, wurde Hixon häufig mit John Cody gesehen, dem wichtigsten Führer der städtischen Baugewerkschaften, der ihr für den Kauf der Trump-Wohnungen 500 000 Dollar beigesteuert hatte.

Cody hatte gute Beziehungen ins Gangstermilieu und war notorisch aggressiv; er hatte die Macht, ein Bauprojekt zu ruinieren – durch Verzögern von Betonlieferungen und gezieltes Stören der Arbeiten in jedem Bereich. Falls ihm eine Klempnerfirma nicht passte, konnte es passieren, dass die Liftführer sich weigerten, Rohre und Sanitäreinrichtungen in die oberen Stockwerke zu befördern. Ein Fußbodenspezialist, der die Regeln zum Schutz von gewerkschaftlich organisierten Zimmerleuten nicht so genau nahm, würde womöglich feststellen, dass teure Maschinen und Parketthölz von der Baustelle verschwanden, wann immer er nicht aufpasste. Cody, der bereits achtmal verhaftet und dreimal verurteilt worden war, war mit Roy Cohn befreundet und ließ sich von ihm juristisch beraten. Er behauptete, dass Trump es vorzog, Cohn als Vermittler für ihre Meetings einzusetzen. Es konnte passieren, dass Trump Cody als »einen psychopathischen, verrückten Bastard … echten Abschaum« bezeichnete, aber wenn es sein musste, kooperierte er mit dem Mann und biederte sich bei dessen Freundin Hixon an. Trumps Arbeitsbeziehung zu Cody erwies sich als sehr nützlich, als Cody ihn mehrere Monate im Voraus vor einem Streik warnte, der im Sommer 1982 zahlreiche Bauprojekte im gesamten Stadtgebiet lahmlegte.[6]

Cody tauchte häufig am Trump Tower auf, um Verina Hixon mit Problemen zu helfen, die beim aufwendigen Ausstatten ihrer Wohnungen entstanden. Unter den speziellen Einrichtungen, die sie einbauen ließ, war auch der Swimmingpool – der einzige im ganzen Gebäude. Er machte zusätzliche Betonarbeiten notwendig. Da Hixons Vorstellungen sich ständig änderten, geriet sie häufig in Konflikt mit Trumps Leuten, aber mit Codys Hilfe erreichte sie meistens, was sie wollte. (Laut Hixon sagte Trump: »Du kriegst alles, was du willst, John«, als sie und Cody ihn baten, einen allgemein zugänglichen Hausflur zu einem Teil ihrer Wohnung zu machen.) All die Sonderwünsche fanden im

Dezember 1982 abrupt ihr Ende, nachdem Cody wegen organisierter Erpressung verurteilt worden war und eine Gefängnisstrafe antreten musste. Anschließend bekriegten sich Hixon und Trump beinahe zehn Jahre lang vor Gericht. Nachdem sie mit ihren Betriebskostenzahlungen um 300 000 Dollar in Rückstand geraten war, ging Hixon pleite und verlor ihre Wohnungen an ihre Gläubiger.[7]

Hixon war in Europa zur Welt gekommen und schien begütert zu sein, war also genau die Art von Käufer, die Donald Trump für den Trump Tower vorgeschwebt hatten. Er hatte sich das Hochhaus als Magnet für Superreiche vorgestellt, zum Beispiel Menschen, die in mehreren, über den Globus verstreuten Immobilien leben. Die Reichen waren schon immer auf der Suche nach Luxus und Bequemlichkeit gewesen, aber zumeist waren sie solchen Wünschen mit einer gewissen Diskretion nachgegangen – und sei es nur, um sich den Anschein einer gewissen Vornehmheit zu bewahren. Diese Gepflogenheit hatte in den Jahrzehnten nach dem Zweiten Weltkrieg die Oberhand behalten, als die Lücke zwischen den Reichen und dem Rest der Bevölkerung immer kleiner wurde und man es für ungehörig hielt, über sein Einkommen oder sein Bankguthaben zu sprechen. Als der Nachkriegsboom in den Siebzigerjahren endete und die Reichen begannen, einen immer größeren Anteil des weltweiten Wohlstands an sich zu ziehen, wurden ihr Lebensstil und ihr Verhalten zu Objekten der öffentlichen Faszination. In den USA brachte das Fernsehen seinen Zuschauern eine ganze Reihe von Serien – *Dallas*, *Dynasty* (*Der Denver-Clan*), *Falcon Crest* –, die sich mit dem alltäglichen Leben wohlhabender Menschen beschäftigten, und die Werbeagenturen an der Madison Avenue verbannten die Arbeiterklasse aus der Werbung. Der Anteil der Anzeigen, die US-Bürger aus der Arbeiterschicht zeigten, ging von einem Höchstwert von 25 Prozent im Jahr 1970 auf 11 Prozent im Jahr 1980 zurück. Mitglieder der Arbeiterklasse tauchten so selten im Fernsehen auf, dass die Serie *Roseanne*, die sich um die Geschicke einer Arbeiterfamilie im Mittleren Westen drehte, beinahe wie eine Offenbarung erschien, als sie 1988 auf Sendung ging.

Als ehemaliger Schauspieler, der seine protzige Villa in Kalifornien von seinen reichen Freunden nur gemietet hatte, verkörperte Präsident Ronald Reagan perfekt das Wesen dieser Zeit – nach dem Motto, »Stil ist wichtiger als Substanz«, das der Publizist Kevin Phillips einmal als »ostentatives Zelebrieren von Reichtum« bezeichnet hat. In den Fünfzigerjahren trug Richard Nixons Frau Pat bekanntlich ein Kleidungsstück, das ihr Mann »einen guten republikanischen Stoffmantel« genannt hatte, doch in den Achtzigerjahren trug Nancy Reagan Pelz. Die Feierlichkeiten zur Amtseinführung Reagans waren extravagant, vor allem, wenn man sie mit dem hausbackenen Stil seines Vorgängers Jimmy Carter vergleicht. Reagans Berater und Freunde kamen aus den oberen Schichten der Wirtschaft. In solchen Details – und vielen anderen – setzte der Stil der Reagans der aus den Fünfzigerjahren stammenden, in Zeitschriften wie *Photoplay* verbreiteten Vorstellung ein Ende, dass Celebritys sich kaum vom Otto-Normalbürger unterscheiden. Als die Achtzigerjahre anbrachen, war enormer Reichtum – oder zumindest ein Lebensstil, der diesen Eindruck erweckte – zum ausschlaggebenden Kennzeichen für echten Erfolg und sogar einen moralischen Charakter geworden. Präsident Carter, der Materialismus als »Genusssucht und Konsum« kritisiert hatte, wurde als Nörgler bezeichnet, der von Wirtschaft keine Ahnung hatte. Nach Reagans Rezept konnten die Leute sich entspannen und Steuersenkungen, höhere Verteidigungsausgaben und scharfe Einschnitte in die Armenhilfe zulassen – Maßnahmen, die wie durch Zauberhand die Mittelschicht stärken sollten. Als Heerscharen von Wirtschaftswissenschaftlern warnten, dass der Regierung dieser Trick nicht gelingen würde, lieferte der Präsident nicht etwa überzeugende Argumente, sondern äußerte sich wie ein Schauspieler, der Zeilen aus einem Drehbuch spricht: »Yes, we can«, sagte er mit großer Zuversicht, »and, yes, we will.«[8]

Reagan hatte ein relativ entspanntes Verhältnis zur Wahrheit. Auch, nachdem längst das Gegenteil bewiesen worden war, behauptete er weiterhin, er würde seine Reden selbst schreiben. Neben Fakten gab er routinemäßig frei erfundene Geschichten zum Besten und überließ es dem Zuhörer, das eine vom anderen zu trennen. Nach einer Weile bezeichnete der Satiriker Stephen Colbert Reagans Art, Reden zu halten, als »*truthiness*« (etwa: Wahrlicherei). (So etwas komme »aus dem Bauch, nicht aus Büchern«, so erklärte es Reagan.) Zu Reagans Zeit beschrieb der Journalist James Reston solche Äußerungen als einen Redestil, der erfunden worden sei, »um die Tatsachen zu umschiffen«. Mit gespielter Verzweiflung verglich Reagans Stabschef Donald Regan einmal das Ansinnen, Fragen über die Statements des Präsidenten zu beantworten, mit der Aufgabe, in »einer Schaufelbrigade« zu dienen, die einer Elefantenherde folgt«.[9]

Obwohl Reagan eine ganze Menge zum Wegschaufeln produzierte, waren die Methoden des Präsidenten so effektiv, dass er sich trotz seiner Rekord-Haushaltsdefizite einen beinahe unangreifbaren Ruf als fiskalischer Konservativer aufbaute. Zum Ende seiner Präsidentschaft hatten sich die Staatsschulden auf der Bundesebene insgesamt verdreifacht. In den Reagan-Jahren sanken die Stundenlöhne stetig, da immer mehr gutbezahlte Industriearbeitsplätze verschwanden. Die entlassenen Arbeiter entdeckten bald, dass ein Dienstleistungsjob – wenn es denn einen gab – wesentlich schlechter bezahlt wird. Unter diesen Bedingungen konnte ein arbeitender Mann seiner Familie kein so gutes Leben mehr bieten, wie es noch sein Vater in den Fünfziger- und Sechzigerjahren gekonnt hatte. Das Manko wurde teilweise wettgemacht durch die Einkommen von Ehefrauen und Müttern, die sich von Jahr zu Jahr in immer größerer Zahl Arbeit suchten. Außerdem machten immer mehr Menschen immer mehr Schulden, um ihren Lebensstandard halten zu können. Nach einem Rückgang, der von der Rezession 1981–83 verursacht wurde, begannen die Gesamt-Kreditkartenschulden einen Höhenflug, der beinahe ununterbrochen bis ins Jahr 2000 anhielt.[10]

Durch all die harte Arbeit und unaufhaltsam steigende Verschuldung fühlten sich die Amerikaner extrem gestresst, so berichteten sie in einschlägigen Umfragen. Trotzdem – oder gerade deswegen – behielt der Traum vom plötzlichen, auf clevere Art erzielten Reichtum seine Faszination. Staatliche Lotterien, wie es sie bis dahin nur in New Hampshire und Puerto Rico gegeben hatte, breiteten sich schnell im ganzen Land aus. Für Menschen, die ihrem Glück ein bisschen auf die Sprünge helfen wollten, boten schmierige Verkäufer im Fernsehen Fortbildungskurse für Immobilienspekulanten an und bedrängten ihre Zuschauer, »OPM« – »*other people's money*« (das Geld anderer Leute) – zu nutzen, um ihre mageren persönlichen Investments in vielversprechende Objekte zu hebeln. Im Jahr 1984 war eines der meistverkauften Bücher in den USA der Ratgeber *Nothing Down: How to Buy Real Estate with Little or No Money Down* (Keine Anzahlung: Wie Sie eine Immobilie mit einer kleinen oder ohne Anzahlung kaufen können). Dessen Autor Robert G. Allen – praktisch ein Klon des Infomercial-Starverkäufers Albert Lowry – behauptete, er habe zwei Personen, die er in einer Warteschlange vor einer Arbeitsagentur angesprochen hatte, so viel Wissen beigebracht, dass sie beide innerhalb von 90 Tagen jeweils 5000 Dollar mit Immobiliengeschäften verdient hatten. Im Jahr 1987 musste er dann eingestehen, dass er selbst in finanzielle Bedrängnis geraten war, nachdem das Finanzamt seinen Besitz gepfändet hatte, um 412 000 Dollar an nicht abgeführten Steuern und Säumniszuschlägen einzutreiben.[11]

Während Unterschicht und Mittelklasse sich abrackerten, um in Amerika auf einen grünen Zweig zu kommen, verhalf Reagans Politik dem obersten Prozent der Bevölkerung dazu, sein Einkommen im Laufe seiner Präsidentschaft um 74 Prozent zu steigern. Ein großer Teil dieser Steigerungen stellte sich in Form von Kapitalerträgen ein, die dank Reagans Reformen wesentlich niedriger besteuert wurden. Die Anzahl der Menschen mit einem Nettovermögen von über 100 Millionen Dollar verdoppelte sich in den Reagan-Jahren, und die Zahl der Milliardäre verdreifachte sich. Dies waren die Leute, die willens und in der Lage waren, für eine Wohnung im Trump Tower eine Million Dollar oder mehr zu bezahlen. (Zwar waren einige Wohnungen darin auch billiger zu haben, aber über 90 Stück von ihnen sollten jeweils eine Million Dollar oder mehr kosten.)[12]

Das Geld, das wohlhabende Auswärtige nach New York mitbrachten, spielte eine wichtige Rolle, als die wirtschaftlichen Aktivitäten der Stadt sich immer mehr ins Finanzgeschäft und in den Dienstleistungssektor verlagerten. Wie in allen größeren Städten im nördlichen »Rustbelt« (Rostgürtel, überaltertes Industriegebiet im Nordosten der Vereinigten Staaten) gingen auch in New York Industriearbeitsplätze mit besorgniserregender Geschwindigkeit verloren. Unter diesen Umständen repräsentierten die Reichen eine Art natürlichen Rohstoff, der abgebaut werden konnte, um Verkäuferinnen, Chauffeure, Kellner, Türsteher und Friseure zu ernähren. Diese Dienstleister verdienten wesentlich weniger als ihre Pendants in der Industrie, aber der Trend war unentrinnbar. Immer mehr gutbezahlte Mittelklassejobs verschwanden, während die Vermögen und Einkommen sich immer stärker in den oberen Gesellschaftsschichten konzentrierten. Unter diesen Bedingungen war es wesentlich besser, in New York zu leben und zu arbeiten, wo die Reichen sich um den gedeckten Tisch drängten und wesentlich mehr Brosamen zu Boden fielen.[13]

In dieser immer darwinistischer geprägten Wirtschaftswelt hatte Donald Trump sich auf die kluge Strategie verlegt, eifrig die Menschen zu umwerben, die es sich leisten konnten, eine enorme Summe für eine nur sporadisch genutzte Wohnung auszugeben. Der Verkauf einer Wohnung für zwei Millionen Dollar erforderte ungefähr ebenso viel Zeit und Mühe wie der Verkauf eines Apartments für 100 000 Dollar. Tatsächlich kann ein Highend-Verkauf sogar weniger Arbeit machen, weil der Käufer in vielen Fällen einfach einen Scheck ausstellt, um den Kauf abzuschließen. Ihr Reichtum machte Trumps Kunden jedoch nicht unbedingt intelligenter und weltläufiger; viele von ihnen sprangen trotzdem auf Kaufargumente an, die ihren Eitelkeiten oder Unsicherheiten entgegenkamen. Mit dieser Erkenntnis im Hinterkopf streute Trump das Gerücht, dass Charles, der Prinz von Wales, und seine Frau, Prinzessin Diana, den Erwerb einer Wohnung im Trump Tower erwogen. Da Buckingham Palace Gerüchte um das royale Paar grundsätzlich nicht zu kommentieren pflegt, konnte niemand diese Behauptung widerlegen. Trump schmeichelte seinen potentiellen Kunden, indem er ihnen sagte, der Trump Tower

sei für »die besten Menschen der Welt« erbaut worden, und er
ließ kaum eine Gelegenheit aus, solchen Verkaufsargumenten
Glaubwürdigkeit zu verschaffen. In seinem Verkaufsbüro wur-
den Interessenten im Rahmen einer Diavorführung Fotos vom
Trump Tower und dessen Umgebung vorgeführt, untermalt von
Frank-Sinatra-Aufnahmen.

Der Verkaufsprospekt für die Wohnungen pries den Trump
Tower (und nicht etwa einfach nur »1600 Pennsylvania Avenue«)
als »die renommierteste Adresse der Welt« an, und forderte
den Leser auf, sich »ein Leben da drinnen«, nämlich in einem
bronzefarbenen Wolkenkratzer vorzustellen, der von der Außenwelt sicher abgeschirmt sei. Der Interessent wurde darauf hingewiesen, dass vormals die Astors, Whitneys und Vanderbilts in
dieser Nachbarschaft gelebt hätten, und dass die Bewohner des
Trump Tower das Gebäude durch einen separaten Eingang betreten würden, der »völlig unzugänglich für die Allgemeinheit«
sei, um dort von einem dienstbeflissenen Pförtner begrüßt zu
werden. Jede Wohnung, so hatte der Werbetexter seine Eloge
geschlossen, sei »ein Brillant am Sternenhimmel«. Laut Trump
war das Gebäude 68 Stockwerke hoch; das American Institute of
Architects – das übrigens den Trump Tower für eines der zehn
hässlichsten Gebäude von New York hielt – berichtete dagegen,
es habe nur 58 Geschosse.[14]

Barbara Res schätzt, dass etwa die Hälfte der Wohnungen im
Trump Tower von Ausländern erworben wurden. Viele andere
wurden von Konzernen, Popstars und Hollywood-Celebritys gekauft, unter ihnen Michael Jackson, Steven Spielberg und Johnny
Carson, den Trump einst bewundert hatte, inzwischen aber nicht
mehr mochte. Carson sei, so erinnert sich Trump, ein herrischer
und ungeduldiger Mensch, der »sehr gemein und boshaft« sein
könne. Diese Qualitäten traten sehr deutlich zutage, als Carson,
der kurz zuvor in seine Wohnung eingezogen war, eines Tages
Trump anrief und ihm – laut Trump – sagte: »Donald, bei dir
arbeiten zwei verdammte Scheißkerle im Gebäude, die meinen
Mantel gestohlen haben.«[15]

Dieses Kleidungsstück war ein teurer Überzieher, hergestellt aus der Wolle des Vicuña, eines kamelartigen Tieres aus den südamerikanischen Anden. Vicuñawolle wurde in winzigen Mengen produziert und war so rar, dass die meisten US-Bürger noch nie etwas davon gehört hätten, wenn sie nicht bei einem politischen Skandal in den Fünfzigerjahren eine tragende Rolle gespielt hätte. Als Präsident Eisenhowers Stabschef zum Rücktritt gezwungen wurde, weil er einen Vicuñamantel als Geschenk angenommen hatte, hatte freilich so gut wie jeder mitbekommen, dass im Wort »Vicuñamantel« Extravaganz mitschwingt.

Carsons Vicuñamantel war, so behauptete er steif und fest, verschwunden, als zwei Handwerker in seiner Wohnung gearbeitet hatten, und er bestand darauf, dass Trump deswegen etwas unternehmen müsse. Trump ließ feststellen, wer die beiden Männer waren und hörte sich ihre Unschuldsbeteuerungen an. Dann rief er Carson an und sagte ihm, die Arbeiter – zwei Burschen aus Queens – »tragen keine Vicuñamäntel«, und außerdem würde man »sie aus ihrer Nachbarschaft jagen, falls sie jemals auf die Idee kämen, das zu tun«. Carson gab sich damit aber nicht zufrieden und forderte, die beiden Männer zu feuern. Trump erklärte später, er sei zu dem Schluss gekommen, »keine Wahl« zu haben, da ein wichtiger Mann ihm ein Ultimatum gestellt habe. Trump zitierte die Männer wieder in sein Büro und sagte ihnen: »Jungs, er behauptet steif und fest, ihr habt den Mantel geklaut, also seid ihr gefeuert.« Die Arbeiter waren ihre Jobs los und verließen das Gebäude. Einige Monate später fand Carson seinen Mantel im hinteren Teil seines Kleiderschranks und rief Trump an, um ihm von dem Fund zu berichten. Er ärgerte sich zwar, die Entlassung der Männer gefordert zu haben, zeigte jedoch keinerlei Schuldgefühle. »Aber ich habe für dich zwei verdammte Scheißkerle gefeuert«, war Trumps Antwort.

Dass er zwei Arbeiter aufgrund der falschen Anschuldigungen eines Prominenten gefeuert hatte, blieb Donald auch zwanzig Jahre später lebhaft im Gedächtnis. Aber als er darüber sprach, schien er nach wie vor sicher zu sein, das Richtige getan zu haben; er meinte, es wäre ein Fehler gewesen, sich Carson zu widersetzen und seine Arbeiter zu verteidigen. Celebrityss seien solchen

Ärger wert, weil ihre Anwesenheit Käufer anlocke, die bereit seien – wie im Trump Tower –, bis zu 10 Millionen Dollar für eine Wohnung zu bezahlen. Allerdings erzielten solche Käufer nicht immer einen Gewinn mit ihrem Deal; Carson beschwerte sich laut bei seinem Steuerberater, als er 1989 beim Verkauf seiner Wohnung einen Verlust machte.

Trump dagegen zog riesigen Nutzen aus seinen Beziehungen zu Carson, Spielberg und einer langen Reihe anderer berühmter Persönlichkeiten, zum Beispiel dem »King of Pop«, der mehrere Wohnungen im Trump Tower kaufte. Er nahm nicht nur ihr Geld, sondern sonnte sich auch in ihrem Glanz. Als sämtliche Wohnungen im Trump Tower vergeben waren, begann er zu behaupten, dass sein Name, sobald er mit einem beliebigen Projekt in Verbindung gebracht wurde, dieses umgehend wertvoller mache. (Manchmal quantifizierte er diesen »Trump-Effekt« und sagte, er würde den Gesamtwert eines Bauprojekts um 25, 50 oder gar 100 Prozent steigern.) Da er sich der machtvollen Wirkung von Prominenz stets bewusst war, verdoppelte er seine Anstrengungen, selbst zu einer Berühmtheit zu werden.

KAPITEL 7

MEDIENSTAR DONALD

> Ich habe schon immer mehr Publicity
> als alle anderen bekommen.
> *Donald Trump*

Umgeben von einem Stapel Akten und Ringordnern, war Wayne Barrett ganz in seine Arbeit vertieft, als er in dem kleinen Konferenzraum der Regierung am Tisch saß und die Notizen und Dokumente studierte. Das Bimmeln des Telefons, das er an den Rand des Tischs geschoben hatte, verblüffte ihn ebenso wie die gerufene Erklärung einer Sekretärin aus dem Nachbarzimmer: »Es ist für Sie!« Barrett, der keinem Menschen gesagt hatte, dass er im Büro der New Yorker Urban Development Corporation arbeiten würde, griff nach dem Hörer.

»Hallo?«

»Wayne, Donald am Apparat.« Der Ton war ungeduldig, verbindlich und arrogant zugleich. Der Anrufer sagte seinen Familiennamen – Trump – nicht, was Barrett ein wenig seltsam vorkam, weil er dem Mann bisher noch nicht persönlich begegnet war. »Ich habe gehört, Sie würden in der Stadt viele negative Fragen über mich stellen. Und wann reden Sie mit mir?«

»Ich kreise sie langsam ein«, sagte Barrett. Dann willigte er ein, sich binnen einem Monat mit Donald Trump zu treffen. Es sollte das erste von drei Interviews mit Trump werden, an die sich Barrett nach über 40 Jahren, in denen er Menschen als Journalist und Autor interviewte, noch lebhaft erinnerte.[1] Ende 1978, als dieser Anruf stattfand, war Barrett seit fünf Jahren bei der alternativen Wochenzeitung *The Village Voice*, wo er zum Inventar des New Yorker Journalismus wurde. Barrett, der prinzipiell skeptisch war, wenn es um die Leute an der Macht ging, lebte in der verarmten und heruntergekommenen Gegend Brownsville in Brooklyn. Dort hatte er als Lehrer und Anwalt für Mieter gearbeitet, die in slumartigen Verhältnissen lebten. Sein Engagement für deren Sache war von der Begeisterung eines Frischbekehrten getragen, weil er sein Leben in einer konservativen Familie im konservativen Lynchburg, Virginia, begonnen hatte. Er war dort während der gescheiterten Bewerbung des republikanischen Senators von Arizona Barry Goldwater um die Präsidentschaft Ko-Vorsitzender der Landesgruppe »Youth for Goldwater« gewesen.

Auch wenn sich seine Ansichten bereits im Laufe der College-Jahre in Philadelphia allmählich veränderten, festigte erst der Besuch der Graduate School of Journalism der Columbia University, wo er über Robert F. Kennedys Präsidentschaftswahlkampf berichtete, seine liberale Haltung, der er sein Leben lang treu blieb. Kennedys Fürsorge für die Armen und sein Engagement für Bürgerrechte sollten Barretts Journalismus inspirieren, als er sich auf die Themen Wahlkampf, Regierungshandeln und Zivilgesellschaft konzentrierte. Er war auf Trump aufmerksam geworden, als der junge Immobilienentwickler seine Fähigkeit unter Beweis stellte, aus politischen Beziehungen Profit zu schlagen.

Ein Interview mit Trump fand im Büro an der Avenue Z in Brooklyn statt, wo Fred immer noch seine Mietshäuser verwaltete. Die anderen beiden wurden im Olympic Tower geführt, wo Donald und Ivana damals lebten. Barrett besaß keinen Anzug, aber er fügte anlässlich dieser Besuche seiner Garderobe extra eine Krawatte hinzu. Seine Frau, die während einer Sitzung einen Einkaufsbummel auf der Fifth Avenue machte, fragte ihn nach der Einrichtung aus, aber Barrett wusste nicht viel zu berichten. Er war so konzentriert darauf, Antworten auf seine Fragen zu bekommen, dass er kaum auf die Gemälde an den Wänden oder Möbel in den Zimmern geachtet hatte. Andere Autoren berichteten von dem dunklen Marmor, den Ivana für den Fußboden ausgewählt hatte, den mit Ziegenleder bedeckten Tischen und der Hängematte, die in der Nähe eines Fensters mit Blick auf die Stadt hing.[2]

Gleich bei ihrer ersten Begegnung gab Trump Barrett zu verstehen, dass er mit einigen an der Spitze des Unternehmens, dem *Village Voice* gehörte, auf gutem Fuß stand. Ohne ein Wort von Barrett, wusste Trump aus unerfindlichen Gründen, dass der Reporter in Brownsville lebte, das er »eine furchtbar raue Gegend« nannte. Er erbot sich freiwillig, Barrett bei der Suche nach einer Wohnung in einer angenehmeren Gegend behilflich zu sein. Barrett lehnte ab und erklärte, er lebe inzwischen seit zehn Jahren in Brownsville und setze sich für die Gegend und ihre Verbesserung ein. »Dann machen wir ja das Gleiche«, erwiderte Trump. »Wir beide renovieren Stadtviertel.«

In seinen Gesprächen mit Trump suchte Barrett nach Antworten auf viele verzwickte Fragen. Er wollte etwas über die 30-jährige Beziehung der Familie zu Abe Beame und dem Establishment der Demokraten in Brooklyn erfahren. Er fragte, ob Donald Trump vielleicht wisse, warum der Anwalt, der die Gläubiger der Penn Central vertrat, denn seine Einwände gegen den Verkauf des Commodore Hotels urplötzlich zurückgezogen hatte. Und wie vereinbarte Trump, fragte Barrett, seine eigene Behauptung, die Trump Organization besitze mehr als 22 000 Wohnungen, mit amtlichen Unterlagen, welche die Zahl auf 12 000 bezifferten? Barrett erkundigte sich auch nach Details zu den Rassendiskriminierungsbeschwerden gegen die Trump Organization, die Trump in der Presse dementiert und gegen die Roy Cohn eine Gegenklage eingereicht hatte.

Trump hatte seinerseits auch eigene Fragen an Barrett: »Was sagen die Leute über mich? Sagen sie, ich sei loyal? Sagen Sie, ich würde hart arbeiten?« Als Trump mit Barretts Projekt nach einer Weile nicht mehr ganz so zufrieden war, fragte er ihn offen, ob der Reporter sich darüber im Klaren sei, dass er durchaus bereit wäre, Journalisten zu verklagen: »Ich habe schon zwei Mal wegen Rufmord geklagt. Beide Male war Roy Cohn mein Anwalt. Einmal habe ich gewonnen, der andere Fall ist noch in der Schwebe. Es kostet mich 100 000 Dollar, aber das ist es wert. Ich habe einen

Schreiber gebrochen. Sie und ich, wir haben uns angefreundet und so, aber wenn Ihre Story meinem Ruf schadet, werde ich Klage einreichen.«

Barrett erfuhr nie die Namen der Schreiber, die Trump angeblich bereits verklagt hatte, ebenso wenig fand er Presseartikel über Verleumdungsklagen, die der Bauunternehmer eingereicht hatte. Aber eine Drohung, verstärkt durch die Behauptung, er habe das schon einmal gemacht, konnte einem Reporter schon zu denken geben. Barrett mochte nachgedacht haben, aber er ließ sich nicht abschrecken. Anfang Januar 1979 veröffentlichte er eine Reihe von Artikeln, die Trumps politische Beziehungen aufzeigten und ihn als einen gerissenen jungen Mann darstellten, der das Vorbild seines Vaters noch übertraf. Von dem, was Barrett aufzählte, hätte man nichts als gesetzwidrig bezeichnen können, aber seine Artikel schrieben Donald Trump einen so enormen Ehrgeiz zu, dass wenig Raum für andere Charakterzüge blieb. Barrett schrieb:

Nachdem ich ihn näher kennengelernt hatte, wurde mir klar, dass Deals sein Leben sind. Einmal sagte er zu mir: »Ich würde nie einen Deal nur um des Profits willen machen. Er muss seinen eigenen Nervenkitzel haben. Sein eigenes Flair.« Ein anderer Bauunternehmer aus Manhattan drückte es ein wenig anders aus: »Trump schloss nie einen Deal ab, wenn nicht noch etwas anderes – eine Art moralischer Diebstahl – damit verbunden war. Er gibt sich nicht allein mit einem Profit zufrieden. Er muss mehr bekommen. Sonst hat die Sache keinen Reiz.«[3]

Als die erste ausführliche Berichterstattung über das Phänomen Trump sollten Barretts Artikel zu Prüfsteinen für viele folgende Beiträge werden, die Donalds Erfolg zu erklären versuchten. Trump war über die Artikel gar nicht glücklich und sollte Barretts Arbeit als »boshaft« bezeichnen. Er behauptete auch, obwohl sämtliche Sitzungen auf Band aufgezeichnet worden waren, dass »jedes Zitat verändert oder völlig aus dem Kontext gerissen worden« sei. Trump reichte aber keine Klage ein.

Wenn Reporter Fehler machten, wenn sie es mit Trump zu tun hatten, kann das daran liegen, dass er, wann immer er zur Presse sprach, so viele alte und neue Behauptungen aufstellte, dass selbst der beste Faktenüberprüfer Schwierigkeiten gehabt hätte, sie alle nachzuprüfen. In einem Interview korrigierte Donald seine Rechtfertigung der Zerstörung des Kunstwerks am Bonwit-Teller-Kaufhaus und gab an, dass es ihn nicht 32 000 Dollar, sondern 500 000 Dollar gekostet hätte, den Wandfries zu erhalten. Die Zahl 32 000 Dollar hatte sein Alter Ego John Baron ins Spiel gebracht, was hieß, dass Trump sich nicht selbst widersprach, zumindest in den Augen der Bevölkerung. Im Jahr 1983 schrumpften die Schätzungen von Fred Trumps Vermögen von den 200 Millionen Dollar, die 1976 gemeldet worden waren, auf »nur« 40 Millionen Dollar, weshalb Donalds Leistungen noch eindrucksvoller erschienen. Ein Jahr später, als sich die *New York Times* mit Fred Trump befasste, wurde von ihm behauptet, er kontrolliere Vermögenswerte in Höhe von einer Milliarde Dollar, und die Familie blieb schwedischer Herkunft, nicht deutscher. (Im gleichen Artikel degradierte die *New York Times* Ivana vom Mitglied der tschechoslowakischen Olympiamannschaft zur »Ersatzkandidatin«.)[4]

Jeder Versuch, die Verwirrung über Trumps Image aufzulösen, wurde von der Flut an Publicity erdrückt, welche jeden Schritt dieses Mannes begleitete. Ein perfektes Beispiel für diese Dynamik ist die Bewertung des Trump Tower durch die Kritikerin Ada Louise Huxtable. Als sie die Zeichnungen für das geplante Gebäude sah, sagte sie, dass Architekt Der Scutt ein »dramatisch gutaussehendes« Design entworfen habe. Als der Turm fertig gestellt war, war Huxtable jedoch offenbar von der Ausführung enttäuscht. Sie bezeichnete den Trump Tower als »einen monumental unauffälligen« Bau, der ein »fades und gewöhnliches Äußeres« besitze. Das Innere hingegen, das in rosarotem Marmor gehalten war, den man in Italien sorgfältig ausgewählt hatte, erwecke den Eindruck eines »Badezimmerdekors einer noblen Dame«.

Wer die Anschauungen von Huxtable aufmerksam verfolgt hatte, dürfte sich kaum über ihre Meinung zum fertiggestellten

Trump Tower gewundert haben. Immerhin stand sie im Einklang mit ihren langjährigen Bedenken wegen der superhohen Türme, die angefangen hatten, den Himmel von New York zu füllen. Nach ihrer Beobachtung hatten Anwälte und Entwickler die Schlupflöcher in den Baugesetzen ausgenutzt, um einen Typ Gebäude zu errichten, der »Macht und städtische Umgebung romantisch verklärt und Einfluss und Cashflow feiert. Als weniger romantische Nebeneffekte sind Gier und Chaos bis ins Monströse vergrößert.« Ein Paradebeispiel dafür sei in Midtown zu sehen, wo, wie sie schrieb, »Der Scutt den gigantischen Trump Tower geschaffen hat, eine aufragende, facettenreiche Gestalt, die zugleich unter Garantie die Bedeutung und das Ambiente der Fifth Avenue zerstören wird«. Aber obwohl die angesehenste Kritikerin des Landes über sein Geschöpf herzog, trachtete Trump dennoch danach, sich ihren guten Ruf zunutze zu machen. Zu ihrem Entsetzen wurde die Wendung »dramatisch gutaussehendes Design«, die sie über die Zeichnungen von Der Scutt geschrieben hatte, im Atrium des Trump Tower öffentlich ausgestellt. Weder sie noch ihr Verleger hatte die Erlaubnis für diese Verwendung gegeben, aber das Urheberrecht untersagte sie auch nicht.[5]

Seit der Eröffnung war der Trump Tower zum großen Teil von Touristen und Neugierigen bevölkert, die sehen wollten, worum man den ganzen Wirbel denn veranstaltet hatte. Wenn sie das Gebäude betraten, wurden sie von Sicherheitsleuten empfangen, die wie britische Grenadiere purpurrote Mäntel und hohe, mit Pelz besetzte Tschakos trugen. Besucher der öffentlichen Eingangshalle hörten Livemusik an einem Flügel und sahen Wasserströme, die an einer Marmorwand herabstürzten. Der polierte rote und rosafarbene Stein, der sich in jeder Richtung erstreckte, wirkte eher einschüchternd als begrüßend, und die Messingbeschläge, von denen Trump gehofft hatte, dass sie wie die Koppel an seiner NYMA-Uniform blitzen würden, schienen aus Massenfertigung zu stammen. Aufzüge brachten die Käufer zu den noblen Geschäften auf den oberen Etagen der Lobby. Die Besitzer dieser Läden, die mit die höchsten Mieten auf der ganzen Welt zahlten, bemühten sich verzweifelt, Gewinn zu machen.

Nach einem Jahrzehnt waren exklusive Boutiquen wie Buccellati, Lina Lee, Martha und Charles Jourdan wieder verschwunden. An ihre Stelle traten bescheidene Einzelhändler wie Tower Records und Dooney & Bourke. Die Gaffer, die durch die Drehtür hereinkamen, gaben mit weit höherer Wahrscheinlichkeit 50 Dollar bei Nike aus als 500 Dollar bei Galeries Lafayette.

Als Hausbesitzer machte sich Donald Trump keine großen Sorgen wegen der Fluktuation unter den Einzelhändlern in der Einkaufsmall, solange die Miete bezahlt wurde. Nach dem Stand von 1986 brachten das Bürogebäude und die Etagen mit den Geschäften laut Trump jährlich 17 Millionen Dollar ein. Sämtliche Geschäfte, die in diesen Räumlichkeiten getätigt wurden, waren vor den Blicken der Bewohner des Trump Tower verborgen. Sie kamen und gingen über einen Torweg in eine kleine Eingangshalle an der Fifty-sixth Street. Hier gab es weder Pianist noch Wasserfall oder Grenadiere, und die Lobby war so spärlich beleuchtet, dass die Leute an sonnigen Tagen erst stehen bleiben mussten, damit sich die Augen nach dem Betreten an die Dunkelheit gewöhnen konnten.

Durch den Verkauf der Wohnungen, der dem Vernehmen nach 277 Millionen Dollar einbrachte, wurden die 190 Millionen Dollar Baukosten beglichen, wobei für Trump und seinen Partner, die Versicherung Equitable, noch reichlich übrig blieb. Trump beantragte auch eine Steuererleichterung, vergleichbar mit der, die Aristotle Onassis aufgrund jenes Gesetzes gewährt worden war, das den Bau von Wohnungen auf zu gering genutzten Grundstücken förderte. Doch das Arrangement für den Olympic Tower wurde unter einem früheren Bürgermeister genehmigt, zu einer Zeit, als New York in einer wirtschaftlichen Krise steckte. Trump beantragte seine Steuererleichterung, als die Stadt sich wieder erholt hatte und der muntere Ed Koch auf dem Posten des Bürgermeisters saß. Der Bau Dutzender neuer Wolkenkratzer wurde in Manhattan in den ersten Koch-Jahren angefangen, und das Kreditrating der Stadt verbesserte sich stetig. Unter diesen Umständen hielt der Bürgermeister es nicht für nötig, den Bauunternehmern unter die Arme zu greifen.[6]

Koch zählte zu den wenigen Figuren in New York, dessen persönliche Ausstrahlung und Ambitionen sich mit denen Donald Trumps messen konnten. Aggressiv und egozentrisch wie er war, präsentierte er sich als der Inbegriff eines bestimmten Typ New Yorkers: einer, der, ganz ähnlich wie Trump, häufig drauflosredete, ohne nachzudenken, und sich überall in den Vordergrund drängte. Er betrachtete Trumps Antrag auf einen Steuernachlass als eigennützigen Versuch, seinen ohnehin exorbitanten Gewinn noch zu steigern – einen Gewinn, der ohnehin nur möglich gewesen war, indem er die Baubestimmungen so hingedreht hatte, dass sein Turm die maximale Höhe erreichte. Anschließend Steuererleichterungen von mehreren Millionen Dollar für ein Gebäude zu beantragen, in dem einige der reichsten Menschen auf der Welt leben würden, schien empörend. Im Übrigen hatte das Kaufhaus Bonwit Teller in dem Jahr, als es schloss, Einnahmen in Höhe von 30 Millionen Dollar hervorgebracht. In Kochs Augen bewies das, dass das Grundstück gewiss nicht als untergenutzt gelten konnte – was die Voraussetzung für eine Steuererleichterung gewesen wäre.

Trumps Anwälte hatten Beweismaterial eingereicht, dass Bonwit gelegentlich nur 60 Prozent seiner Verkaufsfläche genutzt habe. Dieser Nachweis überzeugte den obersten Gerichtshof des Bundesstaates, dass man Trump den Steuernachlass nicht verweigern dürfe. Aber während Trump grob geschätzt 50 Millionen Dollar an Steuererleichterungen einstrich, bekam er mit Bürgermeister Koch auch einen Gegner. In Anbetracht der Verwicklung von Trump in Geschäfte, die ihn regelmäßig mit der Stadtverwaltung in Berührung brachten, war es keine gute Idee, sich den Bürgermeister zum Feind zu machen.

Der mit den Wohnungsverkäufen in seinem Turm reich gewordene Trump fand sich auf der falschen Seite des politischen Spiels wieder, als er in einen Verein der aufstrebenden United States Football League investierte: in die New Jersey Generals. Das Team schien in vielerlei Hinsicht ein idealer Partner für jemanden mit seinem aggressiven Drang und Hunger nach öffentlicher Aufmerksamkeit. Mehr als jede andere Form der Unterhaltung profitierte der Sport, insbesondere Football, von einer Flut kostenloser Publicity. Jede Tageszeitung im Land, abgesehen vom *Wall Street Journal,* widmete mehrere Seiten der Druckausgabe dem Sport, von den Gehältern und Spesen der Reporter ganz zu schweigen. Lokale Fernsehnachrichten brachten immer ein Sportereignis, und Spiele waren ein Muss für die großen Sender. Im Jahr 1979 nahm ein frisch gegründeter Sportsender namens ESPN von Connecticut aus den Sendebetrieb auf. Rundfunksender strahlten im ganzen Land Sport-Talkshows aus, und schon bald sollten einige, auch WNBC in New York, einen reinen Sportkanal anbieten. (Aus WNBC wurde WFAN.)

Als sich die Medien intensiv mit Sport befassten, konnten alle Teameigentümer zu Berühmtheiten werden, sofern sie es wollten. Donald Trumps Freund George Steinbrenner, dem die Yankees gehörten und der häufig Le Club aufsuchte, war ein Paradebeispiel. Er benutzte die Presse, um sich so bekannt zu machen, dass eine Bierbrauerei ihn sogar in einen Werbespot einbaute.

Steinbrenner war auf den Plan getreten, als Profiteams dank der Summen, die für die Übertragungsrechte ihrer Spiele gezahlt wurden, nach und nach immer wertvoller wurden. Die eigens mit Blick auf die Fernsehintendanten ins Leben gerufene United States Football League (USFL) nahm im Jahr 1983 mit einem Dutzend Teams den Spielbetrieb auf. Ihre Besitzer waren reich genug, um ein wenig Geld zu verlieren, während sich die neue Liga gegen die National Football League zu etablieren versuchte. Trump kaufte die New Jersey Generals vor der Saison von 1984 für neun Millionen Dollar und warb schon wenig später dafür, mit der Unterstützung der Stadt und des Staates New York ein Stadion für sein Team zu bauen. Bürgermeister Koch sprach sich dagegen aus, und die Idee starb im Jahr 1985 zusammen mit der USFL. Die Beziehung der beiden verbesserte sich ein wenig, als Trumps Vater 25 000 Dollar für den Wiederwahlkampf des Bürgermeisters 1985 spendete. Aber am Ende sanken Ed Koch und Donald Trump auf das Niveau hässlicher Beschimpfungen herab, das man eher auf dem Spielplatz als in den Korridoren der Macht zu hören bekommt.[7]

Der Tiefpunkt wurde erreicht, als Trump eine weitere Steuer-erleichterung für ein Projekt an der West Side von Manhattan beantragte. Es sollte eine neue Heimat für den Fernsehsender National Broadcasting Corporation (NBC) enthalten, der mit dem Gedanken spielte, aus dem Rockefeller Center in das benachbarte New Jersey umzuziehen. In New York und an vielen anderen Standorten drohten große Unternehmen häufig damit, in billigere Gegenden abzuwandern, um eine Form von Entgegenkommen vom Vermieter oder lokalen Behörden zu erreichen. Im Fall von NBC schien ein Auszug aus dem Zentrum der Medien-, Kultur- und Finanzwelt unwahrscheinlich. Dennoch machte sich Trump die Vorstellung zunutze, um für einen großen Komplex mit Gewerbe- und Wohngebäuden zwischen der Fifty-ninth und der Seventy-second Street zu werben – er sprach von einer »Television City« –, mit NBC als Herzstück. Koch antwortete darauf, indem er dem Sender finanzielle Anreize anbot, damit er in der Stadt blieb, unabhängig davon, wo er sich niederließ. Der Sender konnte seine Station im Rockefeller Center beibehalten und das Geld für die Renovierung verwenden.

»Die Stadt unter Koch ist eine Katastrophe«, sagte Trump, als Koch seine Entscheidung bekanntgab.

»Wenn Donald Trump wie ein Schwein am Spieß quietscht«, gab Koch zurück, »dann habe ich offenbar etwas richtig gemacht.« Trump nannte den Bürgermeister einen »Idioten«, und Koch verspottete ihn mit »*Piggy, piggy, piggy*«.

Die Fehde zwischen Koch und Trump wurde von der lokalen Presse noch geschürt, vor allem von dem Boulevardblatt *New York Post,* das zuvor beiden Männern reichlich Aufmerksamkeit geschenkt hatte. Koch war in der Vergangenheit von der *New York Post* unterstützt worden, aber in dieser Schlacht stellte sich das Blatt in der Regel hinter Trump. Am Ende wurde die Verwaltung des Bürgermeisters von Skandalen erschüttert, unter anderem von der Enthüllung, dass Bess Myerson, die Beauftragte für kulturelle Angelegenheiten, versucht hatte, einen Richter zu bestechen. Eine Flut von Anklagen und Rücktritten lähmte im Anschluss das Rathaus.

Die Zeitschrift *New York* merkte an, dass der Name Trump in manchen Gesprächen über den nächsten Mann oder die nächste Frau fiel, die möglicherweise ins Gracie Mansion einzogen, sobald die Amtszeit des jetzigen Bürgermeisters ablief. Aber es wurde nie eine Kampagne mit dem Motto »*Trump for Mayor*« (Wählt Trump zum Bürgermeister) gestartet. Allerdings bewies schon allein die Nennung seines Namens im gleichen Atemzug mit potentiellen Kandidaten wie den künftigen Bürgermeistern David Dinkins und Rudolph Giuliani, dass er zu einer wichtigen Figur geworden war. Er war weder Politiker wie Dinkins noch Beamter wie Giuliani, der als Staatsanwalt für den südlichen Distrikt von New York und damit auch als Hauptankläger der Bundesregierung in Manhattan arbeitete. Donald Trump war nicht einmal der erfolgreichste Bauunternehmer der Stadt. Aber er war einer der bekanntesten reichen Männer in Amerika, und schon deshalb war er es wert, dass man ihn in Betracht zog.

Dank der neuen Massenmedien war Trump bemerkenswert bekannt geworden. Sie schienen geradezu zu dem Zweck erfunden, Männer wie ihn mit Aufmerksamkeit zu überschütten, als sie den Kreis derjenigen, die als berühmt galten und sogar die eigentliche Definition von Berühmtheit ausdehnten. Im Fernsehen leistete eine Sendung namens *Entertainment Tonight,* die im Jahr 1981 zum ersten Mal ausgestrahlt wurde, Pionierarbeit für den sogenannten »*celebrity journalism*«, also Journalismus, der sich fast ausschließlich mit Prominenten beschäftigt. Die Sendung *Entertainment Tonight* war so angelegt, dass sie wie eine Abendnachrichtensendung aussah, aber sie funktionierte hauptsächlich als ein Fenster in das Leben der Berühmtheiten und Möchtegernberühmtheiten. Ein erster Moderator dieser Show, der aus Großbritannien stammende Robin Leach, entwickelte eine Abwandlung der Sendung, die er *Lifestyles of the Rich and Famous* (Der Lifestyle der Reichen und Berühmten) nannte. Leach, der kurz vor dem College von der Schule abging und Reporter an der Londoner Fleet Street wurde, war überzeugt: »Die Nachfrage des Publikums nach dieser Art Sendung ist unersättlich.« Mit einem Akzent, der mit Sicherheit viele Zuschauer veranlasste, ihn für ebenso weltgewandt wie gebildet zu halten, sprach Leach über »Champagner-Wünsche und Kaviar-Träume« und trug dabei blaue Sakkos. Die Produzenten der Sendung versprachen, dass er Amerikas führender Reporter des Showbusiness sei, der »nonstop in den Kreisen der Elite durch die Welt reist«.

(Ein kleiner Exkurs an dieser Stelle: Leachs Publikum verstand zwar, ohne zu überlegen, dass sich seine Sendung auf das Konsumverhalten der Reichen und Prominenten konzentrieren würde – ihre Häuser, Besitztümer, Reisen, Hobbys, et cetera –, doch das Wort »Lifestyle« war genaugenommen ziemlich neu. Als der Psychologe Alfred Adler es im Jahr 1929 zum ersten Mal verwendete, bezeichnete er mit Lifestyle die Strategien, die Menschen anwandten, um zu vermeiden, sich mit Problemen oder unbequemen Situationen befassen zu müssen. Das Wort wurde in den Sechzigerjahren umfunktioniert und bedeutete jetzt so viel wie »Lebensweise«. Im Jahr 1967 versprach eine Zeitschrift namens *Avant Garde*, den Lifestyle der »verrückten Mod-Szene« zu erforschen, und die Journalistin Gloria Steinem benutzte die Schreibweise mit Bindestrich in einem Artikel für die *New York Times*.[8] Binnen einem Jahrzehnt fassten Werber und Verbraucher das Wort als einen Sammelbegriff auf, der die soziale Schicht, Geschmack und offensichtlichen Reichtum suggerierte. Dieser letzte Faktor überragte die anderen, und der äußere Schein des Reichtums zählte am meisten. Keiner wusste, ob die Luxuslimousine mit einem hohen Kredit gekauft wurde oder ob das schicke Eigenheim nur gemietet war. Viel wichtiger war der Eindruck, den man beim Fahren durch die Stadt oder beim Verlassen des Hauses durch die Eingangstür machte.)

Im Jahr 1983 schalteten Millionen von Menschen die ersten Episoden von *Lifestyles of the Rich and Famous* ein, die als zweistündige Sondersendung präsentiert wurden. Unter den Menschen, die Leach für die ersten Shows auswählte, waren Prinzessin Diana, die Schauspielerin und Sängerin Cher, die Autorin von Liebesromanen Barbara Cartland und ein einziger Geschäftsmann: Donald Trump. Cher zeigte ihre Schuhsammlung. Trump präsentierte sein Anwesen für die Wochenenden in Greenwich,

Connecticut, und korrigierte Leach nicht, als dieser sagte, das Gut sei drei Mal so viel wert wie die 3,7 Millionen Dollar, die Trump unlängst dafür gezahlt hatte. Leach vereinbarte gleich einen erneuten Auftritt mit ihm.

Während Robin Leach den kleinsten gemeinsamen Nenner in den Medien repräsentierte, erregte Trump auch am oberen Ende Aufmerksamkeit. Ein langes Porträt im Sonntagsmagazin der *New York Times* gab ihm eine Gelegenheit, lang und breit zu prahlen – »Ich habe Glaubwürdigkeit« – und gestattete es dem Vater zu erklären, dass der Erfolg seines Sohnes ihm in die Wiege gelegt worden sei. Ivana beschrieb ihren Mann als knabenhaft bezaubernd, was er durchaus sein konnte, und Geschäftspartner lobten sein Urteilsvermögen. Das viele Lob wurde durch einige Überlegungen zu Trumps Qualitäten als Profitmacher kompensiert, aber das Gesamtbild war das eines brillanten, ausgelassenen, erfolgreichen jungen Mannes. Die bezeichnende Anmerkung stammte von Trump selbst, der über seine Leistungen und Erwerbungen nachdachte und sinnierte, »… aber was heißt das schon?« Die Reflexion dauerte nur einen Moment, und dann hatte Trump bereits das Thema gewechselt.[9]

Einen Monat nach seinem Auftritt im Magazin der *New York Times* landete Trump auf dem Cover der Männerzeitschrift *GQ*, die sein Gesicht für eine Ausgabe auswählte, die sich mit dem Thema »Erfolg« befasste. Zum ersten Mal wurde, dank dem Autor Graydon Carter, Ivana der Titel »Olympiateilnehmerin« verwehrt, weil sie ihre sportlichen Erfolge angeblich als Mitglied eines nicht näher bezeichneten »tschechoslowakischen Skiteams« erzielt hatte. Carter war vermutlich auch der Erste, der in einer landesweiten Publikation andeutete, dass »viele Menschen Donald einfach nicht sonderlich mögen«.

Wenn Trump darüber sprach, dass ihm dies oder jenes gehörte, dann wirkte er gelegentlich wie ein schadenfrohes Kind, das Straßen und pastellfarbene Scheinchen scheffelt, während es seinen Sieg in einer Partie Monopoly plant. Carter wies darauf hin, dass Trump sein Versprechen, die Kunstwerke am Bonwit-Bau zu erhalten, gebrochen hatte, und beschrieb die aggressiven

Methoden, die er einsetzte, um die Bewohner aus einem Gebäude zu vertreiben, das er an der Central Park South gekauft hatte. Frustriert, dass die Bewohner nach der gesetzlichen Mietpreisbindung für ihre Wohnungen Mieten weit unter Marktwert zahlten, tat Trump alles in seiner Macht Stehende, um ihnen das Leben so schwer wie möglich zu machen. Er drohte, leerstehende Wohnungen Obdachlosen anzubieten, und verlieh dem Gebäude ein unheimliches Aussehen, indem er die Fenster der leeren Einheiten mit Metallfolien abdeckte. Der *GQ*-Autor ließ Trump auch selbst ausführlich zu Wort kommen. An einer Stelle behauptete Trump, er besitze einen ganzen Block an der Central Park South, was nicht stimmte, und an einer anderen schlug er vor, in der Bronx sowohl den höchsten Wolkenkratzer auf dem Planeten als auch ein Footballstadion mit einer Kuppel zu bauen.

Der Superturm und das Stadion waren Phantastereien, die niemals realisiert werden sollten, aber sein Enthusiasmus war leicht ansteckend. Auf einer Fahrt mit Carter in Trumps Großraumlimousine mit Chauffeur war Trumps Schwärmerei so stark, dass ein Leser sich ohne weiteres einen kleinen Jungen vorstellen konnte, der sich verzweifelt nach Anerkennung sehnt und dem nie jemand gesagt hat, dass Angeberei widerwärtig ist. »Ein Karosseriebauer hat mir diese Spezialanfertigung gemacht«, sagte er über das Auto. »Es ist irre, nicht wahr? Wir haben eine vollständige Bar, mit allem Drum und Dran. Das ganze Programm. Schauen Sie, es hat einen Fernseher und ein Radio.« Er sagte Carter, dass der Trump Tower nachts deshalb »leuchtet«, weil er darauf bestanden habe, »echte Bronze« an der Außenwand zu verwenden. »Ich bin ein erstklassiger Mensch«, fügte Trump hinzu. »Ich mache immer alles erstklassig.«[10]

Nach *GQ* tauchte Trumps Gesicht auch auf den Covern von *Time, Newsweek, Business Week, Fortune, Manhattan Inc.* und *New York* auf. (Viele dieser Cover hatte er eingerahmt und stellte sie an einer Wand in seinem Büro prahlerisch zur Schau.) Der Publicity-Rummel ließ seinen Namen zu einem Synonym von Reichtum und Ehrgeiz werden, und es bürgerte sich ein, einen besonders durchsetzungsfähigen und großkotzigen Mann als »den Donald Trump von« dem oder jenem zu bezeichnen. Wenn solche Verweise auf Trump-ähnliche Männer in der Presse erschienen, so fand der echte Trump das mit Sicherheit heraus. Der Stapel an Artikeln, die Trump jeden Morgen durchsah, war so hoch, dass er auf die meisten nur einen kurzen Blick werfen konnte. Dennoch wollte er unbedingt ein Auge darauf haben. Unterstützt wurde er dabei von seiner Chefsekretärin Norma Foerderer, die Trump jahrzehntelang als seine bezaubernde, aber abweisende Beschützerin und Türhüterin diente. Sie prüfte jeden Anruf eines Trump-Verehrers mit Geschäftsidee und jede Anfrage eines Journalisten, der um ein Interview bat. Foerderer baute auch das Ego ihres Bosses wieder auf, wenn es ramponiert wurde, und hielt es im Zaum, wenn es außer Kontrolle geriet. Ebenso sehr Kindermädchen wie Unternehmensangestellte unterschied sich Foerderer gar nicht so sehr von anderen Sekretärinnen, die für Manager, Prominente und Regierungsvertreter arbeiteten, indem sie ihren Terminplan auf dem Laufenden hielten, auf ihre Stimmungen achteten und sogar ihre persönlichen Bankkonten verwalteten. Diese unverzichtbaren Frauen (fast alle waren Frauen) regelten privatere Angelegenheiten im Leben ihrer Arbeitgeber als ihre Ärzte und schienen für die Bodenständigkeit zu sorgen, die sie daran hinderte, den Verstand zu verlieren.[11]

Auftritte in der Presse waren für Donald offensichtlich eine Form von Selbstbestätigung, und Foerderer hatte zu seiner spontanen Genugtuung stets einen Vorrat an Videos – die allesamt Meilensteine im Leben Trumps zeigten – zur Hand. Sie verwaltete auch den Nachschub neuen Materials, der aus der ganzen Welt heranströmte. Die wertvollsten Trophäen waren Nennungen in der Zeitschrift *People,* die unter den illustrierten Wochenzeitungen in Amerika die größte Leserschaft hatte. Die kurzen und munteren Artikel von *People* verwendeten zwangsläufig Klischees und Zerrbilder, aber das schnelle Urteil der Zeitschrift über die wesentlichen Züge einer Person erwies sich oft als zutreffend. Starke Führungspersonen handelten zielstrebig. Launische Schauspieler verhielten sich grottenschlecht. In manchen Fällen kam eine Art »*confirmation bias*« (Bestätigungsfehler) zum Tragen, weil der Betrachter das bemerkte, was er oder sie zu sehen erwartete. In anderen Fällen mochte die gesalbte Berühmtheit unbewusst das vorherrschende Klischee bestätigt haben, im positiven oder negativen Sinn. Wie dem auch sei, die Aussagen in *People* wurden später häufig durch das Verhalten eines oder einer Betroffenen auf eine Weise bestätigt, die sie als zutreffend erscheinen ließen.

Im Herbst 1981 erklärte *People* Donald Trump zum Milliardär, noch bevor er selbst Anspruch auf diesen Titel erhoben hatte. Die Zeitschrift verstärkte das Gerücht, das er selbst über den Kauf einer Wohnung im Trump Tower durch Prinz Charles und Lady Di gestreut hatte. Die Zeitschrift deutete an, sie würden »eine Suite mit 24 Zimmern zum Preis von fünf Millionen Dollar« in Erwägung ziehen. *People* meldete ferner, dass Trump, laut einem guten Freund, hoffte, einen eigenen Fernsehsender zu leiten. Zur Ehrenrettung der Zeitschrift muss erwähnt werden, seine Hagiographie wurde durch Verweise auf Trumps exzessive Eigenwerbung und die Zerstörung der Kunstwerke am Bonwit-Bau ausgeglichen. Die Autorin Lee Wohlfert-Wihlborg setzte wirkungsvoll Trumps eigene Äußerungen ein, um ihren Lesern einen flüchtigen Einblick in sein Innenleben zu vermitteln. »Der Mensch ist das grausamste Tier von allen, und das Leben ist eine Reihe von Schlachten, die mit Sieg oder Niederlage enden«, sagte er zu ihr. »Man darf auf keinen Fall zulassen, dass die Leute aus einem einen Trottel machen.«

Wenn Trump das Leben als eine Reihe von Auseinandersetzungen beschrieb, die grausame Geschöpfe untereinander führen, gab er in seinen Worten eine Anschauung wieder, die der Philosoph Thomas Hobbes im 17. Jahrhundert unheilvoll als den »Krieg aller gegen alle« bezeichnet hatte. Laut Hobbes waren gesetzlich organisierte Gemeinschaften eine Möglichkeit, das Chaos eines ständigen und universalen Konfliktes unter den Menschen zu vermeiden. Trump sah in seiner Welt keine moralische Übereinkunft, sondern grausame Kombattanten, die einen endlosen Kampf gegeneinander führten.[12]

Die Zeitschrift *People* wies nicht auf den Nachklang von Hobbes in Trumps Äußerung hin. In dem Artikel fehlte außerdem jeder Hinweis auf ein prägendes Ereignis, das in der Familie Trump zwei Monate zuvor eingetroffen war. Am 26. September 1981 starb Donalds älterer Bruder Fred an einem plötzlichen, schweren Herzinfarkt. Mit nur 43 Jahren war Freddy der geschiedene Vater eines Sohnes und einer Tochter. Nachdem er sich als Pilot und dann als Kapitän eines Fischerbootes verausgabt hatte, war er in das Haus seiner Eltern gezogen und arbeitete in einem Wartungsteam für die Mietshäuser der Trumps mit. Physisch wegen der Folgen des Alkohols am Ende, hatte die Trinksucht so massiv zu seinem Tod beigetragen, dass Donald sie für die eigentliche Ursache hielt. »Fred Trump« wurde unter den Namen der Verstorbenen genannt, die die *New York Times* am 29. September meldete, und drei Traueranzeigen wurden von Freunden und Geschäftspartnern der Familie veröffentlicht. Es erschien kein förmlicher Nachruf in der Zeitung. Freddy wurde in einem Familiengrab auf einem lutherischen Friedhof in Queens beigesetzt.

Mit der Zeit sollte Donald Trump den Tod seines Bruders als eine prägende und sogar bestimmende Episode in seinem Leben ansehen. Auf einer bestimmten Ebene war er verwirrend, weil Fred ein Sprössling der Trumps war, mit vielen Begabungen, die aus ihm einen Erfolgsmenschen hätten machen sollen, wie die Familie sie liebte. »Er war so ein faszinierender Mensch«, sagte Donald viele Jahre danach. »Der beste Charakter und der bestaussehende Mann, der einem jemals begegnen wird.«

Was war der Grund für Freds Sucht? Die meisten Experten gaben sowohl seine genetische Veranlagung als auch die Erziehung, die Fred als Kind erfahren hatte, als Grund an. Wie Donald meinte: »Die Umgebung unserer Familie, der Konkurrenzkampf, war negativ für Fred.« Donald schien jedoch auch seinem Bruder die Schuld daran zu geben, dass er sich von anderen ausnutzen ließ. Anders ausgedrückt, er war ein Trottel. »Freddy war einfach kein Killer«, sagte Donald, und er wehrte sich nie, was »ein fataler Fehler« war. Freds Tod lehrte Donald, »immer wachsam zu sein, zu hundert Prozent«.[13]

KAPITEL 8

DONALD
IM LAND
DER SPIELER

Für mich ist ein Spieler jemand, der Münzen in die
Automaten einwirft. Ich besitze lieber die Automaten.
Es ist ein sehr gutes Geschäft, selbst die Bank zu sein.

Donald Trump

In einer Welt der Gewinner und Verlierer, der Trottel und
Schwindler, stellen Casinos eine teuflische Variante des Paradieses dar. Die großzügig angelegten Spielhöllen üben eine magnetische Anziehungskraft aus und locken die Neugierigen und die
Genarrten an. Das Täuschungsmanöver beginnt bei Werbekampagnen, die nicht die Rentner zeigen, die sich vor den Spielautomaten auf den Gehstock stützen, sondern gutaussehende
Männer an filzbedeckten Tischen, flankiert von schönen Frauen in tief ausgeschnittenen Kleidern, den Mund vor Begeisterung aufgerissen. Sobald der Pilger in diesem Reich ankommt,
bemerkt er die geschmacklose Architektur – nachgemachter
Toskana-Stil, nachgemachter alter Westen, nachgemachtes
Havanna –, die Casinos wie ein Spielhaus für Erwachsene aussehen lassen. Im Innern erwartet ihn ein Wahnsinn aus blendenden Lichtern und karnevalistischen Klängen, die bestätigen,
dass das hier »Spaß« und »Unterhaltung« ist. Kein Mensch
macht ein Hehl daraus, dass Casinos zu dem Zweck existieren,
Schwachköpfen einzureden, dass selbst das Verlieren ihrer hart
erarbeiteten Dollars glanzvoll und berauschend sei. Also war
es ganz natürlich, dass sich Donald Trump, der im Smoking

eine gute Figur machte, schon seit langem gewünscht hatte, ein Casino zu besitzen.

Große Spielhöllen kamen an die Ostküste, nachdem die Wähler von New Jersey in einem Referendum von 1976 in der heruntergekommenen, vom Verbrechen geplagten Stadt Atlantic City Glücksspiele erlaubten. Die Kampagne für den Antrag wurde von Casino-Betreibern und Immobilienentwicklern unterstützt. Die Zustimmung löste einen Run auf Land aus, als sowohl Spekulanten als auch Möchtegernbetreiber nach Grundstücken Ausschau hielten, auf denen große Casinos samt Parkplätzen für die Autos der Kunden Platz fänden. Als Erstes eröffnete das Resorts Casino Hotel, das ehemalige Hotel Chalfonte-Haddon. Der Eigentümer mit Sitz in Las Vegas verbuchte von Anfang an wöchentlich Einnahmen in Höhe von 4,2 Millionen Dollar. Schon bald folgten andere Namen aus Vegas wie Caesars, Bally's, Sands und Tropicana. Im Jahr 1984 machten die von Casinos gezahlten Steuern bereits 7 Prozent der Einkünfte des Bundesstaates aus. Im gleichen Zeitraum verzeichnete die Organisation Gamblers Anonymous in New Jersey eine Verdreifachung ihrer Mitgliederzahl, und eine Klinik wurde eröffnet, die Spielsüchtigen eine Rund-um-die-Uhr-Betreuung anbot.[1]

Da die Beamten von New Jersey über die Geschichte des organisierten Verbrechens in Las Vegas genau Bescheid wussten, prüften sie alle Antragsteller für die Lizenz, ein Casino zu betreiben, auf Verbindungen zu zwielichtigen Gestalten, aber ihre Entscheidungen schienen bestenfalls inkonsequent. Dem Resorts Casino wurde eine Lizenz erteilt, obwohl Hinweise vorlagen, dass einer seiner Berater dem Präsidenten der Bahamas über 400 000 Dollar zukommen ließ, wo die Firma ein Casino betrieb. Nach der Investition von 320 Millionen Dollar für einen Hotel-Casino-Komplex wurde hingegen der angesehenen Kette Hilton die Lizenz verweigert, als die Beauftragten für Spielcasinos zu dem Schluss kamen, dass das Unternehmen Fragen zur angeblichen Vernichtung von sensiblen Dokumenten und zu Berichten über kriminelle Machenschaften in ihrem Hotel in San Francisco nicht geklärt hatte. (Viele Beobachter waren überzeugt, dass es den Sachbearbeitern eher um das Versäumnis von Hilton ging, einen ordentlichen Kotau vor ihnen zu machen.) Die Ablehnung empörte den Kopf des Unternehmens, William Barron Hilton, der seit langem ein Image der Integrität kultiviert hatte. Hilton war von hohen Regierungsvertretern von New Jersey massiv umworben worden, die eigens zu dieser Investition geraten hatten. Bally's und Caesars wurden ähnlich unter Druck gesetzt, bekamen aber die Lizenz, nachdem sie ihre Leitungsteams ausgetauscht hatten.[2]

Das heikle Verfahren der Lizenzprüfung erschwerte den Bau von Casinos im Vergleich zu üblichen Projekten, und die Betreiber in spe verließen sich darauf, dass lokale Berater und Juristen sie erfolgreich leiteten. Mit dieser Hilfe kam Donald Trump in Kontakt mit einer Gruppe Landbesitzer, die ihm ein Grundstück in Toplage nicht weit vom Tagungszentrum Atlantic Citys aus der Zeit der Wirtschaftskrise verpachten wollten. Das Zentrum, das wie eine riesige Lagerhalle aus Zement aussah, war vor allem dafür bekannt, dass dort die alljährliche Wahl zur Miss America stattfand. Zu dem Gelände gehörte eine Parzelle, die in den Händen von Einheimischen war, die vermutlich Verbindungen zur Mafia hatten. Obwohl Trump zuerst die Absicht hatte, das Land zu pachten, musste er es aufkaufen, um die Beamten zufrieden zu stellen, die auf keinen Fall ein Casino genehmigt hätten, das von einer Geschäftsbeziehung zu so fragwürdigen Gestalten abhängig war. Er erwarb auch mehrere kleinere Nachbargrundstücke, konnte sich aber nicht mit einer Hausbesitzerin namens Vera Coking einigen, deren dreistöckige Pension Sea Shell Guest House mitten auf dem Gelände saß.

Das Land unterhalb der Pension schien ideal für den Parkplatz der Limousinen, die Spieler mit dicken Brieftaschen zum geplanten Trump Plaza brachten. Cokings Anwälte gaben den Wert ihres Grundstücks in einer Größenordnung von zwei Millionen Dollar an. Coking mochte ihre Immobilie und hatte auch nichts dagegen, dortzubleiben, bis sie ihren Preis bekam. (Vor Trump hatte Coking bereits Bob Guccione, den Herausgeber der Zeitschrift *Penthouse,* abgewiesen, der ebenfalls davon geträumt hatte, in Atlantic City ein Casino zu eröffnen. Ihre Dickköpfigkeit war eines der Hindernisse, an denen das Projekt am Ende scheiterte. Dem Pornokönig blieben nur das rostende Skelett eines Gebäudes und ein dezimiertes Bankkonto.) Während der langen Verhandlungen Cokings mit Trump meldete die Presse, sie habe ein Angebot in Höhe von Millionen Dollar abgelehnt, zu dem auch ein kostenloses Hotelzimmer und Zimmerservice für den Rest ihres Lebens gezählt hätten. Das entsprach nicht der Wahrheit. Ebenso wenig traf es zu, dass Vera Coking mitten in den Gesprächen gestorben sei. Noch im Jahr 2015 war sie quicklebendig. Was jedoch zutraf, war, dass Coking fast schon übernatürlich resistent gegen Donald Trumps Verkaufstüchtigkeit schien. Sie nannte ihn sogar »eine Kakerlake, eine Made und einen Mistkerl«.[3]

Atlantic City, zu dem mehrere Düneninseln zählten, war seit seiner Gründung im Jahr 1853 durch Spekulanten der Schauplatz eines Auf und Ab des Immobiliengeschäfts gewesen. Anleger hatten damals Grundstücke in Ufernähe gekauft und dann mit einem Gewinn von 900 Prozent verkauft, als die Eisenbahnanbindung kam. Casinos sollten die einheimische Wirtschaft nach ihrem letzten Einbruch wiederbeleben, doch sie waren nur ein weiteres Beispiel für die gleiche Spekulation wie früher. Ein paar Grundbesitzer wurden in der Tat reich, doch die großen Gewinner hatten das Casino-Referendum vorausgeahnt und in einigen Fällen ihre politischen Beziehungen spielen lassen, um ganz groß abzusahnen. Der Bürgermeister von Atlantic City sollte ins Gefängnis kommen, nachdem man ihn dabei ertappt hatte, wie er Gestalten des organisierten Verbrechens bei diesem Spielchen unter die Arme gegriffen hatte.

Auf manchen Entwicklungsflächen in Toplage wurden ganze Häuserblocks abgerissen, aber dann gerieten die Casino-Projekte ins Stocken und das Land wurde überwuchert und verlassen. Andere Gegenden blieben heruntergekommen und gefährlich, weil die rasant steigenden Grundstückspreise sie unerschwinglich für jeden machten, der ein gewöhnliches Sanierungs- oder Bauprojekt verwirklichen wollte. Alle hofften, so schien es, darauf, hier ganz groß abzukassieren, und waren bereit zu warten, bis sie ihren Preis bekamen. Als 20 Prozent des Häuserbestands abgerissen war, fanden die Bewohner der Mittelschicht keine angemessenen Wohnungen mehr, und der lokale Schulbezirk konnte sich kein Grundstück für den Bau einer neuen Highschool leisten. Viele Jobs in den Casinos gingen an Menschen, die auf dem Festland lebten und pendelten. Unter dem Strich war das Leben in Atlantic City nach dem Kommen der Spielcasinos für viele Anwohner schlechter geworden. Tendenziell blieben sie in den Reihen der Armen, an denen die Geldströme vorüberflossen, mit denen die Casinos gebaut, Angestellte bezahlt und Casino-Besitzer belohnt wurden.[4]

Im März 1982 bekam Trump seine Lizenz. Im Mai begann er mit dem Bau, rings um das Sea Shell Guest House. Das Geld für diese Arbeit stammte von dem gleichen Kredit, den sein Vater für das Commodore-Projekt mit eingefädelt hatte. Obwohl die Zeitschrift *People* ihn zum Milliardär gekürt hatte, gelangte die staatliche Behörde für die Glückspielaufsicht, die Division of Gaming Enforcement (DGE), zu dem Schluss, dass Trumps eigene Bankkonten weniger als 400 000 Dollar enthielten.[5]

Der DGE-Report wies auf ein Hauptmerkmal der Geschäftsstrategie Trumps hin: Was immer er mit erfolgreichen Projekten wie dem Commodore oder Trump Tower an Gewinn einstrich, verwendete er wiederum, um neue Projekte mit gigantischen Summen an zusätzlichen Darlehen in Angriff zu nehmen. In den Neunzigerjahren sagte ein ehemaliger Manager von Trump dem Schriftsteller Harry Hurt III., »das Ganze war ein Hütchenspiel«, in dem Trump kleine Geldsummen unter einer Reihe von Unternehmenseinheiten verschob, um Anspruch auf Darlehen für die Entwicklung neuer Unternehmen zu bekommen. Die Geldgeber, insbesondere jene, die schon seit Jahren mit Donalds Vater Geschäfte machten, hatten wegen Fred Trumps Vorgeschichte Vertrauen. Sie verstanden auch die Methoden von Trump.

Donald gab sich außerdem große Mühe, Immobilien zu Schnäppchenpreisen zu erwerben. Im Jahr 1985 kaufte er zum Beispiel zwei Immobilien in Manhattan – das Hotel St. Moritz und das Gebäude des New Yorker Waisenkrankenhauses – für insgesamt 114 Millionen Dollar. Mit diesen Immobilien als Sicherheit gewährten die Gläubiger Trump ein Darlehen in Höhe von 134 Millionen Dollar, und über die zusätzlichen 20 Millionen Dollar konnte er frei verfügen. Im Gegensatz zu einem Hauseigentümer, der sein Haus mit einer Hypothek kauft, haftete Trump nicht persönlich für irgendetwas, das bei diesen Geschäften schiefgehen konnte. Donalds Ruf mochte im Fall eines großen Scheiterns ein wenig angeknackst werden, aber sein privates Vermögen blieb unberührt.[6]

Eine dritte Strategie von Trump bestand darin, Partner mit dicken Brieftaschen ins Boot zu holen, die bereit waren, Projekte zu unterstützen, die er entwickelt und durch die verschiedenen Genehmigungs- und Planungsphasen bugsiert hatte. Aufgrund seiner Tüchtigkeit als Verkäufer und seiner Fähigkeit, seine politischen Beziehungen einzusetzen, die häufig dadurch gefestigt wurden, indem er Kandidaten und Amtsinhabern Spendengelder zukommen ließ, kam diesen Partnerschaften eine große Bedeutung zu. Beziehungen waren sein Handwerkszeug, und er wusste, wie man daraus Profit schlug.

In Atlantic City, wo Trump keine so weitreichenden Beziehungen wie in New York hatte, tat er sich schwer, Fuß zu fassen. Mit der historischen Verbindung zum organisierten Verbrechen und der Ausbeutung von Süchtigen wurde das Glücksspiel immer noch als zwielichtige Branche angesehen. Donald war sich über diese finstere Seite des Geschäfts im Klaren und sollte später einmal darauf hinweisen, dass für »vier oder fünf Prozent« seiner Kunden, die finanzielle Verausgabung ein Problem sei. »Das ist gar keine Frage.« Trump selbst, der bei seinen Geschäften und im Privatleben große Risiken einging, zog die Grenze bei Spieleinsätzen in einem Casino: »Ich habe in meinem ganzen Leben noch nie gespielt.«

Trotz des Gewinnpotentials eines Geschäfts, das auf gesetzlich festgelegten Gewinnchancen basierte, waren traditionelle Geldgeber bei der Unterstützung von Casino-Projekten in der Regel zurückhaltend. Zum einen hatten die wenigsten Finanzexperten eine Ahnung von dem Geschäft. Zum anderen hing diese überaus aggressive Branche von unvorhersehbaren Trends und Moden ab. Als sich Trump um die Finanzierung kümmerte, fand er unter den Geldgebern in New York kaum Unterstützung und fing an, das ganze Land nach Baugeldern zu durchkämmen. In Los Angeles stattete er Michael Milken einen Besuch ab. Bevor Milken wegen Verstößen gegen das Wertpapiergesetz ins Gefängnis kam, war er der unumstrittene Vorreiter eines neuen Ansatzes auf dem Finanzmarkt. Er ermunterte Investoren, höhere Risiken einzugehen, um für Anleihen, die ganz offen als *»junk«*, also »Schrott«, bezeichnet wurden, höhere Zinszahlungen zu bekommen. Trump fuhr zu Milken, nachdem dieser unlängst Anleihen im Wert von 160 Millionen Dollar verkauft hatte, um den Casino-Mogul Steve Wynn aus Las Vegas beim Bau des Casinos Golden Nugget in New Jersey zu unterstützen.

Milken erbot sich, Trump unter die Arme zu greifen, aber die beiden Männer konnten sich nicht einigen. Einige kleinere Banken boten Darlehen an, doch selbst zusammengelegt deckten sie längst nicht Trumps Finanzierungsbedarf ab. Dann meldeten sich Manager von Holiday Inn bei ihm mit dem Angebot, eines ihrer Harrah's Casinos auf seinem Grundstück in Atlantic City zu betreiben. Harrah's, der Spielcasinozweig der Hotelkette, war in Atlantic City bereits vertreten, aber an einem Standort in der Nähe einer Marina, der nicht so attraktiv wie Trumps Platz in unmittelbarer Nähe des Tagungszentrums war. Im Zuge der Verhandlungen einigte man sich auf folgende Variante: Holiday Inn investierte 50 Millionen Dollar, die die Baufinanzierung und die Bewirtschaftung des Casinos abdecken sollten, nachdem Trump es gebaut hatte. Ohne einen eigenen Cent zu investieren, würde Donald 50 Prozent sämtlicher Gewinne einstreichen.

Der Aufsichtsrat von Holiday Inn traf sich in Atlantic City, um die Entwicklungsfläche und ihren Partner in spe unter die Lupe zu nehmen. Donald richtete es so ein, dass während einer Besichtigungstour über das Gelände Baumaschinen ihre Arbeit taten; und nur einem Besucher fiel offenbar auf, dass die Bagger und Planierraupen, die durch den Sand krochen, allem Anschein nach den gleichen Erdhügel von einem Ort an einen anderen verschoben. Trump hatte eine ausreichende Erklärung parat, um echte Bedenken zu zerstreuen, und am Ende des Tages hatten die Aufsichtsratsmitglieder die Partnerschaft gebilligt.

Die Schauspielkunst und die Bartpinselei, die den Aufsichtsrat besänftigten, waren ein perfektes Beispiel für den Stil Trumps, der die Gutgläubigkeit ausnutzte, die die meisten Menschen, selbst erfahrene Geschäftsleute, bei ihren Begegnungen mit potentiellen Geschäftspartnern mitbringen. Als gesellige Lebewesen streben Menschen von Natur aus nach Einigkeit und verlassen sich darauf, dass auch andere in gutem Glauben handeln. Die meisten von uns neigen zu dieser Haltung, die auch die Tendenz umfasst, die Lücken in unserer Wahrnehmung mit positiven Annahmen zu füllen, die sich Zauberer und Taschenspieler zunutze machen, wenn sie ihre Tricks vorführen. Trump verstand es, auf eine Art zu reden – angebliche Geheimnisse preisgeben, Lob verteilen, Mitgefühl äußern –, die eine künstliche Form der Freundschaft schuf. Unter diesen Bedingungen fiel es den Beteiligten schwer, bohrende Fragen zu stellen. Wenn Trump etwa sagte: »Sie und ich wissen, wovon wir sprechen«, werden sie nicken und zulassen, dass das Gespräch fortgeführt wird, aus Angst, grob oder dumm zu erscheinen. Auf diese Weise verschaffte er sich einen Vertrauensvorschuss: im Zweifel für den Angeklagten.

Als die Fertigstellung des Casinos näher rückte, übertrug Donald seiner Frau Ivana einen Großteil der Verantwortung für das Aussehen der Innenräume. Sie widmete so viel Zeit wie möglich der Schaffung einer Umgebung, welche die Schwachköpfe blenden würde. Anfang 1984 war Ivana die Mutter von drei Kindern (Donald junior, eine Tochter namens Ivanka, und ein neugeborener Sohn namens Eric) und hatte zu Hause alle Hände voll zu tun. Dennoch fuhr sie häufig zur Baustelle und wählte jedes Detail der Dekoration selbst aus, das sie dann ihrem Mann zur endgültigen Absegnung vorlegte.[7]

Das Spielcasino Harrah's auf dem Trump Plaza wurde Ende Frühjahr 1984 eröffnet, samt einer Bar namens »Trumps« und einem Restaurant namens »Ivana's«. Mehrere Tage lang gab es an den Spielautomaten technische Probleme, so dass die Geschäftspartner um Einnahmen in Höhe von Millionen Dollar gebracht wurden. Das Geschäft wurde überdies gestört, als aus unerfindlichen Gründen der Feueralarm »zehn Millionen Mal« losging, wie ein leitender Angestellter dem *Wall Street Journal* sagte. Nachdem diese Pannen behoben waren, blieb das Etablissement immer noch unter den Erwartungen und spielte nicht einmal die Hälfte des für das erste volle Geschäftsjahr erwarteten Gewinns ein. Dieses Ergebnis war besonders enttäuschend, wenn man es mit den Ergebnissen der neun anderen Casinos in der Stadt von 1984 verglich: Sie meldeten einen Gewinnzuwachs von 8,4 Prozent gegenüber dem Vorjahr.

Die Partner waren sich nicht einig bezüglich der Ursache der Probleme im Casino. Trumps Seite war der Meinung, dass die Manager von Harrah's zu tief gestapelt und damit die stinkreiche Kundschaft abgeschreckt hätten, die Donald anlocken wollte. Harrah's Manager hingegen glaubten, es besser zu wissen als ein New Yorker Bauunternehmer, der noch nie ein Casino geleitet hatte. Außerdem fühlten sie sich im Stich gelassen, als Trump nicht das dringend benötigte Parkhaus für die Spieler baute, die aus Philadelphia und New York nach Atlantic City fuhren. Ein unabhängiger Analyst kam zu dem Schluss, dass die Spieler von den vermischten Markennamen verwirrt waren, weil die Namen Trump und Harrah's sowohl gemeinsam als auch separat auf verschiedenen Schildern und in Anzeigen auftauchten. Für Donald, der unbedingt den Namen Trump zu einer Marke ausbauen wollte, die den Wert von allem steigerte, das er in Angriff nahm, war diese Verwirrung schlimmer als kontraproduktiv. Sie war eine Gefahr für seine Strategie für die Zukunft.[8]

Da Trump mit seinen Partnern unzufrieden war, trat er an Barron Hilton heran, um über das enorm teure Spielcasino ohne Lizenz zu sprechen, das Hilton in der Marina-Gegend gebaut hatte, nicht weit von dem ursprünglichen Standort des Harrah's in Atlantic City. Hilton war in Trumps Augen ein Mitglied des *lucky sperm club*. »Er wurde reich geboren und wurde zu einem

Aristokraten aufgezogen.« Trump gab diese Einschätzung im Jahr 1987 von sich, und zwar ohne das geringste Anzeichen, sich bewusst zu sein, dass er selbst mit Aufmerksamkeit überschüttet worden war und von dem kleinen Vermögen profitiert hatte, das man in seine private Erziehung als das herumkutschierte Kind eines der reichsten Männer Amerikas investiert hatte. Die wenigsten Spermien dürften es je besser angetroffen haben.[9]

In seiner ersten Unterhaltung mit Hilton kam Trump nicht voran. Dann bot Steve Wynn an, 25 Prozent der Hotelgesellschaft Hilton zu kaufen, und verbreitete das Gerücht, früher oder später die Kette zu übernehmen. Wie Trump war auch Wynn ein kühner und aggressiver Geschäftsmann. Zu seinen ersten großen Deals zählte der Kauf eines Grundstücks direkt neben dem Caesars Palace in Las Vegas für eine Million Dollar und der rasche Weiterverkauf an Caesars für zwei Millionen. Aber im Gegensatz zu Trump war Wynn nicht in eine reiche Familie geboren worden. Seine Eltern hatten Bingo-Spielsalons in Maryland geleitet, und ihr größter Beitrag zu seinem Erfolg war eine Unterstützung in Höhe von 25 000 Dollar bei seinem ersten Vorstoß in die Geschäftswelt. Außerdem pflegte er ein positives, öffentliches Image, das er selbst als »glatt und lässig« beschrieb. Donald Trump mochte aalglatt sein, aber er war auf keinen Fall lässig.[10]

Da Wynn es auf seine Firma abgesehen hatte, fing Barron Hilton an, Geld aufzutreiben, um sich gegen ihn zu wehren. Hilton konnte sich nicht sicher sein, ob Wynn wirklich die Absicht hatte, die Firma zu übernehmen oder eine sogenannte »*Greenmail*«-Strategie anwandte, die letztlich eine Art Ablösezahlung erfordern würde, um dieses Vorhaben zu stoppen. Einer der prominentesten Anwälte des Landes, Edward Bennett Williams verglich diese Praxis mit den von Mafiabanden erhobenen »Schutzgeldzahlungen«, die ihren Opfern mit Überfällen drohen, wenn sie nicht regelmäßig zahlen. »Wissen Sie was, werden sie sagen: ›Sie sind reif für eine Übernahme.‹ Auf diese Weise gehen für gewöhnlich Gangster vor«, sagte Williams. Insidergeschäfte wurden ebenfalls durch *Greenmail* gefördert, denn sobald die Drohung ausgesprochen wurde, stieg der Aktienkurs des betroffenen

Unternehmens unweigerlich an. Bekannte, die im Vorfeld einen Tipp erhielten, konnten günstig kaufen, abwarten, bis der Investor den ersten Schritt getan hatte, und dann verkaufen, wenn die Aktie des Zielunternehmens den Höchststand erreicht hat.[11]

Diese erpresserische Vorgehensweise war nur eine von mehreren Taktiken, die in der hippen Reagan-Ära von skrupellosen Kapitalisten angewandt wurden. Die sogenannten Heuschrecken, unter ihnen Carl Icahn und T. Boone Pickens, liehen sich immense Geldsummen, um Anteile an Unternehmen zu kaufen, die sie für schlecht geleitet oder unterbewertet hielten. Wenn dies gelang, konnten sie ihre Schulden auf die übernommene Firma übertragen. In manchen Fällen führte diese Belastung zum Konkurs. In anderen wurde ein Unternehmen in kleinere Teile aufgespalten und unter Gewinn verkauft. Ein Angreifer konnte auch aus einer frisch erworbenen Firma noch mehr Geld quetschen, indem er an der Börse zusätzliche Aktien verkaufte. Obwohl Heuschrecken möglicherweise einen Teil oder das ganze Unternehmen vernichteten, Arbeitern ihre Stelle und manchen Gemeinschaften die grundlegenden Wirtschaftszweige raubten, verdienten sie selbst so gut wie jedes Mal bei der Sache.[12]

Im Falle Hiltons spekulierten Finanzanalysten, dass Wynn das ganze Unternehmen aufkaufen und anschließend bis auf die Spielhöllen alles verkaufen könnte. Eines nach dem anderen oder auch in größeren Bündeln abgestoßen, könnten die regulären Hotels genügend Geld einbringen, um die Kosten des gesamten Aufkaufs zu decken. So würde Wynn die Casinos von Hilton praktisch kostenlos bekommen. Mit ein wenig Glück würde er sogar deutlich mehr einstreichen, als er für die Hilton-Aktien ausgeben müsste. Da so gut wie das ganze Geld, das bei dem Geschäft floss, geliehen war, ging er keinerlei Risiko ein. Wenn er Erfolg hätte, würden Barron Hilton und andere Aktionäre natürlich die Kontrolle über die Firma verlieren, und die Besitztümer würden vermutlich mit neuen Schulden belastet werden. Die zusätzlichen Kosten könnten immer dadurch gedeckt werden, dass die Löhne der Mitarbeiter gekürzt und die Zimmermieten erhöht würden. Und wenn eins der ehemals gewinnbringenden Hilton-

Hotels auf einmal rote Zahlen schrieb, dann wäre das das Problem eines anderen.

Als der Mann, dessen Name das Hilton-Empire prägte, lag Barron Hilton am meisten daran, Wynns Vorhaben erfolgreich abzuwehren. Er revidierte kurzerhand seine Ansichten zu Donald Trump und sah in ihm auf einmal eine Art Weißen Ritter. Trump wich von seiner üblichen Strategie, niedrig zu kaufen, ab und erklärte sich bereit, Hilton den vollen Angebotspreis von 320 Millionen Dollar für den Atlantic-City-Komplex zu zahlen. Die Finanzierung kam letztlich von der Investmentfirma Bear Stearns, wobei Anleihen zu einem Zinssatz von jährlich 14 Prozent ausgegeben wurden. Das Projekt bekam den Namen Trump Castle. Wie allgemein erwartet, verklagte Holiday Inn daraufhin Trump, weil er seinen Namen einem Casino gab, das dem Harrah's auf dem Trump Plaza direkt Konkurrenz machte.

Ein anderer Geschäftsmann wäre zwar womöglich von den ganzen Schulden und der Klage von Holiday Inn eingeschüchtert worden, doch Donald handelte ganz zielstrebig. Er zahlte 73 Millionen Dollar und erwarb damit Harrah's Hälfte der Partnerschaft am Trump Plaza, womit sowohl ihre Geschäftsbeziehung als auch die anstehende Klage beendet wurden. Trump hatte allen Grund zu der Annahme, dass er die Situation an seinem ursprünglichen Casino-Standort verbessern konnte. Das Ergebnis von Harrah's am Trump Plaza, das vierteljährlich von der Casino-Aufsicht von New Jersey bekanntgegeben wurde, war nie sonderlich gut gewesen. Im Jahr 1985 hatte das Trump-Casino Verluste gemacht, während das erste Harrah's-Casino bei der Marina über zehn Millionen Dollar Gewinn verbucht hatte. Im ersten Quartal von 1986 verbesserte sich die Bilanz ein wenig für die Trump-Einrichtung, aber das erste Harrah's Casino übertraf sie immer noch und verdiente fast sechs Millionen Dollar im Vergleich zu einer Million für das Trump-Casino.

Mit der Konsolidierung seiner Position in Atlantic City begann eine neue Phase in Trumps Finanzleben. Eindeutig fasziniert von Firmenübernahmen drehte er den Spieß gegen Holiday Inn um, indem er über 2,5 Prozent der Aktien kaufte und anschließend die Übernahme ankündigte. Als er den Anteil erwarb, wurde die Aktie für rund 62 Dollar verkauft, aber Analysten der Wall Street gingen davon aus, dass die Vermögenswerte, wenn man sie zerschlug und einzeln verkaufte, möglicherweise volle 100 Dollar pro Aktie einbrachten. Die Differenz konnte für jemanden, der die Aktienmehrheit übernommen hatte und das Unternehmen auflöste, sage und schreibe 500 Millionen Dollar Gewinn bedeuten. Trump veröffentlichte eine Anzeige über seinen Kauf, lange bevor er so viele Anteile erworben hatte, dass dies wegen der Vorschriften an der Börse ohnehin erforderlich gewesen wäre. Deswegen, und wegen anderer Faktoren, schien es unwahrscheinlich, dass er wirklich daran interessiert war, die Firma zu kaufen. »Er ist keine Heuschrecke«, erklärte ein Angestellter bei Bear Stearns.

Jedoch schon allein die Vorstellung, dass es zu einer Übernahme kommen könnte, ließ den Wert der Holiday-Inn-Aktien auf über 71 Dollar steigen. Außerdem veranlasste sie Manager bei Holiday Inn, eine Hypothek in Höhe von mehr als zwei Milliarden Dollar auf ihre Firma aufzunehmen. Durch die Belastung des Unternehmens verfolgte der Aufsichtsrat die »Giftpillen-Strategie«, die einen großen Teil von dem Wert vernichtete, den ein Investor theoretisch durch den Verkauf der vielen Vermögenswerte einstreichen könnte. Trump verkaufte seine Aktien wieder und prahlte, dass er durch den gestiegenen Preis 35 Millionen Dollar verdient habe. Später gab er in einem Bericht, den er für den Staat New Jersey anfertigen musste, an, dass sein tatsächlicher Gewinn unter 13 Millionen Dollar lag, was dennoch eine stattliche Summe war.[13]

Trump sagte später einmal: »Die New Yorker Börse ist zufällig das größte Spielcasino auf der Welt.« Als Nächstes suchte er sich die Casino- und Fertigungsfirma Bally's für die Übernahmemasche aus. Er wollte über ein »*Greenmailing*-Schema«, wie das *Wall Street Journal* es nannte, an sie herankommen, und zwar durch den Kauf von 9,9 Prozent der Firmenanteile. Im Zuge der Giftpillen-Abwehrstrategie kaufte Bally's für 440 Millionen Dollar das Spielcasino Golden Nugget in Atlantic City. Nachdem man Bally's unattraktiv für Trumps Übernahmeversuch gemacht hatte, zahlte ihm das Unternehmen 84 Millionen Dollar für seine Anteile. Der Deal brachte ihm einen Gewinn von 24 Millionen Dollar ein. Bally's blieb nur eine enorme Belastung durch neue Schulden, und Trump suchte sich sein nächstes Ziel aus: Resorts International, dem das bestehende Casino Resorts und ein noch im Bau befindliches Casino namens Taj Mahal in Atlantic City gehörten.

Der Gründer von Resorts International war im April 1986 gestorben. Im März 1987 gab Trump ein Angebot auf die Casinos ab und versprach, das Projekt in Atlantic City fertigzustellen. Die ursprünglich auf 185 Millionen Dollar veranschlagten Kosten für das Taj Mahal waren wie allseits bekannt auf über 500 Millionen Dollar explodiert. Bei dem Angriff auf Resorts International konzentrierte sich Trump auf die Aktien der Kategorie B, die ungefähr das Vierfache der Wertpapiere aus Kategorie A kosteten, aber zugleich 100 Stimmen pro Aktie einbrachten. Der Sonderstatus der Aktien gestattete es Trump, sich 88 Prozent der möglichen Aktionärsstimmen anzueignen, während er lediglich 12 Prozent des Unternehmenswertes zahlte. Es ist kein Wunder, dass er die Börse für ein Spielcasino hielt.[14]

Als die Inhaber von Aktien der Kategorie A von Trumps Machenschaften erfuhren, schlugen einige Alarm. Die lautstärksten Kritiker waren empört über sein Angebot von 22 Dollar pro Aktie. (Bei diesem Preis würde Trump insgesamt lediglich 125 Millionen Dollar zahlen, um seine Übernahme zu realisieren.) Nur wenige Tage bevor Trump den Kauf von Resorts International abschloss und daraus ein privates Unternehmen machte kündigte Merv Griffin auf einmal an, dass er für jede noch erhältliche Aktie der Kategorie A 35 Dollar zahlen würde. Die beiden Männer verklagten sich daraufhin gegenseitig.

Griffin war ein ungewöhnlicher Herausforderer von Trumps Anspruch auf Resorts International. Er war 19 Jahre älter und nicht als Geschäftsmann, sondern als Entertainer bekannt. Nach mehr als einem Jahrzehnt als erfolgreicher Sänger einer Big Band hatte Griffin Spielshows moderiert und war eine Weile Jack Paars Interims-Nachfolger bei dessen legendärer *Tonight Show*. Im Jahr

1965 ging seine Talkshow *The Merv Griffin Show* auf Sendung und lief bis 1986. Griffin war zwar ein Mann der leisen Töne, scheute aber die Auseinandersetzung keineswegs. Als der junge Donald Trump noch im Büro seines Vaters Lehrgeld zahlte, bot Griffin bereits entschiedenen Gegnern einer amerikanischen Beteiligung am Vietnamkrieg eine Plattform an. Mit ernster Stimme brachte er den politischen Aktivisten Abbie Hoffman und den Philosophen und Pazifisten Bertrand Russell dazu, ihre Ansichten mitzuteilen, die weitverbreitete Annahmen zur amerikanischen Politik in Frage stellten. Dank der Nachmittagssendungen von Griffin bekamen Millionen von Hausfrauen und ihre Kinder auch zum ersten Mal Gesellschaftskritiker wie Dick Gregory und George Carlin zu sehen.

Während der sanftmütige Griffin klammheimlich die Kontroverse förderte, erwies er sich auch als ein scharfsinniger Geschäftsmann. Als er das Konzept für die Spielshow *Jeopardy!* entwickelte, sorgte er dafür, dass er die Besitzrechte behielt, und gründete eine Produktionsfirma, die die Aufsicht hatte. Auf seinen großen Erfolg ließ er weitere Spielshows folgen, etwa *Wheel of Fortune* (*Das Glücksrad*), das als eine Art Lizenz an Sender auf der ganzen Welt verkauft wurde. Im Jahr 1986 verkaufte Griffin seine Produktionsfirma für 250 Millionen Dollar. Dieses Geld brachte er nun in das Ringen um Resorts International ein.[15]

Da Donald Trump von sich behauptete, er sei Milliardär, war Griffin mit seinen 250 Millionen in dem Duell der kleine David gegen den großen Goliath. Aber er war mehr als reich genug, um Anwälte für die verschiedenen Prozesse und die Eingaben zu den Wertpapieren zu bezahlen, die im Zuge des Wettbewerbs mit Trump anfielen. Als Griffin die Sachlage analysierte, gelangte er zu der Überzeugung, dass er und sein Konkurrent völlig verschiedene Dinge wollten. Trump hatte es offensichtlich auf das Taj abgesehen, weil er damit die maximale Zahl an Casinos – nämlich drei – erreicht hätte, die nach den Lizenzvorschriften des Staates New Jersey zugelassen waren, zugleich würde ihm die größte Spielhölle in Atlantic City und womöglich auf der ganzen Welt gehören. Griffin hingegen, der von Natur aus Entertainer und kein Immobilienentwickler war, bevorzugte die Teile von Resorts International, die intakt und im Betrieb waren, nämlich das bestehende Casino an der Promenade von Atlantic City und die vier Hotels samt Casino auf den Bahamas.

Da die beiden Kontrahenten unterschiedliche Teile von Resorts International begehrten, schien die Basis für einen Kompromiss naheliegend. Dennoch entschied sich Trump sowohl für die Auseinandersetzung vor Gericht als auch für einen Krieg der Worte. Er fing damit an, dass er Griffin vorwarf, ein »völlig illusorisches« Angebot gemacht zu haben, mit der Absicht, um die Resorts-Aktien einen Wirbel zu veranstalten und so den Preis in die Höhe zu treiben. (Genau das war mit den Holiday-Inn-Aktien passiert, als Trump seinen Kauf angekündigt hatte.) Als Griffin dann die entsprechenden Formulare bei der Börsenaufsicht einreichte und sein Gebot damit amtlich wurde, nannte Trump diesen Schritt »dürftig« und »vergeblich«. Trumps Äußerungen, die ganz offensichtlich seinen Widersacher herabsetzen sollten, verrieten zugleich seine Frustration. Obwohl er 88 Prozent der Aktionärsstimmen kontrollierte, hing die endgültige Entscheidung über den Verkauf vom Vorstand ab. Dort konnte sein Vorhaben in eine Sackgasse geraten, wenn sich die drei unabhängigen Vorstandsmitglieder verpflichtet fühlten, Griffins Gebot für Aktien der Kategorie A anzunehmen. Da es um 50 Prozent höher als Trumps Gebot war, konnten sie als Treuhänder zu dem Schluss gelangen, dass sie gar keine andere Wahl hatten.

Griffin hielt sich seinerseits mit Äußerungen über Trump zurück, erhöhte jedoch, nachdem er eine aktuelle Bewertung von Resorts International geprüft hatte, sein Angebot auf über 45 Dollar pro Aktie, oder insgesamt 295 Millionen Dollar. Wie ein Pokerspieler, der einen gewaltigen Stapel Chips in die Mitte des Tischs schiebt, erhöhte Griffin sein Angebot so sehr, dass man es nicht ignorieren konnte. Trump reagierte nicht sofort, signalisierte aber nach einiger Zeit, er habe nicht die Absicht, mit Griffin auf den letzten Dollar gleichzuziehen. Am 26. März 1988 gab Trump bekannt, dass er das ehrwürdige Hotel Plaza an der Ecke Fifth Avenue und Fifty-ninth Street gekauft hatte, für angeblich 407 Millionen Dollar. Wie üblich, blähte er diese Zahl noch ein wenig auf, als er sich an seine Geldgeber wandte, und lieh sich insgesamt 425 Millionen Dollar, womit ihm einige Millionen zur freien Verfügung standen, nachdem er den Verkäufer Robert M. Bass ausgezahlt hatte.

Bass und seine Partner hatten, nachdem sie das Plaza zusammen mit dem Rest der Hotelkette Westin gekauft hatten, ihre Zweifel, ob das Hotel mit seinen Schulden in Höhe von 300 Millionen Dollar noch einen Gewinn abwerfen würde. Sie holten sich fast ein Drittel der Summe zurück, die sie für die ganze Westin-Kette gezahlt hatten, indem sie ein Hotel an Donald Trump verkauften. Seine Aussichten beim Plaza hätten kaum besser sein können, wenn man bedenkt, dass er Schulden in Höhe von grob geschätzt 125 Millionen Dollar zu dessen bisheriger Belastung hinzugefügt hatte. Allerdings stieß Trump rasch andere Vermögenswerte zum Preis von rund 100 Millionen Dollar ab, womit er sich eine kleine Atempause verschaffte.[16]

Mit dem Plaza bekam Donald Trump viel mehr als ein Hotel im Stil eines französischen Châteaus. Das Gebäude war der Inbegriff von New York. Das seit mehr als 80 Jahren Gäste beherbergende Hotel war bei Einheimischen und Besuchern ebenso beliebt wie der Bahnhof Grand Central und die große öffentliche Bibliothek, die alle um die gleiche Zeit gebaut wurden. Der erste Eintrag im Gästebuch des Hotels lautete: »Mr. und Mrs. Alfred G. Vanderbilt und Diener«. Das Heim der fiktiven Heldin Eloise der berühmten Kinderbuchreihe von Kay Thompson wurde im Jahr 1986 zu einer »National Historic Landmark«, einer historischen Sehenswürdigkeit, erklärt. Das Hotel kam in unzähligen Filmen und Fernsehserien als Kulisse vor. Das berühmte Persische Zimmer des Plazas hat Vorstellungen einer ganzen Reihe von Diven erlebt, von Eartha Kitt über Liza Minnelli bis hin zu Peggy Lee, und der Große Ballsaal war der Schauplatz von Truman Capotes berühmtem »Black and White Ball« von 1966.

Trump schien sich der historischen Bedeutung des Gebäudes bewusst, aber er betrachtete es aus einer eindeutig eigennützigen Sicht. In einer bezahlten Anzeige verwendete er massiv das Wort

»Ich«, um den Plaza-Kauf bekanntzugeben: »Ich habe kein Gebäude gekauft, ich habe ein Meisterwerk gekauft – die *Mona Lisa*. Zum ersten Mal in meinem Leben habe ich bewusst ein Geschäft abgeschlossen, das nicht wirtschaftlich war – denn ich kann den Preis, den ich gezahlt habe, niemals rechtfertigen, wie erfolgreich das Plaza auch sein mag. Was ich getan habe, ist jedoch, New York die Gelegenheit zu bieten, ein Hotel zu besitzen, das alle anderen übertrifft! Ich bin entschlossen, das Plaza zum allergrößten Hotel von New York zu machen, wenn nicht zum großartigsten Hotel auf der Welt.«[17]

In diesen vier Sätzen, knapp hundert Wörter, erklärte Trump ein Geschäft, das er getrieben von seinem Ehrgeiz und kommerziellen Bestreben abgeschlossen hatte, zu einem Akt staatsbürgerlicher Großzügigkeit. Er bot New York »die Gelegenheit«, Standort eines Luxushotels zu werden, das, nun ja, bereits fest auf seinem Boden verankert war. Ebenso sorgfältig konstruiert wie seine Gebäude legte die Anzeige auch die Maßstäbe fest, nach denen der Deal bewertet werden sollte, und zwar auf eine Weise, dass Trump auf keinen Fall verlieren konnte. Er hatte »bewusst« einen Preis gezahlt, der aus wirtschaftlicher Sicht unsinnig gewesen war. Das Plaza war jedoch die *Mona Lisa* unter den Hotels, und deshalb musste man ihn für seine Großzügigkeit bewundern. Und falls sich das Plaza zufällig als gewinnbringend erweisen sollte, so hatte er gewaltige Hindernisse überwunden und ein finanzielles Wunder bewerkstelligt.

Wenige Tage nach dem Kauf des Plaza willigte Trump ein, mit seinem Rivalen in dem Gerangel um Resorts International zu verhandeln. Griffin überging das unter Geschäftsleuten übliche Gezerre um Ort und Regeln und erklärte sich rasch bereit, nach New York zu reisen und sich im Trump Tower mit Donald zu treffen. Er kam an einem Frühlingsnachmittag an und wurde mit dem Aufzug in den 26. Stock befördert. Trump führte ihn in sein privates Büro, wo die Fenster einen beeindruckenden Blick auf den Central Park boten. Trump zeigte auf das Plaza und erinnerte Griffin daran, dass er soeben den Kauf der Ikone mit 800 Zimmern abgeschlossen hatte. Griffin scherzte: »Das sind so viele Zimmer, wie Sie brauchen werden, um all die Anwälte unterzubringen, die nötig sind, um mich zu schlagen.«

Wie Nina Easton später in der *Los Angeles Times* erzählte, fragte Griffin daraufhin Trump, was er denn von Resorts International haben wollte. Trump antwortete, dass er das Taj und den Landungssteg aus Stahl wolle, der zum Grundstück gehörte. Griffin fragte: »Ist das alles?« Trump antwortete: »Ja.« In diesem kurzen Augenblick endete die Fehde, und die groben Linien einer Einigung wurden festgelegt. Am Ende des Tages hatten Anwälte die Details des Deals für die beiden Männer an einem Tisch in der Bar im Hotel Helmsley ausgehandelt, wo Griffin sich einquartiert hatte. Laut der Vereinbarung sollte Griffin die Mehrheit von Resorts International übernehmen, das Unternehmen anschließend auflösen und an Trump zu einem vereinbarten Preis die Teile verkaufen, die er haben wollte. Nach der am 15. April 1988 bekanntgegebenen Übereinkunft erhielt Trump zusätzlich den Bonus mehrerer Hubschrauber, die zum Portfolio des Resorts gehörten. Griffin bekam dafür einige Wasserflugzeuge vom Typ Grumman Mallards, die Resorts International unter dem Namen Chalk's International Airlines unterhielt. (Die 1917 gegründete Gesellschaft Chalk's war der älteste noch arbeitende Flugdienst in den Vereinigten Staaten.)

Griffin und Trump waren beide überzeugt, dass ihr Name in der Öffentlichkeit tatsächlich etwas zählte und folglich den Wert ihrer Unternehmen steigerte. Der bekanntlich warmherzige und lebensfrohe Griffin war berühmter, neigte aber nicht dazu, dies auszunutzen. Trump setzte seinen Familiennamen auf so gut wie alles, das ihm in die Finger kam, außer dem ehrwürdigen Plaza. Im Sommer 1988 umfasste die Liste die Trump Casinos in Atlantic City, sowie eine Reihe wichtiger Gebäude in New York wie den Trump Tower, Trump Plaza und Trump Park. Doch im Namen schwang allmählich mehr als nur Reichtum, Überfluss und – wie Trump hoffte – eine vom Namen selbst ausgelöste Erregung mit. Er stand auch für ein unziemliches Maß an Selbstverliebtheit und den Hang zur Übertreibung.

Trumps Ruf hatte im Jahr 1980 zum ersten Mal gelitten, als er das Kunstwerk am Bonwit-Kaufhaus zerstört hatte, doch die negative Publicity war kurzlebig gewesen. Der Streit um seine Pläne für ein 15-stöckiges Apartmenthaus an der 100 Central Park South zog sich über Jahre hin. In dieser Zeit schien Trump häufig wie ein Trampel aufzutreten. Ein Richter war der Meinung, dass Trump eine »fadenscheinige und überflüssige Klage« eingereicht habe, um einen Bewohner zu »schikanieren« und ihn zum Auszug zu bewegen. Trump wurde dazu verdonnert, einen Teil der Miete des Mannes zu erstatten. In anderen Fällen stellte man fest, dass Trump »Einschüchterungsversuche« unternommen und »in böser Absicht« gehandelt habe. Drei Jahre hintereinander hatten sich seine Hausverwalter geweigert, einen Weihnachtsbaum in der Eingangshalle aufzustellen. Das veranlasste den Kolumnisten der *New York Times* Sydney H. Schanberg, ihn »Donald Humbug« zu nennen. Tony Schwartz von der Zeitschrift *New York* sollte Trumps Verhalten bei dem Hausprojekt als eine »Fuge des Scheiterns« bezeichnen.[18]

Die Bewohner in dem Gebäude 100 Central Park South erwiesen sich als würdige Gegner von Trump. Sie bildeten eine Vereinigung, stellten einen aggressiven Anwalt ein und verwickelten ihn in so viele gerichtliche Verfahren, dass er Gulliver glich, wie er den Liliputanern auf Gedeih und Verderb ausgeliefert war. Die an einem Gericht vorgelegten Beweise deckten auf, dass die Hausmeister, die Trump für das Gebäude eingestellt hatte, versprochen hatten, die Bewohner binnen einem Jahr mehr oder weniger freiwillig zu vertreiben. Da Reparaturarbeiten und der Putzdienst ausgesetzt wurden, fing es an hereinzuregnen, und die Decken einiger Apartments stürzten ein. Die Gemeinschaftsbereiche wurden schmutzig. Das Personal in der Lobby nahm keine Pakete mehr entgegen. Die Türsteher öffneten nicht mehr die Tür und riefen auch keine Taxis. Ein Wartungsarbeiter sagte aus, dass man ihn ausdrücklich gebeten habe, den Hausmeistern zu berichten, was er über die finanziellen Verhältnisse und sexuellen Gewohnheiten der Menschen in dem Gebäude wisse. Trump bestritt allerdings den Bericht des Wartungsarbeiters, den der Journalist Wayne Barrett wiedergegeben hatte. Außerdem teilten Trumps Vertreter der Presse mit, dass »die Vorwürfe der Schikane Fälschungen und ein gut organisierter Versuch der Bewohner [seien], seine prominente Stellung auszunutzen«.

Die keineswegs machtlosen Bewohner gingen an die lokalen Medien mit Anekdoten über die 15 älteren Frauen, die in dem Haus lebten, und über die ärmsten Bewohner, die in ganz Manhattan kaum noch eine Wohnung finden würden, die sie sich leisten konnten. Außerdem kam den Bewohnern auch die Verwaltung unter Bürgermeister Koch zu Hilfe, die vor Gericht ging und Trump »ungeheuerliche Versuche« vorwarf, Menschen »zu schikanieren und ohne angemessenes Gerichtsverfahren zwangsweise auszuquartieren«. Der Prozess gestattete es dem Bürgermeister, der erneut zur Wahl antrat, sich als Verteidiger des kleinen Mannes gegen einen Immobilienentwickler zu präsentieren, den Koch mit Freuden als skrupellos und habgierig schilderte. Die jahrelange Auseinandersetzung führte in eine Sackgasse, die Trumps Bemühungen, das Gebäude in Eigentumswohnungen umzuwandeln, vereitelte. Der Krieg endete, als er einwilligte, das Gebäude 100 Central Park South als Mietshaus zu erhalten und substantielle Renovierungsarbeiten durchzuführen, während die Bewohner im Gegenzug sämtliche Klagen gegen ihn fallen ließen.[19]

Für Trump, der nach Möglichkeit immer gewinnen will, war die Episode um das Haus an der Central Park South ein bemerkenswerter Rückschlag und ein PR-Desaster. Sie war noch schmerzlicher, weil sie auf eine zweite große Niederlage folgte: den Zusammenbruch der United States Football League. Die USFL hatte von Anfang an mit Problemen zu kämpfen gehabt. Trump hatte die Miteigentümer überredet, von einer Frühjahr-Sommer-Saison in den Herbst zu wechseln, wo sie mit der solide verwurzelten NFL und den College-Teams um die Aufmerksamkeit wetteiferte. Er drängte die Liga auch, eine Klage gegen die NFL einzureichen, mit dem Vorwurf, die ältere Liga habe gegen die Kartellgesetze verstoßen. Die Klageschrift bezifferte den Schaden auf 567 Millionen Dollar, und das Ganze hätte zusammen mit Bußgeldern auf ein Urteil in Höhe von 1,7 Milliarden

Dollar hinauslaufen können. Im Sommer 1986 stellte eine Jury fest, dass die NFL in der Tat versucht hatte, ein gesetzwidriges Monopol zu etablieren; die USFL-Eigentümer seien jedoch davon gar nicht betroffen gewesen. Die Jury gewährte den Klägern eine symbolische Entschädigung in Höhe von einem Dollar. Damit war die Liga gestorben.[20]

Zu einem anderen Zeitpunkt wäre es Donald Trump womöglich gelungen, mit der Hilfe von Roy Cohn bessere Ergebnisse bei diesen Konflikten zu erzielen, denn Cohn war ein außerordentlich findiger Verteidiger. Doch im Jahr 1986 war Cohn zu sehr mit eigenen Problemen beschäftigt, um irgendjemandem zu helfen. Zunächst einmal stand er von der Anwaltsvereinigung unter Beschuss, die ihm seine Lizenz entzogen hatte. Er hatte sein Recht auf Berufung noch nicht ausgeschöpft, aber nachdem er unzählige Male nur um Haaresbreite davongekommen war, schien er nun mit seinem Latein am Ende. Noch schlimmer: Er war seit über einem Jahr schwerkrank, und von dem, was die Ärzte ihm verschrieben, half nichts auf Dauer.

Da Cohn seine sexuelle Orientierung so lange geheim gehalten hatte, war er auch nicht imstande gewesen, seinen Freunden zu sagen, dass er an Aids erkrankt war, was in der New Yorker Schwulenszene geradezu epidemische Ausmaße angenommen hatte. In dieser Zeit, als antihomosexuelle Vorurteile noch sehr stark verbreitet waren, führten viele Männer so ein isoliertes Leben. Doch die Aids-Krise hatte viele Männer auch dazu bewegt, sich zu outen, als Akt der Selbstbestimmung und der Solidarität. Im Alter von 59 Jahren klammerte sich Cohn jedoch so sehr an seinen Betrug, dass er sogar den Kontakt zu Männern wie Senator Jesse Helms beibehielt, einen Rassist und Homophoben, der jede Forschung zu der Epidemie ablehnte.

Roy Cohn täuschte viele Menschen weiterhin – darunter auch seine Bekannte Barbara Walters –, indem er behauptete, er leide an Leberkrebs. In den Phasen, wo er sich besser fühlte, schwang er mit der charakteristischen Prahlerei und Gehässigkeit große Reden. Als Donald Trump seine Angelegenheiten anderen Anwaltskanzleien übergab, fühlte sich Cohn von seinem einstigen

Schützling in der Stunde der Not im Stich gelassen. Der Journalist Wayne Barrett berichtete, Cohn habe zu ihm gesagt: »Ich kann nicht glauben, dass er mir das antut. Donald pisst eiskalt.«[21]

Einige enge Freunde von Cohn verziehen das Trump nie und waren der Meinung, dass er seinen Mentor im Stich gelassen habe, der ihm beigebracht hatte, wie man Erfolg hat. Die beiden Männer versöhnten sich ihrerseits in Cohns letztem Lebensjahr. Cohn tat den ersten Schritt. Er rief Trump an und fragte ihn, ob er für einen ehemaligen Liebhaber von ihm eine Unterkunft habe, für Russell Eldridge, der ebenfalls schwer an Aids erkrankt war. Laut Barrett und dem Schriftsteller Nicholas von Hoffman hatte Cohn die Absicht gehabt aufzulegen, falls Trump fragen sollte, woran der kranke Freund denn leide. Trump stellte keine Fragen. Stattdessen stellte er ein Zimmer im Hotel Barbizon zur Verfügung, das er gekauft hatte. Als die Hotelrechnungen an Cohn geschickt wurden, warf er sie weg. Am Ende hielt das Hotelpersonal es nicht mehr aus, einen sterbenden Menschen in ihrer Mitte zu haben. Sie riefen Cohn an und baten ihn, Eldridge aus den Räumlichkeiten abzuholen. Er ging auf ihre Bitten nicht ein, was Donald nicht zu stören schien. Er rief Cohn mehrmals an, um ihn aufzumuntern, und lud ihn Anfang März 1986 zu einer Dinnerparty in Palm Beach ein. Das Fest fand im Mar-a-Lago statt, dem ehemaligen Gut von Marjorie Merriweather Post, das Trump unlängst erworben hatte. Cohn nahm daran teil.

Cohn klammerte sich so sehr an sein Konstrukt der Realität, dass er selbst dann noch dabei blieb, als man ihm das Ringen mit dem Tod ansah. Im Frühjahr 1986 sprach er mit Donald Trump darüber, dem gefürchteten Mike Wallace von der Fernsehsendung *60 Minutes* ein Interview zu geben. Trump erinnerte sich, dass er ihm davon abriet: »Ich sagte: ›Roy, mach das nicht‹, weil es offensichtlich war, dass er krank war. Es war damals offensichtlich, dass er Aids hatte. Ich sagte: ›Lass es bleiben, Roy. Du machst einen großen Fehler … Für dich kann nichts Gutes dabei herauskommen.‹«

Cohn gab das Interview trotzdem. Als die Sendung ausgestrahlt wurde, wirkte er ausgemergelt und halbtot, als er Wallace ansah und ihm und Millionen von Menschen im Publikum von *60 Minutes* sagte: »Ich habe kein AIDS.« Im Juni, als das höchste Gericht von New York Cohns Berufsverbot wegen eines Verhaltens bestätigte, das es für »tadelnswert«, »unethisch« und »unprofessionell« hielt, wiederholten die Reporter den Schwindel mit dem Leberkrebs. Mitarbeiter in seinem Büro sagten, Cohn sei segeln und nicht zu erreichen, aber als der Fernsehreporter Gabe Pressman Cohns Nummer zu Hause wählte, erreichte er Cohn, der zu seinem Berufsverbot sagte: »Das ist mir völlig schnuppe.«

Im Juli wurde Cohn stationär in eine Klinik am National Institutes of Health (NIH) außerhalb von Washington, D.C., eingewiesen. Es war schwierig, ein Bett im NIH zu bekommen, vor allem auf den Stationen, die sich der Pflege von Aidspatienten widmeten, aber Roy war ein guter Freund von Präsident Ronald Reagan und seiner Frau Nancy. Auch wenn er nicht länger auf eine Bevorzugung seitens des Rathauses hoffen konnte, so hatte er in der Hauptstadt noch einiges gut. Cohns letzte Wochen sollten schließlich in schrecklichen Details von dem Schriftsteller Nicholas von Hoffman in dem Buch *Citizen Cohn* gezeigt werden, und von dem Schauspieler Al Pacino in der Fernsehfassung des Stücks von Tony Kushner *Angels in America* (*Engel in Amerika*). Cohn starb am Morgen des 2. August 1986 um sechs Uhr früh. NIH-Vertreter gaben als offizielle Todesursache »Herz-Kreislauf-Stillstand« an, in Verbindung mit »Demenz« und »zugrundeliegenden« Infektionen, die von AIDS verursacht worden waren.

Am 4. August 1986 nahm Donald Trump an einer privaten Gedenkfeier für Cohn teil, wo alle, die ihn gut kannten, von ihm Abschied nahmen. Als guter Freund und langjähriger Mandant von Cohn blieb Trump im Hintergrund des Raums und zählte nicht zu den vielen, die ihre Erinnerungen mitteilten. Am selben Tag gab das Magazin *Playgirl*, das unter homosexuellen Männern ein eifriges Lesepublikum hatte, bekannt, dass Trump zu den »zehn heißesten Männern in Amerika« zählte. Die Ehre wurde in Zeitungen im ganzen Land abgedruckt, wo sich die Chefredakteure mit Sicherheit über die Gelegenheit die Hände rieben, den Nachrichtenmix mit einer Prise sexueller Attraktivität zu würzen. In den zwölf Jahren seit dem Start von *Playgirl* war »sexy« zu einem der Wörter geworden, das die Schreiber der Schlagzeilen am häufigsten verwendeten: Sie versprachen den Lesern sexy Menschen, die sexy Sachen in sexy Räumen anstellten. Dabei wurde sexy in der Regel sehr eng aufgefasst. Mit ganz wenigen Ausnahmen mussten Frauen jung, schlank und blond sein. Außerdem erwartete man von ihnen, sich zugleich als verführerisch und unerreichbar zu präsentieren. Die physische Erscheinung spielte auch bei Männern eine wichtige Rolle. Im Laufe der Jahre hatten schlanke, gutaussehende Entertainer und Athleten die Liste der heißesten Männer dominiert. Unter denjenigen, die zusammen mit Trump geehrt wurden, war kein einziger klein und glatzköpfig. Allerdings konnte auch ein Mann, der nicht gerade wie Adonis aussah, als sexy angepriesen werden, wenn er im Überfluss jene Qualitäten besaß, welche die meisten Menschen mit der zeitgenössischen Definition von Erfolg assoziierten: Geld, Ruhm und sozialer Status.

Im Amerika der Achtzigerjahre waren die Männer, die von den meisten als erfolgreich angesehen wurden, keine Teamspieler, sondern Einzelkämpfer, die entweder etwas Bemerkenswertes leisteten oder einfach so allgemeine Bekanntheit erlangten. Sämtliche Arten von Darstellern – Schauspieler, Künstler, Sportler, Entertainer, sogar Nachrichtensprecher – konnten sexy sein. Auch manche Politiker, die sich als kühne Kämpfer gegen Konventionen präsentierten, waren sexy, selbst wenn sie in Wirklichkeit das gleiche Spiel wie alle anderen auch spielten. Geschäftsleute konnten sich als sexy erweisen, sofern sie ein Image als extreme Individualisten pflegten, das den legendären Helden des Westens ähnelte.

Der Donald Trump um 1986 war nur mäßig berühmt. Indem sein Name neben dem Schauspieler Bruce Willis, dem Musiker Rubén Blades und dem Football-Profi William Perry in die Liste der »heißesten« Männer aufgenommen wurde, trug die Zeitschrift *Playgirl* jedoch erheblich zu seinem Status bei. *People* hatte ihn landesweit bekannt gemacht, *Lifestyles of the Rich and Famous* hatte seinen Reichtum bestätigt. Jetzt besaß er die dritte

Eigenschaft – sexuelle Attraktivität –, die das Dreiergespann einer Berühmtheit im Medienzeitalter komplett machte. Mit vierzig war dieser Mann, der sich nach Reichtum und Aufmerksamkeit sehnte, zugleich ein Objekt, das jeder begehren sollte, der sich vom amerikanischen Mann angezogen fühlte. (Da sehr viele Leser von *Playgirl* homosexuell waren, galt das auch für diese.) Die Macht, die mit diesem Status einherging, war beträchtlich. Das galt aber auch für das Risiko – insbesondere bei einem Mann, der sagte, er liebe seine Frau und Kinder, und der sich nach der Anerkennung seiner Eltern sehnte, die beide einmal geheiratet hatten und ihr Leben lang zusammengeblieben waren.[22]

KAPITEL 9

DAS GLÜCK SCHWINDET

Nun ja, ich habe die Frauen geliebt.
Aber ich war nie ein Trinker. Ich war nie ein
Drogentyp, und ich war nie ein Zigarettentyp.
Donald Trump

Wie Donald Trump galt auch Marla Maples offiziell als sexy. Diese Bestätigung erhielt sie bei einem Schönheitswettbewerb, bei dem sie 1985 beinahe zur Miss Hawaiian Tropic International gekürt wurde. Bei dem vom Hersteller eines Bräunungsmittels gesponserten Contests sollten die Teilnehmerinnen strahlend lächeln, während sie im Bikini defilierten. Auf ihrem Anmeldeformular schrieb Maples: »Ich hoffe, als Filmschauspielerin Erfolg zu haben und eines Tages am Broadway aufzutreten.«

Einige junge Frauen waren zu Reichtum, Ansehen und Ruhm durch Schönheitswettbewerbe gelangt, die im Auftrag von Unternehmen aus jungen Frauen mit Sexappeal kommerziellen Nutzen ziehen wollten und eine Auswahl trafen. Im Medienzeitalter war die Nachfrage groß, aber ebenso groß war auch das Angebot. Die immense Anzahl der Bewerberinnen drückte den Marktwert und verringerte die Aussichten auf finanziellen Erfolg selbst für jene, die die begehrtesten Contests gewannen. Unzählige Shirley Cothrans (Miss America) und Christiane Fichtners (Miss USA) bekamen eine Krone aufs Haupt gesetzt und sonst nicht viel mehr. Die Konkurrentinnen mussten zudem die möglichen Fallstricke in Betracht ziehen, die mit den Wettbewerben im Zeitalter der medialen Inflation einhergingen. Vanessa Williams, Miss America 1984, war gezwungen, ihren Titel zurückzugeben, als Nacktfotos von ihr, die vor ihrem Contest-Sieg gemacht worden waren, im Herrenmagazin *Penthouse* veröffentlicht wurden. Mit der Zeit gewöhnte sich die Öffentlichkeit geradezu an solche Zwischenfälle, da Nacktaufnahmen von Prominenten derart häufig publiziert wurden, dass man den Eindruck gewann, jede junge Frau in Amerika hätte sich irgendwann im Evakostüm fotografieren oder filmen lassen – und mithin konnte man kein Vertrauen haben, dass derjenige, der diese Bilder besaß, sie für sich behalten würde.

Williams, Cothran und Fichtner hätten zwar als warnende Beispiele dienen können, aber die Träumerinnen konnten immer noch ihr Augenmerk auf Lee Meriwether richten, die nach ihrer Wahl zu Miss America 1955 eine Fernseh- und Filmkarriere machte, und auf Bess Myerson, die 1945 das gleiche Krönchen gewonnen hatte und eine erfolgreiche Berühmtheit geworden war. Sie half mit, dass es Ed Koch zum Bürgermeister von New York schaffte. Marla Maples hatte wohl Letztere im Sinn, als sie an ihrem jüngsten Wettbewerb teilnahm und den Plan schmiedete, nach New York City umzusiedeln. Obwohl sie auf der Highschool hervorragende Noten bekommen hatte und sich auch an der University of Georgia gut machte, brach sie das Studium ab. Sie war schon einmal mit ihren Eltern in New York gewesen. Damals hatten sie im Waldorf Astoria logiert.[1]

In Manhattan hatte Maples das Glück, ein preiswertes Apartment zu finden, das sie mit Fotos von Marilyn Monroe dekorierte, der Ikone tragischer Schönheit. Wie die der Monroe bestand auch Maples' Power in ihrer gesunden Sinnlichkeit, die sie einem Autor zufolge »zur Idealfrau eines 13 Jahre alten Jungen machte. Hübsch und sexy, doch irgendwie ungefährlich. Das Aktmodell von nebenan.«

Obwohl diese Reizausübung ihr eine gewisse Macht verlieh, fand Maples heraus, dass sie doch auch gefährlich sein konnte, vor allem wenn wenig reife Männer sie als ein Objekt betrachteten, das sie unter Kontrolle halten könnten. Schon früh schien Maples Männer anzuziehen, sie wurden häufig besitzergreifend oder waren gar wie besessen von ihr. Ihre erste Liebesbeziehung hatte sie zu einem gutaussehenden, charmanten jungen Mann, der schrecklich ausrasten konnte. Bei einem Streit schubste er sie einmal so heftig, dass sie mit der Hand in eine Glastischplatte krachte. Die Wunde musste im Krankenhaus genäht werden. Jahre später sagte sie, sie wünschte, sie hätte mehr aus diesem Vorfall gelernt, aber damals war sie noch sehr naiv und allzu vertrauensvoll.

Als sie sich in ihre Karriere stürzte, nahm Maples an Vorsprechproben und Castings teil und besuchte Schauspielkurse des Herbert Berghof Studios, wo viele berühmte Schauspieler – Jason Robards, Al Pacino, Barbra Streisand, Anne Bancroft, Robert De Niro – ihr Handwerk erlernt hatten. Sie hatte zwar einige Dates, aber in einer Stadt voller attraktiver Männer war sie wählerisch. Im August 1985 wurde sie von Jerry Argovitz, einem der Juroren beim Hawaiian-Tropic-Schönheitswettbewerb, Donald Trump vorgestellt. Er brachte sie in Trumps Büro, wo sie die Aussicht auf den Central Park und die gerahmten Magazin-Covers an der Wand bewunderte. In den folgenden Monaten lief Maples Trump bei einem Tennisturnier und auf dem Bürgersteig der Madison Avenue in die Arme. Sie begegnete ihm auch auf einer Wohltätigkeitsveranstaltung, die sie mit Argovitz besuchte.

Obwohl Argovitz und Maples sich hin und wieder trafen, hatten sie kein Verhältnis miteinander. Während der Castings und Meetings mit den Agenten traf sie sich mit einem ehemaligen Polizisten namens Thomas Fitzsimmons, der Schauspieler und Schriftsteller werden wollte und ein Projekt plante, in dem vielleicht eine Rolle für sie drin wäre. Doch trotz seiner hochgesteckten Ziele war Fitzsimmons vor allem ein Bodyguard für die Reichen und Berühmten. Er besaß einen Waffenschein und trug oft eine Pistole bei sich. Nachdem Maples auf offener Straße überfallen und ausgeraubt worden war, schätzte sie seine Tatkraft und die Art, wie er ihr ein Gefühl der Sicherheit gab. Wenn sie ausging, begleitete er sie oft unter dem Vorwand, sie müsse beschützt werden. Und so wurden sie ein Pärchen.

Muskulös und auf eine kernige Weise attraktiv, verfügte Fitzsimmons über die körperlichen Eigenschaften, die seinen Ambitionen gerecht wurden. Sein Projekt war ein Drehbuch – zu einem

Film mit dem Titel *Blue Gemini* –, bei dem es um Zwillingsbrüder ging, die Polizisten in New York waren. Statt das Drehbuch Produzenten und Regisseuren schmackhaft zu machen, beschloss Fitzsimmons, einen einige Minuten langen Film zu produzieren, um ihn potentiellen Sponsoren als Kostprobe vorzuführen. Für die Filmcrew und die Besetzung seines Trailers griff Fitzsimmons auf Freunde zurück. Marla Maples bekam eine Rolle vor der Kamera. Ein altgedienter New Yorker Presseagent namens Chuck Jones fungierte als unbezahlter Publicity-Manager.

Jones, ein Veteran des Marinekorps, der als Kriegsberichterstatter in Vietnam gearbeitet hatte, war nach seiner Entlassung aus der Armee nach New York gezogen. Er landete bei *Film TV Daily*, der Fachzeitschrift der Filmindustrie. Als die Zeitschrift 1970 eingestellt wurde, machte sich Jones seine Erfahrung und seine zahlreichen Kontakte zunutze und wurde Presseagent. Er vertrat Künstler wie Lionel Hampton und Jack Lemmon, arrangierte Interviews und versorgte Reporter und Klatschkolumnisten mit Informationen, die seine Kunden in gutem Licht erscheinen ließen. Jones war auch mit Fotografen, Schriftstellern und Verlegern, die sich ihm wegen des Zugangs, den er ihnen verschaffte, verpflichtet fühlten, so hervorragend vernetzt, dass er seinen Klienten eine positive Darstellung in den New Yorker Medien beinahe garantieren konnte. Ähnlich wie Politiker und Sponsoren waren auch Journalisten ständig am Herumtaktieren und Finassieren, indem sie Tipps gegen Gefälligkeiten und umgekehrt austauschten, ohne ernsthaft zu wissen, was Sache war. Es genügte, dass jeder von ihnen – mit Ausnahme der Öffentlichkeit – nicht außen vor blieb und eifrig darum bemüht war, die Dinge am Laufen zu halten.

Aufgrund der vielfältigen hilfreichen Dienste, die der kontaktfreudige und zuverlässige Jones Leuten erwiesen hatte, standen viele in seiner Schuld, und er machte sich dies zunutze, um Freunden zu helfen, die seine Honorare nicht zahlen konnten. Als Tom Fitzsimmons ihn bat, ihm bei *Blue Gemini* zu helfen, war Jones in der Lage, ihm öffentliche Aufmerksamkeit zu verschaffen. Die Boulevardpresse berichtete über die Dreharbeiten, als ob es sich um einen abendfüllenden Spielfilm handle, der in New York produziert würde. Außer einem kurzen Moment der Euphorie brachte diese Publizität Fitzsimmons so gut wie nichts, denn er fand für sein Drehbuch keine Geldgeber. Indes entdeckte Marla Maples in Jones jemanden, der erpicht darauf zu sein schien, ihre Karriere zu fördern.

***

Als Donald Trump Marla Maples kennenlernte, näherte sich sein Ruhm einem Höhepunkt, nicht zuletzt dank seines Streits mit dem New Yorker Bürgermeister Ed Koch über die Eisbahn im Central Park. Benannt nach der Familie Wollman, die für die Finanzierung aufgekommen war, hatte man die Eisbahn im Jahr 1949 eröffnet, seitdem war sie jeden Winter bis 1980 in Betrieb gewesen. Anschließend wurde sie für Sanierungsarbeiten geschlossen, die 1982 beendet sein sollten. Der Fortgang der Arbeiten wurde erschwert, als die Stadtverwaltung beschloss, dass die Eisbahn im Sommer als Teich dienen sollte, wofür der Einsatz einer neuen Kältetechnik auf der Basis von Freon-Gas erforderlich war. Diese war zwar schwieriger zu installieren als die altmodische Solekühlung, hätte aber niedrigere Betriebskosten und käme daher den Steuerzahler auf lange Sicht billiger. Aber es tauchten Probleme auf, und die Eisbahn blieb geschlossen. Im Mai 1986 schrieb Trump einen Brief an Koch, in dem er dem Bürgermeister anbot, die Sanierung und den Betrieb der Eisbahn zu übernehmen und ihm so »aus der größten Verlegenheit« seiner Amtszeit zu helfen. Der Bürgermeister ließ den Brief zusammen mit seinem eigenen Schreiben in der Presse veröffentlichen. Darin erklärte er, dass er Trumps Angebot, die Eisbahn zu bauen, annehme, aber seinen Vorschlag, sie zu betreiben, ablehne, weil die Stadt die Eintrittspreise niedrig halten wolle. Und zum Schluss schrieb Koch noch abfällig: »Mit angehaltenem Atem sehe ich Ihrer Antwort entgegen.«

Koch kam Trumps Brief mit der Anrede »Lieber Ed« zu sehr als Schleichwerbung für sich selbst vor, insbesondere in dem Teil, wo Trump die eigenen Leistungen aufzählte und versprach, die Arbeiten vor dem kommenden Winter zu Ende zu bringen. Koch wähnte die New Yorker auf seiner Seite. Aber er hatte sich verrechnet. Die Leitartikler von drei Lokalzeitungen gaben Trump recht. Koch ging schließlich auf Trumps Angebot ein, und der Immobilienmagnat verließ sich auf das Bauunternehmen HRH, um sein Versprechen mittels zinsloser Darlehen von seinen Freunden bei der Chase Manhattan Bank einzulösen. Die Geschäftsführer von HRH sagten später, sie hätten die Eisbahn zum Selbstkostenpreis saniert, weil Trump dem Unternehmen eine Menge Aufträge versprochen habe, für den Fall, dass er den Zuschlag zur Neugestaltung der alten Betriebswerke der Penn Central an der Upper West Side erhalten würde, die er noch immer kontrollierte.

Trump behauptete zwar, dass er die kanadische Firma Cimco für die Planung der Eisbahn gewonnen habe, aber die war bereits ins Spiel gebracht worden, lange bevor er an den Bürgermeister von New York schrieb. Trump setzte dem Streit mit Koch noch die Krone auf, indem er einen hohen Beamten der Stadtverwaltung namens Tony Gliedman mit der Beaufsichtigung der Bauarbeiten betraute. Gliedman war der städtische Wohnungsbaudezernent gewesen, der sich gegen den Steuernachlass für den Trump Tower ausgesprochen hatte. Während dieser Auseinandersetzung hatte Gliedman berichtet, Trump habe ihn bedroht und beschimpft. Als sein Angestellter ließ Gliedman Trump nun gut aussehen, indem es ihm gelang, die Renovierung der Eisbahn früher als erwartet zum Abschluss zu bringen.[2]

Wie man am Beispiel von Gliedman sehen konnte, hatte Trump ein gutes Gespür für Talente und stellte gern Leute ein, die ihre Fähigkeiten dadurch unter Beweis gestellt hatten, dass sie ihm Paroli boten. In seinem Unternehmen wurden sie anständig bezahlt, und ihre selbständigen Gestaltungsspielräume waren so groß wie der Druck, den er auf sie ausübte. Der Erfolg hing, zumindest teilweise, von ihrer Zielstrebigkeit und ihrer Tatkraft ab, die dem Chef Respekt abverlangten. So erzählte zum Beispiel Louise Sunshine dem Journalisten Harry Berkowitz von der *Wa-*

shington Post: »Er findet begabte Menschen, und er holt das Beste aus ihnen heraus – und auch das Schlechteste. Man hat nur noch ein Ziel vor Augen. Dein restliches Leben rückt in den Hintergrund. Er vereinnahmt dich voll und ganz.«[3]

Obwohl viele New Yorker Donald Trump die Renovierung der Wollman-Eisbahn hoch anrechneten, lehnte Bürgermeister Koch sein Ansinnen ab, die Anlage nach ihm zu benennen. Diese Entscheidung war zum Teil auf das miserable Verhältnis zwischen den beiden Männern zurückzuführen. In seiner Autobiographie *Citizen Koch* bezeichnete der Bürgermeister Trump als »Angeber« und als ein »extrem selbstgefälliges Leichtgewicht«. Beide hatten eine ähnlich schlechte Meinung voneinander. Jahre später sagte Trump, dass Koch »in seiner ersten Amtszeit ein Cheerleader war. Danach wurde er ein sehr zorniger Mann. Er war in viele Skandale und in Korruption verwickelt. Ed Koch war ein stark überschätzter Bürgermeister, und seine letzte Amtszeit war ein Desaster, und als er aus dem Amt schied, war er ein bösartiger Mensch.«

Der Clinch Trump gegen Koch war eine praktisch nie versiegende Quelle der Unterhaltung für New Yorks Zeitungsleser. In Bezug auf ihr Ego waren beide ebenbürtig. Trump wollte die Skyline der Stadt umgestalten und seinen Namen zu einem bekannten Markenzeichen für Erfolg und Macht schlechthin machen. Koch war einer von nur drei Bürgermeistern in der Geschichte der Stadt New York, die für drei Amtszeiten gewählt wurden, und er gierte derart nach öffentlicher Anerkennung, dass er den Menschen auf der Straße zurief: »Wie mache ich meinen Job?« Beide Männer liebten das gewiefte Machtspiel in der Politik, aber als privater Geschäftsmann konnte Trump nicht von der Öffentlichkeit zur Verantwortung gezogen werden. Koch hingegen war stärker von der öffentlichen Meinung abhängig, und man erwartete von ihm, dass er sich nicht allzu sehr im Ton vergriff. Als Koch Trump ein »Leichtgewicht« nannte, bezeichnete Trump, entsprechend seiner Art härter zurückzuschlagen, ihn als »ein Stück Müll«.[4]

Während des Streits mit Trump kämpfte Koch mit mehreren

Skandalen, weil gegen Mitarbeiter der Stadtverwaltung entweder strafrechtlich ermittelt wurde oder sie wegen Amtsmissbrauchs zum Rücktritt gezwungen wurden. Die Affären waren so zahlreich, dass die akkreditierten Journalisten der City Hall auf ihrer jährlichen Benefiz-Satire das musikalische Programm *Greedlock* nannten, ein Wortspiel mit *gridlock*, was so viel wie »Blockade« bedeutet. In einem der bissigsten Beiträge sang ein Reporter, der den Bürgermeister spielte: »Ich bin nicht angeklagt! Und ich bin so erfreut darüber!«[5]

Der bekannteste von Kochs »gefallenen« Mitstreitern war Bess Myerson, die beschuldigt wurde, versucht zu haben, eine Richterin zu beeinflussen, indem sie deren Tochter einstellte. Myerson wurde letzten Endes freigesprochen, aber der damit verbundene Aufruhr war nur ein Anzeichen von mehreren für den Sittenverfall in Kochs Amtsperiode. Donald Trump wurde zu einem der großen Probleme des Bürgermeisters, und in einem Buch, das er schrieb, lenkte er die Aufmerksamkeit auf das Fehlverhalten einzelner Personen wie Myerson. In Trumps Aufzählung fehlte erstaunlicherweise Stanley Friedman, der wegen seiner Beteiligung an einer Schmiergeldzahlung für Büroparkplätze zu einer Gefängnisstrafe verurteilt worden war. Friedman war allerdings Roy Cohns Kanzleipartner und hatte in den letzten Tagen der Amtszeit von Bürgermeister Abraham Beame hart gearbeitet, damit Donald Trump den lukrativen Auftrag zum Umbau des Commodore Hotel erhielt, aus dem das Grand Hyatt wurde. Friedmans Beziehung zu Trump wurde bei dessen Prozess von Bundesanwalt Rudolph Giuliani angesprochen, dem zukünftigen Bürgermeister von New York.[6]

Trump, Cohn, Koch, Giuliani waren so allgegenwärtig in den städtischen Angelegenheiten, dass man den Eindruck hatte, New York sei eine Kleinstadt, in der einige wenige Menschen Einfluss auf die örtliche Wirtschaft, den Finanzsektor, den Immobilienmarkt und die Politik nahmen. Das stimmte aber nicht. Trump war nur einer von vielen Bauunternehmern, die ehrgeizige Großprojekte in Manhattan planten. Cohns Anwaltskanzlei wurde von Dutzenden einflussreicherer Kanzleien in den Schatten gestellt.

Und eine Menge Politiker stachen oftmals Leute wie Giuliani und Koch aus. Im Wettstreit um die öffentliche Aufmerksamkeit übertraf jedoch niemand Trump. Allein im Jahr 1987 erschien sein Name mehr als tausendmal in der Lokalpresse. Radio- und Fernsehsendungen steigerten seine Popularität zusätzlich, und dann kam das Buch hinzu.

Im Sommer 1987 bereitete Random House die Veröffentlichung von *Trump: The Art of the Deal* (*Die Kunst des Erfolgs*, 1990) vor, das mit so beträchtlicher Unterstützung des Autors Tony Schwartz entstand, dass Trump ihn als Mitautor auf dem Cover auswies. Der Titel spiegelte Trumps Überzeugung wider, dass kluge Verhandlungsführung beim Streben nach Profit als kreative Tätigkeit anerkannt werden sollte, ähnlich wie die Leistung eines Malers oder Dichters. Der »Deal«, wie er es ausdrückte, bestand darin, jemanden zu überzeugen, ihm eine Immobilie zu verkaufen, um dann den richtigen Architekten für ein neues Projekt anzuheuern, behördliche Genehmigungen zu beschaffen und schließlich mit dem Bauträger zu verhandeln, der das Ganze verwirklichen würde. Wenn dies eine Kunst war, dann irgendwie eine Performance Art, die von seiner Fähigkeit abhing, Leute geschickt zu manipulieren, zu hofieren und zu überreden. Selbstverständlich war es ein Talent, das auch Millionen andere Menschen für sich beanspruchen konnten. Der Verkäufer, der Sie dazu bringt, auch noch Rostschutz für Ihren neuen Wagen zu kaufen, oder der Kellner, der Ihnen eine Vorspeise aufdrängt, üben die Kunst des Deals aus. Zugegeben, ihre Kunst wird anderen nicht so viel Nutzen bringen wie die eines großen Künstlers, aber sie *ist* eine Art von Kreativität.

Da er wusste, dass das Buch eine große Werbekampagne erfordern würde, um die von ihm gewünschten Absatzzahlen zu erreichen, plante Trump, seine vielen Pressekontakte spielen zu lassen, vor allem die zu zahlreichen Fernsehsendern. Er schärfte auch das eigene Profil, indem er einen kurzen Abstecher in die Politik machte. Anfang Juli traf er Roger Stone, einen langjährigen Freund von Roy Cohn, um über Stones Vorschlag zu sprechen, Mario Cuomo herauszufordern und als Gouverneur des Bundesstaates New York zu kandidieren. Stone, der in den dunklen Ecken des rechten Flügels arbeitete, hatte seine Karriere in Nixons Wahlkampf von 1972 begonnen. Bei diesem Vorwahlkampf sammelte er unter den Decknamen »Jason Rainier« und »Young Socialist Alliance« Spenden für Pete McCloskey, den Kongressabgeordneten der GOP, der Republikanischen Partei. McCloskey forderte Nixon in der Vorwahl von New Hampshire heraus. Stone machte die Presse auf die Spende aufmerksam, um zu zeigen, dass McCloskey von den falschen Anhängern getragen wurde. Im Jahr 1987 war Trump nicht an einer Kandidatur interessiert, aber ihm gefiel Stones Vorschlag eines »offenen Briefes« in Form einer Zeitungsanzeige, um Aufmerksamkeit zu erwecken.[7]

Anfang September zahlte Trump über 90 000 Dollar, um eine ganzseitige Anzeige in der *Times,* dem *Boston Globe* und der *Washington Post* zu schalten. Die Überschrift lautete: »Nichts ist so falsch an Amerikas ausländischer Verteidigungspolitik, dass es mit ein wenig Rückgrat nicht wieder gerichtet werden könnte.« In dem Text, der »An das amerikanische Volk« gerichtet war, stellte Trump Amerikas militärisches Engagement in Europa und Asien in Frage und vertrat die Ansicht, dass die USA »aufhören sollten, für die Verteidigung von Ländern aufzukommen, die es sich leisten können, sich selbst zu verteidigen«. Er fuhr fort: »Bitten wir Japan, Saudi-Arabien und andere Länder zur Kasse für den Schutz, den wir als Verbündete bieten. Helfen wir lieber unseren Bauern, unseren Kranken, unseren Obdachlosen …« Seine Schlussworte waren ein aufrüttelnder Aufruf: »Lassen Sie nicht mehr zu, dass man über unser großartiges Land lacht.« Mit den Reportern, die ihn unmittelbar nach dem Erscheinen der Anzeige anriefen, sprach Trump nicht, doch dann besann er sich anders. Er sagte ihnen, dass er nicht die Absicht habe zu kandidieren, dass er aber gezahlt habe, um seine Botschaft zu verbreiten, weil »ich es leid bin zuzusehen, dass die Vereinigten Staaten von anderen Ländern über den Tisch gezogen werden«.[8]

Da Trumps Kritik ein Angriff gegen ihren geliebten Ronald

Reagan war, hätte die Anzeige heftigen Protest bei den Republikanern ausgelöst, wenn sie Trump für einen ernsthaften politischen Widersacher gehalten hätten. Aber niemand nahm ihn ernst, und jede Reaktion blieb aus. Die Presse hatte ein weitaus größeres Interesse an Trumps Kommentaren als an den über 90 000 Dollar für die Publikation eines Buchs. Nach Schaltung der Anzeigen veröffentlichten die Zeitungen im gesamten Land Artikel über die politischen Ambitionen des großspurigen New Yorker Geschäftsmanns. Dann bekam Trumps Chefassistentin, Norma Foerderer, einen Anruf von Michael Dunbar, einem republikanischen Aktivisten aus Portsmouth, New Hampshire. Er sagte, er wolle »Mr Trump« treffen, um über Politik zu sprechen.

Als Bundesstaat, in dem die ersten Vorwahlen abgehalten wurden, spielte New Hampshire eine derart große Rolle bei den US-Präsidentschaftswahlen, dass selbst ein kleines Licht wie Michael Dunbar bemerkenswerten Einfluss ausübte. Einige Tage nach seiner telefonischen Anfrage fand sich Dunbar im Trump Tower ein, wo er erfreut feststellte, dass sein bevorzugter Nichtkandidat »mich nicht behandelte, als sei ich irgendein Trottel aus New Hampshire«. Obwohl er vergaß zu fragen, ob Trump für das Präsidentenamt kandidieren wollte, kehrte er in den »Granitstaat« zurück und gab Briefpapier mit der roten Kopfzeile *Nominiert Trump* in Auftrag. Er sammelte Spenden und schlug den Geschäftsführern der örtlichen Rotary Clubs vor, »seinen Mann« zu einem Gespräch einzuladen. Sie stimmten zu und planten Trumps Besuch vor Thanksgiving ein.[9]

Trump flog im Oktober nach New Hampshire und landete mit seinem schwarzen Hubschrauber auf einem Behelfslandeplatz in der Küstenstadt Hampton. Dunbar holte ihn mit einem Leihwagen ab, der auf der US-Route 1 zu einem nördlich gelegenen Restaurant namens Yoken's losbrauste. Das Lokal, vor dem ein kitschiges Neonschild mit der Abbildung eines speienden Wals sowie der Aufschrift *»Thar she blows!«* (»Wal in Sicht!«) hing, stellte Räumlichkeiten, Speisen und Getränke für die regelmäßigen Treffen der Rotary-Club-Mitglieder bereit. Hunderte von Rotariern drängten sich mit etlichen Reportern im Innern.

Einige von ihnen beschrieben später Trumps 45-minütiges Sich-in-Szene-Setzen mehr als komödiantischen denn als politischen Auftritt. Präsident Reagans Haushaltsdefizit könne durch eine Steuer ausgeglichen werden, die den Freunden der Vereinigten Staaten auferlegt werden solle. »Wir werden von vielen fremden Ländern, die angeblich unsere Freunde sind, abgezockt und geschwächt. Warum können wir nicht einen Teil von ihrem Geld bekommen? Ich meine nicht, dass ihr es fordern solltet. Aber ich sage euch was, Leute, wir können so fragen, dass sie es uns von sich aus geben – wenn die richtige Person fragt.« Amerikas Handelsbilanzdefizit mit Japan sollte mit einer härteren Verhandlungstaktik angegangen werden, fuhr Trump fort. »Wenn sie mit uns verhandeln, machen die Japaner lange Gesichter. Aber wenn die Verhandlungen vorbei sind, bin ich fest davon überzeugt – ich habe es allerdings nie gesehen –, dass sie sich vor Lachen ausschütten.«

Ohne die Rimshots eines Schlagzeugers verfehlten einige Sprüche Trumps ihre Wirkung, aber er sprach unbeirrt weiter. Das Weiße Haus brauche einen harten Kerl, weil die Welt voller schwieriger Gegner sei. »Sie glauben, (das sowjetische Staatsoberhaupt Michail) Gorbatschow sei tough? Denken Sie an diesen Chomeini«, sagte er über den Ajatollah Ruhollah Chomeini, den iranischen Revolutionsführer. »Ich meine: Wer hat denn schon mal einen solchen Hurensohn gesehen? Er lässt Gorbatschow wie ein Baby aussehen. Und Gorbatschow ist ein harter Brocken.« Dann schlug Trump nüchternere, beinahe apokalyptische Töne an, als er hinzufügte: »Wenn nicht der richtige Mann das Amt übernimmt, wird in den nächsten vier Jahren eine schreckliche Katastrophe über dieses Land hereinbrechen, und dann werden Sie um den richtigen Mann betteln.« Die Menge jubelte Trump zu. Eine Frau sagte einem Reporter der *New York Times*, dass Trump das »Aphrodisiakum« habe, das die Macht verleiht. Eine andere bemerkte, dass er größeren Zulauf habe als so mancher Berufspolitiker, Senator Robert Dole und den Kongressabgeordneten Jack Kemp eingeschlossen.[10]

Wer genau zugehört hatte, war zu dem Schluss gekommen,

dass Trump kein echter Kandidat war. »Ich bin nicht hier, um für das Amt des Präsidenten zu kandidieren«, sagte er. »Ich bin hier, weil ich es leid bin, dass meine Heimat herumgestoßen wird, und ich möchte meine Ansichten äußern.« Er ging auch zum Rotarier-Treffen in Portsmouth, um dem Kamerateam der ABC-Fernsehsendung *20/20* spannende Filmaufnahmen zu bieten. (Der Titel der Sendung bezog sich auf die perfekte Sehkraft, nicht auf hundertprozentige Einsicht, und die Sendung war bekannt dafür, dass sie nur einen flüchtigen Einblick in das Leben der Prominenten gewährte, mit denen sie sich befasste.) Die Moderatorin von *20/20*, Barbara Walters, die in denselben Kreisen wie Trump verkehrte, konfrontierte ihn vor ungefähr einer Million Zuschauern mit dem Beitrag von Judy Klemesrud. Ihre Moderation begann sie mit den Worten: »Blick hinauf in den Himmel! Es ist ein Vogel! Es ist ein Flugzeug! Nein, es ist der Zehn-Millionen-Dollar-Hubschrauber des französischen Herstellers Aérospatiale des Superbaumeisters Donald Trump, der in Richtung Sixtieth-Street-Hubschrauber-Landeplatz fliegt, um den großtuerischen 41-jährigen Geschäftsmann und Milliardär abzuholen und uns zu einem Rundflug über sein unaufhörlich wachsendes Reich zu entführen.«[11]

Walters' Huldigung, betitelt mit »Der Mann, der alles hat«, war reinste Wohlstandspornographie, die das Interesse der Zuschauer mit Bildern wertvoller Immobilien und einer schmeichlerischen Story erregte, in der es unter anderem hieß, dass »die Trumps überall wie amerikanische Royals behandelt werden«. Die Darstellung des luxuriösen Lebensstils der Familie war Werbung für einen Mann, der im Begriff war, ein Markenzeichen zu werden. Seine Anwesen, seine Yacht, sein Flugzeug und seine Autos waren Werbeträger, die die Menschen dazu überreden wollten, alles zu kaufen, was er verkaufte, von schicken Apartments bis zu gebundenen Büchern, und seinem Luxus nachzueifern. Obwohl er oft sagte, er könne am besten mit »Bauarbeitern und Taxifahrern«, verstand Trump, was Barbara Walters mit »amerikanischen Royals« meinte. Das Land mochte als Aufstand gegen die Krone gegründet worden sein, aber die Menschen brauchten immer noch Prinzen und Prinzessinnen, Könige und Königinnen, wenn auch nur, um ihre sozialen Aufstiegswünsche stellvertretend und imaginär zu befriedigen. In den Vereinigten Staaten, wo das Geld die vererbten Adelstitel verdrängt hatte, besaß jeder gewöhnliche Bürger die Möglichkeit, reich zu werden und zur Elite zu gehören. Diese Hoffnung machte es den Menschen leichter, Trump zu bewundern, sogar wenn er unerträgliche Äußerungen von sich gab. Er konnte sie sich aufgrund seines Geldes leisten, und jeder, der so viel erreichte wie er, würde sie sich ebenfalls leisten können.

Amerikanische Royals besaßen keine direkte politische Macht, aber ihr Reichtum erlaubte ihnen, Anwälte, Lobbyisten, Politiker und andere Funktionäre zu kaufen, die ihnen dabei helfen würden, anderen ihren Willen aufzuzwingen. Sie genossen die Aufmerksamkeit zahlreicher Gefolgsleute, die ihrem Ego durch einhellige Zustimmung schmeichelten. In Trumps Fall ging die meiste Zustimmung von den Massenmedien aus, die oftmals den Lesern, Zuhörern und Zuschauern versicherten, dass sie den außerordentlichen Fähigkeiten von Führungskräften, Unternehmern und Investoren Vertrauen schenken könnten. Diese Überlegenheit rechtfertigte die wachsende Kluft zwischen den Superreichen und allen anderen.

Die durch die Berichte über den Lifestyle der Reichen und Berühmten dargebotene Unterhaltung half, die Aufmerksamkeit davon abzulenken, dass die Mittelschicht in der Form, wie sie in den Fünfziger- und Sechzigerjahren existierte, im Begriff war, rasant zu verschwinden. Nachdem die Einkommensungleichheit dreißig Jahre lang stabil gewesen war, ging die Schere seit 1980 immer weiter auseinander, da die reichsten Amerikaner einen Großteil der wirtschaftlichen Wertschöpfung an sich rissen und die Löhne mit der Inflation kaum Schritt halten konnten. Die Kapitalertragssteuern wurden stark gesenkt, und die Gesamtbezüge der Vorstandschefs amerikanischer Unternehmen stiegen vom 42-Fachen des Durchschnittslohns eines Arbeiters im Jahr 1980 auf das 85-Fache im Jahr 1990. Im selben Jahrzehnt stieg die Anzahl der US-Milliardäre von etwa einem Dutzend auf mindestens hundert. Die Anzahl der Amerikaner mit einem über 100-Millionen-Dollar-Vermögen verdreifachte sich auf zwölfhundert. Für diese Reichen waren Investitionen in Aktien, Anleihen und Luxusimmobilien – Trumps Domäne – die sicherste Form der Vermögensmehrung. In New York, wo die Wall-Street-Millionäre mit den Vermögenden der ganzen Welt um elegante Wohnungen konkurrierten, stiegen die Preise, und Trump fuhr die Gewinne ein.[12]

Als einfache Millionärin war Barbara Walters dennoch eine Medienkönigin, die federführend für ABC News Trump in scheinbarer Ernsthaftigkeit fragte: »Wenn Sie zum Präsidenten ernannt werden könnten und nicht kandidieren müssten, würden Sie dann gern Präsident werden?« Er antwortete kokett, es wäre für ihn nicht sonderlich reizvoll, auf diese Weise zum Anführer der freien Welt ernannt zu werden, weil ihm die innere Befriedigung fehlen würde, eine Wahl gewonnen zu haben. Zum Schluss sagte er: »Ich glaube, dass ich die Jagd liebe.«

Die Sendung wurde an dem Tag ausgestrahlt, als Trumps Buch ausgeliefert wurde. Das Timing war zweifellos zur Bedingung für Walters' Interview mit ihrem glamourösen Gast gemacht worden. Auch andere Sender hatten sich vermutlich um ein Exklusivgespräch bemüht, aber Walters genoss in solchen Konkurrenzsituationen wahre Vorteile. Die besondere Kompetenz dieser Tochter eines Showbusiness-Managers war das Persönlichkeitsprofil, das Prominente in einer Weise porträtierte, die überwiegend Huldigung war. Mit geschickten emotionalen Tricks mochte sie einen Menschen zum Weinen bringen, aber da sie sich gewieft in den höheren Kreisen bewegte, war sie darauf bedacht, nicht zu viel von den Menschen preiszugeben, die sie interviewte. Es lohnte nicht, sich das Wohlwollen eines Prominenten zu verscherzen und so zukünftige Einnahmequellen aufs Spiel zu setzen.

Vier Tage nach der Ausstrahlung der 20/20-Sendung stellte Phil Donahue Trump den Millionen Menschen vor, die seine Nachmittags-Talkshow sahen. Eine Zuschauerin in Saddle River, New Jersey, war so beeindruckt von dem, was sie sah, dass sie es nicht unterließ, ihren Ehemann über Trumps Auftritt zu informieren. Eine Woche später setzte er seine Unterschrift unter einen kurzen maschinengeschriebenen Brief, der direkt an den Trump Tower gesandt wurde:

> *Lieber Donald,*
> *ich habe die Sendung nicht gesehen, aber Mrs. Nixon sagte*
> *mir, Sie seien in Donahues Show großartig gewesen.*
> *Wie Sie sich vorstellen können, ist sie eine Expertin für*
> *Politik, und sie sagt voraus, dass Sie als Sieger hervorgehen*
> *werden, wann auch immer Sie für das Präsidentenamt kan-*
> *didieren werden!*
> *Mit herzlichen Grüßen,*
> *Ihr sehr ergebener*
> *RMN*[13]

In den Rezensionen wurde Trumps Buch im Allgemeinen als gut lesbar und reizvoll beurteilt. Präsentiert als die Story »einer Woche im Leben von«, war es auch, um mit Christopher Lehmann-Haupt zu sprechen, »eine Darstellung des nicht gerade kleinen Ego des Autors«. In seinem Werk wies Trump auf die persönlichen Fähigkeiten hin, die es ihm erlaubt hätten, über jedermanns Vorstellungen hinaus reich zu werden, und er stellte sich selbst als einen Geschäftsmann dar, der seinesgleichen suche. Er versuchte sogar, seinen Lesern weiszumachen, dass Geld für ihn nicht wichtig sei. »Ich mache es nicht fürs Geld«, lautete die erste Zeile des Buchs. »Ich habe genug davon, mehr als ich je brauchen werde.« Es war eine unglaubwürdige, wenn nicht gar haltlose Behauptung. Aber wie Lehmann-Haupt bemerkte, versuchte Trump ins eigene Horn zu blasen, ohne zu viele negative Töne anzuschlagen. Zweifellos prahlte er, aber er stand auch zu vielen seiner Unzulänglichkeiten (er hatte sich die ausgesucht, die im Wesentlichen harmlos waren) und umschmeichelte die Leser mit von Herzen kommenden Passagen über seine Familie und seine Geschäftspartner. Es war also, wie der Rezensent bemerkte, »ein Märchen«, aber auch ein unterhaltsames und anregendes Buch.

Die Kunst des Erfolgs stand monatelang auf zahlreichen Bestsellerlisten und zeigte, dass sein mutmaßlicher Autor ein wahrer

Meister der Werbung war. Er schrieb: »Ein wenig Überspitzung schadet nie. Ich nenne das ›wahrheitsgemäße Übersitzung‹. Es ist eine harmlose Form der Übertreibung und ein sehr wirksames Werbemittel.« Um seine Autobiographie zum Verkaufsschlager zu machen, hatte Trump oft so dick aufgetragen, dass es fast unmöglich war, all seine Übertreibungen aufzuspüren. Aber die Party, die er für sich selbst anlässlich der Buchpräsentation im Trump Tower gab, brauchte er nicht künstlich hochzujubeln. Tausende von Menschen strömten durch die Lobby des Gebäudes, als zwanzig Geiger aufspielten und der Box-Promoter Don King, in bodenlangem Nerz, beim Eintritt von Donald und Ivana wiederholt ausrief: »Hier sind der König und die Königin!« In seiner Danksagung erwies sich Trump als sehr großzügig, sowohl was das Lob für seinen Verleger und seinen Mitarbeiter Tony Schwartz als auch das Spenden seiner Tantiemen zu Wohltätigkeitszwecken anbelangte. Schwartz versicherte, er würde seinen Anteil am Erlös für sich behalten.

Schwartz und Trump führten die Liste des neu aufkommenden Genres von Autobiographien an, die mit professionellen Koautoren verfasst werden. Begonnen hatte es 1984 mit dem Bestseller *Iacocca* des Chefs des Autokonzerns Chrysler, Lee Iacocca. Diese Bücher waren für die Öffentlichkeit nur von begrenztem Interesse und gewährten selten aufschlussreiche Einblicke. Über seine Zusammenarbeit mit Trump sagte Schwartz später: »Nichts von dem, was ich geschrieben habe, war offensichtlich falsch. Aber vieles bot Interpretationsspielräume.« Das war eine freundliche Art, die Mythenbildung in einem Buch zu beschreiben, in dem erneut behauptet wurde, Ivana Trump habe als Skifahrerin an den Olympischen Spielen teilgenommen, und dass die Kosten für die Restaurierung der Friese des in den Vierzigerjahren eröffneten Kaufhauses Bonwit Teller, die Trump zu zerstören beschlossen hatte, um Hunderttausende von Dollar in die Höhe getrieben wurden. Aber Rezensenten sind genauso wie Gesellschaftsreporter keine Faktenchecker, und die Memoiren von Prominenten sollen nicht die ungeschminkte Wahrheit, sondern eine glitzernde Version der Wirklichkeit wiedergeben. Das geschieht am besten durch gezielt eingestreute Eingeständnisse von Fehlern und Schwächen, die entweder belanglos sind oder längst überwunden worden waren.

Bei den persönlichen Enthüllungen fehlte jeglicher Hinweis darauf, dass Trump für die Reize schöner Frauen anfällig war, obwohl er das durchaus war. Irgendwann später gab er diese Schwäche zu und verriet, dass sie ihm auch Unannehmlichkeiten brachte. Aber er rückte nicht von seinen Äußerungen über seine familiären Bindungen ab. Trump war ein aufrichtig liebender Vater, der seinen Geschäften nachging, während seine Kinder auf dem Fußboden seines Büros spielten. Er legte Wert auf eine stabile Ehe, so wie seine Eltern sie ihm vorgelebt hatten. Als Fred Trump seinem Sohn erklärt hatte, wie Macht funktionierte, hatte er ihm auch dargelegt, dass die Unterstützung seiner Ehefrau und der Familie – in Zeiten von Krankheit, Verlusten, Aufschwung und Skandalen – wesentlich zu seinem Erfolg beigetragen habe.[14]

***

Im Gewühl der Buchpräsentation blieben Tom Fitzsimmons und Marla Maples – die auf Drängen ihres Presseagenten Chuck Jones erschienen waren – weitgehend unbeachtet. Aus seiner Sicht setzte Jones alles daran, um Maples Leuten vorzustellen, die ihr dabei helfen könnten, eine Rolle als Schauspielerin zu bekommen, und er nahm sie sogar nach Kalifornien zu der Fernsehpreisverleihung der Daytime Emmy Awards mit, wo Menschen in Soaps, Talk- und Spielshows um Anerkennung wetteiferten. Er hoffte, sie würde Aufmerksamkeit erregen und möglicherweise auch ein Engagement an Land ziehen. Er hatte sie regelrecht gedrängt, an der Buchpräsentation, aber auch an einer Party zur Wiedereröffnung des berühmten Restaurants Rainbow Room im 65. Stock des RCA-Gebäudes im Rockefeller Center teilzunehmen.[15]

Das Rainbow Room, das zwei Jahre lang wegen umfassender Renovierung vom Fußboden bis hin zur farbigen Beleuchtung geschlossen geblieben war, galt seit seiner Eröffnung 1934 als angesagter Dinner- und Tanzclub für die Reichen in New York.

Im Laufe der Jahre war der Club von einer exklusiven Lokalität, wo die Astors den Roosevelts über den Weg laufen konnten, zu einem Ort geworden, wo jeder, der es sich finanziell leisten konnte, willkommen war. Die Gästeliste der Eröffnungsparty spiegelte die Veränderung des gesellschaftlichen Milieus wider. Anwesend waren die große Doyenne Brooke Astor, aber auch viele, die als Politiker, Entertainer und Geschäftsleute berühmt geworden waren. Als die Party in vollem Gang war, belehrte New Yorks Bürgermeister Koch die herumlaufenden Zigarettenverkäuferinnen, die pinkfarbene Pillbox-Hüte trugen, über die Gesundheitsschäden, die das Rauchen mit sich brachte. Leona Helmsley schaute aus dem Fenster und fragte: »Wie gefallen Ihnen die Gebäude meines Mannes?« Donald Trump schlenderte gerade mit Ivana an seiner Seite durch das Zimmer, warf einen flüchtigen Blick auf das sanierte Areal und sagte zu niemand Bestimmten: »Hervorragende Arbeit.«[16]

Von ihrem Standort seitlich der Bühne, auf der Lionel Hampton das Orchester dirigierte, hatten Jones und Maples die hereinströmenden Menschen gut im Blick. Als Jones sah, dass die Trumps den Raum betraten, vergewisserte er sich, dass auch Maples es bemerkt hatte. (Später fragte sie sich, ob Jones gehofft hatte, sie würde ihn Trump vorstellen.) Es war ein elegantes Defilieren von Männern im Smoking und Frauen in Abendkleidern. An einem langen Büfetttisch konnten die Gäste zwischen entbeinten Wachteln auf Kresse, Muscheln in der Schale und Streifenbarsch mit Hummermousse wählen.

Wie Maples sich später erinnerte, rief Trumps langjährige Assistentin Norma Foerderer sie nach der Veranstaltung im Rainbow Room an, um ihr zu sagen, dass ihr Chef, ein verheirateter Mann mit drei Kindern, sie gern zum Lunch in das St. Regis Hotel einladen würde. Nach mehreren Anrufen willigte sie ein. Das Treffen wurde für den 19. Dezember vereinbart.

Der Lunch dauerte fünf Stunden. In dieser Zeit unterhielten sich Maples und Trump über verschiedene Themen, über seine Geschäfte, seine und ihre Familie, die religiösen Ansichten von ihnen beiden. Obwohl sie sich so wohl fühlte, als säße sie mit ei-

nem langjährigen Freund zusammen, nannte Maples ihn immer
»Mr Trump«. Er stellte sie Menschen vor, die an ihrem Tisch vor-
beikamen, und im wichtigsten Teil der Unterhaltung betonte er,
seine Ehe sei ziemlich zerrüttet.

Dank der Boulevardpresse interessierten sich damals viele
Amerikaner für Details aus dem Liebesleben von Donald Trump.
Aber Maples erzählte später, dass ihre Beziehung zu Trump beim
Lunch im St. Regis gänzlich privat und noch nicht eindeutig definiert gewesen sei. Sie sagte ihm, dass sie kein Verhältnis mit
einem Mann anfangen würde, dessen Ehe noch gerettet werden
könnte. Maples zufolge antwortete er, dass eine Scheidung un-
vermeidlich sei. In der Tat vergingen noch ein paar Jahre, bevor
Donalds und Ivanas Beziehung zu Ende ging. Maples' Terminka-
lender, den Jones an sich riss und kopierte, enthält eine Notiz, in
der sie erklärte: »Ich möchte nicht nur etwas sein, das die Langeweile vertreibt!«

Wenn man Donald Trumps Hang zu hektischer Betriebsam-
keit bedenkt, kann man sich allerdings kaum vorstellen, dass
dieser Mann je unter Langeweile litt. Während er exklusive Bürogebäude und Hotels betrieb, plante er bereits neue Projekte. Zudem musste er mit dem Ärger fertigwerden, den er sich mit dem
Kauf der Hotels Taj Mahal und Plaza eingehandelt hatte, deren
Management er Ivana übertragen hatte. Dennoch richtete er bald
seinen Blick auf den Kauf des Eastern-Air-Lines-Shuttle, der
New York City mit Washington und Boston verband. Er war sehr
interessiert am Cashflow des Shuttles, der erheblich sein würde
in Anbetracht der Tatsache, dass viele Flüge zum höchsten Tarif
ausgebucht waren.

Nach jahrelangen Verlusten, die die Fluggesellschaft insgesamt
einfuhr – das Defizit belief sich 1987 auf über 180 Millionen
Dollar –, deren Streckennetz neben den Vereinigten Staaten auch
die Karibik und Südamerika abdeckte, brauchten die Manager
der Airline dringend eine finanzielle Spritze. Die Sparte der
Fluggesellschaft, die Geld verdiente, der Shuttle, besaß wertvolle
Landerechte an drei stark frequentierten Flughäfen, wo Flugge-
sellschaften aufgrund fehlender Gates für an- und abfliegende

Maschinen große Schwierigkeiten hatten, zusätzliche Flüge anzubieten. Obwohl er so wenig Ahnung vom Fliegen hatte, dass er die Arbeit seines verstorbenen Bruders als Pilot mit dem Busfahren verglich, erkannte Trump, dass die Fluggastbrücken begehrte Immobilienhäppchen waren. Da es unwahrscheinlich war, dass Flughäfen wie La Guardia oder Logan mehr Gates bauten, würde ihr Wert im Laufe der Zeit steigen.

Trump verhandelte direkt mit Frank Lorenzo, dem Chef der Holding, zu der Eastern Airlines gehörte, und erklärte sich schon bald mit einem Kaufpreis von über 300 Millionen Dollar einverstanden. Der Preis und die Aussicht, dass ihr Mann neben seinen anderen Unternehmen noch eine Airline managen wollte, beunruhigte Ivana Trump. Sie hatte bemerkt, dass er nachts schlecht schlief, und sie konnte sich nicht vorstellen, dass er diese zusätzliche Belastung verkraften würde. Ivana befürchtete auch, dass die Gewinne aus seinem Glücksspielgeschäft, das sie mitmanagte, für diesen Kauf verschwendet würden. Aber obwohl sie ihre Bedenken ihm gegenüber äußerte, führte Trump die Verhandlungen weiter, und der Deal wurde schließlich für 365 Millionen Dollar abgeschlossen.

Bei der Bekanntgabe des Kaufs auf einer Pressekonferenz im Plaza Hotel verkündete Trump, dass er diesen Service Trump Shuttle nennen würde. Schon bald wurden sämtliche Flugzeuge mit dem Namenszug TRUMP in Goldlettern beschriftet und die Innenräume mit Holzfurnier, Ledersitzen und goldfarbenen Toilettenarmaturen ausgestattet. All das finanzierte er mit Tranchen eines Kredits in Höhe von 380 Millionen Dollar (365 Millionen Dollar für die Eastern Airline, 15 Millionen Dollar für die Erneuerung der Ausstattung), den Citibank einfädelte und die ihn dann auf etwa zwanzig Banken aufteilte. Um den Kredit zurückzuzahlen und schwarze Zahlen zu schreiben, musste sich Trump mindestens 60 Prozent des Passagieraufkommens auf der Strecke Boston–New York–Washington sichern, was bedeutete, den Konkurrenz-Shuttle der Pan Am weit hinter sich zu lassen.[17]

***

Mit einer Airline, Spielcasinos, Immobilien und Hotels hatte Trump eigentlich keinen Bedarf an Zerstreuungen, doch Marla Maples war für ihn weiterhin eine willkommene Ablenkung von seinen Geschäften. Er stellte auch fest, dass bestimmte Presseorgane sich auf eine Weise gegen ihn wandten, die jeden anderen verletzt hätte. Eine neue Zeitschrift namens *Spy*, die von Graydon Carter, Thomas Phillips und Kurt Andersen gegründet worden war, nahm ihn regelmäßig ins Visier. *Spy* war vergleichbar mit Tom Wolfes genialem Roman *Fegefeuer der Eitelkeiten,* was die Art und Weise betraf, New Yorks Gesellschaft und die Finanzelite anzuprangern. In seinem Buch geißelte Wolfe unverhohlen die Gier und den Narzissmus seiner Zeit. Seine Hauptfigur war ein wohlhabender, selbsternannter »Meister des Universums«, dem Donald Trump Modell gestanden haben könnte. *Spy* rechnete monatlich ab mit den Wichtigtuern, den Aufschneidern und den nackten Kaisern der Achtzigerjahre in New York.

Anfang 1988 gaben die Herausgeber von *Spy* einen Artikel über Ivana Trump in Auftrag, auf den Trumps Anwälte mit einem Brief reagierten, in dem sie mit »einem zügigen und umfangreichen« Prozess drohten, falls der Beitrag ungenaue oder diffamierende Aussagen enthalte. Im Oktober 1988 nahm sich Joe Queenan von *Spy* Donald Trump als eines von mehreren Fallbeispielen in einer Kolumne vor, in der die Frage gestellt wurde: »Warum widerfährt schlechten Menschen Gutes?« Auf der Suche nach Antworten rief Queenan den Rabbiner Harold Kushner an, den Autor von *Wenn guten Menschen Böses widerfährt,* der ihm sagte, dass Trump entweder ein ehrlicher, von Ehrgeiz getriebener Geschäftsmann oder »ein schlechter Mensch« sei, der »sich selbst zu Fall bringen will«. Auf den folgenden Seiten durften sich dann die Leser an einer Fotoreportage mit dem Titel »Die unglamouröse Welt von Mr. Trump« erfreuen.

Als Antwort auf *Spy* und spätere Artikel, die Carter in anderen Zeitschriften veröffentlichte, begann Trump, jedes Mal, wenn er den Namen Graydon Carter in den Mund nahm, das Beiwort *Dreckskerl* hinzuzufügen. Er sagte auch Liz Smith, der Klatschkolumnistin der *Daily News*, dass er glaube, die Zeitschrift sei in finanziellen Schwierigkeiten. Smith berichtete ihren Lesern, sie habe »den gutaussehenden Mogul, den ich sehr mag« dafür gerügt, dass er schlecht über andere rede. Da Kommentare, die sich auf die Presse beziehen, oftmals von anderen Medien als berichtenswert aufgegriffen werden, recycelten die Herausgeber von *Spy* den Artikel in ihrem eigenen Blatt. So wurde Partygeschwätz nicht nur in einer, sondern in zwei Publikationen der Öffentlichkeit zum Fraß vorgeworfen. Das war das Risiko, dem jeder, der sich mit der Presse einlässt, ausgesetzt ist. Irgendwo wird ein Kommentar veröffentlicht, dann noch einmal veröffentlicht, und schon bald befindet man sich in Konflikt mit Leuten, die, wie man sagt, ganze Fässer Tinte verbrauchen – also der Journalisten- oder Medienzunft.

Trump scheute sich nicht, ein bisschen Tinte herumzuspritzen, wenn er es für erforderlich hielt. Er hatte mit sicherem Gespür ganzseitige Anzeigen geschaltet, als er den Kauf des Plaza und seine Ansichten über die Außenpolitik verkündet hatte. Er war so geschickt darin, sich kostenlose Publicity zu verschaffen, dass er die Aufmerksamkeit der Presse fast nach Belieben auf sich lenken konnte. Anfang 1989 brachten Journalisten der *Time* Stunden mit ihm zu, um eine Titelstory zu produzieren, die vor hochnotpeinlichen Zitaten von ihm selbst strotzte. Der Autor, Otto Friedrich, eröffnete seinen Beitrag mit Trumps Behauptung, die britische Königin Elizabeth, die zuletzt 1983 in Amerika war, habe ihn gebeten, seinen Hubschrauber benutzen zu dürfen, wenn sie »in diesem Land unterwegs sei«, weil es das sicherste Verkehrsmittel ist. Dann behauptete Trump: »Niemand hat in New York mehr getan als ich«, und der Eastern Shuttle sei »die großartigste Marke weltweit«.

Zusammen mit seinen abwegigen Behauptungen bot Trump markige Erklärungen für seinen geschäftlichen Erfolg und erklärte, dass sich seine Immobilienstrategie von der seines Vaters unterschied: »Es ist viel einfacher, eine Wohnung für vier Millionen Dollar an Johnny Carson oder Steven Spielberg zu verkaufen, als ein paar Dollar für die Miete in Brooklyn einzutreiben.« (Er erwähnte nicht, dass Carson kürzlich seine Wohnung verkauft hatte und darüber wütend war, dass er damit Geld verloren hatte.)[18]

Friedrich zitierte Trump mit der Aussage, er besitze die Überzeugungsgabe eines Heiratsschwindlers: »Ich kann mit den gebildetsten Kunstkennern in New York zusammensitzen und verstehe mich prächtig mit ihnen. Wenn ich will, kann ich sie überzeugen, dass ich genauso viel über etwas weiß wie sie, aber ich weiß nichts.« Auf die Frage, wie ihm dieses Kunststück gelinge, sagte Trump: »Es ist ein Feeling, eine Aura, die man sich schafft.« In einer anderen Selbstreflexion gestand Trump, dass er auch gegen Selbstbeurteilung gewappnet sei: »Wenn man sich zu sehr analysiert, beginnt man Dinge zu sehen, die man möglicherweise nicht sehen will. Und wenn es Hand und Fuß hat, können die Leute einen durchschauen, und wenn sie einen durchschaut haben, hat man ein großes Problem.«

Der in Boston geborene und in Harvard ausgebildete Autor des *Time*-Artikels war ein Neuengländer mit altmodischer Moral, deren Maßstäbe er offenbar an Donald Trumps anlegte. In seinem Beitrag ließ er einen Designer zu Wort kommen, der sich darüber beschwerte, dass Trump sein Honorar erst mit einem Verzug von zwei Jahren gezahlt habe. Friedrich gab auch eine Anekdote von Der Scutt über einen unbeherrschten Ausbruch Trumps wieder. Der amerikanische Architekt erinnerte sich, dass Trump seine teuren Schuhe vollends ruiniert hatte, als er mit dem Fuß einen Stuhl durch den Konferenzraum stieß, nachdem er erfahren hatte, dass es bei einem Projekt zu Verzögerungen gekommen war. »Es muss immer nach seinem Willen gehen«, sagte Scutt. Friedrich schrieb zum Schluss, dass Trump der Howard Hughes seiner Generation sei und »ganz allein in einem einzigen Raum sein Leben fristen« könnte.

Die Anspielung auf Hughes versetzte Trump vermutlich einen Stich (obwohl er den zurückgezogen lebenden Milliardär bewunderte), aber sie hielt ihn nicht von dem allem anderen übergeordneten Projekt seines Lebens ab – von dem gezielten Aufbau eines öffentlichen Images. In einem anschließenden Interview mit der *Chicago Tribune* war das Ehepaar Trump bemüht, ein freundlicheres und sympathischeres Bild von ihm zu entwerfen. »Er ist der Milliardär des Volkes«, behauptete Ivana. Und Donald Trump gestand: »Ich fühle mich irgendwie schuldig, dass ich so gut lebe. Ich brauche keine dreihundert Zimmer. Ich interessiere mich nicht einmal für Yachten.« Doch obwohl er sich bemühte, einen populistischen Ton anzuschlagen, beschwerte sich der Mann, der einige zehn Millionen Dollar an Steuervergünstigungen gefordert und bekommen hatte, über das Mietpreisbindungsgesetz, das es Tausenden von weniger betuchten Menschen erlaubte, in Manhattan zu wohnen: »Die Mietpreisbindungsgesetze sind falsch, und die großen Verlierer sind die Einwohner von New York, weil die Stadt immer weniger Steuereinnahmen erzielen wird.«[19]

Im April 1989 hatte Trump wieder einmal Gelegenheit, seine Meinung zu äußern, als eine junge weiße Frau, eine Investmentbankerin, beim Joggen im Central Park vergewaltigt und bis zur Bewusstlosigkeit geschlagen wurde. Während die Stadt von den Medienberichten schockiert war und das Opfer um sein Leben kämpfte, führten intensive Ermittlungen der Polizei zur Festnahme von fünf schwarzen Jugendlichen im Alter zwischen 14 und 16 Jahren, die stundenlang verhört wurden. Die fünf belasteten sich selbst, widerriefen aber später ihre Aussage und behaupteten, sie seien unter Druck gesetzt worden, falsche Angaben zu machen. Die Leitartikler des Boulevardblatts *Post* riefen die Leser auf, »ihrer Empörung« Luft zu machen, indem sie vom Gesetzgeber die Wiedereinführung der Todesstrafe verlangten. Donald Trump schaltete ganzseitige Anzeigen in den vier großen Tageszeitungen von New York, in denen er verlangte: FÜHRT DIE TODESSTRAFE WIEDER EIN. BRINGT UNSERE POLIZEI ZURÜCK!

Obwohl er die Angeklagten in dem Jogger-Fall nicht namentlich nannte, ließ Trumps Hinweis auf »vagabundierende Banden wild gewordener Verbrecher« keinen Zweifel, warum er die Anzeigen hatte schalten lassen. In Zeitungsartikeln war von »Wolfsrudeln junger Männer«, die im Park marodierend umherzogen, die Rede. (Die Presse berichtete fälschlicherweise, dass der Slang-

Ausdruck für diese Art von »Orgie« *wilding* war.) Trump holte auch gegen seinen Intimfeind aus, den Bürgermeister Koch, der gesagt hatte, dass die New Yorker sich durch die Tat nicht in Hass und Wut versetzen lassen sollten. »Ich bin anderer Meinung«, schrieb Trump. »Ich möchte diese Banditen und Mörder hassen. Sie sollten Schmerzen erleiden, und wenn sie töten, sollten sie für ihre Verbrechen hingerichtet werden.«

Keiner der Angeklagten konnte mit den DNA-Spuren in Verbindung gebracht werden, die von den Ermittlern gesichert wurden, aber alle fünf wurden verurteilt und traten innerhalb von 18 Monaten ihre Haftstrafen an. Es sollte über Generationen hinweg eines der berüchtigtsten Verbrechen sein. Trumps öffentlich zum Ausdruck gebrachte Empörung, mit der er vielen aus der Seele sprach, festigte das Ansehen eines Mannes, der eine einzigartige Stellung in der Öffentlichkeit einnahm. Er ließ sich von seinem populistischen, im Allgemeinen konservativem Instinkt leiten. Mit Ausnahme der wiederholten Hinweise auf seine Ivy-League-Hochschulbildung bekannte er sich durchweg zu einer entschieden anti-intellektuellen Gesinnung und einer Haltung des gesunden Menschenverstands, die den Unmut jener weißer Männer aufgriffen, die von der Fernsehfigur Archie Bunker repräsentiert wurden, der wie Trump aus Queens kam und seine Meinungen voller selbstgerechtem, spießbürgerlichem Stolz zum Besten gab.

Donald Trump legte seinen »inneren Archie« im Sommer 1989 an den Tag, als er dem TV-Interviewer Bryant Gumbel sagte: »Ein gut ausgebildeter Schwarzer hat auf dem Arbeitsmarkt einen enormen Vorteil gegenüber einem gut ausgebildeten Weißen. Einmal habe ich auch über mich selbst gesagt, dass ich, wenn ich heute meine Karriere starten würde, gerne ein gut ausgebildeter Schwarzer wäre, weil ich glaube, dass der einen echten Vorteil hat.« Im Universum der »gut ausgebildeten schwarzen Männer« hatten einige von den Maßnahmen der *Affirmative-Action*-Programme profitiert, aber nur eine höchst oberflächliche Betrachtung der Dinge würde jemanden dazu verleiten, Trump zuzustimmen. Im Rahmen dieser Programme bezeichnete der Filmemacher Spike Lee Trumps Aussage als »Müll«, weil sie nach rassistischer Ignoranz stinke. Aber sie klang nach Sag-es-wie-es-ist-Ehrlichkeit für viele, die behaupteten, sie seien anständige, keineswegs rassistische Leute, weil sie wie Archie jeder einzelnen Person Respekt entgegenbrachten. Für sie stellten Trump und sein Reichtum – den er vermutlich seinem unternehmerischen Mut und nicht dem Buchwissen verdankte – das dar, was für Amerika gut war, und sie schätzten seine deutlichen Worte.[20]

Trumps Strategie stand in der Tradition extrem polarisierender Rhetorik in der amerikanischen Politik. Seine provokanten Aussagen zogen ausnahmslos die Aufmerksamkeit der Nachrichtenmedien auf sich, vor allem der Klatschpresse, weil sein Stil wie maßgeschneidert war für die Schlagzeilenschreiber. Sicher, in einigen seltenen Fällen hätte Trump es vorgezogen, in Ruhe gelassen zu werden. Das war zum Beispiel der Fall, als *Spy* den Artikel über Ivana schließlich veröffentlichte. Auf dem Cover der Zeitschrift war ein annähernd lebensgroßes Foto von ihr so zugeschnitten worden, dass nur ihre Augen, ihre Nase, ihre Zähne und geschminkten Lippen in grellem Licht zu sehen waren. Obwohl sachlich alles stimmte, war der Tenor des Artikels mal spöttisch, mal witzig und mal grausam. Er war mit Bildern von Ivana als Barbie-Puppe gespickt und voller vernichtender Anekdoten und Zitate. (»Sie schreit sich schon mal die Lunge aus dem Leib und kann total die Beherrschung verlieren«, gab eine Quelle an.) Der Autor Jonathan Van Meter analysierte auch die verfälschten Darstellungen von Ivanas Vergangenheit und behauptete, dass sie ebenso ehrgeizig und kontrollierend wie ihr Mann sei.[21]

Spys vernichtendes Porträt von Ivana lag an den Zeitungskiosken aus zu einem Zeitpunkt, als sie und ihr Mann einen schweren Stand hatten. Es kursierten so viele Gerüchte über Donald Trumps Seitensprünge, der inzwischen aus seinem Interesse an schönen Frauen auch keinen Hehl machte, dass ein Klatschkolumnist unverhohlen eine Andeutung über seine Beziehung zu Marla Maples äußerte. Als ihre Freunde ihr steckten, dass ihr Mann sie betrüge, wandte sich Ivana von ihnen ab. Als er an ihrem Aussehen herumnörgelte, flog sie zu einer Schönheitsoperation an die Westküste. Sie sah danach zwar jünger aus, aber so verändert durch die Operation, dass sie kaum wiederzuerkennen war. Für Trump war der häusliche Stress eine erhebliche Belastung, doch er war eines der vielen Probleme, die er sich selbst eingebrockt hatte. Zu dem Zeitpunkt, als er den Eastern-Airlines-Shuttle gekauft und zusätzliche Millionen aufgewendet hatte, um den vergoldeten Markennamen Trump an den Flugzeugen anbringen zu lassen, hatte er auch hohe Kosten für die Luxussanierung des Taj Mahal in Atlantic City tragen müssen, das er von Merv Griffin für über 270 Millionen Dollar gekauft hatte. Um den teuren Bau des Casinos zu finanzieren, wandte sich Trump an Merrill Lynch, die Ramschanleihen im Wert von 675 Millionen Dollar in seinem Auftrag platzierte. Die hohen Zinsen auf die Anleihen sollten den Betrieb des Casinos zusätzlich belasten.[22]

Da er so viele hochverzinsliche Kredite aufgenommen hatte, war es dringend nötig, dass alles gut lief, insbesondere mit der Airline und dem riesigen neuen Casino. Die Shuttle-Flüge von Eastern Earlines waren rentabel. Doch da Trump dem Unternehmen im Zuge des Erwerbs eine sehr hohe Schuldenlast aufgebürdet hatte, musste er mehr als der frühere Eigentümer erwirtschaften. Mit modernisierten Flugzeugen, besserem Service und sensationellen Werbeangeboten zog er zwar mehr Passagiere an als Eastern Airlines, aber es gelang ihm nicht, die Gewinnschwelle zu erreichen.

Zur gleichen Zeit, als die Airline Verluste machte, musste Trump auch selbstverschuldete Probleme auf der Baustelle des Taj Mahal angehen, wo die von ihm in Auftrag gegebenen luxuriösen Nachbesserungen und Erweiterungen die Kosten des Projekts auf über eine Milliarde Dollar hochgetrieben hatten. Das Casino war ein Gewirr von Minaretten, gestreiften Kuppeln und Blinkzeichen geworden. Der Eingang wurde von lebensgroßen Statuen indischer Elefanten bewacht. Innen warteten über hundert Spieltische und dreitausend Slotmaschinen auf die Besucher. Aufgrund der hohen Fremdfinanzierungskosten brauchte Trump diese Spieltische und einarmigen Banditen, um mehr als eine

Million Dollar am Tag zu erwirtschaften. Die Chancen, dies zu erreichen, waren allerdings gering.

Lange bevor die Arbeiten am Taj Mahal beendet waren, hatte ein Branchenanalyst namens Marvin Roffman warnend darauf hingewiesen, dass Atlantic City schon zu viele Spielhallen habe und dass die Einnahmen nicht mit der Inflation Schritt hielten. Sieben der zwölf Casinos der Stadt schrieben 1988 Verluste. Die Schwierigkeiten setzten sich 1989 fort, als Merv Griffin mit seinem Resorts International pleiteging und das Atlantic-Casino geschlossen wurde. Der Bürgermeister von Atlantic City und über ein Dutzend seiner Mitarbeiter wurden wegen Korruption verhaftet. Die Stadt litt weiterhin unter hoher Arbeitslosigkeit und Zerfall, da in den Casinos vor allem Auswärtige beschäftigt wurden und die Gewinne an ferne Investoren flossen. »Atlantic City war früher eine Müllhalde«, sagte Roffman der *Los Angeles Times*. »Heute ist die Stadt eine Müllhalde mit Casinos.« Sechs Monate später verglich der Analyst das Glücksspielgewerbe von Atlantic City mit einem »Kartenhaus«.

Roffman äußerte sich so, als die örtlichen Casino-Betreiber über einen verhängnisvollen Hubschrauberabsturz erschüttert waren, bei dem drei Topmanager von Trumps Glücksspielimperium ums Leben gekommen waren. Stephen F. Hyde, Mark Estess und Jonathan Benanav waren auf dem Rückflug von einer Geschäftsreise nach Manhattan gewesen. Zeugenaussagen zufolge soll der Heckrotor abgebrochen sein, bevor der Hubschrauber in den Wald längs des Garden State Parkway stürzte. Es starben auch der Pilot, Robert Kent, und der Copilot, Lawrence Diener. Als leitender Geschäftsführer von Trumps gesamter Glücksspielsparte »war Hyde der wichtigste Garant für Donald Trumps Erfolg in Atlantic City«, so Roffman. Hydes Tod, der seine Familie, seine Freunde und Kollegen mit tiefer Trauer erfüllte, war auch ein großer Verlust für die von ihm geleiteten Unternehmen. Im gesamten Trump-Imperium verfügte niemand über so viel Erfahrung und Talent wie er.[23]

In Trumps Konzern wurde gemunkelt, es habe sich möglicherweise um Sabotage gehandelt. Das erschien denen plausibel, die wussten, dass der Chef schon mal eine Morddrohung bekommen hatte. John O'Donnell, ein anderer Topmanager von Trumps Casinos, äußerte diese Vermutung und widersprach Trumps Behauptung, er habe erwogen, sich in den Hubschrauber zu setzen, sich dann aber anders entschieden. In seinem Enthüllungsbuch – mit dem Titel *Trumped!* – erzählte O'Donnell, wie sehr er sich bemüht habe zu verhindern, dass Marla Maples und Ivana Trump sich bei den Trauerfeierlichkeiten persönlich begegneten. Maples hielt sich regelmäßig in Trumps Casinohotels auf, und oft kreuzte sie dort mit Freunden oder Familienangehörigen auf. O'Donnell beschrieb sie als eine reizende Frau, die sich an eine Vorzugsbehandlung gewöhnt habe. Seiner Darstellung zufolge wussten viele Angestellte Trumps über ihr Verhältnis Bescheid, aber sowohl sie als auch Trump bemühten sich, ihre Beziehung geheim zu halten. Bei Shows saßen sie nicht nebeneinander, und wenn er eine Nachricht für sie hinterließ, sagte er den Rezeptionsmitarbeitern, sie sollten Marla sagen, »der Baron« habe angerufen.

Mit Turbulenzen in seinem Privatleben und dem Verlust von drei Führungskräften war Trump in größerer Bedrängnis denn je. Investoren fällten ihr Urteil über den Zustand seines Taj-Mahal-Casinos und drückten den Marktwert seiner Anleihen um 70 Prozent nach unten. Trump konnte sich damit trösten, dass diese Herabstufung zumindest partiell einen größeren Markttrend widerspiegelte. Fast alle in der Zeit der Hochkonjunktur der Achtzigerjahre ausgegebenen hochverzinslichen Schuldverschreibungen – Junk-Bonds – verloren an Wert. Dazu gehörten auch die, die zum Zweck der Finanzierung von Übernahmen emittiert worden waren, wie beispielsweise der des Konzerns RJR Nabisco durch Kohlberg Kravis Roberts für 25 Milliarden Dollar. Der riesige RJR-Nabisco-Deal, der mit nur 15 Millionen Dollar Eigenkapital der Käufer getätigt worden war, wurde zum ikonischen Beispiel für eine Praktik, die es Finanzingenieuren erlaubte, Hunderte Millionen Dollar zu verdienen, indem sie einem Unternehmen Schulden aufbürdeten, bevor sie seine Teile verkauften. Die ganze Arbeit war reiner »Papierkram«, der im Fall von KKR von einer Firma mit nur fünfundachtzig Angestellten und zwanzig Partnern erledigt wurde. Die Eigentümer von KKR, die verhältnismäßig anonym waren, hatten deutlich mehr Geld verdient als weltberühmte Schauspieler, Sportler oder Künstler. »Henry Kravis verdiente 400 Millionen Dollar, ohne sich großartig anzustrengen!«, schrieb der Wirtschaftsjournalist Adam Smith.[24]

In Bezug auf ihren Nominalwert machten Donald Trumps Anleihen nur einen winzigen Bruchteil des großen Pools von Junk-Bonds aus, der viele Anlageexperten verängstigte, aber er war zu einer derart öffentlichen Person geworden, dass die Reporter ihn immer wieder in ihre Storys über Unternehmen in Schieflage mit einbezogen. Und wenn sie über Trump berichteten, unterließen sie es nicht, auch Marvin Roffman zu erwähnen, den Mann, den man anrief, wenn man eine kritische Analyse der Glücksspielbranche in Atlantic City haben wollte.

Roffman war an der Wall Street so angesehen, dass Donald Trump ihn für sich zu gewinnen suchte. Er lud den Analysten nach Atlantic City zu einem Rundgang ein, dessen Führung sein Bruder Robert übernehmen sollte. Aber just an dem Tag, an dem Roffman eintraf, veröffentlichte Neil Barsky vom *Wall Street Journal* einen Artikel, in dem der Finanzanalyst Kaye Handley voraussagte: »Jemand wird vermutlich beim Taj Mahal Geld verlieren, aber es wird nicht Donald Trump sein.« Roffmans im selben Artikel zitierte Prognose war schärfer und konkreter: »Wenn dieses Objekt in Betrieb geht, wird er (Mr. Trump) so viel kostenlose Werbung gehabt haben, dass er im April, Juni und Juli alle Rekorde brechen wird. Aber wenn die kalten Winde von Oktober bis Februar wehen, wird er rote Zahlen schreiben. Der Markt dafür ist einfach nicht da.«

Da dieser Kommentar seiner Ankunft vorauseilte, traf Roffman am Eingang des Taj Mahal einen ziemlich ungehaltenen Robert Trump an. Dieser verlor kurz die Nerven: »Sie sind ein Mistkerl«, schrie er und verstellte dem Analysten den Weg. Der Wutausbruch des eher zurückhaltenden Robert Trump machte den Druck deutlich, der auf der Eröffnung des Taj Mahal zu einer Zeit lastete, als der Casino-Markt von Atlantic City eine Flaute durchmachte. Er entsprach auch der Ausdrucksweise, deren sich Donald Trump befleißigte, wenn er sich über etwas ärgerte, und verriet eine familiäre Gemeinsamkeit, die die beiden Brüder möglicherweise mit ihrem Vater teilten, der kein Blatt vor den Mund genommen hatte. Für Donald Trump war die Welt in Gewinner und Verlierer, Freunde und Feinde aufgeteilt. Wenn er verärgert war, ließ er mit Kraftausdrücken gespickte Tiraden los. Angestellte, Konkurrenten, Kritiker und Mitarbeiter waren dann in seinen Worten »dämlich«, »blöde«, »Loser« oder »Schlappschwänze«.[25]

An dem Tag, als sein Bruder Roffman den Zutritt zum Taj Mahal verwehrte, schrieb Donald Trump dem Chef des Analysten, Janney Montgomery Scott, um ihm mitzuteilen: »Ich beabsichtige, eine Schadensersatzklage, die sich gewaschen hat, gegen Ihre Firma einzureichen, sofern Mr. Roffman sich nicht öffentlich entschuldigt oder entlassen wird.« Der Brief leitete eine der denkwürdigsten Episoden in den Annalen der Finanzgeschichte ein. Der Boss kürzte Roffmans Gehalt, verlangte die Rückzahlung eines Bonus und bat Trump um einen Formulierungsvorschlag für eine Entschuldigung. Roffman unterschrieb dann einen Brief, in dem es unter anderem hieß: »Zweifellos wird die Eröffnung des Taj Mahal das großartigste und erfolgreichste Ereignis sein, das die Stadt je zu verzeichnen hatte.« Sofort aber bedauerte Roffman seine Entscheidung und schickte einen weiteren Brief hinterher, in dem er angab: »Ich ziehe meinen (vorausgegangenen) Brief zurück und fordere Sie hiermit auf, ihn in keiner Weise zu verwenden.« Als er am nächsten Tag zur Arbeit ging, wurde ihm gekündigt.

Da Wertpapierhandelsfirmen inmitten eines konjunkturellen Abschwungs Tausende von Angestellten entließen, waren Roffmans Beschäftigungsaussichten düster, und er fühlte sich in die Enge getrieben, als Trump ihn in der Presse kritisierte. Trump stellte ihn als »mittelmäßigen Mann ohne Talent« dar und behauptete sogar, eingegriffen zu haben, damit Roffman seinen Job behielt, als seine Chefs Monate zuvor mit dem Gedanken gespielt hatten, ihn vor die Tür zu setzen. Voller Entrüstung sagte Roffman: »Er ist ein Lügner.« Wie David im Kampf gegen Goliath freute er sich zweifellos kurze Zeit später darüber, dass die Aufsichtsbehörde für die Finanzindustrie in der »Cause célèbre« für ihn Partei ergriff. Aber es dauerte fast ein Jahr, bis er das schiedsgerichtliche Verfahren gegen seinen Arbeitgeber gewann und eine Entschädigung von 750 000 Dollar erhielt. Seine Klage gegen Trump zog sich noch länger hin und wurde schließlich auf gütliche Weise durch einen Vergleich beigelegt.[26]

Inmitten des Wirbels, für den Trumps Auseinandersetzung mit Roffman sorgte, wurde das Taj Mahal im April 1990 mit einem strahlenden Immobilienmogul eröffnet, der eine Wunderlampe wie aus dem gleichnamigen orientalischen (nicht indischen) Märchen anzündete, um eine Lichtshow zu eröffnen und ein Feuerwerk aufsteigen zu lassen. Der berühmteste Stargast auf der Galaveranstaltung war ironischerweise Merv Griffin. Wie Roffman vorausgesagt hatte, lief das Taj Mahal anfangs gut, dann geriet es ins Schlingern. Das US-Magazin *Forbes* schätzte, dass sich Trumps Vermögen auf nur noch 500 Millionen Dollar belief und bezifferte die monatlichen Verluste seiner Unternehmen auf drei Millionen Dollar. Obwohl Trump Einwände gegen die Einschätzung von *Forbes* erhob, wurde diese bei einer externen Revision bestätigt: Sie besagte, dass der ordnungsgemäße Verkauf seiner Vermögenswerte ihm eine halbe Milliarde Dollar einbringen würde. Bei einem unmittelbaren Notverkauf, so der Bericht weiter, könnte er höchstens 300 Millionen Dollar erzielen.

Die nackten Zahlen boten eine Erklärung dafür, warum die Bauunternehmer über unbezahlte Rechnungen in Höhe von über 30 Millionen Dollar klagten. Trump sagte, sie versuchten, überhöhte Preise zu verlangen. Als Neil Barsky ihn für das *Wall Street Journal* interviewte, zog Trump eine Show ab, indem er eine ganze Sammlung von Barksys Artikeln ausbreitete und sich darüber beschwerte, dass er Gerüchte über Trumps Liquiditätsprobleme verbreite. Er drohte, ihn zu verklagen. Dann bestätigte er, dass er beabsichtige, den Trump Shuttle zu verkaufen.

Am 4. Juni 1990 veröffentlichte Barsky einen sensationellen Bericht über Trumps Schuldenprobleme, über Entlassungen im

Taj Mahal und bei Trump Shuttle und über Trumps gescheiterten Versuch, sich durch den Verkauf von Immobilien oder durch Refinanzierung Kapital zu verschaffen. (Ein Vorschlag, der von den Kreditgebern abgelehnt wurde, bezog sich auf Beteiligungen am Grand Hyatt und dem Plaza.) Barsky berichtete, ein Großteil der Probleme sei darauf zurückzuführen, dass die Kreditgeber sich auf Trumps Versicherung eingelassen hatten, ein Casino, ein Hotel oder eine Airline nach ihm zu benennen, würde deren Wert steigern. Das traf aber weder auf den Shuttle zu, der unter Trumps Namen einen Verlust von 85 Millionen Dollar gemacht hatte, noch auf das Taj Mahal, das ebenfalls rote Zahlen schrieb. Viele seiner privaten Vermögensgegenstände, einschließlich der Yacht *Trump Princess* und einer Boeing 727, hatten ebenfalls deutliche Wertverluste verzeichnet. In der Öffentlichkeit stritt Trump mit Bankern, die behaupteten, dass sich sein Reinvermögen womöglich auf null belaufe. Privat gab er allerdings zu, dass sie recht hatten, so zum Beispiel, als er beim Anblick eines Obdachlosen auf der Straße einmal zu Marla sagte, dass der arme Kerl mehr besitze als er selbst. Später sagte er, Marlas Unterstützung in dieser schwierigen Zeit habe ihm sehr geholfen.

Die Ängste, die er im Privaten offenbarte, zeigte Trump nicht in der Öffentlichkeit. Stattdessen tat er so, als sei er voll und ganz von seinen Fähigkeiten überzeugt und schob die Schuld auf die anderen. Er kritisierte die Manager des Casinos, die bei dem Hubschrauberabsturz ums Leben gekommen waren, und machte sie für viele seiner Probleme in Atlantic City verantwortlich. Als ein Informant der *Times* sagte: »Die Menschen verstecken sich unter ihren Schreibtischen«, um nicht zu Trumps Zielscheibe zu werden, behauptete er beharrlich, dass sein Team gut eingespielt sei: »Die Menschen arbeiten gern für mich. Trump funktioniert gut mit diesem Management.« Im selben Artikel wurde berichtet, dass er einen der Geschäftsführer des Casinos, der nach der chaotischen Eröffnung der Glücksspielhalle im Taj Mahal wegen Erschöpfung ins Krankenhaus eingeliefert werden musste, fristlos entlassen hatte.[27]

Trumps Kritiker genossen die Widrigkeiten, mit denen er zu

kämpfen hatte. David Letterman, der Fernsehmoderator der *Late Show*, machte Trump zum Thema seiner nächtlichen satirischen Vorstellung der Top-Ten-Liste, die den Titel trug »Top-Ten-Anzeichen dafür, dass Trump in Schwierigkeiten ist«. Eines der »Anzeichen« war, dass Trump »seine Berater gefragt hatte, wie ihrer Meinung nach ein ›kämpfender Milliardär‹ im professionellen Ringkampf vorgehen würde«. Nach jahrelangen Auseinandersetzungen beendigte John O'Donnell 1990 sein Arbeitsverhältnis mit Trump. Als der ehemalige Geschäftsführer des Trump Plaza Hotels sein Enthüllungsbuch über seinen früheren Chef veröffentlichte, entwarf er das Bild eines herrischen Mannes voller Vorurteile, dem andere Menschen gleichgültig waren. In *Trumped!* schrieb O'Donnell, dass sein einstiger Vorgesetzter einmal gesagt hatte: »Ich habe schwarze Buchhalter im Trump Castle und im Trump Plaza gehabt. Schwarze Jungs, die mein Geld zählten! Ich hasse es. Die einzigen Menschen, die ich mir zum Zählen meines Geldes wünsche, sind kleinwüchsige Typen, die jeden Tag eine Kippa tragen.« O'Donnell berichtete auch von einem Rennpferd namens Alibi, das Trump kaufen und in D. J. Trump umbenennen wollte. Darauf versessen, Alibis Können vorgeführt zu bekommen, soll Trump die Trainer genötigt haben, das Pferd an einem Rennen teilnehmen zu lassen, obwohl sie größte Bedenken hatten, weil das Tier sich einen Virus eingefangen hatte. Das Pferd ging ins Rennen und – wie der Trainer befürchtet hatte – erkrankte. Um Alibi das Leben zu retten, mussten die Tierärzte ihm die Vorderhufe amputieren. Die Hufen würden nachwachsen, aber Alibi, der vom berühmten Native Dancer abstammte, würde nie wieder an einem Rennen teilnehmen können. Als der Trainer unter Tränen die schlechte Nachricht Trump telefonisch übermittelte, wurde der Kauf rückgängig gemacht.

Da er jahrelang für diesen Mann gearbeitet hatte, wurden O'Donnells Anekdoten über Trump in der Presse aufgegriffen. O'Donnell gab zu, dass Trump ihn wohl für einen »verärgerten ehemaligen Arbeitnehmer« hielt. Als Trump später für den *Playboy* interviewt wurde, bezeichnete er O'Donnell als »einen verdammten Loser«. Er sagte, dass er ihm nur ein paarmal begegnet sei, aber er räumte auch ein, dass das, was »der tolle O'Donnell über mich geschrieben hat, vermutlich wahr ist«.

Obwohl Trump behauptete: »O'Donnell braucht Geld, darum benutzt er meinen Namen, um ein paar Bücher zu verkaufen«, bekam der ehemalige Geschäftsführer von Trump Plaza einen Spitzenjob bei den Merv Griffin Resorts. (In seinem ersten Jahr als leitender Geschäftsführer trug O'Donnell dazu bei, dass das Resorts Casino Hotel den größten Umsatzzuwachs von allen Casinos in Atlantic City verzeichnete.) In dieser Zeit verlor Trump andere Führungskräfte in seinem Casino. In New York traten sein Chefjustiziar und sein leitender Geschäftsführer für den Immobilienverkauf zurück. Er verlor auch seine leitende Finanzberaterin, Barbara Res, sowie Tony Gliedman, der eine entscheidende Rolle bei der Planung der Eisbahn im Central Park gespielt hatte.[28]

***

Das Taj Mahal ging im Januar 1991 in Konkurs. In einer Vereinbarung mit den Gläubigern übertrug Trump diesen eine große Beteiligung an der Spielbank, erhielt aber dafür, dass sein Name auf dem Gebäude verblieb, eine jährliche Ausgleichszahlung von gut einer Million Dollar netto. Die Mehrheitsbeteiligung an Trump Shuttle veräußerte er bald danach an seinen Kreditgeber Citibank. USAir sollte die Flugzeuge betreiben, zeigte aber kein Interesse daran, den Namen Trump beizubehalten. Die Bank und USAir einigten sich auf ein Vorkaufsrecht für die Fluggesellschaft.

Nachdem USAir ihm die Verantwortung für den Shuttle abgenommen hatte, starteten Trump und seine Geldgeber, zu denen Dutzende von Banken gehörten, komplizierte Verhandlungen, um von seinen Unternehmen zu retten, was noch zu retten war, und den Gang zum Konkursgericht zu vermeiden. Das war nur für jene verständlich, die wussten, dass nach amerikanischem Konkursrecht ein Milliarden-Schuldner ein größeres Risiko für die Kreditgeber darstellt als die Kreditgeber für ihn. Falls Trump die Konkursgerichte in Anspruch nahm, konnte er seine Vermögenswerte jahrelang einfrieren und sich von den meisten, wenn nicht gar von allen Zahlungsverpflichtungen befreien. Wenn seine Geldgeber jedoch weiter mit ihm Geschäfte machten, hatten sie die Möglichkeit, mehr von ihren Außenständen hereinzuholen, und sie vermieden gleichzeitig die exzessiven Kosten solcher Insolvenzverfahren. Diese Tatsache verärgerte manchen Inhaber von Trump-Casino-Bonds. In einer Gläubiger-Konferenzschaltung bezweifelte einer von ihnen, Randolph Goodman, die Erwartung, die Gerichte würden Trump weiterhin die Geschäftsführung einer insolventen Spielbank anvertrauen: »Würde das denn nicht bedeuten, dass wir auf die schlechteste mögliche Leitung angewiesen wären?«, fragte er. Die Antwort gab ein Anwalt, der alle Anleihegläubiger vertrat: »Wenn es möglich wäre, die Nieten auf der Grundlage ihrer Leistungen in der Vergangenheit rauszuwerfen, dann müsste das Standardverfahren bei Insolvenzen die sofortige Einsetzung eines Insolvenzverwalters sein. Aber in praktisch jedem Fall, der vor das Konkursgericht kommt, bleibt das Management im Amt.«[29]

Wie viel Macht Trump in seiner Lage besaß, wurde ihm bewusst, als der Kreditgeber für seine Yacht nicht nur akzeptierte, dass Trump die Zahlungen einstellte, sondern auch noch die Kosten für Unterhalt und Versicherung des Schiffs übernahm, monatlich 500 000 Dollar. Am Ende konnte Trump seine gesamten Verpflichtungen um 750 Millionen Dollar reduzieren und eine Reihe von Immobilien behalten, darunter das West-Side-Bahnhofsgelände und das Mar-a-Lago in Palm Beach. Auch andere hatten die Eigendynamik einer Insolvenz mit ähnlichem Erfolg genutzt und einen Großteil ihres Vermögens gerettet, während sie dem Stigma einer Privatinsolvenz entgingen, doch nur wenige betrachteten das als großartige Leistung. Trump dagegen, wie immer Entertainer und Optimist, sah in diesem Ergebnis einen Vorteil für sein Image. »Hätte ich Privatinsolvenz angemeldet, hätte meine Comeback-Geschichte wohl längst nicht so gut gewirkt«, sagte er. »Sie hätte immer einen üblen Beigeschmack gehabt.«

Wie ein gewiefter Werbefachmann stilisierte sich Trump in seiner Darstellung zum Liebling der Banken, »weil ich gut und ehrlich bin« und weil »durch Kooperation statt Konflikt alle besser gefahren sind«. Aus der Sicht der verschiedenen Banker traf das zu. Sie waren genügend bezahlt worden, als sie Trumps Kredite billigten, und ihre gut dotierten Positionen blieben ihnen, da Trump die Konsequenzen zu tragen hätte, falls etwas schiefging. Ein früheres Mitglied aus Trumps Führungsteam äußerte gegenüber dem Autor Harry Hurt: »Wir hatten alle diese Vermögenswerte, aber nie Geld in der Hand. Deswegen mussten wir dauernd neue Geschäfte machen.« Solche Abschlüsse, die im Regelfall zusätzliche Ausgaben mit sich brachten, um neue Immobilien zu betreiben oder zu renovieren, ließen die Geldquellen sprudeln, die das System am Laufen hielten.[30]

Nicht alle sahen das so positiv. Lawrence Lambert urteilte als Sprecher der Trump-Anleger: »Ich finde moralisch verwerflich, womit man Trump davonkommen lässt.« Niemand vertrat die Interessen der Millionen von Sparern und Aktionären, deren Einlagen bei verschiedenen Banken durch die Verluste an Wert verloren, die von diesen wiederum hingenommen wurden, um ihre Konten mit Trump auszugleichen. Auch konnte niemand den allgemeinen Vertrauensverlust beziffern, der entstand, als die Öffentlichkeit mit ansehen musste, wie sich ein Immobilienmogul seiner Schulden von insgesamt mehr als einer halben Milliarde Dollar entledigen konnte, während ein gewöhnlicher amerikanischer Hausbesitzer, der einen Kredit von ein paar tausend Dollar nicht zurückzahlen konnte, in den Ruin getrieben wurde. In der Öffentlichkeit wurde der Grund dafür, dass Trump verschont wurde, später als »Systemrelevanz« bezeichnet: »Zu groß, um pleitezugehen«. Trotzdem fehlte vielen amerikanischen Bürgern das Verständnis dafür, dass Kreditgeber Schuldnern in Zahlungsschwierigkeiten immer noch weiter Kredite gaben.

Ziemlich durchsichtig dagegen war – dank Neil Barsky vom *Wall Street Journal* – Trumps Manöver zur Vermeidung eines Zahlungsausfalls bei den Anleihen, die er zur Finanzierung einer anderen seiner Spielbanken, dem Trump Castle, ausgegeben hatte. Wie Barsky im Januar 1991 berichtet, schickte Fred Trump einen Anwalt mit einem Scheck über 3,5 Millionen Dollar zum Casino, mit dem er Jetons erwarb, die nie benutzt wurden. Es handelte sich im Wesentlichen um ein Darlehen des Vaters an den Sohn, das die Bilanz von Trump Castle schönte und die Spielbank in die Lage versetzte, die Anleihen zu bedienen. Ein in der Tat raffiniertes Vorgehen, das Trump senior in die Lage versetzte, sein Geld jederzeit zurückzubekommen, indem er einfach die Chips einlöste. Keiner der anderen Gläubiger seines Sohns hatte diese Möglichkeit.[31]

Da Donald Trumps Gläubiger Verluste hinnahmen, neue Darlehen gewährten und ihm erlaubten, substanzielle Vermögenswerte zu halten, blieb ihm also die Demütigung einer Privatinsolvenz erspart, und gleichzeitig konnte er fortfahren, weiterhin eifrig Projekte an Land zu ziehen. Was er jedoch nicht vermeiden konnte, das war das beschämend langsame Siechtum seiner Ehe mit Ivana. Alles hatte damit begonnen, dass Jerry Argovitz Marla Maples in sein Büro mitbrachte. Aus den ersten Zusammentreffen Trumps mit Marla – auf der Straße, im Rainbow Room des Rockefeller Center, bei seiner Buchpräsentation – entstand ein Verhältnis, das den Untergang seiner Ehe einläutete und die Schattenseiten des Geschäfts mit dem Starkult in den Blick rückte.

***

Ivana Trump hatte sich trotz der Gerüchte und der direkten Fragen von Bekannten wie der Klatschkolumnistin Cindy Adams von der *Post* bemüht, die Familie zusammenzuhalten. Was ihren Ehemann anging, so schwankte er zwischen Diskretion und taktloser Geschwätzigkeit. Einerseits verließ er sich auf das Pseudonym »der Baron« zur Geheimhaltung seiner Kontakte mit Marla, andererseits konnte er der Versuchung nicht widerstehen, mit ihrer Schönheit vor Leuten zu prahlen, die er beeindrucken wollte. Mit ihren vierundzwanzig Jahren war Marla 14 Jahre jünger als Ivana, die als Mutter von drei Kindern zwar immer noch schön war, aber eben doch auf die vierzig zuging und viel mitgemacht hatte, als sie ihrem Mann länger als ein Jahrzehnt in seinem Kampf um Erfolg zur Seite stand. Marla Maples sah in Donald den »König«, als den sein Vater ihn bezeichnet hatte, und sie war bezaubert von allem, was sie in seinem Königreich zu sehen bekam. Sie dachte nicht weiter über die Möglichkeit nach, dass ihr Traum auch zum Albtraum werden könnte.

Das Ereignis, das eine regelrechte Kaskade von Skandalen auslöste, war so banal – Ivana hörte am Nebenapparat ein Telefongespräch ihres Manns mit –, dass die Drehbuchschreiber in Hollywood seitdem darauf verzichten, so etwas als dramaturgisches Mittel einzusetzen. Ivana war die misstrauische Ehefrau im wirklichen Leben, nicht im Film. Sie hörte die Stimme eines Mannes am Telefon, der »Marla« in vulgärster Sprache als »sexy« beschrieb. Nach dem Telefongespräch stellte Ivana ihren Mann zur Rede. Er erzählte ihr, Marla sei eine Frau, die ihm seit zwei Jahren nachsteige, er habe aber keine Beziehung mit ihr.

Es folgte eine heftige Auseinandersetzung. Sie ereignete sich in der idyllischen Umgebung des gerade eröffneten Luxushotels Little Nell in Aspen, Colorado. Die Trumps waren zwei Tage nach Weihnachten eingetroffen, zu einer Zeit, in der es dort von Prominenten wimmelte. (Zu denen, die regelmäßig in dem Hotel ihre Ferien verbrachten, gehörten unter anderen der Schauspieler Jack Nicholson, der Sänger Prince und die allgegenwärtige Barbara Walters.) In diesem Winter 1989/90 diskutierten die Einheimischen gerade über ein von Tierschützern angeregtes Verbot des Pelztragens. Wie man später in der Presse lesen konnte, war Ivana beim Skifahren auf Marla aufmerksam geworden und hatte in ihr die Frau aus dem Telefongespräch erkannt. Das Magazin *People* berichtete, Ivana habe Marla angefahren: »Lass meinen Mann in Ruhe, du Miststück!«, dann sei sie ihrem Mann, der bereits auf der Piste war, hinterhergerast. Weiter hieß es in dem Artikel: »Die anwesenden Zeugen, die das Geschehen gebannt verfolgten, schworen, sie hätten gesehen, wie sie ihren Mann überholte und dann heftig gestikulierend rückwärts vor ihm herfuhr.«

Die Koinzidenz von Ereignissen, die Ivana, Donald und Marla in diesem Moment zusammenführten, war so bemerkenswert, dass es fast wie geplant wirken mochte. Marla wunderte sich über die zahlreichen Zeugen, unter ihnen Journalisten, die zufälligerweise bei dem Vorfall dabei waren; sie fand das so merkwürdig, dass sie sich fragte, ob das Ganze nicht arrangiert war. Damals sprach sie das aber nicht aus und erwähnte auch nichts von dem Ring, den Donald ihr als Unterpfand ihrer Beziehung geschenkt hatte.

Donald versuchte, Ivana zu beschwichtigen, doch die Wochen nach der Begebenheit in Aspen waren voller Spannungen.[32] Es machte die Dinge nicht besser, dass Trump in einem Artikel der März-Ausgabe des *Playboy* – der Anfang Februar 1990 veröffentlicht wurde – auf die von Interviewerin Glenn Plaskin gestellten Fragen »Was bedeutet Ehe für Sie? Bedeutet sie Monogamie?« die Antwort verweigerte. Bei derselben Gelegenheit erklärte er auch, dass jeder, der erfolgreich sei, einschließlich Mutter Teresa und Jesus Christus, von seinem Ego angetrieben werde: »Ein viel stärkeres Ego, als man je verstehen wird.« Ebenso gab er zu, dass er Publicity suche. »Die Show heißt Trump, und sie ist überall ausverkauft.«

Trumps Ego, das vom Status und der Aufmerksamkeit anderer abhing, machte es ihm praktisch unmöglich, sich von einer so schönen Frau wie Marla zu lösen, wenn sie ein solches Interesse an ihm zeigte. Seine Persönlichkeit ließ auch kaum zu, eigene Schwachstellen zu erkennen. Er beschloss, zum Kampf von Schwergewichtsboxer Mike Tyson gegen Buster Douglas nach Tokio zu fliegen, und dort eventuell Immobilien an reiche Japaner zu verkaufen, die mutmaßlich nicht wussten, dass er bei seinem Auftritt vor dem Rotary Club in Portsmouth, New Hampshire, japanische Geschäftsleute verunglimpft hatte. Zum Zeitpunkt seiner Abreise führte Ivana ein Gespräch über ihre Ehe mit Liz Smith, der Kolumnistin der *Daily News*. Da diese schon viele Gerüchte vernommen hatte, darunter Ivanas Zerwürfnis mit Marla in Aspen, war sie nicht sonderlich überrascht. (Die *Post* hatte 1988 berichtet, Marla sei mit »einem der ganz großen

Tycoons der New Yorker Wirtschaftswelt, einem verheirateten Mann«, verbandelt. In späteren Ausgaben hieß es dann: »Maples zieht angeblich durch alle Geschäfte im Trump Tower und sagt dann: ›Schicken Sie die Rechnung an Donald.‹«) Trotzdem war Smith enttäuscht über das, was sie von Ivana zu hören bekam. In ihren Augen war Trump immer der Junge gewesen, der zwar über die Stränge schlägt, dem man das aber nachsehen muss, weil er im Grunde ein lieber Mensch ist. Ihr Artikel »Love on the Rocks« erschien in der Sonntagsausgabe der *Daily News* vom 11. Februar. Darin wurde die Trennung des Paars verkündet, woraufhin ein Medienrummel losbrach, der sogar den Mann auf dem falschen Fuß erwischte, der es gewohnt war, Hunderte von Zeitungsausschnitten zu sammeln.

In der Sturzflut von Berichten, die der Dammbruch nach Liz Smiths Artikel auslöste, wärmten die Reporter noch einmal den ganzen Klatsch über Schauspielerinnen, Models und Gesellschaftslöwinnen auf, die Trump angeblich intim gekannt hatte, und mutmaßten, dass es zwischen ihm und Ivana einen Konflikt wegen ihrer Tätigkeit als Geschäftsführerin des Plaza gebe. Im heißumkämpften New Yorker Pressemarkt stellte die Trennung der Trumps für die Herausgeber ein unwiderstehliches Thema dar. Grundsätzlich unterstützten Smith und die *News* Ivana, während die Konkurrenz, die *Post* mit ihrer Kolumnistin Cindy Adams, Trumps Sicht etwas mehr Platz einräumte und Ivana als eine Ehefrau darstellte, die ihren Mann im Scheidungsverfahren schröpfen wolle. Die stärker am Massenmarkt orientierte *Post* war auch das erste Blatt, das Marla Maples namentlich nannte und ein Foto von ihr veröffentlichte.

Marla fühlte sich von der Öffentlichkeit wie durch den Fleischwolf gedreht und protestierte gegenüber mehreren Reportern, die allerdings wenig Interesse an ihren Aussagen zeigten und ungerührt zusahen, wie sie unter dem Rummel litt. Gleichzeitig machte das Bild Ivana Trumps in der Öffentlichkeit eine Wandlung durch: Aus einem Symbol aggressiven Ehrgeizes wurde sie zum Inbegriff der Ehefrau im mittleren Alter, der von ihrem Mann Unrecht zugefügt wird. Maples floh schließlich aus New

York und vor der Presse und suchte Zuflucht in den Hamptons und dann in Guatemala, bei einem Freund, der im Friedenscorps arbeitete. Die Journalisten spürten ihren ehemaligen Freund Tom Fitzsimmons auf, dem man, wie er später erzählte, eine sechsstellige Summe bot, falls er sein ganzes Wissen einem überregionalen Boulevardblatt preisgeben würde; er schlug das Angebot aus. Marlas Familienangehörige in Georgia wurden von aufdringlichen Reportern heimgesucht, die sich gelegentlich im Straßengraben neben ihren Häusern versteckten und dann in ihren Küchen auftauchten. Ein Medienunternehmen schaltete sogar eine Anzeige im Lokalblatt von Maples' Heimatort, dem *Dalton Daily Citizen*, in der jedem Einheimischen 1000 Dollar für sachdienliche Informationen versprochen wurden. Viele meldeten sich, auch solche, die Marla überhaupt nicht kannten.

Auf einen Hinweis in Liz Smiths Kolumne hin versammelten sich am Valentinstag zahllose Fotografen und Kamerateams der Fernsehsender in Manhattan vor dem angesagten Restaurant La Grenouille, als Ivana dort für ein seit einiger Zeit geplantes Essen eintraf. Zwei Stunden lang saß sie mit einem Dutzend Freundinnen und Verwandten in intensiven Gesprächen zusammen, die ihr gelegentlich die Tränen in die Augen trieben. Unter den Anwesenden waren ihre Schwiegermutter, zwei Schwägerinnen und Georgette Mosbacher, deren Mann damals US-Handelsminister war. Nach dem Essen brachten Liz Smith und Barbara Walters Ivana zu dem Wagen, der auf sie wartete. »Nimm ihn aus!«, rief ein Passant ihr zu, während die Fotografen sich nach vorn drängelten. Ein anderer schrie: »Hol dir das Geld!«[33]

In späterer Zeit wurde zwar Hillary Clinton zum Inbegriff aller Ehefrauen, denen von ihrem Mann schlimmes Unrecht angetan wurde, aber damals, im Februar 1990, zog Ivana so viel Sympathie auf sich, dass ihr Porträt im *Spy*-Magazin als launenhafte, egoistische und materialistisch eingestellte Person praktisch ausgelöscht wurde. An dessen Stelle trat das Bild einer Frau, die ihren Mann auch dann noch unterstützt hatte, als andere ihn unerträglich fanden, und der nun übel mitgespielt wurde. Im Kampf um die öffentliche Wahrnehmung gewann sie die Oberhand, weil ihr Mann als Ekel gezeichnet wurde und sie in Liz Smith die beste Verbündete hatte, die man sich im Krieg der Schlagzeilen erhoffen konnte.

Smith, 1923 in Fort Worth, Texas, geboren, hatte Glamour im Tivoli-Kino ihres Heimatorts kennengelernt; das Fastfood-Restaurant von nebenan nannte man scherzhaft »Rockyfellers«. Smith geriet in den Bann der glitzernden Welt des Leinwandruhms und ging als filmstarbegeisterte »Provinznudel« nach New York, wo sie eine Stelle als Autorin in dem Fanmagazin *Modern Screen* ergatterte. Bis 1990 wurde sie zu einer der einflussreichsten Klatschkolumnistinnen im ganzen Land, doch bewahrte sie sich ihren provinziellen Charme, der sicherlich auf viele ihrer Interviewpartner beruhigend wirkte. Sie bewies Herz, wenn sie sich weigerte, pikante Details zu veröffentlichen, die jemandem schaden konnten, den sie für unschuldig hielt. Im Fernsehen wirkten ihr einnehmendes Lächeln und der gutmütige texanische Akzent vertrauenerweckend. Man sah in ihr eine Freundin, Schwester oder Tante, auf die man sich verlassen konnte.

Cindy Adams von der *Post* dagegen hatte mehr von jenen fiesen Mädchen, die jeder aus der Schule kennt. Als man ihr zutrug, Donald fürchte, Ivana werde wohl seine zweite Leona Helmsley – kurz zuvor wegen Steuerhinterziehung verurteilt – werden, ließ sie das drucken. Cindy entwickelte sich zu so etwas wie Trumps Sprachrohr in der Öffentlichkeit. Sie hatte immer ein Ohr für ihn. Auch wenn ihn das Ausmaß der Pressekampagne wegen seiner Eheprobleme verblüffte, blieb er seiner Überzeugung treu, dass Publicity einen Wert an sich darstelle. So erklärte er dem Nachrichtenmagazin *Newsweek* gegenüber, der Skandal sei »großartig fürs Geschäft«. Während sein Vater klagte, er werde wegen der Geschichte »noch einen Herzinfarkt bekommen«, goss Donald noch Öl ins Medienfeuer und gab den Gerüchten über seine Techtelmechtel mit schönen und berühmten Frauen weiter Nahrung. Einem Reporter der *News* erzählte er sogar, seine Frau liebe ihn immer noch. »Ivana will nicht das Geld«, behauptete er. »Sie will Donald.« (Wenn Trump von sich sprach, nannte er sich oft selbst beim Namen, mit dem Spitznamen »The Trumpster« etwa oder mit seinen Initialen »DT«, ganz so, als spräche er von einem Fremden.)[34]

Der Pressesturm erreichte einen traurigen Höhepunkt, als die *Post* auf der ersten Seite mit der Schlagzeile erschien: »Marla zu Freunden über Donald: ›Der beste Sex, den ich je hatte.‹« Die Quelle dafür war eine Frau, die behauptete, mit Maples zusammen im Schauspielunterricht gewesen zu sein. Verzweifelt dementierte Marla die anonyme Behauptung, und Chuck Jones, der im Verlauf des Skandals ihr Sprecher wurde, widerlegte sie in der Folge auch. Alle Dementis konnten ihre Karriere als Schauspielerin jedoch nicht mehr retten – sie ging in der negativen Berichterstattung unter. Der *Playboy* bot ihr zwei Millionen Dollar für Aktfotos. Sie lehnte ab. Ebenso weigerte sie sich, ihren Namen für Unterwäsche unter der Marke *Die andere Frau* herzugeben. Schließlich stand sie aber doch Pate für eine Jeansmarke namens *Keine Entschuldigungen*. Ihre Vorgängerin als Topmodel der Firma war Donna Rice gewesen, die »andere Frau«, die den Skandal auslöste, der Gary Harts politische Karriere als Präsidentschaftskandidat beendete. Maples erhielt für die Jeans-Kampagne 500 000 Dollar, die sie zur Hälfte zur finanziellen Unterstützung ihrer Familie verwendete. Zudem verpflichtete sie den Jeanshersteller, dessen eigene Spende an eine Umweltschutzorganisation auf den doppelten Betrag zu erhöhen. Später wies sie darauf hin, dass die Wohltätigkeitsarbeit von der Presse weitgehend ignoriert worden sei. Mit Schaudern erinnerte sie sich an die Fernsehwerbung, die »erbärmlich und lächerlich« gewesen sei, »weil man sich in ihr auf meine Figur in den Jeans fixiert hatte. Mein Plädoyer für die Umwelt wurde einfach übersprochen.«

Die »Keine Entschuldigungen«-Kampagne trug zum Verkauf von Jeans im Wert von mehreren Millionen Dollar bei und bewies, wie man Ruhm in der Klatschpresse äußerst gewinnbringend in Werbung umsetzen konnte. Wenn man auf dem Höhepunkt des Skandals berichten konnte, dass eine Frau mit dem Aussehen von Marla Maples Donald Trump attraktiv fand, dann bewies das seinen Sexappeal. Maples strahlte jene gesunde und jugendliche Schönheit aus, der Trump und die meisten amerikanischen Männer den Vorzug gaben. Er fand sie eindeutig attraktiver als die mageren, schmuckbehängten Damen der besseren Gesellschaft, die der Autor Tom Wolfe als »gesellschaftliche Röntgenbilder« charakterisiert hatte.

Im prägnantesten Kommentar der Affäre, die im *New York Magazine* erschien, untersuchte John Taylor die Rollen der jeweils Beteiligten. Taylor und seine Quellen beschrieben Donald Trump als einen Mann, der nicht totzukriegen ist und sich an Schlagzeilen begeistern kann, die andere Menschen fassungslos machen würden. Nach Taylors Meinung war es möglich, dass Trump Ivana um ihre Medienpräsenz beneidete und die Fesseln abstreifen wollte, die ihm von der ehelichen Treue aufgezwungen wurden. Taylor zitierte zwar Donalds freundliche Worte über seine Frau und sein Versprechen, »Ivana gegenüber stets großzügig zu sein«, machte aber gleichzeitig klar, dass man diese Aussagen nicht wörtlich nehmen dürfe, weil sie von jemandem kamen, der »ehrliche Übertreibungen« öffentlich gerechtfertigt hatte.

Taylor zeichnete Ivana Trump als eine Frau, die Akzeptanz in jener High Society suchte und genoss, die ihr Ehemann verachtete, und die sich gleichzeitig so anstrengte, ihm zu gefallen, dass sie sich Schönheitsoperationen unterzog. Ihr Leid war das jeder Frau, die im mittleren Alter wegen einer jüngeren Frau im Stich gelassen wird. Der Schmerz wurde durch einen Medienrummel verschärft, der solche Wellen schlug, dass selbst George H. W. Bush ihre Ehekrise zur Pointe machte. »Ich bin hier in New York, wo eine der wichtigen Auseinandersetzungen des Jahres 1990 stattfinden wird«, scherzte der Präsident bei einer Wahlversammlung, »allerdings nicht, um über die Trumps zu sprechen!« Ivana musste auch Gemeinheiten von Personen hinnehmen, die noch eine Rechnung mit ihr offen hatten. Alfred Winklmayr, der vorübergehend mit Ivana verheiratet war, als sie einst aus der Tschechoslowakei auswandern wollte, trat an die Öffentlichkeit, um seine Story an ein Boulevardblatt zu verkaufen. Sein abschätziges Urteil lautete: »Ich habe den Eindruck, sie bekommt endlich, was sie verdient.«

Marla Maples repräsentierte in Taylors Darstellung jene

Frauen, die sich in geschlossene Gesellschaftskreise drängen und durch ihre Schönheit Macht ausüben. Zweifellos leistete sie Trumps Ego und – hinsichtlich seiner Ansichten über Publicity – letztlich auch seinen Geschäften gute Dienste. Folgte man allerdings der Analyse im *New York Magazine*, dann war schwer vorstellbar, dass die Sache für sie gut ausgehen könnte. Beobachter, die Taylor zitierte, meinten jedenfalls, Marla hätte nicht die »Klasse« (was immer das heißen sollte), um Trump an sich zu binden, und er selbst war offenkundig so davon überzeugt, dass ein Mann das Recht habe, sich anderswo umzusehen, wenn eine Frau alterte, dass Maples durchaus Gründe hatte, besorgt in die Zukunft zu blicken.

Marla hatte einen Horror vor den Medien, die im Stil der Boulevardpresse Rupert Murdochs nach Skandalen gierten. Das war ein neues Phänomen im amerikanischen Journalismus. Seit Generationen hatten die Journalisten in einer Art Gentleman's Agreement sexuelle Verfehlungen führender Politiker ignoriert. 1987, mit dem Skandal um die Beziehung zwischen Gary Hart und Donna Rice, ging diese Epoche zu Ende. Nun brach die Zeit an, in der anzügliche Geschichten, entsprechend aufwändig inszeniert, ihren Weg in die Massenmedien fanden. Die Journalisten behaupten dann gewöhnlich, so könnten Wahrheiten von öffentlichem Interesse ans Licht kommen. Taylor tat das als Feigenblatt ab. In Wahrheit gehe es um die Unterhaltung eines Massenpublikums.[35]

Jetzt, wo das Auseinanderbrechen ihrer Ehe zur Unterhaltung wurde, hatten die Kinder der Trumps zu leiden. Sie waren sechs, acht und zwölf Jahre alt und nicht gefragt worden, ob sie ein Leben im Rampenlicht führen wollten. Die Eltern versuchten, sie möglichst aus der Affäre herauszuhalten, konnten sie aber nicht vor allem schützen. Ivana gestand Liz Smith gegenüber, die Kinder seien »Nervenbündel«. Donny habe seinen Vater voller Wut angeschrien: »Du liebst bloß dein Geld!« Ivanka weine und Eric hätte Angst, seine Mutter werde verstoßen. Noch Jahrzehnte später erinnerte sich Ivanka, das mittlere der drei Kinder, ganz genau an ihre Gefühle, als eine Klassenkameradin ein Boulevardblatt in die Schule mitbrachte, ebenso an die gehässigen Bemerkungen, die in der Klasse herumgingen. Im Internet bleiben die Berichte über die Schwierigkeiten der Eltern für immer gespeichert.

Die Kinder der Trumps hatte auch Liz Smith im Sinn, als sie mitten im Skandal innehielt und den Flächenbrand bedauerte, den sie entfacht hatte. »Ich möchte damit aufhören«, äußerte sie gegenüber einem Reporter der *New York Times*. »Aber ich habe meine Chefs, die Zeitungsherausgeber und die Produzenten der Sendeanstalt. Sie wollen, dass es weitergeht.« Die Geschichte nahm solche Dimensionen an, dass sie sogar von der *Washington Post*, alles andere als ein Boulevardblatt, aufgegriffen wurde. Selbst die internationale Presse begann über das andauernde Drama zu berichten. Nun wurde deutlich, dass eine Versöhnung ausgeschlossen war. Ivanas Anwalt heuerte ein Team von Ermittlern an, um den Beitrag seiner Klientin zu Trumps Vermögen nachweisen zu können. Trump verwehrte seiner von ihm getrennt lebenden Ehefrau vorübergehend den Zugang zum Plaza.[36]

Der Krieg der Trumps zog sich über Monate hin, und beide Seiten ließen Informationen an die Presse durchsickern. Einmal berichtete die *Post*, Trump werde Marla endgültig aufgeben. Ein anderes Mal verkündete die *News*, Marla habe fast sechs Wochen im Trump Tower gewohnt. In einem ersten rechtlichen Schritt stellte Ivana den Ehevertrag in Frage, an dem sich die Scheidung orientieren sollte. Als Nachweis legte sie Aussagen ihres Mannes vor, die er in seinem Buch gemacht hatte und in denen ihre Arbeit für seine verschiedenen Projekte gelobt wurde. In einer weiteren Einlassung machte sie geltend, dass Donald, als sie die Abmachung 1987 unterzeichnete, beabsichtigt habe, sie zu betrügen. Zum Gerichtsverfahren erschien eine Titelgeschichte über Ivana in *Vanity Fair* einschließlich einer Reihe von glamourösen Fotos aus Mar-a-Lago; außerdem gab es mehrere öffentliche Auftritte, bei denen sie erkennbar ihre Unabhängigkeit genoss. Trump zog sich kurzzeitig aus der Öffentlichkeit zurück, während seine Kreditgeber eine Vereinbarung ausarbeiteten, durch die er abermals der Privatinsolvenz entgehen konnte, wenn er im Gegenzug einer vorübergehenden Aufsicht über die meisten seiner Finanzgeschäfte zustimmte.[37]

Angesichts der Forderungen seiner Frau nahm Trump sich einen Scheidungsanwalt, Jay Goldberg, der sich selbst als »Killer« beschrieben hatte, als einer, der einem anderen »die Haut vom Leibe reißen« könne. Während Goldberg und Ivanas Anwalt Michael Kennedy sich gegenseitig mit Vorladungen überzogen, zeigte sich Trump zunehmend mit Marla Maples in der Öffentlichkeit und stellte sie auch seinen Eltern vor. Als *Vanity Fair* Marla anbot, sie für die November-Ausgabe zu fotografieren, erklärte sie sich damit einverstanden. Nachdem sie mit Kleidung, Make-up und Frisur sorgfältig hergerichtet worden war, entstand eine Serie von Bildern, die stark an die Fotos von Ivana in der Mai-Ausgabe des Magazins erinnerten. Aufmerksame Abonnenten konnten feststellen, dass die doppelseitigen Bilder spöttische Vergleiche zwischen den beiden Frauen geradezu herausforderten. Marla hatte zwar bereitwillig mitgemacht, doch sie bedauerte ihren Entschluss, als sie sah, dass die Fotos nach Kommentaren wie »Das ist jetzt also die andere Frau« praktisch schrien.[38]

Nun, da sie sich auf dieses Spiel eingelassen hatte, weckte sie mit ihrer Erklärung, Ivana »will eine Milliarde, aber die haben wir nun mal nicht«, wenig Sympathie beim Publikum. Trump hatte in der Tat nicht entfernt die Möglichkeit, seiner künftigen Exfrau eine solche Summe zu zahlen. Er könne ihr höchstens 1,5 Millionen Dollar geben und keinesfalls die vielen Millionen, die der Ehevertrag vorsah. Vor Gericht äußerte Ivana die Überzeugung, ihr Mann habe Verhältnisse mit anderen Frauen gehabt, woraufhin er sie darauf aufmerksam machte, dass im jüngsten Ehevertrag von 1987 nicht mehr von »fortdauernder Liebe und Zuneigung« die Rede sei, eine Formulierung, die vorausgehende Vereinbarungen noch enthalten hatten.[39]

Als die Richterin schließlich Ivana Trumps Antrag auf Scheidung wegen »Grausamkeit und Gefühllosigkeit« stattgab, erwähnte sie Marla Maples namentlich. In den Verhandlungen um die endgültige Abfindung kamen Ivanas Anwälte zu dem Schluss, dass Donald Trumps Vermögen angesichts verschiedener Kredite und Zahlungsverpflichtungen wohl nicht mehr als 100 Millionen Dollar betrug. Ivana akzeptierte eine Vorauszahlung von zehn Millionen und zusätzlich 650 000 Dollar pro Jahr Unterhaltskosten für sich und ihre gemeinsamen drei Kinder. 13 Monate zuvor hatte Liz Smith die Ehekrise öffentlich gemacht. In dieser Zeit hatte Trump in Atlantic City eine vernichtende Niederlage erlitten, und sein angebliches Riesenvermögen hatte sich als Illusion entpuppt.

Jahre später sollte Trump erklären: »Es ist sehr wichtig, dass man lernt zu siegen. Sehr wenige Menschen verstehen sich darauf zu siegen, sehr wenige.« Aber so wie das Siegen weitere Siege nach sich ziehe, könne das auch bei Niederlagen sein. »Du kannst so brutal und schonungslos und sonst noch was sein, aber wenn du viel verlierst, dann folgt dir niemand mehr, weil sie dich als Loser betrachten.«

Trump hatte einige Verluste erlitten und wollte nun beweisen, dass er hart im Nehmen war. Er war bei allem, was er unternommen, gewonnen und verloren hatte, erst vierundvierzig Jahre alt. Er blieb einer der anerkanntesten Männer in den USA, und nur wenige, wenn überhaupt, verstanden sich so gut wie er darauf, Anerkennung zu barem Geld zu machen.

KAPITEL 10

DAS SPEKTAKEL TRUMP

Ich habe für mich selbst ein Comicbuch geschrieben,
und das Leben darin gefällt mir sehr.

Donald Trump

Donald Trump ist nie in Konkurs gegangen. In den Jahren nachdem er für sein Casino Taj Mahal Gläubigerschutz beantragte, hat er diese Behauptung oft und energisch wiederholt. Der Antrag wurde von einer Trump *Corporation* gestellt, nicht von der *Person* Trump, und diesen Vorgang beschrieb er als cleveren Schachzug, der keineswegs peinlich sei, sondern ihm bei seinen Verhandlungen mit Gläubigern ein mächtiges Druckmittel an die Hand gab. »Man muss stark genug sein, *nicht* zu zahlen«, sagte Trump später und fügte hinzu, die Leute, bei denen er Schulden habe, könnten ruhig heulen vor lauter Frust, aber irgendwann müssten sie eben einsehen, dass seine Unternehmen ihren Verpflichtungen nicht nachkommen würden.[1]

Zum damaligen Zeitpunkt bedienten sich viele bekannte Unternehmer der Gerichte, um sich von ihren geschäftlichen Verbindlichkeiten zu befreien. Im selben Jahr wie Trumps Taj Mahal gingen auch United Press International, Bloomingdale's und Piper Aircraft Bankrott. Aber während in der Rezession 1990/91 viele bekannte Firmen untergingen, stand doch keine davon mit einem Eigentümer in Verbindung, der auch nur annähernd so berühmt und berüchtigt war wie Donald Trump. »Die Show heißt Trump«, hatte er ja in einem freimütigen Moment gesagt, der sein

Leben als ein einziges Konstrukt zum Zweck der Geldanhäufung entlarvte. Indem er die eigene Person zum Synonym für sein Geschäft gemacht hatte, beeinträchtigten Trumps Schwierigkeiten, einschließlich seiner Eheprobleme, unweigerlich den Wert seiner Marke. In der Wirtschaftsfachpresse wurde dies von Werbe- und Marketingexperten ausführlich besprochen. Renee Frengut von der Firma Market Insights merkte an, dass Menschen, wenn sie von einer Berühmtheit enttäuscht würden, »nicht eben nachsichtig« seien. Der bekannte Werbefachmann Jerry Della Femina meinte, er würde, um seine Kunden zu promoten, eher Ivana Trump als Donald engagieren.

Bemerkenswerterweise erfreute Trump sich weiterhin eines Daseins im Luxus und behielt seine vielen Residenzen, einschließlich der Wohnung ganz oben im Trump Tower und der Villa in Palm Beach. Sein von den Gläubigern abgesegnetes Budget betrug 450 000 Dollar pro Monat. Zu Hause ließ er sich von Angestellten bedienen, unterwegs begleiteten ihn Bodyguards. Jeder vernünftige Mensch würde in diesen materiellen Annehmlichkeiten den Beweis erkennen, dass Trump ein erfolgreicher Mann war, oder, wie er es selbst ausdrücken würde: ein »Gewinner«. Aber während seines wilden Laufs durch das Leben versuchte er unablässig, die Ziele im eigenen Spiel immer höher zu stecken, um der Welt zu verstehen zu geben, dass die Trophäen eines Erfolgsmenschen ständig glitzernder und eindrucksvoller werden müssen, damit ihn niemand für einen Versager hält. Als Erstes empfing er einen Autor der *Times*, der einen Bericht über sein Luxusapartment im Olympic Tower schreiben sollte. Dann holte er Robin Leach in seine Villa auf dem Land, damit sie von den Millionen von Menschen bewundert werden konnte, die sich *Lifestyles oft the Rich and Famous* ansahen. Sein Privatflugzeug musste ein umgebauter Linienjet sein. Sein Haus in Palm Beach gleich das Mar-a-Lago. Die Yacht musste fast hundert Meter lang sein und die Frau an seiner Seite so schön, dass einfach jeder sie bewundern würde.

Trump, der zu einer Zeit auf der Bildfläche erschien, als Reichtum neu definiert wurde – die Reichen zählten ihr Vermögen nicht mehr in Millionen, sondern in Milliarden –, war er nicht der Einzige, der solche Ambitionen hatte. Generell ließen es sich der reiche Mann und die reiche Frau seiner Generation in einer Weise gut gehen, die man nicht mehr gesehen hatte, seit die Medizin der Großen Depression das Fieber der Zwanzigerjahre erstickt hatte. Fred Trump gehörte zu seinen Glanzzeiten zu den reichsten Männern Amerikas, aber er lebte inmitten von Ärzten, Anwälten und Buchhaltern. Er ging selten auf Reisen, außer hin und wieder zum Urlaub nach Florida, und hielt seine Ausgaben in Grenzen. Als *Forbes* 1955 eine Studie zu diesem Thema veröffentlichte, war dieses alles andere als protzige Leben die Norm unter den führenden Unternehmern der Nation, die sich noch gut an die Exzesse der Goldenen Zwanziger erinnern konnten und sie keinesfalls wiederholen wollten. Don Mitchell, der Präsident von Sylvania Electric, lebte in einem Haus mit elf Zimmern in Summit, New Jersey, und pendelte mit dem Zug nach Manhattan. D. A. Hulcy, der Präsident von Lone Star Gas, nannte ein kleines Häuschen am See seinen größten Luxus.[2]

Die 1955 von *Forbes* beschriebenen führenden Unternehmer erfreuten sich weit größerer Annehmlichkeiten als der durchschnittliche Arbeiter in ihren Firmen, aber der Abstand zwischen ihnen war sehr viel schmäler als die Kluft zwischen den Reichsten und allen anderen im Jahr 1990. Und wenn es ums Herumprahlen mit Macht und Besitz ging, stand Trump einsam ganz oben auf dem Treppchen. Auf diese Weise wurde er zum Symbol für einen Wandel, der jene irritierte, die Erfolg immer noch im Sinne des traditionellen amerikanischen Traums definierten, mit einem stabilen Familienleben, einem sicheren Zuhause und einem Platz in der Gemeinde. Trumps Definition eines guten Lebens war wie ein Phantasiegebilde aus einem Cartoon, das er mit Hilfe von Medienfiguren wie Robin Leach und Barbara Walters bewarb.

Während er sich also in seinem Erfolg sonnte, begannen auch andere, ihren Reichtum ostentativ zur Schau zu stellen. Der Immobilienmagnat Gerald Guterman feierte die Bar-Mizwa seines Sohnes mit einer 500 000-Dollar-Kreuzfahrt für mehrere hundert Gäste. Gayfryd Steinberg ließ für die Feier zum fünfzigsten

Geburtstag ihres Investoren-Ehemanns in den Hamptons eine Million Dollar springen. Malcolm Forbes gab mehr als zwei Millionen Dollar für die Party zu seinem siebzigsten Geburtstag in Tanger aus, bei der unter anderem ein echter Kavallerieangriff zum Unterhaltungsprogramm gehörte. In den Sphären der Gutermans, Steinbergs und Forbes wurden auch enorme Summen für die Partys für Ehefrauen und Geliebte sowie für Schönheitsoperationen ausgegeben, damit die Frauen mehr wie Geliebte aussahen.[3] Während das Leben der Amerikaner mit Superultra-Top-Einkommen immer extremer wurde, kämpfte die amerikanische Mittelklasse um den Erhalt ihres Lebensstandards. Die Einkommen stagnierten, die Schulden wurden größer, und mehr und mehr hochbezahlte Jobs in der Produktion gingen verloren. Seit 1984 hatte die Zahl der Privatinsolvenzen mit jedem Jahr neue Rekorde erreicht. 1991, als das Taj Mahal pleiteging, mussten etwa 900 000 Privatpersonen eine Privatinsolvenz anmelden. Aber anders als Trump und Co., die ihren Bankrott als Finanzmasche nutzten, konnten sich normale Bürger nicht hinter Firmengebilden verstecken oder bessere Bedingungen von ihren Gläubigern fordern. Normale Bürger, die Insolvenz anmeldeten, stürzten in den finanziellen Ruin. Sie verloren ihre Häuser, ihre Autos und alles andere, was irgendeinen Geldwert besaß. In den späten Achtzigern und frühen Neunzigern schossen die Zahlen der Zwangsversteigerungen und Zwangsräumungen in den Vororten von New York City in die Höhe, und die Obdachlosenheime in Oregon füllten sich bis zum Bersten. Im Mittleren Westen machten Gesundheitsexperten den wirtschaftlichen Stress für die drastische Zunahme von Selbstmorden unter Farmern verantwortlich. An beiden Küsten stellten Wirtschaftswissenschaftler die Entwicklung einer »dualen« Gesellschaft fest, in der es einigen wenigen glänzend ging, während die große Masse zu kämpfen hatte.[4]

In diesem Umfeld ergötzten sich viele an den Schwierigkeiten von Männern wie Ivan Boesky und Michael Milken, zwei Gaunern, deren Betrügereien die Schattenseite der Finanzierungstechnik enthüllten. Boesky war das Vorbild für Oliver Stones

Gordon Gekko gewesen, der den Absolventen der University of California sagte: »Gier ist übrigens in Ordnung. Das sollten Sie wissen. Ich denke, Gier ist gesund. Sie können gierig sein und sich dennoch gut fühlen in Ihrer Haut.« Später bekam Boesky eine Geldstrafe von 100 Millionen Dollar und musste für seine Verstöße gegen Bundesgesetze ins Gefängnis. Milken, der einen Monat nach Trump geboren wurde und ebenfalls die Wharton School of Business besucht hatte, war an mehreren feindlichen Übernahmen beteiligt und mehr als ein Jahrzehnt hindurch einer der geschicktesten und kreativsten Akteure beim Handel mit Junk-Bonds. Nachdem Ivan Boesky ihn bei diversen Vergehen als Mitschuldigen nannte, erklärte Milken sich schuldig, zahlte 200 Millionen Dollar Strafe und ging ebenfalls ins Gefängnis.[5]

Milken und Boesky waren berühmt, aber das war nichts im Vergleich zu Trump, dessen Gesicht, Stimme und unverwechselbare Frisur so gut wie jedem in Amerika bekannt waren. Dieses Trump-Image hatte er zu einem großen Teil selbst aufgebaut, indem er immer wieder die gleichen Anekdoten erzählte, auch wenn sie nicht ganz der Wahrheit entsprachen. Die Lücken in seinen Stories machten Trump für all jene angreifbar, die ihn für arrogant und für jemanden hielten, der es zu weit trieb. Diejenigen, die Vorbehalte gegen ihn hatten, freute es, zu sehen, wie er sich unermüdlich abstrampelte, auch nach der Reorganisation des Taj Mahal und dem Verkauf seiner Yacht, der *Trump Princess,* an ein Mitglied der saudischen Königsfamilie. 1992 war Trump gezwungen, auch für seine beiden anderen Casinos – Trump Castle und Trump Plaza – Insolvenz anzumelden.

Für einen Mann, der offen zugibt, dass »mir Image sehr viel bedeutet«, müssen der Spott und das gelegentliche Mitleid, die Trumps Verluste begleiteten, umso schmerzhafter gewesen sein. Der Karikaturist Berkeley Breathed setzte in seinem Comicstrip *Bloom County* einem verschlagenen Kater Trumps Hirn ein. Ein getürkter Thinktank namens The Boring Institute kürte Trump zum langweiligsten Promi des Jahres, und ein findiger Witzbold begann ein Spiel mit dem Namen Chump zu verkaufen, bei dem die Spieler darum wetteifern mussten, wer am meisten Geld verliert. In Hollywood begannen die Filmleute über Trump als Archetyp einer neuen Art von Schurke zu sprechen. In Boston gab Malcolm Forbes ein paar Harvard-Studenten das nötige Geld, um als Aprilscherz bei einer Pressekonferenz eine falsche Marla Maples vorzustellen. Anscheinend hatte jeder eine Meinung zu Donald und Marla. Jeff Bulmer, Vietnamveteran aus Manhattan und Trumps Hubschrauberpilot, sagte zu einem Reporter: »Ich wusste noch vor allen anderen über Marla Bescheid. Sie ist nur aufs Geld aus.«

Trotz der ganzen Aufregung blieben Marla und Donald zusammen. Bei einem CNN-Auftritt holte Trump gegen die Medien aus. »Die Presse ist total verlogen«, erklärte er seinem Gegenüber Larry King. »Ich bin in verschiedenen Artikeln von Leuten zitiert worden, zu denen ich nie ein Wort gesagt habe, und die erfinden einfach eine Aussage. Donald Trump hat dies gesagt, und er hat das gesagt … Die lügen rum, wie ich es noch nie erlebt habe. Ganze Storys denken sie sich aus … Ein paar von diesen Kerlen würde ich mir gerne mal vornehmen, also ehrlich.«[6]

Trumps Empörung wirkte vollkommen echt, aber die Grundlage für seine aktuellen Probleme hatte er mit seinem lebenslangen Buhlen um die Aufmerksamkeit der Presse selbst geschaffen. Deshalb fiel das eventuell vorhandene Mitgefühl anderer sehr begrenzt aus. Marla Maples hatte mit demselben Problem zu kämpfen, denn schließlich machte sie sich Hoffnungen auf eine eigene Karriere und musste deshalb notwendigerweise mit der Presse reden.

Im April stimmte sie widerwillig einem Auftritt in der Nachrichtensendung *PrimeTime Live* auf ABC TV zu, wo sie von Diane Sawyer interviewt werden sollte. Sawyer, ehemals Referentin im Weißen Haus unter Nixon, arbeitete beharrlich auf eine Sensation hin. Ihr Team hatte sich der Medienhorde angeschlossen, die Maples und ihre Familie belagerte. Maples hoffte, mit ihrer Zusage zu diesem prominenten Interview die Neugier der Presse befriedigen und sich und ihre Familie vom Druck befreien zu können.

Sawyer, eine würdige Rivalin von Barbara Walters, besaß das Talent, so gut wie vom ersten Moment an eine emotionale Bindung zu ihrem Gesprächspartner aufzubauen. Das machte es ihr möglich, äußerst persönliche Fragen zu stellen – und Antworten darauf zu bekommen. Als sie Maples fragte, ob sie Donald Trump liebe, antwortete diese: »Ich kann da nicht lügen. Sie wissen, dass ich das tue.« Aber als Sawyer dann fragte, ob sie und Trump jemals übers Heiraten gesprochen hätten, sagte Maples: »Nein. Er ist, er ist ein Freund, wissen Sie? Er hat eine Familie, und die steht für ihn an erster Stelle, das weiß ich.«

Maples, die durch den ganzen Stress und den Trubel um sie herum fünf Kilo abgenommen hatte, erschien in einem pfirsichfarbenen Kostüm mit silberner Halskette. Mit leiser Stimme sagte sie, Trump unterstütze ihre Entscheidung, sich interviewen zu lassen, »… weil es ihm sehr leidtut, wie wir von der ganzen Sache behelligt werden. Und ich glaube, er möchte, dass ich unbeschadet daraus hervorgehe«. Als sie auf die Trennung des Ehepaars Trump zu sprechen kam, klammerte sie ihre eigene Rolle dabei völlig aus. »Ich finde das sehr traurig, und es ist eine sehr ernste Sache zwischen zwei Menschen. Ich wünschte nur, es hätte mehr im Privaten bleiben können.« Sie äußerte auch ihren Kummer über die große Medienaufmerksamkeit, die den von ihr ausgelösten Skandal begleitete. Eine seltsame Aussage für jemanden, der gerade in einer Fernsehsendung sitzt, die regelmäßig mehr als neun Millionen Zuschauer hatte. Wie von Norma Foerderer vorausgesagt, profitierte ABC immens von Maples' Erscheinen, denn die Einschaltquoten für diese Ausgabe von *PrimeTime Live* lagen um fünf Millionen höher als üblich. Es war die höchste Zuschauerzahl, die die Sendung, die lange Zeit hinter der Konkurrenz hergehinkt war, jemals erreicht hatte.[7]

Ohne den Skandal hätte sich nie jemand von ABC bei Marla Maples gemeldet. Sie hätte auch keine Einladung von der Zeitschrift *Time* zum Washingtoner Korrespondenten-Dinner 1990 bekommen. Aber jetzt war sie da, eine Woche nach der Ausstrahlung von *PrimeTime*, und sie verursachte einen größeren Wirbel als irgendeiner der ausgesuchten Senatoren, Filmstars und Regierungsvertreter einschließlich Präsident George Bush und First Lady Barbara, die sich später beschweren sollte, dass sie Miss

Maples gar nicht kennengelernt hatte. Beim Empfang der *Time* schubsten die Fotografen in ihrem Eifer, ein Bild zu machen, den Richter am Obersten Gerichtshof, Antonin Scalia, einfach zur Seite. Während des Dinners witzelte der Komiker Dennis Miller, der die Gäste unterhalten sollte, Marla »hätte Diana Sawyer fragen sollen, ob Mike Nichols derjenige war, mit dem sie den besten Sex aller Zeiten hatte«.

Marla Maples zeigte sich in ihrer Starrolle weit geschickter, als Ivana Trump es je gewesen war, und spielte sie mit der gleichen Leichtigkeit, die Donald gewöhnlich mit auf die Bühne brachte. Später sollte sie einmal sagen, sie hätte sich vorgestellt, dass ein Leben mit Donald ihr die Möglichkeit geben würde, Gutes zu tun und irgendwie zum Gemeinwohl beizutragen. Sie sah in ihm die Inkarnation eines früheren Monarchen. Er war »ein König … ein Weltenlenker, so wie er das sieht«. Maples hoffte, die gütige Seite des Mannes für wohltätige Zwecke erwärmen und »den kleinen Jungen, der immer noch mehr Aufmerksamkeit will«, erden zu können. Das war jedenfalls ihr Traum.

Donald Trump verbrachte Frühjahr und Sommer 1990 damit, die mit seinem Geschäftsimperium verbundenen Schwierigkeiten aus dem Weg zu räumen und die Veröffentlichung eines zweiten Buchs vorzubereiten. Um dessen Verkauf zu fördern, ließ Trump sich auf verschiedene Interviews ein, einschließlich eines Gesprächs mit Barbara Walters, der er sagte: »Ich werde mich nicht hereinlegen lassen.« Walters schaffte es, ihn zu dem Satz zu nötigen: »Ich mache Fehler«, aber viel mehr ließ er sich nicht entlocken. Trump erklärte sich zur Zusammenarbeit mit der Autorin Marie Brenner bei einem Artikel für *Vanity Fair* bereit. Als er es sich anders überlegte, rief er die Herausgeberin Tina Brown an und beschwerte sich, noch bevor der Artikel überhaupt erschienen war. Als er dann gedruckt vorlag, charakterisierte Brenner ihn als wirren, verzweifelten Mann. An einer Stelle zitierte sie einen von Trumps Anwälten mit den Worten: »Donald glaubt an die Theorie der großen Lüge. Wenn man etwas immer und immer wieder sagt, glauben einem die Leute irgendwann.« An anderer Stelle erinnerte sich die Journalistin an einen reumütigen Nachrichtenreporter, der zu ihr gesagt hatte: »Er war schon immer ein Scharlatan, und wir haben unsere Zeitungen mit ihm vollgeschrieben!«[8]

Trump reagierte mit einem Brief an die Herausgeberin Brown: »Ich habe nur auf Ihre Bitte hin einem Interview mit Marie Brenner zugestimmt. Bevor Sie mich anriefen, war ich entschlossen, dies nicht zu tun. In Anbetracht unserer Freundschaft ist es ausgesprochen unglücklich, dass Sie mich dazu überredet haben.« Er nannte den Artikel »ein verlogenes Machwerk und eine Schande« und fügte noch hinzu: »*Vanity Fair* hat mich verunglimpft.« Einige Tage nach dem Erscheinen des Beitrags kam Trumps Buch in die Buchhandlungen. Geschrieben mit dem Journalisten Charles Leerhsen als Ko-Autor, war *Trump: Surviving at the Top* (*Trump. Überleben ganz oben*, 1990) großzügig mit Angriffen gegen all jene gespickt, die Trump zu seinen Feinden rechnete, insbesondere gegen jeden, der irgendwie mit Journalismus zu tun hatte.

Nachdem er während seiner Ehekrise nach Kräften an der Schlacht um die Schlagzeilen in den Boulevardblättern teilgenommen hatte, beklagte er sich nun, dass »einen die Publicity entmenschlicht«. Er kritisierte das *Time*-Magazin, den Karikaturisten und Satiriker Garry Trudeau und den Autor Wayne Barrett. Über Liz Smith schrieb er, sie habe ihm früher »so intensiv den Hintern geküsst, dass es schon peinlich war«. Trumps schärfster Angriff richtete sich gegen Malcolm Forbes, den er als eine Art Erpresser beschrieb, der alle bevorzuge, die in seinem Magazin Anzeigen schalteten. Er schrieb, Forbes hätte ihn angebrüllt, als das Personal im Plaza Hotel seinen beiden minderjährigen Begleitern an der Bar keine Drinks ausschenken wollten. Außerdem bezeichnete er Forbes als Heuchler, weil er seine Homosexualität offen auslebe, aber von anderen verlange, dass sie seine sexuelle Orientierung geheim hielten. Forbes' sexuelle Orientierung ist ewig Gegenstand des Klatsches gewesen und in vielen Presseorganen lang und breit auseinandergenommen worden. Schließlich hatte man sich allgemein darauf geeinigt, dass er neben einer Langzeitehe, aus der drei Kinder hervorgingen, auch männliche Sexualpartner hatte.

Mark Feeney vom *Boston Globe* nannte den Angriff auf Forbes »ein Glanzstück an Schmierigkeit, das eines Richard Nixon würdig gewesen wäre«. Nur die bestinformierten Leser konnten wissen, dass Trumps Einstellung zu dem Verleger von seinen schon zur Gewohnheit gewordenen Beschwerden über seine Platzierung auf der jährlichen *Forbes*-Liste der Superreichen getrübt war.[9]

Dann wandte er sich auf seine eigene, unverwechselbare Art dem Thema Ruhm und dessen Auswirkungen zu. Der Ruhm war Teil seines Businessplans und hatte maßgeblich zu seinen Erfolgen beigetragen, auch wenn er einen Preis forderte. Ruhm ist, schrieb Trump, »eine Art Droge, die so mächtig ist, dass die meisten Leute nicht damit umgehen können«. *Trump. Überleben ganz oben* war voller Anekdoten aus erster Hand über das bizarre Verhalten vom Ruhm benebelter Promis. Von Frank Sinatra erzählte Trump, er habe einen Bodyguard angeschrien – »Schafft den Arsch hier weg!« –, als ein Fan auf ihn zukam. Howard Hughes, dessen exzentrisches Verhalten in den Jahren unmittelbar vor seinem Tod pathologisch wurde, widmete Trump eine ganze Seite. In jungen Jahren hätte der rotblonde Hughes als Trumps Bruder durchgehen können. Wie Donald umgab er sich mit schönen Frauen und machte Geschäfte mit dem Glücksspiel. Er war außerdem berühmt für seine krankhafte Angst vor Bazillen, eine Phobie, zu der Trump sich ebenfalls bekannt hat. »Ich wasche mir andauernd die Hände, und es würde mir absolut nichts ausmachen, wenn ich nie wieder einem Fremden die Hand schütteln müsste.«

Trumps vermeintlich offenherzige Äußerungen über seine Furcht vor Ansteckung und die Ängste wegen seiner Kämpfe ums finanzielle Überleben – »Mein Leben ist scheiße«, erklärte er – vermittelten den Eindruck, dieser Mann sei bereit, sich zu offenbaren. Aber alles, wozu er sich bekannte, waren ein paar Fehltritte, Macken und lässliche Sünden wie beispielsweise, dass er zu hart arbeite. Diese Bekenntnisse, in einem Text verstreut, der ansonsten ein Paradebeispiel für die Kunst des Namedroppings und des Brusttrommelns ist, sagten nichts über den Mann Trump aus. Das Buch wurde in der *Times* von dem renommierten Journalisten Michael Lewis verrissen, der feststellte: »Er entblößt sich nicht selbst, sondern er geht sozusagen neue Identitäten einkaufen.« Lewis bezeichnete das Buch als »bemühten, aber schlampigen Versuch, die Fassade zu renovieren«. Trumps Geschäfte lahmten, schrieb er, »dennoch hält er wie ein gefangener Tyrann daran fest, dass er nach wie vor das Sagen hat«.[10]

***

Trumps zweites Buch erschien ungefähr zur gleichen Zeit wie ein ganzer Schwung anderer Bücher von Autoren, die die Alarmglocken ob der Exzesse im Achtzigerjahre-Stil läuten wollten. *Barbarians at the Gate* (*Die Nabisco-Story. Ein Unternehmen wird geplündert*, 1993) von Bryan Burrough und John Helyar zeichnete anhand der Übernahme von RJR Nabisco für 25 Milliarden Dollar ein Bild von erschütternder Gier und Egomanie. In *The Politics of Rich and Poor* beschrieb der frühere Stratege der Republikanischen Partei Kevin Phillips das Heraufdämmern eines neuen Goldenen Zeitalters. Andere berichteten, dass der Anteil des reichsten einen Prozent der Bevölkerung am Volksvermögen von 8,1 auf 14,7 Prozent angewachsen und die Gehälter der Topverdiener an der Wall Street binnen zehn Jahren um 1000 Prozent gestiegen waren. Earl Shorris, Autor von *A Nation of Salesmen*, nannte speziell Donald Trump als Beispiel bei der Beschreibung der rücksichtslosen »Unterwerfung« der amerikanischen Kultur durch jene, die meinen, dass man alles kaufen kann, von der Bewunderung der Massen bis hin zur Politik in Washington.[11]

Im Fernsehen wurde der Reichtum von Robin Leach in *Lifestyles of the Rich and Famous* gefeiert, andere begleitet von jenen, die einen kritischeren Blick hatten. ABC präsentierte in Zusammenarbeit mit dem Public Broadcasting Service eine neue Serie mit dem Titel *The New Explorers*, in der aus dem Leben der Menschen berichtet wurde, die den Superreichen beim Geldausgeben halfen. Die Produzenten des Programms enthüllten, wie das Leben der Caterer in Beverly Hills und Manhattan aussah, die nachhaltige Mahlzeiten zu liefern hatten, oder das der Floristen, die sich bei jedem neuen Auftrag selbst übertreffen sollten. Auch die Personal Trainer bekamen viel Aufmerksamkeit, etwa wenn die Kamera einen eichengetäfelten Fitnessraum einfing, in dem Marla Maples und Donald Trump sich an Jumping Jacks versuchten.[12]

Trump war ein leichtes Ziel für jeden, der sich über die Aufwertung der Klatschpresse und den hochglanzvergoldeten Materialismus aufregte. Und er stellte alle vor ein Rätsel, die seine Leistungen einzuordnen versuchten. Seine vielen schwer zu durchschauenden Geschäfte wurden im Stillen abgewickelt, was es fast unmöglich machte, in Erfahrung zu bringen, welche gewagten Schritte weiterverfolgt und welche wieder aufgegeben wurden. Hatte er immer noch vor, auf der West Side das höchste Gebäude der Welt zu errichten? Und was war mit Television City? Als New Yorker brauchte man eine Checkliste, um einigermaßen auf dem Laufenden zu bleiben. Trumps Privatleben war da etwas ganz anderes. Die Affäre eines verheirateten Mannes mit einer sehr viel jüngeren Frau, die dem allgemeinen Bild von der blonden Sirene und Familienzerstörerin entsprach, passte gut in eine Geschichte, die absolut jeder verstehen konnte. Ein Foto von Marla Maples auf dem Titel eines Boulevardblatts reichte aus, um Donald Trump vor den Augen der Welt zu blamieren. Und um die Sache noch schlimmer zu machen, widmeten sich auch Mainstream-Zeitungen wie die *Washington Post* und die *New York Times*, die inzwischen Klatschkolumnen und Reportagen in der Art des Magazins *People* eingeführt hatten, genüsslich den hässlicheren Seiten im Leben der Reichen und Schönen.

Anders als die zurückhaltenden Leitfiguren der Gesellschaft früherer Zeiten, die sich alle Mühe gaben, ein besseres Bild von sich abzugeben als die ungewaschene Normalbevölkerung, präsentierten die neuen Berühmtheiten der Öffentlichkeit ein buntes Schauspiel der Schamlosigkeiten. Anfang 1991 zum Beispiel warfen sich Trump und Maples wie Hunderte andere auch in Frack und Abendkleid für einen Ball zu Ehren von Joey Adams, dem mit der Klatschkolumnistin Cindy Adams verheirateten

Komiker. Zu den Glücklichen gehörten auch Sydney Biddle Barrows, vor allem bekannt als Chefin eines Callgirl-Services für allerhöchste Ansprüche, und der Haupteigentümer des Baseball-Teams New York Yankees, George Steinbrenner, dessen Strafregister (illegale Wahlkampfspenden für Richard Nixon) von Ronald Reagan noch in den allerletzten Tagen seiner Präsidentschaft blank geputzt wurde. Imelda Marcos, die kleptokratische Ehefrau des abgesetzten Diktators der Philippinen, sang für den achtzigjährigen Adams »Happy Birthday«. Cindy Adams wischte Beth Myerson, die sich kurz zuvor des Ladendiebstahls schuldig bekannt hatte, mit dem Finger Lippenstift von den Zähnen. Ein Komiker namens Pat Cooper krakeelte: »Marla, da hast du dir den nächsten Loser ausgesucht!«[13]

Für Marla, die noch wenige Jahre zuvor in Cohutta, Georgia, gelebt hatte, vermischte sich der Aufmarsch der Schönen und Schrillen auf Joey Adams' Party mit all dem anderen Trubel eines Lebens mit Donald Trump. »Ich war in dem Schauspiel gefangen«, sollte sie sich viele Jahre später erinnern. »Ich war so gefangen. Ich konnte nicht raus … ich wusste nicht, wie ich da rauskommen sollte, und er sagt immer: ›Ich hab dich ja nicht gehindert.‹ Aber in Wahrheit fühlte ich mich, als würde ich jeden einzelnen Tag gegen den Strom schwimmen. Ich fühlte mich wie erstickt und wusste nicht, wie ich da rauskommen sollte.«

Andere schienen angesichts ihres schlechten Rufs und der öffentlichen Kontroversen um sie regelrecht aufzublühen. In der neuen Konjunktur des Ruhms konnten berühmte Menschen, die sich noch so katastrophal benahmen, jede Blamage überstehen – und immer weiter Geld aufgrund ihres Ruhms scheffeln –, einzige Vorrausetzung war, dass sie sich nur lange genug im Rampenlicht hielten, bis die Öffentlichkeit sich dem nächsten Skandal zuwenden konnte. Man brauchte dazu ein extrem dickes Fell, aber nur wenige Menschen erreichten einen derartigen Prominentenstatus, ohne eine Menge Schwielen davonzutragen. Wer berühmt sein wollte, musste beweisen, dass er hart genug war, um Spott und Demütigungen auszuhalten und trotzdem noch ein strahlendes Lächeln zu zeigen. Ganz wie Trump gesagt hat:

Der Ruhm der Gegenwart ist eine Droge, und für den nächsten Schuss ist ein Süchtiger zu fast allem bereit. Und dazu gehörte auch, dass man der hungrigen Meute immer neue Brocken hinwarf, um wichtig zu bleiben.

Im Juni 1991 veranstaltete Donald Trump am letzten Wochenende des Monats ein großes Fest zur Feier seines Geburtstags und des ersten abgeschlossenen Geschäftsjahrs des Taj Mahal. (Die Geschäfte des Resorts liefen unter der Aufsicht des Bundeskonkursgerichts weiter.) Er und Marla wollten als Gastgeber auftreten. *Newsday* sagte er, er sei dazu übergegangen, Frauen, mit denen sich er treffen wolle, zu einem Aids-Test bei seinem Arzt aufzufordern. »Es ist gerade einer der schlechtesten Momente in der Weltgeschichte fürs Ausgehen«, verkündete Trump in seiner üblichen Großspurigkeit. Der Test sei »ein Weg zur Vorsicht«, erklärte er. »Es gibt viele Wege. Ich sage: Geh sie alle und dann noch ein zweites Mal.« Im selben Artikel wurde erwähnt, dass Trump, der behauptete, nun nach der »richtigen Frau« suchen zu wollen, etwas mit dem europäischen Model Carla Bruni laufen habe, der zukünftigen Frau des französischen Präsidenten Nicolas Sarkozy. Der Zeitung zufolge betrachtete Trump sein Verhältnis zu Bruni »nur als erstes in der seiner Erwartung nach langen und harten Suche nach ›der richtigen Frau‹«. Marla hoffte, er werde eines Tages zu ihr zurückkehren und verkündete gegenüber *Newsday*: »Wenn ein Wunder geschieht und Donald zu Gott findet – ich bin da.«[14]

Jede Frau mit einer noch so lockeren romantischen Beziehung zu Trump hätte sich von seinen Kommentaren zu Recht verletzt und gedemütigt gefühlt und wäre wütend gewesen. Bruni äußerte sich öffentlich nicht dazu, aber dem Autor Harry Hurt zufolge beschwerte sie sich lauthals bei Trump, der gar nicht glauben konnte, dass sie sich nicht über die Publicity freute. Als eine Journalistin der Zeitschrift *People* in Trumps Büro anrief, geriet sie an einen Mann, der sich John Miller nannte, sich aber wie Trump anhörte und bemerkte, dass »ständig wichtige, schöne Frauen bei ihm (Trump) anrufen«. Unter anderen die Schauspielerin Kim Basinger und der Pop-Superstar Madonna. Und dann fügte er noch in vertraulichem Ton hinzu: »Das ist ein harter Wettkampf. Für Marla war es hart, und für Carla wird es das auch.« Als man ihr eine Aufnahme des »Miller«-Gesprächs vorspielte, sagte Marla, das sei tatsächlich Trump, und sie sei »geschockt und tief bestürzt«.

Ihre Reaktionen auf Trumps Eskapaden wurden sämtlich im Druck wiedergegeben, einschließlich ihres traurigen Fazits: »Ich bin aus Liebe in diese ganze Sache hineingeraten, und ich hoffe, er wird glücklich.« Bis die Zeitschrift allerdings an den Kiosken landete, hatten Trump und Maples schon wieder eine halb öffentliche Versöhnung hingelegt, die fast zu eigenartig war, um erfunden zu sein. Es begann damit, dass Maples während eines Besuchs bei der Talkmasterin Kathie Lee Gifford und ihrem Mann Frank Gifford, dem früheren Football-Star, unverhohlen ihre Wunden leckte. Kathie Lee hatte so einiges mit Maples gemeinsam. Wie Marla hatte auch sie einen sehr viel älteren Mann. Und sie war süchtig nach Aufmerksamkeit. Kathie Lee, die aus einer Familie von Schlangenbändigern stammte, hatte eine Schauspielausbildung an der Oral Roberts University absolviert und hart gearbeitet, um berühmt zu werden. Ihre konservative Religiosität, der brennende Ehrgeiz und das theatralische Auftreten wirkten tröstlich auf Maples. Kathie Lee hörte Marla zu, bis Trump eintraf.

Unter Aufbietung all seines Verkaufstalents flehte Trump Maples an, zu ihm zurückzukommen. Er versprach ihr die Ehe und einen riesigen Diamantring.[15] Marla wiederum wendete eine ganz spezielle Logik an, um an den Punkt zu gelangen, an dem sie die Beziehung erneut aufnehmen konnte. Wie sie Karen Schneider von der Zeitschrift *People* erklärte, war sie überzeugt, dass Trump Carla Bruni, Kim Basinger und Madonna unbewusst dazu benutzt hatte, »um mich von sich wegzustoßen«. Dieser Analyse zufolge war er wie ein kleiner Junge, der etwas Böses tut, um die Liebe seiner Mutter auf die Probe zu stellen. Gleichzeitig habe »John Miller« ihr vor Augen geführt, dass »ich auch allein glücklich sein könnte«, sagte Maples. So kurz ihre Zeit allein schließlich gewesen sein mochte, habe diese doch ausgereicht, um sie ganz sicher sein zu lassen, dass sie Trump lieben könne, und zwar nicht aus Verzweiflung, sondern »weil ich es so will«. Dieser Gedankengang entsprach der psycho-spirituellen Denkweise der New-Age-Bewegung, die verschiedene religiöse Prinzipien mit Begriffen aus der Alltagspsychologie vermengte. Eine beliebte Maxime lautete zum Beispiel: »Wenn du etwas liebst, lass es frei. Wenn es zurückkommt, gehört es dir. Wenn nicht, hat es das nie getan.«

Am Tag nach der Versöhnung mit Marla rief Trump im Studio von Kathie Lee Giffords Fernsehsendung an, um zu berichten, dass Maples seinen Heiratsantrag angenommen hatte. Die Techniker von *Live with Regis and Kathie Lee* schalteten den Anruf auf Sendung, so dass Millionen von Zuschauern die markante Stimme von »The Donald« hören konnten, wie er sagte, er sei »wirklich« verlobt und Marla sei »ein ganz besonderes Mädchen«. Am Nachmittag spielten Trump und Maples Golf mit Frank Gifford und William Fugazy, einem bekannten New Yorker Geschäftsmann. (Als einer der Hauptklienten von Roy Cohn sollte Fugazy sich später des Meineids in einem Insolvenzverfahren schuldig bekennen. Und wie George Steinbrenner eine Begnadigung vom Präsidenten bekommen.) Noch auf dem Platz überreichte ein Bote Trump den dicken Ring, den er Marla versprochen hatte. Er gab ihn sofort an sie weiter und besiegelte damit seine Verlobung vor prominenten Zeugen.[16]

Die im Fernsehen übertragene Ankündigung brachte Trump und Marla eine Menge Publicity ein. Vertreter der Klatschpresse verfolgten das Paar wie eifrige Hündchen und berichteten atemlos über ihre Überlegungen zu einem Ehevertrag und seine offensichtlichen Schwierigkeiten mit der Treue. Zehn Wochen nach der Ringübergabe trompetete die *Daily News*: AUF EIN NEUES … TRUMP SERVIERT MARLA AB. Mitten in dem Trubel bekam Maples' Schauspielkarriere einen kleinen Anschub mit einem Gastauftritt in der TV-Serie *Designing Women* (*Mann muss nicht sein?*), in der sie als sie selbst auftrat. Trump versuchte sich in einer ernsthafteren Pose und fuhr zum Capitol Hill, um einem Kongress-Komitee auseinanderzusetzen, er sei der Meinung, man solle die Reichen höher besteuern. Die Steuersenkungen aus Reagans Zeit auf maximal 31 Prozent müssten zurückgenommen werden. Ein Höchstsatz von 50 oder 60 Prozent sei besser für das Land.

Trumps Kommentare zur Steuer, vereint mit einer früheren Forderung, den Drogenkonsum zu entkriminalisieren, rückten ihn an den linken Rand des politischen Spektrums, brachten ihm aber wenig Presseaufmerksamkeit ein. Presse und Öffentlichkeit interessierten sich weit mehr für das private Schauspiel, und wer davon lebte, öffentliche Personen lächerlich zu machen, hatte mit ihm jetzt seinen großen Auftritt. Oft konnte Trump sich einfach nicht bremsen und schlug zurück. Als der New Yorker Moderator Don Imus erklärte, Trump habe »fette Arme wie eine Großmutter«, verkündete Trump, er werde in Imus' Sendung keine Werbung mehr schalten. Imus, der genauso gierig nach öffentlicher Aufmerksamkeit war wie Trump, entgegnete hämisch: »Wir wollen nur Werbung von Leuten, die ihre Rechnung bezahlen können.« Im Frühjahr 1992 reiste Ivana Trump durchs Land, gab Interviews und las in Buchhandlungen, um ihren Roman *For Love Alone* (*Leben für die Liebe*) zu promoten. Sie bekam sogar einen Auftritt in Oprah Winfreys extrem beliebter Talkshow, wo sie als Vertreterin aller Frauen begrüßt wurde, denen jemals von ihrem Mann Unrecht getan worden war.[17]

Im selben Sommer wurde Marla Maples die Rolle als Florenz Ziegfelds Geliebte in dem Broadwaymusical *The Will Rogers Follies* angeboten. Sie bereitete sich mit Schauspielstunden vor, was nicht einfach war angesichts der Tatsache, dass sie zu den bestbekannten Frauen New Yorks gehörte. Später erinnerte sie sich: »Donald sagte immer: ›Nimm die Limousine‹ … Ich stieg dann zwei Blocks vor meinem Ziel aus, um ja nicht mit der Limousine gesehen zu werden, weil es mir peinlich war, mit anderen Schauspielern zu arbeiten, die sich abstrampeln mussten, da wollte ich nicht so einen Auftritt« mit Limousine. Marla nahm auch Unterricht beim berühmten Gesangslehrer David Sorin Collyer, zu dessen Klienten Bette Midler und Paul Simon gehörten.[18]

The Will Rogers Follies lief im Palace Theatre, wo Rogers selbst seine Vaudeville-Auftritte gehabt hatte. An Maples' erstem Abend saßen Kathie Lee und ihr Mann sowie Scharen von wohlgesinnten Promis im Publikum. Die Kritiken waren sehr positiv, aber der Ruhm, den Marla schon vorher errungen hatte, war ebenso anziehend für das Publikum wie ihr Tanz und ihr Gesang.

Im Laufe des Jahres setzten Trump und Marla mehrere Daten für die Hochzeit an und verwarfen sie wieder. Als die *Daily News* im Oktober 1992 verkündete: TRENNUNG – NEW YORKS GAUDIPÄRCHEN GEHT AUSEINANDER ... SCHON WIE-DER, beeilten sich beide, der Boulevardpresse vorzuführen, wie fröhlich sie ihrer Wege gingen. Trump lud sogar ein Kamerateam der Fernsehsendung *Entertainment Tonight* ins Mar-a-Lago, wo sie ihn, umringt von Models, bei einer Party filmen sollten. Als er im November eine Menge Leute in den Festsaal des Taj Mahal lud, die von Marilyn- und Elvis-Imitatoren unterhalten wurden, war Marla nicht dabei.

Unter normalen Umständen wären Elvis- und Marilyn-Imi-tatoren allein schon Anzeichen genug, dass es sich nachweislich um eine sehr seltsame Veranstaltung handelte. In diesem Fall aber bekamen die Anwesenden noch viel Seltsameres geboten. An jedem Tisch im Saal fanden die Partygäste Trumps Kopf auf einer Stange oder besser ein lebensgroßes Foto von Trumps Kopf an einer Stange sowie eine Kamera, mit der sie sich selbst als The Donald für die Ewigkeit festhalten konnten. Als sich dann der Ballsaal mit der aufwühlenden Musik aus *Rocky* füllte, brüllte ein Ansager: »Einen Applaus für den König!« – und Trump platz-te durch eine riesige Stellwand aus Papier. Er erschien mit roten Boxhandschuhen und rotem Bademantel über dem Frack. Dann, als wäre das nicht schon peinlich genug, brachte Trumps Casino-Leiter Nick Ribis der Menge ein Loblied auf den Boss im Stil von Muhammad Ali dar:

> *Er war zäh und unverwüstlich*
> *Und er kannte keine Furcht.*
> *Unglaublich, aber wahr,*
> *das größte Comeback in diesem Jahr*
> *Alle Gegner haute er um.*
> *Und der Gewinner ist: Donald. J. Trump.*[19]

In der Post-Phase von Boesky und Milken gehörte Trump zu den wenigen Geschäftsleuten, die immer noch herumstolzierten, als wäre es 1985. Stimmte es denn, dass ihm das Comeback des Jahres gelungen und er wieder zum »Gewinner« geworden war? Angesichts der Tatsache, dass es keine genauen Daten gab, konnte die Behauptung nur als Propaganda betrachtet werden. Aber mit der Zeit sollte sich zeigen, dass Trump mit diversen Manövern einschließlich der Veräußerung von Vermögenswerten seine persönlichen Schulden tatsächlich um mehrere hundert Millionen Dollar verringert hatte. Wie bei der guten Führung, die einen Gefängnisinsassen der Freiheit näher bringt, war seine Leistung weniger ein Sieg über seine »Gegner«, wer auch immer das sein sollte, als ein Zeichen, dass er die Realität akzeptiert hatte. Seine Geschäfte dümpelten weiterhin in einem Teich aus roten Zahlen vor sich hin, aber die Kreditgeber, die diese Schuldtitel hielten, hofften wie weise gewordene Gefängniswärter nach wie vor darauf, dass er die schwedischen Gardinen so bald wie möglich hinter sich lassen würde. Wenn er Profit machte, würden sie es auch.

Die Allgemeinheit, auch die, die in den Trump-Casinos spielte oder im Trump Tower einkaufte, brauchte nicht zu beurteilen, ob die Behauptungen über ein Comeback zutrafen oder nicht. Für sie war er wie eine Figur aus einer Seifenoper. Je nach Perspektive konnte er ein Held, ein Bösewicht, ein König oder ein Clown sein. Er bediente das Publikum mit einem endlosen Monolog zur Bekräftigung seiner vielen Geschichten. Verbrechen gegenüber zeigte er sich hart, wie seine Reaktion auf die »Verwilderung« des Central Parks zeigte, gleichzeitig aber wollte er Drogen legalisieren. Er trug häufig einen Frack und besaß das eindrucksvollste Anwesen in Palm Springs, beschwerte sich jedoch regelmäßig über Wichtigtuer in der High Society. Im Geschäftsleben bevorzugte Trump durchaus mal eine Frau in leitender Funktion wie etwa Barbara Res, aber ansonsten ließ er sich in unglaublich sexistischer Weise über Frauen aus.

Indem er so gut wie alles sagte, schuf Trump sich eine Persona, mit der er die Sympathie aller möglichen Leute gewinnen konnte, je nachdem, was er erreichen wollte. Zudem legte er sich eine

Reihe von Anekdoten und Behauptungen zu, die er als Füllsel in Gespräche und Interviews einstreute. Dabei ging es meistens um seinen Besitz – Villen, Flugzeuge, Bürohäuser – oder seine überragenden Fähigkeiten als Geschäftsmann, Sportler oder bei der Beurteilung von Menschen. Und wie bei vielen Monarchen fußten diese Behauptungen nicht notwendigerweise auf Fakten. Diese rhetorischen Tricks setzte er ein, als ihn zu Beginn der Neunzigerjahre die Journalisten umschwärmten. In einem Artikel von Julie Baumgold, der zwei Tage nach seiner eigenen Comeback-Party in der Zeitschrift *New York* erschien, brachte er die klassischen Trump-Sätze an.

Zu seinem Ruf: »Die Leute wissen nicht, wie intelligent ich bin.«

Zu Marla: »Ich bin der größte Macher von Stars.«

Zu den Gefahren von Asbest: »Asbest ist einer der größten Schwindel. Daran ist überhaupt nichts verkehrt, außer dass die Mafia in Albany so eine starke Lobby hat … weil sie die Müllkippen und die Trucks kontrolliert.«

Zu Barbara Walters: »Eine illoyale Person.«[20]

Alles in einem einzigen Artikel.

In so gut wie jedem Fall hing Trumps Meinung davon ab, was für ein Licht die Person, der Ort oder die Sache auf ihn warf. Walters konnte ruhig eine treue Freundin von Leuten wie Roy Cohn sein, den viele solcher Zuwendung nicht für würdig erachteten, aber nachdem sie Trump ein paar ernste Fragen gestellt hatte, wurde sie kategorisch als »illoyal« abgestempelt. Asbest war harmlos, egal was die Wissenschaft darüber als Ursache für Lungenkrankheiten und Krebs beweisen mochte. Indem Trump seine Meinungen mit einem Grinsen, einem mürrischen Gesicht, einem süffisanten Lächeln oder einem Pokerface zum Besten gab, forderte er die Menschen heraus, doch selbst herauszufinden, wann er es ernst meinte und wann nicht.

Und niemand hatte mehr mit dem Rätsel Trump zu kämpfen als Marla Maples. Trotz seines Heiratsantrags blieben die beiden während ihrer Schwangerschaft und über die Geburt ihrer Tochter Tiffany hinaus unverheiratet. Doch schließlich machte sich

Trump, nachdem er sich mit seinen Vertrauten über die möglichen Auswirkungen einer Ehe auf seine Geschäfte beraten hatte, ernstlich an die Hochzeitsvorbereitungen. Eine Gästeliste wurde erstellt und die Einladungen verschickt. Donald und Marla sollten am Montag, den 20. Dezember 1993, heiraten, eine Woche nach der Einführung von Maples' neuer Linie für schicke Umstandsmode.

Wenige Tage vor der Hochzeit wurde Maples ein Ehevertrag vorgelegt. Wie sie später erzählte, setzte ihr Verlobter sie davon in Kenntnis, dass er die Hochzeit absagen würde, sollte sie nicht unterschreiben. »Ich weigerte mich, das zu lesen, denn es fühlte sich an, als würde ich unser Schicksal besiegeln«, sagte sie einem Reporter. »Eheverträge stehen im Widerspruch zum Ehegelöbnis. Wenn Sie von jemandem erwarten, dass er so etwas unterschreibt, rechnen Sie nicht damit, dass die Ehe funktionieren wird.« Hätte sie den Vertrag gelesen, hätte sie gesehen, dass sie bei einer Scheidung weit weniger bekommen würde als Ivana bei ihrer Trennung. Trump rechtfertigte sich mit den Worten: »Ich habe dieses Imperium aufgebaut, und zwar ganz allein.« Marla unterschrieb.[21]

Jahre später ließ sich Trump in einem Buch mit dem Titel *Trump: The Art of Comeback* über Frauen und Eheverträge aus. Darin dozierte er: »Im Grunde gibt es drei Typen von Frauen und Reaktionen« auf den Vorschlag eines Ehevertrags. Der eine Typ weigert sich »aus Prinzip«, einen Vertrag zu unterschreiben. Diese Frauen sollte man gleich stehenlassen. Der zweite Typ Frau wird nicht unterschreiben, weil sie »den armen ahnungslosen Esel, den sie in den Fängen hat« auszuplündern gedenkt. Der dritte Typ Frau unterzeichnet und strengt dann so schnell wie möglich die Scheidung an, damit sie »einen dicken Scheck für sehr wenig Arbeit« bekommt. Auch wenn er zugab, dass solche Ansichten andere, »die ein normaleres Leben führen, als ich es tue«, vor den Kopf stoßen könnten, bestand er darauf, dass »Menschen wirklich böse sind, und am bösesten überhaupt in ihren Beziehungen zum anderen Geschlecht«.

Die Trauung und Hochzeitsfeier von Marla und Trump fanden

im Plaza statt, das wie andere Besitztümer Trumps auch einen Bankrott hinter sich hatte, bei dem er sehr viel Kapital verloren hatte. Die Braut trug eine weiße Kreation von Carolina Herrera, zu deren illustren Kunden etwa Caroline Kennedy oder Kate Capshaw, die Frau von Regisseur Steven Spielberg, gehörten. Maples fühlte sich unwohl inmitten all des Prunks, besonders mit ihrer für den Abend bei einem Juwelier aus Manhattan ausgeliehenen, diamantenbesetzten 250 000-Dollar-Krone auf dem Kopf. Später erinnerte sie sich, dass ihre Mutter und ihr Stiefvater zu ihr sagten: »Du solltest es einfach genießen. Die Leute lieben es, wenn man auf die Pauke haut.« Sie lächelte und posierte für die Kameras, betonte aber rückblickend: »Für mich fühlte sich das nicht richtig an.«

Obwohl sie vieles an Trumps Lebensstil beängstigend fand, hatte Maples wenigstens ein gutes Gefühl bei dem Mann, den sie heiraten würde. Der Bräutigam war sich da nicht so sicher. »Ich war gelangweilt, als sie den Gang entlangkam«, erzählte er dem Schriftsteller Timothy O'Brien. »Ich dachte die ganze Zeit, ›Was zum Teufel mache ich hier?‹« Für ihn drehte sich alles ums Bekommen, nicht so sehr ums Haben. Kurz nach der Hochzeit sagte er Nancy Collins, der Fernsehkorrespondentin von ABC: »Ich habe wirklich einer Menge Frauen große Möglichkeiten verschafft. Leider ist der Spaß für mich vorbei, wenn sie dann zum Star geworden sind. Das ist wie ein kreativer Prozess. Fast wie wenn man ein Gebäude errichtet. Es ist ziemlich traurig.«[22]

Von Traurigkeit war nichts zu merken, als Reverend Arthur Caliandro, der Nachfolger von Norman Vincent Peale an der Marble Collegiate Church, das Bündnis Trump-Maples in einer Zeremonie segnete, die am ehesten an die Krönung von Königin Elizabeth erinnerte, von der Trumps Mutter sich hatte hinreißen lassen, als er gerade mal sieben Jahre alt war. Unter den neunhundert Gästen waren Liza Minnelli, Robin Leach, der saudische Waffenhändler Adnan Khashoggi, die Entertainerin Rosie O'Donnell und der ehemalige Sportler und Medienstar O. J. Simpson. Eine wohlwollende Liz Smith beschrieb die Hochzeit als »Teil der prachtvollen Seite New Yorks«. Die weniger großmütige Amy Pagnozzi von den *Daily News* beschrieb sie als »geschmacklos. Überladen. Eine durch und durch verkommene Inszenierung.« Die Trumps verbrachten die Flitterwochen in einem Skiresort nicht weit von dem Ort, wo Ivana und ihre drei Kinder, die nicht an der Hochzeit teilgenommen hatten, ihre Ferien verbrachten. Während das Paar verreist war, starb Norman Vincent Peale.[23]

KAPITEL 11

DER NEUE TRUMP

> Ich sage immer, man kann aus seinen Fehlern lernen,
> aber es ist viel besser, wenn man aus den Fehlern der
> anderen lernt, weil man aus ihren Fehlern lernen kann,
> ohne die Fehler selbst machen zu müssen. Gewinnen zu
> lernen ist unheimlich wichtig. Nur wenige Menschen
> verstehen sich darauf zu gewinnen. Sehr wenige.
>
> *Donald Trump*

Marla Maples träumte von einem Dasein als Star, das sich auf ihre Rolle in *The Will Rogers Follies* stützen sollte, und auf ein glückliches Familienleben mit ihrer Tochter Tiffany und ihrem Ehemann Donald Trump. Außerdem hoffte sie, ihn mit der Zeit dazu zu bringen, sich für wohltätige Zwecke einzusetzen. Ihrer Auffassung nach sollte ein Großteil seines Vermögens dazu beitragen, die Welt besser zu machen. Diese Überzeugung war vor allem Ausdruck eines tiefen inneren Bedürfnisses. Es beruhte auf ihrem Gefühl, im Leben mit ihrem neuen Ehemann spiele etwas Unsichtbares eine Rolle. Rückblickend formulierte sie das folgendermaßen: »Ich dachte: Mein Gott! Kannst du dir vorstellen, was wir mit seiner unternehmerischen Begabung und mit meinem Herz und meiner Begeisterungsfähigkeit zustande bringen könnten? Ich spürte einfach, dass da irgendetwas Größeres, was ich selbst nicht richtig begreifen konnte, seine Hand im Spiel haben musste … Ich glaubte, wir wären wirklich dazu bestimmt, gemeinsam Großes zu vollbringen.«[1]

Die großen Dinge, die Marla Maples sich vorstellte, hingen davon ab, ob es ihrem Ehemann gelang, sein Vermögen wiederzuerlangen, und davon, ob er sich tatsächlich für das Gemeinwohl engagieren würde. Jede Wette darauf, dass Donald Trump sich für humanitäre oder ideelle Ziele einsetzen würde, wäre hochriskant gewesen. Dieser Mann stellte seine eigenen Interessen reflexhaft allem anderen voran. Wie wollte man sonst erklären, dass er versuchte, ein Gesetz zu Fall zu bringen, das verarmten Indianerstämmen erlauben sollte, Spielcasinos zu betreiben? In seiner Klageschrift behauptete er, rechtswidrig diskriminiert zu werden, weil das besagte Gesetz, in gleicher Weise wie bestimmte gesetzliche Steuererleichterungen für Bauträger, nur »eine ganz begrenzte Gruppe von Staatsbürgern« begünstige.[2]

Trump scheiterte mit seiner Klage, aber er setzte auch danach die Angriffe auf seine indianischen Konkurrenten fort. Während einer Anhörung im Kongress lieferte er sich mit dem kalifornischen Mitglied des Repräsentantenhauses, George Miller, ein lautstarkes Rededuell und behauptete, die indianischen Casinos stellten mehr oder weniger »den größten Skandal seit Al Capone« dar. »In den Indianerreservaten«, brüllte er, »wuchert das organisierte Verbrechen. Alle Welt weiß das; die Leute reden darüber. Das kommt ans Licht!« Und über die Vertreter der Indianerstämme sagte er bei der Anhörung: »Für mich sehen sie nicht wie Indianer aus, und für Indianer sehen sie auch nicht wie Indianer aus.« Nach der Anhörung warf ein führender Vertreter der Indianer Trump »ökonomischen Rassismus« vor. Ein Beamter des FBI wies Trumps Anschuldigungen zurück, die er im Zusammenhang mit einem Gesetzesentwurf geäußert hatte, den der Kongressabgeordnete Robert Torricelli aus New Jersey eingebracht hatte und der Trumps Casinos gegen die Konkurrenz indianischer Casinos geschützt hätte. Der Vorschlag wurde nie Gesetz. Torricelli trat später, nach einer skandalträchtigen Affäre wegen Wahlkampfhilfe durch einen chinesischen Geschäftsmann, von der politischen Bühne ab.[3]

In dieser Epoche seines Lebens ging Trump daran, seine persönlichen Finanzen wieder in Ordnung zu bringen und die Kontrolle über seine Geschäfte zurückzugewinnen. Er wandte sich an seine Geschwister wegen eines Kredits über zehn Millionen Dollar, wobei er seinen Anteil am väterlichen Vermögen als Sicherheit verpfändete. Außerdem nahm er neue Grundstücksgeschäfte in Angriff und schuf die Voraussetzungen zur Wiedererlangung des Kapitals, das er in seine drei Spielbanken investiert hatte.[4] Bei guter Geschäftsführung sollten Spielcasinos für den Inhaber eigentlich eine sichere Sache sein und stetige Einnahmen garantieren. Gute Geschäftsführung setzte allerdings eine Begrenzung von Schulden und Betriebsausgaben voraus, zu denen auch Werbeaktionen und -geschenke für sogenannte High Roller gehören, die mit hohen Einsätzen spielen und in der Branche auch »Wale« genannt werden. Als der bekannte »Wal« Akio Kashiwagi 1990 das Trump Plaza aufsuchte, heuerte das Casino einen japanischen Küchenchef für ihn an. Kashiwagi, ein zugeknöpfter Mann, dessen Vermögen laut eigener Aussage aus Immobiliengeschäften herrührte, setzte am Baccarat-Tisch 200 000 Dollar und gewann sechs Millionen Dollar. Solche »Killerwale« waren nicht das einzige Problem des Casinos. Durch ein Konzert der Rolling Stones, die 1989 bei ihren Auftritten weder vor ausverkauftem Haus spielten noch Personen anzogen, die zusätzliches Geld an den Spieltischen ausgaben, entstand ein Verlust von 800 000 Dollar. Allerdings, auch wenn diese Verluste schmerzhaft waren, so gehören solche Rückschläge in allen Casinos zum Geschäft. Viel schwerwiegender war die Schuldenlast, die Trumps Firmen in Atlantic City anhäuften.[5]

In dem Bestreben, die Verschuldung seiner verschiedenen Holdings in Grenzen zu halten, wandelte Trump den herrschaftlichen Sommersitz Mar-a-Lago in einen exklusiven Club um und behielt sich nur einen Teil als Privatresidenz vor. Er verkaufte seine Mehrheitsbeteiligung am symbolträchtigen Plaza-Hotel in New York an den saudischen Prinzen Alwaleed Bin Talal. Mit nur vierzig Jahren war der Prinz jünger und viel reicher als Trump. Sein persönlicher Jet war eine Boeing 747, und seine Häuser waren reale Paläste. Zu seinen früher getätigten Investitionen in überschuldete amerikanische Unternehmen gehörten 800 Millionen Dollar, die er in Citicorp gepumpt hatte und eine Investition von 338 Millionen Dollar in Disney.[6]

Das Plaza war eine ideale Investition für einen saudischen Prinzen, der hochwertige Immobilien suchte und über das Kapital verfügte, sie zu erwerben, wenn ihre Eigentümer in Schwierigkeiten gerieten. Die Investoren vom üblichen Zuschnitt, die Trump mit neuen Anleihe- und Aktienangeboten umwarb, waren oftmals schwerer zu ködern. Als Trump seinen Sanierungsplan umsetzte, versuchte er Schuldverschreibungen zu verkaufen, die mit den Einnahmen aus dem Taj Mahal bedient werden sollten, doch er stieß damit auf zu geringes Interesse. Dann unterrichtete er die Börsenaufsicht über sein Vorhaben, Wertpapiere in Höhe von 295 Millionen Dollar auszugeben, um das Trump Plaza Hotel und das Casino zu finanzieren, das als sein hochwertigstes Objekt in Atlantic City angesehen wurde. Er musste zwar den Zinssatz auf 15,5 Prozent anheben, womit sie als »spekulative« Anleihen galten, doch sie verkauften sich. Trump zeichnete auch Aktien, die seine Initialen – DJT – als Tickersymbol trugen. Der Emissionspreis lag bei 14 Dollar und damit am unteren Ende dessen, was Analysten erwartet hatten. Nichtsdestotrotz beurteilte man an der Wall Street beide Emissionen – die Anleihen und die Aktien – als Erfolg, und sie erlaubten Trump, 88 Millionen Dollar Schulden zurückzuzahlen.[7]

Die Investoren, die Trump-Aktien gekauft hatten, wurden zunächst mit einem Kursanstieg von mehr als 50 Prozent belohnt, weil die wirtschaftliche Erholung Scharen von Ostküsten-Glücksspielern nach Atlantic City lockte. Im November 1995 machten seine drei Casinos die höchsten Branchengewinne. An der Wall Street betrachteten die Börsenhändler Trumps neue Glückssträhne so wie Spieler, die von einem Pokerspieler angezogen werden, der einen riesigen Haufen Chips gewonnen hat. Einige, wie zum Beispiel die Geschäftsführer von Putnam Securities in Boston, erwarteten eine anhaltende Glückssträhne und versprachen, ihn zu unterstützen. Andere, wie etwa Jerry Paul vom Invesco Trust, waren nervös. »Ich glaube nicht, dass man eine Trump-Aktie allzu lang halten sollte«, äußerte er gegenüber dem *Wall Street Journal*.[8]

Alle, die Trump-Aktien länger als 18 Monate in ihrem Portfolio hatten, machten beträchtliche Verluste. Nach einem Höchststand von 35,50 Dollar Mitte 1996 stürzte das Papier zum Jahresende unter den Erstausgabepreis von 14 Dollar ab. Zu dem Kursverfall kam es, nachdem die Aktionäre Trumps Plan zugestimmt hatten, sein drittes Casino, das Trump Castle, durch das börsennotierte Unternehmen DJT erwerben zu lassen. Die Aktionäre nahmen den für die Immobilie gezahlten Preis und die auf die 15,5-Prozent-Anleihen geleisteten Zahlungen zur Kenntnis und begannen zu verkaufen. Anfang 1997 war der Kurs der Trump-Aktien unter zehn Dollar gefallen. Donald Trump hatte bis zu diesem Augenblick unermüdlich an dem Comeback gearbeitet, das er Jahre zuvor mit jenem Auftritt angekündigt hatte, in dem er in der Pose eines Boxers eine Papierwand durchbrach. Seine persönliche Finanzlage hatte sich tatsächlich auch stabilisiert und verbessert, während gleichzeitig viele seiner Investoren Verluste machten.

Ein neues Bild – das eines erfolgreichen Donald Trump – entstand durch Geschäftsprojekte, die er gemeinsam mit vermögenden Partnern in Angriff nahm. Diese Partner verfügten, anders als die einzelnen Aktionäre und Anleihe-Investoren, über jene Form finanzieller Macht, die er schätzte. In Manhattan verhandelte er mit einer neuen Gruppe, die in einer anderen Zusammensetzung gegen seine Pläne für das Gelände der ehemaligen Penn Central war. Zu Westpride gehörten unter anderen der Historiker Robert Caro, der ehemalige Bürgermeister von New York, John Lindsay, und der Autor E. L. Doctorow. Die Gruppe entwickelte einen eigenen Bebauungsplan, der weniger ehrgeizig war, aber die Baukosten senkte. Trump erklärte sich einverstanden mit dem neuen Plan, der weniger Wohneinheiten und einen Park von über acht Hektar vorsah. Als die Einigung veröffentlicht wurde, sagte Trump: »Leute, ihr alle habt mich überzeugt, das zu machen, was tatsächlich richtig war.« In Wahrheit reagierte er sowohl auf eine veränderte politische Realität als auch auf den finanziellen Druck, der mit den immensen Darlehenszahlungen einherging, die er leisten musste, um die Immobilien zu halten.[9]

Unmittelbar nachdem New York City das Erschließungsprojekt, später Riverside South genannt, gebilligt hatte, stieg der Wert der Grundstücke. Zu diesem Zeitpunkt verfügte Trump jedoch nicht über die nötigen finanziellen Ressourcen, um das Vorhaben selbst durchzuziehen. Im Sommer 1994 übereignete er die Grundstücke an fünf Unternehmer aus Hongkong, die eine Personengesellschaft unter dem Namen Hudson Waterfront Associates gründeten. Sie verpflichteten sich, Trump die Leitung des Projekts zu übertragen, und ihm stand ein Anteil am eventuellen Gewinn zu, seine Partner jedoch, die nach eigener Aussage anderswo viel größere Projekte gebaut hatten, würden alle wichtigen Entscheidungen treffen.

Wie so oft bei großen städtischen Bauprojekten kam es auch bei Riverside South zu zahlreichen Änderungen, nachdem die Bauarbeiten, die über ein Jahrzehnt dauern sollten, 1997 in Angriff genommen wurden. Der Highway blieb erhalten. Die Gebäude wurden höher gebaut und wirkten auf viele Bewohner der Westside weniger attraktiv als die Architektur, die sie erwartet hatten. Außerdem versperrten sie Tausenden von Einwohnern östlich davon den Blick auf den Fluss. Die Wohnungen waren für ihre Käufer und Mieter zwar attraktiv, doch das neue Viertel verärgerte alle, die fanden, dass seine Architektur »von der Stange« ihre Wohnviertel durch Schattenwurf und erhöhtes Verkehrsaufkommen verunstaltete. Andere hatten einfach eine Abneigung gegen Trump, und es schauderte sie bei der Vorstellung, er könne an dem Projekt verdienen. Tatsächlich war Trumps Gewinn nicht so groß, wie er gewesen wäre, hätte er die Sache allein schultern können. Dennoch war sein Erfolg mit Riverside South, später oft als Trump Place bezeichnet, eines der zwei Projekte, die als Bestätigung dafür gesehen wurden, dass man wieder mit ihm rechnen konnte. Das zweite war die spektakuläre Sanierung des Gulf+Western-Gebäudes, das seit 1969 am Columbus Circle gestanden hatte.

Gulf+Western war ein schwerfälliger Mischkonzern, dessen bekannteste Sparte die Filmproduktionsfirma Paramount Pictures war und ansonsten von A wie Aluminium bis Z wie Zink so ziemlich alles herstellte. Seit den Achtzigerjahren machte er eine lange Phase der Umstrukturierung durch und stieß viele seiner Geschäftszweige ab. In den Neunzigern erwarb Viacom den kleineren, als Paramount firmierenden Unternehmensbereich. Als die Paramount aus dem Gebäude am Columbus Circle auszog, übernahm der General Electric Pension Trust, der Eigentümer der Immobilie, die Kontrolle über den Wolkenkratzer. Mit seinen vierundvierzig Stockwerken war er so entworfen und gebaut worden, dass er bei Windböen nachgab. Das stellte zwar keinerlei Sicherheitsrisiko dar, konnte aber auf die Menschen, die im Gebäude arbeiteten oder im Dachrestaurant speisten, beunruhigend wirken. Das Schwanken führte zu Schwierigkeiten bei der Vermietung, doch die Höhe stellte einen außerordentlichen Wert dar. Die neueren Vorschriften hätten an dieser Stelle keinen entsprechend hohen Bau erlaubt. Falls jedoch Abrissfirmen das Stahlgerüst freilegen und Arbeiter die Struktur so verstärken konnten, dass das Schwanken verringert wurde, konnte man das Ganze in eine hochwertige, rentable Eigentumsanlage umwandeln.

In Anbetracht seiner finanziell geschwächten Position war Trump nicht in der Lage, das Gulf+Western-Hochhaus zu kaufen und selbst zu renovieren. Aber wie er mit dem Riverside-South-Projekt bewiesen hatte, konnte er die Rolle als Partner und Geschäftsführer gut ausfüllen. Am Columbus Circle wurde er Minderheitspartner von General Electric und einer Firma namens Galbreath and Company in einem Projekt, aus dem dann das Trump International Hotel and Tower werden sollte. Mit seiner schönen Lage und Aussicht zog es alle an, die sich die hohen Preise leisten konnten. Angesichts der schwarzglänzenden Fassade des Hochhauses, die an Darth Vader aus *Star Wars* erinnerte, reagierten Kritiker wie James Polshek von der Columbia University allerdings schockiert. Polshek, Leiter des Architekturprogramms der Universität, sagte, Trump habe ein Gebäude genommen, das ein »Nichts« war und dann »weniger als nichts« daraus gemacht. In der West Side, ergänzte er, sei Trumps Riverside South »auf groteske Weise banal« und eine architektonische »Peinlichkeit«. Die Journalistin und Autorin Elizabeth Kolbert zitierte einen anderen Architekten, der Trumps Reihe von Gebäuden in Manhattan als »*Trail of tears*« (»Tränenspur«) bezeichnete. Sie erklärte außerdem, dass man inzwischen mit dem Begriff »Trumpifizierung« städtische Bauprojekte charakterisiere, die sich durch die Merkmale »groß, glänzend und selbstbezogen« auszeichneten – insofern der Person Trumps durchaus ähnlich. »Ich könnte nicht eines seiner Objekte nennen, das städtebaulich oder ästhetisch von bleibendem Wert wäre«, äußerte der Architekturkritiker Carter Wiseman.[10]

Doch wo die Ästheten Banalität sahen, erkannten Trumps Partner Profite. Als der japanische Hotelier Hideki Yokoi das Empire State Building für 42 Millionen Dollar erwarb, holte seine Tochter Trump als Partner dazu. Alles an diesem Geschäft war kompliziert. Der vorherige Eigentümer des Wolkenkratzers hatte sich zunächst geweigert, an Yokoi zu verkaufen, weil dieser sein Angebot aus dem Gefängnis machte, wo er eine Strafe wegen eines Brands in seinem Hotel in Tokio verbüßte, der 33 Menschen das Leben gekostet hatte. Yokoi benutzte daraufhin einen Strohmann zum Erwerb des Gebäudes. Er bekam es für einen ungewöhnlich niedrigen Preis, weil ein belastender Mietvertrag Harry Helmsley und seinen Partnern das Recht einräumte, gegen eine jährliche Zahlung von 1,9 Millionen Dollar das gesamte Gebäude zu vermieten. Da alle Mieter zusammen 80 Millionen Dollar im Jahr zahlten, war das ein gutes Geschäft für die Helmsley-Spear Management Company, das außerdem noch besser werden würde, weil die Vereinbarung sogar eine allmähliche Absenkung der Mietzahlungen vorsah. Der 1961 unterzeichnete Vertrag sollte bis 2075 laufen.

Nach Abzug der Betriebskosten, zu denen auch die Instandhaltung des Gebäudes gehörte, machte Helmsley-Spear immer noch viel höhere Gewinne als jeder mögliche Eigentümer. Für Yokoi und Trump, die keinen nennenswerten Einfluss auf die Immobilienverwaltung hatten, bedeutete das Empire State Building eine passive Beteiligung vergleichbar mit einem Sparbrief, der weniger als fünf Prozent Zinsen abwarf. Um das Mietvertragsproblem zu lösen, griff Trump zu einem seiner bevorzugten

Mittel – dem Prozess. Er behauptete vor Gericht, Helmsley-Spear habe die Vertragsbedingungen auf mehr als einhundert verschiedene Arten gebrochen. Der Streitfall ging über den Tod von Harry Helmsley im Jahr 1997 hinaus und somit auf seine Frau und Erbin Leona über. Trump trug eine öffentliche Fehde mit Leona Helmsley aus, die zwischen 1992 und 1994 eine Gefängnisstrafe verbüßt hatte, nachdem sie der Steuerhinterziehung überführt worden war. Er nannte sie »bösartig«, »grauenhaft« und »einen lebenden Albtraum«. Sie bezeichnete ihn als »krank« und als »Stinktier« und erklärte: »Ich würde Donald Trump nicht einmal glauben, wenn seine Zunge notariell beglaubigt wäre.« Nach sieben Jahren und unendlichen Gerichtskosten gaben Trump und Yokoi auf und verkauften das Gebäude an eine Gruppe unter der Führung des örtlichen Immobilieninvestors Peter Malkin.[11]

Wie viel hat Trump mit seinen Anstrengungen und seiner Beteiligung am Empire State Building verdient? In den Spekulationen der Presse wurden Summen bis zu 6 250 000 Dollar genannt, aber seine Vereinbarungen mit Hideki Yokoi waren nicht öffentlich. Was auch immer sein Gewinn gewesen sein mag, auf jeden Fall konnte er sich rühmen, Anteile an einem der berühmtesten Wahrzeichen der Welt zu haben. Das hatte Yokoi gelockt, und zweifellos auch Donald Trump. Zu einem frühen Zeitpunkt seiner Partnerschaft mit Yokoi lud er eine Journalistin der BBC ein, ihn auf einer Besichtigung seiner Immobilien zu begleiten, dabei erwähnte er, dass er das Empire State Building besitze. Die Reporterin Selina Scott war gebührend beeindruckt, bis sie der Sache genauer nachging und feststellte, dass er nur Teileigentümer war. Für einen Immobilieninvestor großen Stils war dieser Besitz abzüglich der Mietrechte nicht wirklich außergewöhnlich.

Als Scott mit Trump zusammentraf, war sie unter den Fernsehjournalisten der BBC eine der angesehensten Mitarbeiterinnen. Sie hatte mehr als zehn Jahre lang das BBC Morgenmagazin mit moderiert und für verschiedene britische Sendeanstalten gearbeitet. Ihr Beitrag über Trump sollte in einer Reihe über Prominente in aller Welt gesendet werden. Sie begann ihre Recherchen in dem Glauben, er sei »ein ganz normaler Mann mit einem

Gespür für gute Geschäfte«, doch im Laufe der Zeit betrachtete sie ihn als jemanden, der »sich durchgesetzt hatte, indem er andere furchtbar schlecht behandelte«. Was sie besonders entrüstete, war sein Umgang mit Frauen.[12]

Scott gehörte mit ihren blonden Haaren und blauen Augen zu dem Typ von Frauen, auf den Trump offenbar ansprach. (Sie war einmal zur attraktivsten Frau im englischen Fernsehen gewählt worden.) Ihr Produzent Ted Brocklebank erinnerte sich an ihren Charme, den sie vor allem bei mächtigen Männern spielen ließ. »Sie wirkte ganz unschuldig und klimperte mit den Augen.« Im Zusammensein mit Trump kam zum Klimpern ein kleines Geplänkel über begehrte Junggesellen in Amerika hinzu. Auf einem Flug nach Palm Beach in Trumps Privatjet flirtete er zurück. Als sie dann mit dem offiziellen Interview begannen, stellte Scott ihm unbequeme Fragen zu seinen Kommentaren über Barbara Walters und andere. Sie hakte auch nach, was sein tatsächliches Vermögen betraf. Später stellte sie fest, dass die Aufzeichnung wegen eines Kameraproblems unbrauchbar war. Zu ihrer Überraschung willigte Trump in ein weiteres Interview ein. Den Rückflug nach New York spendierte er Scott und ihrem Team allerdings nicht.

Scott kehrte nach Großbritannien mit der Überzeugung zurück, dass Trump ein Mann mit besonderen Fähigkeiten war. »Er kann ganz überschwänglich sein«, meinte sie rückblickend. »Er hat gelernt, charmant zu wirken.« Aber Brocklebank und sie waren irritiert von den aggressiven, extrem konkurrierenden Seiten seiner Persönlichkeit und versuchten sie zu verstehen. In der Hoffnung, den Ursprung für seinen Ehrgeiz und sein Geltungsbedürfnis zu finden, hatten sie auch seiner 1912 geborenen Mutter einen Besuch abgestattet. Die Atmosphäre war so entspannt, dass sie im Laufe des Gesprächs selbst über ihr Schicksal staunte, das sie aus einer armen schottischen Familie in ein Leben geführt hatte, in dem sie im Rolls-Royce die Immobilien ihres Mannes abfuhr, um das Kleingeld einzusammeln, das die Mieter für das Waschen und Trocknen ihrer Wäsche zu zahlen hatten.

Scott kam zu dem Schluss, die Mutter, die in ihrer Kindheit wirkliche Armut erlebt hatte, habe dann ihren Sohn verwöhnt.

»Er war Mamas Liebling«, sagte Scott, »und als Kind schrecklich verwöhnt. Er bekam alles, was er wollte, und musste nie auf viel verzichten.« Trump erinnerte sie an die Klassentyrannen aus ihrer Schulzeit: »Ich habe damals Trumps im Kleinformat erlebt. Diese Einstellung von ›Ich will das haben. Gib's mir oder es setzt Prügel!‹ legt sich in der Regel später wieder.« Bei Trump, sagte sie, habe sich das nicht gelegt.

Als Scott und Brocklebank ihren Film schnitten, verwendeten sie den Song aus der Oper *Porgy and Bess*, »*It Ain't Necessarily So* – Es muss nicht zwangsläufig so sein« – als beißenden Kommentar. Trumps Äußerungen waren in vielen Fällen »Behauptungen, die nicht zu halten waren«, erzählte Brocklebank. Trump reagierte nach der Sendung ziemlich heftig. In Briefen an Scott, die sie an die Öffentlichkeit brachte, bezeichnete er sie als »schmierige Person«, »unattraktiv«, »widerwärtig« und »langweilig«. Er schrieb unter anderem: »Selina, Sie haben wenig Talent und, soweit ich sehe, noch weniger Zuschauer. Sie sind nicht mehr angesagt; das ist vielleicht der Fluch der Unehrlichkeit. Sie würden natürlich alles Erdenkliche tun, um Ihre verblasste Popularität wiederherzustellen, aber glauben Sie mir – das Publikum passt auf und ist offenbar viel intelligenter als Sie. Es macht da nicht mit! Ich hoffe, es gelingt Ihnen, Ihre Probleme zu lösen, bevor es zu spät ist.«[13]

Der öffentlich ausgetragene Konflikt veranlasste die Direktoren des Netzwerks ITV, das mehrere Fernsehstationen vereint, den Beitrag nach nur einmaliger Ausstrahlung abzusetzen. Auch die Pläne zum Weiterverkauf in andere Länder wurden gestrichen. Scott arbeitete noch einige Jahre hauptberuflich im Fernsehen weiter, widmete sich dann aber zunehmend der Gründung einer Textilfirma. Sie berichtete, dass Trump ihr noch etwa zehn Jahre lang wütende Briefe schickte. Sie erzählte auch, Prinzessin Diana, die sie als Freundin betrachtete, habe sie nach der Sendung angerufen, um mehr über Trump zu erfahren, weil er ihr oft Blumen geschickt habe. (Man wusste zu dieser Zeit, dass ihre Ehe unglücklich war, aber sie war noch nicht geschieden.) Scott erinnerte sich, ihr in diesem Gespräch geraten zu haben, »alles in den Müll zu werfen«.

1997, acht Wochen nach Dianas tödlichem Verkehrsunfall, bedauerte Trump in einem landesweit ausgestrahlten Interview mit Stone Phillips, dass er die Prinzessin nie zu einem Date eingeladen habe. Auf die Frage, ob er denn mit einer positiven Antwort gerechnet hätte, antwortete er: »Ich glaub schon, ja. Ich hab immer eine Chance.«[14]

Wenn er so über die verpasste Gelegenheit nachdachte, eine kürzlich zu Tode gekommene Mutter von zwei kleinen Jungen zum Date zu bitten, dann wurde das Ungehörige seiner Aussage vielleicht ein bisschen dadurch abgemildert, dass er selbst fast wieder Single war. Zu Jahresbeginn hatten er und Marla die bevorstehende Scheidung bestätigt. Vor der Presse klang Maples eher traurig als wütend. Sie beschrieb ihren Mann als so sehr von seinen Geschäften besessen, dass er gegenüber Nahestehenden gefühlsmäßig unbeteiligt sei, auch gegenüber seinen vier Kindern. »Ich hätte mir so sehr gewünscht, er hätte mehr an ihrem Leben teilnehmen können«, sagte sie. »Ich hätte es so schön gefunden, wenn er die Art von Vater gewesen wäre, der mit uns allen nach Disneyland gefahren wäre, der beim Abendessen mit uns am Tisch gesessen hätte, ohne dass man die Wirtschaftsnachrichten im Fernsehen ansehen musste. Ich habe immer gesagt: ›Hier, an diesem Tisch, findet die Welt statt. Es geht um deine Familie, um die Menschen, die dich lieben. Das ist es, was in der Welt geschieht.‹«[15]

Wie sich die Dinge von Trumps Seite aus darstellten, offenbarte sich in seinem dritten Buch, *Trump: The Art of the Comeback*, das einzelne Kapitel über die Frauen in seinem Leben und über »Die Kunst des Ehevertrags« enthielt. Darin zeichnete Trump ein Bild von Frauen als sexuell gierigen »Killernaturen«, die von ihrer Schönheit Gebrauch machen, um die Herrschaft über Männer zu erringen. An einer Stelle resümierte er über seinen Erfolg beim weiblichen Geschlecht: »Ich weiß nicht warum, aber ich scheine bei Frauen entweder das Beste oder das Schlechteste herauszuholen.« An anderer Stelle bot er eine mögliche Antwort: »Meine Probleme mit Frauen waren teilweise darauf zurückzuführen, dass ich sie mit meiner großartigen Mutter verglich,

Mary Trump.« Eheverträge, so schrieb er weiter, seien leider zwingend notwendig für die Reichen, und wenn Marla ihren auch nicht gelesen habe, so habe doch ihr Anwalt ihn durchgesehen. Sollte er sich noch einmal verlieben, dann hoffentlich in eine Frau »ohne Unterhaltsanspruch«.

Das Ende von Donald Trumps zweiter Ehe war weniger aufsehenerregend als seine Scheidung von Ivana. Allerdings ließ Marla den Ehevertrag anfechten, der eine einmalige Abfindung von zwei Millionen Dollar und fortlaufende Unterhaltszahlungen vorsah. Vor Gericht und in der Öffentlichkeit machte sie geltend, ihr Ehemann habe ihr mehr versprochen, wenn auch nicht schriftlich. Nach 18 Monaten rechtlicher Auseinandersetzungen und nachdem sie eine neue Romanze mit Norman Mailers Sohn Michael begonnen hatte, akzeptierte sie die ursprüngliche Vereinbarung. Donald hielt 1,5 Millionen Dollar für einige Tage zurück, als Marla einer britischen Zeitung mitteilte, sie würde »seine wahre Natur« enthüllen, falls er eine Wahlkampagne als Präsidentschaftskandidat eröffne. Es kamen wieder die Rechtsanwälte ins Spiel, aber Trump gelangte schließlich zu dem Schluss, dass Marla nur Aufmerksamkeit erregen wollte – und der Scheck wurde ausgezahlt.

***

Auch wenn die Ehe zwischen Trump und Maples scheiterte, führten die gemeinsame Sorge um die Tochter sowie Menschen aus der Vergangenheit sie gelegentlich wieder zusammen. Eine Angelegenheit, die sich über Jahre hinzog, war ein bizarrer Kriminalfall, in dem es um den Presseagenten Chuck Jones ging.

Mitte der Neunzigerjahre verhaftete man Jones wegen Diebstahls persönlicher Gegenstände aus Marla Maples' Wohnung, darunter vierzig Paar Schuhe. (Als die Beamten herausfanden, dass er eine nicht zugelassene Waffe besaß, wurde die Beschuldigung auf diese Straftat erweitert.) Zu seiner Entlastung berief sich Jones vor allem darauf, dass es ihm oft erlaubt gewesen sei, in Abwesenheit seiner Klientin ihre Wohnung zu betreten. Eine

Zeitlang sah es so aus, als ob man die Anklage fallen lassen würde. Maples beteiligte sich sogar an Gesprächen mit dem Ziel, den Fall außergerichtlich beizulegen. Die Vereinbarung, die Jones vor einem Prozess bewahrt hätte, scheiterte jedoch schließlich, und es wurde Anklage erhoben.

Jones wurde mit Spott und Hohn überschüttet, als er wegen Diebstahls aus fetischistischen Motiven verurteilt wurde. Allerdings hob man das Urteil aus formalen Gründen später wieder auf, und nach nur wenigen Monaten Haft, die fast fünf Jahre hätte dauern können, kam Jones auf freien Fuß. Trotz dieses glücklichen Umstands brachte er sich erneut in Schwierigkeiten, indem er Fotos verschickte, die Maples und Trump angeblich in intimen Momenten zeigten. Prompt wurde er wegen schwerwiegender Belästigung verhaftet.

1999, als Trump und Maples nicht mehr verheiratet waren, stand Jones abermals wegen des ursprünglichen Einbruchdiebstahls vor Gericht. Es sprach für sein mangelndes Urteilsvermögen, dass er sich dort selbst vertrat. In dem Prozess wurde das Bild eines Mannes deutlich, der von seiner Klientin besessen und unfähig war, sie in Ruhe zu lassen. Einige der Beweismittel legten sogar den Schluss nahe, dass er eine Gefahr für andere darstellen könnte. Er wurde verurteilt, und dieses Mal gab es keine Formfehler, die ihm die Haft ersparten.

Bemerkenswerterweise konnte nicht einmal der Aufenthalt im Bundesgefängnis bewirken, dass Jones seine Obsession überwand. Noch 2012 schickte er Maples belästigende E-Mails – und landete ein weiteres Mal vor Gericht. Eine Verständigung im Strafverfahren brachte ihm eine sechsmonatige Haft ein. Jones ging in die Annalen ein als der Presseagent, der eine Kundin stalkte und verängstigte. Wer ihn als liebenswerte und intelligente Person kennengelernt hatte, konnte sich über dieses Schicksal nur wundern. Wer von ihm nur aus der Berichterstattung wusste, betrachtete ihn als eine traurige oder gar erbärmliche Figur.[16]

KAPITEL 12

DER KANDIDAT TRUMP

Größtenteils getrieben von ihrem Ego,
manche getrieben von Gier,
die meisten getrieben von beidem.
Donald Trump darüber, was Politiker antreibt

Sechs Jahre lang stand Donald Trump nicht auf der *Forbes*-Liste der vierhundert reichsten Amerikaner. Da hierfür nur zugängliche Daten ausgewertet werden und es einige Leute vorziehen, die Höhe ihres Vermögens für sich zu behalten, hat die Liste nie wirklich verlässlich Auskunft darüber gegeben, wer die Reichsten der Reichen Amerikas sind. Aber einzig das US-Magazin führt seit langer Zeit so genau Buch über das Privatvermögen der Milliardäre, mit der Folge, dass die internationale Presse die Veröffentlichung der Liste jedes Jahr sehnlichst erwartet, um sie weltweit zu verbreiten. Für einige der Superreichen ist dieses Ereignis ein permanenter Bestätigungsritus, zeigt sie doch ähnlich wohlsituierten Mitbewerbern, dass man noch immer zu dem Kreis der Erlauchten gehört. Kein Wunder, dass Donald Trump regelmäßig die Herausgeber von *Forbes* kontaktierte, um sie aufzufordern, ihn auf die Liste zu setzen, wenn er dort nicht auftauchte. Dabei musste er ihnen natürlich erklären, dass sein Vermögen größer war, als von ihnen angegeben.

Trumps Verbannung endete im Jahr 1996, als das Magazin sein Gesamtvermögen auf 450 Millionen Dollar bezifferte, was ihn zur Nummer 373 machte. Trotzdem rief er die *Forbes*-Herausgeber an und beklagte sich, man habe seinen Reichtum viel zu niedrig angesetzt: »So viel sind allein meine Aktien wert.« Im

Jahr 1997 kehrte er dann – mit 1,4 Milliarden Dollar – in den Club der Milliardäre zurück und hätte es beinahe sogar geschafft, unter die Top 100 zu kommen. Aber er war immer noch nicht zufrieden: »In Wahrheit sind es 3,7 Milliarden Dollar.« In den nächsten Jahren wiederholte sich das Muster. 1999 sagte er, die *Forbes*-Schätzung von 1,6 Milliarden Dollar sei fast drei Milliarden Dollar zu niedrig. »Wir lieben Donald«, erklärten die *Forbes*-Herausgeber. »Er ruft zurück. Er bezahlt normalerweise das Mittagessen. Er schätzt sein Privatvermögen sogar selbst ein (4,5 Milliarden Dollar). Aber sosehr wir uns auch bemühen, wir können das einfach nicht beweisen.«

Forbes hatte große Mühe mit Trumps Einstufung, weil ein Großteil seines Vermögens privat war und nicht in Firmen und Beteiligungen steckte, die unabhängigen Buchprüfungen unterzogen wurden, um den Saldo zwischen Aktiva und Passiva ordnungsgemäß zu ermitteln. Außerdem basierte jede Bestimmung von Trumps Vermögen anhand seines Immobilienbestands. Anders als Aktien und Anleihen, die zu öffentlich ausgewiesenen Kursen gehandelt werden, sind Gebäude und unbebaute Grundstücke nicht mit Preisschildern versehen. Ihr Wert richtet sich danach, was ein Käufer zu zahlen bereit ist, und niemand kann diesen Betrag vorhersagen, bis der Kauf getätigt wurde. Dennoch wussten die Leute von *Forbes*, dass es eine kluge Entscheidung von Trump war, sich in einer der teuersten Städte der Erde nur auf hochpreisige Marktsegmente zu konzentrieren. Mit jedem Jahr lockte Manhattan mehr von den Superreichen der Welt an, die in Luxuswohnungen investieren wollten. Diese Nachfrage trieb den Wert von Grundbesitz in die Höhe, was wiederum Bauunternehmer ansporte, jene Immobilien aufzukaufen, in denen einst die New Yorker Mittelschicht lebte, um sie in Nobelapartments umzuwandeln. Die Gentrifizierung Manhattans wurde von städtischen Beamten gefördert, die mit höheren Steuereinnahmen rechneten. Je länger dieser Prozess andauerte, umso mehr verringerte sich das Angebot an erschwinglichen Mietwohnungen, so dass die Armen und die Mittelschichtangehörige in die äußeren Bezirke ausweichen mussten. Diejenigen, die diesen

Trend kritisierten, wiesen darauf hin, dass zuziehende Weiße alteingesessene Schwarze und Hispanics verdrängten und Manhattan einem wohlhabenden Vorort mit Hochhäusern gleiche. Trump, der seine Immobilien nur halten musste, damit sich ihr Wert erhöhte, brachte diese Gentrifizierung geradezu magische Renditen, da Manhattan Jahr für Jahr exklusiver wurde.[1]

Der Wert seines Immobilienbesitzes wurde aber unterschiedlich angesetzt. Doch die Leistung der Holding Trump Hotels & Casino Resorts, die sein gesamtes Glücksspielgeschäft umfasste und – in einem heißumkämpften Markt – eine tatkräftige operative Geschäftsführung erforderte, war deutlich an ihrem Aktienkurs abzulesen. Während Trumps Vermögen Jahr für Jahr wuchs, mussten die Anteilseigner seiner Aktiengesellschaft herbe Verluste hinnehmen. Als er im September 1999 beteuerte, er sei erheblich vermögender, als andere wahrhaben wollten, konnte man eine Aktie, die unter seinen Initialen gehandelt wurde, bereits für nur 4,44 Dollar erwerben.

Im gleichen Zeitraum verzeichneten alle Casino-Aktien rückläufige Kurse, aber DJT wurde besonders hart getroffen, weil die von Trump vorhergesagten großen Ertragszuwächse ausblieben. Seine Performance gab Anlass zu Spekulationen, es hieß, dass sein Name, der angeblich den Wert von Immobilien in die Höhe trieb, auf Aktien die gegenteilige Wirkung habe. Dieser »Donald-Abschlag« bedeutete, dass Börsenhändler den Kurs drückten, um der Differenz zwischen Hype und Ergebnissen Rechnung zu tragen. Im März 1997 sagte Steven Ruggiero, ein Analyst von Chase Securities: »Das größte Problem ist, dass sie gegenüber allen Analysten nicht in gleicher Weise auskunftsfreudig sind.« Auch gelegentliche Berichte über Pflichtverletzungen seitens Trumps und seiner Firmen mögen manch einen misstrauisch gestimmt haben. Anfang 1998 zahlte die Casino-Gesellschaft eine Geldstrafe in Höhe von 477 000 Dollar an das US-Finanzministerium, weil sie bestimmte Reports über Devisengeschäfte nicht fristgerecht vorlegte, wie es gesetzliche Vorschriften zur Bekämpfung von Geldwäsche verlangten. Im Jahr 2000 bezahlten Trump und seine Partner 250 000 Dollar, um eine drohende Klage abzuwenden. Man hatte ihnen vorgeworfen, sie hätten nicht offengelegt, Werbekampagnen gegen den Bau von Casinos in den Catskill Mountains finanziert zu haben. 50 000 Dollar des Bußgelds wurden von Trump Hotels & Casino Resorts übernommen. In der Vereinbarung wurde ausdrücklich festgehalten, dass damit kein Eingeständnis eines Fehlverhaltens vonseiten Trumps verbunden sei.[2]

Unter den Partnern, die in Verbindung mit diesem Vergehen ebenfalls zu einer Geldstrafe verurteilt wurden, waren auch der Roy-Cohn-Gefolgsmann Roger Stone, der in einem Gespräch mit Jeffrey Toobin, Autor des *New Yorker*, seine Methoden folgendermaßen beschrieb: »Angreifen, angreifen, angreifen – niemals verteidigen«, und »nichts zugeben, alles bestreiten, den Gegenangriff starten«. Grundsätzlich sollten Stones Offensiven Wähler davon überzeugen, dass die Grand Old Party, die traditionell die Partei der Großunternehmen und der Country-Club-Clique war, tatsächlich die Anti-Elite-Partei der Arbeiterklasse sei. Zu diesem Zweck nutzte er die Abneigung vieler Amerikaner gegen Intellektuelle (die Elite, gegen die Stone anging) und ihre Wertschätzung für diejenigen, die es in der Wirtschaft zu etwas gebracht hatten. Nach dieser Sichtweise war Reichtum gleichbedeutend mit Tugendhaftigkeit, und daher verdiente jeder, der die Wirtschaft verteidigte oder als Unternehmer erfolgreich war, Unterstützung. Diese Formel brachte das hervor, was der Buchautor Thomas Frank »Marktpopulismus« nannte, welcher Aspekte der Popkultur mit Patriotismus und einer wirtschaftsfreundlichen Ideologie zu einem Glaubenssystem verschmolz, das die Regierung und die Intellektuellen, insbesondere diejenigen, die man als liberal im politischen Sinne bezeichnen konnte, für die meisten Probleme des Landes verantwortlich machte. Bei GOP-Wahlkampfkundgebungen und in Fernsehsendungen des Nachrichtenkanals Fox News gehörten manchmal auch Gewerkschaften und alle anderen, die sich gegen Unternehmer oder Finanziers mit riesigen Vermögen wandten, zu den Feinden. Millionen von Amerikanern machten sich diese Sichtweise zu eigen, darunter auch viele, die aus der Mittelschicht abstiegen, während sich der Reichtum immer mehr an der Spitze konzentrierte.[3]

Während Stone ein eloquenter Verfechter des Marktpopulismus war und Kampagnen plante, die sich diesen gezielt zunutze machten, identifizierte sich Donald Trump eher instinktiv damit. Da er unbedingt den Schulterschluss mit denjenigen suchte, die gesellschaftlichen und intellektuellen Eliten mit Argwohn begegneten, erzählte er, dass er Fleisch und Kartoffeln der Haute Cuisine vorziehe und Veranstaltungen der High Society verschmähe. Trump, der immer bereit ist, bis an die Grenzen der Schicklichkeit zu gehen, spielte auch geschickt mit Vorurteilen, die sich aus Ängsten speisen.

Als er sagte: »Wenn ich heute meine Karriere starten würde, wäre ich gerne ein gut ausgebildeter Schwarzer, weil ich glaube, dass der einen echten Vorteil hat«, sprach er damit direkt die Unsicherheiten von Weißen an, die sich in einem darwinistischen Wirtschaftssystem verzweifelt abrackerten, um nicht unter die Räder zu kommen. Im Jahr 1989, als er diese Äußerung machte, hätten sich nur wenige weiße Männer gewünscht, ein Schwarzer zu sein. Manche ärgerten sich jedoch sowohl über die *Affirmative-Action*-Förderprogramme, die die historische Diskriminierung wiedergutmachen sollten, als auch über schulische Integrationsmaßnahmen, von der ihre Familien betroffen waren, während diejenigen verschont blieben, die es sich leisten konnten, ihre Kinder auf Privatschulen zu schicken. Trump hat diese komplexen Probleme grob vereinfacht, indem er Sorgen der Weißen aufgriff und auf eine differenzierte Betrachtung der Rassenproblematik zu seiner Zeit verzichtete.[4]

Aber während er seine Ansichten zu Rassen- und (sozialen) Klassenfragen nur hin und wieder propagierte, ritt er unentwegt auf seinem Erfolg herum. Er gab zu, dass er in seinem Privatleben mit manchen Unannehmlichkeiten zu kämpfen hatte, aber er lenkte die Aufmerksamkeit auch auf die vielen schönen Frauen, die er kannte, als Beweis dafür, dass er ein imponierender Mann war. An einem anderen Ort oder zu einer anderen Zeit wären derartige Äußerungen als haarsträubend und abstrus abgetan worden. Aber zu Trumps Zeiten war Eigenwerbung salonfähig, wenn nicht sogar unverzichtbar geworden. Mit dem Aufkommen des Internets und sozialer Netzwerke wie etwa Facebook bastelten sich Personen aus allen Gesellschaftsschichten ausgetüftelte Markenimages von sich selbst zurecht, die auf schmeichelhaften Bildern, Erzählungen ihrer eindrucksvollen Taten und Schilderungen ihrer letzten Shoppingtour basieren. Eine Managerin des Fernsehsenders NBC mit einem Doktortitel in Soziologie sagte über das ausgehende 20. Jahrhundert, Oberflächlichkeit habe über Substanz gesiegt. »All das, was unsere Eltern uns erzählten, ist nicht eingetreten«, sagte Dr. Rosalyn Weinman. »Niemand interessiert sich dafür, ob Sie ein guter Mensch sind. Die Leute interessiert nur, ob Sie gutaussehend und reich sind.«[5]

Nachdem er die Aufmerksamkeit der Presse und der Öffentlichkeit als ein reicher und gutaussehender Mann auf sich gezogen hatte, wollte Trump sich diese unbedingt bewahren. Um seine Attraktivität aufrechtzuerhalten, kämpfte er gegen die typische Gewichtszunahme in mittleren Lebensjahren an, trug immer teure Maßanzüge und gab sich größte Mühe, sein Haar zu behalten. »Für einen Mann ist nichts Schlimmeres vorstellbar, als sich damit abzufinden, eine Glatze zu bekommen«, erklärte er einmal dem Casino-Manager Mark Estess. »Sehen Sie zu, dass Sie niemals kahl werden.« Während er dies sagte, überreichte Trump Estess eine Tube mit Creme, die angeblich verhinderte, dass der Haarausfall weiter voranschritt. Die Creme war nur ein Aspekt von Trumps Kampagne gegen Kahlköpfigkeit. In seinem Buch *Lost Tycoon* beschrieb Harry Hurt ein chirurgisches Verfahren, das eine kahle Stelle an Trumps Hinterkopf geschlossen hatte.[6]

Trump versicherte, er habe sich nie wegen Haarausfalls operieren lassen, aber ungefähr ab dem Jahr 1990 wurde seine Frisur zum Gegenstand häufiger Spekulationen in der Presse. Aus der einstigen braunen Helmfrisur wurde ein extravaganter Komplex aus rötlich-goldenen Wirbeln und geschwungenen Strähnen, die sich von einer Seite des Kopfs zur anderen ziehen lassen, und anderen, die von hinten nach vorn gestriegelt sind. Diese Bemühungen veranlassten das *Time*-Magazin dazu, einen Stylisten zu befragen und einen mit Schaubildern unterstützten Bericht über die Vorgehensweise bei dieser Frisur zu veröffentlichen. Unter der Schlagzeile »Das Geheimnis von Donald Trumps Haar« war dort zu sehen, wie das hinten lange Haar eines Mannes nach vorne gekämmt werden konnte, um es dann wieder nach hinten zu streichen und mit Spray zu fixieren. Bildunterschriften warnten, man möge dies nicht mit klassischen »Sardellen« verwechseln, also Strähnen, die quer über kahle Stellen gelegt werden, und verwiesen auf die dramatischen Stile der Zeichentrickfigur Wilma Feuerstein (Gemahlin von Fred Feuerstein) und des realen Talkshow-Moderators Conan O'Brien, dessen widerspenstige rote Wellen an sich brechende Meereswogen erinnern. Trump nahm die Kommentare über seine Haare mit Humor. Hin und wieder forderte er einen Interviewer sogar auf, seinen Schopf genauer in Augenschein zu nehmen und sich selbst davon zu überzeugen, dass er echt war. Das sagte natürlich viel über seine unverfrorene Eitelkeit aus. Seines Erachtens war Glatzköpfigkeit eine größere Schande als das Zuckerbäckerwerk auf seinem Haupt. Im Laufe der Zeit wurde sein Haar zu einem solchen Markenzeichen, dass Kostümhersteller zu Halloween Trump-Perücken verkauften.

Als ein Mann, der nach Aufmerksamkeit gierte, konnte es sich Trump gar nicht leisten, seine eigenwillige Frisur zu verändern, weil er mit dieser auffiel, und es gab fast nichts, was er nicht tun würde, um Aufmerksamkeit zu erheischen. 1999 ging er so weit, der Republikanischen Partei den Rücken zu kehren, und er flirtete längere Zeit mit der Reform Party of the United States of America, die sich anschickte, einen Kandidaten für die Präsidentschaftswahlen im Jahr 2000 zu küren. Als Trump seinen politischen Bühnenauftritt begann, bat er Roger Stone, den »Experten für schmutzige Tricks«, ein sogenanntes Wahlkampfkomitee zu leiten. Diese Organisationen erlauben es jedem, der eine Kandidatur in Erwägung zieht, sich wie ein Kandidat zu verhalten und die Aufmerksamkeit der Presse und der Öffentlichkeit auf sich zu lenken, ohne sich einem Verfahren zu unterwerfen, das auf der Grundlage echter Abstimmungsergebnisse gewonnen oder verloren werden konnte. Ein solches Vorfühlen und Abchecken der eigenen Chancen glich den Übungswürfen eines Fastball-Spielers, der sich für das bevorstehende Spiel aufwärmt. Die Fans mochten jubeln, wenn der Ball im Handschuh des Fängers landete, aber der Treffer zählte erst dann, wenn der Schiedsrichter rief: »Ball gespielt!« Man hätte sagen können, dass das Auswahlverfahren der Reform Party im Grunde eine Art »Schaulaufen« war, das hauptsächlich als Ventil für die Frustrationen derjenigen diente, die aus wenig stichhaltigen Gründen der Überzeugung waren, Bill Clinton habe die Präsidentschaftswahlen deshalb gewonnen, weil seine republikanischen Gegner nicht konservativ genug gewesen seien. Die Reform Party, ein Relikt der gescheiterten Präsidentschaftswahlkämpfe des Geschäftsmanns Ross Perot 1992 und 1996, war so klein und desorganisiert, dass sie keine Chance hatte, eine landesweite Wahl zu gewinnen. Dennoch hatte die Partei aufgrund von Perots Abschneiden im Wahlkampf des Jahres 2000 Anspruch auf über zwölf Millionen Dollar an Bundeszuschüssen. Dieses Geld lockte Berater an, die ein bisschen was Bares einstreichen könnten, wenn sie damit beauftragt würden, Umfragen durchzuführen, Strategien auszuarbeiten oder Wahlkampfanzeigen zu entwerfen. Aber kein unabhängiger Politikexperte hätte der Partei die geringste Chance eingeräumt, je mehr als die Rolle eines Spielverderbers zu spielen.

Der einzige echte Erfolg der Partei war die Wahl des ehemaligen Profi-Ringers Jesse »The Body« Ventura zum Gouverneur von Minnesota 1998. Dabei verdankte Ventura seinen Wahlerfolg mehr seiner Prominenz als seiner Mitgliedschaft in der Reform Party, was er dadurch unterstrich, dass er bereits in seinem ersten Amtsjahr die Gruppierung wieder verließ. Einige in der Reform Party hofften, ihn wieder zurückzugewinnen, aber als die Wahlen des Jahres 2000 näher kamen, lehnte »The Body« es ab, sich als ihr Präsidentschaftskandidat aufs Schild heben zu lassen. Durch seine Entscheidung überließ er das Feld anderen, wie etwa dem langjährigen republikanischen Aktivisten Patrick Buchanan, der behauptete, er werde von einer »ganzen Armee von Kleinbauern« unterstützt. Wie Roger Stone war auch Buchanan, der ziemlich radikale Ansichten vertrat, ein Zögling von

Nixon. Seine hetzerischen Kommentare über den Holocaust beispielsweise trugen ihm das Etikett »unbelehrbarer Eiferer« der jüdischen Anti-Defamation League ein.

Buchanan, der schon zweimal bei dem Versuch gescheitert war, sich zum Präsidentschaftskandidaten der Republikaner küren zu lassen, stellte sein Engagement für die Reform Party so dar, als ginge es ihm um eine Frage des Prinzips: Er sagte, er stehe für den wahren Konservatismus, den die Republikaner verraten hätten. Buchanan, ein Abtreibungsgegner und außenpolitischer Isolationist, war getrieben von dem Wunsch, Gehör für seine Ideen zu finden – einige davon deckten sich mit denjenigen, die Perot als erster Bannerträger der Reform Party vertreten hatte. Mit seiner Kampagne bekam Buchanan, was er wollte, da seine Reden Wähler anlockten, Reporter Artikel über ihn und seine Ansichten schrieben und Fernsehproduzenten ihn in landesweit ausgestrahlte Sendungen wie *Meet the Press, Face the Nation* oder *Fox News Sunday* einluden.

Trump wurde die gleiche Aufmerksamkeit zuteil, als er im Herbst 1999 der Partei beitrat und erklärte, er ziehe es in Erwägung, sich um die Präsidentschaftskandidatur der Reform Party zu bewerben. Seine Darlegungen waren nicht so ausgefeilt und detailliert wie die Buchanans, der Jahrzehnte in der Politik verbracht hatte. Trump äußerte auch einige Ideen, die Durchschnittsamerikaner durchaus angesprochen hätten, aber ein rotes Tuch für viele treue Anhänger der Reform Party waren. So sagte Trump zum Beispiel, die Republikaner seien »viel zu weit nach rechts gerückt«, doch er sei in der Lage, jenseits »der stramm rechten Wählerschaft« auch politisch gemäßigte Amerikaner anzusprechen. Aber der Kern der Reform Party war »stramm rechts«, und die Partei würde Trump niemals als Kandidaten aufstellen, wenn er eine Wende nach links vollführte. Je öfter er in der Presse auftauchte, umso bekannter wurde er, und er belohnte seine Leser mit so haarsträubenden Aussagen wie:

Über Buchanan: »Er liebt Hitler, ich vermute, er ist ein Antisemit. Die Schwarzen mag er nicht, und die Schwulen mag er auch nicht.«

Über Kuba: Fidel Castro ist »ein Mörder und sollte als solcher behandelt werden«.

Über seinen idealen Kandidaten für die Vizepräsidentschaft: Oprah Winfrey, denn »sie ist populär, sie ist brillant, sie ist eine wunderbare Frau«.

Über Kandidaten, die stolz auf ihre Herkunft aus bescheidenen Verhältnissen sind: »Sie sind Verlierer. Wer zur Hölle will eine Person wie diese als Präsidenten?«

In sein buntscheckiges, eklektisches Wahlprogramm nahm Trump auch Forderungen der politischen Linken auf, etwa eine hohe einmalige Steuer für die Reichen, um das Haushaltsdefizit des Bundes zu senken, ein Gesetz, das es Schwulen erlauben sollte, als Soldaten zu dienen, und eine allgemeine, vom Arbeitgeber abzuschließende Krankenversicherung mit Zuschüssen für Bedürftige. Die Berichterstattung über seinen Wahlkampf konzentrierte sich mehr auf die Idee seiner Kandidatur als auf die Ideen, für die er sich einsetzte. Der als Trumps Wahlkampfmanager zitierte Roger Stone machte viel Wind darum, dass Trump dank der Dokumentation in seinen Casinos und Hotels eine Liste mit 6,5 Millionen Namen und Adressen besitze. Stone stellte auch gebührend und voller Stolz heraus, dass der Mann, für den er arbeitete, in einer Umfrage über Wählerpräferenzen als Zweiter hinter George W. Bush landete.

Trump zitierte die Umfrage als Beleg für eine breite Unterstützung, die ihn, wie er sagte, dazu veranlasst habe, einen Wahlkampfausschuss zu bilden, der ihn bei seiner Kandidatur beraten solle. Die Namen derjenigen, die ihn sekundieren sollten, machte er allerdings nicht öffentlich, und bei der Erhebung, die die nicht gerade in höchstem Ansehen stehende Boulevardzeitung *National Enquirer* durchführte, wurden lediglich hundert Personen in einem Land mit 280 Millionen Einwohnern befragt. Trotzdem sagte Trump, er glaube, dass er »immensen« Rückhalt in der Bevölkerung habe. Er wies auch darauf hin, dass er gegenüber anderen Kandidaten zwei große Vorteile habe: Erstens, er sei extrem bekannt, und, zweitens, er sei extrem reich, was bedeute, dass er seinen Wahlkampf aus eigener Tasche bezahlen könne und nicht den Verpflichtungen unterliege, die mit dem Einwerben von Spenden verbunden waren.

Im Jahr 2000 schätzte *Forbes* Trumps Vermögen auf 1,7 Milliarden Dollar, womit er auf der Liste der reichsten Amerikaner auf Platz 167 stand. Das Magazin erklärte, Trump glaube, er sei »mehr als fünf Milliarden Dollar« schwer, aber »zurück auf dem Boden der Tatsachen« sei sein Vermögen »deutlich kleiner«. Ebenso aufgebläht war Trumps Einschätzung seines politischen Kapitals. Obgleich er behauptete, breiten Rückhalt bei den Wählern zu haben, kam bei einer Umfrage der Quinnipiac University in Connecticut heraus, dass rund neun von zehn New Yorkern – die Leute, die ihn am besten kannten – nicht glaubten, dass sie ihn wählen würden.[7]

Mit seinem wenig kohärenten Wahlprogramm und seinem oft zusammenhanglosen Gerede entsprach Trump nicht gerade dem Bild einer seriösen Führungspersönlichkeit, vielmehr erinnerte er an die Hauptfigur aus dem Film *Bulworth*, der ein Jahr vor seinem Flirt mit der Reform Party seine Premiere erlebte. Der von Warren Beatty gespielte lebensmüde Senator Jay Bulworth befindet sich auf Wahlkampftour durch seinen Bundesstaat, wobei er völlig unbekümmert und enthemmt um Wählerstimmen wirbt. Mit jeder ungeheuerlichen Äußerung erhält er mehr Unterstützung. Seine lästernden und sogar rassistischen Bemerkungen werden von den Wählern als Beleg seiner Ernsthaftigkeit verstanden. Diese sind bereits derart massiv politisch manipuliert worden, dass sie seine Bemühungen, sie abzuschrecken, absolut unwiderstehlich finden.

Auch wenn der frei erfundene Jay Bulworth die Absicht verfolgte, durch seine Unverschämtheiten und Ungereimtheiten seine Niederlage herbeizuführen, hoffte der wirkliche Donald Trump, er würde gewinnen, wenn er von links nach rechts umschwenkte und andere Kandidaten verunglimpfte. (»Es scheint schlecht um ihn bestellt zu sein«, sagte er über den früheren Senator Bill Bradley, der häufig als Präsidentschaftskandidat gehandelt wurde.) Trump hätte verrückt sein müssen, wenn er tatsächlich geglaubt hätte, mehr Chancen zu haben als der Schauspieler Pat Paulsen, der bei den Präsidentschaftsvorwahlen der Demokraten in New Hampshire im Jahr 1996 921 Stimmen auf sich vereinigen konnte. Aber anders als Paulsen ließ sich Trump nie anmerken, dass sein Wahlkampf ein Scherz war. Vielmehr präsentierte er sich als ein ernstzunehmender Kandidat, dessen Erfolg als Unternehmer ihn für das höchste Amt auf der Welt qualifiziere. So gesehen war die verrückte *Trump-for-President*-Kampagne womöglich die erste echte Pseudokampagne in der Geschichte der Präsidentschaft, ein entschlossener Versuch eines Mannes, dem es eigentlich um Profit ging, den politischen Prozess für seine Zwecke zu nutzen. Susan Tolchin, Professorin für Staatswissenschaften an der George Mason University, behauptete, die Darbietung sei in Wirklichkeit ein Duett mit Buchanan gewesen. Auch wenn sie keine seriösen Politiker gewesen seien, so Tolchin, konnte man sie aber auch nicht einfach als belanglos abtun: »Ich glaube, die Leute nehmen sie ernst. Sie sind Entertainer, und damit stehen sie für einen sehr wichtigen Teil der Gesellschaft in unserer Zeit.«

Als Entertainer war Trump ein derart guter Schauspieler, dass er sich weniger als drei Wochen nach dem Tod seines Vaters selbst als Kandidat vordrängte. Fred C. Trump starb, nachdem er sechs Jahre lang an Alzheimer gelitten hatte. Die *New York Times* würdigte ihn mit einem ausführlichen Nachruf, in dem er »ein bedeutender Bauunternehmer der Nachkriegszeit, der Wohnraum für die Mittelschicht schuf«, genannt wurde.

In dem Beitrag hieß es auch, Fred habe »in den letzten Jahren im Schatten seines Sohnes gestanden«.

Donald wurde zum Zeitpunkt des Todes seines Vaters nicht interviewt oder zitiert, doch am Jahresende äußerte er sich im Rahmen der jährlichen Übersicht über die Nachrufe, die die *Times* veröffentlichte, um an das Ableben namhafter Männer und Frauen zu erinnern, über den Tod seines Vaters – wenngleich in einer Weise, die auf ihn selbst verwies: »Ich hatte Freunde, deren Väter sehr erfolgreich waren, und die Väter waren neidisch auf den Erfolg der Söhne und versuchten, ihnen zu schaden und sie kleinzuhalten, weil sie der King sein wollten. Mein Vater war das genaue Gegenteil. Er hat Artikel über mich mit sich herumgetragen.« Maryanne Trump verwies auf die Umsicht und Bescheidenheit ihres Vaters. Sie sagte, ihr Vater habe dazu überredet werden müssen, an dem großen Komplex, den er in Brighton Beach baute, ein Schild mit der Aufschrift TRUMP VILLAGE anzubringen – bei all seinen früheren Projekten habe er dies niemals getan.

Als der Nominierungsparteitag der Reform Party näher rückte, griff Trump den texanischen Gouverneur George W. Bush als unerfahren an. Er sagte, er selbst biete den Wählern den »(scharfen) Blick eines Geschäftsmanns für das, was unter dem Strich herauskommt«. Das war ein sonderbares Angebot, wenn man bedenkt, dass seine Firma Trump Hotels & Casino Resorts bald darauf einen Verlust von 34,5 Millionen Dollar für das letzte Quartal 1999 auswies. Trump verspottete auch seine wahrscheinlichsten Gegner, Al Gore und Bush, als »Ivy-League-Kandidaten«, ohne das geringste Anzeichen von Verlegenheit darüber, dass er selbst ein Diplom von der University of Pennsylvania besaß, die ebenfalls zur Ivy League gehört. Er verkündete, dass er sich, sollte er zum Präsidenten gewählt werden, selbst zum internationalen Handelsbeauftragten ernennen würde. Dies würde ihm ermöglichen, sich entweder als Mr. President oder Mr. Ambassador oder vielleicht auch als Mr. President Ambassador anreden zu lassen.

Ausgebuffte Politikprofis wie Dick Morris bemerkten, dass Trump ein neues Buch veröffentlichte, *The America We Deserve*, dessen Absatz durch die Auftritte des Autors/Kandidaten in Talkshows wie *Larry King Live* (CNN), *The Early Show* (CBS) oder der Sendung *Tonight* (NBC), die ihn einluden, über Politik zu reden, vielleicht einen kräftigen Schub erfahren würde. Viele seiner Ideen wurden als nicht umsetzbar kritisiert. So wurde etwa die einmalige Reichensteuer von dem Ökonomen und Wertpapieranalysten David Jones als »hirnrissig« zerpflückt, denn sie könne zu einem Börsencrash führen. (Ein ehemaliger hochrangiger Steuerbeamter nannte den Plan »verfassungsrechtlichen Irrsinn«.) Einige Vorschläge Trumps zeigten, dass er sowohl vorausschauend als auch ideologisch flexibel war. Dazu gehörte etwa ein Projekt zur Entwicklung und Bevorratung von Medikamenten in Erwartung zukünftiger Pandemien oder die Freisetzung gefährlicher Krankheitserreger durch Terroristen.

Der immer unkonventionelle Trump hielt keine üblichen Wahlkampfreden vor einem politisch interessierten Publikum. Er machte nur eine Wahlkampftour traditionellen Stils, die ihn nach Südflorida führte, wo er einen Tag lang mit Kuba-stämmigen Amerikanern sprach. Ansonsten bereiste er das Land in seinem Privatjet und kassierte pro Auftritt für die unternehmerischen Ratschläge, die er auf Seminaren erteilte, 100 000 Dollar. Dabei teilte er sich die Bühne mit Tony Robbins, einem Hauswart, der sich zum Selbsthilfeguru gemausert hatte. Robbins, der in den zurückliegenden Jahren für diverse Gerichtsverfahren mehr als 870 000 Dollar aufwenden musste, organisierte die Vortragsreihe »Results 2000« für sich, Trump und andere, die er »die Meister unserer Zeit« nannte. Aber während Robbins diese Ereignisse als »Seminare« bewarb, für die die Teilnehmer bis zu 229 Dollar je Ticket hinlegten, nannte das Trump-Wahlkampfkomitee sie »Vorträge«. Am Tag des Results 2000-Ereignisses in Hartford, Connecticut, sagte ein Trump-Berater einem Reporter der *New York Daily News*, dass andere riesige Summen für ihre Wahlkämpfe ausgeben, während »Trump mit seiner Präsidentschaftskandidatur Geld *verdient*«.

Als Trump zu dem Results 2000-»Vortrag« in St. Louis eintraf, erwähnte eine Reporterin der Zeitung *Post-Dispatch* pflichtgemäß den großen Privatjet mit dem Namenszug TRUMP und unterrichtete ihre Leser, dass der Mann in der Arena mit 19 000 Sitzen sprechen würde, wo die örtliche Profi-Hockey-Mannschaft ihre Spiele austrug. Die Menge hörte ungefähr dreißig Minuten lang Donalds unternehmerische Ratschläge, von denen man viele in seinen Büchern finden konnte, einschließlich »Donalds Erfolgsgrundsätze«, zu denen »Nicht kleckern, sondern klotzen« und »Paranoid sein« gehörten. Tony Robbins bot einen aufgewärmten und für ein neues Jahrhundert upgedateten Norman Vincent Peale. Während Peale die Macht des positiven Denkens betonte, empfahl Robbins den Gebrauch von »Auslöser-Phrasen« wie »Leg einen Zahn zu!« und »Ich schaff's«, um die Macht der Gedanken zu aktivieren. »Wir reden nicht über Zuversicht«, sagte Robbins, »wir reden über Gewissheit. Das ist eine andere Ebene.« Während Trump auf dem Thema Geld herumritt, stellte Robbins das Thema Macht in den Vordergrund. Das Wort *Macht* erschien auf vielen der Produkte, die er zum Kauf anbot, einschließlich eines Buchs mit dem Titel *Unlimited Power* und eines Sets von Tonbandkassetten mit dem Titel *Unleash the Power Within*.

Den Medienstars Robbins und Trump schlossen sich in jeder Stadt verschiedene »Partner« an. In St. Louis hörte die Menge einen Vortrag des pensionierten Generals Norman Schwarzkopf, der im Ersten Golfkrieg im Jahr 1990 die US- und alliierten Streitkräfte befehligte. Der weithin als militärischer Held gefeierte Schwarzkopf hatte für seine Memoiren fünf Millionen Dollar akzeptiert und verbrachte einen Großteil seines Ruhestands damit, gut bezahlte Motivationsreden vor einem Publikum zu halten, das ihn begeistert begrüßte. Doch bei dem Ereignis in St. Louis blieb der meiste Beifall Dick Vermeil vorbehalten, der sich in jener amerikanischen Sportart seine Sporen verdiente, die kriegerischen Kampfhandlungen am ähnlichsten ist – Football. Vermeils St. Louis Cardinals hatten nur wenige Tage vor dem Seminar den Super Bowl gewonnen.

Nach seiner Rede in St. Louis spielte Trump die Rolle als Politiker bis Mitte Februar weiter. Dann trat er im Fernsehen auf, um zu verkünden, dass er seinen Wahlkampf beende, weil »die Reform Party ein Haufen totaler Chaoten ist«. Die andere Seite der Geschichte war von treuen Anhängern der Reform Party zu hören, die sich darüber beklagten, dass er nie ernsthaft Wahlkampf betrieben habe. Sie waren überzeugt davon, dass er nur deshalb kandidiert habe, damit die Leute seine Bücher kauften, Eintrittskarten für seine Auftritte lösten und ihr Bargeld in seinen Spielhallen ließen. »Donald Trump kam daher, warb für seine Hotels, warb für sein Buch, warb für sich selbst auf unsere Kosten, und ich glaube, dass er voll und ganz versteht, dass wir den Möglichkeiten für einen solchen Missbrauch unserer Partei ein Ende setzten«, sagte Patrick Choate, einer der Anführer der Reform Party.[8]

Trump gab zu, dass seine Politkapriole seinen geschäftlichen Interessen förderlich gewesen war. Ohne seine vorgebliche Kandidatur zum Beispiel hätte er die Presse nicht in einen Hangar des Flughafens von St. Louis gelockt, als er in die Stadt jettete, um eine Rede vor einer Menge von Leuten zu halten, die Eintrittskarten gekauft hatten, um ihn über das Leben, Geschäfte und die Geheimnisse des Erfolgs reden zu hören.

Trump, der es niemand anderem überließ, seine Karriere angemessen zu würdigen, veröffentlichte nur Tage nach seinem Ausstieg aus dem Wettstreit einen Bericht über seine Erfahrungen. Darin porträtierte er sich als einen Mann, der von den Regeln ausgebremst und von denjenigen in der Reform Party behindert wurde, die so weit gingen, zu glauben, ein Komplott der Mächtigen ziehe die Fäden in den USA. Trump teilte auch gegen Al Gore aus, weil er erschöpft aussah, als er auf der Jagd nach Wählerstimmen durch das verschneite New Hampshire stapfte. Im Gegensatz dazu sagte Trump: »Es hat mir unglaublich viel Spaß gemacht, über eine Präsidentschaftskandidatur nachzudenken, und ich zähle diese Erfahrungen zu den bedeutendsten meines Lebens.«[9] Es lässt sich nur schwer etwas gegen die Behauptung vorbringen, dass das *Nachdenken* über eine Präsidentschaftskandidatur mehr Spaß macht als die praktische Umsetzung dieses Vorhabens, auch wenn es bei einigen Kandidaten – Bill Clinton, Ronald Reagan, Hubert Humphrey – so aussah, als bereite ihnen der Wahlkampf durchaus Vergnügen. Trump sagte, sein Flirt mit der Präsidentschaft »sei nichts im Vergleich zur Fertigstellung eines der großen Wolkenkratzer von Manhattan«, aber er wolle einen erneuten Anlauf im Jahr 2004 nicht ausschließen. In jenem Jahr hielt er sich allerdings heraus, nur gelegentlich äußerte er sich kritisch zur Wirtschaftspolitik von Präsident Bush und über den Krieg im Irak, der nach Ansicht Trumps wohl kaum stabile demokratische Verhältnisse schaffen würde. Dieser Krieg war das Kernstück der Reaktion Bushs auf die Angriffe der islamistischen Terrororganisation Al-Qaida auf die USA am 11. September

2001. Wenn er Präsident wäre, so Trump, wäre Osama bin Laden, der Kopf des Terrornetzwerks, der weiterhin flüchtig war, »schon längst gefasst worden«.[10]

Trumps Kommentare über Bush und bin Laden wurden im Juli 2004 vom Magazin *Esquire* veröffentlicht und von der Presse landesweit aufgegriffen. Nur Wochen später setzte die Börsenaufsicht den Handel mit Aktien von Trump Hotels & Casino Resorts aus, als sich das Gerücht verbreitete, die Firma werde in Kürze Insolvenz anmelden. Der Sanierungsplan sah vor, dass der Anteil der Aktionäre am Kapital des Unternehmens von über 40 Prozent auf unter fünf Prozent sinken sollte. Investoren, die Geld in Trump-Anleihen angelegt hatten, erging es besser – sie erlitten nur einen einstelligen Verlust.

Gerüchte über den Niedergang der Holding kursierten schon seit zwei Jahren. Analysten machten dafür die Konkurrenz von neuen Casinos in Atlantic City und benachbarten Bundesstaaten verantwortlich, wo die Gesetzgeber das Glücksspiel erlaubt hatten, um so zusätzlich Steuereinnahmen zu erzielen. Die Instandhaltung der Gebäude war so sehr vernachlässigt worden, dass, wie das *Wall Street Journal* schrieb, »Trumps Casinos heruntergewirtschaftet sind«. Laut Sanierungsplan standen Trump zwei Millionen Dollar Jahresgehalt plus Spesen zu, wenn er weiterhin die Geschäfte des Unternehmens führte. Außerdem erhielt er eine Minderheitsbeteiligung an dem Miss-Universum-Schönheitswettbewerb, den die Firma zusammen mit dem Fernsehsender NBC produzierte, sowie ein 12 000 Quadratmeter großes Grundstück in Atlantic City, dessen Wert auf 7,5 Millionen Dollar geschätzt wurde. Als ihn Aktionäre verklagten, zahlte Trump ihnen 17,5 Millionen Dollar und erklärte sich damit einverstanden, das Grundstück zu versteigern und den Erlös unter ihnen aufzuteilen.[11]

Bemerkenswerterweise erhöhte sich Trumps Privatvermögen laut der Schätzung von *Forbes*, obwohl seine Casino-Hotel-Gesellschaft ins Straucheln geraten war und tiefrote Zahlen schrieb. Im Jahr 2003 wurde sein Vermögen auf 2,5 Milliarden Dollar geschätzt, was ihn zur Nummer 71 in den Vereinigten Staaten machte. 2005 sollen es 2,7 Milliarden Dollar gewesen sein, was ihn zur Nummer 83 machte. Wie erklärt sich diese Verschlechterung um ein Dutzend Ränge, wo er doch 200 Millionen Dollar zugelegt hatte? Den Superreichen bescherte das neue Jahrtausend erstaunliche Vermögenszuwächse. Im Jahr 2005 besaßen über zwanzig Amerikaner ein Vermögen, das auf über zehn Milliarden Dollar geschätzt wurde. In dieser Zeit war die Einkommensschere zwischen dem oberen einen Prozent und dem Rest immer weiter auseinandergegangen, die Aufstiegschancen hatten sich verschlechtert und das mittlere Vermögen amerikanischer Familien, abzüglich des Werts ihrer Immobilien, war seit den Achtzigerjahren mit etwa 20 000 Dollar weitgehend unverändert geblieben. Im gleichen Zeitraum hatte es keine nennenswerten Lohnerhöhungen gegeben, und die Arbeitsplatzsicherheit in der Privatwirtschaft war gesunken. Die traditionellen Betriebsrenten waren praktisch verschwunden, an ihre Stelle waren Sparpläne getreten, die Arbeitnehmer mit Hilfe der Wall Street finanzieren und verwalten sollten. (Laut der marktliberalen Ideologie waren diejenigen, die in korrupte Firmen wie Enron investierten, die in spektakulärer Weise pleitegingen, an ihren Verlusten selbst schuld.)[12]

Jenen Amerikanern, die nach Rat suchten, wie sie es trotzdem zu etwas bringen könnten, empfahl er zwei neue Bücher, *Trump: How to Get Rich* (*Wie man reich wird*) und *Trump: Think Like a Billionaire*. Beide Werke enthielten jede Menge Fotos und recycelte Textstellen, die einem eifrigen Leser seines Œuvres bekannt vorkommen mussten. *Think Like a Billionaire* warb für mit dem Markennamen TRUMP versehene Produkte wie etwa seine unverwechselbaren Manschettenknöpfe oder für Artikel von Unternehmen, mit denen er geschäftlich verbunden war. Als er American-Express-Karten empfahl, erwähnte er, dass der Finanzdienstleister Räumlichkeiten in einem seiner Gebäude angemietet hätte. Er machte Reklame für den Hamburger von McDonald's, der einer der besten Burger auf dem Markt sei, wobei er daran erinnerte, dass er »eine große Werbekampagne für sie machte«. Die besten Bücher? »Da hab ich zwei: *Die Kunst des*

Erfolgs und *Wie man reich wird*, beide von Donald J. Trump.«
Seine Titel konkurrierten mit einem ganzen Regal populärer
finanzieller Selbsthilfebücher wie *Who Moved My Cheese? (Die
Mäusestrategie für Manager)* und *Secrets of the Millionaire Mind
(So denken Millionäre. Die Beziehung zwischen Ihrem Kopf und
Ihrem Kontostand)*, die die Leser dazu anhielten, ihr Leben mit
unternehmerischer Kreativität zu gestalten, selbst dann, wenn
sie sich abmühten, ihren Arbeitsplatz zu behalten und ihre Rechnungen zu bezahlen. Die Autoren dieser Bücher – Napoleon Hills
für das 21. Jahrhundert sozusagen – empfahlen den Lesern, sich
fortwährend neu zu erfinden und unermüdlich positiv zu denken. Dies seien die Schlüssel für eine ununterbrochene lebenslange Beschäftigung in einer Weltwirtschaft, die die Arbeitnehmer
der Welt gegeneinander ausspiele. Eines dieser Bücher trug den
Titel *We Got Fired! … And It's the Best Thing That Ever Happened
to Us.* (Gefeuert – was hätte uns Besseres passieren können!)

In den Momenten, in denen sie nicht arbeiteten, über Pensi-
onsfonds recherchierten oder sich selbst neu erfanden, konnten
sich die Angehörigen der amerikanischen Mittelschicht in einer
rasant wachsenden Anzahl von Fernsehkanälen, die über Satel-
litenschüssel oder Koaxialkabel zu ihnen gebracht wurden, mit
vielfältigen Unterhaltungsangeboten eindecken. Fernsehen war
im Jahr 2000 zur mit Abstand populärsten Aktivität für Menschen aller Altersgruppen geworden und daher in Amerika zu
einer »bewusstseinsprägenden« Macht. Wissenschaftler erforsch-
ten mit unterschiedlichen Methoden den Einfluss des Mediums
auf eine breite Palette gravierender Probleme, angefangen von
Fettleibigkeit bis hin zu Aggressivität, aber es war kniffliger, seine
Auswirkungen auf das gesellschaftliche Bewusstsein zu messen.
Doch waren sich die Experten weitgehend einig darin, dass das
Fernsehen und, in jüngster Zeit, das Internet nicht nur ein Spiegel der Gesellschaft waren, sondern diese ihrerseits gestalteten.

Die Bilder und Botschaften, die Menschen in sich aufnahmen, wenn sie die allgegenwärtigen Bildschirme betrachteten,
veränderten ihre Erwartungen in der Wirklichkeit. Die Makel-
losigkeit von Haut, Zähnen, Haaren und Figur, die selbst zweit-

klassige Mediengrößen zur Schau stellten, führten zu einem steilen Anstieg von Essstörungen und Schönheitsoperationen, da die Zuschauer unbedingt kopieren wollten, was sie sahen. Als die Kunst das Leben imitierte und anschließend das Leben die Kunst, entstand ein sich selbst verstärkender Kreislauf. Um Aufmerksamkeit auf sich zu ziehen, mussten die Medien provokative Menschen und Verhaltensweisen zeigen. Wenn die Zuschauer imitierten, was sie sahen, wurden extreme Auswüchse in Stil, Verhalten und Körperform zur Norm. So kam es zu einer Eskalationsspirale, da die Medien schon bald noch extremere Lockreize bieten mussten, um die Zuschauer bei der Stange zu halten.

In ähnlicher Weise sind die Werte der Unterhaltungsbranche in viele andere Bereiche eingesickert, wo sie die Erwartungen an Menschen veränderten. Wenn etwa Lehrer im Fernsehen erschienen, waren sie im Allgemeinen unterhaltsam, selbst in Nachrichtensendungen, was echte Lehrer unter Druck setzte, ebenfalls unterhaltsam zu sein. (Für eine gründliche Analyse siehe Neil Postmans Buch *Wir amüsieren uns zu Tode*.) Die Leistungsfähigkeit des Einzelnen wurde zum entscheidenden Maßstab, so dass Wirtschaftsexperten davon sprachen, dass die gesamte Volkswirtschaft von der Leistungsfähigkeit von Managern und Arbeitnehmern abhängig sei. Michael J. Wolf von der Unternehmensberatung Booz Allen Hamilton wies darauf hin, dass »prominente Unternehmer« wie Richard Branson und Steve Jobs zu Schauspielern geworden seien, die dafür sorgten, dass sich die Verbraucher mit den Produkten, die sie verkauften, wohl fühlten. Wolf riet seinen Klienten, »ihre Produkte und Dienstleistungen mit einem gewissen Unterhaltungswert zu versehen, um am Markt herauszustechen«.[13]

Diese Manie führte zu einem neuen Mediengenre, das auf der Idee basierte, alles menschliche Verhalten könne auf Unterhaltung reduziert und als eine Ware verkauft werden. »Reality-TV« versprach kurze Einblicke in scheinbar spontane, improvisierte Ereignisse, die Zuschauer wie Voyeure betrachten konnten. Diese Beiträge wurden angeblich in einem zwanglosen Stil gefilmt, der dem von Dokumentarfilmen glich, und statt Schauspielern wurden vermeintlich gewöhnliche Menschen gezeigt. Theoretisch konnten diese Sendungen Eindrücke davon vermitteln, wonach sich Menschen sehnen, wenn sie einsam vor ihren Flimmerkisten hocken: authentische Menschen in echten Interaktionen. In der Praxis wählten Produzenten telegene Personen aus, die leicht wiederzuerkennende Typen repräsentierten, anschließend spielten sie nach einem sorgfältig ausgearbeiteten Drehbuch die ihnen zugedachte Rolle, und die stundenlange Videoaufnahmen wurden, dramaturgisch geschickt, zu einigen wenigen spannenden Minuten Film zusammengeschnitten. Die Zuschauer wurden so gut unterhalten, dass sie in großer Zahl einschalteten, aber nur ein Insider konnte unterscheiden, was in jeder Episode echt war und was nicht. Passenderweise sollte einer der größten Stars in der Geschichte des Reality-TV eine der rätselhaftesten Figuren aus dem wirklichen Leben in diesem Land sein, ein Mann, der kosmetisch aufpoliert und kunstvoll toupiert war und der bereitwillig alles sagte und tat, was notwendig war, um Aufmerksamkeit zu erregen.

In einer couragierten Weise extrem, verstand er, dass im Medienzeitalter die abenteuerlichste Herausforderung für einen Mann oder eine Frau nicht in der Wildnis, sondern in den Medien wartete. Die Grenze dieser Wildnis wurde durch Schicklichkeit markiert, die ein dehnbarer Begriff war. Jeden Tag rannten Menschen gegen die Grenzen an, die von gemeinsamen Vorstellungen über Fairness, Freundlichkeit und darüber, was eine Person unausstehlich macht, markiert wird. Manchmal holten sie sich eine Abfuhr, aber solche Rückschläge waren für gewöhnlich vorübergehend, und über kurz oder lang wurden die Grenzen verschoben. Die »sieben schmutzigen Wörter« des Schauspielers George Carlin, die lange Zeit in den öffentlichen Sendern tabu waren, verloren ihr Stigma, weil sie so häufig gebraucht wurden. Gier wurde gut.

Im Fall von Donald Trump, des gesellschaftlichen »Grenzbewohners«, begegnete die Öffentlichkeit einem Mann, der, in den Worten von Tony Robbins, Vertrauen auf »einer anderen Ebene« ausstrahlte. Trump war bereit, fast alles zu sagen und zu tun, um seine Gier nach Aufmerksamkeit zu stillen. Aber er besaß auch einen sechsten Sinn, der ihn davon abhielt, zu weit zu gehen. Diese Begabung erhielt zweifellos ihren Feinschliff, als er die Regeln austestete, die ihm sein Vater, seine Lehrer, seine Vorgesetzten auf der Militärinternatsschule und alle anderen Autoritätspersonen, denen er im Leben begegnete, auferlegte. Sein Wahlkampfkomitee war ein Paradebeispiel. Als ein Mittel, um öffentliche Achtung zu erregen, machte es den nationalen Politikbetrieb zum Gespött. Doch Trump musste wissen, dass sehr viele Amerikaner die Politik für so hoffnungslos korrupt halten, dass sie den Spott in Ordnung finden würden. Dadurch, dass er sich an die Reform Party band, beschränkte er sich selbst auf einen Nebenschauplatz und drohte zu keinem Zeitpunkt, die maßgeblichen Auseinandersetzungen zwischen Republikanern und Demokraten zu stören. Die Talkshow-Moderatoren und politischen Reporter, die Trump ihre Beachtung schenkten, profitierten von seinen Witzeleien, Kommentaren und seiner Zugkraft als Star. Sie selbst waren Entertainer und benötigten das Material, das Trump ihnen brachte.

Zwei Wochen nachdem Trump das Ende eines Wahlkampfs verkündete, der niemals richtig begonnen hatte, nahm er einen Anruf von Vizepräsident Al Gore entgegen, der bei den Präsidentschaftswahlen gegen George Bush antreten würde. Gore wollte die Unterstützung Trumps, und der Milliardär sagte, er sei offen für die Idee. Allerdings erfüllte er Gores Wunsch nicht, und als sich die Wahlkampfperiode dem Herbst der »nicht ordnungsgemäß gestanzten – und daher möglicherweise ungültigen – Wahlkarten« zuneigte, verschwand Trump aus dem nationalen politischen Gespräch. Er hatte allerdings ein wichtiges Ziel erreicht und sich selbst als ein geschätzter Kommentator des Wahlzirkus etabliert, obwohl er selbst niemals offiziell kandidierte.

KAPITEL 13

TRUMP,
DIE FERNSEHSHOW

Warum sollte ich, wenn jemand eine Show über mich
machen will, sagen: »Nein, das möchte ich nicht«?
Donald Trump

Mark Burnett war selbst nach Trump-Maßstäben extrem.[1] Als er
beim Militär war, befehligte er in dem Krieg, den sein Land 1982
gegen Argentinien führte, ein britisches Elitekommando. Damit
Großbritannien die Herrschaft über die einsamen und dünn-
besiedelten Falklandinseln behalten konnte, starben damals mehr
als neunhundert Menschen, darunter auch 256 britische Staatsbürger. Nach seiner Zeit in der Armee reiste der abenteuerlustige
Burnett als Tourist nach Los Angeles und fand in Beverley Hills
eine Anstellung als »Kindermädchen«. Als Nächstes verkaufte
er T-Shirts, Versicherungen und Kreditkarten. 1995 dämmerte
dem Geschäftsmann, wie viel Geld sich mit dem Aufmerksamkeitsbedürfnis der Menschen verdienen ließ. Einen von ihm *Eco-
Challenge* getauften Öko-Wettkampf im Freien verwandelte er in
eine Fernsehshow, die auf USA Network ausgestrahlt wurde.

Auch wenn sie wesentlich exotischer war als ihr britischer
Vorläufer, erinnerte *Eco-Challenge* doch stark an die Sendung
Now Get Out of That (1981–1984) (*Ich bin ein Star – Holt mich
hier raus!*), die das Format begründet hatte. Bei dieser Show
konnten die Zuschauer die Heldentaten zweier Teams verfolgen,
die man mitten in der Wildnis aussetzte, damit sie so schnell wie
möglich eine Reihe schwieriger, aber eigentlich ungefährlicher
Aufgaben lösten – so mussten sie unter anderem ein Floß bauen,
um auf die andere Seite eines Sees zu gelangen. Damit war das

moderne Zeitalter des Reality-TVs eingeläutet. Zu dieser Art von Sendung gehörte etwa auch die niederländische Show *Big Brother* oder die schwedische Produktion *Expedition Robinson*, bei der man die Kandidaten in absolut einsamen, unbewohnten Gegenden aussetzte – einsam waren sie natürlich nur in Absehung des Fernsehteams, das die Sendung produzierte. Die ersten beiden Gewinnerinnen von *Expedition Robinson* wurden praktisch über Nacht zu Stars. Eine von ihnen konnte ihren Sieg in eine lange und lukrative Fernsehkarriere ummünzen.

Da die Sendung billiger zu produzieren war als andere Serien, die auf die Kreativität von Schauspielern, Regisseuren und Drehbuchautoren angewiesen waren, wurde *Expedition Robinson* in Schweden finanziell zu einem so großen Erfolg, dass die europäischen Fernsehanstalten Schlange standen, um Rechte für dieses Format in ihren Ländern zu erwerben. Bald liefen entsprechende Versionen der erfolgreichen Show in der Schweiz, in Österreich und in Deutschland. Mark Burnett konnte sich die amerikanische Lizenz der Sendung sichern, die er anschließend verschiedenen Fernsehsendern anbot. NBC lehnte ab, doch CBS ließ sich überzeugen, die Show unter dem neuen Titel *Survivor* zu produzieren. Der TV-Kanal kaufte auch die Rechte für das an George Orwell erinnernde *Big Brother*: Hier wurde eine Gruppe von Fremden in ein eigens zu diesem Zweck errichtetes Haus zusammengepfercht. Das Haus war flächendeckend mit Kameras ausgestattet, die alles übertrugen, was die Bewohner zu jeder Tages- und Nachtzeit taten. Mit diesen beiden Sendungen suchte das Network CBS wieder Anschluss an seinen Rivalen ABC, der mit *Who Wants to Be a Millionaire?*, der amerikanischen Ausgabe von *Wer wird Millionär?*, einen Riesenerfolg zu verzeichnen hatte.[2]

Als eine Art *Herr der Fliegen* in Strandbar-Ambiente lotete *Survivor* ganz nach dem Vorbild des schwedischen Originals die Abgründe der menschlichen Natur im Dienste von Unterhaltung und Gewinnmaximierung aus. Zunächst einmal wählte Burnett 16 Wettbewerber aus, deren starkes Verlangen, an der Show teilzunehmen, sie schon als absolute Narzissten auswies. Auch körperliche Schönheit und Jugend spielten bei der Auswahl der Teilnehmer eine wesentliche Rolle, da die rauen Lebensumstände, denen sie als Schiffbrüchige auf einer malaysischen Insel ausgesetzt waren, dafür sorgten, dass ihnen die Kleider bald in Fetzen vom Leib hingen. Durch die Art und Weise, wie *Survivor* die Gefahren, denen Entdecker in den vergangenen Jahrhunderten ausgesetzt waren, zu reinen Unterhaltungszwecken wieder heraufbeschwor, war die Sendung ein typisches Produkt ihrer Zeit. Die Kandidaten verloren ein wenig an Gewicht, waren dafür aber bald von einer schönen Schmutz-Patina überzogen. Das Ganze war natürlich nichts als Show, denn das Fernsehteam, das alle Szenen aufzeichnete, war selbstverständlich zu jedem Zeitpunkt in der Lage, ihnen augenblicklich zu Hilfe zu eilen. Innerhalb weniger Stunden oder Minuten konnte die Frau in ihren sexy Lumpen oder der Mann mit seinem Zweimonatsbart notfalls wieder am Buffet einer Hotelbar stehen. Lewis und Clark oder Stanley und Livingstone wären verblüfft gewesen.

In der ersten Staffel von *Survivor*, die im Sommer 2000 lief, boten die Teilnehmer ein Spektakel unaufrichtigen und empörenden Verhaltens. Der Gewinner Richard Hatch lief die meiste Zeit splitternackt durch die Gegend, während er Wahlallianzen schmiedete, um seine Chancen auf den Sieg zu vergrößern. Da man allerdings seinen Intimbereich schamvoll verpixelte und auch seine Gefängniskarriere als Steuerhinterzieher noch in ferner Zukunft lag, war das Programm bislang nicht ganz auf dem unterirdischen Niveau der typischen Fox-Sendungen wie beispielsweise *Who Wants to Marry a Multi-Millionaire* angekommen. Bei dieser, schon vor *Survivor* angelaufenen Show war der betreffende Millionär keinesfalls jener reich gewordene Motivationstrainer, als den man ihn anpries. Vielmehr lebte Rick Rockwell, ein mäßig erfolgreicher Comedian, in einem bescheidenen Haus mit Außentoilette. Darva Conger, die telegen schlanke blonde »Gewinnerin«, die Rockwell vor der Kamera heiratete, ließ sich schnell wieder von ihm scheiden, versetzte ihren Ehering und posierte nackt für den *Playboy*.

Im Gegensatz zu *Who Wants to Marry a Multi-Millionaire?*

und ihren Nachfolgesendungen wie *The Bachelor* (Der Junggeselle) oder *The Bachelorette* (Die Junggesellin), bei denen sich Männer und Frauen mehr oder weniger prostituierten, um gewählt zu werden, hatte *Survivor* eigentlich noch ein recht freundliches Setting. Mit einer Truppe von Exhibitionisten, die alle fest entschlossen waren, die Erwartungen eines riesigen voyeuristischen Publikums zu bedienen, besaß die Sendung das perfekte Format für unser aufmerksamkeitsbedürftiges Zeitalter. Da die Werbekunden CBS die Tür einrannten, um einen Clip in der Sendung zu platzieren, war sie schon vor ihrer allerersten Ausstrahlung ein finanzieller Erfolg. Sie hatte so hohe Einschaltquoten, dass das konkurrierende Network NBC die Gewinner in seinem Frühstücksfernsehen *Today* auftreten ließ. Dort wurden sie hofiert, als hätten sie etwas wirklich Wichtiges wie eine olympische Medaille gewonnen und nicht nur eine Gameshow, die ursprünglich einmal keinen anderen Zweck gehabt hatte, als mehr Bier ihres Sponsors Budweiser an den Mann zu bringen. Burnett, der gleichermaßen die Sendung und sich selbst verkaufte, erwies sich als geschickter Promoter. Er wurde so berühmt, dass er regelmäßig in Talkshows auftreten und den Ratgeber *Dare to Succeed: How to Survive and Thrive in the Game of Life* (Trau dich, Erfolg zu haben! Wie man im Spiel des Lebens überlebt und profitiert) veröffentlichen konnte. Auf dem Umschlag war er selbst mit schwarzem Filzhut zu sehen, der ihn wie einen Wiedergänger des fiktiven Entdeckers Indiana Jones aussehen ließ.

Als Leinwandheld erlebte Indiana Jones auf der Jagd nach archäologischen Schätzen zahllose Abenteuer. Burnett seinerseits hoffte, mit der Serienproduktion von Abenteuern eine Goldgrube zu heben. Im Mai 2002 mietete er die öffentliche Schlittschuhbahn Wollman Rink und verwandelte sie für die letzte Episode der vierten Staffel in eine TV-Kulisse mit Sandstrand und Bäumen. Die berühmte Schauspielerin Rosie O'Donnell wurde als Moderatorin engagiert, und ein Publikum von zweitausend Personen durfte so lange applaudieren, mitfiebern und den Atem anhalten, bis schließlich eine 36-jährige Frau aus Oregon namens Vecepia Towery den Wettbewerb gewann. (Towery erhielt ein Preisgeld von einer Million Dollar und ließ sich später, in einer anderen Reality-Show, bei ihrer Entbindung begleiten.) Zahlreiche Journalisten und Fernsehproduzenten verfolgten die Ereignisse, was der Sendung noch mehr Öffentlichkeit brachte. Auf diese Weise war dafür gesorgt, dass sogar all jene gut informiert waren, die das Programm selbst gar nicht sahen. Zu seinen begeisterten Anhängern gehörte unter anderem Donald Trump. Als sich Mark Burnett vor die Zuschauer stellte, um sich für ihr Kommen zu bedanken, dankte er auch Donald Trump, dass das *Survivor*-Finale von seiner Eisbahn aus übertragen werden durfte (die in Wirklichkeit der Stadt New York gehörte). Die beiden Männer begegneten sich erstmals nach der Sendung. Später erinnerte sich Burnett, dass Donald Trump bei dieser Gelegenheit sagte: »Irgendwann einmal würde ich verdammt gerne mit Ihnen zusammenarbeiten.«[3]

Von allen New Yorker Immobilieninvestoren konnte nur einer die Chuzpe haben, sich dem Produzenten einer Fernsehanstalt als Partner anzubieten. Sollte Burnett geglaubt haben, sein Leben sei eine einzige Performance, dann musste er zugeben, dass ihm Donald Trump in dieser Hinsicht ein halbes Leben voraus war – denn lange vor Burnetts Geburt war dieser schon der Star seiner eigenen Reality-Show gewesen. Bei Lesungen und öffentlichen Vorträgen traktierte Donald Trump seine unterschiedlich großen Zuhörerschaften so lange mit Endlos-Monologen, bis er überall als der schneidige und risikobereite Mann galt, der er sein wollte, mögen die Dinge, die er dabei zum Besten gab, auch nicht viel waghalsiger gewesen sein als eine auswendig gelernte Wahlkampfrede. Er trug teure Anzüge, Hemden mit Monogramm, Seidenkrawatten und goldene Manschettenknöpfe, also ziemlich genau die Accessoires, mit denen auch Hollywood einen typischen »Manager« ausstaffieren würde. Wie viele Selbstdarsteller tat er alles Nötige, um den Anschein von Jugendlichkeit zu erwecken: Dazu gehörten körperliche Fitness, ein gesunder Teint, ein Blend-a-med-Lächeln und sein Markenzeichen, das leuchtende Haar.

Dank der Mühe und dem ganzen Geld, das Trump in sein

Äußeres investierte, gelang es ihm, den immer extremeren Idealen zu entsprechen, die von den Medien vorgegeben wurden. Im Laufe seines Lebens – das etwa mit dem Videozeitalter zusammenfiel – hatten plastische Chirurgie, Zahnkosmetik und andere Eingriffe allmählich die Erwartungen verändert, wie Männer und Frauen auszusehen hatten. Da es zunächst die Reichen und Berühmten und später die Angehörigen der Mittelklasse waren, die von den Fortschritten der kosmetischen Industrie profitieren konnten, wurden sie bald zu einem ebensolchen Statussymbol wie etwa ein Luxussportwagen oder ein protziger Diamantring. Trump sah immer makellos aus. Er war, mit anderen Worten, immer für die Kameras bereit, und das selbst in einer Zeit, in der das hochauflösende Fernsehen jede Pore sichtbar machte.[4]

Mark Burnett erkannte Trumps Starqualitäten, war aber vorerst noch vollkommen mit der Produktion von *Survivor* beschäftigt und mit den neuen Herausforderungen, vor die ihn Ruhm und Reichtum stellten. Da er nach der Schule direkt in den Militärdienst eingetreten war, kostete es Burnett sehr viel Anstrengung, um das Handwerk des Fernsehproduzenten zu erlernen: Er musste seine guten Ideen in sendefähige Shows umsetzen und hatte eine Produktionsfirma mit Hunderten von Angestellten zu managen. Während Burnetts Fernsehkarriere steil nach oben zeigte, ging seine Ehe in die Brüche. Rückblickend erinnerte er sich an ein Telefonat, das er vom Amazonas aus mit seinem damals zehnjährigen Sohn James via Satellit führte, der meinte: »Papa, ich habe ganz vergessen, wie du aussiehst.« Burnett sagte sich daraufhin: »Ich muss unbedingt etwas in der Stadt machen. Ich muss irgendetwas drehen, das es mir ermöglicht, zu Hause zu bleiben.«

Ein paar Monate zuvor hatte Burnett einen britischen Dokumentarfilm über Leute gesehen, die miteinander um den Spitzenjob in einer Firma konkurrierten. Schon damals dachte er daran, das Material für eine Reality-TV-Show auszuschlachten. Nach dem Gespräch mit seinem Sohn fiel Burnetts Blick auf den Urwaldboden, wo sich etwas abspielte, was wie ein Krieg zwischen Ameisenkolonien aussah. Der Anblick erinnerte ihn an die Menschenschwärme, die auf den Bürgersteigen Manhattans aneinander vorbeiflossen. Dabei hatte er die Vision von einer Sendung, bei der Ameisen- oder vielmehr Menschenteams gegeneinander antreten sollten, um einen Top-Job zu bekommen. Als idealer Gastgeber für eine solche Show fiel ihm sofort Donald Trump ein. Der Gewinn wäre ein Jahresvertrag mit sechsstelliger Vergütung in einem Unternehmen des Trump-Imperiums.

Die amerikanische Wirtschaft sah sich 2002 einerseits von den Folgen der Anschläge auf das World Trade Center und andererseits von der sogenannten Dotcom-Blase erschüttert, bei der Hightech-Firmen Milliarden Dollar an Wert verloren und viele bekannte Unternehmen – Pets.com, Razorfish, WorldCom – und mit ihnen Tausende von Arbeitsplätzen vom Erdboden verschwanden. Statistiken war zu entnehmen, dass Amerikaner selten zuvor die wirtschaftlichen Aussichten so pessimistisch beurteilt und so mutlos in die eigene Zukunft geblickt hätten. Insbesondere sorgten sich die Menschen um ihre Arbeitsplätze. Die Meinungsforscher hatten in diesem Zusammenhang einen »ausschlaggebenden Faktor« identifiziert, der auf ein sehr reales Problem schließen ließ: Der Anteil der erwachsenen Bevölkerung, die Vollzeit beschäftigt waren, fiel in der ersten Dekade des 21. Jahrhunderts von 58 auf 41 Prozent, während die mittleren Einkommen um weniger als ein Prozent stiegen. Viele Unternehmen ersetzten ihre Angestellten durch selbständige Vertragsnehmer, die weniger verdienten und sozial kaum abgesichert waren. In der Hotelbranche etwa fiel die Rate der Festangestellten auf 20 Prozent der Beschäftigten.[5]

Vor dem Hintergrund dieser miserablen Arbeitsmarktlage erschien Burnett eine Fernsehserie, die den Sorgen zahlreicher Menschen eine große Bühne verschaffte, dabei aber ein Happyend mit hochdotierter Lehrstelle an der Seite eines glamourösen Geschäftsmanns anzubieten hatte, wie das ideale Unterhaltungsformat. Man würde die Kandidaten der Show so auswählen, dass die verschiedenen im Publikum vertretenen Bevölkerungsgruppen die Möglichkeit bekämen, für einen Kandidaten oder, vielleicht wichtiger noch, *gegen* einen Kandidaten die Daumen zu drücken. Als Moderator und Gastgeber der Sendung würde Donald Trump besser prahlen und herumkommandieren, als es der genialste Schauspieler zu Wege bringen würde, und sein glamouröser Lebensstil – Reichtum, Ruhm, ein Flugzeug mit eigenem Namenszug – war für Millionen von Zuschauern der Inbegriff des Erfolgs.

Als Burnett in die Vereinigten Staaten zurückkehrte, waren die New Yorker Zeitungen voll von Berichten über einen juristischen Prozess, der ein berüchtigtes Verfahren gegen vier – mittlerweile erwachsene – Teenager wieder aufrollte, die 1989 wegen gemeinschaftlicher Vergewaltigung einer Joggerin im Central Park verurteilt worden waren. Anhand der DNA-Proben konnte nun bewiesen werden, dass ein verurteilter Mörder und Vergewaltiger namens Matias Reyes, der schließlich auch ein Geständnis ablegte, die Tat allein begangen hatte. Die vermeintlichen Geständnisse der Teenager, die für das Verbrechen im Gefängnis saßen, waren, wie sich zeigte, nur durch manipulative Gesprächstaktiken und endlose, zermürbende Verhöre zustande gekommen. Entlastende Beweise waren unterdrückt worden, weil Stimmen wie die von Donald Trump lautstark nach einer Verurteilung gerufen hatten. Obwohl Reyes behauptete, sein schlechtes Gewissen habe ihn zu dem Schritt getrieben, wurde durch die Interviews, die er nicht nur der Schriftstellerin Sarah Burns gab, deutlich, dass ihn doch eher ein typisch amerikanisches Aufmerksamkeitsbedürfnis zu dem Schritt bewogen hatte. Zwei Journalisten, die Reyes' Geständnis unter die Lupe nahmen, wiesen darauf hin, dass sich Donald Trump seinerzeit mit einer ganzseitigen Anzeige in den Fall eingeschaltet hatte, in der von »vagabundierenden Banden wildgewordener Verbrecher« die Rede gewesen war, die man »leiden lassen sollte«. Alle anderen Presseberichte ignorierten die Rolle, die Trump in dieser Angelegenheit spielte, geflissentlich. Der Staatsanwalt plädierte auf Freilassung der vier Männer, und der Richter gab dem Antrag schließlich statt.[6]

Während die amerikanische Nation und die Stadt New York ein weiteres Mal mit einem der berühmtesten Kriminalfälle der jüngeren Geschichte beschäftigt waren, trafen sich Mark Burnett und Donald Trump in Trumps Büro, um ein Geschäft abzuschließen. Bei diesem Treffen erläuterte Burnett dem Immobilienmogul seine Idee für eine Fernsehserie, die er unter dem Titel *The Apprentice* (Der Lehrling) produzieren wollte. Die Wettbewerber, die als »Kandidaten« bezeichnet würden, sollten alle Erfahrung oder eine Ausbildung in der Immobilienbranche, im Gastgewerbe, im Promotion-Bereich oder im Vertrieb aufweisen, um die nötige Qualifikation für einen Job in einem der vielen Trump-Unternehmen mitzubringen. Wie bei der Sendung *Survivor* würden die Wettbewerber auf Mannschaften verteilt werden, die bestimmte Aufgaben zu lösen hätten. Trumps Rolle wäre es, deren Leistung zu beurteilen und in jeder Folge den schwächsten Teilnehmer zu »feuern«, bis am Ende nur noch der Gewinner übrig bliebe.

Obwohl die Show Donald Trumps Bedürfnissen nach Beachtung und Geldvermehrung entsprach, war er nicht sicher, ob er genug Zeit haben würde, um regelmäßig in einem Fernsehprogramm aufzutreten. Burnett bot ihm daraufhin an, die Sendung im Trump Tower aufzuzeichnen. Er versprach seinem Gastgeber, dass er nicht mehr als drei, vier Stunden für jede Folge aufzuwenden haben würde. Daraufhin war Trump bereit, für die Hälfte des Gewinns mit Burnett zusammenzuarbeiten. Burnett, der schon viele langatmige Verhandlungen mit Fernsehmanagern ausgestanden hatte, konnte es kaum glauben, mit Trump nach einer einzigen Sitzung mehr oder weniger handelseinig geworden zu sein. »Einige Berater Trumps äußerten anschließend abweichende Vorstellungen, doch dieser sagte nur: ›Nein, ich habe das Geschäft abgeschlossen. Wir haben uns die Hand gegeben. Die Würfel sind gefallen‹«, wie sich Burnett Jahre später erinnerte. »Nie haben wir uns persönlich oder gar vor Gericht gestritten. Wenn irgendetwas vorfällt, dann telefonieren wir und finden gemeinsam eine Lösung.«

Da das Reality-TV mittlerweile beliebter geworden war als die Realität, kauften die Verantwortlichen bei NBC, die immer noch bedauerten, *Survivor* ausgeschlagen zu haben, *The Apprentice* ohne viel Federlesens ein. Der Geschäftsführer der Fernsehanstalt, Jeffrey Zucker, dem die Presse vorhielt, er sei hinter die Konkurrenz zurückgefallen, verkündete eilends, es würde mit der Show losgehen, sobald die Verträge unterzeichnet wären. Am 1. April 2003 traf sich Zucker mit Trump und Burnett hinter den Kulissen der *Today*-Show, in der sie kurz darauf ihre Pläne für *The Apprentice* vorstellten und außerdem erläuterten, wie sich Interessenten um einen Platz in der neuen Show bewerben könnten. Als sie die Aspekte durchgingen, die ihnen jeweils wichtig waren, fiel den drei Männern auf, dass sie sich noch nicht auf alle Elemente der geplanten Gameshow geeinigt hatten. Nach wenigen Minuten war beschlossen, dass die Kandidaten am Ende jeder Folge vor Trump und seinem Beraterstab erscheinen mussten, um ihre Leistung bei der an diesem Tage gestellten Aufgabe beurteilen zu lassen. Auch legten sie fest, dass die Kandidaten Stillschweigen zu bewahren hätten und für die Dauer ihrer Prüfung zusammen leben und arbeiten müssten.[7]

Mehr als 215 000 Menschen bewarben sich auf die ersten 16 Plätze in der Show, die erst im Januar 2004 ausgestrahlt werden sollte. In ein leerstehendes Stockwerk des Trump Towers baute Burnett eine Kulisse, die wie der Sitzungssaal eines Unternehmensvorstands aussah, allerdings von Scheinwerfern erleuchtet und umzingelt von Fernsehkameras, die hinter Einwegspiegeln verborgen waren. Der Sessel, auf dem Trump sitzen sollte, befand sich auf einer Empore, damit er buchstäblich auf alle Menschen herabblicken konnte. Auf demselben Stockwerk ließ Burnett Wohnräume für die Kandidaten einrichten, obwohl man zu Beginn der Sendung – aus symbolischen Gründen – sehen sollte, wie sie einen Aufzug besteigen und zu Trump und seinen Wirtschaftsexperten »nach oben fahren«.

Mit ihrem Deal hofften Trump und Burnett, jedes Jahr viele Millionen Dollar zu verdienen, doch in ihren öffentlichen Stellungnahmen zu dem Projekt räumten sie diesem Aspekt wenig Gewicht ein. In Dutzenden von Zeitungs- und Fernsehinterviews sprach Trump unablässig über den erzieherischen Mehrwert der Show. »Ich glaube, man kann ein wunderbares Bild vom Geschäftsleben, vom amerikanischen Geschäftsleben zeichnen;

man kann gleichzeitig zeigen, wie schön es ist, aber auch, wie bösartig und hart es ist«, gab er in der *New York Times* zu Protokoll. »Man trifft mitunter grandiose Menschen, aber man trifft auch hinterhältige, widerwärtige Leute, die schlimmer als jede Schlange des Dschungels sind.«

Der Hype um die Show erreichte am Tag vor der ersten Ausstrahlung seinen Höhepunkt. Burnett und Trump hatten sich zusammengesetzt, um die Fragen einiger Klatschreporter durchzugehen. In einer Pause lud Trump Burnett und James Dowd, einen PR-Agenten, in sein Apartment im Trump Tower ein. Dowd und Burnett erinnerten sich später daran, wie Trump in seiner Küche den Kühlschrank aufmachte und ganz überrascht feststellte, dass er praktisch leer war. Trump nahm daraufhin die Mortadella-Packung und die drei Cola-Dosen, die er noch fand, heraus, rollte einige Scheiben Mortadella zu kleinen Röllchen und aß sie auf. Dann reichte er die Packung an seine Gäste weiter, die es ihm nachtaten, die rosafarbene Wurst aufwickelten und sich in den Mund schoben.

Jener Mortadella-Moment war genau die Art von Ereignis, die ihm die Zuneigung und die Loyalität seines inneren Kreises eintrug und als Gegengewicht zu seinen Wutanfällen diente. (So hatte Dowd etwa miterlebt, wie Trump aus der Haut fuhr, weil jemand Eiswürfel in seinen Drink getan hatte, oder wie er wutentbrannt einen Chauffeur feuerte, der sich etwas verspätet hatte.) Trump versuchte durch Männergespräche Nähe aufzubauen, sagte Dowd, »und zwar in einem fast unerträglichen Maße. Der Mann redet und redet und redet – über Sport oder Frauen. Insbesondere der Gesprächsstoff über Sex und Frauen ist schier unerschöpflich. Doch er will auch wissen, was mit dem anderen los ist. ›Sie sehen aus, als hätten Sie abgenommen. Wie geht's Ihnen?‹ Wie es ihm selbst geht, weiß dagegen niemand. Das Bild, das er von sich erschaffen hat, ist so egoistisch und unfreundlich, doch in vielerlei Hinsicht ist er das genaue Gegenteil.«

Jahre nachdem Bill Rancic den ersten *Apprentice*-Wettbewerb gewonnen hatte, erinnerte er sich noch sehr lebhaft an ein Treffen zwischen Trump und einem Jungen von vielleicht zehn Jahren, der Krebs im Endstadium hatte. Der Junge war ein Fan der Sendung und wollte ein einziges Mal von Trump »gefeuert« werden. Der Wohltätigkeitsverein *Make-A-Wish-Foundation* (Wünsch-dir-was-Stiftung) organisierte ein Treffen, woraufhin der Junge in Anzug und Krawatte und mit seinem Koffer in den Vorstands-saalkulissen von *The Apprentice* erschien. (Zu den festen Elementen der Show gehörte es, dass die gefeuerten Kandidaten die Szenerie mit einem Rollkoffer verließen.) Nach Rancics Version der Ereignisse schüttelte Trump dem Jungen die Hand, lauschte seiner Bitte, konnte sich aber nicht überwinden, die heißersehnten Worte »Sie sind gefeuert« auszusprechen. Stattdessen stellte er dem Jungen einen Scheck über mehrere tausend Dollar aus und sagte zu ihm: »Hau sie auf den Kopf, lass die Sau raus.«[8]

Von dem zurückgenommenen Trump, der es nicht übers Herz brachte, einem Jungen den Traum zu erfüllen, von ihm gefeuert zu werden, war in keiner einzigen Hintergrundsendung zu *The Apprentice* etwas zu sehen. Wer einschaltete, wurde anstelle dessen mit einer endlosen Zurschaustellung des bombastischen Trump-Egos versorgt. Die Show begann mit einem klischeehaften Anflug auf Manhattan von der Atlantikseite aus. Als Nächstes sah man Ansichten der New Yorker Skyline, das geschäftige Treiben am Times Square, Börsenhändler auf dem Parkett der New York Stock Exchange, schließlich die patriotische Erhabenheit der Freiheitsstatue. Während der Vorspann lief, war Donald Trump in nasalem New Yorker Dialekt mit folgenden Worten zu vernehmen: »New York. Meine Stadt. Wo das Räderwerk der Weltwirtschaft nie zur Ruhe kommt. Eine Metropole aus Beton, von unvergleichlicher Stärke und Konzentration, ein Taktgeber für die gesamte Wirtschaftswelt. Manhattan ist ein hartes Pflaster. *Dieses* Eiland ist der wahre Dschungel. Wenn du nicht aufpasst, frisst es dich mit Haut und Haaren und spuckt dich hinterher wieder aus.«

Um ein abschreckendes Bild des Scheiterns an die Wand zu malen, zeigte Burnett einen auf der Parkbank schlafenden Obdachlosen. Im Anschluss daran sagte Trump dann: »Aber wenn Sie hart arbeiten, dann können Sie ein großes, ein *wirklich* großes Los ziehen.«

Das Erfolgssymbol, das Burnett für seine Zuschauer auswähl-
te, war eine Aufnahme der riesigen Trump-Villa, weit ab vom
Dschungel der Großstadt. Dann sah man Trump in einem seiner
teuren Anzüge auf dem Rücksitz einer schwarzen Stretch-Limo.
Er wandte sich direkt an die Zuschauer:»Mein Name ist Donald
Trump, und ich bin der größte Immobilieninvestor von New
York. Mir gehören hier alle möglichen Gebäude. Modelagentu-
ren, der Miss-Universe-Schönheitswettbewerb, Passagierflugzeu-
ge, Golfplätze, Spielbanken und private Ferienresorts wie Mar-a-
Lago, eines der spektakulärsten Anwesen der ganzen Welt. Doch
ich hatte es nicht immer so leicht. Vor etwa 13 Jahren war ich in
ziemlichen Schwierigkeiten. Ich hatte Milliarden von Schulden.
Doch ich habe gekämpft und gewonnen. Im ganz großen Stil. Ich
habe meinen Kopf benutzt und mein Verhandlungsgeschick und
habe alle Probleme gelöst. Heute ist mein Unternehmen größer,
als es jemals gewesen ist, und ich habe mehr Spaß als je zuvor.

Ich habe es in der Kunst des Geschäftemachens zum Meister
gebracht und den Namen Trump als Nobelmarke etabliert. Einen
Teil des Wissens, das ich mir auf diesem Weg angeeignet habe,
möchte ich gerne an jemand anderes weitergeben.« Während die
Musik wieder lauter wurde, starrte der in seiner Limousine sit-
zende Trump in die Kamera und sagte:»Ich suche meinen Lehrling.«

An irgendeinem Maßstab gemessen – möglicherweise an
dem der Körpergröße – war Donald Trump vielleicht wirklich
der »größte Immobilieninvestor New Yorks«, doch viele andere
Bauträger könnten mit Fug und Recht behaupten, sie hätten
mehr erreicht als er. So besaß etwa das Unternehmen, dem Jerry
Speyer vorstand, um nur ein Beispiel zu nennen, Grundstücke
und Gebäude im Wert von 10,5 Milliarden Dollar. Trump war
allerdings mit Abstand der größte Showman der amerikanischen
Immobilienwirtschaft. Am Ende der ersten Staffel von *The Apprentice* war er regelrecht zu einem Fernsehstar geworden. In
der allerersten Folge waren die Kandidaten angehalten, Donald
Trump in der New Yorker Börse zu treffen. Er erwartete sie dort
auf dem Balkon, auf dem die Glocke hängt, mit der täglich der

Handelstag eingeläutet wird. Trump gab ihnen die erste Aufgabe. Sie sollten auf den Straßen Manhattans Limonade verkaufen. Den Mitgliedern des Teams, das die meiste Limonade absetzte, winkte ein Sonderpreis. Das Verliererteam hingegen erwartete ein Tribunal im Vorstandssaal, an dessen Ende der Erfolgloseste von ihnen gefeuert würde.[9]

Mit musikalischer Untermalung wurde geschickt zwischen den beiden Teams hin und her geblendet, so dass sich witzige Momente mit hochdramatischen abwechselten. Es gab ein reines Frauen- und ein reines Männerteam. Man sah die einzelnen Teams diskutieren, wie und wo sie die Zutaten für ihre Limonade kaufen und ihren Limonadenstand aufbauen sollten. Die Kameras dokumentierten die abstrusen Ideen einzelner Teilnehmer, wie sich ihr Gewinn am besten maximieren ließe. Einer der männlichen Kandidaten verstieg sich dazu, einem reich aussehenden potentiellen Kunden 1000 Dollar für einen einzigen Becher eines Getränks der Marke Trump abknöpfen zu wollen; die Frauen wiederum kamen auf die Idee, ihr Geschäft durch etwas Sexappeal anzukurbeln und mit jedem Getränk einen Kuss-Bon auszugeben. Aus den luftigen Höhen des Helikopters, mit dem Trump seine Teams inspizierte, beurteilte er den Standort, den sich das Männerteam in der Nähe des Fulton Fish Market ausgesucht hatte, als »grässlich«.

Während die erste Staffel über 13 Wochen lief, dauerten die Dreharbeiten kaum mehr als einen Monat. Der strapaziöse Zeitplan brachte die unangenehmsten Seiten der Kandidaten zum Vorschein. Diese Lektion hatte Burnett schon bei der Show *Survivor* gelernt. In der ersten *The Apprentice*-Folge behielten die küssenden Frauen die Oberhand. Mit der Limonade, die sie zum Wucherpreis von fünf Dollar pro Becher verkauften, nahmen sie an einem einzigen Tag 1200 Dollar ein. Zur Belohnung zeigte ihnen Trump sein Apartment, das nach seinem Dafürhalten »schönste Apartment in ganz New York City. Dieses Apartment zeige ich nur sehr wenigen Menschen. Präsidenten. Königen. Sie kommen rein, laufen herum und trauen ihren Augen nicht.« Das Damenteam wurde durch goldfarbene Türen in die Wohnung gelassen. Dann schaltete Trump einen Brunnen ein, und die Frauen durften die Aussicht auf das Plaza Hotel und den Central Park bewundern.

Während sie die dünne Luft im Penthouse des Trump Towers schnupperten, verhandelten die unterlegenen Männer darüber, wen sie in dem Pseudo-Vorstandssaal, in dem Trump von seinem hohen Ross aus den Vorsitz führte, über die Klinge springen lassen könnten. Schnell hatten sich alle Kandidaten auf Sam eingeschossen, den Entrepreneur mit dem irren Blick, der versucht hatte, den Becher Trump-Limonade für 1000 Dollar zu verkaufen. »All diese Typen finden, dass du nicht gerade der Renner bist«, sagte Trump zu Sam, als die Szene im Sitzungssaal bei der Frage angekommen war, wer denn nun rausfliegen sollte. Daraufhin erhob sich Sam und hielt eine leidenschaftliche Rede in eigener Sache – er besäße doch schließlich alle Eigenschaften, die man brauchte, um in einer Trump-Firma zu arbeiten. Seine Leidenschaft rettete ihn. Trump konzentrierte sich stattdessen auf einen Kandidaten namens David, der zwar ein Diplom und einen MBA besaß, sich im Laufe des Wettstreits aber an keiner Stelle hervorgetan hatte. In seiner höflichen, zurückhaltenden und entgegenkommenden Art war er gewissermaßen ein Anti-Trump. Trump ließ David wissen, es sei ihm nicht gelungen, sich während des Wettbewerbs zu »steigern«, er sagte ihm: »Sie sind gefeuert.«

Mehr als zwanzig Millionen Amerikaner sahen die erste Folge. Und *The Apprentice* erwies sich für NBC, Burnett und Trump in der ersten Staffel als Goldgrube. Dies schrieb man in hohem Maße dem Namen und den Auftritten Trumps zu. Jedes Mal, wenn er einen ausgemusterten Kandidaten feuerte, begleitete er diesen Akt mit einer Handbewegung, die er »die Kobra« taufte. Die Kobra war gewissermaßen ein Symbol der öffentlichen Demütigung, die meist zum Kernbestand von Reality-Shows gehört. (Übertroffen wurde sie möglicherweise noch durch das vernichtende »Sie sind das schwächste Glied in der Kette, auf Wiedersehen!«, das die britische Moderatorin Anne Robinson in ihrer Sendung *The Weakest Link* zwitscherte.) Auch wenn Trumps Persönlichkeit *The Apprentice* über viele Staffeln hinweg auf Erfolgskurs hielt, war es doch in der ersten Staffel eine der weiblichen Kandidatinnen, nämlich Omarosa Manigault-Stallworth, auf die das Publikum hin fieberte. Schon nach wenigen Folgen wurde Manigault-Stallworths Vorname für viele Zuschauer zum Synonym für Aggressivität – »die Frau, die Amerika liebend gern hasst«, wie das *Jet*-Magazin formulierte. Zu Beginn des Wettbewerbs war Manigault-Stallworth eigentlich der Intrige eines Teamkameraden zum Opfer gefallen. Als sie aber daraufhin mit dem Bekenntnis, »Ich bin nicht gekommen, um Freunde zu finden«, aus dem Team-Meeting herausstolzierte, hatte sie alle Sympathien beim Publikum schnell wieder eingebüßt.

Im Laufe der Zeit beschwerte sich Manigault-Stallworth zu Recht, dass Burnetts Kameras sie nur einfingen, wenn sie etwas Empörendes oder Kritisches sagte. All ihre Kooperations- und Kollaborationsversuche wurden ignoriert. Für einen Teil der Presse war dies ein willkommener Anlass, um Rassenstereotype zu bedienen, und so wurde sie zum Inbegriff der wütenden schwarzen Frau, auch wenn sie kein bisschen aggressiver war als die anderen Teilnehmer. Denn die meisten verhielten sich gelegentlich rüde oder übermäßig konkurrenzhaft. Der ganze Wirbel endete für Manigault-Stallworth, als sie von den Produzenten aufgefordert wurde, in ein Meeting hineinzuplatzen und sich zu verteidigen. Kurz darauf feuerte Trump sie. In der Ökonomie der Aufmerksamkeit ist jede Werbung gute Werbung, und Manigault-Stallworth konnte ihren Ruhm ausschlachten. Ähnlich wie Trump, der mit einem ziemlich unausstehlichen Image Geld verdient, gelang es ihr, auf der Folie negativer rassistischer und sexistischer Stereotype eine erfolgreiche Karriere als öffentliche Rednerin, Autorin und »Persönlichkeit« einzuschlagen.[10]

Die Vorstellung, dass jemand eine »Persönlichkeit« sein könnte und dass sich auf diesem Wege Geld verdienen ließe, reicht mindestens bis zu Oscar Wildes Amerikabesuch im Jahr 1882 zurück. Wilde hatte über hundert Vorträge vor zum Teil riesengroßen Auditorien mit bis zu zweitausend Zuhörern gehalten. All diese Zuschauer zahlten Geld, um einen Blick auf den Mann zu werfen, der als Autor noch auf seinen Durchbruch wartete, aber durch seinen Stil längst zu einer Sensation geworden war. Trump machte es über weite Strecken nicht anders als Oscar Wilde. Lange bevor er sein erstes Gebäude errichtete, kultivierte er sich als Person des öffentlichen Interesses. Dank *The Apprentice* stand diese Möglichkeit nun auch den 16 Männern und Frauen zur Verfügung, die man bei jeder Neuauflage der Serie aus Tausenden von Bewerbern auswählte, um in der Show aufzutreten. Der 23-jährige College-Absolvent Bill Rancic, der die erste Staffel gewann, arbeitete ein Jahr lang mit Trump als Immobilienmanager, um anschließend Fernsehmoderator und gutbezahlter Sprecher des Pharmazeutikums Rogaine zu werden, das angeblich jenem Unglück vorbeugt, das nach Dafürhalten seines Chefs mit allen erdenklichen Mitteln zu vermeiden war: die Kahlköpfigkeit.

Die Tatsache, dass über 27 Millionen Menschen das Finale von *The Apprentice* verfolgten, war für Donald Trump ein Werbeerfolg, dessen materieller Wert sich kaum abschätzen lässt. Abgesehen von der Sendung selbst, in deren Werbepausen oftmals seine eigenen Produkte wie das eisgekühlte Wasser der Marke Trump angepriesen wurden, profitierte er von den wöchentlichen Presseberichten über die Ereignisse in der Show. Diese wurden mit einer Gewissenhaftigkeit verfolgt, als handelte es sich dabei um eine nationale Sportliga. Um aus dem Medienrummel Kapital zu schlagen, ließ Trump eine Reihe von Gebrauchsartikeln, etwa einen Duft, Herrenanzüge und eine Visa-Kreditkarte, mit seinem Namen herausbringen. Er trat in einem Werbeclip für den Mobiltelefonbetreiber Verizon auf, ließ sich von einem Radiosender für tägliche Kurzkommentare engagieren und nahm die Einladung an, die Comedy-Show *Saturday Night Live* zu moderieren. Es reichte für einen mutigen Auftritt, der aber offenbar nicht gut genug war, um ihn jemals wieder einzuladen.

Auch wenn *Saturday Night Live* zu Tage förderte, dass Trump kein wirklich begnadeter Entertainer war, konnte dies seinem Erfolg als TV-Unternehmer nichts anhaben. Er und Burnett entwickelten eine Version des ursprünglichen Programms, bei der die Doyenne der Häuslichkeit, Martha Stewart, in der Rolle des Bosses auftreten sollte. Die in einer polnisch-amerikanischen Mittelklassefamilie in New Jersey aufgewachsene Martha Kostyra hatte in ihrer Jugend als Model gearbeitet. Ihren typisch amerikanisch klingenden Namen verdankte sie ihrem Mann Andrew Stewart, der eine leitende Position im Verlagswesen bekleidete. Durch seine Kontakte hatte sie die Möglichkeit, ein von Ghostwritern geschriebenes Buch mit dem Titel *Entertaining* (Unterhalten) zu veröffentlichen, das ein Bestseller wurde. Nach sieben weiteren Büchern und einer Scheidung war Martha Stewart Herausgeberin einer eigenen Zeitschrift und Moderatorin einer Hausfrauensendung. Sie verdiente so viel Geld, dass sie in Erwägung ziehen konnte, die riesige Kaufhauskette Kmart zu kaufen. 2004 wurde sie allerdings wegen interner Absprachen und Falschaussage zu fünf Monaten Gefängnis und fünf Monaten Hausarrest verurteilt. Die Bundesbehörden wiesen ihr nach, Aktienverluste in Höhe von knapp 50 000 Dollar durch Insiderinformationen vermieden zu haben. Das Strafmaß wurde auf das gesetzlich erlaubte Minimum festgesetzt. Kurz nachdem sie wieder aus dem Gefängnis entlassen und in ihre Nachmittagssendung zurückgekehrt war, erhielt sie von Trump und Burnett das Angebot einer eigenen Version von *The Apprentice*. Das Original hatte in der zweiten Staffel 25 Prozent der Zuschauer eingebüßt, war aber nach wie vor ein großer Erfolg.

Viele Menschen betrachteten Stewart als Opfer einer übereifrigen Strafverfolgung, womit sie genau den Ruf besaß, der ein großes Publikum anlockte. Genau wie Trump war sie äußerst temperamentvoll und neigte mitunter zu Arroganz. Das Problem bestand aber vermutlich darin, dass die »schlimme Martha«, von deren unbeugsamem Charakter die Trump-Fans begeistert waren, nur schwer mit dem Image der »guten Martha« zu vereinbaren war, mit dem sie sich so überaus erfolgreich als Kritikerin der Sitten und des guten Geschmacks vermarktet hatte. In ihrer Ausgabe von *The Apprentice* war sie einfach viel zu nett, um hohe Einschaltquoten zu erreichen. Statt die ausgeschiedenen Teilnehmer kurz und bündig zu »feuern«, erklärte sie ihnen freundlich, dass sie nicht »passen«, und schrieb ihnen entschuldigende Briefe. »Es tut mir leid, dass Sie der Erste sind, der gehen muss«, ließ sie den ersten ausgeschiedenen Kandidaten wissen. »Sie sind nicht gescheitert, Sie haben nur nicht auf ganzer Länge gewonnen.«

Martha Stewarts Version von *The Apprentice* befriedigte nicht die Erwartungen der an Verrat und Wutausbrüche gewöhnten Fans von Reality-Shows. Mit weniger als vier Millionen Zuschauern war die Reichweite ihrer ersten Sendung überschaubar. Trump hatte schon mit ansehen müssen, wie die Einschaltquoten seiner eigenen Show zwei Staffeln lang unaufhörlich sanken, wodurch der Preis für die Werbeminute in seiner Show auf 350 000 Dollar zurückging und damit nur noch bei der Hälfte dessen lag, was das Spitzenprogramm *American Idol* (Das amerikanische Idol) in Rechnung stellte. Auch wenn Donald Trump nicht der Meinung einiger Fernsehkritiker sein mochte, dass die Zuschauer allmählich von Reality-Formaten genug hätten, zeigte er sich doch unzufrieden mit seinem Spin-off. »Ich habe es eigentlich nie für eine gute Idee gehalten«, verkündete er bei einem Radiointerview und warf Stewart vor, ihr Misserfolg hätte sein eigenes Programm in Mitleidenschaft gezogen. Sie behauptete öffentlich, man habe ihr in Aussicht gestellt, Donald Trump in seiner eigenen Show zu feuern und möglicherweise zu ersetzen.

Als ihre Show abgesetzt wurde, verabschiedete sich Stewart von ihren Zuschauern mit den Worten, die Erfahrung hätte sie gelehrt, dass »mich wirklich nichts zerstören kann«. Von den Kandidaten, die in ihrer Show aufgetreten waren, gelang dreien später ein Comeback im Fernsehen. Bethenny Frankel wurde durch die Reality-Show *The Real Housewives of New York City*, in der sich alles um die Eskapaden und Schicksalsschläge in einer Gruppe reicher New Yorker Hausfrauen drehte, zu einer Art von Star. Aus ihrer Berühmtheit schlug sie mit Büchern und einem kalorienarmen alkoholisches Getränk namens »Skinnygirl« Kapital, das sie schließlich für 100 Millionen Dollar weiterverkaufen konnte.

Auch nach der Absetzung von Martha Stewarts *Apprentice*

lieferte sie sich weiter mit Donald Trump Schlagabtausche in der Presse. Für beide war der monatelange Dauerzank nichts anderes als kostenlose Werbung. Trump bezeichnete sie als »ruchlos und gemein«, und in einem offenen Brief an Martha Stewart schrieb er: »Ihre Vorstellung war unsäglich.« Die Show sei »eine Fehlentscheidung für alle gewesen – ganz besonders für NBC«. Er beendete seinen Brief mit einer Drohung: »P.S.: Seien Sie vorsichtig, sonst lasse ich eine Show auf allen Kanälen laufen – vielleicht nenne ich sie ›Die Vorstandsetage‹ – und treibe damit Ihre mageren Einschaltquoten weiter in den Keller!« Kurze Zeit später kommentierte er Stewarts Behauptung, sie hätte ihn vielleicht ersetzen können, mit der rhetorischen Frage: »Welcher Idiot würde wohl glauben, dass Sie den Mann mit der Nummer-eins-Fernsehshow feuern könnten?«

The Apprentice war in der Tat ein einziges Mal das meistgesehene Programm im amerikanischen Fernsehen, in der Woche nämlich, als das Finale der ersten Staffel ausgestrahlt wurde. In keinem Jahr war es jemals, wie Trump behauptete, die »Nummer-eins-Show«. Im Frühjahr 2004, als es die höchsten Einschaltquoten zu verzeichnen hatte, wurde die letzte Episode der Fernsehserie Friends von doppelt so vielen Zuschauer gesehen. The Apprentice machte an einigen Abenden gute Quoten, doch die Sendung erreichte nie die Bedeutung, die Donald Trump für sie beanspruchte. Er selbst blieb aber noch dann bei seiner Behauptung, als die Zuschauerschaft in der sechsten Staffel auf 7,5 Millionen gefallen war. Von seinem PR-Berater Jim Dowd verlangte er, The Apprentice als die gegenwärtig beliebteste TV-Sendung zu promoten. »Er war unzufrieden, dass ich nicht den Spitzenplatz der Show in den Vordergrund stellte, während sie doch (in Wirklichkeit) nur an 73. Stelle rangierte«, erinnerte sich Dowd. Die Journalisten hätten ihn buchstäblich ausgelacht, als er sie auf Trumps Geheiß hin drängte, eine »Richtigstellung« jener Artikel zu drucken, in denen die Sendung nicht als Spitzenreiter-Programm figurierte.

Obwohl The Apprentice niemals ein solcher Hit war, wie es Trump behauptete, hielt er die Show durch einen Wechsel in der

Jury dennoch am Laufen – seine erwachsenen Kinder Ivanka und Donald wurden in die Expertenriege aufgenommen. Auch billigte er dem Sender zu, die Bedingungen der Show so zu verändern, dass nun nicht mehr unbekannte Bewerber um die Lehrstelle an seiner Seite konkurrierten, sondern zweitklassige Stars wie etwa die Softball-Werferin Jennie Finch oder die (mittlerweile geschiedene) Omarosa Manigault, die ihre Berühmtheit so erfolgreich vermarktet hatte, dass die Produzenten sie für einen potentiellen Publikumsmagneten hielten. Der erste Preis von 250 000 Dollar sollte einem wohltätigen Zweck gespendet werden, und den Teilnehmern sollte die Art von Aufmerksamkeit zuteilwerden, aus der der Stoff der Berühmtheit gemacht ist, aber eben ohne Bezahlung.

Fast alle von den mehr oder weniger bekannten Prominenten waren trotzdem dankbar, in der Show auftreten zu dürfen. Nur der Zauberer, Fernsehmoderator und Autor Penn Jillette beschrieb sie als ein Gewinnspiel, bei dem »sich käufliche Menschen vor dem Scrooge unserer Tage, einem gewissen McDuck, an dummes, seelenloses (Zeug) klammern, um berühmt zu bleiben«. Als Fernsehveteran beschwerte er sich darüber, dass die Aufzeichnung der gesamten Sendung Stunden dauerte, während Donald Trump tun und lassen konnte, was er wollte – ein Umstand, der in den Augen der Speichellecker noch weiter zu seiner Glorifizierung beitrug. Doch Jillette sah auch, dass ein solches Programm, in dem das verzweifelte, wenn nicht pathologische Aufmerksamkeitsbedürfnis ausgestellt wurde, das oft zu den Schattenseiten des Ruhms gehört, der Öffentlichkeit auch einen gewissen Dienst leistete. Wie Jillette einem Interviewer verriet, »ist *Celebrity Apprentice* (Star-Anwärter) auf dieselbe gruselige Weise ehrlich wie ein Mann, der zu seinem Rassismus steht«.[11]

***

Während Donald Trump in seiner fiktiven Vorstandsetage die Leute feuerte, warnte die Presse vor finanziellen Schwierigkeiten seiner real existierenden Spielcasinos, und die Wirtschaftsprüfer trugen Belege zusammen, um diesen Bedenken nachzugehen. Im März 2004 erklärten die Prüfer von Ernst & Young, dass Trump Hotels & Casino Resorts »als Unternehmen« möglicherweise nicht weiterzuführen ist. Durch die Konkurrenz neuerer Spielcasinos wie dem Borgata unter Druck geraten, verlor die Aktie der mit 1,8 Milliarden Dollar verschuldeten Firma im Jahr 2003 3,39 Dollar an Wert. Eine Luxussanierung hätte den Trump-Casinos vielleicht helfen können, mehr Spieler anzulocken. Da die Holding aber gezwungen war, 80 Prozent ihrer Gewinne für die Schuldentilgung aufzuwenden, war an derartige Investitionen nicht zu denken. In der Tat hatte die Firma in jedem der acht Jahre, die sie existierte, das Geld ihrer Anleger verloren.

Als Trump Hotels & Casino Resorts nur wenige Monate nach dem *Apprentice*-Finale von 2004 bankrottging, stand ihr Börsenwert bei 30 Cent pro Aktie. Der Finanzexperte David Pauly von Bloomberg News hatte eine sarkastische Erklärung parat: »Alles, was Trump, 58, jemandem über Management beibringen kann, wenn wir einmal die Trump-Hotels als Maßstab nehmen, ist Folgendes: Verkaufe mehr Anleihen, als du jemals zurückkaufen könntest, überlasse der Konkurrenz das Geschäft und genieße dein Leben als Vorstandsvorsitzender – und dann treibe die Firma in den Ruin.«[12]

Während die Aktionäre schon alles verloren hatten, lief das Insolvenzverfahren auf einen Schuldenerlass gegenüber den Anleihegläubigern in Höhe von 544 Millionen Dollar hinaus. Trump erklärte sich bereit, seinen Eigentumsanteil von 47 auf 30 Prozent zu verringern. Dennoch blieb er an der Spitze seines Unternehmens und durfte sich weiterhin zwei Millionen Dollar im Jahr auszahlen lassen. Angesichts der Tatsache, dass sich der erste Scheck, den er für seine Gewinnbeteiligung an *The Apprentice* erhielt, nach eigenen Angaben auf über zehn Millionen Dollar belief, sah er sich in keiner Weise genötigt, seinen Lebensstil zu ändern oder gar eine Niederlage einzugestehen. Gemessen an seinen eigenen Jetset-Kategorien war Trump ein großer Gewinner, obwohl »die Leute, die am wenigsten vom Geschäftsleben verstehen, ihn am meisten bewundern, und die Leute, die am meisten davon verstehen, ihn am wenigsten bewundern«, wie David Segal von der *Washington Post* schrieb.[13]

Trump brauchte sie nicht, die Wall-Street-Banker und Wirtschaftslenker. Für die Einschaltquoten von *The Apprentice* spielten sie keine Rolle, und sie waren auch nicht die Zielgruppe, die den einarmigen Banditen seiner Casinos Münzen in den Rachen warf. Auch würde keiner von ihnen eine Eintrittskarte in das Los Angeles Convention Center kaufen, um sich von Trump etwas über seine Geschäftsmethoden erklären zu lassen.

Die Werbung für den großen Vortrag tauchte Anfang April an Bushaltestellen und auf Reklametafeln auf. In Funk und Fernsehen lockten die Organisatoren des Ereignisses das Publikum mit den Worten: »Ein einziges Wochenende kann Sie zum Millionär machen.« Neben der Rede Donald Trumps standen weitere Vorträge auf dem Programm: »Wie man ohne großen Aufwand viel Geld mit Immobilien verdienen kann« oder »Wie man in Los Angeles ohne Kapital, ohne Kredit oder Risiko im Handumdrehen Geld mit Immobilien verdienen kann«. Zu den weiteren Rednern gehörte etwa der als Rap-Produzent reich gewordene Russell Simmons oder der Coaching-Trainer Tony Robbins.

Als Trump gegen ein Honorar von einer Million Dollar im Los Angeles Convention Center auftrat, befanden sich die örtlichen Immobilienpreise auf mehr als dem doppelten Niveau von vor fünf Jahren: Für ein Haus musste man zum damaligen Zeitpunkt durchschnittlich 550 000 Dollar bezahlen. Bei diesem Preis konnten sich im Ballungsraum Los Angeles nur noch 41 Prozent der Bevölkerung ein Eigenheim leisten. Um das Immobiliengeschäft am Laufen zu halten, verliehen die Kreditinstitute Geld zu erstaunlichen Konditionen: Sie räumten den Kreditnehmern die Möglichkeit ein, nur noch die Zinsen zurückzuzahlen. Dadurch verringerten sich die monatlichen Belastungen, doch die Laufzeit der Kredite verlängerte sich von Monat zu Monat. Vorsichtigere Hypothekengeber, die befürchteten, dass die Immobilienblase bald platzen würde, erhöhten allmählich wieder die Zinsen für konventionelle Kredite.

Jeder, der damals im April Trumps Rat befolgte und in lokale

Immobilien investierte, hätte gut daran getan, sein Eigentum so schnell wie möglich wieder zu verkaufen oder »umzuinvestieren«. Denn ungefähr ein Jahr später war es mit der Preisexplosion vorbei. Mit Ausnahme der allerteuersten Liegenschaften brach der Wert aller Immobilien dramatisch ein. Als sich die Krise auch auf andere Bundesstaaten ausweitete, verdoppelte sich die Zahl der Zwangsvollstreckungen in Amerika, und Millionen von Menschen verloren ihr Heim. In Kalifornien, Nevada und Florida fanden sich plötzlich keine Käufer mehr für die Wohnungen und Häuser, mit deren Bau man in den Jahren des Booms begonnen hatte. Reihenweise wurden Fenster und Türen vernagelt, und die Wohnsiedlungen begannen auszusehen wie Geisterstädte. Unterdessen hatte Trump sowohl eine Million Dollar für die Rede in Los Angeles einkassiert als auch zwei weitere Millionen für dieselbe Rede, die er noch einmal in Chicago und in New York vortrug. 2006, als der Markt schon deutlich einbrach, veröffentlichte er eine weitere Anleitung zum Reichwerden. Dieses Mal fungierte Robert Kiyosaki als Koautor, der zum damaligen Zeitpunkt schon 15 Finanzratgeber geschrieben hatte. Der durch die Reihe *Rich Dad Poor Dad* bekannte Kiyosaki verdiente sein Geld auch mit öffentlichen Seminaren. Eine seiner Firmen, Rich Global LLC, musste schließlich Insolvenz anmelden, nachdem sie per Gerichtsbeschluss verurteilt worden war, einem Gläubiger 23,6 Millionen Dollar zu zahlen.

Das zusammen mit Kiyosaki veröffentlichte Buch *Why We Want You to Be Rich* (Warum wir wollen, dass Sie reich werden) gehörte, wie Donald Trump betonte, nicht zu seinem Kerngeschäft, das er immer noch als Immobilieninvestor und Bauunternehmer angab. Doch auf der Liste der vierhundert reichsten Amerikaner, die das Wirtschaftsmagazin *Forbes* 2005 erstellte, fand sich außer Donald Trump niemand, der hochdotierte Vorträge hielt, Selbsthilfebücher verkaufte und in Fernsehserien auftrat. Warum jemand, der auf der *Forbes*-Liste der reichsten Amerikaner an 83. Stelle stand, so etwas tat, wollte der Schriftsteller Timothy O'Brien in seiner Studie *TrumpNation* ergründen. In Artikeln für die *New York Times* hatte O'Brien als einer der Ersten vor einem weiteren Geschäftsbankrott Trumps in Atlantic City gewarnt. Obwohl O'Brien damals schon die Vermutung ausgesprochen hatte, die Trump-Casinos hätten seit fast zehn Jahren kein Geld mehr verdient, lud Trump ihn in sein Büro und zu sich nach Hause ein. Er machte mit ihm sogar eine Rundfahrt durch Südflorida, bei der er dem Autor erläuterte, wie er ihn von der Presse zerreißen lassen würde, wenn ihm sein Buch missfiele.[14]

Trump hatte eine einfache Erklärung dafür, was ihn in die Position gebracht hatte, jede noch so absonderliche Behauptung in den Medien streuen zu können, wie O'Brien am Ende von *TrumpNation* berichtet. Besonders für Reporter und Chefredakteure, die es mit der Wahrheit nicht so genau nahmen, sei er immer ein Garant für höhere Auflagen gewesen. Da er zahllose Stunden darauf verwendete, seinen Namen in den Schlagzeilen zu halten, und deshalb viele Journalisten mit pikanten Geschichten versorgte – durchaus auch mit Geschichten, in denen er selbst schlecht wegkam –, schuldeten ihm viele Leute etwas für diese Gefälligkeit. In der festen Überzeugung, dass Homosexualität für den Journalisten O'Brien keine gute Werbung wäre, malte sich Trump im Laufe der Fahrt aus, wie er Reporter auf das Gerücht ansetzen würde, der *New-York-Times*-Reporter sei schwul: »Er (O'Brien) liebt Männer.« Um den Einsatz dann noch einmal in Richtung Pädophilie zu erhöhen: »Er liebt Jungs.« O'Briens Beschreibung von Trumps obszöner Drohung endet mit dessen Worten: »O, Scheiße, das kann ich sagen. Niemand außer mir kann das … Ich bin der Einzige, der genauso schmutzige Wäsche waschen kann wie ihr.«

Als *TrumpNation* schließlich erschien, wandte sich einer von Trumps Anwälten an O'Briens Verlag Warner Books mit der Aufforderung, das Buch unverzüglich aus dem Handel zu nehmen. Da es »durch und durch rufschädigende Unwahrheiten über Mr Trump, sein Unternehmen und seine Familie enthält«, verlangte der Anwalt zudem eine Richtigstellung und eine öffentliche Entschuldigung. Als sich der Verlag hinter seinen Autor stellte, reichte Trumps Anwalt bei einem Bundesgericht in New Jersey Klage ein. Durch O'Briens Behauptungen, dass »Trump nicht im Entferntesten ein Milliardär sei« und sein »Reinvermögen irgendwo zwischen 150 und 250 Millionen Dollar liegt«, sei seinem Mandanten ein Schaden in Höhe von fünf Milliarden Dollar entstanden. O'Brien schrieb auch, Trump hätte die Zahlen und Quellen, mit denen er ihn konfrontiert hatte, zurückgewiesen. »Sie können natürlich mit den Typen sprechen, die 200-Kilo-Ehefrauen zu Hause sitzen haben und neidisch auf mich sind, doch jeder, der mich wirklich kennt, weiß, dass ich ein großer Bauunternehmer bin.«[15]

Durch seine skeptische Bewertung, Trump sei nicht ansatzweise so reich, wie er vorgab – Trump bezifferte sein Vermögen mitunter auf neun Milliarden Dollar –, hatte O'Brien einen wunden Punkt getroffen. Doch die Aggressivität, mit der Trump reagierte, lockte ihn auf ein Terrain, das er nicht beherrschen konnte. Er gewann in erster Instanz, und O'Brien musste seine Quellen offenlegen. (Trumps Anwälte gaben zu Protokoll, sie würden bei Bedarf als Zeugen der Verteidigung zur Verfügung stehen.) Die nächste Instanz sah O'Briens Aussagen durch den ersten Verfassungszusatz geschützt und hob die Entscheidung wieder auf. Trump hätte die Angelegenheit auf sich beruhen lassen können, um sich das Risiko einer eidesstattlichen Aussage zu ersparen. Doch er entschied sich weiterzumachen.

Im Dezember 2007 traf Trump in einer Anwaltskanzlei ein, deren Räume sich am Broadway Nr. 1633 befanden, nur ein paar Straßen vom Trump Tower entfernt. Er war in Begleitung von drei New Yorker Anwälten und einem Anwalt aus New Jersey gekommen. O'Brien und sein Verlag Warner Books wurden von sieben Rechtsanwälten vertreten, darunter Andrew J. Ceresney und Mary Jo White. Letztere hatte als Bundesstaatsanwältin gearbeitet, bevor sie in eine private Kanzlei eingetreten war. Mary Jo White war die erste Frau im Amt des Generalbundesanwalts von New York City gewesen und hatte die strafrechtliche Verfolgung sowohl des Mafiosos John Gotti als auch der Verantwortlichen des Bombenanschlags auf das World Trade Center im Jahr 1993 geleitet.

In seiner eidesstattlichen Aussage zitierte Trump unter anderem ein Vorstandsmitglied seines Unternehmens, einen unabhängigen Rechtsanwalt und zwei ehemalige Kollegen O'Briens, um den Eindruck zu erwecken, der Autor sei ein »Spinner« und »eine unverschämte, arrogante Person, die sich weigert, zur Kenntnis zu nehmen, was man ihr sagt«. O'Brien hätte an den Unterlagen, die man ihm vorgelegt habe, keinerlei Interesse gezeigt, so Trump, weil er damit beschäftigt gewesen sei, mit einer Trump-Angestellten zu flirten. In Trumps Worten »versuchte er, Michelle Lokey anzubaggern«.

Immer wieder kam Trump auf O'Briens Charakter zu sprechen, nannte ihn einen »miesen Typen«, einen »Kranken« oder »einen Verrückten, der mich kaputtmachen will«. Er wiederholte die Anschuldigung im Zusammenhang mit Ms Lokey – »Er hat sie sexuell belästigt« – und ließ durchblicken, O'Brien hätte dies auch schon bei anderen Frauen getan. Einmal habe ihn O'Brien gebeten, ein Buch für seine Mutter zu signieren. Als er, Trump, schließlich erfahren habe, dass O'Briens Mutter schon seit vielen Jahren tot sei, habe er sich gedacht, der Gefallen sei vielleicht für jemand anderes gewesen. Nachdem die Anwälte der Verteidigung Trump eine Aufnahme vorspielten, in der zu hören war, wie er O'Brien drohte, der Presse zu sagen, O'Brien sei »wegen sexueller Belästigung und noch so diesem und jenem angeklagt gewesen«, bestätigte Trump, dass er sich im Recht glaube, »mit anderen abzurechnen«.

Die Anwälte, die Trump vernahmen, legten ihm Presseberichte vor, die schon lange vor der Veröffentlichung von *Trump-Nation* Trumps Selbstauskünfte bezüglich der Höhe seines Vermögens in Zweifel gezogen hatten. Als sie ihn mit fünf Artikeln konfrontierten, die in überregionalen Presseorganen erschienen waren und alle dieselbe Vermutung äußerten wie O'Brien, erinnerte Trump die Anwälte daran, dass er O'Brien stapelweise Unterlagen über seine finanziellen Verhältnisse zur Verfügung gestellt und ihm sehr viel Zeit geopfert habe. Alle anderen seien nicht in dieser privilegierten Lage gewesen. Aus der eidesstattlichen Erklärung konnte man den Eindruck gewinnen, Trump fühle sich persönlich betrogen, weil der Autor ihm nicht glauben wollte. Außerdem wusste Trump natürlich nur zu gut, dass sich die Leute an ein Buch wie *TrumpNation* noch lange erinnern würden, wenn die Zeitungs- und Magazinartikel längst Schnee von gestern wären.

Die Verwirrung um die genaue Höhe des Trump-Vermögens war auf jeden Fall groß, als dem Gericht verschiedene Publikationen und diverse Aufnahmen präsentiert wurden, um zu zeigen, dass Trump und seine Mitarbeiter selbst Schätzungen von drei bis neun Milliarden Dollar in Umlauf gebracht hatten. Trump erklärte die großen Schwankungen als eine Reaktion auf die Marktbedingungen und als eine seiner eigenen Einstellung zum Wert seines Namens. Der Wert der Marke »Trump« – der sich nach seiner Einschätzung auf sechs Milliarden Dollar belief – konnte, wie er sagte, von »meiner eigenen Selbstwahrnehmung und Selbsteinschätzung abhängen. Ihr Marktwert kann sich verändern, wenn jemand wie O'Brien einen böswilligen Artikel schreibt. Ich habe mich wirklich nicht besonders gut gefühlt, als ich diesen Artikel las. Ich würde sagen – also nachdem ich diesen Artikel gelesen habe, würde ich sagen, dass er mich psychologisch verletzt hat.«

Hier wären wir also beim Kern der Sache angekommen. Donald Trumps allgemeines Wohlbefinden konnte von Medienberichten über sein Vermögen beeinträchtigt werden, und die Skepsis, die O'Brien in seinem Buch und darauf basierenden Berichten an den Tag legte, war für ihn eine persönliche Verletzung. Auch die Feststellung, dass er in extremem Maße Eigenwerbung betrieb, schien ihn zu verletzen. Auf die Frage hin, ob das nicht ein bisschen übertrieben sei, antwortete er, »so geht es doch wohl jedem«. Seine Erklärung, »ich versuche, meine Eigenschaften so positiv wie möglich zu sehen«, klang wie ein Echo auf Norman Vincent Peale. Weil er sich nach eigenem Bekunden ausschließlich an die positiven Seiten des Lebens hielt, betrachtete er seinen dreißigprozentigen Anteil an der Entwicklung der West-Side-Yards in Wirklichkeit als 50 Prozent. Warum? Weil »ich in Wirklichkeit mehr als 30 Prozent besitze, wenn der siebzigprozentige Eigentümer das ganze Kapital aufbringt.

In diesem Sinne fühlte es sich für mich immer so an, als gehörten mir 50 Prozent.«

Kein seriöser Steuerberater oder Rechtsanwalt würde bei der Prüfung einer Partnerschaftsvereinbarung durchgehen lassen, dass eine 30-Prozent-Beteiligung dasselbe ist wie eine 50-Prozent-Beteiligung. Trump aber schien seine Argumentation vollkommen ernst zu meinen. In seiner Vorstellung besaß er 50 Prozent der Anteile, und er erwartete von anderen, dass sie diese Vorstellung teilten. Als er aussagte, dass er sich nicht mehr an die Einzelheiten unterschiedlicher Projekte erinnerte, und auch nicht wusste, ob ihm eine Bebauung in Waikiki zu 100 Prozent gehörte, klang er sehr überzeugend: »Ich glaube, sie gehört mir. Ich habe viele verschiedene Firmen.« Hier klang er fast so wie sein Vater, der den Bundesermittlern schon vor Jahrzehnten erklärt hatte: »Ich besitze 43 Gesellschaften, deren einziger Anteilseigner ich bin. Diese Dinge vergesse ich manchmal.«

Anders als damals verfügten die Anwälte der Verteidigung 2007 über die notwendigen Unterlagen, um Trumps Angaben überprüfen zu können. Sie legten ihm den Vertrag vor, der seine Beteiligung an der Waikiki-Liegenschaft regelte, und konnten zeigen, dass er das Hotel, dem er seinen Namen überlassen hatte, gegen ein Honorar verwalten sollte, dass er aber keine Firmenanteile besaß. Nach seiner eigenen Vorstellung aber war die »Lizenzvereinbarung so stark, dass es sich eigentlich um eine Art von Eigentum handelte«.

Als das Gericht die eidesstattliche Erklärung veröffentlichte, landete sie auf der Titelseite des *Wall Street Journal*. In derselben Ausgabe erschien auch eine von der Deutschen Bank erstellte Schätzung des Trump-Vermögens, das sich nach Angaben der Bank auf 788 Millionen Dollar belief. Zudem druckte die Zeitung die Aufzeichnung eines Gesprächs ab, das Trump und Staatsanwalt Andrew Ceresney über einen Golfplatz Trumps in Bedminster, New Jersey, geführt hatten. (Trump war 1999 mit dem Bau einer Anlage in West Palm Beach in das Golf-Geschäft eingestiegen.) Nachdem Trump Unterlagen vorgelegt hatte, aus denen hervorging, dass der Golfplatz in Bedminster im Jahr 2005

4,6 Millionen Dollar Verlust gemacht hatte, fragte ihn Ceresney, ob er diese Investition nun anders beurteile. Trump antwortete daraufhin, er glaube, dass er am Ende 120 Millionen Dollar mit dem Golfplatz verdienen werde.[16]

O'Briens Seite vertrat die Position, Trump habe nicht darlegen können, dass er wegen des Buchs Einbußen erlitten hätte und der Autor mit bösem Vorsatz gehandelt habe – was erforderlich gewesen wäre, um den Tatbestand der Verleumdung einer Person des öffentlichen Lebens zu beweisen. Der Richter folgte ihrer Auffassung und stellte das Verfahren ein. Auf seine notorisch-aggressive Art warf Trump dem Autor »grobe Fahrlässigkeit, mangelnde Professionalität und Voreingenommenheit« vor und kündigte an, in Berufung zu gehen. O'Brien und sein Verleger, den der Rechtsstreit höchstwahrscheinlich mehr kostete, als die Buchverkäufe jemals einbringen würden, zeigten sich in ihren Reaktionen auf die Entscheidung »zufrieden«. Trumps Anwälte verkündeten vollmundig, den Rechtsstreit fortsetzen zu wollen, ließen die Sache aber anschließend auf sich beruhen. Ihr Mandant, der durch Gerichtsverfahren demonstrierte, dass er jederzeit zu kämpfen bereit war, war schon zu einer neuen öffentlichen Fehde weitergezogen, die ihm sogar noch wesentlich mehr Publicity eintrug.[17]

***

Dieser Streit brach los, als ihn die Entertainerin Rosie O'Donnell, die bei den Feierlichkeiten der Trump/Maples-Hochzeit zu Gast gewesen war, in der landesweit ausgestrahlten und von ihr mitmoderierten Talkshow *The View* (Ansichtssache) als »schlangenöligen Geschäftsmann« verunglimpfte. Miss USA, Tara Conner, ein ehemaliges Bikini-Model, litt unter Alkohol- und Drogensucht. Als Eigentümer des Miss-USA-Schönheitswettbewerbs hatte Trump dem Exmodel in aller Öffentlichkeit »eine zweite Chance« angeboten, wenn sie bereit wäre, eine Entziehungskur zu machen. O'Donnell war nicht die Erste, die Trump in diesem Zusammenhang medienwirksames Verhalten vorgeworfen hatte, doch sie tat es vor riesigem Publikum. »Er ist eine moralische

Autorität«, sagte O'Donnell, nachdem sie ihren Haarschopf auf eine Seite geschleudert hatte, um sich über den seinen lustig zu machen. »Die erste Frau verlassen – eine Affäre angefangen. Die zweite Frau verlassen – eine Affäre angefangen ... Doch er ist in Amerika der moralische Kompass für Zwanzigjährige. Donald, mein Freund, hol mal tief Luft!«

Daraufhin sagte Trump dem *People*-Magazin, O'Donnell sei eine »Verliererin«, und versprach, ihr eine Klage anzuhängen. Er fügte hinzu: »Ich freue mich schon, meiner süßen, kleinen, fetten Rosie eine Menge Geld abzuknöpfen.« In einem Interview mit der Zeitung *New York Daily News* tönte er: »Als ich die Aufnahme sah, dachte ich mir: Pass bloß auf, sonst schicke ich dir einen meiner Freunde, der dir die Freundin ausspannt! Bei Rosies Aussehen dürfte es nicht schwer sein, ihr die Freundin auszuspannen.« (O'Donnell gehört zu den wenigen Stars, die offen homosexuell leben. Zusammen mit ihrer Partnerin Kelli Carpenter zieht sie vier Kinder groß.)

Trump, der sich in der Rolle des Opfers wähnte, blieb seinem Motto treu, alles immer »zehnfach zurückzuzahlen«, wenn er sich angegriffen fühlte. Er verbreitete das Gerücht, O'Donnell sei an einer Liebesbeziehung mit Tara Conner interessiert, und ließ durchblicken, dass Barbara Walters, eine Komoderatorin von *The View*, »Rosie O'Donnell nicht ausstehen kann«. Er befand, O'Donnell schade der von Walters erfundenen Sendung und klagte: »Ich bin Milliarden Dollar schwer und muss mir anhören, was diese fette Schlampe sagt?«

Die Zuschauerzahlen von *The View* waren in der Tat um 13 Prozent gestiegen, seit O'Donnell, in ihrer unverblümten Art dem Stil Trumps nicht ganz unähnlich, zur Besetzung gehörte. Obwohl sie ankündigte, das Kriegsbeil zu begraben, konnte sie es nicht ruhen lassen. Nachdem Trump sie eine »eiskalte Verliererin« genannt hatte, postete sie auf ihrer Website den Kommentar, »der König hat keine Kleider«, und konstatierte: »Der Glatzenzubürster rastet aus.« Und weiter ging's mit dem Schlagabtausch. Barbara Walters fühlte sich zu der Richtigstellung verpflichtet, sie habe sich nie über O'Donnell beschwert und sei sehr glücklich, sie in der Show zu haben. Das Meinungs- und Marktforschungs-institut Gallup mischte sich auch noch ein und bat eintausend Amerikaner, in diesem Streit Position zu beziehen. Das Resultat war ein Sieg nach Punkten für Trump: 41 zu 28.

Kurz darauf ließ Ivana Trump die Presse wissen, es drehe sich alles nur um Publicity. Der Streit verlief im Sand, ohne dass Anwälte oder Richter eingeschaltet wurden. Dank Rosie O'Donnell blieben die Einschaltquoten von *The View* hoch.[18] Trump konnte keinen vergleichbaren Erfolg verzeichnen. *The Apprentice* ging auf dem Höhepunkt des Krachs wieder auf Sendung. Doch im Vergleich zur vorhergehenden Staffel hatte die Show rund 600 000 Zuschauer eingebüßt.

Zwei Jahre später verursachte der Miss-USA-Schönheits-wettbewerb noch mehr Scherereien für Trump, weil Fotos der halbnackten Miss California USA, Carrie Prejean, im Netz auf-getaucht waren. Im Mai 2009 stellte sich Trump mit folgenden Worten hinter Prejean: »Wir haben uns die Bilder sorgfältig angesehen … Wir haben uns darauf verständigt, dass die betreffenden Fotos in Ordnung sind. Einige waren etwas gewagt, aber wir leben schließlich im 21. Jahrhundert.« Ein paar Wochen später wurde Prejean von Trump gefeuert, weil sie angeblich die Erfüllung gewisser Pflichten unterlassen hatte.

Im November 2009 veröffentlichte Prejean ein eilig verfasstes Buch, in dem sie behauptete, Trump habe sich die Miss-USA-Anwärterinnen angesehen und diejenigen aussortiert, die ihm nicht gefielen. Viele der Frauen fanden dieses Verfahren »erniedrigend«, so schreibt sie. Als die von Trump in zwei Gruppen unterteilten Frauen begriffen, dass sie den Wettbewerb verloren hatten, bevor er überhaupt losging, fingen viele von ihnen an zu weinen. »Selbst diejenigen von uns, die zu den Auserwählten gehörten, fühlten sich nicht wohl dabei – wir fühlten uns bloß-gestellt«, so Prejean. Trump stritt ab, die Wettbewerberinnen einer derartigen Inspektion unterzogen zu haben, und Prejeans Vorwürfe wurden bald von der Meldung überschattet, dass sie nach Kenntnis der Jury in jüngeren Jahren ein Sexvideo gedreht haben soll.

»Sexvideo«-Skandale waren für Promis zu einem absoluten Muss geworden. In einigen Fällen hatte man fast den Eindruck, die Sache sei von den Betroffenen selbst arrangiert worden, um der eigenen Karriere Auftrieb zu geben. In Prejeans Fall war das Video allerdings ein Meisterwerk der Scheinheiligkeit, und so ließ sich ihr Rechtsstreit mit den Verantwortlichen des Schönheitswettbewerbs, die ihre Brustvergrößerung bezahlt hatten und nun ihr Geld zurückverlangten, auch relativ schnell beilegen.

KAPITEL 14

»DAS SCHÖNE AN MIR«

Ich habe großen Erfolg gehabt, und die Leute finden
allmählich heraus, dass ich noch viel erfolgreicher gewesen
bin, als überhaupt zugegeben wird. Die Menschen begreifen
das langsam. Sehr viel erfolgreicher. Ich glaube, Sie berichten
nicht über Wirtschafts- oder Finanzdinge, aber ich bin
in der Tat viel reicher, als die Leute meinen.

Donald Trump

Drei von ihrer Sorte brächten nicht mehr als 180 Kilogramm auf die Waage. Bei einer Größe von einem Meter achtzig war Melania Knauss dünn genug, um den Anforderungen an heutige Models zu genügen.

Als Trump die aus Slowenien stammende Knauss 1998 der Öffentlichkeit als Geliebte präsentierte, war seine Scheidung von Marla Maples noch nicht ganz amtlich. Knauss war damals 28 Jahre alt, Trump 52. Bei einer Gala zum Abschluss der Renovierungsarbeiten am New Yorker Zentralbahnhofs Grand Central Terminal traten die beiden erstmals gemeinsam in Erscheinung. Einen Monat später berichtete die *Daily News*, dass Knauss – »Trumps neuestes Model« – gerade einen Werbevertrag für BMW unterzeichnet hatte.

Obwohl Knauss den vorhergehenden Mrs Trumps in puncto Schönheit in nichts nachstand, unterschied sie sich doch in einer wesentlichen Hinsicht von ihnen. Sie hatte offenbar keinerlei Ambitionen, mehr als Trumps Ehefrau zu sein. Ivana hatte das

Plaza gemanagt. Marla hatte gehofft, Trump zur Finanzierung humanitärer Projekte zu bewegen, die sie dann leiten wollte. Bei Knauss war kein derartiges Interesse zu erkennen. Ein Freund beschrieb ihre Einstellung so: »Die entscheidende Frage für Melania ist nie, ›was kann Donald für dich tun‹, sondern immer umgekehrt, ›was kannst du für Donald tun‹«.

Am Tag ihrer Verlobung schenkte Donald Melania einen Ring im Wert von 1,5 Millionen Dollar. Der Juwelier Graff überließ ihm den Diamanten allerdings zum halben Preis, weil er einkalkulierte, wie werbewirksam der Verkauf eines solchen Diamantrings an Trump war. Die Hochzeit fand am 22. Januar 2005 statt, als das Paar schon sieben Jahre zusammen war. Unter den dreihundert Gästen, die an der kirchlichen Trauung in Palm Beach und am anschließenden Empfang in Mar-a-Lago teilnahmen, befanden sich zahlreiche Politiker und Prominente, so beispielsweise Hillary Clinton, Oprah Winfrey, Shaquille O'Neill und Rudy Giuliani. Auch ein PR-Agent war zugegen sowie der Mann, dem der Bräutigam seine makellosen weißen Zähne verdankte.

Nach Auskunft der ebenfalls prominenten Tina Brown war mindestens ein kleiner Teil der Gäste gekommen, um sich mit eigenen Augen die »übertriebene Protzigkeit« der Marke Trump anzusehen. Abgesehen von der Tischdekoration – beim Empfang stand auf jedem Tisch ein zwei Meter hoher mit Blumen bekränzter Kerzenleuchter – wurden ihre Erwartungen enttäuscht. Trumps dritte Hochzeit war eine ziemlich elegante Angelegenheit. Er hatte sogar das Angebot einer Fernsehübertragung der Feierlichkeiten ausgeschlagen.[1]

Melania Trump arbeitete auch nach ihrer Hochzeit noch gelegentlich als Model. Im Übrigen aber widmete sie sich ganz ihrem 2007 geborenen Sohn Barron William. Seine Name erinnerte an den von Trump erfundenen »John Baron«, unter dessen Pseudonym Trump der Presse gelegentlich bestimmte Dinge einflüsterte, und an den berühmten William Barron Hilton, den er einmal als Produkt des »Lucky Sperm Clubs« bezeichnet hatte. Seit jener Zeit, als Trump so hochachtungsvoll über ihn gesprochen hatte, waren die von Mr Hilton gemanagten Holdings auf 2800 Hotels mit einem Gesamtwert von 26 Milliarden Dollar angewachsen. Zudem hatte er sich Trumps Anerkennung verdient.

In vielerlei Hinsicht konnte Hilton als die zurückhaltendere und erfolgreichere Ausgabe von Donald Trump gelten. Wie Trump hatte er von der amerikanischen Eisenbahngesellschaft Penn Central eine das Stadtbild prägende Immobilie zu einem Schleuderpreis gekauft. Die 35 Millionen Dollar, die Hilton in das Waldorf Astoria investierte, zahlten sich bald in Form einer Wertsteigerung von rund einer Milliarde Dollar aus. Wie Trump hatte auch Hilton Casinos erworben, von denen allerdings keines pleitegegangen war. Sein Erfolg beruhte auf einer konservativen Finanzstrategie. Schon in den Siebzigerjahren traf er bestimmte Vereinbarungen mit den Investoren, denen die Gebäude der Hilton-Hotels gehörten, um sie an Namen und Management der berühmten Hotels teilhaben zu lassen. Trump verfolgte im Prinzip eine ähnliche Strategie, beschränkte sich dabei aber nicht auf Hotels, sondern vermarktete unter seinem Namen eine erstaunliche Vielfalt von Produkten und Dienstleistungen.

In den ersten zehn Jahren des neuen Jahrtausends konnten Amerikaner mit einem Trump-Darlehen ein Haus kaufen, ein Trump-Steak zu Abend essen und bei der Website GoTrump.com eine Reise buchen. Für echte Trump-Fans eröffnete er auch noch eine Universität, die sogenannte Trump U, in der laut Werbematerial »die Erfahrung, das Wissen und die Weisheit von Donald Trump persönlich vermittelt« wurde. Die Hypotheken-, Steak- und Reisebüro-Geschäfte waren nur kurzlebig, doch die 2005 gegründete Trump U hielt immerhin einige Jahre durch. Die Studenten zahlten für den Zugang zu einer Website, auf der sie sich Videos und Artikel über Verkaufstechniken oder den Umgang mit Niederlagen ansehen konnten. Den Studenten wurde auch beigebracht, was Trump über die Popsängerin Britney Spears dachte, die, wie er fand, »bessere Tage gesehen hat. Vor vier oder fünf Jahren legte sie im Trump Taj Mahal einen großartigen Auftritt hin. Jetzt hat man den Eindruck, als würde ihr alles entgleiten. Britney, lass das nicht zu! Lass dir nicht alles durch die Finger rinnen! Behalte einen kühlen Kopf!«

Die Angebote der Trump U unterschieden sich gewaltig, preislich und inhaltlich. Gegen einen Obolus von 5000 Dollar konnte man Klausurtagungen zu Themen wie »Vermögenserhalt« oder »Kreativer Finanzierung« belegen. Die Studenten hatten außerdem die Möglichkeit, bei einem Mentor der Trump U Einzelunterricht zu nehmen oder gleich das komplette »Goldene Elite«-Programm zu buchen. Dieses Programm, das die Mentoren-Betreuung plus fünf Klausurtagungen beinhaltete, war angeblich 50 000 Dollar wert, wurde den Studenten aber zum Schnäppchenpreis von 34 995 Dollar angeboten.

Obwohl Trump normalerweise nicht persönlich in den Kursen erschien, zierte sein Konterfei die Vorderseite des sogenannten Trump 101-Buches, das die Studenten als Einführungsmaterial ausgeteilt bekamen. Auf jedem erdenklichen Stück Papier stand sein Name. In einem der Seminarräume hatte man eine lebensgroße Pappfigur des Universitätsgründers aufstellen lassen. Wenn es den Studenten schon nicht vergönnt war, ein Foto mit dem echten Trump zu machen, so konnten sie immerhin Seite an Seite mit dem Pappkameraden posieren.[2]

In der ersten Zeit war in der Presse nur selten etwas über die Trump U zu lesen. 2008 berichtete die *Tampa Bay Times* dann von einer kostenlosen Präsentation des Trump U-Dozenten James Harris in Florida. Mit der vollmundigen Behauptung, »unerhörte Faktoren des Immobilienmarkts haben EINEN PERFEKTEN STURM der Gewinnmöglichkeiten ausgelöst«, war das Ereignis marktschreierisch beworben worden (während die Immobilienpreise von Tampa in Wirklichkeit fielen und noch mindestens vier Jahre weiter fallen sollten). Im Festsaal des Marriott-Hotels gab Harris seine persönliche Geschichte zum Besten: Er erzählte dem Publikum, wie er als Teenager in New Yorker U-Bahnen geschlafen habe und durch das Immobiliengeschäft zu einem erfolgreichen Mann geworden sei.

Trotz der elektrisierenden Aussicht auf einen vermeintlich PERFEKTEN STURM riet er seinen Studenten, billig zu kaufen und teuer zu verkaufen und sich mit moderaten Gewinnen zufriedenzugeben. Am Ende seines Vortrags kündigte Harris an, dass die Zeit für mehr Informationen nun leider nicht mehr ausreiche, dass die Trump U aber in Kürze – gegen eine Gebühr von 1495 Dollar – ein dreitägiges Seminar veranstalte, bei dem wesentlich mehr geboten würde.

»Es gibt drei Sorten von Menschen«, erklärte er seinen Studenten, »Menschen, die etwas bewirken, Menschen, die darauf warten, dass etwas geschieht, und Menschen, die sich fragen: ›Was ist passiert?‹ Zu welcher Sorte gehören Sie?« Und dann sagte er noch: »Es gibt Macher und Träumer. Und ich möchte mit den Machern sprechen, wenn wir hier fertig sind.«[3]

Zwei Jahre nach dem Report in der *Tampa Bay Times* berichtete die *Daily News*, im ganzen Land gingen Beschwerden über die Trump U ein. Bei einem kalifornischen Gericht reichte eine Gruppe von Studenten 2010 Klage gegen Trump und die Trump U ein. In sechs amerikanischen Bundesstaaten waren Strafanzeigen gegen das Unternehmen anhängig. So erstatteten auch sieben Studenten Anzeige, weil man sie angeblich unter Druck gesetzt hatte, die gesamte Kreditlinie ihrer Kreditkarten auszuschöpfen, um die Angebote der Trump-Universität zu kaufen. Andere beschwerten sich über Praktikumsplätze, die nie zur Verfügung standen, oder über vorteilhafte Kontakte, die niemals zustande kamen. Auf Drängen des Staates New York, der von jeder Institution, die sich den Bewohnern des Staates als »Universität« anpries, eine Akkreditierung forderte, wechselte die Trump U ihren Namen zu Trump Entrepreneur Initiative.

Vor Gericht stritten Trump und die Trump U alle Anschuldigungen ab und verfolgten eine energische Verteidigungsstrategie. In seinen öffentlichen Kommentaren zu den Verfahren betonte Trump, dass unzählige Teilnehmer nach eigener Aussage gute Erfahrungen mit der Universität gemacht hätten – Trump rechnete 98 Prozent zu dieser Kategorie. Gegenüber der *Daily News* sagte er: »Es gibt genügend Leute, die in Harvard studiert haben und trotzdem nichts geworden sind, und es gibt genügend Leute, die zur Trump University gekommen sind und großen Erfolg hatten.«

Im Sommer 2003 verklagte der New Yorker Generalbundesanwalt Eric Schneiderman Trump und die Trump U auf 40 Millionen Dollar Schadensersatz, weil die Universität ihre Studenten nach seiner Einschätzung übervorteilt hatte. In den Gerichtsakten wurde eine Reihe betrügerischer Praktiken aufgezählt, unter anderem das Versprechen, bei erfolgreichen, von Donald Trump »handverlesenen« Immobilien-»Experten« studieren zu können. In Wirklichkeit war keiner der Dozenten »handverlesen«, wie Schneiderman nachwies. Einige von ihnen waren sogar als Immobilienunternehmer in Konkurs gegangen. In einer Presseerklärung äußerte sich der Generalbundesanwalt wie folgt: »Mr. Trump instrumentalisiert seinen Prominentenstatus. Er tritt persönlich in Werbespots auf, um Menschen dazu zu bringen, Zehntausende von Dollar, die sie eigentlich nicht haben, für einen Unterricht auszugeben, der so nie stattfindet.«

Die Gerichtsakten verwiesen auch auf ein Dokument, das den Verhaltenskodex für die Angestellten der Trump University in Texas regelte. Wie *The Atlantic* publik machte, wurden die Mitarbeiter in diesem Dokument dazu aufgefordert, Gratisvorträge zu halten, um dadurch die gebührenpflichtigen Trump U-Programme zu »Verkaufen, Verkaufen, Verkaufen!« zu finanzieren. Der Leitfaden wies die Mitarbeiter an, bei den Besuchern der Gratisvorträge auf eine Veränderung ihrer Körpersprache zu achten, die darauf hindeuten könnte, dass sie für die Angebote empfänglich geworden sind. Außerdem wurden in dem Handbuch die Pflichten der als Vertriebskoordinatoren bezeichneten Angestellten aufgelistet. Diese Personen sollten mit »objektiven Gegenbeweisen« gerüstet sein, wenn sich jemand im Verkaufsgespräch resistent zeigte. Der *Atlantic*-Artikel führte aus, wie dieses Handbuch alle Details einer solchen Präsentation vorschrieb – von der Raumtemperatur (»nicht mehr als 20 Grad Celsius«) bis zum Abstand zwischen den Stühlen (»um die Anwesenden aus ihrer Komfortzone herauszuholen«). Das »minimale Verkaufsziel« pro Vortrag lag bei 72 500 Dollar. Dieses Ziel wurde unter anderem dadurch erreicht, dass man die Leute beim Verlassen der Veranstaltung an einem Verkaufstisch vorbeilotste. Das Handbuch riet den Angestellten der Trump U außerdem, Journalisten aus dem Weg zu gehen, weil diese »selten auf unserer Seite stehen und nicht wohlwollend sind«, und sie wurden ermahnt, »sofort den zuständigen Pressesprecher zu informieren, wenn bei einer Veranstaltung ein Staatsanwalt auftaucht«.[4]

Trump wehrte sich nicht nur vor Gericht gegen das Verfahren der Generalbundesanwaltschaft von New York. Er richtete auch eine Website ein – 98percentapproval.com (etwa: 98prozent-zustimmung.com) –, auf der Texte und Videos illustrierten, wie gut die Trump U bei den Bewertungen abschnitt, die sie am Ende jedes Seminars von ihren Studenten einforderte. Auf der Website fanden sich auch Boulevardartikel, in denen der Generalbundesanwalt als »schmutziger« politischer »Killer« mit korrupten Verbindungen dargestellt wurde. Auf Fox News beschimpfte Trump den Generalbundesanwalt als »Leichtgewicht … den keiner respektiert«. Weiter deutete er an, Schneiderman habe möglicherweise auf Geheiß Präsident Barack Obamas gehandelt.

Er sagte: »Ich neige nicht gerade zu Paranoia«, aber »… wenn er sich mit dem Präsidenten trifft und dann, sagen wir, 24 Stunden später Anklage erhebt, ja, dann denke ich schon, dass man es auf mich abgesehen hat. Und ich finde, das ist ein großes Problem, und ich finde, die Leute sollten sich das mal genauer ansehen«.

Jemand, der in diesem Moment zufällig bei Fox News einschaltete, musste sich über Trumps Andeutung ziemlich wundern. Warum sollte es der Präsident der Vereinigten Staaten ausgerechnet auf Donald Trump abgesehen haben, als er sich mit dem Generalbundesanwalt für den Staat New York traf. Entsprechend ließ auch Eric Schneiderman wissen, Obama und er hätten »über Wichtigeres zu sprechen gehabt als über Donald Trump«. Doch bei all jenen, die ihre politischen Informationen ausschließlich von dem überaus tendenziösen Kabelsender Fox bezogen, trafen die Worte Trumps auf Widerhall. Viele von ihnen glaubten, Donald Trump hätte guten Grund, eine Verschwörung zu befürchten. Schließlich war er einer der ersten Prominenten, der die Frage ventilierte, ob der Präsident nicht in Wirklichkeit Ausländer sei, der den Umstand seiner kenianischen Geburt verschleierte und folglich das höchste Amt im Staat nicht rechtmäßig bekleidete. Diese Strategie, die Legitimität des ersten schwarzen Präsidenten der Vereinigten Staaten zu untergraben, fand bald einigen Zuspruch: Damit war die sogenannte Geburtler-Bewegung (*Birther*-Bewegung) aus der Taufe gehoben.

***

Die Vorstellung, dass Barack Obama nicht der Mann ist, der er zu sein scheint, lässt sich mindestens bis in das Jahr 2004 zurückverfolgen. Ihr Urheber war ein Anwalt namens Andy Martin, dem der Staat Illinois in jungen Jahren wegen einer Entscheidung des Obersten Gerichtshofs die anwaltliche Zulassung verwehrt hatte. In der Begründung des Gerichts hieß es damals, ihm mangele es an »Verantwortung, Aufrichtigkeit, Anständigkeit, Selbstbeherrschung und an Achtung für das Rechtssystem«. Dabei verwies das Gericht auf den US Selective Service, eine die Wehrtauglichkeit junger Männer beurteilende Behörde, die zu dem Schluss gekommen war, dass Martin an »Ideenbildung mit paranoider Tendenz und Neigung zum Größenwahn« litt. Martin kandidierte unablässig, aber erfolglos für irgendwelche politischen Ämter, unter anderem für einen Sitz im amerikanischen Kongress. Die natürlich ebenfalls scheiternde Wahlkampagne für den Parlamentssitz nannte er »Congressional Campaign to Exterminate Jew Power in America« (etwa: Kongresswahlkampf zur Auslöschung jüdischer Macht in Amerika). 2004 hatte er in einer Pressemitteilung behauptet, Obama sei kein Christ, sondern »ein Moslem, der seine Religion verbirgt«.

Durch diese Unterstellung, die er kurz nach den Angriffen islamischer Terroristen auf das World Trade Center in Umlauf brachte, bei denen Tausende von Amerikanern starben, wollte Martin offenbar vorhandene Ängste und Vorurteile gegen Obama mobilisieren. Dass die Aktion damals weitgehend im Sand verlief, lag vermutlich daran, dass sich Martin ein Jahr zuvor gebrüstet hatte, den Aufenthaltsort des gestürzten irakischen Diktators Saddam Hussein zu kennen, obwohl die riesige amerikanische Armee, die damals im Irak stationiert war, ihn nirgends finden konnte. Am Ende gab Martin zu, dass er seine Obama-Theorie verbreitet hatte, um einer weiteren aussichtslosen Wahlkampagne »Schwung zu geben«.[5]

Martins Eingeständnis nahm dem Gerücht nichts von seiner Sprengkraft. Einmal im Netz gelandet, wurde die Behauptung begierig von denen aufgegriffen, die Obama hassten und den gängigen Nachrichtenquellen misstrauten. Das Internet mit seinem unbegrenzten Vernetzungspotential macht es einsamen Paranoikern leicht, sich gegenseitig in ihren Wahnvorstellungen zu bestärken. Ein solcher Prozess zeichnet sich normalerweise durch eine Verdachtsrhetorik aus; die Beteiligten betonen, lediglich »Fragen zu stellen«, die gehört zu werden verdienten. Mit diesem rhetorischen Trick können Außenseiter, die auf faire Behandlung plädieren, erwiesene Tatsachen, wie etwa die Evolution, in Frage stellen. Ein ums andere Mal wurde in der Debatte, die sich aus Andy Martins Behauptungen entspann, suggeriert, Obama sei nicht zu trauen und man solle vorsichtshalber gegen ihn ermitteln. 2008 brachten die Anhänger Hillary Clintons, die damals mit Barack Obama um die demokratische Präsidentschaftsnominierung stritt, eine E-Mail in Umlauf, in der es unter anderem hieß: »Barack Obamas Mutter lebte mit seinem arabisch-afrikanischen Vater bis zum Ende ihrer Schwangerschaft in Kenia. Da sie zu der Zeit nicht mehr mit dem Flugzeug reisen durfte, wurde Barack Obama dort geboren. Anschließend ging seine Mutter mit ihm nach Hawaii, um seine Geburt registrieren zu lassen.«

Selbst Obamas US-Staatsbürgerschaft, die natürlich eine Voraussetzung für seine Präsidentschaftskandidatur war, wurde mittlerweile von der parteiübergreifend angeheizten Gerüchteküche angezweifelt. Bei einer Wahlkampfveranstaltung forderte jemand den republikanischen Kandidaten John McCain öffentlich auf, von Obama einen Nachweis seiner Staatsbürgerschaft zu verlangen. McCain lehnte das Ansinnen ab und wies demonstrativ eine Frau zurecht, die sich darauf versteifte, sein Kontrahent sei insgeheim ein »Araber«.

Nach der Wahl ließen politische Gruppen wie etwa die Re-
sistNet Tea Party in der *Chicago Tribune* eine Anzeige schalten, die ankündigte, man werde den designierten Präsidenten
als »Usurpator« betrachten, der keinerlei »Unterstützung des
Volkes« verdient, sollte er gewisse Forderungen nicht erfüllen.
2009 warf Mark Williams von der Tea-Party-Express-Gruppe
dem Präsidenten unter anderem vor, »wahrscheinlich kein in
den USA geborener Staatsbürger« zu sein. In demselben Artikel
verglich er ihn mit Hitler. Moderatoren von Radio-Talkshows,
Kongressabgeordnete und Tea-Party-Aktivisten stimmten alle in
den Chor derer ein, die anzweifelten, ob Obama ein waschechter
Amerikaner sei. Diese Gerüchte hielten sich auch in der Zeit
seiner Präsidentschaft und wurden von Fox News und anderen
rechten Medien gepflegt. Nach einer Erhebung des Meinungsforschungsinstituts Public Policy Polling waren 51 Prozent der
Republikaner überzeugt davon, der Präsident sei im Ausland
geboren und aus diesem Grund nicht für sein Amt qualifiziert.[6]
Fragen um Obamas Geburt und seine nationale Identität hielten die Menschen fast so in Atem wie das Gespenst des Kom-
munismus zuzeiten der antikommunistischen Hetze. So wie Roy
Cohn in der McCarthy-Ära manipulierte Bilder unters Volk
gebracht hatte, so präsentierte Orly Taitz, eine Anhängerin der
Geburtler-Bewegung, eine gefälschte kenianische Geburtsurkunde, um Obama als Fremden zu diskreditieren. Nicht anders als
McCarthy und Cohn sagten Obamas Gegner, sie suchten lediglich
lich Antworten auf gewisse Unklarheiten, während sie doch in
Wirklichkeit die Fakten ignorierten. Zu diesen Fakten gehörte
eine Kopie seiner vom Staat Hawaii ausgestellten »Lebendgeburt-
Urkunde«, die Obama der Öffentlichkeit im Laufe des Wahlkampfs präsentiert hatte, sowie die damals in einer Zeitung von
Honolulu erschienene Geburtsanzeige. Um die Geburtler-Kam-
pagne angemessen beurteilen zu können, musste man in Rechnung stellen, dass Obama nicht nur der erste schwarze Präsident,
sondern auch noch der erste Präsident mit einem muslimischen
Elternteil war. Rassenvorurteile und religiöse Angst lauerten
am Grunde der Geburtler-Bewegung. Ein Cartoon, der im Netz

zirkulierte, machte diesen Zusammenhang deutlich: Die Obamas waren als Schimpansen dargestellt. Unter dem Bild war zu lesen: »Jetzt wissen wir warum – keine Geburtsurkunde!«[7]

Als Trump wieder einmal mit einer Präsidentschaftskandidatur liebäugelte, entdeckte der begnadete Provokateur das Geburtler-Thema als probates Mittel, um sich Aufmerksamkeit zu verschaffen. Jedem seiner früheren Annäherungsversuche an das Amt – in den Jahren 1987 und 1999 – hatte er durch die Veröffentlichung eines Buchs Nachdruck verliehen. Diesmal konnte er darauf vertrauen, dass eine ganze Backlist von Titeln sowie eine Fernsehsendung seine Sache befördern würden. Zu Beginn des Jahres 2011 ließ der Trump-Helfer Michael Cohen wissen, sein Chef ziehe eine Kandidatur »ernsthaft in Erwägung«, denn »es reicht ihm, wie das Land regiert wird«. Eine Reihe prominenter Republikaner hatte schon Interesse bekundet, gegen Obama antreten zu wollen, und auch Trump brachte auf der sogenannten Conservative Political Action Conference (CPAC, etwa: Konferenz für konservatives politisches Handeln) im Februar 2011 seinen Namen ins Spiel.

Auf dieser Konferenz wurde Donald Trump zu den Klängen des Soul-Hits »For The Love Of Money« vorgestellt. (»Aus Liebe zum Geld ist es den Leuten egal, wen sie verletzen oder schlagen«, heißt es unter anderem in diesem Song.) Sein Redebeitrag zeugte von jenem ökonomischen Chauvinismus, den er schon 1987 in Portsmouth, New Hampshire, verbreitet hatte, noch bevor sein erstes Buch erschien. Damals hatte er gegen die Ölproduzenten der OPEC (Organisation der Erdöl exportierenden Länder) und die Handelspolitik des damaligen republikanischen Präsidenten Ronald Reagan gewettert. Auch hatte er den Verdacht geäußert, die japanischen Geschäftsleute würden sich wegen der Vorteile, die man ihnen gewährte, insgeheim »ins Fäustchen lachen«. Etwas mehr als zwanzig Jahre später befand sich Japan in seinem zweiten Jahrzehnt wirtschaftlicher Stagnation, womit japanische Geschäftsleute nicht mehr zum Feindbild taugten. Deshalb ersetzte Trump Japan kurzerhand durch China und »die Mexikaner«, die »kaum glauben können, was man ihnen alles durchgehen lässt«. Er sagte, »sieben Dollar, acht Dollar, neun Dollar« pro Gallone Benzin voraus, »die wir in einem oder zwei Jahren bezahlen werden«, weil »es niemanden gibt, der die OPEC anruft und ihr sagt, sie solle die Preise lieber senken, und das bitte ganz unverzüglich«.

Das Publikum der CPAC nahm Trumps politische Ideen mit Wohlwollen auf. Seine wichtigste Botschaft aber war seine Attraktivität als Präsidentschaftskandidat. Sein Reichtum sei »ein permanenter Indikator und eine Bestätigung für seine Fähigkeiten«. Trump stellte klar, dass ihn seine Konkurrenzfähigkeit – »Ich habe viele Menschen geschlagen« – zum richtigen Mann an der Spitze des Staates mache. Und den in der Menge anwesenden Geburtlern, die Obama für einen unrechtmäßig amtierenden Ausländer hielten, sagte er: »Unser gegenwärtiger Präsident kam aus dem Nirgendwo. Ich gehe sogar noch einen Schritt weiter. Die Leute, die mit ihm zur Schule gingen, haben ihn nie zu Gesicht bekommen; sie kennen ihn nicht. Verrückt!« In Trumps Augen hatte der Mann, der Hillary Clinton und andere bei den Vorwahlen der Demokraten ausstach und John McCain bei der Präsidentschaftswahl besiegte, eigentlich nicht gezeigt, dass er wirklich fähig war. Er selbst, Trump, aber besaß die Eignung zum Präsidenten, weil er als Geschäftsmann Erfolg gehabt hatte.[8]

Obwohl fanatische Geburtler und Tea-Party-Aktivisten (oftmals in Personalunion) nur eine Minderheit der Grand Old Party bildeten, machten sie doch an Lautstärke wett, was ihnen an Masse fehlte. Aus ihrer Sicht war Obama eine existentielle Bedrohung für das Land – einige hielten ihn gar für den leibhaftigen Antichristen –, und folglich kamen sie in Scharen gelaufen, wenn jemand ihre Ansichten teilte. In der Frühphase des republikanischen Nominierungsprozesses, als die Kandidaten die innerparteilichen Vorwahlen 2012 im Blick hatten, konnte diese Energie für einen Außenseiter, der sich nicht scheute, Wähler, Spender und Parteiführer vor den Kopf zu stoßen, durchaus von Vorteil sein. Für einen Aspiranten des Mainstreams wie Mitt Romney wäre das Risiko viel zu groß gewesen. Doch einer, den Beifall von der falschen Seite nicht grundsätzlich irritierte und dem es mit seiner Kandidatur nicht ganz so ernst war, konnte sich unwiderstehlich zum rechten Rand der Geburtler- und Tea-Party-Fraktion hingezogen fühlen.

Unmittelbar nach seinem Auftritt bei der CPAC legte Trump bei Fox News nach und erklärte dem verblüfften Publikum von Bill O'Reillys Fernsehshow *The O'Reilly Factor*, er habe selbst einmal geglaubt, Obama sei in Hawaii geboren. Vielsagend fügte er hinzu: »Ich habe zu viel gesehen« und »schließlich Zweifel bekommen«.

Auf hartnäckiges Nachfragen von Moderator O'Reilly, der die Theorie der Geburtler für groben Unfug hielt, räumte Trump ein, der Präsident habe ja vielleicht eine amerikanische Geburtsurkunde. Doch dann führte er weiter aus: »Also, er hat vielleicht eine, aber irgendetwas ist da mit dieser Geburtsurkunde – vielleicht die Religion, vielleicht steht ja drauf, dass er Moslem ist, ich weiß nicht.« Darauf O'Reilly: »Es bringt Ihnen viel Beachtung, diese Frage zu stellen, aber ich kann Ihnen nicht abnehmen, dass Sie daran wirklich glauben.«[9]

Die Meinung O'Reillys, der auf Fox News einer der größten Stars war, hatte in konservativen Kreisen Gewicht, doch die fanatische Anti-Obama-Zuschauerschaft stürzte sich auf die Geschichte. Obwohl sich O'Reilly bemühte, Trumps Argumente zu widerlegen, wurde Trump auch von anderen Fox-News-Sendungen eingeladen, um seine »Fragen« zu wiederholen. In einer dieser Sendungen, einem Frühstücksfernsehprogramm, gab man ihm regelmäßig Gelegenheit, nämlich einmal pro Woche, der Nation seine politischen Ansichten zu unterbreiten.

Trumps Auftritte bei Fox News machten ihn auch für andere Fernsehkanäle interessant. Eine Journalistin von ABC leitete ihren Bericht augenzwinkernd mit einer Beschreibung der fünf Stunden ein, die sie mit »The Donald« verbracht hatte, inklusive eines Flugs in seinem großen Jet, den sie als »süßen Ritt« bezeichnete. Umgeben von Fernsehkameras sagte ihr Trump, dass er den Ausdruck »Geburtler« missbillige, weil er jeden, der die Herkunft des Präsidenten in Frage stellte, als »Idioten« abstempelte. Trump ergänzte dies mit dem Hinweis: »Ich kann Ihnen sagen, dass ich ein ziemlich kluger Typ bin, der ein ziemlich guter Student an einer der besten Universitäten des Landes gewesen ist.« Dann behauptete er etwas, dessen Wahrheitsgehalt sich unmöglich überprüfen ließ, dass er in der Lage sei, 600 Millionen Dollar für seine Präsidentschaftskampagne auszugeben. Trump saß mit blauem Anzug und roter Krawatte vor einem impressionistischen Bild, im Hintergrund dröhnten Flugzeugmotoren. »Das Schöne an mir« – dabei breitete er seine Arme weit aus – »ist auch, dass ich sehr reich bin.«[10]

Ein paar Tage später legte Trump in der Geburtsfrage noch einmal nach. Er sagte: »Ich habe Ermittler in Hawaii … Die können kaum glauben, was sie da finden.« Im Zuge der ganzen Aufregungen erwähnten Fernsehmoderatoren gelegentlich, dass die hawaiianischen Behörden Obamas Geburt im 50. Bundesstaat der Vereinigten Staaten schon mehrfach bestätigt hatten. Ungeachtet dieser amtlichen Beweise klang Trump so, als würden irgendwelche Tatsachen zurückgehalten. Seine Frau Melania betete es ihm in der Talkshow eines Kabelsenders nach: »Nicht er (Donald) hat die Sache aufgebracht. Die Medien tun das die ganze Zeit, die ganze Zeit.«

In keiner seiner Einlassungen konnte Trump mit glaubwürdigen Quellen aufwarten, und in einem Fall schien er den wahren Sachverhalt sogar rundweg zu ignorieren. Bei dieser Gelegenheit verstieg er sich zu der Behauptung: »Seine Großmutter in Kenia sagte: ›Oh nein, er ist in Kenia geboren. Ich war bei der Geburt dabei, ich habe es gesehen.‹ Das wurde aufgenommen, und ich nehme an, man wird diese Aufnahme recht bald veröffentlichen.«

Die fragliche Quelle war allerdings kein Interview mit Obamas Großmutter, sondern ein aufgezeichnetes Telefonat mit Obamas Stiefmutter Sarah, die sich in Kenia befand. Sarah sprach Swahili. Ein englischsprachiger Prediger namens Ron McRae führte das Gespräch. Der *Pittsburgh Post-Gazette* zufolge war dieser ein ehemaliger Polizeibeamter, der sich zum Straßenprediger berufen fühle; er wurde als »selbsternannter Bischof« von Wiedertäufern charakterisiert. Weil McRae rote Ahornbäume für eine Reverenz an den Islam hielt und aus diesem Grund gegen den

Entwurf eines 9/11-Mahnmals protestiert hatte, brachte die Zeitung ein Interview mit ihm. 2007 hatte seine winzige Glaubensgemeinschaft, die sich Anabaptist Churches Worldwide nannte, eine Zweigstelle in Kenia eröffnet. Auf der Homepage der Kirche war ein Foto von McRae mit Tropenhelm zu sehen.

Unter den Geburtlern kursierte eine bearbeitete Version des Gesprächs zwischen McRae und Obamas Stiefmutter. Darauf war unter anderem zu hören, wie der Sektenführer sie fragte: »Könnte ich Sie nach Obamas wirklichem Geburtsort fragen? Ich würde gerne seinen Geburtsort sehen, wenn ich im Dezember nach Kenia komme. Waren Sie bei seiner Geburt in Kenia dabei?« Daraufhin hörte man die Stimme des Übersetzers: »Sie sagt, ja, sie sei dabei gewesen. Sie war dabei, als Obama geboren wurde.«

Im weiteren Verlauf des Interviews, von dem auf den einschlägigen Internetseiten nichts mehr zu vernehmen ist, erklärte McRae: »Okay, wenn ich im Dezember anreise, möchte ich dorthin gehen, in das Krankenhaus, in dem er zur Welt gekommen ist. Können Sie mir sagen, wo er zur Welt gekommen ist? Ist er in Mombasa zur Welt gekommen?« Der Übersetzer antwortete: »Nein. Obama ist nicht in Mombasa geboren. Er ist in Amerika geboren.« McRae insistierte, woraufhin der Übersetzer der Stiefmutter noch einmal dieselbe Frage stellte, ihre Antwort abwartete und schließlich verkündete: »Hawaii. Sie sagt, er ist in Hawaii geboren.«

Auch wenn Trump das vollständige Interview im Netz vielleicht nicht finden konnte, hätte er doch wenigstens Sarahs Erinnerungen an die Umstände der Geburt ihres berühmten Verwandten in Hawaii nachlesen können, die 2007 in der *Chicago Tribune* erschienen waren. Diesen Bericht konnte man ohne Schwierigkeiten finden. Trump aber verließ sich lieber auf einen dubiosen Autor namens Jerome Corsi, dessen politische Kommentare nach allgemeiner Einschätzung von Fehlern strotzten. So hatte dieser Corsi beispielsweise behauptet, John McCain sei im großen Stil von einer islamischen Terrorgruppe unterstützt worden. Bei anderer Gelegenheit hatte er ein Amtsenthebungsverfahren gegen George W. Bush gefordert. (Zu den Verschwörungstheorien, die Corsi verbreitete, gehörte auch das Gerücht, Bush strebe anstelle des souveränen Staates USA einen Staatenbund an, bestehend aus Kanada, Mexiko und den Vereinigten Staaten.)[11]

Trotz oder wegen seiner mangelnden Glaubwürdigkeit genoss Jerome Corsi unter Fans von Verschwörungstheorien, von denen es in Amerika Millionen gab, ungeheure Popularität. Dieses Publikum hatte zwei Corsi-Bücher zu Bestsellern gemacht und wartete nun ungeduldig auf sein neues Buch – *Where's the Birth Certificate?* (Wo ist die Geburtsurkunde?) –, das im Mai 2011 erscheinen sollte. Bestimmte Dinge, die das Buch behandelte, konnte man vorab lesen, darunter auch Berichte über Obamas angebliche Geburt im Ausland. Am 27. April wurde dieser Werbekampagne ein wenig Wind aus den Segeln genommen, als das Weiße Haus eine »Langform« der Geburtsurkunde veröffentlichte, die belegte, dass der Präsident im Kapiolani-Krankenhaus von Hawaii zur Welt gekommen war. (Die meisten Staaten stellen kurze und lange Versionen von Geburtsurkunden aus. Behörden akzeptieren zumeist beide Varianten. In der Langform finden sich normalerweise detailliertere Angaben zu den Eltern des Kindes.)

Einen Tag nachdem das Weiße Haus die Langform der Geburtsurkunde präsentiert hatte, flog Trump nach Portsmouth, New Hampshire. Sein Helikopter landete auf dem dortigen Flughafen im Nebel. Er lief vom Hubschrauber zum Hangar, wo er durch das große offene Tor schon die vor einem kleinen Podium versammelten Reporter sehen konnte. Auf dem Podium standen, wie zu einem Strauß arrangiert, die Mikrophone. Trump rechnete es sich als Verdienst an, dass die Urkunde veröffentlicht worden war; außer ihm »hatte das sonst niemand geschafft«. Da es das Yoken's, das »*Thar she blows!*«-Restaurant nicht mehr gab, ging er zum anschließenden Handshake mit potentiellen Wählern in ein Schnellrestaurant. Auch wenn er bei anderer Gelegenheit geäußert hatte, er habe eine Phobie vor Keimen, betonte Trump jetzt, während er eine Hand nach der nächsten schüttelte, die Mär von seiner Keimphobie sei »eine Erfindung meiner Feinde«. Maggie Haberman von der Website »Politico« stellte fest, dass die

Bewohner des »Granitstaates« New Hampshire seine Kandidatur mit großer Skepsis betrachteten, und auch, dass es die örtlichen Vertreter ziemlich unmöglich fanden, als Trump eine Versammlung unterbrach, um ans Telefon zu gehen.[12]

Trump war schnell wieder dabei, Verschwörungstheorien über die Geburt des Präsidenten zu spinnen. »Wir müssen sehen, ob sie (die Geburtsurkunde) echt ist. Ist sie einwandfrei? Was steht darauf?« Mit typischem Politikerheucheln fügte er hinzu: »Ich bin mir sicher, dass damit alles in Ordnung ist.« Er war sich natürlich nicht sicher, dass mit dem Dokument alles in Ordnung war, nur dass er es eben hoffte. Und selbst wenn sich die Geburtsurkunde als authentisch herausstellen würde, so fuhr Trump fort, solle man vom Präsidenten doch verlangen, dass er weitere Fragen beantworte.

»Nach allem, was ich gelesen habe, scheint es so zu sein, dass er in seiner Zeit am Occidental (College) ein miserabler Student war. Dann geht er an die Columbia University. Und dann geht er nach Harvard … Wie kommt man nach Harvard, wenn man kein guter Student ist?« Diese Fragen würden sich aufklären, so Trump, wenn der Präsident der Öffentlichkeit seine Zeugnisse zeigen würde. Selbstverständlich versprach Trump an dieser Stelle nicht, er werde dann keine weiteren Fragen mehr aufwerfen – zur Abwechslung vielleicht einmal zu Obamas Golf-Handicap?[13]

Angesichts der Tatsache, dass er ziemlich unwahrscheinliche Dinge über seine eigenen Leistungen an der Pennsylvania University – an der sich Trump einschrieb, nachdem er zuvor zwei Jahre auf einem weniger renommierten College verbracht hatte – behauptete, schien diese Fixierung auf Obamas wissenschaftliche Qualifikationen im besten Fall eine dumme Idee zu sein. Im weitaus schlimmeren Fall war diese Idee allerdings geeignet, Ressentiments bei sämtlichen (zumal weißen) Wählern zu schüren, die Gesetze zur positiven Diskriminierung benachteiligter Bevölkerungsgruppen ablehnten. Von diesen Wählern wurden die Gesetze, die für eine jahrhundertelange Diskriminierung entschädigen sollten, als unfair betrachtet. Patrick Buchanan, ein politischer Provokateur, der sich im Rennen um die Präsidentschaft keine

Chancen mehr ausrechnete, fragte laut, wie es Obama wohl geschafft hätte, erst in Columbia und dann Harvard an der juristischen Fakultät aufgenommen zu werden. Und »plötzlich ist er Chefredakteur der *Harvard Law Review*. Wir haben niemals irgendwelche Zeugnisse von dem Mann gesehen. Das sind doch legitime Fragen … Meines Erachtens ist er durch und durch das Produkt der *Affirmative-Action*-Politik!«

Selbst wenn Obama von einer *Affirmative-Action*-Quote profitierte, so würde davon weder sein mit magna cum laude ausgezeichneter Abschluss noch seine Position als Chefredakteur bei der renommierten juristischen Fachzeitschrift in irgendeiner Weise beeinträchtigt. Dass der afroamerikanische Sohn einer alleinerziehenden Mutter zum Präsidenten der Vereinigten Staaten aufsteigen konnte, war vielleicht wirklich ein Indiz dafür, dass die Politik der positiven Diskriminierung funktionierte. Doch war dies nicht die Botschaft, die Buchanan und Trump vermitteln wollten. Auf ziemlich unverblümte Weise brachten sie zum Ausdruck, Obama wäre in den Genuss einer Sonderbehandlung gekommen, hätte es aus eigener Kraft niemals geschafft und stehe somit unrechtmäßig an der Spitze des Staates.

Die Nachfrage-Strategie wurde von einigen als mangelnde Sensibilität, wenn nicht gar als reine Borniertheit gegenüber der Rassenproblematik wahrgenommen. David Remnick vom *New Yorker* schrieb, Trump habe sich an »einer bewussten Form von Rassenhetze« beteiligt. Bob Schieffer vom Fernsehsender NBC News sagte, Trump habe »eine hässliche Art von Rassismus« an den Tag gelegt. Diese Kritik, gegen die sich Trump verwahrte, wurde von nicht wenigen Intellektuellen aufgegriffen, doch es war ein Wutausbruch von David Letterman, dem Anchorman der landesweit ausgestrahlten gleichnamigen Late-Night-Show, der sie in die breitere Öffentlichkeit trug.

Bei einem Live-Gespräch mit dem Psychologen und Talkshow-Moderator Phil McGraw äußerte sich Letterman kritisch über Trump. Der dem Publikum als »Dr. Phil« bekannte McGraw hatte vor seiner Fernsehkarriere als niedergelassener Psychologe gearbeitet. Danach stand er für ein Unternehmen unter Vertrag, das therapeutische Seminare mit einem abschließenden Fernseh-auftritt der Teilnehmer anbot. Schlagfertig und jovial wie er war, hatte er bald seinen festen Platz in einer bunten Show gefunden, in der Menschen mit sozialen und psychologischen Problemen unterhaltungskompatibel vorgestellt wurden. McGraw war im Grunde genau wie Trump, den er zu seinen Freunden zählte, ein Star des Reality-Fernsehens. Diese vermeintliche Freund-schaft mag für Letterman Anlass gewesen sein, sich mit McGraw über Trump zu unterhalten. »Es ist wahnsinnig komisch, so wie im Zirkus oder beim Rodeo, bis es anfängt, nach Rassismus zu schmecken«, sagte Letterman. »Und dann macht es gar keinen Spaß mehr.«

Da er darauf irgendwie reagieren musste, sagte McGraw, er halte Trump nicht für einen Rassisten. Er würde Trump lieber unbesonnen nennen: »Ich glaube, er denkt die Sachen nicht im-mer ganz bis zu Ende. Vieles kommt bei ihm ein bisschen aus der Hüfte geschossen. Mit keiner Faser seines Körpers aber ist er meines Erachtens ein Rassist.« Letterman sagte daraufhin: »Wenn er wieder in diese Show kommt, und ich weiß nicht, ob wir ihn unter diesen Umständen wirklich noch einmal hier ha-ben wollen, dann sollte er lieber bereit sein, sich für genau diese Art von Verhalten zu entschuldigen.«

Nach der Sendung schrieb Trump an Letterman: »Was Sie letzte Nacht in Ihrer Show über mich gesagt haben, dass ich ein ›Rassist‹ sei, hat mich schwer enttäuscht. In Wirklichkeit ist nichts unrichtiger als das. Es gibt niemanden, der weniger von einem Rassisten hat als Donald Trump … Wegen Ihrer Äußerun-gen und obwohl wir immer ein gutes Team waren, besonders im Hinblick auf Ihre Einschaltquoten, möchte ich meinen Auftritt in Ihrer Show am 18. Mai absagen.«

Monate später war es Letterman – und nicht Trump –, der sich entschuldigte, wenn auch auf etwas gewundene Art. Zu Be-ginn seiner Sendung sagte er über Trump: »Vielleicht ist er kein Rassist«, sondern nur »jemand, der regelmäßig dumme Sachen sagt, um sich zu profilieren«, womit er und Trump doch »eines gemeinsam hätten«. Vielleicht »hatte ich unrecht«, so fuhr Letterman fort, »und er ist gar kein Rassist, denn das wollen wir ja niemandem unterstellen, sondern einfach ein Dummkopf. Wie ist es damit?«

Obwohl sich Letterman auf diese Weise irgendwie entschuldigt hatte, übernahm er weder Dr. Phils Diagnose noch stimmte er Trumps ehemaligem Leibwächter Robert Utsey zu, der felsenfest behauptete, Trump läge jeglicher rassistischer Vorbehalt fern – eine Ansicht, die man sich in der Tat nur schwer zu eigen machen kann. Seit 1970, als er gegen die Auflage klagte, auch an Sozialhilfeempfänger vermieten zu müssen, hat Trump immer eine mangelnde soziale Sensibilität an den Tag gelegt. Als er sich in den Prozess um die Vergewaltigung einer Joggerin im Central Park einschaltete, bei dem vier der Angeklagten schwarz waren und einer ein Hispano, trug er zur Verschärfung einer äußerst angespannten Situation voller rassistischer Untertöne bei.

Doch keine seiner früheren Äußerungen und Taten waren vergleichbar mit den Angriffen, die er im Zusammenhang mit Obamas Zulassung zu den Universitäten Columbia und Harvard und mit den wiederholt eingeforderten Beweisen für dessen Geburt in Hawaii gegen den Präsidenten richtete, Letzteres selbst dann noch, als alle Welt längst die amtlichen Urkunden einsehen konnte. Trump rechtfertigte sich mit dem Hinweis, er stelle lediglich Fragen zu einem Problem, das seines Erachtens ungelöst war. Diese »Strategie des minimalen Zweifels« setzte allerdings voraus, dass Trump zuverlässige Beweise übergehen und den Präsidenten beleidigen musste. Doch er war nicht der Einzige, der sich im Ton vergriff. Die Wahl und spätere Wiederwahl des ersten schwarzen Präsidenten der Vereinigten Staaten brachte viele Rechte so aus dem Gleichgewicht, dass sie rassistische Cartoons über die Familie Obama in Umlauf brachten und immer wieder versuchten, Barack Obama als fremd und anders zu verunglimpfen, nicht ohne anschließend jeglichen Rassismus kategorisch von sich zu weisen. Ein vielsagendes Beispiel für dieses Verhalten lieferte Rudy Giuliani. Der ehemalige Oberbürgermeister der Stadt New York erklärte 2015: »Er ist nicht so aufgewachsen, wie Sie aufgewachsen sind oder wie ich aufgewachsen bin, durch

Heimatliebe.« Als man ihn aufforderte, zu dieser Aussage Stellung zu nehmen, setzte er hinzu, man könne sie wohl kaum als rassistisch bezeichnen, da Obama schließlich »von einer weißen Mutter aufgezogen wurde«.

Jeder, der die Rassengeschichte des Landes auch nur ansatzweise kennt, sollte wissen, dass es vollkommen inakzeptabel ist, Obamas Staatsbürgerschaft oder seine Vaterlandsliebe in Frage zu stellen. Entsprechende Aussagen diesbezüglich wurden von einem kleinen Teil der Wählerschaft, der aus rassistischen Gründen nicht hinnehmen konnte, dass Amerika einen afroamerikanischen Präsidenten hat, sehr bejubelt. Zu diesem politischen Spektrum sind Leute wie jener Bundesrichter zu zählen, der einen rassistischen Witz über die Eltern des Präsidenten verbreitete, oder jener kalifornischer Republikaner, der einen Cartoon in Umlauf brachte, auf dem Barack Obama als Affe dargestellt war.

Für eine gewisse Zeit brachte das Verhalten, über das sich David Letterman beklagte, Trump eine Fangemeinde, dies ergab eine Meinungsumfrage des *Wall Street Journal*. Die Umfrage, die Anfang April erhoben wurde, sah ihn bei republikanischen Präsidentschaftsbewerbern zu den Vorwahlen in der Beliebtheit hinter Mitt Romney auf dem zweiten Platz. Dieses Ergebnis mochte der Tatsache geschuldet sein, dass Trump kein Blatt vor den Mund nahm – »China plündert dieses Land aus«, verkündete er; wahrscheinlich aber war es einfach eine Folge seiner Medienpräsenz. Den langjährigen Fernsehshowstar Trump kannte man natürlich viel besser als all die anderen Kandidaten. Seine Prominenz hatte auch seinen politischen Ansichten eine gewisse Beachtung beschert. Sie machte ihn beim White House Correspondents' Dinner (dem amerikanischen Pendant zum Presseball) zu einem dankbaren Opfer für den Comedian Seth Meyers und den Präsidenten selbst, die ihn beide in ihren Reden verspotteten.

Meyers erntete großes Gelächter, als er zu dem Tisch hinübersah, an dem Trump als Gast der *Washington Post* saß, und sagte: »Donald Trump hat angekündigt, er werde als Republikaner ins Rennen um die Präsidentschaft gehen. Das ist eine Überraschung, denn ich dachte, er würde als Scherz ins Rennen gehen.« Natürlich konnte er auch nicht der Steilvorlage widerstehen, die Trumps Frisur liefert, und so befand er: »Man sieht Donald Trump oft bei Fox. Das ist recht lustig, denn häufig ist ein Fuchs (*fox*) auf Trumps Kopf zu sehen.« Doch Meyers beruhigte die Leute an Trumps Tisch: »Keine Sorge, wenn Sie Ihren Teller nicht aufessen können, geben Sie den Rest einfach dem Fuchs zu fressen.« Dann führte er Trump wegen seiner Schützenhilfe für die Geburtler vor und mokierte sich über dessen Kommentar: »Ich habe eine großartige Beziehung zu den Schwarzen.« Das könne nicht sein, so Meyers, »es sei denn, die Schwarzen sind weiß«.

Wer das Programm auf C-SPAN TV verfolgte, wurde die ganze Zeit mit kurzen Einblendungen Trumps versorgt, der während des gesamten Monologs grimmig auf seinem Stuhl saß. Wenn die Kamera etwas Abstand nahm, kam der Autor und Redakteur Graydon Carter ins Bild, der Trump schon in diversen Magazinen gequält hatte; man sah ihn kaum einen Meter von Donalds rechter Schulter entfernt mit breitem Grinsen. Trump machte ein Gesicht, als müsste er gerade ein schreckliches Martyrium über sich ergehen lassen, nicht nur die Unverschämtheiten eines Comedians. Im Gegensatz zu Trump lachte Obama herzlich, als Meyers dann den Präsidenten mit den Worten aufs Korn nahm, wie viel besser doch der Obama von 2008 gewesen sei und wie stark er seitdem gealtert sei: »Ist das der Wandel, von dem Sie gesprochen haben?«

In einer launigen Ansprache später am Abend kam der Präsident auch auf Donald Trump zu sprechen, was angesichts der Geburtsfrage eine gewisse persönliche Genugtuung gewesen sein mochte. Er stellte Trump als extremistischen Anhänger von Verschwörungstheorien dar, dann machte er eine kurze Pause und fügte hinzu: »Jetzt ganz im Ernst, wir alle kennen Ihre Qualifikationen und Ihren großen Erfahrungsschatz. Zum Beispiel – nein wirklich, ganz im Ernst, neulich bei einer Folge von *The Apprentice* – im Steak House, da konnte das Männerkochteam die Jury von Omaha Steaks nicht überzeugen. Und einer schob die Schuld dem anderen zu. Aber Sie, Mr. Trump, haben erkannt, dass das eigentliche Problem in einem Mangel an Führungsqualität bestand. Sie haben die Schuld deshalb nicht Lil Jon oder Meat Loaf gegeben. Sie haben Gary Busey gefeuert. Gut gemacht, Sir. Gut gemacht.«

Die Anmerkungen des Präsidenten und das Gelächter der Menge fanden statt, als die Eliteeinheit der US Navy Seals gerade dabei war, eine extrem gefährliche Mission zu erfüllen, die dem Terroristenführer Osama bin Laden das Leben kostete. Als Obama einen Tag nach dem Dinner mit den Pressevertretern im Weißen Haus erschien und die Welt über den Tod des Al-Qaida-Führers informierte, hoben die Medien hervor, wie wichtig die Probleme sind, die ein Präsident zu bewältigen hat, und wie frivol sich dagegen die Aufregung um Obamas Geburtsort und die damit verbundenen »Fragen« ausnahmen. Die republikanischen Senatoren John McCain und Lindsey Graham beschwerten sich kurz darauf, dass Trump nichts anderes täte, als die Aufmerksamkeit von ernsthaften Themen und ernsthaften Kandidaten abzulenken. Am 10. Mai war Trumps Rückhalt laut einer anderen Meinungsumfrage deutlich geschwunden. Unter den sechs republikanischen Kandidaten, die eine realistische Chance besaßen, belegte er nur noch den letzten Platz, und die Mehrheit der republikanischen Wähler bekundete, ihn nicht zu mögen. Trump behauptete, sich »innerlich« längst für eine ernstgemeinte Wahlkampagne entschieden zu haben, doch mit Blick auf das Fernsehprogramm ließ er wissen, er werde sich erst am 22. Mai 2011, wenn die aktuelle Staffel von *The Apprentice* zu Ende wäre, in aller Form um die Kandidatur bewerben.[14]

Nun war in New York für den 16. Mai allerdings eine Konferenz der TV-Werbekunden anberaumt, und so forderten die Verantwortlichen der NBC Trump auf, sich umgehend zu entscheiden, ob er die nächste Staffel seiner Show zu moderieren gedachte oder nicht. Vor die Wahl gestellt zwischen dem Honorar des Senders und der Aussicht auf einen realen politischen Machtkampf, der ihm das Amt des Präsidenten der Vereinigten Staaten eintragen konnte, entschied sich Trump für das Geld. Seinen Entschluss verkündete er nicht etwa bei einer politischen

Zusammenkunft seiner Anhänger, sondern vor versammelten Werbekunden. Nachdem er ihnen seine Zusage gegeben hatte, trommelte er sich noch einmal auf die Brust und sagte: »Ich bin nach wie vor der festen Überzeugung, dass ich sowohl die Vorwahlen als auch die Präsidentschaftswahlen gewinnen könnte, wenn ich meinen Hut in den Ring werfen würde.« Eine Woche später durften die Zuschauer Donald Trump dabei bewundern, wie er einen Countrysänger namens John Rich zum Gewinner von *The Apprentice* ausrief. Rich setzte sich gegen eine Riege von Prominenten durch, zu denen unter anderem ein Baseball-Spieler gehörte, der die Einnahme von Steroiden zugegeben hatte, ein Model des *Playboy* sowie der Gewinner von Mark Burnetts erstem *Survivor*-Wettbewerb, Richard Hatch, der wegen Steuerhinterziehung im Gefängnis gesessen hatte.

Die Einschaltquoten der Show waren durch Trumps medienwirksames Polittheater wieder nach oben gegangen, und Trump tat anschließend alles in seiner Macht Stehende, um die Scheinwerfer auf sich gerichtet zu halten. Diese Aufgabe gestaltete sich nicht allzu schwierig, denn keiner der selbsternannten Hoffnungsträger der republikanischen Partei kam offenbar ohne Trumps Segen aus. Obwohl Donald ihn zuvor öffentlich als »kleinen Geschäftsmann« verunglimpft hatte, der »mit etwas Geld aus einer sehr guten Firma ausgeschieden ist, die er nicht selbst gegründet hat«, pilgerte sogar Mitt Romney in den Trump Tower. Trump hatte auch vorausgesagt, dass Romney »verlieren würde«. Hier war also Romney, der nüchterne Mormonen-Bischof, ein Ausbund der Standfestigkeit, und warb um das Plazet eines Pseudokandidaten aus dem Reality-Fernsehen, der den Konkurs zur Geschäftspolitik erhoben hatte, einen proletenhaften New Yorker Dialekt sprach und in einem der berüchtigtsten Sexskandale des 20. Jahrhunderts eine Hauptrolle spielte (der aber, genau wie Romney, immer Antialkoholiker blieb). Als Romney schließlich verlor, freute sich Trump keineswegs, dass er recht behalten hatte. Er loggte sich in seinen Twitter-Account ein und verbreitete über das soziale Netzwerk eine Reihe verzweifelter Kommentare:

»Wir dürfen das nicht zulassen. Wir sollten einen Marsch auf Washington organisieren, um dieser Farce ein Ende zu bereiten.«

»Unser Land ist völlig gespalten! Lasst uns erbittert kämpfen, um diese große und widerwärtige Ungerechtigkeit zu beenden.«

»Die Welt lacht uns aus. Die Wahl ist ein reiner Schwindel und eine Farce. Wir sind keine Demokratie.«

»Unser Land befindet sich jetzt in ernstlichen und beispiellosen Schwierigkeiten ... So schlimm war es noch nie.«

»Unsere ehemals große Nation ist gespalten! Das Wahlmännersystem ist eine Katastrophe für eine Demokratie.«

»Hoffentlich kann das Abgeordnetenhaus unser Land für weitere vier Jahre zusammenhalten ... bleibt stark und gebt niemals auf!«

Nachdem er seine Tweets abgesetzt hatte, berief sich die New Yorker Zeitung *Daily News* auf Informationen eines »Trump-Insiders«, denen zufolge seine drei erwachsenen Kinder, die alle für ihn arbeiten, Trump bei einem Treffen aufgefordert hätten, Obama in Ruhe zu lassen. Ein Sprecher Trumps stritt zwar ab, dass ein solches Treffen je stattgefunden hätte, dennoch schien Trump seinen Ärger seitdem tatsächlich in andere Kanäle zu lenken. Er legte sich mit der Sängerin Cher an und anschließend mit dem Comedian und Talkshow-Moderator Bill Maher, der im Scherz versprach, fünf Millionen Dollar für wohltätige Zwecke zu spenden, wenn Donald Trump durch eine Geburtsurkunde beweisen könnte, dass sein Vater kein Orang-Utan war. Trump, der sich nicht so leicht ausstechen lässt, schickte Maher einen Rechtsanwalt mit einer Kopie der besagten Geburtsurkunde und einem Brief im Gepäck, in dem es unter anderem hieß:

Beiliegend finden Sie eine Kopie von Mr. Trumps Geburtsurkunde, die beweist, dass er der Sohn Fred Trumps und nicht der eines Orang-Utans ist ... Bitte überweisen Sie die fünf Millionen Dollar unverzüglich an Mr. Trump, der dafür sorgen wird, dass folgende fünf Wohltätigkeitsorganisationen das Geld zu gleichen Teilen erhalten: die Opfer des Wirbelsturms Sandy, die Sportvereinigung der Polizei (PAL), die

Amerikanische Krebsgesellschaft, die Neugeborenen-Gesund-
heitsorganisation March of Dimes sowie die Dana-Farber-
Krebsgesellschaft.

Gut möglich, dass Maher die fünf Millionen tatsächlich besaß, doch – Scherz bleibt Scherz – er hatte nicht die Absicht, Trump zu geben, was dieser verlangte. Trump verklagte Maher, zog seine Anzeige anschließend aber wieder zurück. Denn er hatte viele andere Schlachten zu schlagen, unter anderem mit dem Generalbundesanwalt von New York um die Trump University und mit seinem ehemaligen Verbündeten, dem Ersten Minister Schottlands, der über einen Streit um Windturbinen zum Gegner geworden war.[15]

KAPITEL 15

EIN NICHT GANZ UNSCHULDIGER AUF REISEN

Selbst das mit den Windmühlen ist verdammt toll.
Jeden Tag gibt es eine Geschichte über Trump.
Donald Trump über seine Kämpfe mit schottischen Politikern

Susan Munro streute im Hof unter ihrem Küchenfenster Vogelfutter aus, dann verteilte sie im Gras noch etwas Trockenfutter für den scheuen Igel, der manchmal in ihrem Garten herumschnüffelte. Sie war froh, dass der Fuchs, der einmal einen Wurf Junge in einem Bau an der Nordseite ihres Häuschens aufgezogen hatte, wieder verschwunden war. Ein geschickter Fuchs kann einen Igel auf den Rücken werfen und, na ja, den Rest möchte man sich lieber nicht vorstellen.

Da sie auf die sechzig zuging, wurde Munros Haar langsam grau. Ihr Gesicht war wettergegerbt und knittrig und ihre Stimme vom Rauchen rau wie ein Reibeisen. Doch es ging ihr gut, sie fühlte sich wohl. Munro war in der nahegelegenen Stadt Aberdeen geboren und aufgewachsen. Jahrzehnte ihres Lebens aber hatte sie hier, im Haus Leyton College verbracht. Es stand am Ende einer ausgewaschenen Schotterstraße. Östlich davon erstreckten sich turmhohe Sanddünen und das Meer, auf allen anderen Seiten war es vom riesigen Anwesen Menie Estate umgeben, das einem vornehmen amerikanischen Landwirt namens Tom Griffin gehörte. Abgesehen von gelegentlichen Schüssen der Jäger, die gegen eine Gebühr auf seinem Grundstück Fasanen und Rebhühner jagen durften, war Griffin ein ruhiger Nachbar.

Leyton Cottage lag so vollkommen abgelegen, dass sich Susan Munro an jeden einzelnen Besucher erinnern konnte, doch Peter Whyte hätte sie selbst als Stadtbewohnerin nicht vergessen. Denn nicht jeden Tag kommt es vor, dass ein Fremder auftaucht, der das eigene Haus kaufen möchte. Sie konnte sich noch gut entsinnen, wie er sagte: »Ich verbringe hier meinen Urlaub und bin gerade am Strand entlanggelaufen. Da habe ich Ihr Haus gesehen und musste einfach fragen, ob es nicht vielleicht zu verkaufen wäre.«

Whyte war dickbäuchig, hatte ein glattes Gesicht, blaue Augen und welliges Haar, das sich an der Stirn schon deutlich lichtete. Er sprach mit dem typischen Akzent britischer Eliteschulen. Vielleicht war er schlicht vom Immobilienfieber gepackt, das in ganz Großbritannien grassierte, dachte sich Munro. Innerhalb von fünf Jahren hatte sich der durchschnittliche Preis für britische Wohnungen und Häuser nämlich ungefähr verdoppelt. Viele Hausbesitzer nahmen neue Hypotheken auf und verwandelten die Wertsteigerung ihrer Häuser so in bares Geld. Ein Großteil dieses Geldes wurde wieder in Grundbesitz investiert. Doch auch wer kein Geld hatte, konnte neuen Grundbesitz hundertprozentig auf Kredit finanzieren. Jeder sprach über Immobilien, und man hatte den Eindruck, dass nur die Allervorsichtigsten – um nicht zu sagen die Begriffsstutzigen – ihre Hände von dem Spiel ließen.

Peter Whyte sah aus wie einer, der bei diesem Spiel zu den Gewinnern gehörte. Doch wenn er wirklich etwas verdienen wollte, warum sollte er sich mit der bescheidensten Hütte der ganzen Gegend zufriedengeben? Sie lag zwar nah am Meer, doch die bis zu 14 Meter hohen Dünen machten den Weg zum Wasser äußerst beschwerlich. Und das Haus war für diesen Typen auch eigentlich viel zu einfach. Warum nahm er nicht lieber das Haus von David und Moira Milne auf der Klippe, oder die Farm von Sheila und Michael Forbes mit ihren vielen Hektar Land? Munro stellte keine dieser Fragen, die ihr in den Sinn kamen. Stattdessen wollte sie ihrem Mann John alles genau berichten, wenn er abends von der Arbeit nach Hause zurückkehrte.

Als Whyte wieder gegangen war, dachte Munro: Man kann das

Haus nicht vom Strand aus sehen. Ich frage mich, was er wirklich will. Am Abend beschlossen die Munros, dass ihr Grundbesitz keine Ware war, die gekauft, gehandelt und verpfändet werden sollte.

Wäre es ihnen nicht lieber gewesen, den Vorfall für sich zu behalten, dann hätten die Bewohner der über das gesamte Menie Estate verteilten Häuser früher erfahren, dass Peter Whyte damals an jeder einzelnen Tür klopfte. David Milne etwa sah sich gerade die Fernsehübertragung eines Rugby-Spiels an. Ärgerlich über die Störung, schickte er Whyte fort. Sheila Forbes, eine etwas ungehobelte Frau, die kein Blatt vor den Mund zu nehmen pflegte, reagierte mit einem entnervten »Verpiss dich!« und ließ ihn nicht einmal ausreden.

Als sich die Nachbarn des Menie Estate endlich über Peter Whyte verständigten, wurden sie hellhörig. Sie wählten die Telefonnummer, die er ihnen gegeben hatte, und landeten bei Hobday-Golf. Der Eigentümer von Hobday-Golf hieß mit vollem Namen Neil Peter Whyte Hobday. Als sie ihn am Telefon hatten, gab er zu, dass er kein Ferienhaus suchte. Vielmehr arbeitete er als Berater eines Projektentwicklers, der für das windumtoste Stück an der schottischen Küste, auf dem die Munros, Milnes, Forbes und andere zufrieden und in Abgeschiedenheit lebten, große Pläne hatte. Tom Griffin war dann einverstanden, die gesamten 200 Hektar seines Menie Estate zu verkaufen, auf dem nun eine große Golfanlage entstehen sollte.

Wer Peter Whyte wirklich war, kam ans Licht, als die Nachbarn anfingen, auf den engen Feldwegen anzuhalten, um sich von Autofenster zu Autofenster auszutauschen. Als der Frühling begann, war das Bauprojekt zum allgemeinen Gesprächsstoff im örtlichen Gemischtwarenladen und in der Kaffeehaus-Galerie Tarts and Crafts geworden. Schließlich meldete die Lokalpresse, dass ein Amerikaner namens Donald Trump die Absicht hatte, in der Nähe zweier Golfanlagen fünfhundert Häuser und fast eintausend Wohnungen zu bauen. Auch ein Hotel mit 450 Zimmern und den dazugehörigen Restaurants und Konferenzräumen waren geplant. Der Golfplatz machte zudem ein weitläufiges Clubhaus erforderlich – im neoviktorianischen Disney-Stil – sowie Straßen, Parkplätze und Unterkünfte für vierhundert Angestellte. Einige der Dünen würden der Anlage weichen müssen, obwohl sie als Teil eines Naturschutzgebiets doch eigentlich vor derartigen Eingriffen sicher sein sollten.[1]

***

Trump traf am letzten April-Sonntag des Jahres 2006 im schottischen Aberdeen ein. Mit seiner Boeing 727 landete er auf dem örtlichen Flughafen. Als er zu den Dudelsackklängen von »Highland Laddie« seinem Jet entstieg, wurde er von einer riesigen Menschenmenge empfangen. Es waren mehr Menschen gekommen, als es normalerweise der Fall ist, wenn die britische Königin das nahegelegene Schloss Balmoral besucht. An allen Ecken wurde schon für Trump und seine zukünftige Investition geworben. Die Mitglieder einer Organisation namens Economic Forum hatten sich sogar zu der Behauptung verstiegen, das Bauprojekt sei für Schottland der größte Segen seit dem Boom der Ölindustrie. Als Trump den Boden der ursprünglichen Heimat seiner Mutter betrat, sagte er – und blieb damit seiner Keimphobie treu: »*Beinahe* möchte ich die Erde küssen.«

Durch den Besuch des amerikanischen Milliardärs in Aberdeen und auf dem Menie Estate kippte – ganz so, wie es heute manchmal in politischen Wahlkämpfen zu beobachten ist – die Stimmung. Trump stach durch seinen teuren Anzug und sein leuchtendes Haar aus der Menge heraus. Obwohl er nichts anderes tat, als zu einem wartenden Auto zu gehen, waren alle Augen auf ihn gerichtet. Mit einer Armada von persönlichen Helfern und Journalisten im Schlepptau wurde er per Fahrzeugkolonne zu einer rasanten Folge von Treffen und Empfängen mit den Bonzen der Gegend eskortiert. Reporter fotografierten und filmten jeden Schritt, den er tat, und notierten beflissen sämtliche Wohltaten, in deren Genuss das schottische Volk durch sein vieles Geld in Zukunft kommen würde. Die Zeitungen von Aberdeen kauften ihm die Geschichte ab. Der *Evening Express* etwa gelangte ohne große Umschweife zu dem Schluss: »Es ist wichtig, dass wir uns für Trumps Projekt entscheiden«.[2]

Wenn sie Nachrichten über Trump sahen oder lasen, schien es den Bewohnern des Menie Estate, als hätten sie ihre Geschichte schon einmal im Kino verfolgt. Und schließlich wurde ihnen klar, dass es diesen Film tatsächlich *gab*.

In dem 1983 von dem schottischen Regisseur Bill Forsyth gedrehten Film *Local Hero* taucht plötzlich ein Fremder auf, der im Auftrag eines reichen Amerikaners einen Landstrich an der schottischen Küste kaufen will. Der Plan des Amerikaners bleibt zunächst verborgen. Die Gier siegt, und die Bewohner der Gegend spekulieren auf unerwartete Verkaufserlöse, bis ein exzentrischer Sturkopf das ganze Projekt zum Erliegen bringt. Es war geradezu unheimlich, mit welcher Genauigkeit der Film die Ereignisse von Balmedie Village voraussagte. Fast hatte man den Eindruck, die Rollen der späteren Helden im wirklichen Leben seien schon vom Drehbuchautor festgelegt worden. Im Film stammte der Amerikaner, der seinen Plan schließlich aufgab, um den Schotten entgegenzukommen, aus Texas und hieß Felix Happer (Burt Lancaster). Im wahren Leben war der Amerikaner ein New Yorker namens Donald Trump. In der Hoffnung, dass man sein Projekt dadurch schneller genehmigen würde, hatte er sich im Vorfeld mit den maßgeblichen Politikern angefreundet. Allerdings schien ihm nicht besonders daran gelegen zu sein, irgendjemandem entgegenzukommen.

Donald Trump hatte die Sache so aufgezogen, als funktionierte das Spiel mit Bauprojekten in Schottland mehr oder weniger so wie in den Vereinigten Staaten, von dem einen oder anderen Dudelsackpfeifer im Kilt mal abgesehen. Große Bauvorhaben kollidieren praktisch fast immer mit Flächennutzungsplänen und Umweltschutzbestimmungen, und beides fällt in den Zuständigkeitsbereich der gewählten Politiker. Diese Amtsinhaber haben normalerweise ein Interesse daran, dass ihre Wähler zufrieden sind, damit sie ihre Ämter behalten können. Was aber braucht man, um Wähler zufriedenzustellen? Arbeitsplätze, eine gute öffentliche Infrastruktur, niedrige Steuern und den Glauben an eine rosige Zukunft. Da die Zukunft in Schottland wegen des Bevölkerungsrückgangs und der sinkenden Profite aus der Nordsee-Ölförderung nicht mehr sehr rosig aussah, suchte der Erste Minister Jack McConnell händeringend nach Investitionen, um diesen Trend umzukehren. Dabei erhoffte er sich insbesondere vom Tourismus und von der Windenergie Wachstumsimpulse. Nun hatte Trump zwar nichts mit Windkraft zu tun, doch er wusste, wie man ein Golfer-Paradies baute, das Touristen an die windgepeitschte Ostküste des Landes lockt.[3]

McConnell und Trump waren sich im April 2005 bei der Fashionshow »Dressed to Kill« in Manhattan begegnet. Das jährlich stattfindende Ereignis brachte prominente Amerikaner mit schottischen Wurzeln und hochrangige schottische Politiker zusammen. Schon im Sommer wurde Trump von den Mitarbeitern einer schottischen Wirtschaftsförderungsbehörde umworben. Sie rieten ihm, in ein Vorhaben zu investieren, das den mysteriösen Arbeitstitel »Projekt X« trug. Als Trump im Oktober schließlich signalisierte, dass er zu dem Geschäft bereit sei, flog McConnell erneut nach New York zu einer Privataudienz inklusive Mittagessen im Trump Tower. (Der Erste Minister befand sich auf einer Art internationaler Shoppingtour, um auf der ganzen Welt für Investitionen in Schottland zu werben.) Der schottischen Öffentlichkeit verkaufte man das Treffen als gute Gelegenheit, um »über Trumps Interesse an Schottland zu sprechen«. In McConnells engerem Kreis allerdings wurde durchaus zugegeben, dass der Erste Minister nach New York flog, »weil er über Mr Trumps Vorschlag sprechen wollte, mit einem Projekt in Aberdeenshire in den britischen Golfanlagen-Markt einzusteigen«.

Einen Tag nach dem besagten Treffen im Trump Tower kolportierten die schottischen Medien lediglich die offizielle Version der Geschichte. Man zitierte Trump mit den Worten, er werde »möglicherweise« in Schottland investieren, was ihm eine besondere Freude wäre, da seine Mutter von den Hebriden stamme, also aus dem »waschechten Schottland«. McConnell gab lediglich zu Protokoll, dass sich »einer der erfolgreichsten Geschäftsleute der Welt« für sein Land interessierte. Privat richtete ein für

Bauvorhaben zuständiger schottischer Beamter an einen Trump-Berater die folgende Botschaft: »Ich hoffe, Sie konnten sich auf höchster Ebene, das heißt sowohl von Jack McConnell, Schottlands Erstem Minister, als auch von Jack Perry, dem bei dem heutigen Treffen anwesenden CEO, davon überzeugen lassen, dass wir zu der Partnerschaft stehen, aus der dieses Projekt hervorgehen soll.« Man versicherte Trump außerdem, dass er »einen direkten Draht zur schottischen Regierung« habe.

Im Januar 2006 fand in Aberdeen ein inoffizielles Treffen zwischen schottischen Regierungsbeamten und jenen Architekten statt, die Trump zu Beginn seiner Landkäufe angeheuert hatte. Man war sich einig, dass die Anlage, die Trump zu errichten gedachte, wahrscheinlich zum einen mit Flächennutzungsplänen im Konflikt stehen könnte und dass ein Antrag auf Dünenbebauung vermutlich zum anderen auf den Widerstand von Umweltschützern treffen würde. Doch da alle ein großes Interesse an der Umsetzung des Plans hatten, legten sie dessen ungeachtet einen Zeitplan fest, wann die lokalen Gremien den Plan verabschieden sollten, damit Trump so schnell wie möglich mit dem Bau anfangen könnte. Sollten sich die örtlichen Behörden weigern, Trump eine Baugenehmigung zu erteilen, dann hätte die Regierung McConnells, wie die Beamten feststellten, immer noch die Möglichkeit, die örtliche Gesetzgebung außer Kraft zu setzen. Für eine derartige Intervention, die selten vorkam, war allerdings ein formales politisches Verfahren erforderlich. Doch die Beteiligten schienen entschlossen zu sein, die Politiker und die Bevölkerung der Gegend notfalls auch zu ihrem Glück zu zwingen, falls sie sich den trumpschen Plänen widersetzen sollten.

Eine derartige Machtdemonstration war natürlich die allerletzte Karte, die man ausspielen wollte. Denn welchen Eindruck würde es machen, dass die Regierung Menschen aus ihren Häusern vertrieb, nur damit reiche Golfer in den Dünen herumstochern könnten? McConnells Regierung war sehr daran gelegen, dass die Öffentlichkeit Trump als Wohltäter mit fettem Bankkonto wahrnahm und nicht als skrupellosen Projektentwickler, der die Landschaft zu ruinieren gedachte. Unglückseligerweise sah der Hoffnungsträger der Regierung nur zu oft wie die Karikatur fleischgewordener Raffgier aus. Die Anzüge. Die Frisur. Der riesige Jet, dem Trumps Name in großen goldenen Lettern auf den Rumpf geschrieben stand. In seiner Fernsehshow funktionierte die Nummer vielleicht, doch in Schottland witterten viele den Schwindel. McConnell war nur sehr bedingt in der Lage, dieses Image zu konterkarieren. Eine allzu große öffentliche Nähe mit Trump könnte ihn Wählerstimmen kosten. Aus sicherer Distanz verkündete McConnell deshalb, man habe Trump zum »globalen Schotten« ernannt.

Der Titel – des globalen Schotten – klang irgendwie sehr würdevoll. Man assoziierte damit Macht, Ansehen und vielleicht sogar staatliche Privilegien. In Wirklichkeit aber war er nichts anderes als die Aufforderung, einem Förderverein beizutreten – und zwar keinem besonders altehrwürdigen. Das 2001 ins Leben gerufene Global Scot Network wurde von einer staatlichen Wirtschaftsförderungsbehörde betrieben. Seine Mitglieder waren angehalten, Vorträgen und gesellschaftlichen Ereignissen beizuwohnen und nach Möglichkeit auch Geschäfte zu machen. Hatte Schottland eigentlich irgendetwas von diesem Programm? Diese Frage ist praktisch nicht zu beantworten. Doch in einer Unternehmerbiographie setzte es ein Glanzlicht – »Er ist ein globaler Schotte!« –, das sich sicher nicht schlecht machen würde, wenn man ihn eines Tages vor größerem Publikum, sagen wir in Aberdeen, vorstellte.[4]

***

Für einen reichen Mann mit einem besonderen Faible für Golf war die Aussicht, einen Golfplatz in dem Land zu bauen, das diesen Sport erfunden hatte, äußerst verlockend. In den Vereinigten Staaten gab es schon einige Luxusgolfanlagen mit angeschlossenem Hotelbetrieb, die Trump erfolgreich entwickelt hatte, unter anderem in Westchester County, New York, oder in Palos Verdes, Kalifornien. In Schottland aber, einem Land, das mit den besten Golfplätzen der Welt gesegnet war, würde sich Trump etwas Au-

ßergewöhnliches überlegen müssen, um reiche Golfer anzulocken. Denn um eine erstklassige Anlage rentabel betreiben zu
können, musste man von den Gästen eine Grüngebühr von bis zu
300 Dollar pro Person verlangen. Doch der Linkskurs von Balmedie hatte wirklich etwas Außergewöhnliches. Das war schon
Tom Griffin aufgegangen, der von Golf nicht das Geringste verstand.

Zunächst hatte Griffin selbst überlegt, einen Golfplatz zu bau-
en, war aber über diverse Probleme gestolpert. Das feucht-kalte
Klima von Aberdeen war für das Golfspiel ein ziemliches Handi-
cap. (Die Temperaturen stiegen normalerweise nicht einmal im
Sommer bis auf 20 Grad.) Ein weiteres Problem war die Rechts-
stellung der Dünen. Die Regierung hatte sie zum Naturschutz-
gebiet erklärt, weil sie ein natürliches Habitat von Wildtieren
und Pflanzen waren. Zudem bildeten die Dünen eine besondere
geologische Formation. Durch Winde und Gezeiten wanderten
sie mehrere Meter pro Jahr. Das Sandlaken von Menie, wie man
sie nannte, war eines der eindrucksvollsten beweglichen Dünen-
systeme in ganz Großbritannien. Im 15. Jahrhundert hatte ein
Sturm, der neun Tage lang in der Gegend wütete, eine nahegelegene Stadt bis auf die Kirchturmspitze vollkommen unter dem
Sand begraben.

Wegen der Brisen, die seit Jahrtausenden die Sandmassen
versetzten, hatten auch Energieexperten ein Interesse an den
Gewässern vor der Küste. Sie träumten von Windrädern, die am
Meeresgrund verankert waren, und von Stromnetzen, durch die
die Energie an die Küste gelenkt würde. Führende Politiker des
Landes hatten sich in der Hoffnung, dass die Einnahmen aus der
Windenergie einmal sprudeln würden, wenn die Ölquellen in
der Nordsee versiegt wären, diese Vision zu eigen gemacht. In-
genieure und Firmen, die es in Aberdeen schon gab, könnten sich
an den Windkraftanlagen beteiligen und später die Bohrinseln
auf offenem Meer versorgen. Mit der Idee, in Zukunft schottische
Turbinen und schottischen Strom auf das europäische Festland
zu exportieren, ließen sich die Sorgen um die Arbeitsplätze in der
Ölförderindustrie beschwichtigen. Da Trump aber seine eigenen

sehr konkreten Vorstellungen von wirtschaftlicher Entwicklung hatte – rund 1,5 Milliarden Dollar Bauinvestitionen, 6000 vorübergehende Arbeitsplätze und 1200 dauerhafte –, schärfte er den schottischen Politikern wiederholt ein, dass er in der Nähe seiner Golfanlage keine Offshore-Windparks sehen wollte. Irgendwann einmal notierte er, man habe ihm dies zugesichert.[5]

Während er also hinter verschlossenen Türen mit Politikern verhandelte, beteuerte er öffentlich seine Liebe zu Schottland. In Aberdeen behauptete er, dem Land niemals schaden zu wollen, weil seine Mutter aus Schottland stamme. Dummerweise beschrieb er sich gelegentlich nicht als »Scottish«, wie es in schottischen Ohren richtig geklungen hätte, sondern als »Scotch« – ein Ausdruck, den viele Einheimische, besonders im Zusammenhang mit Eiern oder Whisky gebraucht, als Schimpfwort empfinden. Wem aber die Vorzüge einer Anlage, die Golfbegeisterte nach Schottland pilgern lassen würde, damit sie auf uralten Golfkursen ihr Können unter Beweis stellten, in Geldwert vor Augen stand, der war nur zu gerne bereit, derlei Fauxpas geflissentlich zu überhören. Zu den Anhängern des Projekts gehörten die Vertreter der örtlichen Wirtschaftsverbände ebenso wie die Lokaljournalisten der Zeitungen *Express* und *Press and Journal*, die Trump und seine Pläne überschwänglich bejubelten.

Im relativ kleinen Schottland, das mit seiner Bevölkerung von 5,2 Millionen weniger Einwohner hatte als die Stadt New York, sah man nicht alle Tage eine Investition von 1,5 Milliarden Dollar. Die breite Unterstützung, die Trump in Aberdeen fand, wurde dadurch erklärlich. Dabei war er sich der Hindernisse, die er noch aus dem Weg zu räumen hatte, durchaus bewusst. Im Gespräch mit einem Lokaljournalisten kündigte ein Trump-Helfer an, man würde den Bau der Golfanlage umgehend einstellen, »wenn die Leute Aberdeen und Aberdeenshire (durch Windräder) ruinieren wollen«. Trump forderte schnelles Handeln, um die Landnutzungsrechte zu klären, und sagte dazu: »Entweder geschieht das sehr schnell, oder es geschieht überhaupt nicht.« Und er sorgte dafür, dass der Erste Minister McConnell in das Projekt eingebunden wurde, indem er von ihm wie von einem Partner oder gar dem Initiator des ganzen Projekts sprach. McConnell habe ihn »häufig« kontaktiert, sagte Trump. »Er war großartig, und es gelang ihm schließlich, uns zu überzeugen.«[6]

Selbst wenn Trump von McConnell als Verbündetem sprach, gehörten doch auch die Leute von Menie, die Neil Peter Whyte Hobday weggeschickt hatten, zu seinen Wählern. Aus der Sicht einiger Anwohner hatte McConnell gegen einen Verhaltenskodex verstoßen, der ihm verbot, sich für ein Bauvorhaben einzusetzen, das irgendwie »als nachteilig angesehen werden könnte«. Natürlich würde sich der Streit um den Trump-Plan beilegen lassen, wenn Trump seine Nachbarn auskaufen könnte. Da es seinen Unterhändlern bislang jedoch nicht gelungen war, alle Nachbarn zum Verkauf zu bewegen, kam Trump persönlich nach Menie. Er wollte sehen, was er bei den Verweigerern ausrichten konnte.

Tom Griffin spielte den Mittelsmann und lud Trump und einige seiner Nachbarn zu sich nach Hause ein. Griffins Haus war 1835 auf einem wesentlich älteren Fundament errichtet worden. Die grauen Natursteine, aus denen es gebaut war, und sein runder Turm verliehen dem Menie House einen burgartigen Charakter. Nach Trumps Plänen sollte es zu einem Hotel ausgebaut werden. Einige Nachbarn waren erschienen, um über das Bauprojekt zu sprechen, nicht aber Michael Forbes. Griffin fuhr den Feldweg hinunter, um mit ihm zu reden, und traf ihn in seinem Hof an. Forbes war gerade dabei, die Netze zu flicken, mit denen er vom Strand aus Lachse fing – ein Fangrecht, das die Familie Forbes seit Generationen besaß.

»Er kam zu mir und sagte: ›Willst du Donald Trump kennenlernen?‹«, wie sich Forbes später erinnerte. »Ich sagte: ›Nö, nicht wirklich.‹« Tom erklärte mir, der Mann wolle mit den Einheimischen sprechen, und ich antwortete ihm, wenn er mich sprechen will, weiß er ja, wo ich zu finden bin.«

Forbes war ein Fels von einem Mann, klein, mit breitem Brustkorb und ziemlich dickköpfig. Sein von Dünen umschlossenes und den Blicken der Nachbarn entzogenes Haus war eine bewirtschaftete Farm mit Heuwiesen und Schuppen, mit Ziegen, Federvieh und einem Pferd. Nicht mehr funktionstüchtige Ma-

schinen blieben – als Ersatzteillager für die noch funktionieren-
den – dort liegen, wo sie kaputtgegangen waren. So war es am
praktischsten. Und da keiner der Nachbarn sein Grundstück einsehen konnte, hielt Forbes diese Art der Bewirtschaftung für sein
gutes Recht. In Wirklichkeit hatte er sein Grundstück überhaupt
nur erworben, um tun und lassen zu können, was er wollte. Er
hatte sogar seine Mutter zu sich auf das Grundstück geholt. Ihr
Häuschen, das sich gegenüber dem Haupthaus befand – zwischen den beiden Gebäuden verlief die einspurige Straße, die
über das Anwesen führte –, zierte ein kleines Schild, auf dem
PARADIES zu lesen stand.

Obwohl Griffin den Eigenbrötler eigentlich ganz gerne moch-
te, hielt er ihn für einen unvernünftigen Dickkopf. Er glaubte
nicht daran, dass sich Forbes auf Trumps Plan einlassen würde.
Nichtsdestoweniger fuhr er wieder zum Menie House, um Trump
und Tom Fazio zu holen. Fazio war ein berühmter Golfplatz-
Architekt, der zu einer Inspektion des Anwesens angereist war.
Als die drei zurückkamen, war Forbes immer noch in seinem
Hof. Forbes erinnerte sich später, dass Trump versuchte, mit ihm
Small Talk zu machen. Das klappte aber nicht wirklich.

»Trump sagte zu mir: ›Was ist dieses Land wert, ungefähr
80 Dollar pro Hektar?‹«

»Darauf sagte ich: ›In Ihren Träumen vielleicht.‹«

»Dann sagte er zu mir: ›Wir sind hier, weil wir einen Golfplatz
bauen wollen, und das werden wir auch tun.‹ Er wandte sich an
Tom Fazio und sagte: ›Übernehmen Sie diesen Mann. Sagen Sie
ihm, er bekommt von uns eine Anstellung auf Lebenszeit.‹«

Fazio, der Architekt und kein Geschäftsmann war, besaß nicht
die Fähigkeit, den Verkauf eines Grundbesitzes auszuhandeln,
und er machte auch keine Anstalten, das zu tun. Forbes erzählte Fazio, wie der sich später erinnerte, von seinem Erbrecht auf
Strandfischerei und von seinen eigenen Plänen für das Grundstück. Er hatte einen erwachsenen Sohn und zwei Enkelsöhne,
denen er das Grundstück einmal vererben wollte. Wenn er an sie
dachte, konnte er sich nicht vorstellen, das Land zu verkaufen,
egal zu welchem Preis. Fazio versuchte anschließend nicht, ihn

vom Gegenteil zu überzeugen. Vielmehr verabschiedete er sich von dem ganzen Bauprojekt und überließ den Auftrag einem anderen renommierten Architekten, nämlich Martin Hawtree.

Forbes war nicht der Einzige, der Widerstand leistete. Mehrere Grundbesitzer, unter anderem die Munros und die Milnes, lehnten es unter allen Bedingungen ab, zu verkaufen. Tom Griffin, der sie alle seit fast zwanzig Jahren kannte, war davon nicht überrascht. Die Milnes hatten ihre gesamten Ersparnisse und Tausende von Arbeitsstunden investiert, um aus der auf einem Felsvorsprung stehenden ehemaligen Station der Küstenwache ein Wohnhaus mit unvergleichlichem Meerblick zu machen. An diesen Ort, an dem ihre Kinder aufgewachsen waren, hatten die Milnes eine emotionale Bindung. Natürlich wollten auch sie das Haus ihren Kindern und Enkeln vererben, die sie in ihrer Phantasie durch die Dünen wandern und am Strand spielen sahen.[7]

***

Während ihm einige seiner Nachbarn wie unbewegliche Objekte vorkamen, betrachtete er Trump doch als unwiderstehliche Kraft. Bei seinen eigenen Verhandlungen war ihm klargeworden, mit welcher Unerbittlichkeit dieser Mann um das kämpfte, was er haben wollte. Bevor er seine letzte Zahlung anwies, bemerkte Trump beispielsweise, dass ein großer Stromgenerator und mehrere große Steinblöcke, die für Reparaturen am Haus dienten, auf dem Grundstück zurückgelassen worden waren. Er forderte Griffin auf, diese Dinge zu entfernen, andernfalls müsste er mit finanziellen Abschlägen rechnen. Griffin, der sich zu jenem Zeitpunkt in Amerika befand, kalkulierte, was es ihn kosten würde, Trumps Ansprüchen gerecht zu werden, und gab nach. »Er leierte mir 30 000 oder 40 000 Dollar aus dem Kreuz«, so erinnerte sich Griffin. »Man könnte meinen, das wäre für einen wie ihn ein unerheblicher Betrag, doch man konnte ebenso denken, dass er Zehntausende von Dollar genau damit verdiente, Dinge zu fordern, die die meisten Leute nicht fordern würden.« (Den veröffentlichten Quellen zufolge zahlte Trump ungefähr 6,7 Millionen Britische Pfund, also nach damaligem Wechselkurs rund 11,3 Millionen US-Dollar an Griffin.)

Griffin erinnerte sich außerdem an ein Abendessen mit Trump im Cock & Bull, einem an der Autobahn A90 gelegenen Restaurant, von dem aus man das ganze Menie Estate überblicken kann. Während des gesamten Abendessens kam ihm Trump wie ein Schauspieler vor. »Ich speiste mit Donald Trump in der Rolle des Donald Trump.« Als »die Bedienung mit der Rechnung kam«, erzählte Griffin, »sagte Donald Trump zu ihr: ›Normalerweise geht meine Rechnung bei solchen Gelegenheiten aufs Haus.‹« Griffin nahm an, dass Trump meinte, die Geschäftsleute zeigten sich normalerweise erkenntlich, wenn er in großem Umfang in die örtliche Wirtschaft investierte. »Sie konsultierte den Geschäftsführer, der unter der Bedingung einverstanden war, dass sich Trump zu einem Foto mit den Angestellten bereit erklärte.« Die Restaurantmitarbeiter stellten sich in Reih und Glied auf. Trump posierte neben ihnen. Das Abendessen war gratis.

Selbst wenn er seine Berühmtheit nicht immer so brachial in Gefälligkeiten ummünzte, war es Trump doch gewohnt, zu bekommen, was er haben wollte. Da er befürchtete, dass der Forbes-Hof und andere Häuser die Aussicht für die Golfer ruinieren würden, schickte er seinen Sohn Donald Jr. und George Sorial, einen leitenden Angestellten der Trump Organization, um den Eigentümern weitere Angebote zu unterbreiten. So wie die beiden Männer auftraten, in teuren Anzügen und mit gegeltem dunklen Haar, erinnerten sie die aufsässigen Schotten an New Yorker Mafiosi. »Irgendwann gab mir Sorial ein Papier und sagte: ›Sehen Sie sich das einmal an‹«, berichtete Forbes. Auf dem Papier stand ein neues Angebot: 350 000 Britische Pfund. Forbes' Ablehnung habe Sorial mit den Worten »Wir kommen mit mehr zurück« kommentiert. »Nein, das werden Sie nicht, denn das ist Ihr letztes Angebot«, sagte daraufhin Forbes.[8]

Mehr als ein Dutzend Mal reiste Sorial im Laufe seiner Arbeit an der Entwicklung der Golfanlage nach Schottland. Wie die meisten leitenden Trump-Angestellten übte der studierte Rechtsanwalt innerhalb des Konzerns eine Vielzahl von Funktionen aus. *The Wall Street Journal* identifizierte ihn 2007 als geschäftsführenden Direktor der Trump International Golf Resorts. Sorial lebte in einem Trump-Gebäude, für dessen Eigentümergemeinschaft er als Sprecher fungierte, und er betrachtete seine Stelle bei Trump als Traumjob. Sorial gab an, genau wie sein Chef ein ziemlich aufsässiges Kind gewesen zu sein, dem man ebenfalls in einer reinen Jungenschule Manieren beigebracht habe – in seinem Fall war es eine von Benediktinermönchen geführte katholische Schule, die er von 1982 bis 1986 besuchte. Weil er viele Sommer seiner Kindheit bei Verwandten auf der Isle of Lewis verbracht hatte, besaß auch George Sorial ein besonderes Verhältnis zu Schottland.

Während Trump und seine Mitarbeiter versuchten, Grundbesitz aufzukaufen, arbeiteten sie parallel an einem Antrag für die schottischen Behörden, die das Bauprojekt schließlich genehmigen mussten, weil es nicht dem existierenden Flächennutzungsplan entsprach. Auf lokaler Ebene hatten sie es mit dem Bezirksrat von Aberdeenshire und seinen Ausschüssen zu tun. An der Spitze des entscheidenden Ausschusses stand Martin Ford, der seinem Stil, seinen politischen Zielen und seiner Persönlichkeit nach das genaue Gegenteil von Donald Trump war.

Der im ländlichen Südwesten Englands groß gewordene Ford kam aus einer Familie dickköpfiger Idealisten. Im Ersten Weltkrieg war sein Großvater einer der wenigen amtlich registrierten Wehrdienstverweigerer aus Gewissensgründen gewesen. Während des Krieges half er den Bauern, die Truppen mit Lebensmitteln zu versorgen. Ford hatte als promovierter Pflanzenökologe am Scottish Agricultural College unterrichtet, bis man ihn 1999 in den Bezirksrat wählte. Der kantige, sportlich wirkende Mann mit den blauen Augen und dem lockigen grauen Haar war 13 Jahre jünger als Trump. Obwohl er auf dem Land lebte, fuhr er der Umwelt zuliebe bei Wind und Wetter mit dem Fahrrad. An manchen Tagen musste er auf diese Weise bis zu fünfzig Meilen zurücklegen, da die rund 9500 Einwohner seines ländlichen Bezirks über das gesamte Gebiet verstreut wohnten. Seine Frau Gina, die er bei einer Konferenz der Liberaldemokraten kennengelernt hatte, nannte ihn »einen Exzentriker«, Ford selbst bezeichnete sich als Mann mit Prinzipien.

Zu den Prinzipien Fords gehörte sein Glaube an die Regeln, nach denen sich seine Arbeit als Vorsitzender des Bauausschusses von Aberdeenshire richtete. Er leitete die öffentlichen Anhörungen zu Trumps Antrag. Der Ausschuss musste die Stellungnahmen diverser Experten – Bauplaner, Ökonomen, Wissenschaftler – begutachten, bei denen es um die Auswirkungen des Projekts auf verschiedene Bereiche ging, auf Verkehr, Umwelt oder die lokale Wirtschaft. Er war gehalten, die Vorzüge des Antrags und nicht die des Antragstellers zu prüfen. »Ausschlaggebend sind das Land und die Vorschläge, die für das Land gemacht werden«, so sagte er, nachdem er sich mit der Angelegenheit befasst hatte. »Der Geburtsort Ihrer Mutter ist in diesem Zusammenhang kein Argument. Staus auf der Autobahn *sind* eines.« Ford sprach nie namentlich von Trump, er bezog sich auf ihn immer als »den Antragsteller«. Auch ging er nicht auf Journalisten ein, die ihn dazu bringen wollten, in der Sache Position zu beziehen.[9]

Während unter Fords Leitung die Anhörungen stattfanden, gingen bei dem Bezirksrat von über 3500 Bürgern unterzeichnete Schreiben und Petitionen ein. Die Reihen der Befürworter waren dabei um etwa 150 Mann stärker als die der Projektgegner. Die meisten Briefe waren im Rahmen organisierter Kampagnen entstanden und äußerten die stets gleichen Argumente. Die von der Handelskammer unterstützten Briefe der Befürworter des Bauprojekts verwiesen auf zusätzliche Arbeitsplätze und positive Impulse für die Wirtschaft. Die Gegner des Bauvorhabens wurden von einer Gruppe namens Aberdeenshire Sustainable unterstützt und bezweifelten, dass Trump liefern würde, was er versprach; sie hielten die ökologischen Kosten für zu hoch. Auch verschiedene Umweltschutzorganisationen wie beispielsweise der Scottish Wildlife Trust oder die Royal Society for the Protection of Birds, also Königliche Gesellschaft für den Vogelschutz, leisteten Widerstand.

Während Trumps Leute die notwendigen Anträge aufsetzten, um eine Ausnahmeregelung zu erwirken, versuchten die Redakteure der Lokalpresse seine Pläne den Lesern schmackhaft zu machen. »*Carpe diem*, nutze den Tag!«, empfahl die Zeitung *Press and Journal*. Trumps Gegner wurden gnadenlos verspottet. In den Augen der Kommentatoren und Leitartikler handelte es sich bei ihnen um die »blauäugigen Retter einiger Sandhügel« und um »nörgelnde, zankende Kinder, die sich mehr Sorgen um Vögel als um Menschen machten«. Sie wurden zudem als »Hoffnungslose« und »Außenseiter«, als »kleinkarierte Idioten« oder als »Knallchargen in Wollpullis« diffamiert. Eine der Zeitungen verbannte eine Antibau-Gruppe gar vollständig aus ihren Nachrichtenseiten mit der Begründung, sie besäßen kein rechtmäßiges Interesse an der Region. *Press and Journal* weigerte sich fortan, Mitglieder der Organisation in irgendeiner Form zu zitieren.[10]

Während sich die lokale Presse hinter Trump stellte, kamen allmählich immer mehr externe Journalisten nach Aberdeen, um die Geschichte des amerikanischen Milliardärs, der einen der letzten unberührten Flecken an der schottischen Küste zuzubauen gedachte, zu recherchieren. Die meisten von ihnen fanden den Weg zum Menie Estate, wo sie auf Michael und Sheila Forbes, Susie Munro und David Milne trafen. Von Interview zu Interview fanden die lokalen Gegner Trumps deutlichere Worte. Michael Forbes, der zeit seines Lebens so schüchtern war, dass er jedem zwanglosen Gespräch aus dem Weg ging, mauserte sich zum Schlagwortgeber der Interviewer, die nicht genug kriegen konnten von seinem derben schottischen Dialekt und seiner halsstarrigen Einstellung. »Ich war zunächst einmal gar nicht gegen den Golfplatz, dann aber sind sie total ausgeflippt, weil ich nicht verkaufen wollte«, so zitierte ihn die Londoner *Times* im Herbst 2007. »Sie haben versprochen, mir das Leben zur Hölle zu machen, und genau das tun sie.«

Zu Forbes' Hölle gehörte ein geschlossenes Tor, das man auf dem Weg angebracht hatte, der ihn zu seiner Fischfang-Stelle führte. Er klagte über Sicherheitsleute, die ihm auf Feldwegen nachfuhren, und über Trumps Unterhändler, die ihn drangsalierten, weil ein Nein für sie keine Antwort war. Wenn man ihn um ein Foto bat, zog er bereitwillig seinen Kilt an und verschränkte seine tätowierten Arme vor der breiten Brust. Seine dreiundachtzigjährige Mutter Molly informierte die Journalisten, sie sei hierhergekommen, »um in Frieden zu leben«.

Angesichts dieses störrischen Mannes, der sich nicht um sein Geld scherte, reagierte Trump so, wie er es oft tat, wenn er frustriert war. Er polterte, Forbes' Hof sei »widerwärtig«, und fragte sich öffentlich, ob der Mann seine Maschinen und Vorräte »mit Absicht« so herumliegen lasse, »damit es schlimm aussieht und ich noch mehr zahlen muss«. Mit solchen Kommentaren provozierte er lediglich, dass sich weitere Leute auf Forbes' Seite stellten, denn gerade die Schotten sahen in diesem Mann und seiner etwas maroden Farm Symbole einer stolzen bäuerlichen Vergangenheit. Und wenn Forbes seinen Hof als »Kate« bezeichnete, schlug er genau diese traditionsverbundene Saite an, die bei jedem auf Resonanz traf, der auch nur im mindesten mit der schottischen Geschichte in Berührung gekommen war.

Im Sprachgebrauch der Einheimischen war eine Kate die Art von kleinem familienbetriebenen Bauernhof, die es einmal überall im Land gegeben hatte. Obwohl einige dieser Katen tatsächlich den Leuten gehört hatten, die darin lebten und arbeiteten, waren die meisten doch von Pächtern bewirtschaftet worden, die den Grundherren einen Pachtzins zahlen oder einen Teil ihrer Erträge abgeben mussten. Zwischen 1700 und 1900 wurden Tausende dieser Kätner oder Kleinbauern durch staatlich angeordnete »Säuberungen« von ihren Höfen vertrieben und mussten fortan in Dörfern leben, wo sie bittere Armut litten. Die Kätner, denen man später einen gewissen Rechtsschutz einräumte, wurden zu Symbolen der englischen Unterdrückung und des schottischen Widerstands. Genealogische Untersuchungen belegen, dass Trumps Vorfahren höchstwahrscheinlich im Zuge einer solchen Säuberung von ihrem Land auf der Isle of Lewis vertrieben wurden. In Tong, wo Trumps Mutter ihre Kindheit verbracht hatte, lebten die vertriebenen Kätnerfamilien damals, einer Quelle zufolge, in »menschenunwürdigen Verhältnissen«, obwohl es unmittelbar neben ihrem Wohnort fruchtbares Land gegeben habe, das als Reservat Wildtieren vorbehalten gewesen sei. Trump schien sich ein Jahrhundert später nicht bewusst zu sein, dass sein Kampf gegen Michael Forbes gewissermaßen die Geschichte dieser Säuberungen wiederholte. Nur stand er diesmal nicht, wie seine Familie einst, als Opfer, sondern als Übeltäter da.

Als Martin Fords Ausschuss seine Beratungen über Trumps Antrag aufnahm, gab es kaum einen Schotten, der in dieser Angelegenheit nicht Position bezogen hatte. Wahrscheinlich stand eine Mehrheit der Schotten hinter Michael Forbes und den Gegnern des großen Bauprojekts. (Um Unterstützer zu mobilisieren, hatte Forbes in riesigen roten Lettern die Worte KEIN GOLFPLATZ auf eine Seite seines Hauses gemalt.) In Aberdeen allerdings, das voraussichtlich am unmittelbarsten von dem Bauprojekt profitieren würde, fand Trump großen Rückhalt. Er konnte auch auf Alex Salmond zählen, den Nachfolger von Jack McConnell im Amt des Ersten Ministers, und viele Mitglieder des Bezirksrats von Aberdeenshire waren auf seiner Seite.

Ende November 2007 debattierten Martin Ford und andere Ausschussmitglieder über Trumps Pläne. Im Verlauf der öffentlichen Sitzung wurde deutlich, dass der Ausschuss in dieser Frage vollkommen gespalten war. Auch wenn der Antrag so formuliert war, als würde er keine Abstriche dulden, wurden Bauvorhaben doch normalerweise abgelehnt, überarbeitet, wieder vorgelegt und schließlich in irgendeiner Form angenommen. Bei der Abstimmung hatten beide Seiten gleich viele Stimmen, und der Plan wurde schließlich mit der ausschlaggebenden Stimme des Vorsitzenden abgelehnt. Trump hatte nicht bekommen, was er wollte, aber viele Ausschussmitglieder gingen davon aus, dass er es mit einem leicht veränderten Plan erneut versuchen würde. So funktionierte es einfach.[11]

Nach der Abstimmung wandte sich George Sorial wütend an die Presse: »Wenn Sie große Geschäfte machen wollen, tun Sie es nicht im Nordosten Schottlands.« Von der Titelseite des *Aberdeen Evening Express* schallte es laut: IHR VERRÄTER. Darunter war ein Bild jener Ausschussmitglieder zu sehen, die gegen Trump gestimmt hatten. (Man hatte die Fotos so bearbeitet, dass die Politiker wie Rüben aussahen.) Bei Martin Ford riefen privat unablässig Leute an, die ihm drohten oder ihn verfluchten. Die Polizei wies ihn und seine Frau an, die Türen zu verriegeln und zu Hause zu bleiben. Debra Storr, eine andere Abgeordnete des Ausschusses, die gegen das Trump-Gesuch votiert hatte, war vor ihrer Haustür von einem wütenden Bürger körperlich angegriffen worden. Trumps Anwälte machten in den folgenden Tagen Druck auf die Lokalpolitiker, die öffentlich über Mittel und Wege nachdachten, um Trump zu geben, was er wollte, damit er sein Geld nicht irgendwo anders hintrug. George Sorial forderte Konsequenzen innerhalb der nächsten dreißig Tage.

Am Montag nach der Ausschussentscheidung steckte Alex Salmond mit Sorial und Neil Peter Whyte Hobday im Marcliffe-Hotel von Aberdeen die Köpfe zusammen. Nach ihrem Treffen rief Salmond Schottlands obersten Bauplaner James MacKinnon an. Am folgenden Nachmittag trafen sich Sorial und MacKinnon in Edinburgh, und abends setzte Salmonds Nationalregierung den Bezirksrat von Aberdeen darüber in Kenntnis, dass sie das Verfahren von nun an übernehme. Trump, der wissen ließ, die Entscheidung des Ausschusses sei »traurig für Schottland und natürlich auch für Donald Trump«, stellte allerdings klar: »Wir haben mit dem von der nationalen Regierung jetzt unternommenen Schritt nichts zu tun.« Einmal hatte Edinburgh in der Vergangenheit eingegriffen, um eine Baugenehmigung zurückzunehmen, die auf lokaler Ebene erteilt worden war. Doch soweit sich Martin Ford erinnern konnte, war es noch nie vorgekommen, dass die Regierung interveniert hatte, um ein Projekt *durchzusetzen*, das die den Bedürfnissen der betroffenen Bevölkerung am nächsten stehenden Politiker abgelehnt hatten.

Nachdem der *Evening Express* Martin Ford zunächst zum Verräter ausgerufen hatte, versuchte er anschließend, ihn als Ausschussvorsitzenden zu Fall zu bringen. Ein »Nicht-Autofahrer« sei für Verkehrsfragen unqualifiziert, befand das Blatt. Die Schwesterpublikation des *Evening Express*, die Zeitung *Press and Journal*, vertrat die Ansicht, Ford sei »im Prinzip selbst schon ein Umweltaktivist« und müsse seinen Posten deshalb entweder freiwillig räumen oder seines Amtes enthoben werden. Ford lehnte dies ab, sah sich aber bald im Kreuzfeuer einer wütenden Auseinandersetzung seiner Kollegen. Als über seine Absetzung als Vorsitzender abgestimmt wurde, enthielten sich 29 Ausschussmitglieder der Stimme, zehn stimmten für ihn und 26 stimmten für seine Absetzung. Damit war es im Grunde einer Minderheit gelungen, ihn aus dem Amt zu jagen und sein Jahreseinkommen um fast die Hälfte zu kürzen. In Anbetracht der Entscheidung, die er mit Erschütterung und zugleich mit Erleichterung aufnahm, kam Ford zu dem Schluss, er sei offenbar einer von den Medien aufgeheizten Stimmung zum Opfer gefallen. Eigentlich nüchterne Menschen, die er seit langem gekannt und mit denen er schon seit Jahren zusammengearbeitet habe, seien, so befand Ford, unter dem Druck, den Trump und seine Verbündeten auf allen Ebenen – finanziell, über die Presse und politisch – ausgeübt hätten, offenbar »verrückt geworden«.[12]

Trump hatte so viel versprochen, dass die schottischen Bundespolitiker im Nu reagierten. Sie kündigten eine öffentliche Anhörung in einem Kongresszentrum von Aberdeen an, bei dem auch Donald Trump zugegen sein würde. Einen Tag bevor Trump im Kongresszentrum Rede und Antwort stehen sollte, landete seine Boeing 727 auf dem einzigen Flughafen der Heimatinsel seiner Mutter, der für diesen Zweck groß genug war. Als Kind von drei oder vier Jahren hatte er den Ort seiner Vorfahren zum letzten Mal aufgesucht. Er kam in Begleitung seiner Schwester Maryanne, die sowohl vor dem Tod ihrer Mutter im Jahr 2000 als auch nach diesem Zeitpunkt häufig auf die Insel gereist war. Als er auf dem Rollfeld stand, ließ eine Windbö die Strähnen seiner sorgfältig gebauten Frisur zu Berge stehen, während kistenweise Trump-Bücher, darunter die Werke *Trump: How to Get Rich* und *Trump: Never Give Up* (*Gib niemals auf!*), in einen Porsche Cayenne verfrachtet wurden. Dieser Cayenne war das schickste Auto, das man auf der Insel hatte auftreiben können. Für einen Tag war er von einem hiesigen Millionär ausgeliehen worden.

Trumps durchgeplante Reise führte ihn auch nach Tong, zum

Elternhaus seiner Mutter, in dem er sich, wie ein Reporter notierte, ganze 97 Sekunden aufhielt. Als seine Schwester und er später mit Verwandten plauderten, kramte Maryanne zum Entzücken der Verwandtschaft ein paar gälische Sätze hervor. Trump dagegen prahlte mit seinen Erfolgen. Über die Fernsehserie *The Apprentice* sagte er: »Wenn du Einschaltquoten hast, dann bist du König, so wie ich. Ich bin ein König. Wenn du keine Einschaltquoten hast, dann werfen sie dich aus dem Programm wie einen Hund.« Zu seiner Karriere als Immobilieninvestor sagte er Folgendes: »Alle wollen Trump, weil ich auf höchstem Niveau arbeite. Dafür bin ich bekannt. Die Leute wissen, dass wir nur beste Qualität abliefern, und wenn ein Projekt fertig ist, dann wird es das Beste sein. Genau aus diesem Grund rufen die Regierungen bei mir an. Sie haben ein Grundstück in irgendeinem Land, dann rufen sie mich an.« Trump wickelte die allermeisten Geschäfte in den Vereinigten Staaten ab, doch er war auch an Bauprojekten in Kanada, Südkorea, Mexiko, Dubai und an anderen Orten beteiligt. Einige davon wurden verwirklicht, andere nicht.

Während seines dreistündigen Besuchs hielt Trump auch eine Pressekonferenz ab, bei der er in Erwägung zog, die Restaurierung des wichtigsten Bauwerks der Insel, des Lews Castle, zu finanzieren. Das im 19. Jahrhundert von einem Opiumschmuggler errichtete Herrenhaus war den Inselbewohnern von jenem Lord Leverhulme geschenkt worden, der sein Versprechen von Arbeitsplätzen und Wohlstand nicht hatte halten können.[13]

Nach diesem Kurzbesuch verließ Trump die Insel Lewis wieder, um *sein* Versprechen der Schaffung von Arbeitsplätzen und Wohlstand plausibel zu machen. Am nächsten Tag musste er vor dem Gremium aussagen, das sein Projekt zu begutachten hatte. Für diesen Auftritt hatte er sich etwas unauffälliger gekleidet als sonst; anstelle der feuerroten Krawatten, die er normalerweise trug, hatte er diesmal eine gedeckte, blaugestreifte angelegt. In vorformulierten Sätzen kündigte er an, »den besten Golfplatz« der Welt errichten zu wollen, was allerdings nur profitabel zu verwirklichen sei, wenn man gleichzeitig die zur Anlage gehörigen Wohnhäuser baute. »Ohne eine Finanzierung durch die Wohnhäuser«, so fügte er hinzu, »wirft das Bauprojekt bei weitem keine akzeptable Investmentrendite ab.«

Als Trump kurz darauf eine Frage beantwortete, verfiel er wieder in seinen hemdsärmeligen Stil: »Machen wir es richtig. Machen wir es nicht … ohne Eier.« Seines Erachtens stellte ein Golfplatz, sogar einer, dem ein Teil des Naturschutzgebietes zum Opfer fiele, eine klare Verbesserung gegenüber Dünen dar, die von einem Sturm weggeblasen werden konnten. »Wenn man jetzt über das Gelände fährt, sieht es doch ziemlich scheußlich aus. Überall liegen Vogelkadaver herum. An allen Ecken und Enden stolpert man über erschossene Tiere. Es mag ja Leute geben, denen so etwas gefällt. Mir nicht.« Trump endete mit einer impliziten Beschwörung der Gräueltaten der Roten Khmer, als er das Menie Estate als »Killings Fields« titulierte.

Weitere Sachverständige, darunter auch Regierungsfachleute, schlugen in dieselbe Kerbe und bestätigten dem Gremium, dass die geplante Ferienanlage mit ihren Unterkünften der mit Abstand wertvollste Aspekt dieses Bauprojekts wäre. Mehr als 1,5 Milliarden Dollar würden dadurch in die Region gepumpt. Für die Menschen im Nordosten Schottlands würden 1400 feste Arbeitsplätze geschaffen. Im Gegensatz dazu wäre der Golfplatz allein eine vergleichsweise geringe Investition von rund 40 Millionen Dollar. Höchstens ein- bis zweihundert Leute würden dadurch Arbeit finden, und das hauptsächlich als Saisonarbeiter. Der eigentliche Gewinn für Schottland, und natürlich auch für Trump, lasse sich erst durch den Bau eines riesigen Feriendorfs nach Trumps Plänen realisieren. Vor diesem Hintergrund waren die lokalpolitischen Verwerfungen, mit denen sich nun die Presse der ganzen Welt beschäftigte, vielleicht nicht einmal von Nachteil, denn sie bedeuteten kostenlose Werbung.

Zurück in New York, bekam Trump in David Lettermans Talkshow die Gelegenheit, das Drama seiner schottischen Eroberungen gehörig aufzubauschen. (Da die ganze Kampagne um Obamas wahren Geburtsort noch nicht so richtig ins Rollen gekommen« war, stellte Letterman ihn bei dieser Gelegenheit einfach als »Amerikas beliebtesten, milliardenschweren Halsabschneider« vor.) Im amerikanischen Fernsehen zeigte sich Trump mehr als zuversichtlich, dass ihm die schottischen Behörden sein Bauprojekt in der gewünschten Form genehmigen würden. Als er aber gefragt wurde, wo genau im Nordosten Schottlands sich das Gelände eigentlich befinde, war die Zuversicht nicht mehr ganz so groß. Auf Lettermans Frage, ob es an der schottischen Westküste liege, antwortete Trump: »Mehr oder weniger.«

In der Zeit, als die schottischen Behörden erwogen, den Beschluss des Bezirksrats zu Trumps Gunsten außer Kraft zu setzen, waren die britischen Medien gerade voll von Berichten über die sich anbahnende Wirtschaftskrise. Es wurden keine Hypothekenkredite mehr vergeben, und große Banken suchten Schutz unter staatlichen Rettungsschirmen. All die Jahre, in denen auf Teufel komm raus spekuliert worden war, endeten für die Menschen, die ihre Hauskredite nicht mehr bedienen konnten und deren Häuser von Monat zu Monat weniger wert waren, in einer Katastrophe. Der größte Bauunternehmer in der Gegend von Aberdeen entließ über einhundert Arbeiter. Mitten in dieser ganzen Tristesse erschienen Trumps Versprechen wie ein Lichtstreif am Horizont. Im Herbst intervenierte die schottische Regierung, um Trump die gewünschte Genehmigung zu erteilen. Mit der Baugenehmigung waren einige Auflagen verknüpft, die im Wesentlichen regeln sollten, dass das Gelände als Ensemble von Flächen, Grasplätzen und Bäumen anzulegen sei. Trump dankte der Regierung und forderte sie im gleichen Atemzug auf, die Widerstand leistenden Eigentümer gegebenenfalls zum Verkauf zu zwingen.[14]

***

Die Idee, Michael Forbes' kleinen Hof und die Eigenheime der Milnes und Munros staatlich enteignen zu lassen, stammte, wie ein nachträglich veröffentlichter Brief ans Licht brachte, von George Sorial und Neil Hobday. Im Februar 2009 schickte Ann Faulds, eine von Trumps Anwältinnen, dem Bezirksrat von Aberdeen eine Aktennotiz, in der sie Gründe zusammengestellt hatte, wie man die nicht Verkaufswilligen dazu bringen könnte, ihr Eigentum aufzugeben. Wenige Wochen später forderte sie den Bezirksrat offiziell auf, von ihrer Macht zu »Enteignungsbeschlüssen« Gebrauch zu machen, um die Veräußerung der Parzellen an Trump zu erzwingen. Faulds schrieb, Trump sei bereit, die Kosten für diese Maßnahme zu übernehmen, wolle aber im Gegenzug »die Kontrolle über das Verfahren behalten«.

Durch sein Ansinnen, die Regierung möge die Menschen zur Räumung ihrer Häuser mit Einschüchterung bewegen, brachte Trump seine Gegner in die Position moralischer Überlegenheit. Mit einem Katalog von Beschwerden gegen die örtlichen Behörden, die Donald Trump halfen, ihn von seinem Grundstück zu vertreiben, wandte sich Michael Forbes an die Presse. Zunächst war ein Inspekteur gekommen, um zu überprüfen, ob er nicht vielleicht seine Hühner, seine Gänse oder sein Pferd misshandelte. Es gab nichts zu beanstanden. Als Nächstes tauchte ein Polizeibeamter auf und fragte Forbes, ob er ein illegales Jagdgewehr besäße. Das war nicht der Fall. Schließlich wollte ein Beamter dem Gerücht nachgehen, dass der Farmer in einem alten Tanklastzug Chemikalien aufbewahre. Auch hier: Fehlanzeige. In der Summe liefen diese Maßnahmen, wie Forbes fand, auf staatliche Schikane hinaus. Und all das war geschehen, *bevor* er erfahren hatte, dass man ihn möglicherweise nötigen wollte, sein Grundstück aufzugeben. Er berichtete zudem, dass Monteure auf Trumps Grundstück die Wasserleitung zu seinem Haus beschädigt hatten und die Reparatur der Leitung zehn Tage auf sich warten ließ.[15] In dieser Zeit war seine Familie ohne jegliche Wasserversorgung.

Die im Raum stehende Enteignungsdrohung schien dem Widerstand gegen Trumps Bauprojekt Auftrieb zu geben. Im Mai 2009 fand sich David Milne auf einer öffentlichen Veranstaltung ein, bei der Neil Peter Whyte Hobday den Anwohnern erläutern wollte, an welcher Stelle die Bauarbeiten beginnen würden. Milne, der dem Publikum auch seine Ansichten vortragen wollte, ergriff auf der Versammlung das Wort. Die Fernsehkameras der Nachrichtensender fingen einen erbosten Hobday ein, der Milne mit den Worten anschrie: »Das ist nicht Ihre Show. Suchen Sie sich Ihr eigenes Forum. Mieten Sie irgendeinen Ort an. Laden Sie die Presse ein und äußern Sie sich dort. Und jetzt verschwinden Sie!« Doch Milne ließ sich nicht einschüchtern, er wurde seine Botschaft los. Den Anwesenden sagte er: »Wenn man diese Dinge geschehen lässt, wird im ganzen Land niemand mehr in seinem Haus sicher sein. Das dürfen wir nicht zulassen. Wir leben im 21. Jahrhundert, in einem angeblich zivilisierten Land.« Zehn Tage später schied Hobday aus dem Trump-Projekt aus. Doch er fiel weich, denn nach kurzer Zeit fand er einen neuen Job, und zwar als Geschäftsführer eines noblen Polo-Clubs in der Nähe von London, den der Prinzgemahl von Königin Elizabeth II., Prinz Phillip, Herzog von Edinburgh, gegründet hatte.

Nach dem Zwischenfall bei der Werbeveranstaltung für das Bauprojekt startete eine Internetgruppe, die sich *Tripping Up Trump* (»Trump ein Bein stellen«) nannte, eine Kampagne gegen das schottische Vorhaben des Milliardärs. Mehr als 7000 Menschen beteiligten sich an einem »Parzellierungsplan«, der ungefähr einen Viertel Hektar des Forbes-Hofes in winzige Parzellen aufteilte, für die man richtige Urkunden bekam. Theoretisch zwang diese Aktion die Behörden dazu, für jedes winzige Stückchen Land einen eigenen Enteignungsbeschluss auszufertigen. Die Organisatoren der Kampagne hofften, die Behörden auf diese Weise vom Gebrauch einer solchen Maßnahme abzuhalten. Ratsmitglied Martin Ford und andere gaben bekannt, dass sie gegen eine Zwangsenteignung waren, sie sei auch nie offiziell gefordert worden.

Trump schrieb einen offenen Brief, in dem er Bezirksrätin Debra Storr eine »nationale Schande« nannte, weil sie sich gegen sein Bauprojekt gestellt hatte. Im September 2009 begaben sich Donald Jr. und George Sorial zum Forbes-Hof und versuchten, mit dem Farmer zu verhandeln. Wie sein Bruder und seine Schwester arbeitete Donald Jr. für das Familienunternehmen. Er war 2001 als geschäftsführender Vorsitzender in die Firma eingetreten. Als solche fungierten auch seine beiden jüngeren Geschwister. Obwohl sich die drei für jeweils unterschiedliche Bereiche interessierten, hatten sie keine klar voneinander abgegrenzten Kompetenzen. So wie ihr Vater von Projekt zu Projekt pendelte und sich heute auf das Fernsehen und morgen auf Golfanlagen konzentrierte, wurde auch von ihnen erwartet, ganz unterschiedliche Aufgaben erfüllen zu können. Auf diese Weise sollten sie im Laufe der Zeit das gesamte Trump-Imperium kennenlernen.

Als sich Donald Jr. und George Sorial mit Michael Forbes trafen, war der wegen des drohenden Enteignungsbeschlusses gerade außer sich vor Zorn und empfing die beiden mit einem Schwall von Beschimpfungen. Trump senior, der ihm diese Begrüßung übelnahm, reagierte anschließend mit einer gehässigen Pressemeldung, in der es unter anderem hieß, Forbes sei »seiner persönlichen Erscheinung und seinem Benehmen nach immer schmutzig, schlampig und verwahrlost gewesen. Er ist ein Versager, der das Bild Aberdeenshires und seines wunderbaren Heimatlandes beschädigt. Sein Grundstück ist für die Gemeinschaft ein ekelhafter Schandfleck und ein ökologisches Risiko mit all den leckgeschlagenen Ölkanistern, schäbigen Verschlägen und Fahrzeugwracks, die in der Gegend verstreut herumliegen. Was für ein schlimmes Bild von Schottland übermittelt das der Welt.«

Noch jahrelang sollten sich Trump und der Farmer gegenseitig beharken. Normalerweise ließ sich Trump über den Zustand von Forbes' kleinem Hof aus. Was er damit zum Ausdruck bringen wollte, war, dass man den Eigentümer nicht respektieren müsse, weil sein Grundstück unordentlich sei. »Meine Mutter kam in Stornoway zur Welt. Sie war ungeheuer ordentlich. Die Schotten sind sehr saubere Menschen, und doch betreibt dieser Mensch seine Farm wie einen Saustall. Er lebt in völliger Verwahrlosung.« Außerdem beschwerte er sich, dass Forbes erst mit dem Verkauf einverstanden gewesen sei, um anschließend sein Versprechen zu brechen. Forbes hingegen bestand darauf, niemals an einen Verkauf gedacht zu haben: »Daran ist kein wahres Wort. Er ist ein zwanghafter Lügner. Als sein Sohn das letzte Mal zu mir kam, habe ich ihn vom Grundstück gejagt. Er hat all diese Leibwächter dabei. Wenn er nicht aufhört, solche Dinge über mich zu verbreiten, dann wird er sie auch brauchen.«

Trump beschäftigte tatsächlich Sicherheitsleute, die das Gelände in Lastwagen mit der Aufschrift ESTATE SECURITY patrouillierten und den Bewohnern des Anwesens auf den Feldwegen nachfuhren. Die Polizei wurde oft auf das Trump-Gelände gerufen. Im Juli 2010 erschienen sie, weil sich Trump-Angestellte über zwei Filmemacher beschwert hatten, die zu einem der Büros gefahren waren. Als die Polizeibeamten schließlich eintrafen, waren Anthony Baxter und Richard Phinney schon zu Susan Munros Haus weitergezogen. Die Polizei fand sie dort und stellte ihnen einige Fragen, was von den beiden Filmleuten aufgenommen wurde. Daraufhin baten die Polizisten sie, ihre Kamera abzuschalten. Da Baxter der Aufforderung nicht nachkam, begann ein Handgemenge um die Kamera. Die Polizei rang Baxter zu Boden und nahm ihn und Phinney in Gewahrsam. Diese Episode spielt in dem späteren Dokumentarfilm *You've Been Trumped* eine zentrale Rolle, den Baxter 2011 auf Dutzenden von Filmfestivals vorstellte und der anschließend auch in der BBC lief.

Im August schickte Trump ein Vermessungsteam, das den Auftrag hatte, ein winziges Eckchen des von Michael Forbes genutzten Grundstücks einzuzäunen, das der Superreiche aus New York für sich reklamierte. Forbes trat aus seinem Haus, um mit den Männern zu diskutieren. Er hielt einen Flächenplan des Grundstücks in Händen. Die Polizeieskorte aber forderte ihn auf zurückzutreten und ließ die Trump-Arbeiter ihren Zaun errichten. Wenn Forbes gegen diese Beschlagnahme protestieren wolle, so sagten sie, dann könne er sich gerne mit den zuständigen staatlichen Stellen in Verbindung setzen, sie aber seien hier, um den Schutz der Arbeiter zu gewährleisten. (Wie man dem Grundbuchamt der Gegend entnehmen kann, war die von Trumps Männern abgesteckte Grenze tatsächlich die richtige.)

Im Oktober inspizierten Trump und Donald Jr. die Baustelle. Mit ihrem kleinen Konvoi schwarzer SUVs fuhren sie auch zu David Milnes Haus. Dieser weigerte sich allerdings, sie zu empfangen, und forderte sie auf, sein Grundstück umgehend zu verlassen. Ein Kamerateam, das im Auftrag des Fernsehsenders Golf Channel TV über das Menie-Projekt berichten wollte, nahm kurze Zeit später ein Gespräch zwischen Trump und einer jungen Frau namens Sarah Malone auf, in dem es um Milnes Haus ging. Die frischgebackene »geschäftsführende Vorsitzende« der Trump Organization verstand zwar zugegebenermaßen nicht das Geringste von Golfplätzen, war aber so schön, dass man sie gerade zum »Gesicht von Aberdeen« gewählt hatte.

»Sarah, ich will dieses Haus loswerden«, sagte Trump.

»Es wird etwas Staub aufwirbeln, aber wenn wir wirklich entschlossen sind, dann tun wir es doch einfach«, antwortete sie.

»Wen interessiert das schon, weißt du, wen interessiert das? Es ist unser Grundstück. Wir können hier tun und lassen, was wir wollen. Wir versuchen, an diesem Ort den großartigsten Golfplatz der Welt zu bauen … und sein Haus ist hässlich.«

Dieselben Kameraleute filmten auch eine Unterhaltung zwischen Trump und Paul O'Connor, dem verantwortlichen Golfplatzmanager, den Trump von dem berühmten Golfplatz Carnoustie abgeworben hatte. Trump gestikulierte in Richtung David Milnes Haus und sagte: »Ich habe keine Ahnung, was das verdammte Problem ist.« Einen Moment später erklärte er: »Dann muss wohl ich etwas ändern, wenn Sie es nicht tun.«

Elf Tage nachdem Milne den Amerikaner fortgeschickt hatte, kamen Trumps Männer und bauten einen Zaun entlang der Zufahrt zu seinem Haus und rund um sein Gebäude herum. Direkt neben Milnes Garage schlugen sie einen blauen Pfahl in die Erde. Zwei Wochen später erhielt der Schotte ein Schriftstück von Trumps Vertretern mit der Aufforderung, die Garage abzureißen. Dann erschien erneut ein Trupp von Arbeitern, die, dieses Mal noch näher an Milnes Haus, einen zweiten Zaun aufstellten. In einem weiteren Schreiben wurde er aufgefordert, 4000 Dollar für den Zaun zu bezahlen. Da Milne keine dieser Forderungen erfüllte, pflanzten Trumps Leute eine Reihe von Sitka-Fichten, die David und Moira Milne die Sicht aufs Meer versperrte – jene Sicht, deretwegen sie das Haus ursprünglich einmal gekauft hatten –, direkt am Zaun. Als Nächstes wurde hinter dem Gebäude der Milnes ein sechs Meter hoher und dreißig Meter langer Erdwall aufgeschüttet. Doch Milne weigerte sich nach wie vor zu verhandeln. Wenige Tage später kündigte Paul O'Connor, der Golfplatzmanager.[16]

Die Fehde zwischen Trump und seinen Nachbarn war perfekt für Zeitungsauflagen und Einschaltquoten, doch für die Widerstand Leistenden war sie eine ziemliche Qual. Susan Munro litt am meisten unter der Situation. Durch den Bau eines Parkplatzes neben dem vorläufigen Clubhaus wurde die Straße, die zu ihrem Haus führte, so anhaltend unter Wasser gesetzt, dass sie schließlich völlig ausgewaschen und nicht mehr passierbar war. Es dauerte fünf Wochen, bevor Trump sie wieder instand setzen ließ. Schlimmer aber waren die sechs Meter hohen Dreckhaufen, die man unmittelbar an ihrer Grundstücksgrenze aufgeschüttet hatte. Diese mit Bäumen bepflanzten Böschungen sollten den Golfern den Blick auf das Munro-Haus ersparen, wenn sie ihre Autos abstellten. Auch den Munros war damit die Aussicht versperrt, die sie jahrzehntelang genossen hatten. Im Winter nahmen ihnen die künstlichen Böschungen noch das Sonnenlicht. Wenn sie einmal dazu kam, über die ganze Sache nachzudenken, war Susan Munro einfach nur fassungslos: »Wir haben hier in völliger Abgeschiedenheit gelebt. Wer hätte sich je vorstellen können, dass dieser verdammte Amerikaner kommen würde, um uns so etwas anzutun?«

Die Medienberichte über ihre Notlage trugen Munro und den anderen Trump-Gegnern im In- und Ausland große Sympathien ein. Zahlreiche Leserbriefe bestärkten sie darin, nicht aufzugeben. Als Anthony Baxters Film *You've Been Trumped* in der BBC ausgestrahlt werden sollte, forderten Trumps Anwälte den Sender auf, ihn aus dem Programm zu nehmen. Er sei rufschädigend und irreführend. Im *Guardian* war zu lesen, dass Trump den Regisseur als »Rindvieh« bezeichnet hatte. Der Sender verwahrte sich gegen Trumps Ansinnen. Mit geschätzten 1,1 Millionen Zuschauern lagen die Einschaltquoten an jenem Sonntagabend, als der Film lief, rund 40 Prozent über der üblichen Quote des Programms, in dem er gezeigt wurde.

Der Dokumentarfilm *You've Been Trumped* bescherte Michael Forbes den ersten Platz bei der – alljährlich von der schottischen

Whiskymarke Glenfiddich finanzierten – Wahl zum »Tollsten Schotten«. Bei der Siegerehrung trug er seinen Kilt. Donald Trump kündigte daraufhin an, dass seine Bars und Restaurants keinen Glenfiddich-Whisky mehr ausschenken würden. Der Preis für Forbes, fügte Trump hinzu, »ist eine riesengroße Peinlichkeit für Schottland«.

Mit solchen Erklärungen in eigener Sache machte er sich das Leben nicht wirklich leichter. Typisch für Trump war auch sein Versuch, die Dünen, die er für »die größten der Welt« hielt, in »Große Dünen von Schottland« umzubenennen. Als man ihm sagte, sie seien keinesfalls die größten der Welt, nahm er zwar die Richtigstellung hin. Den Vorwurf aber, es sei doch etwas anmaßend zu glauben, man könne eine geologische Formation, die der Welt seit vielen Generationen unter einem bestimmten Namen bekannt ist, einfach umbenennen, konnte er nicht nachvollziehen. Sein Fazit: »Anmaßend wäre, sie die Donald-J.-Trump-Dünen zu nennen.«[17]

Während die Bulldozer in das Gelände einbrachen, um die erste von zwei Golfanlagen für Trump zu bauen, war der Immobilienmarkt in Schottland und im restlichen Europa schon so angeschlagen, dass selbst in wesentlich sonnigeren Gegenden wie etwa Spanien viele touristische Bauprojekte aufgegeben wurden. Keines der Gebäude auf dem Menie Estate, die Trump versprochen hatte, wurde in Angriff genommen, stattdessen beklagte er sich weiterhin über den Windpark, der vor der Küste entstehen sollte. Die britische Regierung hielt an ihrem Vorhaben fest. Schottlands Erster Minister Salmond hatte sich nach Kräften um eine EU-Genehmigung bemüht, in den Gewässern der Nordsee einen Windenergie-Test durchführen zu dürfen. Trump gab zu verstehen, Salmond hätte ihm garantiert, dass keine Windräder dort gebaut würden. Dabei tat er so, als ginge es nicht nur um seine eigenen Interessen, sondern auch um die des Landes, weil die Windkraft angeblich eine schlechte Technologie sei. »Wir müssen Schottland retten«, erklärte er. »Eine solche industrielle Verschandelung dürfen wir nicht zulassen.« Er setzte noch einen drauf und verglich die Pläne für den Offshore-Windpark mit dem tragischsten Ereignis der jüngsten Geschichte, dem Bombenanschlag auf ein Passagierflugzeug über Lockerbie im Jahr 1988: »Windparks sind genauso eine Katastrophe für Schottland wie der Pan-Am-Flug 103, eine Gräueltat, nur diesmal ist sie staatlich subventioniert.«

In seinem politischen Feldzug gegen Alex Salmond klang Trump wie in jüngeren Jahren bei seinen Auseinandersetzungen mit Ed Koch. Er sprach von Salmond als dem »verrückten Alex« und finanzierte die politischen Aktionen einer Gruppe von Windkraftgegnern. Unter Berufung auf seine Ernennung zum »globalen Schotten« forderte Trump das schottische Parlament in einem Schreiben auf, sich gegen den Windpark zu entscheiden, da andernfalls seine Investition in »zweistelliger Millionenhöhe« gefährdet wäre. Die Summen, die Trump für das Menie Estate aufgewendet und als einen Segen für die Region bezeichnet hatte, waren de facto umstritten. 2011 behauptete Trump, bereits 60 Millionen Pfund für den Bau des teuersten Golfplatzes ausgegeben zu haben, den das Vereinigte Königreich je gesehen hatte.

Die dauernde Erwähnung großer Summen diente offensichtlich dem Zweck, den schottischen Politikern klarzumachen, dass Trump nicht nur entschlossen war, sondern auch die Mittel besaß. Angesichts der Tatsache aber, dass die kürzlich im Westen Schottlands eröffnete Golfanlage Machrihanish Dunes für 1,5 Millionen Pfund gebaut worden war, konnten die Zahlen nicht stimmen. Der Edinburgher Wissenschaftsjournalist Andrew Wightman, Experte für Landnutzungsfragen, sah sich die Unternehmensberichte an und stellte fest, dass Trump weniger als sieben Millionen Pfund für das Menie Estate ausgegeben hatte, die alle zu Tom Griffin nach Amerika flossen, und weniger als 14 Millionen für den Bau der Anlage. Als die Zahlen veröffentlicht wurden, waren Trump und die Medien aber längst wieder mit anderen Fragen beschäftigt. Denn natürlich war es leicht, Gerüchte über phantastische Summen in Umlauf zu bringen, aber schwierig, Unternehmensberichte zu analysieren und die Öffentlichkeit mit öden Details zu quälen.[18]

Es waren keine Unterlagen einsehbar, die Auskunft darüber gaben, wie viel Trump seinen Anwälten zahlte oder wie viel er im Kampf gegen die Windmühlen ausgegeben hatte. Doch der Windpark lieferte Trump letztlich die Argumente, um sich aus dem Teil des Projekts zurückzuziehen, der die Arbeitsplätze und Unternehmensgewinne produziert hätte, die den verantwortlichen schottischen Politikern so verlockend erschienen waren. Als er seinen Angriff gegen die Windräder verloren hatte, zog er seinen Bauantrag für den zweiten Golfplatz zurück und konzentrierte sich und sein Geld auf andere Gegenden.

Die eine Anlage, die Trump auf dem Menie Estate fertiggestellt hatte, befanden Fachleute wegen der Landschaft und der Arbeit Martin Hawtrees für äußerst schön, doch natürlich war sie nicht die beste Golfanlage der Welt. Statt über eintausend Arbeitsplätzen hatte Trump gerade mal um die hundert geschaffen – viele davon nur als Saisonarbeit. Die Baugenehmigungen, die man ihm für Ferienunterkünfte und ein Hotel erteilt hatte, blieben Bestandteil des Grundstücks. Er konnte einfach die nächste Spekulationsblase abwarten, alle im Plan vorgesehenen Wohnungen bauen und sich mit einem immensen Gewinn aus der ganzen Angelegenheit verabschieden. Oder er konnte die gesamte Fläche mitsamt aller Baurechte an einen anderen Investor verkaufen.[19]

Die Bewohner von Balmedie, die so erbittert gekämpft hatten, wurden gebeutelt und verwirrt zurückgelassen. Obwohl die Aberdeener Presse Trump anprangerte und die Leute aus der Gegend, die einen Golf-Boom erwartet hatten, ihn verachteten, tat man sich schwer zu begreifen, warum jemand wie im Sturzflug auf ihr Gemeinwesen niederging, so viel versprach, so wenig in die Tat umsetzte und so viel Schaden anrichtete. Jack McConnell, der Trump als Erster entgegengekommen war, wurde von der Königin ins britische Oberhaus berufen. Alex Salmond scheiterte mit seiner Kampagne für die schottische Unabhängigkeit und trat anschließend vom Amt des Ersten Ministers zurück. Sarah Malone, das hübsche »Gesicht von Aberdeen«, heiratete den Chefredakteur der Zeitung *Press and Journal*, die den

Bau der Golfplatzanlage von Anfang an unterstützt hatte. Und auf der Isle of Lewis wartet die Gesellschaft, die das Herrenhaus von Lord Leverhulme restaurieren wollte, immer noch auf eine Spende von Mary Anne Trumps Sohn, dem milliardenschweren »globalen Schotten«.

DONALD TRUMP VERSTEHEN

> Ich bin ein sehr kluger Mensch. Ich könnte eine Antwort
> geben, mit der alle zufrieden sind; es würde sich keiner darum
> scheren, niemand würde darüber schreiben. Oder ich kann
> eine ehrliche Antwort geben, die meterhohe Wellen schlägt.
>
> *Donald Trump*

Man fühlt sich schnell wie ein Filmkomparse, wenn man Donald Trump in seinem Büro trifft. In dem von zwei Seiten mit Tageslicht gefluteten Raum ist es so hell wie an einem Set. Der Star ist ein nicht mehr ganz junger Chef-Typ, dessen geradezu künstlich perfektes Gesicht gar keine Poren zu haben scheint. Sein sorgfältig zurechtgesprühtes, leuchtendes, herabstürzendes Haar kündigt gewissermaßen seine Persönlichkeit an. Als absoluter Profi gibt er abgedroschene Phrasen mit solch einer Überzeugungskraft von sich, dass sie fast wieder frisch wirken. Stellen Sie sich Michael Caine in einem seiner späten, unbedeutenderen Filme vor.

Als ich Trump die Hand gebe, frage ich mich, ob er wohl im nächsten Moment zum Desinfektionsmittel greifen wird. Mit jedem anderen erklärten Keim-Phobiker hätte man gewiss Nachsicht. Bei Trump aber, der eine so ausgeprägte Neigung zu schwülstigem Kitsch und Grausamkeit besitzt – jüngst verkündete er, die betagte Schauspielerin Kim Novak sollte »ihren Schönheitschirurgen verklagen« –, tut man sich schwer mit dem Mitgefühl. Wir schütteln uns die Hände, und ich lasse mir nicht entgehen, wie er anschließend hinter seinen Schreibtisch schlüpft, um sich ganz diskret die Hand am edlen Stoff seines teuren Anzugs abzuwischen.

Kein anderer Geschäftsmann in Amerika, oder vielleicht auf der ganzen Welt, kann aus etwas so Alltäglichem – der Furcht vor Ansteckung – einen selbst für Fremde so unübersehbaren Charakterzug machen. Doch schließlich gibt es keinen zweiten Donald Trump. Das sage ich ihm bei unserem ersten Treffen in seinem Büro. Wir stehen vor einer Wand, die mit Trumps Konterfei auf Magazintitelseiten gepflastert ist. Auf dem Fußboden liegt Mike Tysons Weltmeistergürtel, den Trump als Bezahlung für irgendwelche Schulden erhalten hat. »Soweit ich das beurteilen kann, gibt es niemanden, der schon so lange wie Sie prominent ist und ungeschmälert die öffentliche Aufmerksamkeit genießt«, sage ich ihm. »Oder fällt Ihnen eine andere Person ein?«

Die Welt ist tatsächlich immer noch Trumps Bühne, und die meisten Darsteller aus seinen jüngeren Jahren als New Yorker Promi sind entweder verblasst oder gestorben. Alte Feinde und Freunde wie Ed Koch, Roy Cohn, Leona Helmsley oder George Steinbrenner sind tot. Von anderen, wie etwa Rudy Giuliani, hört man zwar noch gelegentlich, doch im Grunde spielen sie keine Rolle mehr. Unterdes zeugen die Presseausschnitte, die Trump jeden Morgen zusammengestellt bekommt, von seiner anhaltenden Berühmtheit. Was mich interessiert, ist Menge und Qualität der Aufmerksamkeit, die man ihm entgegenbringt. Der ungeheuer reiche und namhafte Donald Trump ist wahrlich ein Mann unserer Zeit. Er ist der vollendete Ausdruck bestimmter Aspekte des amerikanischen Geistes im 21. Jahrhundert.

Eigentlich habe er meine Bitte um eine Reihe offizieller Interviews ablehnen wollen, erklärt mir Trump bei unserem ersten Treffen. Lediglich der Umstand, dass auch Mark D'Agostino, der mir bei der Recherche helfen sollte, mit von der Partie sein würde, hätte ihn umgestimmt. Mark hat einmal für das *People*-Magazin ein Stück über Trump geschrieben und Trump mag ihn. Dennoch empfange er uns, so sagt er weiter, aus reiner Gefälligkeit. Wir hätten es nämlich verdient, seine Absage persönlich zu hören. Seltsamerweise aber klingt alles, was er von sich gibt, wie ein Verkaufsgespräch: *Nein, ich kann auf gar keinen Fall verkau-*

fen. Dieses Anwesen bedeutet mir viel zu viel. Für Sie aber könnte ich vielleicht eine Ausnahme machen.

Nachdem wir ein bisschen über Trumps Ausnahmestellung in Amerika geredet haben, verabreden wir ein halbes Dutzend Interviews: Dies sollte uns genügend Zeit geben, um sein Leben in chronologischer Reihenfolge durchzugehen. Trump spricht viel lieber über die Gegenwart, und am liebsten natürlich über die Zukunft, dennoch versichert er, uns so gut wie möglich über seine Vergangenheit Auskunft zu geben. Als die wesentlichen Entscheidungen feststehen, verfällt er in einen Monolog.

Trump ist ein Nachrichten-Junkie. Von Klatschgeschichten über Prominente bis hin zur Politik verschlingt er alles, was Neuigkeitswert hat. Den Vorstandsvorsitzenden von JPMorgan Chase, Jamie Dimon, der sich kürzlich bereit erklärte, zur Beilegung verschiedener anhängiger Klagen 13 Milliarden Dollar zu zahlen, kritisiert er scharf. Bei diesen Klagen ist die Rolle von JPMorgan Chase innerhalb des Zusammenbruchs der Finanzwelt zentral, also inwieweit die US-Bank Auslöser für die weiterhin anhaltende große Wirtschaftskrise war. Trump hält Dimon offenbar für ein Weichei. Dasselbe gilt für Obama, von dem er insgesamt ziemlich angewidert ist.

Unsere Gesprächspausen nutzte Trump gerne, um seine Kritik an Barack Obama loszuwerden. Seine Bemerkungen fielen auf dem Weg zum Fahrstuhl, wenn die Aufnahmegeräte ausgeschaltet waren, oder wenn die Aufzeichnungen erklärtermaßen »nicht zur Mitschrift bestimmt« waren. Bei zwei Einlassungen aber, die nicht unter dem Vorbehalt der Verschwiegenheit standen, lenkte Trump das Thema von einer allgemeinen Erörterung des »Erfolgs« zu einer Beurteilung von Obama. Er sagte, dieser Mann besitze keine Siegerqualitäten, er »habe viel zu häufig verloren, und die Leute wollen ihn nicht mal mehr im Fernsehen sehen«. Bei der zweiten sich bietenden Gelegenheit sagte er, ihm mangele es an psychologischer Stärke. »Es geht nur um Psychologie. Wenn Obama diese Stärke hätte, würde ihm Wladimir Putin nicht die Wurst vom Brot essen. Er hat diese Stärke nicht, und er wird sie nie haben, das gibt seine DNA nicht her.«

Wenn er über Obama redete, klang Trump geradezu persönlich beleidigt. Vielleicht lag es daran, dass das Weiße Haus 2010 nicht auf seine Offerte eingegangen war, die nationalen Maßnahmen zur Bekämpfung der Ölkatastrophe im Golf von Mexiko zu koordinieren. Trump fand, dass der verantwortliche Admiral »nicht weiß, was er tut«. Leider enthüllte Obamas ehemaliger Chefberater David Axelrod die entsprechende Korrespondenz – im Zuge dessen Trump auch angeboten hatte, einen Festsaal im Weißen Haus zu bauen – erst, als mich Trump nicht mehr vorließ. Ich hatte deshalb keine Gelegenheit, ihn zu diesen Dingen zu befragen.

Auch wenn Trumps Einstellung zu Obama affektgeladen war, klangen seine Äußerungen über die vierte Gewalt doch noch um einiges sarkastischer. »Es gibt in den Medien eine schreckliche Unehrlichkeit, eine schreckliche Unehrlichkeit«, so ließ er uns spontan wissen. Als herausragend unehrlich betrachtete er Journalisten wie Timothy L. O'Brien und Wayne Barrett. »Ich habe an die Medien geglaubt. Und als dieser Typ (Barrett) dann in dieser Weise schrieb, wurde mir plötzlich klar: Wow, die ganze Sache liegt etwas anders, als ich dachte. Das ist kein ehrliches Geschäft. Also, ich habe eine Menge großartiger Reporter und Autoren getroffen, und ich habe ein paar wirklich unehrliche kennengelert, also wirklich ein paar ganz verlogene. O'Brien ist so einer.« Die abfälligsten Bemerkungen aber sparte er sich für den Chefredakteur von *Vanity Fair* auf, von dem er nur als »Drecksack Graydon Carter« redete. Er erwähnte diesen Mann häufig, jedes Mal sprach er den für ihn anzüglichen Namen so schnell aus, dass er wie ein einziges Wort klang: »Drecksackgraydoncarter«.

Hält man sich vor Augen, dass Trump mit den Medien sein ganzes Leben lang ein manipulatives Spiel gespielt hat, hören sich diese Vorwürfe ziemlich paradox an. Kaum jemand hat in einem solchen Maß von Klatschgeschichten über Prominente profitiert wie Donald Trump. Außerdem ist seine Medienschelte rein selbstbezüglich. Ob er einen Autor oder Journalisten für akzeptabel hält, hängt ausschließlich davon ab, wie dieser auf die Brocken reagiert, die ihm Trump zum Fraß vorwirft. Wer sich darauf stürzt, ist gut; wer es nicht tut, ist schlecht. Am schlimmsten sind diejenigen, die sich über ihn lustig machen oder die Zahlen in Frage stellen, mit denen er sein Vermögen beziffert. Als Timothy O'Brien schrieb, Trump sei gar nicht so reich, wie er behauptete, wurde er von Trump verklagt. Trump verlor zwar den Prozess, doch angesichts der immensen Prozesskosten verlor auch O'Briens Verleger. Mir gegenüber erklärte Trump, dass wir uns bestimmt nicht vor Gericht sehen würden. »Es wird wahrscheinlich ein schlechtes Buch, und ich werde bedauern, das hier getan zu haben. Na ja, ich könnte Sie verklagen, wenn es schlecht wird, aber die Mühe werde ich mir nicht machen, denn es wird keine Käufer finden. Die Leute wollen etwas Positives, Anregendes. So etwas sollten Sie schreiben, wenn Sie Erfolg haben wollen.«

Nachdem uns Trump diesen Ratschlag mit auf den Weg gab, schickte er uns in ein Vorzimmer, um mit seiner Chefsekretärin Rhona Graff weitere Termine zu vereinbaren. Ihr Team besteht aus lauter schönen Sekretärinnen, die alle so aussehen, als würden sie in einer Fernsehserie attraktive Sekretärinnen darstellen. Sie sind elegant angezogen und perfekt geschminkt und damit ebenso funktional wie dekorativ. Graff legte Tag und Uhrzeit für unsere erste Sitzung mit »Mr Trump« fest und bot an, uns mit Leuten zusammenzubringen, die ihn kennen und mögen. Zu diesen Leuten gehören Trumps Mentor aus seiner Zeit auf der Militärakademie und natürlich seine erwachsenen Kinder, die alle für ihn arbeiten. Ich konnte mich nur schwer des Gefühls entledigen, dass mich Rhona und Mr Trump in die Rolle des Biographen als nützlicher Depp zu zwängen versuchten.

Als Mark und ich mit dem Aufzug wieder in die Lobby aus rosafarbenem Marmor des Trump Towers hinunterfuhren, standen wir uns in benommenem Schweigen gegenüber. Bei einem Kaffee beschlossen wir, dass es dennoch gut gelaufen sei. Wir waren froh, dass sich Trump zu Interviews bereit erklärt hatte, aber mehr als skeptisch bezüglich dessen, was bei der Angelegenheit herauskommen mochte. Trump ist bekannt dafür, dass er nicht gerne über die Vergangenheit spricht, jede Selbstreflexion vermeidet und eisern an dem Image festhält, das er für sich selbst entworfen hat. Mit Vorliebe gibt er bewährte Sätze von sich und behandelt

Informationen wie Geheimnisse. »Sie können das ruhig verwenden, nur verraten Sie nicht, dass Sie es von mir haben«, sagte er einmal, als er uns im Zusammenhang mit einer seiner neueren Erfolgsgeschichten irgendein pikantes Detail auftischte. Wie gut Trump diese Technik beherrscht, hat Mark Singer schon 1997 im *New Yorker* beschrieben. Wieder und wieder probierte er sie an uns aus. Eine andere Taktik, nämlich die Pose des »Trump-Sprechers« John Baron, hatte er glücklicherweise unterdessen aufgegeben. Die »nicht zur Mitschrift gedachten« Kommentare schienen nach wie vor ein fester Bestandteil seines PR-Repertoires zu sein.[1]

Trumps Aufmerksamkeitsbedürfnis hat zu einem nicht anhaltenden Strom von öffentlichen Erklärungen geführt, mit denen sich Tausende von Notizbuchseiten füllen ließen. Er hat sich im Laufe der Zeit so häufig zu so vielen Themen geäußert, dass einem schwindelig wird, wenn man den Überblick zu behalten versucht. Waren seine Einlassungen zum »schrecklichsten Präsidenten« auf den Republikaner George W. Bush oder den Demokraten Barack Obama gemünzt? In der Tat auf beide. Bush war schrecklich, weil er den Irakkrieg geführt hat, Obama war aus unzähligen anderen Gründen schrecklich.[2]

Trump hat sich sowohl gegen die gleichgeschlechtliche Ehe als auch für die Anerkennung homosexueller Soldaten ausgesprochen. Er hat das Recht auf Abtreibung befürwortet und dann wieder abgelehnt.[3] In jüngster Zeit hat er in Frage gestellt, dass der Klimawandel eine Folge menschlichen Handelns ist – »dieser Schwachsinn mit der GLOBALEN ERDERWÄRMUNG muss endlich aufhören« –, und er hat behauptet, eine Mehrfachimpfung könne bei Kindern zu Autismus führen (was jeder wissenschaftlichen Grundlage entbehrt).[4] Nicht zuletzt das permanente Aufwerfen der »Geburtsfrage«, ob Obama wirklich in Amerika geboren und damit ein legitimer Präsident ist, beweist, dass Trump fast alles sagen würde, um Beachtung zu erhalten. Was immer er tut, propagiert er als das Allergrößte, und durch die Art und Weise, wie er über seinen Reichtum, die Einschaltquoten von *The Apprentice* oder seine eigene Intelligenz spricht, fordert er den Spott regelrecht heraus.

Doch nicht Trumps schrilles Wesen verdient unser Interesse, sondern die Tatsache, dass er es wie kein anderer geschafft hat, seine Prominenz zu Geld zu machen. (Ganz egal, wie viele Milliarden Dollar er eigentlich besitzt, es geht bei ihm immer um Milliarden Dollar.) Obwohl ein beträchtlicher Teil der Bevölkerung ihn für einen Witzbold, wenn nicht gar für eine Gefahr hält, ist ihm dieses Kunststück irgendwie gelungen. Was sagt es über ihn aus, dass er, gemessen an den beiden Maßstäben, die er am meisten schätzt – Geld und Ruhm –, so unglaublich erfolgreich ist? Und was sagt das eigentlich über uns selbst aus?

***

»Fünf Jahre lang ging ich auf die New Yorker Militärakademie; ich kam ein Jahr vor Beginn der Highschool dorthin.«

»Also in der achten Klasse?«

»Ja.«

»Wessen Idee war das?«

»Na ja, ich war sehr rebellisch, und meine Eltern dachten, es sei eine gute Idee. Ich war sehr rebellisch.«

»Woran machte sich das fest?«

»Ich war ein sehr rebellischer Mensch. Ich spreche eigentlich nicht gerne darüber. Aber ich war ein sehr rebellischer Mensch und ziemlich eingefahren in meinen Gewohnheiten.«

»In der achten Klasse?«

»Ich habe sehr gerne gekämpft. Ich habe das Kämpfen immer geliebt.«

»Körperlich gekämpft?«

»… Kämpfe aller Art. Egal was für ein Kampf, ich habe es geliebt, auch Prügeleien, und ich war immer der beste Sportler. Und keiner wusste das von mir.«[5]

Selbstverständlich erfuhr jeder, der irgendwann einmal ein Interview mit Trump geführt hatte, über seine sportlichen Fähigkeiten. Denn die körperlichen Heldentaten seiner Jugend und die auf diversen Golfplätzen errungenen Siege beschäftigen ihn. Wenn wir ihn wirklich verstehen wollten, sagte Trump, müssten wir mit Theodore Dobias sprechen, seinem Ausbilder an der New Yorker Militärakademie. Dobias habe ihn als Jungen ziemlich hart rangenommen, habe aber den Kampfgeist in ihm geweckt. Immer wieder hatte sich Trump in der Vergangenheit als Krieger und Athlet dargestellt, und auch bei unserem ersten Interview hob er diese Persönlichkeitsmerkmale hervor. Damit stellte er sofort klar, wer im Raum den höchsten Testosterongehalt besaß. Was die Hormone angeht, habe es die Natur gut mit ihm gemeint, so ließ er uns wissen, davon zeuge sein ausgeprägter Wettbewerbsgeist. Es ist nicht ausgeschlossen, dass Trumps Fähigkeit zur Empathie in den Jahren an der Militärakademie, als er »lernen musste zu überleben«, Schaden genommen hat. Aus dieser Perspektive kann man vielleicht eher nachvollziehen, wie er zu der Vorstellung kommt, dass »man Leute meistens nicht respektieren kann, weil die meisten Leute keinen Respekt verdienen«.

In dem Gespräch, das sich an diesen plötzlichen Moment der Freimütigkeit anschloss, gab ich zu bedenken, dass viele Menschen andere ganz selbstverständlich respektieren und ihnen den Respekt erst dann verweigern, wenn sie verletzt wurden. Diesen Gedanken fand er »nett«, er stünde aber nicht damit im Einklang, was ihn das Leben gelehrt hätte. »Ich erwarte vermutlich immer das Schlimmste von Menschen, weil ich zu viel gesehen habe. Aber ich empfinde das doch als einen sehr netten Zug.« Man mag sich wundern, dass einer wie Trump, der in einem Betonturm mit imponierendem Blick über Manhattan auf einem Haufen Geld sitzt, sein Leben als Kampf beschreibt. »Im Leben geht es ums Überleben«, fuhr Trump fort. »Es geht immer ums Überleben.«

Während der zehn Stunden, die wir insgesamt miteinander sprachen, gab Trump immer dann am meisten von sich preis, wenn er über Wettbewerb oder die menschliche Natur nachdachte. Die Tatsache, dass er das Leben als einen endlosen Wettbewerb betrachtet, erklärt vermutlich, warum er sich selbst so oft als Sieger und die Leute, die er nicht mag, als Verlierer bezeichnet.

»Ich glaube an harte Arbeit. Ich glaube daran, dass man vorbereitet sein muss und all diese Dinge. Doch in vielerlei Hinsicht ist eine angeborene Fähigkeit das Wichtigste.«

»Und das wussten Sie schon als Kind?«

»Nein, darüber habe ich als Kind nie nachgedacht.«

»Glauben Sie, Sie hatten diese Fähigkeit schon damals?«

»Immer.«

»Auch bei einem ehrlichen Rückblick?«

»Ich hatte sie. Ich habe sie immer gehabt.«

Bei diversen Gelegenheiten hebt Trump hervor, dass er wegen seiner genetischen Ausstattung viele Dinge besser kann als andere, angefangen vom Golfspielen bis zum Geschäftemachen. »Ich glaube fest an natürliche Gaben.« Manchmal sagt er sogar: »Ich habe eine natürliche Gabe *für Land*.« Den Glauben an das trumpsche Erbgut bringt Donald Jr. noch etwas unverblümter zum Ausdruck, wenn er sagt: »Ich glaube fest an die Rennpferd-Theorie.« Während er mit den Händen nach oben gestikuliert, zum Himmel und zum Büro seines Vaters einen Stock höher, fügt er hinzu: »Er ist ein unglaublich fähiger Mann, auch meine Mutter ist unglaublich fähig, sie hat an den Olympischen Spielen teilgenommen. Ich würde also schon davon ausgehen, dass mich mein Erbgut für Höheres prädestiniert hat.«

In Zeiten, in denen ökonomische Ungleichheit zunehmend zu einem öffentlichen Problem wird, lässt sich gewaltiger Reichtum, sei dieser nun ererbt oder selbst erworben – was auf Donald Trump senior beides zutrifft –, natürlich gut mit dem Hinweis auf genetische Überlegenheit rechtfertigen. Es mag wenig erstaunen, dass die Reichen und Mächtigen, wie Sozialwissenschaftler herausgefunden haben, eher geneigt sind, ihren Status einer solchen »angeborenen Fähigkeit« zuzuschreiben. Doch auch wenn es die Natur mit einigen Menschen besonders gut gemeint hat, wirken in der Entwicklung eines jeden so viele Kräfte zusammen, dass es geradezu an magisches Denken grenzt, eine dieser Kräfte für allein ausschlaggebend zu halten. Gleichfalls magisch erscheint die Philosophie des Pfarrers Norman Vincent Peale, der für alle Lebenslagen die Macht des positiven Denkens oder, anders gesagt: Optimismus empfiehlt. Durch Peales Predigten in der Marble Collegiate Church hat Trump diese Botschaft schon als Kind aufgesogen und ein Leben lang an ihr festgehalten. »Ich glaube fest an positives Denken. Sehr fest«, so sagt er. »Doch ich glaube auch sehr fest an die Notwendigkeit, sich gegen Rückschläge abzusichern, denn Erfolge kommen immer gut mit sich selbst zurecht. Das habe ich stets gesagt.« Hier stoßen wir auf eine grundlegende Paradoxie, was Trumps Charakter betrifft. Er ist der Mann, der sich selbst zum »Sieger« erklärt und dennoch mit Konflikten und Kritik rechnet. Und davon hat er seit seiner Bewerbung um die Präsidentschaft 2016 einiges einzustecken.

Mehrfach hatte Trump in der Vergangenheit angedeutet, dass er sich 2016, wenn er siebzig wird, um die Präsidentschaft bemühen würde. Er hatte sogar in unserem Beisein laut darüber nachgedacht, ob ihm Mark und ich, die wir beide aus New Hampshire stammen, nicht vielleicht in diesem politisch entscheidenden Staat von Nutzen sein könnten. Es fiel uns schwer, in Trump einen seriösen Kandidaten zu sehen. Sein Interesse schien uns weniger mit ernstgemeinten politischen Zielen als mit Selbstvermarktung zu tun zu haben. Im Kreis der rund zwanzig Kandidaten für die republikanische Partei war er sicherlich nicht der einzige zwanghafte Selbstdarsteller. Im Hinblick auf Risikofreude schlug Trump sie aber alle um Längen. Nachdem Hillary Clinton offiziell ihre Kandidatur verkündet hatte, fragte Trump in den sozialen Medien: »Wenn Hillary Clinton ihren Ehemann nicht befriedigen kann, wie kommt sie dann auf die Idee, sie könnte Amerika zufriedenstellen?« Als es daraufhin einen Aufschrei gab, verschwand der Kommentar von Trumps Website, und seine Helfer erklärten schnell, Trump habe ihn nicht selbst geschrieben. Doch die Worte verschafften ihm große Aufmerksamkeit und versetzten die rechten Kader in Ekstase.

Nie verließ Trump, der fast jede Form von Beachtung als Gewinn für sein öffentliches Image betrachtete, die Lust am Streit. »Ich glaube, meine Ehrlichkeit bringt mich in Schwierigkeiten«, erklärte er uns gegenüber. »Ich bin wahrscheinlich so ehrlich, dass es mich in Schwierigkeiten bringt. Ich bin ein sehr kluger Mensch. Ich könnte eine Antwort geben, mit der alle zufrieden sind; es würde sich keiner darum scheren, niemand würde darüber schreiben. Oder ich kann eine ehrliche Antwort geben, die meterhohe Wellen schlägt.«

»Wird es Ihnen, politisch gesehen, helfen oder schaden, dass Sie so aufrichtig und direkt sind?«, fragte ihn Mark.

»Ich glaube, es wird mir helfen. Ich glaube, die Leute haben genug von politisch korrekten Sprüchen im Stil von ›Morgen geht die Sonne auf und es wird wunderschön sein‹. Ich glaube, von politisch korrektem Gerede haben die Leute wirklich genug. Ich habe gerade die Central-Park-Five-Vereinbarung angegriffen. Wer sonst tut so etwas? … Wissen Sie, was man tun muss? Man muss sie mit Zähnen und Klauen bekämpfen. Genau so muss man vorgehen, insbesondere wenn mich so ein Leichtgewicht wie dieser Schneiderman verklagt, dieser absolute Idiot, den niemand respektiert und der die Unternehmen aus New York vertreibt.«

Central Park Five waren die Teenager, die man festgenommen und beschuldigt hatte, 1989 im Central Park eine junge Frau vergewaltigt zu haben. Trump hatte sich inmitten des öffentlichen Aufruhrs, den dieser Fall verursachte, mit einer ganzseitigen Zeitungsannonce zu Wort gemeldet, die den Staat New York beschwor: »FÜHRT WIEDER DIE TODESSTRAFE EIN.« Als nach einem DNA-Test feststand, dass ein anderer dieses Verbrechen begangen hatte, klagten die Männer. Die Stadt New York verlor 2014 den Prozess und musste 40 Millionen Dollar Entschädigung zahlen, also eine Million Dollar pro Jahr, das jeder Einzelne von den Vorverurteilten in Haft gesessen hatte. Im Anschluss daran gab es eine breite Debatte um übereilte Urteile, Trump aber nannte die getroffene Zahlungsvereinbarung eine »Schande« und attestierte: »Diese jungen Männer sind in ihrer Vergangenheit nicht gerade Engel gewesen.« Gerade zu der Zeit, als die Vereinbarung getroffen wurde, sagte Trump zu mir: »Ich habe mit einem Polizeibeamten gesprochen, der sich sicher ist, dass sie die Frau überfallen haben.«[6]

So groß Trumps Vertrauen zu diesem New Yorker Kriminalbeamten war, so gering fiel seine Achtung gegenüber dem obersten Staatsanwalt von New York aus, Generalbundesanwalt Eric Schneiderman. Der Polizeibeamte war glaubwürdig, weil er

Trumps Meinung vertrat. Schneiderman war ein Schurke, weil er Klage gegen die Trump University eingereicht hatte. Sie sei keine Universität, sondern eher ein teures Trainingsprogramm für Leute, die reich werden wollten. Da vieles verjährt war, konnte der Generalbundesanwalt nur in einigen Punkten Klage erheben, doch immerhin brachte er Trump wegen Betreibens einer nicht lizenzierten Bildungseinrichtung vor Gericht.

In unseren Gesprächen sagte Trump über Schneiderman nur, er sei »ziemlich schrecklich« und »ein dämlicher Kerl«. Es sah ganz danach aus, dass der Generalbundesanwalt mit seiner Klage nicht weit kommen würde. Ende 2014 erging das Urteil, die Trump U habe gegen staatliche Zulassungsvorschriften verstoßen. Andere in Schneidermans Klageschrift erwähnte Sachverhalte fielen ebenfalls unter verschiedene Verjährungsfristen und ließen sich juristisch nicht verfolgen. Der Richter vertagte die Festlegung einer Strafzahlung für Trump.

Unangenehmer waren Urteile des Southern District of California, des Bundesbezirksgerichts von Südkalifornien, die zur Folge hatten, dass in zwei Fällen Anklage gegen Trump und die Trump University erhoben werden konnte. Im Fall *Cohen gegen Trump* wurde entschieden, dass sich in allen Bundesstaaten der USA jeder, der nach 2007 Kurse an der Trump University gekauft hatte – Tausende von Menschen –, einer Sammelklage nach amerikanischem Recht anschließen konnte, da Trump gegen eine zivilrechtliche Anti-Betrugs-Klausel verstoßen habe. Im Fall *Makaeff gegen Trump University* bekamen nur die Einwohner von drei Bundesstaaten das Recht zugesprochen, sich der Klage einer Frau anzuschließen, die nach eigenen Angaben 60 000 Dollar für Angebote der Trump University ausgegeben hatte. In einer Gegenklage wiesen Trumps Anwälte darauf hin, dass Makaeff die Trump University zuvor unterstützt hatte. Die Gegenklage wurde nicht zugelassen, unter anderem mit der Begründung, dass die »Opfer von Hochstaplern ihre Täter oft in den höchsten Tönen loben, bevor sie zu der Erkenntnis kommen, dass man sie geschröpft hat«. Trumps Anwältin Jill A. Martin sagte vor der Presse: »Es gibt keinerlei Anhaltspunkte, die irgendeine Klage gegen Mr Trump stützen. Ungeachtet der Tatsache, dass sie fast fünf Jahre Zeit hatten, sind die Kläger nicht in der Lage gewesen, das vermeintliche Ausmaß des Schadens in irgendeiner Weise zu beziffern. Infolgedessen sind wir der Auffassung, dass die Klage abgelehnt und die Fälle abgewiesen werden sollten.« Bei dieser Strategie versuchte Trumps Team zu verhindern, dass die Fälle vor Gericht verhandelt werden durften. Es scheiterte aber, und den gegnerischen Parteien wurde die Möglichkeit eingeräumt, ein Gerichtsverfahren anzustrengen. Auch wenn der Ausgang des Prozesses nicht vorhersehbar war, musste sich Trump doch auf ein unangenehmes Szenario einstellen: Hart arbeitende Menschen, die vor Gericht aussagten, dass sie sich nach ihrer Erfahrung mit der Trump University wie Trottel gefühlt hätten.

Wahrscheinlich konnte Donald Trump die Empfindungen dieser Kläger durchaus nachvollziehen. In einem seiner allerersten Zeitungsinterviews war von einer Beobachtung die Rede, die Trump 1964 aus Anlass der Eröffnung der Verrazano-Narrows-Brücke gemacht hatte. Bei der Eröffnungsfeier war der renommierte schweizerisch-amerikanische Ingenieur Othmar Ammann, der die Brücke gebaut hatte, von verschiedenen Würdenträgern, darunter auch Robert Moses, mit Nichtachtung gestraft worden. Was sich der junge Trump bei dieser Gelegenheit allerdings gut merkte, war nicht etwa, dass sich Moses und die anderen unfair verhalten hatten, sondern dass Ammann ein »Trottel« war. Trump schwor sich, so etwas niemals mit sich machen zu lassen. In den folgenden Jahrzehnten ließ er viele Menschen wie Trottel dastehen, beispielsweise die New Yorker, denen die Wandfriese des Kaufhauses Bonwit Teller gefallen hatten; die Anleger der Banken, die in den Achtzigerjahren seine maßlosen Kredite finanzierten; oder die Investoren, die Aktien seiner Casinos kauften. Je nachdem, welchen Maßstab man anlegen möchte, lässt sich die Liste der Trottel auch noch erweitern um:

- Wähler, die Trump für einen seriösen Präsidentschaftskandidaten hielten.
- Anhänger der Verschwörungstheorie um Obamas Auslands-

geburt, die dachten, er würde etwas Wahres über Präsident Obama sagen.

– Käufer, die bei einem pleitegegangenen Bauprojekt in Mexiko, das Trumps Namen trug, Geld verloren.

– Schottische Politiker, die nur einen Bruchteil des milliardenschweren Bauprojekts zu Gesicht bekamen, das ihnen Trump als Gegenleistung für die Genehmigung versprochen hatte, in einer ökologisch sensiblen Region einen Golfplatz bauen zu dürfen.[7]

Einige der Menschen, die auf Trump gesetzt und verloren haben, sind alles andere als sympathische Charaktere. Es ist nicht leicht, Mitgefühl mit einem Politiker zu haben, der mit aller Macht ein Projekt durchsetzt und sich anschließend verladen fühlt. Doch vielfach geht es gar nicht um die unmittelbaren Opfer der trumpschen Manipulationen, sondern um Dritte, die in Mitleidenschaft gezogen werden. Mit seiner Propaganda um Obamas Auslandsgeburt hat Trump dem gesamten amerikanischen Volk Schaden zugefügt. Denn diese Verschwörungstheorie leistete den irrationalen Ängsten jener Amerikaner Vorschub, die weder die Hautfarbe noch den Namen des Präsidenten zu akzeptieren vermochten. Natürlich kann man Trump nicht allein für diese Situation verantwortlich machen. Auch wenn sich Bill O'Reilly, der größte Star von Fox News, gegen die fadenscheinigen Argumente der sogenannten Geburtler aussprach, gab es viele andere Moderatoren dieses Senders, die Trump in seiner Linie bestärkten.

Trump konnte an seiner Parteinahme für die Geburtler-Theorie nichts Falsches finden. In unseren Gesprächen sagte er immer wieder, dass er sich 2016 um die Präsidentschaft bewerben wolle, denn seine Erfahrung als Geschäftsmann zeige schließlich, dass er mit »Leuten (umgehen kann), die stärker und klüger sind als die Leute, mit denen Obama es zu tun hat«. Das Aushandeln von Geschäften betrachtet er als Maßstab, an dem sich ein Mann messen lassen muss. Entsprechend fügte er hinzu: »Obama hat noch nie ein Geschäft gemacht, es sei denn für sein eigenes Haus, und wenn irgendein Republikaner ein solches Geschäft machen würde, dann säße er längst im Knast – Sie wissen doch, was ich mit seinem Haus meine, nicht wahr?« Daraufhin antwortete ich ihm: »Ich habe keine Ahnung«, erfuhr aber später von einem gescheiterten Versuch, Obamas Hauskauf in Chicago 2005 von der Presse als das Ergebnis zwielichtiger Geschäfte darstellen zu lassen. Die Zwielichtigkeit liegt hier allerdings einzig im Auge des Betrachters, im Zusammenhang mit Obamas Hauskauf ließ sich davon wenig erkennen.

Mit Blick auf seine Wahlkampagne 2016 beteuert Trump, er sei bereit, den Journalisten Rede und Antwort zu stehen. Sie könnten ruhig seine ganze Vergangenheit aufrollen, angefangen bei seiner zurückgestellten Einberufung während des Vietnamkriegs wegen Fersensporns bis hin zum Kreuzzug der Geburtler.

»Ich werde schon enthüllen, wie unehrlich sie (die Journalisten) sind, und das kann funktionieren oder nicht. In letzter Zeit ist es schwer, die Presse zu schlagen. Die Presse ist so unehrlich. Aber ich werde sie mir vorknöpfen. Es ist schwer, die Presse zu schlagen, aber die gute Nachricht ist, dass es einige sehr ehrliche Medien gibt. Ich habe Twitter, ich habe Facebook – bis Ihr Buch herauskommt, werde ich es zusammen mit Twitter und Facebook auf fünf Millionen Menschen gebracht haben. Das ist mehr als das größte Medienhaus.«

Mit den 2,5 Millionen, die ihm auf Twitter folgten, bewegte sich Trump in Wirklichkeit bei einer Größenordnung von etwas über zehn Prozent der CNN-Zuschauer. Neben anderen Medienkonzernen reklamierten sowohl *The New York Times* als auch die BBC mehr als die doppelte Anzahl von Lesern beziehungsweise Zuschauern für sich, während das *Time*-Magazin und die satirische Nachrichten-Website *The Onion* Trump um 1,5 Millionen Gefolgsleute übertrafen. Doch auch wenn er sich bei den Zahlen geirrt haben mag, so hatte er doch in einem wesentlichen Punkt recht: Mit seinen sozialen Plattformen konnte er die Torhüter der Presse umgehen und seine Botschaften direkt ans Publikum bringen. Trump sagte, er schreibe seine Stellungnahmen im Internet selbst, und angesichts der Unterschiedlichkeit ihrer Tonlagen, ist das nicht unwahrscheinlich. Als leidenschaftlicher Twitterer kommentiert er auf diesem Wege alles, vom New Yorker Arzt, der sich mit dem Ebola-Virus infiziert hat – »Obamas Schuld« –, bis hin zu dem Gedanken, der Big Apple könnte möglicherweise von der Erderwärmung profitieren (falls es dieses Phänomen gäbe!), da die Stadt im Winter häufig unter unangenehmen Kälteeinbrüchen leide.

Anders als andere prominente Geschäftsleute um die siebzig kennt sich Donald Trump mit Popkultur so gut aus, dass er imstande ist, die Liebesbeziehungen junger Stars zu beurteilen. Als die Schauspielerin Kristen Stewart eine Affäre hatte, schrieb er, sie hätte ihren Freund Robert Pattinson »wie einen Hund ... betrogen«. Er riet der Sängerin Katy Perry, sie sollte sich lieber vor John Mayer in Acht nehmen, weil der »eine Beziehung anfängt und allen davon erzählt«. Als Fernsehstar weiß er, wie wichtig es ist, auf dem Laufenden zu sein, um »in« zu bleiben. Und er hält auch an seiner Philosophie fest, jeden Schlag mit einem härteren Gegenschlag zu beantworten.

»Cher hat irgendeine miese Scheiße über mich verbreitet«, merkte Trump einmal über die bekannte Sängerin und Schauspielerin an. »Deshalb habe ich sie mir vorgeknöpft. Ich habe sie halb totgeschlagen, und sie hat danach nie wieder etwas über mich gesagt. Bette Midler sagte irgendetwas. Ich sagte: ›Bette Middler ist unattraktiv, von innen und von außen.‹ Okay. Und das war's dann. Sie hatte genug.«

Mit vielen anderen war Bette Midler gegen Trump zu Felde gezogen, als dieser verkündete, er würde fünf Millionen Dollar an eine Wohltätigkeitsorganisation spenden, sofern Präsident Obama seinen Harvard-Nachweis veröffentlichte. Obamas Anhänger empfanden das Ansinnen, das in dieser Form nie zuvor gegenüber einem amerikanischen Präsidenten erhoben worden war, als Teil einer unverschämten Strategie, Obama die Glaubwürdigkeit abzusprechen. In Anspielung auf umstrittene Bauprojekte Trumps, twitterte Midler: »Der Mann, der New York ruiniert hat, versucht nun, das ganze Land zu ruinieren. Das gebietet Respekt, wenn auch nicht für den Mann selbst.« Auch machte sie sich über die »scheußliche Haarfarbe« lustig, mit der Trump seinen Schopf

verunstalte. Cher beschwerte sich auf Twitter über das Kaufhaus Macy's, das Trump-Produkte vertrieb, und sie bezeichnete
Trump als »GROSSMAULIGEN RASSISTISCHEN KRETIN,
DER FÜR EIN BISSCHEN KOSTENLOSE WERBUNG LÜGEN
WÜRDE WIE ›SEINE PERÜCKE‹«. Sie beschimpfte ihn auch als
»ungeheures Arschloch«. »Cher sollte sich mehr auf ihre Familie
und ihre zu Ende gehende Karriere konzentrieren«, reagierte
Trump. Was er noch zu sagen hatte, war: »Die ›Perücke‹ trage ich
nicht, sie gehört mir. Und ich verspreche, nicht über deine vielen
misslungenen Schönheitsoperationen zu sprechen.«

Diese »Twitter-Kriege« brachten die Fallstricke eines Zeitalters
ans Licht, in dem Prominente unvermittelt mit ihren Ansichten
herausplatzen können. Schwer vorstellbar, dass die weiblichen
Stars vergangener Tage – Ella Fitzgerald? Patsy Cline? – Worte
wie *ungeheures Arschloch* zu Papier gebracht und anschließend
aller Welt präsentiert hätten.

Doch die öffentliche Kommunikation im Medienzeitalter wird
immer niveauloser. Dieser Prozess erinnert an eine Formulierung des Demokraten Patrick Moynihans – er hatte einmal von
einer »Aufweichung von Abartigkeit« gesprochen, im Sinne einer
Umdefinition abweichenden Verhaltens, die dazu führt, dass viele Verhaltensweisen, die einmal als nicht normal galten, nun als
normal oder tolerierbar durchgehen. Es ist ein Prozess, der sicher
zu ehrlicheren Debatten geführt hat, der uns aber auch alle ein
Stück näher Richtung Gosse gebracht hat. Lautstärke und läster-
liche Bemerkungen tragen in einem solchen rhetorischen Umfeld
oft den Sieg über Vernunft und Bedachtsamkeit davon. Dabei hat
Trump seinen Teil zum Niedergang des gesellschaftlichen Dis-
kurses beigetragen, doch er ist beileibe nicht der Einzige.

Cher und Bette Midler haben sich in den Auseinandersset-
zungen, die sie sich mit Trump lieferten, keineswegs ladylike verhalten. Trump würde wahrscheinlich sagen, bei Wortgefechten
zwischen Männern und Frauen werde »unfairerweise mit zwei-
erlei Maß gemessen«. Für ihn sind Männer bei einem Schlagabtausch im digitalen Netz nicht automatisch im Vorteil. Das
Internet hat massenweise Frauen hervorgebracht, die sämtliche

Anstandsregeln vermissen lassen. (Das zeigt sich aber auch allgemein bei den »Kriegen« auf Twitter – hat überhaupt einmal jemand einen solchen Krieg gewonnen?) Seinen Kritikern entgegnet Trump deshalb: »Sie sagen: ›Wie kannst du nur so über eine Frau sprechen?‹ Oder: ›Wie kannst du nur über irgendwen so sprechen?‹ Sie zieht also über meine Haare her, was ja in Ordnung ist. Meinem Haar ist das ziemlich egal. Dann sagt sie: ›Oh, er trägt die schlimmste Perücke, die ich je gesehen habe.‹ Nicht wahr? Und ich gebe es ihr zurück, woraufhin die Leute sagen: ›Wie kannst du nur etwas Schlechtes über sie sagen?‹ Dann sage ich: ›Na ja, was hat sie denn über mich gesagt?‹«

Im Fall Trump gegen Midler oder auch im Fall Trump gegen Cher waren die Kräfte durchaus gleich verteilt, und Trump machte nicht ganz zu Unrecht geltend, er sei schließlich als Erster beleidigt worden. Da wir es mit einem Mann zu tun haben, dessen Temperament sich nach eigener Einschätzung seit der ersten Klasse nicht wesentlich geändert hat, kommt der Vorwurf nicht ganz unerwartet. Und auch als mein Kollege Mark das Gespräch darauf brachte, wie Trump bei der Oscar-Preisverleihung 2014 twitterte, Kim Novak sollte »ihren Schönheitschirurgen verklagen«, reagierte Trump wie ein Erstklässler:

Michael: Hatten Sie anschließend ein schlechtes Gewissen?
Donald: Ein bisschen. Ach, aber wissen Sie …
Michael: Warum haben Sie das getan?
Donald: Wenn sie sich auf diese Weise exponiert … Übrigens war ich nicht der Einzige. Es gab …
Michael: Sicher hat es jeder bemerkt.
Donald: Kim Novak.
Michael: Ja, aber Sie haben es ausgesprochen.
Donald: Nein, ich habe gesagt, sie sollte ihren Schönheitschirurgen verklagen. Nun ja, einerseits …
Michael: Ach, das ist … die arme alte Dame.
Donald: Nein, ich weiß nicht. Sie ist nicht alt. Ich meine, sie ist …
Michael: Sie ist um die achtzig.
Donald: Ich weiß. Ich dachte nicht, dass ich Ärger bekommen

würde. Nein. Ich dachte, einige fänden es großartig, und andere würden anderer Meinung sein … aber aus diesem Grund habe ich fünf Millionen Leute, die mir folgen, schätze ich, nicht wahr?

Michael: Es war provokativ.

Donald: Ja, das war es wohl.

Michael: Es war also spontan?

Donald: Ich fand sie übrigens mal wunderschön.

Michael: Das war sie.

Mark: Oh ja, das war sie.

Donald: Aber sie kam auf die Bühne und … vergessen Sie nicht, dass sie weg vom Fenster war. Sie kam auf die Bühne und sagte: »Verdammte Scheiße.«

Mark: Das war schockierend.

Michael: Haben Sie es in diesem Moment geschrieben?

Donald: Es war so schockierend, dass man … Das habe ich. Ich habe es in dem Moment geschrieben.

Mark: Okay. Das hatte ich mich gefragt. Ich meine, denken Sie über die Folgen nach, wenn Sie sich mit einem solchen Kommentar aus dem Fenster lehnen?

Donald: Auf Twitter sagt man manchmal Dinge, die man anschließend bereut, weil es so spontan ist, oder? Aber man ist sehr ehrlich dabei. Das ist nichts im Vergleich zu mir. Sie ziehen immer wie die Berserker über mein Haar her.

Ein Telefonanruf unterbrach uns, und wir kamen nie wieder auf das Thema Kim Novak zurück. Trump hat für diese öffentliche Schmähung in der Tat viel Kritik einstecken müssen, denn Novak fühlte sich von ihm offenbar so gedemütigt, dass sie wochenlang nicht aus dem Haus ging. Der Streit hatte aber auch seine positiven Seiten, denn er stieß eine breite Diskussion über kosmetische Behandlungen, körperliche Idealmaße und die Fixierung auf Jugend und Aussehen an. Als jemand, der sich beim – finanziellen, sportlichen und verbalen – Kampfeinsatz am allerwohlsten fühlt, schien ihn die Vorstellung, Kim Novak könnte unter seiner beiläufig geäußerten Bemerkung gelitten haben, stutzig zu machen. Was man ihm zugutehalten kann, ist, dass ihn unsere Nachfragen wegen seines Verhaltens nicht störten. Trump hasst es, über die Vergangenheit zu sprechen, doch er lebt auf, wenn man ihn im Hier und Jetzt herausfordert. Bei solchen Gelegenheiten kommentierte er den Verlauf unseres Interviews dann mit den Worten: »Eine interessante Sitzung ist das heute.«

***

Die Mehrheit der Amerikaner, so zeigen Umfragen immer wieder, mag Donald Trump nicht. Das Meinungsforschungsinstitut, das alle zwei Jahre die Beliebtheitswerte amerikanischer Prominenter erhebt, die sogenannten *Q-Ratings*, gab 2011 an, dass auf jede Person, die Trump mag, mehr als vier kommen, die ihn nicht mögen. Aktueller sind die Zahlen, die man einer Umfrage des *Wall Street Journal* entnehmen kann: Im Jahr 2014 bekundeten 61 Prozent der befragten New Yorker, dass sie ein negatives Bild von Donald Trump hätten. Auf politisch eher linken Websites dient sein Konterfei oftmals zur Illustration des größten ökonomischen Problems unserer Tage, nämlich der stetig wachsenden Kluft zwischen Superreichen und allen anderen. Trotzdem gibt es noch genügend Menschen, die seine Fernsehshow anschauen und seine Produkte kaufen, die sein Vermögen weiter wachsen lassen.[8]

Trump hat verstanden: Wenn er Obama einen »Verrückten« nennt, regen sich einzig die auf, die ihn sowieso noch nie gemocht haben, während sich seine Anhänger nach einem solchen Coup nur noch dichter um ihn scharen. In einem Land von dreihundert Millionen Einwohnern bildet eine Gefolgschaft von 20 Prozent einen so enorm großen Markt, dass Trump jenseits dessen eigentlich niemanden mehr braucht. Es ist dieselbe Logik, nach der auch der Kabelsender Fox News sein Programm gestaltet. Für viele Geschäftsmodelle ist es besser, in einer Welt der weitgehend unbegrenzten Möglichkeiten eine relativ kleine, aber loyale Gefolgschaft von Kunden (oder Zuschauern) zu pflegen, als sich der flauen Zustimmung aller zu versichern.

Außerdem hat Trump verstanden, dass die Amerikaner, auch wenn sie vielleicht finden, dass die wirtschaftlichen Kräfte den Reichen auf unfaire Weise in die Hände spielen, trotz allem selbst reich werden wollen. Das Jahr 1978, als Donald Trump berühmt wurde, fällt ziemlich genau mit dem Zeitpunkt zusammen, in dem das Durchschnittseinkommen nicht mehr stieg und die Einkünfte der Reichsten zurückgingen. Damals begann auch das, was man als eine Art Pornographie der Reichen und Prominenten bezeichnen könnte: Die Massenmedien erstickten plötzlich an »Nachrichten« über die Schönen und Mächtigen. Während die Öffentlichkeit in bildhaften Exzessen schwelgte, wurde Trumps Gesicht zum Inbegriff all der verlockenden Genüsse, die man sich für Geld kaufen konnte. Die vom Hype überschatteten Fakten seines Lebens spielten nicht im mindesten so eine große Rolle wie die Phantasien über seine Person. Wer den »wirklichen« Trump zu fassen bekommen wollte, hatte schlechte Karten. »Ich kenne ihn schon seit Ewigkeiten«, so verriet mir Liz Smith, die zweiundneunzigjährige Altmeisterin des Klatsches, »aber ich werde einfach nicht schlau aus ihm.«

***

Während wir im Restaurant, das sich im Erdgeschoss ihres Wohngebäudes befindet, gemeinsam zu Mittag aßen, erinnerte sich Smith an die Zeit, als sie Trump für die Auszeichnung des »Living Landmark« vorgeschlagen hat – eine Auszeichnung, die von der New York Landmarks Conservancy vergeben wird. Viele von Trumps Freunden und Feinden haben diese Auszeichnung erhalten, unter anderem auch Graydon Carter, und Trump hatte sich in den Augen von Liz um die Stadt ebenso verdient gemacht wie etwa Brooke Shields oder Tommy Tune. Doch die Conservancy sei ein spießiger Verein, sagte Smith, und hätte Trump abgelehnt. Mit einer Art mütterlicher Fürsorge – so, als sei der arme, ungezogene Junge vom Vater versohlt worden – teilte sie mir mit, dass sie wisse, die Conservancy habe Trump verletzt, und das hätte ihr ein schlechtes Gewissen gemacht.[9]

Der jungenhafte Charme, den sich Trump auch im Alter bewahrt hat, kann durchaus bewirken, dass man sich geradezu liebevoll um ihn sorgt. Einmal berichtete er mir von einer guten Tat und sagte anschließend: »Sehen Sie, ich habe ein Herz.« Wir standen gerade an der Tür zu seinem Büro, und ganz unwillkürlich klopfte ich ihm auf die Schulter und meinte: »Ich weiß.« In diesem Augenblick wollte ich gerne glauben, dass der sonstige bombastische Schwulst nur ein Witz ist. Doch dann erinnerte ich mich wieder an die Sprache, derer er sich bedient, wenn Menschen nicht seiner Meinung sind. Sie sind dann in seinen Worten »hässlich« (Arianna Huffington und viele mehr). Sie sind »dumm« (neben vielen anderen auch Obama). Sie sind »Drecksäcke« (der schon erwähnte Carter ist nur ein Beispiel). Sie leben wie »Schweine« (der schottische Farmer Michael Forbes). Oder sie sind »Verlierer« (George Will, Rosie O'Donnell, Cher, Mark Cuban, Rihanna, Karl Rove). Das Beschimpfen ist bei Trump eher eine Frage des Stils als des Inhalts. Schall und Rauch. Mehr ins Gewicht fallen die, die Trump um ihr Geld oder ihre Seelenruhe gebracht hat. Sie glauben kaum, dass er ein Herz hat.

**

Donald Trumps Seelenzustand beschäftigt Autoren, Journalisten, Filmemacher und selbst Psychologen schon seit langem. In *The Atlantic* erschien 2011 ein Artikel, in dem Reporter William Cohan dem Rätsel Trump auf den Grund zu gehen versuchte, er trug den Titel: »Wie genau sieht der Erfolg aus, den Donald Trump anzubieten hat?« Cohan hielt Trump zugute, dass er ein »geschickter Immobilieninvestor, ein überaus kreativer Kopf und ein außergewöhnlicher Geschäftsmann« ist, den Geld als Methode zur Verbesserung des Spielstands antreibe. Ein Jahr später schrieb der Kolumnist Clarence Page in der *Chicago Tribune*, Trump zeige, wie man einen »dreisten und geradezu unerträglichen Narzissmus zu reinem Gold« machen könne.[10]

Seit 1988 galt Trump unter Journalisten als mustergültiger Narzisst. Wissenschaftler und Psychologen sprangen einige Jahre später auf denselben Zug auf. Damit verliehen sie der Analyse von Trump, die bislang eher den Charakter einer Freizeitbeschäftigung hatte, die Weihen eines Profisports. So tauchte Trump in wissenschaftlichen Publikationen wie *Abnormal Behavior in the 21st Century* (Abweichendes Verhalten im 21. Jahrhundert) oder *Personality Disorders and Older Adults: Diagnosis, Assessment, and Treatment* (Persönlichkeitsstörungen und ältere Erwachsene. Diagnose, Bewertung und Behandlung) auf. Auch Sachbücher für den Laien beschäftigten sich mit Trump, darunter *The Narcissism Epidemic: Living in the Age of Entitlement* (Die Narzissmus-Epidemie. Leben im Zeitalter der Selbstermächtigung), *Help! I'm in Love with a Narcissist* (Hilfe! Ich liebe einen Narzissten) oder *When You Love a Man Who Loves Himself* (Wenn du einen Mann liebst, der sich selbst liebt).[11]

Viele neuere Bücher zum Narzissmus greifen Ideen aus Christopher Laschs bahnbrechendem Werk *Das Zeitalter des Narzissmus* (1979, deutsch 1980) auf. Im Lichte dieser Theorie erscheint Trump als Symptom einer »Zeit schwindender Erwartungen«. Der Historiker und Sozialkritiker Lasch sah den Egoismus epidemisch auf uns zukommen: massenhaft junge Erwachsene mit einem schwach ausgeprägten Identitätsgefühl, die in Aufmerksamkeit, materiellen Annehmlichkeiten und aufregenden Erfahrungen permanent nach Bestätigung suchen. Was Lasch mit Unbehagen registrierte, lebte Trump ungenierter aus als irgendwer sonst. Andere konnten vielleicht in einer einzigen Kategorie mit ihm mithalten, etwa beim Ruhm. Niemand aber war ihm auf allen Ebenen des narzisstischen Erfolgs ebenbürtig.

Seine aggressive Zielstrebigkeit mag Gegner abstoßen, doch Trump würde sie als den authentischen Ausdruck eines amerikanischen Ideals betrachten. Und tatsächlich verkörpert er bestimmte Aspekte tiefverwurzelter amerikanischer Normen. Untersuchungen haben gezeigt, dass Amerikaner den Individualismus mehr schätzen als andere Völker und dass sie auch in stärkerem Maße bereit sind, die Aufmerksamkeit auf sich zu ziehen. Wir verehren jene, die für hochgesteckte Ziele große Risiken auf sich nehmen, selbst wenn sie an ihnen scheitern, und wir

tolerieren im Hinblick auf Wohlstand, Gesundheit und Lebens-
erwartung große Unterschiede, solange uns das die – und sei es
auch nur minimale – Chance erhält, selbst zu den Gewinnern
zu gehören. Außerdem haben wir die Neigung, in einem Maße
anzugeben und Reklame für uns selbst zu machen, wie es überall sonst unschicklich wäre. Donald Trump bläst vielleicht etwas
lauter in dieses Horn, doch er spielt für uns alle eine Erkennungs-
melodie.[12]

Donalds erste Frau Ivana, die damals, als Trump sich anschickte, zum Inbegriff seines Zeitalters zu werden, an seiner Seite war,
beschreibt sich zurückblickend als naive junge Frau. Als sie in
den Siebzigerjahren aus der Tschechoslowakei nach Montreal
kam, sei sie an Geld und Ruhm nicht sonderlich interessiert gewesen. Sie lebte mit einem Freund zusammen und arbeitete als
Model und Skilehrerin. Sie behauptet, 1972 an den Olympischen
Winterspielen in Sapporo teilgenommen zu haben und »beim
Abfahrtslauf Siebte geworden« zu sein, obwohl es darüber keine
Aufzeichnungen gibt. Auf der Website Sports-Reference.com
wird Bernadette Zurbriggen aus der Schweiz als Siebtplatzierte
des Abfahrtslaufs geführt, und unter den Teilnehmern taucht
auch niemand mit dem Namen Ivana auf. Tatsächlich findet man
keinen einzigen tschechischen Skifahrer bei diesen Spielen, keinen Mann und keine Frau.

Ihre Zeit als junge Frau, inklusive ihrer angeblichen olympischen Erfolge, schilderte uns Ivana bei einem Interview in ihrem
Haus in der East Side, nur einen Steinwurf von Manhattans Central Park entfernt. Die Frau, die einmal genauso berühmt war wie
ihr Mann, hat sich mittlerweile aus der Öffentlichkeit zurückgezogen. Als wir sie interviewten, sprach sie mit sanfter, stocken-
der Stimme. Sie bewegte sich langsam, ihr Gesicht schien durch
die kosmetischen Eingriffe gleichsam erstarrt. Über die Jahre unmittelbar vor ihrer Beziehung mit Donald sagte sie:

»In der Skischule unterrichtete ich Söhne und Töchter aus
bestem Hause. Dann ging ich wieder zurück nach Montreal und
modelte.«

»Mochten Sie Ihr Leben damals?«

»Ja.«

»Waren Sie glücklich?«

»Ja.«

»Sie hatten nicht den Wunsch, sehr reich oder sehr berühmt zu werden?«

»Überhaupt nicht.«

Ivana erinnerte sich gern an die glücklichen Momente ihrer ersten Ehejahre mit Donald und an die Einzelheiten ihrer Erfolge als seine Geschäftspartnerin. Ohne ein Blatt vor den Mund zu nehmen, bemerkte sie über die Frau, für die Donald sie verließ: »Sie ist ein dummes Ding. Sie hat nichts im Kopf.« Doch als ich sie fragte, was ihres Erachtens ihren Exmann antreiben würde, tat sie sich schwer mit einer Antwort. Schließlich sagte sie: »Ich glaube, er sucht Aufmerksamkeit.« Kurz darauf wollte ich von ihr wissen, ob sie glaube, Donald »verstanden« zu haben. Sie erwiderte zunächst: »Ja, ich habe ihn verstanden«, um gleich darauf zu korrigieren: »Na ja, ich weiß es nicht wirklich«.

Ivana hat den Hurrikan namens Donald überlebt, ist aber zwanzig Jahre nach ihrer Scheidung immer noch ein wenig aus dem Gleichgewicht. Die Trump-Kinder sind in der Beurteilung ihres Vaters etwas direkter. Eric, der jüngste Sohn von Donald und Ivana, sagte: »Es gibt keinen amerikanischeren Mann als ihn.« Er erklärt seinen Vater zu einem »Supergenie in einem sehr, sehr praktischen Sinne«, vergleichbar mit Winston Churchill, Andrew Carnegie oder John D. Rockefeller. Ivanka, die meine Fragen mit größerer Vorsicht beantwortete, interpretierte das durch die freudsche Instanz Es gesteuerte Verhalten ihres Vaters nicht als Bösartigkeit, sondern als Offenherzigkeit. »Er sagt immer genau das, was er denkt. Er braucht die Frage oder die Geschichte vorher gar nicht zu kennen, um sich eine Antwort zurechtzulegen.«

Donald Jr. antwortete etwas ausführlicher: »Wissen Sie, er ist ein polarisierender Typ. Okay? Das steht außer Frage. Wahrscheinlich gibt es keinen, der sagen würde: ›Ja, Trump ist ganz in Ordnung.‹ Es gibt Leute, die sagen: ›Ich liebe Trump. Er ist der großartigste Mensch überhaupt!‹ Oder er ist der Mensch, den sie auf der Welt am meisten verabscheuen. Aber trotzdem will sich die Person, die Trump am meisten hasst, mit ihm fotografieren lassen, wenn er vorbeiläuft. Diese Person will ihm trotzdem die Hand schütteln. Diese Person wird in seiner Gegenwart trotzdem ganz fasziniert von ihm sein.«

Mehr als seine Geschwister war er bereit, uns das Aufwachsen als Trump-Sprössling detaillierter zu schildern. Als Junge bat er darum, in ein Internat geschickt zu werden, weil er dem grellen Licht der Öffentlichkeit, in dem die Scheidung seiner Eltern stattfand, entkommen wollte. Er war davon überzeugt, dass sein Vater zum modernen Medienhype um Prominente seinen Teil dazu beigetragen hat – zu der Entwicklung, die haarsträubende Aussagen produziert und Ereignisse normal erscheinen lässt, über die man früher schockiert gewesen wäre:

»Er selbst war eine der Personen, die dabei halfen, dass Prominente in den Medien anders wahrgenommen wurden. Mittlerweile sind die Nachrichten voll von Dreistigkeiten. Die Grenze hat sich verschoben – heute ist nichts mehr verboten. Egal, wer du bist oder worum es geht, es gibt keine Grenze. Einige Cover der *New York Post* aus der Zeit von 1989, 1990 (es waren Titelgeschichten über die Scheidung von Donald und Ivana) hatten wahrscheinlich großen Anteil an dieser Veränderung. Das ist aber lange her, und heute ist das ganz normal, weil die Welt eine andere geworden ist. Deshalb ist mein Vater definitiv jemand, der beeinflusst hat, was die Medien heute sind.«

In unserem medialen Zeitalter, in dem viel Energie nötig ist, um Menschen zu fesseln, ergeben Trumps Werbemaßnahmen in eigener Sache, die Zurschaustellung seines Reichtums und sogar seines Haars durchaus Sinn für jemanden, der aufmerksamkeitsversessen ist. Natürlich kann man sich über seine sorgsam aufgebauschte Frisur und ihr artifizielles Glühen lustig machen, doch sie hat einen unfehlbaren Wiedererkennungswert. Mit unauffälligerer Haartracht würde er vielleicht vor dem Trump Tower stehen, ohne dass es jemand merkt. So aber wird er belagert. Sein Haar ist ein Hingucker, auch wenn er womöglich anfangs nicht die Absicht hatte, seinen Kopf als Leuchtreklame zu benutzen. Zunächst versuchte er nur, die fortschreitende Bildung einer Glatze zu kaschieren. Doch wie immer war er ein Trendsetter. Nachdem Trump zu seinem Stil gefunden hatte, entdeckten Frauen und Männer aller gesellschaftlichen Schichten Schönheitsoperationen, Haarersatzteile und Spritzen zur Hautstraffung. Solche Eitelkeiten waren plötzlich kein Skandal mehr, sondern galten fortan als Zeichen für Wohlstand und Status, über die man offen sprechen durfte. Nach seinem Haar gefragt, bietet Donald Trump gerne an, man dürfe daran ziehen (was ich abgelehnt habe).

Was Pose und Aufmachung betrifft, steht Donald Trump im Einklang mit einer Generation, die der Schriftsteller Tom Wolfe 1976 in einem Essay mit dem Etikett »Ich-Dekade« versehen hat. Bei allem, was diese Generation ausmachte, hielt Trump Schritt: mit der Glitzerwelt des New Yorker Nachtclubs Studio 54, dem Glamour der Reagan-Jahre, der Sparpolitik der späten Achtziger, mit der sozialen Ungleichheit des neuen Jahrtausends. Aus dieser frappierenden Übereinstimmung leitete Sohn Donald ab, dass sein Vater keinesfalls nur eine Rolle dargestellt habe, es sei seine Persönlichkeit. Mit Nachdruck sagte er: »Es ist kein Theater. Er denkt sich nicht: ›Wie kann ich aufwachen und heute ein bisschen mehr wie Donald Trump sein?‹ Das kann man nicht 35 Jahre lang tun. Das kann man ein paar Wochen lang tun, aber nicht 35 Jahre.«

***

Im Herbst seines Lebens bleibt Donald Trump seinen leidenschaftlich verfolgten Zielen treu: Kämpfen, Konsumieren und dem Planeten seinen Namen aufdrücken. Er empfindet das in keinster Weise als schändlich. Wenn man ihn aber direkt darauf anspricht, tauchen Selbstzweifel bei ihm auf. In einer unserer Unterredungen fragte er mich: »Haben Sie je von Peggy Lee gehört? ›Is That All There Is‹? Das ist ein großartiger Song! Ich habe diese unglaublichen Erfolge, bin schon auf dem Weg zum nächsten, und wie in dem Lied frage ich mich: ›Hm, war's das schon?‹ Das ist wirklich ein großartiger Song, ein sehr interessanter Song, besonders da sie ihn singt, weil sie so ein schwieriges Leben hatte.«

Trump hat seine Gedanken über die Zeile des Peggy-Lee-Songs auch in früheren Interviews zum Besten gegeben. Daraus schließe ich, dass er sie sich vorzugsweise für einen Moment aufspart, in dem Selbsterkenntnis gefragt ist. Als ich mir später die Transkription unseres Interviews nochmals durchlas, fiel mir auf, dass das, was er im Anschluss sagte, viel aufschlussreicher war. Ich fragte, wobei ich Bezug auf das Nachdenken über die Vergangenheit in Lees Song nahm: »Tun Sie das manchmal auch?«

Er antwortete: »Nein. Ich möchte nicht darüber nachdenken! Ich analysiere mich nicht gerne, weil mir das, was ich dann sehe, vielleicht nicht gefällt. So ist es, ich analysiere mich nicht gerne. Ich denke nicht viel über die Vergangenheit nach – außer um aus ihr zu lernen. Das Einzige, was ich an der Vergangenheit mag, ist, dass man aus ihr lernen kann. Denn wenn man einen Fehler macht, will man doch daraus lernen. Viel lieber lerne ich allerdings aus den Fehlern anderer. Ich lese viel. Ich lese viele Geschichten über Erfolg und Niederlage, denn es ist wesentlich billiger, aus den Fehlern anderer Leute zu lernen, als aus den eigenen. Ich kann Ihnen von vielen, vielen Fehlern erzählen, die Leute gemacht haben, und das ist viel besser, als wenn ich diese Fehler selbst machen würde. Was ich also an der Vergangenheit mag, ist, dass man aus den Fehlern anderer lernen kann und auch aus ihren Siegen.«

»Sie sagten, Sie lesen viel. Gibt es etwas, das Sie stark beeinflusst hat?«

»Nun, wenn ich sage, dass ich viel lese, dann spreche ich vom Lesen aktueller Zeitungen und digitaler Meldungen. Ich würde furchtbar gern mehr lesen. Ich selbst habe viele Bestseller geschrieben, wie Sie ja wissen. *Die Kunst des Erfolgs* war einer der größten Verkaufsschlager aller Zeiten – der hat die ganze Sache so richtig zum Laufen gebracht, glaube ich, *Die Kunst des Erfolgs*. Nun, in aller Bescheidenheit, das Buch stand über unzählige Monate auf Platz eins der Bestsellerliste, und das lag an all dem, was ich zuvor geleistet hatte. Ich war also schon sehr bekannt, bevor ich *Die Kunst des Erfolgs* veröffentlichte; doch es war ein großer Durchbruch. Ich glaube, auch der ungeheure Erfolg der Sendung *The Apprentice*, die zur meistgesehenen Fernsehshow wurde, war ein großer Einschnitt für mich.«

Sprachwissenschaftler oder Psychologen könnten sicher ausgiebiger als ich über Trumps Konversationsstil schreiben. Etwas Selbstreflexion – und gleich darauf verschließt er sein Inneres wieder und geht umstandslos zur Betrachtung anderer Leute und ihrer Fehler über. Die Erwähnung von Büchern bringt ihn sofort auf eigene Bücher und Verkaufszahlen und anschließend auf seine Fernsehsendung. Unverdrossen sucht er nach der erstbesten Gelegenheit, das Gespräch auf seine Triumphe zu lenken. Um fair zu bleiben, muss man sagen, in unseren Interviews ging es schließlich um ihn, doch unübersehbar war, dass er selbst seine größten Erfolge noch maßlos übertreiben musste. *Die Kunst des Erfolgs* hat sich in Amerika gut verkauft, der größte Bestseller »aller Zeiten« war es nicht.

Jede einzelne Behauptung Trumps, wie etwa die Angaben über sein Buch, auf ihren Wahrheitsgehalt abzuklopfen, ist ziemlich aufwändig und in der Regel wenig ertragreich, auch wenn es durchaus Spaß machen kann, ihn mit einigen Fakten zu konfrontieren. Als er mir sagte, die Westküste Irlands sei wie »Florida«, und eine bestimmte schottische Farm heiße »Killing Fields«, brachte ich ihn dazu, zuzugeben, dass er sich beides ausgedacht hatte. Und selbst wenn die Einzelheiten seiner Behauptungen vielleicht nicht so wichtig sind, ist doch bemerkenswert, wie zwanghaft er versucht, uns sein Selbstbild und sein Bild von der Welt, in der er lebt, aufzudrängen. Wenn Trump, wie sein Sohn sagt, vollkommen authentisch ist, dann darf man daraus schließen, dass diese permanente Selbstspiegelung für den Senior notwendig ist.

Gern hätte ich Trump zu diesem Thema befragt, doch leider sagte Rhona Graff nach meinen Interviews mit Donald Jr. und seiner zweiten Frau Marla Maples – die ihn in den höchsten Tönen lobte – alle weiteren Termine ab. Der Grund dafür? Ich hatte mit jemandem gesprochen, der auf der Liste von Trumps Feinden stand: Harry Hurt. Der Schriftsteller hatte Trump 1993 beleidigt, die Geschichte lag schon ziemlich lange zurück. Marla Maples gegenüber erwähnte ich das Interview mit Hurt, und sie hatte diese Information offenbar sofort an ihren Exmann weitergegeben.

Da ich meine Analyse nun ohne Trump zu Ende bringen musste, nahm ich mir Zeit, über die Bedingungen seiner Kindheit nachzudenken. Seine Mutter war kränklich, sein Vater fordernd und oft abwesend. Beide Elternteile haben ihn auf eine Militärschule geschickt, die nach heutigen Maßstäben ziemlich brutal war. Doch sie haben ihn auch sehr weitgehend unterstützt, und er wäre sicherlich der Erste, der seine Mutter und seinen Vater als liebevoll und großzügig beschreiben würde. Bei alldem sollte nicht vergessen werden, dass die Zeiten, in denen Trump aufwuchs, außergewöhnlich waren. 1946, sein Geburtsjahr, befand sich Amerika auf dem Gipfel eines ökonomischen Wohlstands, nie zuvor hatte die Welt etwas Vergleichbares erlebt. Durch die immer allgegenwärtigeren Massenmedien wurden Marketing, Image und Prominenz zu Grundlagen des Alltags. Ein intelligentes und willensstarkes Kind, das damals mit sämtlichen Privilegien aufwuchs, musste glauben, alles sei möglich. Rechnen wir noch Trumps ungeheuren Ehrgeiz hinzu, erklärt sich fast von selbst, dass er versuchen würde, die unbegrenzten Möglichkeiten in die Tat umzusetzen.

Die Faktoren, die Trumps Entwicklung beeinflussten, prägten auf die eine oder andere Weise auch das Leben vieler Zeitgenossen Trumps, nicht minder Angehörige einer Generation, die Christopher Lasch als Repräsentanten einer Kultur des Narzissmus beschrieb. Doch fügten sie anderen Menschen Schaden zu, war das für Lasch kein Grund, den Stab über sie zu brechen. Sie litten ebenfalls, und zwar unter einer geistig hohlen Gesellschaft, die Selbstdarsteller und geniale Geschäftemacher belohnt und verherrlicht (und damit sie selbst), während sie alle anderen zu einsamer Anonymität verdammt. Die Kräfte, die Lasch am Werk sah, sind seit den Tagen, in denen er seine Beobachtungen formulierte, stärker geworden, und der finanzielle Gewinn, den diejenigen, die sie sich zunutze machen, ist gestiegen. Mit der

Folge, dass der Narzissmus pathologische Formen angenommen hat, die da wären Größenwahn und Selbstverachtung. In ihrer Gesamtheit bringen die damit verbundenen Gefühle das unstillbare Verlangen hervor, als Sieger dazustehen, und eine ungeheure Angst, wie ein Verlierer auszusehen.

Für Laschs publizierende Nachfolger ist der so häufig porträtierte Trump ein Paradebeispiel für einen pathologischen Narzissten. Doch ihre Werke werden Trump nicht gerecht. Ja, er kann rüpelhaft, unangenehm und unnötig brutal sein. Doch angesichts der Welt, in die er hineingeboren wurde, sollte man ihn auch als den Mann anerkennen, der das Alles-oder-nichts-Spiel gewonnen hat. Der superreiche und heute weltbekannte Donald Trump empfahl sich der Öffentlichkeit zuerst als Immobilieninvestor, um dann zwei noch exponiertere (manch einer würde sagen: ähnliche) Positionen zu erobern – nämlich als Moderator einer Gameshow und als Politiker. In diesen Rollen kam das Selbst, das er erschaffen hatte, gewissermaßen zu seiner Bestimmung. Da ihn die Kameras wie eine Variante der Wasseroberfläche, in der Narziss sein Spiegelbild erblickte, unablässig fixieren, kann man ihm den Glauben, dass er etwas Magisches an sich hat, kaum übelnehmen.

In der Selbstgewissheit, etwas Besonderes und anderen überlegen zu sein, entschied sich Trump, den Vereinigten Staaten von Amerika und der restlichen Welt seinen Führungswillen anzubieten. Am 16. Juni 2015 versammelten sich Hunderte im Atrium des Trump Towers und warteten darauf, dass ihn der Aufzug zu den Klängen von Neil Youngs Hymne »Rockin' in the Free World« zu ihnen hinabfuhr. Der Text kritisiert die Regierung von Bush senior, der düstere soziale Inhalt steht im Gegensatz zum mitreißenden Rhythmus des Songs und seinen kraftvollen Gitarrenakkorden. Und doch passte seine Aussage zu dem Bild, das Trump in seiner anschließenden Rede vom Zustand der Nation zeichnete. (Neil Young verbot später, dass Trump seinen Song bei öffentlichen Auftritten spielen lassen durfte.)

Vor Trump, der in die Menge winkte und Daumen-hoch-Zeichen gab, schritt seine Frau Melania die Stufen hinunter. Unbeweglich wie eine Schaufensterpuppe hatte sie vorher im Aufzug gestanden. In der johlenden Menge befand sich auch Marla Maples' ehemaliger Pressesprecher Chuck Jones. Aus seiner Sicht hatte Trump gute Chancen auf eine Nominierung, und er gab an, in diesem Fall auch für ihn stimmen zu wollen. (Nach dem Prozess gegen Marla Maples war er erleichtert gewesen, dass ihn das Sicherheitspersonal überhaupt in die Lobby gelassen hatte.)

Rund vierzig Minuten lang unterhielt Trump sein Publikum mit recht improvisiert klingenden Sätzen, seine Rede begann damit, wie Japan, China und Mexiko die Vereinigten Staaten übervorteilen. »Wann schlagen wir Mexiko an der Grenze?«, fragte Trump, wobei er die Themen Immigration und Handel miteinander vermischte. »Sie lachen über uns, über unsere Dummheit. Und nun schlagen sie uns ökonomisch. Sie sind nicht unsere Freunde, glauben Sie mir das. Sie bringen uns wirtschaftlich um.«

»Die USA sind zu einer Mülldeponie für die Probleme aller anderen geworden«, schob Trump nach. Dann ließ er eine rhetorische Pause für den Applaus. »Ich danke Ihnen. Es ist wahr, und hier sind die Besten und Feinsten versammelt. Sie aber schicken uns nicht Leute wie Sie. Sie schicken nicht Sie. Sie schicken uns Leute mit vielen Problemen, und diese Leute bringen ihre Probleme mit zu uns. Sie bringen Drogen. Sie bringen Verbrechen. Sie sind Vergewaltiger. Und einige von ihnen, so schätze ich mal, sind gute Menschen.«

»Ich habe mit Grenzschützern gesprochen, und sie haben mir erzählt, was so rüberkommt. Dafür braucht man nur gesunden Menschenverstand. Sie schicken uns nicht die richtigen Leute. Sie kommen nicht nur aus Mexiko. Sie kommen aus ganz Süd- und Lateinamerika, und sie kommen wahrscheinlich – wahrscheinlich – aus dem Nahen Osten. Aber das wissen wir nicht. Weil wir schutzlos und führungslos alleingelassen werden, wissen wir nicht, was vor sich geht. Es muss aufhören, und es muss schnell aufhören.« Trumps Lösung? Er werde »eine große, große Mauer an unserer südlichen Grenze bauen. Und ich werde Mexiko für diese Mauer zahlen lassen.«

Im Laufe seiner Rede schlug Trump immer wieder pessimistische Töne an – »Der amerikanische Traum ist gestorben« –, er kam von Wirtschaftsfragen auf den Terrorismus, von Verhandlungen über Nuklearwaffen zur Krankenversicherung. Bei jedem Thema behauptete er, Präsident Obama und die anderen besäßen keine Führungsqualitäten, er aber sei für die präsidiale Aufgabe geeignet. Was den Unterschied mache, das seien seine Verhandlungskunst, sein unbändiges Talent und die Gnade Gottes. »Ich werde als Präsident der größte Arbeitsplatzschöpfer unter Gottes Himmel sein«, sagte Trump. »Unser Land braucht einen wirklich großen Führer. Wir brauchen einen wirklich großen Führer, jetzt. Wir brauchen einen Führer, der *Die Kunst des Erfolgs* geschrieben hat.«

Als Trump mit seiner Rede fertig war, richtete er den Blick gen Himmel und hob seine Hand, und wieder erklang Neil Youngs Song. Dann sah er nach rechts, von wo Mitglieder seiner Familie auf die Bühne traten. Die Frauen erschienen mit wunderbar gefärbten Haaren, von messingfarben bis zu einem diskreten Blond. Die Männer trugen elegante dunkle Anzüge. Etwas ungelenk umarmte er jeden Einzelnen. Man konnte die Angehörigen für Models bei einem Fotoshooting halten. Nachdem die Gruppe ein paar Minuten für die Kameras posiert hatte, verschwand sie wieder, und auch die Menge zerstreute sich.

Am Morgen nachdem Trump bekanntgegeben hatte, für die republikanische Nominierung zu kandidieren, schmückten die Herausgeber der New Yorker *Daily News* sein Konterfei mit einer roten Nase und roten Lippen, um es dann auf die Titelseite der Zeitung zu bringen. Die Überschrift dazu: »Clown will Mister President werden«. Andere Schlagzeilen lauteten: »Trump wirft Gumminase in den Ring der Grand Old Party« oder »Clowneske Stegreif-Rede als offizielle Präsidentschaftsbewerbung«. Die Komiker hatten mit vielen der Trump-Statements einen großartigen Tag. David Letterman, der ehemalige Talkshow-Moderator, meldete sich vom Altenteil zurück, um eine »Top Ten«-Liste »interessanter Fakten über Donald Trump« zu präsentieren. Dazu zählte er die »Tatsache«, dass Trump »beim Sex seinen eigenen Namen ruft«. John Stewart, der gerade dabei war, seinen altgedienten Job als Moderator der *Daily Show* aufzugeben, krächzte: »Vielen Dank an Donald Trump, dass er meine letzten sechs Wochen auch zu meinen besten sechs Wochen gemacht hat. Er hat mich in eine Art Comedy-Hospiz gebracht, wo ich rund um die Uhr auf Morphium bin.«

Während Trumps Ankündigung ein gefundenes Fressen für die Gag-Schreiber war, verstörten seine Bemerkungen über Mexiko und die Immigration allerdings diejenigen, die mit den Tatsachen vertraut waren. In Wirklichkeit verübten illegale Einwanderer weniger Verbrechen als andere, und mexikanischstämmige Amerikaner waren in der Geschichte mehr als genug von denen, die sie für Gesetzesbrecher hielten, schikaniert und gequält worden. In den ersten Jahrzehnten des 20. Jahrhunderts wurden Dutzende von Amerikanern mit mexikanischen Wurzeln gelyncht. In den Zoot Suit Riots, einer Reihe von Ausschreitungen in Los Angeles im Jahr 1943, griffen amerikanische Armeeangehörige gezielt mexikanisch-amerikanische Jugendliche an. In den Fünfziger- und Sechzigerjahren kam es in den mexikanisch-amerikanischen Vierteln regelmäßig zu Razzien und Massenverhaftungen. Vor diesem Hintergrund sind die Reaktionen aus den Reihen der Latino-Vertreter nachvollziehbar, die Trumps Kommentare für gefährlich erklärten.

Trumps Geschäftspartner machten sich angesichts seiner Äußerungen eher praktische als politische Sorgen. Da die Latinos die größte ethnische Gruppe im Land bilden, fürchteten sie, Trumps scharfe Worte könnten Millionen von Konsumenten verprellen. Aus diesem Grund kündigten die Verantwortlichen bei NBC an, sich von Trump als Moderator zu trennen. Der spanischsprachige Fernsehkanal Univision wiederum löste seine Vereinbarung mit Trump zur Übertragung des Miss-Universe-Schönheitswettbewerbs auf. Andere Partner Trumps, darunter Serta, Macy's und der Duftvertreiber Perfumania kündigten ebenfalls ihre Geschäftsbeziehung zu ihm auf. Die Vereinigung der amerikanischen Berufsgolfer (PGA) ließ ein Turnier, das auf einem der trumpschen Golfplätze stattfinden sollte, verlegen. Auch der Sportsender ESPN beschloss, ein Turnier nicht – wie erst vorgesehen – auf einer Trump-Anlage austragen zu lassen. Und der Motorsportverband NASCAR sagte eine geplante Veranstaltung auf einem Grundstück Trumps in Florida ab.

Der Umstand, dass sich viele Geschäftspartner von ihm abwandten, beschädigte die Marke Trump und machte sich bei den Unternehmensgewinnen bemerkbar. Doch als Multimilliardär konnte er die Verluste verkraften. Als ihn seine republikanischen Konkurrenten Jeb Bush, Marco Rubio und Lindsey Graham wegen seiner Stellungnahmen kritisierten, warf er ihnen im Hinblick auf die Einwanderungsfrage Schwäche vor. Viele führende Vertreter des republikanischen Mainstreams waren besorgt um die hispano-amerikanischen Wähler, von denen schon 2008 und 2012 nur wenige republikanisch gewählt hatten. Trump sagte unbekümmert voraus, dass er diese Wähler am Ende für sich gewinnen würde. Einstweilen war er zufrieden mit dem Rückhalt jener Republikaner, denen gefiel, was er sagte.

Die anderen Politiker, Experten und Journalisten bemühten sich, Trumps frühen Erfolg zu erklären und seine Aussagen zu analysieren. Nur wenige verstanden die psychologische Motivation seines Handelns. Für Trump, der sich ja, wie er selbst zugab, immer noch mit dem Kind identifizierte, das er einmal gewesen war, würde es niemals genügend Macht, Aufmerksamkeit und Reichtum geben. Dazu kam der Stil seines Redens und Denkens. Trump sprach so unzusammenhängend und assoziativ, dass der Versuch, seine Aussagen einem Faktencheck zu unterziehen, nichts als vergebliche Liebesmüh war. Als Beispiel die einleitenden Worte einer Mitschrift seiner Ansprache:

> *Wie schön, ich danke Ihnen sehr. Das ist wirklich schön. Danke. Es ist großartig, im Trump Tower zu sein. Es ist großartig, in einer wunderbaren Stadt zu sein: New York. Und es ist eine Ehre, Sie alle hier begrüßen zu dürfen. Das ist mehr, als irgendjemand erwarten kann. Eine solche Menschenmenge hat es noch nie gegeben. Ich kann sehen, dass einige Kandidaten nach drinnen gegangen sind. Sie wussten wohl nicht, dass die Klimaanlage nicht funktioniert.*

Sie haben geschwitzt wie Hunde.
Sie wussten nicht, dass der Raum so groß war, weil von
ihnen niemand hier gewesen ist. Wie wollen sie ISIS schla-
gen? Ich glaube nicht, dass sie das tun werden.

Abgesehen von dem mehrfach ausgesprochenen »Danke« kann man nicht erfahren, was genau Trump sagen wollte. Es ist klar, dass er seine Konkurrenten bei den Vorwahlen erwähnen wollte und sie mit schwitzenden Hunden verglich, die nicht mit der Bedrohung der islamistischen Terrorgruppe »Islamischer Staat« fertigwürden. Mit dem Gestus des harten Mannes vorgetragen, klangen seine Aussagen an der Oberfläche nach freimütiger Rede, doch im Grunde erinnerten sie eher an die absichtliche Doppelzüngigkeit eines Marktschreiers. Seine Botschaften waren so mäandernd, dass die Zuhörer einen Großteil der Bedeutung selbst hineinlegen mussten. Wie beispielsweise wollte er Mexiko für den Grenzzaun zur Kasse bitten? Das schien ihm egal zu sein. Auch macht es Trump nichts aus, dass er seine Meinung zum Abtreibungsrecht geändert hatte. Während er sich früher eindeutig für die Selbstbestimmungsrechte der Frauen ausgesprochen hatte, hatte er sich mittlerweile auf die Linie der radikalen Abtreibungsgegner eingeschwenkt. Ebenso wenig Kopfzerbrechen bereitete ihm, dass er von einem Befürworter einer allgemeinen Gesundheitsfürsorge zu einem Gegner der Gesundheitsreform von Obama geworden war. Was zählte, war allein sein Glaube an die natürlichen Gaben, die er von seinen deutschen und schottischen Vorfahren geerbt zu haben meinte.

Im Alter von knapp siebzig Jahren verfügte Donald Trump zudem über ein Vermögen, das groß genug war, um eine Präsidentschaftskampagne aus eigener Tasche zu bezahlen, ohne irgendwelche Wahlkampfspenden. Doch ihm lief die Zeit davon. Würde er jemals Präsident werden, dann im Jahr 2016. Und selbst wenn er am Ende 50 oder 100 Millionen Dollar für die Eroberung der republikanischen Nominierung ausgegeben hätte, wäre das für einen Mann mit seinen finanziellen Möglichkeiten in Wirklichkeit kein allzu extravaganter Luxus. Sollte er verlieren, dann wäre er um die beflügelnde und selbstbestätigende Erfahrung reicher, überall im Land an Debatten und Denkrunden teilgenommen zu haben. Sollte er gewinnen, würde er diese Erfahrung im Wahlkampf um das Präsidentenamt noch etwas verlängern können und eventuell den einzigen Wohnsitz im Land beziehen, der ihm noch repräsentativer erscheinen mochte als der Trump Tower.

***

Vor ein paar Jahren gab es in der Psychiatrie Bestrebungen, den Narzissmus, der bis dahin als pathologisch galt, neu zu bewerten. »Der Narzissmus ist keine Krankheit«, so legte der Psychiater Peter Freed von der Columbia University nahe. »Er ist eine evolutionäre Strategie, die unglaublich erfolgreich sein kann – wenn sie funktioniert.«[13] Und wer könnte den Erfolg dieser Strategie besser verkörpern als Trump? Man denke nur an den Boom der Selbstdarstellungsplattformen, die von Hunderten Millionen Menschen genutzt werden. Facebook, Twitter, Instagram und selbst die Selfies, die in Unmengen ins Internet gestellt werden, sind Ausdruck jener Form von Eigenwerbung, die Trump sein Leben lang so erfolgreich betrieben hat. Der einzige Unterschied besteht darin, dass er es als Erster und in viel größerem Maßstab tat.

In einer Welt, in der viele Leute Fotos von ihrem Sandwich posten, kurz bevor sie es aufessen, können wir uns nicht mehr so einfach darauf verständigen, dass eine intensive Beschäftigung mit sich selbst ein Anzeichen dafür ist, dass irgendetwas nicht stimmt. Es mag vielmehr eine normale Reaktion auf das Leben in einer Gesellschaft sein, in der die – mediale – Erweiterung des Selbst als anerkannte Methode angesehen wird, um dem Gefühl der Bedeutungslosigkeit zu entkommen. Donald Trump bildet hier keine Ausnahme. Tatsächlich ist er unverkennbar einer von uns. In Anbetracht seines intensiven Wunsches, sich als jemand Besonderes, wenn nicht gar Einzigartiges von anderen abzuheben, wird er diese Schlussfolgerung wahrscheinlich beunruhigend finden. Und uns anderen geht es genauso.

DANKSAGUNG

Thomas Dunne, dem vielleicht besten Verleger von New York, gebührt die Ehre für die Konzeption dieses Buchs. Durch Kürzungen, Fragen und Anregungen haben er und sein Cheflektor Peter Joseph es viel besser gemacht.

Ich begann meine Recherche mit einem Regal voller Bücher von Vorgängern, darunter die von Wayne Barrett, Harry Hurt und Gwenda Blair, die die Geschichte der Trumps im 20. Jahrhundert geschrieben hat. Wayne und Harry widmeten mir viel Zeit und stellten mir außerdem Dokumente zur Verfügung, die sie aufgehoben hatten. (Wayne hat mich sogar auf eigene Faust in seinem umfangreichen und wertvollen Archiv stöbern lassen.) Freundliche Unterstützung bekam ich auch von meinen Kollegen Neil Barsky, Tom Fitzsimmons und Liz Smith, selbst ausgezeichnet mit dem Ehrentitel des »Living Landmark« von New York City. Sowohl aus Timothy L. O'Briens provokantem Buch *TrumpNation* als auch aus Trumps eigenen Büchern, insbesondere dem ersten, *Die Kunst des Erfolgs*, habe ich einiges über seinen Stil gelernt.

Außer unzähligen Büchern, Artikeln und Broschüren hat Donald Trump meinem Kollegen Mark D'Agostino und mir etwa zehn Stunden seiner Zeit geschenkt. Unsere Interviews, die in seiner Wohnung im Trump Tower stattfanden, waren nicht durch thematische Vorgaben beschränkt; Donald bestand nur gelegentlich darauf, dass einige seiner Kommentare »nicht zur Mitschrift bestimmt« waren. Glücklicherweise geschah das nur sehr selten. Diese Beschränkung hatte aber keinerlei Auswirkung auf die Darstellung, die ich von seinem Leben geben konnte. In den dreißig Jahren meiner journalistischen Laufbahn war er der erste Interviewpartner, der jemals um Verschwiegenheit bat, nachdem er etwas Gutes über sich selbst gesagt hatte.

Nicht nur Donald Trump, sondern auch diverse Mitglieder seiner Familie waren mir bei der Arbeit behilflich, unter anderem seine Kinder Donald Jr., Ivanka und Eric. Ihre Mutter Ivana nahm sich großzügig Zeit für mich, und das tat auch Donalds zweite Frau Marla Maples. Alle Angestellten in den Büros der Trump Organisation begegneten mir freundlich und wohlwollend, insbesondere Rhona Graff, George Sorial und Meredith McIver. Sie versorgten mich dankenswerterweise mit Hintergrundinformationen und stellten den Kontakt zu Theodore Dobias und Robert Utsey her, mit denen ich über Trumps Jugendjahre sprechen konnte.

Viele Menschen waren bereit, mir ein Interview zu geben, und mit den meisten von ihnen konnte ich ohne Vorbehalte sprechen. Sie finden sich in diesem Buch zitiert, und ich bin ihnen dankbar für ihre Hilfe. Einigen Schotten schulde ich besonderen Dank, unter anderem dem Wissenschaftsjournalisten Andy Wightman, Martin und Gina Ford, David und Moira Milne sowie Michael und Sheila Forbes. Bill Lawson, der Genealoge der Isle of Lewis, versorgte mich mit umfassenden Informationen über den Leod-Klan von Tong. Über die Stadt und den Bezirk von Aberdeen erfuhr ich viel von Bezirksrat John Cox und von Robert Collier von der Handelskammer.

Ich konnte auch auf die zuverlässige, rechtzeitige und gründliche Hilfe von Dunstan Prial, Jonathan Anzalone, Amy Choi, Jeff Katz und Laura Tillman zählen. Mit Amy d'Antonio, die mir auch beim Redigieren half, diskutierte ich einige Grundbegriffe dieses Buchs. Mein Lektor Steve Boldt brachte mir Tricks bei, die ich als alter Hase längst kennen sollte.

Am meisten aber hat diese Arbeit von den Gesprächen profitiert, die ich seit Jahrzehnten mit meiner allerwichtigsten Mitarbeiterin und Verbündeten, Toni Raiten-d'Antonio, über Ideen, psychologische Konzepte und das menschliche Herz führe.

ANMERKUNGEN

Vorwort

1 Ben Schreckinger, »Trump on Protester: ›I'd Like to Punch Him in the Face‹«, *Politico,* 23. Februar 2016.

2 Transkript von Donald Trump's 30.-Dezember-Rede in Hilton Head, S.C., *Kansas City Star,* 20. Januar 2016.

3 Eric Bradner, »Donald Trump Stumbles on David Duke, KKK«, *CNN.com,* 29. Februar 2016; Jane C. Timm, »Donald Trump's History of Talking About David Duke and White Supremacists«, *MSNBC.com,* 29. Februar 2016.

4 Paul Kane, »Paul Ryan Rejects Trump's KKK Comments, But Not His Candidacy If He Wins GOP Nomination«, *Washington Post,* 1. März 2016.

5 Ashley Parker und Maggie Haberman, »Donald Trump's Backers Express Deep and Diverse Support«, *New York Times,* 1. März 2016.

6 Amanda Hess, »Welcome to Donald Trump's Internet Bunker, Where Reality is Negotiable«, *Slate,* 3. März 2016.

7 Robert Schlesinger, »This Too Shall Pass«, *U.S. News & World Report,* 24. November 2015.

8 Nate Silver, »Dear Media, Stop Freaking Out About Donald Trump's Polls«, *FiveThirtyEight.com,* 23. November 2015.

9 Alexander Burns, Maggie Haberman und Robert Costa, »Inside the Republican Party's Desperate Mission to Stop Donald Trump«, *New York Times,* 27. Februar 2016.

10 Philip Rucker und Robert Costa, »The Republican Party's Implosion over Donald Trump's Candidacy Has Arrived«, *Washington Post*, 28. Februar 2016.

11 Alexander Burns, »Anti-Trump Republicans Call for a Third-Party Option«, *New York Times,* 2. März 2016.

12 Sandy McIntosh, »Culture of Hazing: Donald Trump, Me, & the End of the New York Military Academy«, *Long Island Press,* 5. Oktober 2015.

Einleitung

1   Chris Grygiel, »Obama Slams Trump: ›Did We Fake the Moon Landing?‹, *Seattle Post-Intelligencer,* April 30, 2011, http://blog. seattlepi.com/seattlepolitics/2011/04/30/obama-slams-trump-did-we-fake-the-moon-landing/; Video siehe www.youtube.com/watch?v=UIkxoq0agNo; Dean Schabner und Ryan Creed, »Donald Trump ›Honored‹ to Be Butt of Obama, Seth Meyers Jokes at Correspondents' Dinner«, ABC News, 1. Mai 2011, http://abcnews.go.com/Politics/donald-trump-honored-butt-obama-seth-meyers-jokes/story?id=13503379.

2   »Romney Leads GOP Field as Trump Pops Up«, *Wall Street Journal,* 6. April 2011; »Donald Trump: Political Apprentice«, *Variety,* 19. Februar 2011; Hunter Walker, »Poll: New Yorkers Do Not Like Donald Trump«, *Business Insider,* 6. März 2014.

3   Erik Hayden, »Jon Stewart vs. Donald Trump: Throwaway Joke Devolves into Name-Calling«, *Hollywood Reporter,* 3. Mai 2013, www.hollywoodreporter.com/live-feed/jon-stewart-donald-trump-throwaway-451612; »Donald Trump Drops Bill Maher Lawsuit«, *Huffington Post,* 2. April 2013, www.huffington-post.com/2013/04/02/donald-trump-drops-bill-maher-law-suitn2999605.html.

4   »Donald Trump: Political Apprentice«, *Variety,* 19. Februar 2011; »Trump: Sam, Tebow Reactions Show US in Politically Correct ›Hell‹«, *Newsmax,* www.newsmax.com/US/Donald-Trump-Michael-Sam-Tebow/2014/05/12/id/570817/.

5   Ein Beispiel für die im *Gilded Age* verbreitete Einstellung gegen formale Bildung findet sich in Andrew Carnegie, *The Empire of Business* (New York: Cosimo Classics, 2007), S. 80.

6   Wayne Barrett, *Trump: The Deals and the Downfall* (New York: HarperCollins, 1992), S. 79.

7   George Gilder, *Wealth and Poverty* (New York: Basic Books, 1981), S. 304–15, und *Wealth and Poverty: A New Edition for the Twenty-First Century* (Washington, D. C.: Regnery, 2012), S. 102.

8   »How Young People View Their Lives, Futures and Politics: A Portrait of ›Generation Next‹«, Pew Research Center, Washington, D. C., 2007.

9 Schriftsatz im Gerichtsverfahren *Donald Trump vs. Timothy O'Brien,* Superior Court of New Jersey, Camden County.

10 P. T. Barnums Ruhm wird erwähnt in Leo Braudy, *The Frenzy of Renown* (New York: Vintage, 1997), S. 498. Zu »Das Gesicht eines Hundes!« und anderen Beispielen ungehörigen Verhaltens von Trump, siehe Ann Holmes, »On Donald Trump's Sexism«, *Washington Post,* 30. April 2011, www.washingtonpost.com/ lifestyle/style/column-anna-holmes-on–donald-trumps-se-xism/2011/04/21/AFmSfEHFstory.html.

1. Die Trumps von Brooklyn, Queens und dem Klondike

Die substanziellste Quelle für dieses Kapitel ist Gwenda Blair, *The Trumps: Three Generations That Built an Empire* (New York: Touchstone, 2000). Ferner zählen dazu:

1 William R. Conklin, »F.H.A. Official Got $48,500 Law Fees from Family Firm: Agency Head for This State from '35 to '52 Tells Senate Inquiry He Did No Wrong«, *New York Times,* 25. August 1954; »Projects in This Area, Connecticut, and New Jersey, Named by the Housing and Home Finance«, *New York Times,* 12. Juni 1954, S. 13; Charles S. Egan, »Housing Inquiry Lists Windfalls«, *New York Times,* 12. Juni 1954, S. 1; Associated Press, »F.H.A. Corruption, Graft Laid to Powell«, *New York Times,* 13. September 1954, S. 1; Zeugenaussage nach dem amtlichen Transkript *FHA Investigation: Hearings Before the Committee on Banking and Currency, Subcommittee on Housing and Urban Affairs,* US Senate, 83rd Cong. (Washington, D. C.: US Government Printing Office, 1954). Zu Eisenhower siehe Blair, *Trumps,* S. 182–83. Zu Eisenhower und Zeckendorf: »Zeckendorf Tells President About Big SW Development«, *Washington Post,* 9. Juli 1954. Zur Äußerung zum Teapot-Dome-Skandal: »Contempt Action Threatened in FHA Probe«, *Washington Post,* 13. Juli 1954, S. 4.

2. Die Geschichte von Friedrich Trumps Abenteuern im Westen, der Rückkehr nach Deutschland und seinem Leben in New York ist gut nacherzählt in Blair, *Trumps,* S. 41–102; Trumps Erklärung der Staatsbürgerschaft findet sich in den Akten des US District Court Seattle.

3   www.flu.gov/pandemic/history/1918/thepandemic/index.html.

4   Die Geschichte von New Yorks Aufstieg wird erzählt in Donald
    L. Miller, *Supreme City* (Simon & Schuster, 2014). Zu den Woh-
    nungspreisen und Konjunkturzyklen der ersten Hälfte des Jahr-
    hunderts siehe Price V. Fishback und Trevor Kollmann, *New
    Multi-City Estimates of the Changes in Home Values, 1920–1940,*
    National Bureau of Economic Research Working Paper No. 18272
    (August 2012).

5   James Truslow Adams, *The Epic of America* (Boston: Little, Brown,
    1931).

6   Daten zu Zwangsvollstreckungen nach *Statistical Abstract of the
    United States 1970* (US Department of Commerce), 690. Zur Kri-
    se des Immobilienmarktes in New York siehe »Fifteen Parcels Go
    Under Hammer«, *New York Times,* 11. Januar 1934, S. 38; »Home
    Owners Ask More Protection«, *New York Times,* 28. März 1934,
    S. 3.

7   Gwenda Blair deckt Trumps Rolle beim Lehrenkrauss-Skandal
    gründlich auf in *Trumps.* Siehe auch »Notes of Social Activities
    in New York and Elsewhere«, *New York Times,* 16. August 1930,
    S. 12; »Mrs. Lehrenkrauss Gets Decree«, *New York Times,* 7.
    Oktober 1932, S. 2; »Lehrenkrauss Corp. in Receivership Suit«,
    New York Times, 7. Dezember 1933, S. 24; »Mortgage House
    Faces New Inquiry«, *New York Times,* 10. Dezember 1933, S. n3;
    »Receivers to Keep 4 Concerns Active«, *New York Times,* 12. De-
    zember 1933, S. 42; »Lehrenkrauss Home Bought by His Firm«,
    New York Times, 15. Dezember 1933, S. 5; »Plea to RFC Bared
    by Lehrenkrauss: Mortgage Operator at Inquiry into Bankruptcy
    Admits He Sought $1,000,000 Loan«, *New York Times,* 21. De-
    zember 1933, S. 6; »3 Named Trustees for Lehrenkrauss: Close
    to 3,000 Persons Try to Get into Meeting of the Bankrupt Firm's
    Creditors«, *New York Times,* 16. Januar 1934, S. 33; »Brooklyn
    Banker Indicted in Theft«, *New York Times,* 24. Januar 1934, S.
    11; »Brooklyn Banker Submits to Arrest«, *New York Times,* 25.
    Januar 1934, S. 2; »3 in Lehrenkrauss Failure Are Re-Indicted
    for Theft«, *New York Times,* 27. Februar 1934, S. 13; »5 Years in
    Prison for Lehrenkrauss«, *New York Times,* 8. März 1934, S. 42;

»Two Mining Stocks Under State Inquiry«, *New York Times,* 11. März 1934, S. 20.

8 »Builders Get Plaque: FHA Officials Attend Opening of Brooklyn Model Home«, *New York Times,* 12. August 1936, S. 36.

9 Zu Bernays siehe Larry Tye, *The Father of Spin: Edward Bernays and the Birth of Public Relations* (New York: Picador, 2002).

10 Zur Beteiligung der Mafia im Baugeschäft siehe Alan Block, *East Side–West Side: Organizing Crime in New York, 1930–1950* (New Brunswick, N. J.: Transaction Publishers, 1983), besonders S. 225–26.

11 Den Gruß von Capehart überliefert Blair, *Trumps,* S. 193.

2. Der kleine König

1 Zu Leverhulme und Lewis siehe Roger Hutchinson, *The Soap Man: Lewis, Harris and Lord Leverhulme* (Edinburgh: Birlinn, 2005).

2 Zum Schiffsunglück der *Iolaire,* Stornoway Historical Society, www.stornowayhistoricalsociety.org.uk/iolaire-disaster.html.

3 Die Schilderung des Lebens im Haushalt der Trumps stützt sich auf mehrere Quellen, unter anderen Jerome Tuccille, *Trump* (New York: Donald J. Fine, 1985); Blair, *Trumps*; Harry Hurt, *The Lost Tycoon: The Many Lives of Donald. J. Trump* (New York: W. W. Norton, 1993).

4 Zu den Zitaten »König« und »Killer« siehe Hurt, S. 13.

5 Blair, *Trumps,* S. 231–33; John Brodie, »Where Playing to Win Was Born«, *Spy,* März 1990, S. 36.

6 Steven B. Levine, »The Rise of American Boarding Schools and the Development of a National Upper Class«, *Social Problems* 28, No. 1 (Oktober 1980): S. 63, www.jstor.org/stable/800381; Charles Frederick Hoffman, »The Growing Importance of Military Schools«, *School Review* 56, No. 10 (Dezember 1948): S. 597; Fred Kniss, Rezension von *Practicing Virtues: Moral Traditions at Quaker and Military Boarding Schools,* von Kim Hays, *American Journal of Sociology* 100, No. 4 (Januar 1995): S. 1067; James Q. Wilson, »In Loco Parentis: Helping Children When Families Fail Them«, *Brookings Review* 11, No. 4 (Herbst 1993): S. 14.

7   Kenny Gallo, *Breakshot: A Life in the 21st Century American Mafia* (New York: Pocket Books, 2010), S. 27.

8   Richard Hofstadter, *Anti-Intellectualism in American Life* (New York: Random House, 1963), S. 356–58.

9   Michael J. Haupert, »The Economic History of Major League Baseball«, https://eh.net/encyclopedia/the-economic-history-of-major-league-baseball/.

10 Richard Weiss, *The American Myth of Success: From Horatio Alger to Norman Vincent Peale* (Champaign: University of Illinois Press, 1988), Kap. 7, »The American Mystique of the Mind«.

3. Der Lehrling

1   »Lefkowitz Calls Wagner Fete the ›Ultimate‹ in ›Immorality‹: Terms $ 25 000 in Pledges ›Shakedown Reminiscent of Boss Tweed‹ – Gerosa Asks Charter Inquiry on Mayor«, *New York Times,* 1. Oktober 1961, S. 66.

2   Barrett, S. 65–72; Edith Evans Asbury, »Housing Windfall Yielded 1.8-Million«, *New York Times,* 27. Januar 1966, S. 1.

3   Edith Evans Asbury, »Mitchell Defends Huge Housing Fee: Ex-Senator Tells Inquiry His Firm Received $427,633; Aide Got $575,000«, *New York Times,* 28. Januar 1966, S. 1.

4   »Profiteers in Housing«, *New York Times,* 29. Januar 1966, S. 26.

5   »Steeplechase Park Planned as the Site of Housing Project«, *New York Times,* 1. Juli 1965, S. 33; Martin Tolchin, »Coney Landmark Is Sold to Trump: Apartments May Rise in Steeplechase Park«, *New York Times,* 2. Juli 1965, S. 60; Mccandlish Phillips, »Return of Coney Island: Amusement Area, Badly Hurt Last Year, Is Attempting to Win Back Customers«, *New York Times,* 13. April 1966, S. 31; Steven V. Roberts, »A Park Is Backed for Coney Island: Developer Who Bought Site Calls Plan Wasteful«, *New York Times,* 20. Oktober 1966, S. 59; Charles G. Bennett, »Park Usage Voted for Steeplechase: City to Seek $2-Million Aid to Buy Coney Island Tract«, *New York Times,* 23. Mai 1968, S. 47.

6   Marie Brenner, »After the Gold Rush«, *Vanity Fair,* September 1990.

7   Edward C. Burkes, »Growth of Poverty in City Creating New

Poor Zones: Rapid Spread of Poverty in City Creates Entire New Zones of Poor Residents Here«, *New York Times,* 10. April 1972, S. 1; William J. Collins und Robert A. Margo, »The Economic Aftermath of the 1960s Riots in American Cities: Evidence from Property Values«, NBER Working Paper No. 10493, Mai 2004, doi:10.3386/w10493.

8   David K. Shipler, »The Changing City: Housing Paralyzed by a Conflict of Powerful Forces; Apartments Are Scarce and Construction Lags«, *New York Times,* 5. Juni 1969, S. 1.

9   *Daily Pennsylvanian,* Editorial vom 14. Januar 1955, zitiert in William Whyte, *The Organization Man* (Simon & Schuster, 1956), S. 93.

10   David Card und Thomas Lemieux, »Going to College to Avoid the Draft: The Unintended Legacy of the Vietnam War«, *American Economic Review* 91, No. 2 (Mai 2001): S. 97–102.

4. Stadt der Angst

1   Zur Mietpreisbindung in New York siehe W. Dennis Keating, »Landlord Self-Regulation: New York City's Rent Stabilization System, 1969–1985«, *Urban Law Annual; Journal of Urban and Contemporary Law* 31 (Januar 1987).

2   Judith DeSena und Timothy Shortell (Hg.), *The World in Brooklyn: Gentrification, Immigration, and Ethnic Politics in a Global City* (Lanham, Maryland: Lexington Books, 2012); Larry Littlefield, »Has New York City Recovered From the 1970s?: Public Policy in New York City and State«, https://larrylittlefield.wordpress.com/.

3   Martin Tolchin, »South Bronx: A Jungle Stalked by Fear, Seized by Rage«, *New York Times,* 15. Januar 1973, S. 63.

4   Walter Kerr, »›Paris Is Out‹ Can Leave Kerr Out«, *New York Times,* 22. Februar 1970, S. D5.

5   Zum Zitat »Manche waren eitel, …« siehe *Trump: The Art of the Deal* (New York: Random House, 1987), S. 97. Zu Steinbrenner, Le Club etc., siehe Michael Thomas, »Want a Hot Treatise on the Insanity of Riches?«, *New York Observer,* 28. Juni 1999, http://observer.com/1999/06/want-a-hot-treatise-on-the-insanity-of-riches/.

6   Richard Severo, »Igor Cassini, Hearst Columnist, Dies at 86«, *New York Times*, 9. Januar 2002, S. B8; »Le Club, Restaurant of Jet Set, Cited for Health Code Violations«, *New York Times*, 7. September 1974, S. 43.

7   Tom Wolfe, »Dangerous Obsessions,« *New York Times*, 3. April 1988, Books, S. 1. Details zu Cohns Leben stammen aus Sidney Zion, *The Autobiography of Roy Cohn* (Secaucus, New Jersey: Lyle Stuart, 1988); Nicholas von Hoffman, *Citizen Cohn* (New York: Doubleday, 1988).

8   Von Hoffman, S. 414, 415; Barrett, S. 133.

9   Joseph P. Fried, »Trump Promises to End Race Bias«, *New York Times*, 11. Juni 1975, S. 47.

10 Martin Gilens, *Why Americans Hate Welfare: Race, Media, and the Politics of Antipoverty Policy* (Chicago: University of Chicago Press, 2000), S. 103–20.

11 Eine umfassende Erklärung der codiert rassistischen Wortwahl bietet Ian Haney Lopez, *Dog Whistle Politics: How Coded Racial Appeals Have Reinvented Racism and Wrecked the Middle Class* (New York: Oxford University Press, 2014).

12 Jack Newfield und Wayne Barrett, *City for Sale: Ed Koch and the Betrayal of New York* (New York: HarperCollins, 1988), S. 149.

13 Maurice Carroll, »A Major but Unobtrusive Factor in Carey Victory«, *New York Times*, 15. September 1974, S. 37.

14 Fred Ferretti, *The Year the Big Apple Went Bust* (New York: Putnam, 1976).

15 T. J. Englis, *The Westies: Inside the Hell's Kitchen Irish Mob* (New York: G. P. Putnam's Sons, 1990).

16 Zu Palmieri siehe Robert A. Wright, »Is $ 25 000 a Month Enough?«, *New York Times*, 20. August 1972, S. F5.

17 Zum Unternehmen Eichler Homes und X-100, siehe www.eichlernetwork.com.

18 Die Geschichte von Trump und den Immobilien der Bahngesellschaft Penn Central wird ausführlich geschildert in Barrett, S. 91–150. Robert D. McFadden, »Penn Central Yards' Sale Is Approved by U.S. Court«, *New York Times*, 11. März 1975, S. 38.

19 »Bank Aide Admits Taking $392,000: Issued False Loans to Get Money for Gaming Debts«, *New York Times,* 11. März 1975, S. 39.

20 »John N. Mitchell Dies at 75; Major Figure in Watergate«, *New York Times,* 10. November 1988, S. 1.

5. Donald rettet Midtown

Die Geschichte von Trump und der Penn Central wird sehr gut erzählt in Hurt, S. 83–94.

1 Michael Stern, »Italian Developer Proposes Huge South Bronx Project«, *New York Times,* 6. Februar 1975, S. 1.

2 Der Wert des Commodore-Hotels wird erwähnt in William G. Connolly, »In Hotels, the Key Is Occupancy, and It Is Up a Little«, *New York Times,* 17. Dezember 1972, S. R1.

3 James Fearon, »Texaco Is Moving to Westchester: Half of Work Force Here to Be Transferred; Management to Stay; 40 in Area Those Who Will Move«, *New York Times,* 19. 1973, S. 28; »Schrafft's Restaurant Closing After 44 Years«, *New York Times,* 28. März 1974, S. 35.

4 Edward Ranzal, »Talks Slated on Commodore Hotel Deal«, *New York Times,* 23. April 1976, S. 39.

5 Glenn Fowler, »Commodore Plan Is Called Unfair: Some Competitors Deplore Tax Abatement for Hotel«, *New York Times,* 9. April 1976, S. 20.

6 Carter B. Horsley, »New Offer Is Made for the Commodore«, *New York Times,* 10. April 1976, S. 16.

7 Charles Kaiser, »Last Guest Checks out of the Commodore Hotel«, *New York Times,* 19. Mai 1976, S. 37.

8 Die Bösartigkeit der *New York Post* wird erwähnt in *Columbia Journalism Review* 18, No. 5 (Januar/Februar 1980): S. 22–23.

9 Marie Brenner, »After the Gold Rush«, *Vanity Fair,* September 1990.

10 Carter B. Horsley, »In Environs of Grand Central, New Strength«, *New York Times,* 30. April 1978, S. R1.

11 Paul Goldberger, »The Commodore Being Born Again«, *New York Times,* 11. Januar 1978, S. 20.

12 Judy Klemesrud, »Leona Helmsley: Power Becomes Her«, *New York Times*, 22. Juli 1980, S. B15.

13 Barbara Goldsmith, »The Meaning of Celebrity«, *New York Times Magazine*, 4. Dezember 1983, S. 75.

14 Tom Wolfe, »The ›Me‹ Decade and the Third Great Awakening«, *New York Times*, 23. August 1976.

15 Timothy O'Brien, *TrumpNation: The Art of Being The Donald* (New York: Warner, 2005), S. 53.

16 Judy Klemesrud, »Donald Trump, Real Estate Promoter, Builds Image as He Buys Buildings«, *New York Times*, 1. Dezember 1976, S. 82.

17 James B. Jacobs und Ellen Peters, »Labor Racketeering: The Mafia and the Unions«, *Crime and Justice* 30 (2003): S. 229–82; Alan Block, *East Side–West Side: Organizing Crime in New York, 1930–1950* (New Brunswick, New Jersey: Transaction Publishers, 1983).

18 Interview.

6. Turmbauer Trump

1 Bryan Miller, »Maxwell's Plum, a 60's Symbol, Closes«, *New York Times*, 11. Juli 1988, S. B1.

2 Interview.

3 Patricia Lyn.

4 Die Absicht Trumps, eine zweite Wohnung für sich selbst zu reservieren, wird erwähnt in Barrett, S. 5.

5 Robert D. McFadden, »Developer Scraps Bonwit Sculptures«, *New York Times*, 6. Juni 1980, S. B5; James B. Jacobs, *Gotham Unbound: How New York City Was Liberated from the Grip of Organized Crime* (New York: New York University Press, 1999), S. 108–9. Siehe ebenso Ronald Goldstock, *Corruption and Racketeering in the New York City Construction Industry: Final Report of the New York State Organized Crime Taskforce* (New York: New York University Press, 1991); Selwyn Raab, »Irregularities in Concrete Industry Inflate Building Costs, Experts Say«, *New York Times*, 26. April 1982, S. A1; »Links Among 3 Companies«, *New York Times*, 26. April 1982, S. B6.

6 Barrett, S. 194; O'Brien, S. 70.

7   Barrett, S. 196; Selwyn Raab, »Key Teamster Leader Is Convicted of Labor Racketeering by L.I. Jury«, *New York Times,* 9. Oktober 1982, S. 1.

8   Erika L. Paulson und Thomas C. O'Guinn, »Working-Class Cast: Images of the Working Class in Advertising, 1950–2010«, *Annals of the American Academy of Political and Social Science* 644 (2012): S. 50–69. Eine umfassende Analyse findet sich auch in Karen Sternheimer, *Celebrity Culture and the American Dream* (New York: Routledge, 2011), besonders S. 186–213.

9   Für eine gründliche Analyse von Reagans Rhetorik, siehe Michael Weiler und W. Barnett Pearce, *Reagan and Public Discourse in America* (Tuscaloosa: University of Alabama Press, 1992), besonders S. 106–8; Katy Waldman, »The Science of Truthiness,« www. slate.com/articles/healthandscience/science/2014/09/truthiness-researchcognitive_biasesforsimpleclearconservativemessages. html.

10 Dass besser bezahlte Jobs durch schlechter bezahlte ersetzt werden, wird beschrieben in Katherine S. Newman, *Falling from Grace* (New York: Vintage Books, 1989), S. 25–27.

11 Marlene Lee und Mark Mather, »U.S. Labor Force Trends«, *Population Bulletin* 63, No. 2 (Juni 2008); Juliet B. Schor, *The Overworked American* (New York: Basic Books, 1991), S. 355; Sheldon Cohen und Denise Janicki-Deverts, »Who's Stressed?: Distributions of Psychological Stress in the United States in Probability Samples from 1983, 2006, and 2009«, *Journal of Applied Psychology* 42, No. 6 (2012): S. 1320–34; Thomas A. Durkin, »Credit Cards: Use and Consumer Attitudes, 1970–2000«, *Federal Reserve Bulletin,* September 2000; Chris Kraul, »›Nothing Down‹ Investment Writer Charged Back Taxes, Penalties«, *Washington Post,* 25. September 1987, S. F3.

12 Garry Wills, *Reagan's America: Innocents at Home* (New York: Penguin, 2000), S. xiii–xv.

13 Kevin Phillips, *The Politics of Rich and Poor* (New York: Random House, 1990), S. 17, 157; Herbert Mitgang, »Recounting the Lowlights of the Reagan Years«, *New York Times,* 20. März 1991, S. C15.

14 O'Brien, S. 66.

15 Blair, *Trumps,* S. 325; William E. Geist, »The Expanding Empire of Donald Trump«, *New York Times Magazine,* 8. April 1984, S. 31.

7. Medienstar Donald

1 Interview mit Barrett.

2 Patricia Lynden, »Where the Donald Trumps Rent«, *New York Times,* 30. August 1979, S. C1.

3 Wayne Barrett, »Like Father, Like Son: Anatomy of a Young Power Broker«, *Village Voice,* 15. Januar 1979, S. 1; Wayne Barrett, »Donald Trump Cuts the Cards«, *Village Voice,* 22. Januar 1979, S. 1.

4 Robert D. McFadden, »Builder Says Costs Forced Scrapping of Bonwit Art«, *New York Times,* 9. Juni 1980, S. B3; Marilyn Bender, »The Empire and Ego of Donald Trump«, *New York Times,* 7. August 1983; William E. Geist, »The Expanding Empire of Donald Trump«, *New York Times Magazine,* 8. April 1984, S. 28.

5 Ada Louise Huxtable, »The Tall Building Artistically Reconsidered«, *New Criterion,* November 1982.

6 Jack Newfield und Wayne Barrett, *City for Sale: Ed Koch and the Betrayal of New York* (New York: HarperCollins, 1988), S. 3.

7 Josh Barnabel, »The Mayor Expresses His Concern with Trump Plan for a Stadium«, *New York Times,* 13. Dezember 1984, S. B2; Frank Lynn, »The Koch Re-Election Campaign Has Taken In $2.8 Million So Far«, *New York Times,* 16. Januar 1985, S. B5.

8 Gloria Steinem, »Shaw Did Write ›Tootsie-Wootsie‹«, *New York Times,* 12. Dezember 1967, S. 155.

9 William E. Geist, »The Expanding Empire of Donald Trump«, *New York Times Magazine,* 8. April 1984, S. 28.

10 Graydon Carter, »Donald Trump Gets What He Wants«, *GQ,* Mai 1984, S. 170.

11 Patricia Leigh Brown, »Gatekeepers to the Famous and the Powerful«, *New York Times,* 19. November 1991.

12 Gregory S. Kavka, »Hobbes's War of All Against All«, *Ethics* 93, No. 2 (Januar 1983), S. 291–310.

13 Gwenda Blair, *Donald Trump: Master Apprentice* (New York: Simon & Schuster, 2005), S. 84.

8. Donald im Land der Spieler

1 Phillip H. Wiggins, »Casino Operator's Profit Soars in Third Quarter: $6.7 Million for State Casino Net«, *New York Times,* 10. November 1978; Kathleen Hughes, »Clinic Aids Compulsive Bettors«, *New York Times,* 25. November 1984, S. NJ14.

2 Donald Janson, »2 More Casinos Due for Atlantic City; but Casino Panel Forces Harrah's and Golden Nugget to Part with Officers Under Cloud; Trial Runs Have Begun; 6 Issued Permits So Far; Tough Stance on Executives«, *New York Times,* 23. Dezember 1980, S. 43; Donald Janson, »Behind the Split Casino-License Decisions«, *New York Times,* 10. März 1985, S. NJ1; »Wrong Bets in Atlantic City«, *New York Times,* 11. März 1985, S. A18.

3 Paul Schwartzman, »She Kicks Sand in Trump's Face, Sneers at The Donald's Bucks«, *New York Daily News,* 26. Juli 1998, S. 7.

4 George Anastasia, »Land Rush Has Impeded Renewal«, *Philadelphia Inquirer,* Juni 1985, S. 1.

5 Hurt, S. 134.

6 Ebd., S. 148.

7 Ebd., S. 140–41.

8 Ebd., S. 149; ebenso Bill Johnson, »Gambling-Firm Stocks Could Put Investors in the Chips This Year, Some Analysts Say«, *Wall Street Journal,* 17. Januar 1985, S. 1; Steve Swartz, »Holiday, Trump Drafting Terms to End Rocky Alliance over Atlantic City Casino«, *Wall Street Journal,* 11. November 1985, S. 1.

9 Trumps auf 100 Millionen Dollar geschätztes Vermögen, siehe *Fortune,* 21. November 1988. 1965 lebten in den Vereinigten Staaten 153 Reiche mit einem Vermögen von mindestens 100 Millionen Dollar, laut Leslie A. White, *Modern Capitalist Culture* (Walnut Creek, California: Left Coast Press, 2008), S. 491.

10 Bill Johnson, »Golden Nugget Chairman Wynn Takes His Biggest Dice Roll in Bid for Hilton«, *Wall Street Journal,* 11. April 1985, S. 1.

11 Zu Edward Bennett Williams und näheren Einzelheiten über diese Vorgehensweise siehe Haynes Johnson, *Sleepwalking Through History* (New York: W. W. Norton, 2003), S. 227–37.

12 Robert Kuttner, »Why Work Is More and More Debased«, *New York Review of Books,* 23. Oktober 2014, S. 52.

13 Laurie P. Cohen, »Holiday Corp.'s Stock Trades Actively on Possible Bid from Donald Trump«, *Wall Street Journal,* 29. September 1986, S. 1.

14 Julie Amparano, »Trump Matches Pratt Proposal to Control Resorts, and His Prospects Seem Stronger«, *Wall Street Journal,* 9. März 1987, S. 1.

15 Julie Amparano, »Trump, Griffin Reach Truce over Resorts – Entertainer to Buy Firm; Trump to Keep Casino and Some Other Assets«, *Wall Street Journal,* 15. April 1988, S. 1.

16 O'Brien, S. 100–102.

17 *New York,* 12. September 1988, S. 27.

18 »Judge Says Trump ›Harassed‹ Tenant«, *New York Times,* 10. November 1983, S. B7; Sydney H. Schanberg, »Donald Humbug«, *New York Times,* 7. Februar 1984, S. A25.

19 »Trump and Residents Settle a 5-Year Dispute«, *New York Times,* 21. Dezember 1986, S. 44.

20 Hurt, S. 171.

21 O'Brien, S. 68.

22 Von Hoffman, S. 3–40, 464; Barrett, 292–93; Marilyn Chase, »Cohn Is Said to Get White House Assist on AIDS Drug Test – Ailing Attorney Is Receiving New Medication AZT at Government Hospital«, *Wall Street Journal,* 1. August 1986, S. 1; Albin Krebs, »Roy Cohn, Aide to McCarthy and Fiery Lawyer, Dies at 59«, *New York Times,* 3. August 1986, S. 1; Bill McAuliffe, »*Playgirl* Readers Say Keillor Has Sex Appeal«, *Minneapolis Star and Tribune,* 5. August 1986, S. B1; Anthony Rotundo, *American Manhood* (New York: Basic Books, 1993), S. 284–93.

9. Das Glück schwindet

1 Siehe: www.abcmedianet.com/web/showpage/showpage.aspx?programid=002279&type=maples.

2 Barrett, S. 184, 389.

3 Berkowitz, Harry, »The Manager Behind the Mogul«, *Washington Post*, 23. September 1989, S. E39.

4 »Lightweight« und »piece of garbage« aus: »There They Go Again«, *Philadelphia Inquirer*, 2. Dezember 1987, S. C2.

5   Hornblower, Margot, »Private Prosperity, Public Corruption; Po-
    liticians Take a Cut of the Profits«, *Washington Post*, 21. August
    1987.

6   Für eine umfassende Darstellung der Korruption in der New
    Yorker Stadtverwaltung unter Bürgermeister Koch vgl. Newfield,
    Jack, und Wayne Barrett, *City for Sale: Ed Koch and the Betrayal
    of New York*, New York 1988. Siehe ebenso Feuer, Alan, »Up from
    Politics, Almost«, *New York Times*, 1. Oktober 2004; *Trump: Art of
    the Deal*, S. 243–245.

7   Hurt, S. 190.

8   Crowe, Adell, »Trump Ad Only Advice«, *USA Today*, 3. Septem-
    ber 1987, S. 4A.

9   Interview mit Dunbar.

10 Butterfield, Fox, »New Hampshire Speech Earns Praise for
    Trump«, *New York Times*, 23. Oktober 1987, S. 3.

11 Keirnan, Laura, »No Respect«, *Boston Globe*, 1. November 1987,
    S. 10; Eichel, Larry, »›Draft Trump‹ Committee in N.H. Gets Visit
    from the Non-Candidate«, *Philadelphia Inquirer*, 23. Oktober
    1987, S. A3.

12 Phillips, Kevin, *The Politics of Rich and Poor*, New York 1990, Kap.
    6, »The New Plutography of 1980s America«; http://hypertext-
    book.com/facts/2005/MichelleLee.shtm; »Income and Inequali-
    ty: Millions Left Behind: A Report Based on the Work of Woo-
    drow Ginsburg, Former Chair, Economic Policy Committee«,
    2012-Update von William Rice, Director of Policy and Programs,
    ADA Education Fund, mit Unterstützung von Mary von Euler, 8.
    Ausgabe. (Washington, D. C.: Americans for Democratic Action
    Education Fund, 2012); Piketty, Thomas: *Capital in the Twenty-
    First Century*, Cambridge, Massachusetts, 2014, S. 24; Whelton,
    Russell S.: »Effects of Excessive CEO Pay on U.S. Society«, Sagi-
    naw Valley State University, https://support.google.com/mail/bin/
    answer.py?hl=en&answer=21289.

13 Brief von Richard Nixon, mit freundlicher Genehmigung von
    Donald Trump.

14 Faludi, Susan C., »Behind the Scenes Ghostwriting Booms«,
    Wall Street Journal, 5. September 1990, S. A1; Lehmann-Haupt,

Christopher, »Books of the Times«, *New York Times*, 7. Dezember 1987, S. C29; Williams, Jeannie, *USA Today*, 15. Dezember 1987, S. 2D; Mehren, Elizabeth, »Donald Trump: The Art of the Party«, *Los Angeles Times*, 20. December 1987, S. 10.

15 Aus Interviews mit Jones und Fitzsimmons.

16 Alexander, Ron, »From Astor to Minnelli, Greetings to the Rainbow Room«, *New York Times*, 10. Dezember 1987, S. B1.

17 Barsky, Neil, »Trump Again Seeks to Delay Loan Payment – Payout for Airline Shuttle Is Due in Three Weeks; Bailout Pact Seems Safe«, *Wall Street Journal*, 20. September 1990, S. A4; Carroll, Doug, »Who's Looking at Eastern; Deals Would Benefit All Parties«, *USA Today*, 7. Oktober 1988, S. 1B; Span, Paula, »The Selling of the Shuttle; How Donald Trump Forged Another Deal«, *Washington Post*, 23. Oktober 1988, S. H1.

18 Für die verlustreiche Fehlinvestition siehe Buskin, Henry, *Carson*, Boston 2013, S. 272–274

19 Plaskin, Glenn, »Trump: ›The People's Billionaire‹«, *New York News*, 12. März 1989.

20 Feagin, Joe, und Melvin Sike, *Living with Racism: The Black Middle Class Experience*, Boston 1995, S. 187; Goodman, Walter, »A Poll of Viewers' Feelings About Racial Issues«, *New York Times*, 8. September 1989, S. C24.

21 Van Meter, Jonathan, »That's Why the Lady Is a Trump«, *Spy*, Mai 1989, S. 86–88; »Dear Donald«, *Spy*, Mai 1989, S. 98–100.

22 Blair, *Trumps*, S. 293–294; Hurt, S. 243–244.

23 Johnston, David, »For A.C. Casinos, Cash Has Slowed at Critical Time; Some Worry That for the First Time, the City's Gambling Capacity May Exceed Its Gamblers«, *Philadelphia Inquirer*, 20. November 1988, S. F5; Drogin, Bob, »For Atlantic City, Casino Jackpot's Still a Long Shot«, *Los Angeles Times*, 1. August 1989, S. 1; Johnston, David, »A Human Toll Adds to A.C.'s Troubles«, *Philadelphia Inquirer*, 15. Oktober 1989, S. C1; Barsky, Neil, und Pauline Yoshihashi, »Three Executives of Trump Casinos Die in Air Crash«, *Wall Street Journal*, 11. Oktober 1989, S. 1.

24 Smith, Adam, *The Roaring 80's*, Mandaluyong 1988, S. 204–205.

25 Blair, *Trumps,* S. 404; Hurt, S. 247.

26 Digiralomo, Michele, »Analyst Angers Trump, Is Fired; Report Questioned Taj Mahal's Prospects«, *Philadelphia Inquirer*, 24. März 1990, S. A1; »Analyst Who Was Fired Sues Trump«, *Boston Globe*, 11. Juli 1990, S. 40; Hagedorn, Ann, »Philadelphia Analyst Fired After Trump Threatened to Sue – Real Estate Tycoon Angered by Comments on Market for His Taj Mahal Casino«, *Wall Street Journal*, 26. März 1990, S. C5; Smith, Randall, »Wall Street Takes Tough Line on Leveraged Companies«, *Wall Street Journal*, 7. Februar 1990, S. C1; Burrough, Bryan, »RJR Nabisco: An Epilogue«, *New York Times*, 12. März 1999, S. 23; Barsky, Neil, und Pauline Yoshihashi, »Trump Is Betting That Taj Mahal Casino Will Hit Golden Jackpot in Atlantic City«, *Wall Street Journal*, 20. März 1990, S. B1.

27 Barsky, Neil, »Shaky Empire: Trump's Bankers Join to Seek Restructuring of Developer's Assets – Wary About His Cash Flow, They Might Force the Sale of Certain Properties – Loans Seem to Be Up to Date«, *Wall Street Journal*, 4. Juni 1990, S. 1; Johnston, David, »Bankers Say Trump May Be Worth Less Than Zero«, *Philadelphia Inquirer*, 16. August 1990, S. 1; Henriques, Diana B., mit M. A. Farber, »An Empire at Risk – Trump's Atlantic City; Debt Forcing Trump to Play for Higher Stakes«, *New York Times*, 7. Juni 1990, S. 1.

28 O'Donnell, John R., mit James Rutherford, *Trumped!: The Inside Story of the Real Donald Trump – His Cunning Rise and Spectacular Fall*, New York 1991, S. 138–143; Barrett, S. 16; Barron, James, »Almost Everybody's Playing Stomp-the-Trump«, *New York Times*, 30. Juni 1990, S. 1, 27.

29 Lee, Susan, »The Down Side of the Donald«, *The New York Times*, 14. Juli 1990, S. BR24; Siegal, Lee, *Not Remotely Controlled: Notes on Television*, New York 2007, S. 269; Widder, Pat, »The Trump Slump«, *Fort Lauderdale Sun Sentinel*, 30. Juni 1991, S. 10–11; Hilzenrath, David S., »Tape Portrays Trump Creditors' Fear, Anger; Bankruptcy Worries Led to Casino Deal«, *Washington Post*, 29. November 1992, S. 24.

30 Hurt, S. 245–246.

31 Hilzenrath, David S., und Michelle Singletary, »Trump Went Bro-

ke, but Stayed on Top; Fearing a Bankruptcy Quagmire, Lenders Made Deals with Developer«, *Washington Post*, 29. November 1992, S. 1; Johnston, David, »Taj Mahal to File for Bankruptcy«, *Philadelphia Inquirer*, 30. Januar 1991, S. B1; Cowan, Alison, »Taj Mahal Casino Contractors Say Trump Is Slow to Pay Cash«, *Austin American-Statesman*, 4. Mai 1990, S. 3; Barsky, Neil, »Donald Trump Gets $3 Million in Chips off the Old Block – Father Helps His Son Make Casino Bond Payment, but Will Deal Crap Out?«, *Wall Street Journal*, 21. Januar 1991, S. C13.

32 Johnston, David, und Barbara Demick, »Uncertain Days for Executives in Trump's Empire«, *Philadelphia Inquirer*, 17. Juni 1990, S. E1.

33 »Raucous Support for Ivana Trump«, *New York Daily News*, 15. Februar 1990.

34 Hays, Charlotte, *The Fortune Hunters: Dazzling Women and the Men They Married*, New York 2007, S. 158–162; Hurt, S. 272–277.

35 Taylor, John: »Trump the Soap«, *New York Times*, 5. März 1990, S. 30–37.

36 Barron, James, »Herald of Trump Trouble Is Sorry for ›Media Circus‹«, *New York Times*, 17. February 1990, S. 30.

37 Hurt, S. 333.

38 Ebd., S. 385.

39 Ebd., S. 354; Barrett, S. 9.

10. Das Spektakel Trump

1 Blair, *Trumps,* S. 443.

2 Norton-Taylor, Duncan, »How Top Executives Live«, *Fortune*, Juli 1955.

3 Cohen, Richard, »Wretched Excess, 1989; How the Steinbergs Put the Nouveau Back in Riche«, *Washington Post*, 20. August 1989, S. 1; Dougherty, Margot, Hutchings, David, und Fred Hauptfuhrer, »Ali-Dada's Arabian Night«, *People*, 4. September 1989.

4 »Study: High Suicide Rate for Farmers«, *Philadelphia Inquirer*, 14. Oktober 1991, S. C12; Romano, Jay, »Thousands Lose Homes in Mortgage Foreclosures: Mortgages from an Era of ›Boom Psychology‹ Can Be Difficult to Pay Off«, *New York Times*, 26. April 1992,

S. NJ1; Phillips, Kevin, *The Politics of Rich and Poor*, New York 1990, S. 206–207.

5 Greene, Bob, »Million Idea: Use Greed for Good«, *Chicago Tribune*, 15. Dezember 1986; Dickerson, John F., »Battling Boesky's Penniless (He Says) and Barred from Wall Street, Ivan Boesky Pulls a Raid on His Ex-Wife's Fortune«, *Time*, 3. Mai 1993.

6 Vgl. *Trump: Surviving at the Top*, New York 1990, S. 11; Johnston, David, »Banks Sell Trump on Art of Allowance«, *Chicago Tribune*, 25. Juni 1990, S. 1; Kahn, Joseph P., »Imitation Maples Was Forbes' Joke on Trump«, *Boston Globe*, 6. April 1990, S. 69; Hankins, Jim, »Soviet Comic Getting Serious: View Profile«, *Austin American-Statesman*, 15. Dezember 1990, S. A22; »Vanishing Villains; Hollywood Casts About for Replacement Rogues«, *Washington Post*, 15. April 1990, S. 1; Foltz, Kim, »Trump, the Brand Name, Faces a Tarnished Image«, *New York Times*, 22. Februar 1990, S. D22; Helmbreck, Valerie, und Peter Johnson, »Sawyer's ›Primetime‹ Scoop: Marla Maples«, *USA Today*, 18. April 1990, S. 1D; Meyer, Mike, »The Whirlwind Tour«, *Minneapolis Star Tribune*, 2. Juni 1991, S. 1G.

7 Kurtz, Howard, »Marla: ›I Love Him‹; Trumps' Problems Weren't Her Fault, She Tells Sawyer«, *Washington Post*, 20. April 1990, S. C1.

8 Brenner, Marie, »After the Gold Rush«, *Vanity Fair*, September 1990; Smith, Liz, »Trump Fuming over Article, Vows to See Editor in Court«, *Orange County Register*, 21. August 1990, S. F4; »Donald Faces Up to Barbara on Friday's ›20/20‹ Interview«, *Orange County Register*, 16. August 1990, S. K4.

9 Feeney, Mark, »Donald Trump as Chump«, *Boston Globe*, 16. August 1990, S. 77.

10 Lewis, Michael, »Trump Fights Back«, *New York Times*, 2. September 1990, S. A3.

11 Phillips, Kevin, »A Capital Offense; Reagan's America«, *New York Times*, 17. Juni 1990, S. A26.

12 Warren, James, »Stay Tuned for ›Masterpiece Network‹«, *Chicago Tribune*, August 1991.

13 Heller, Susan, »Chronicle«, *New York Times*, 27. Juni 1991, S. B6;

Williams, Jeannie, »Notorious and Uproarious in N.Y.«, *USA Today*, 9. Januar 1991, S. D2.

14 »Trump Says He Asks Dates to Take AIDS Test«, *Saratoga (N.Y.) Daily Gazette*, 29. Juni 1991, S. B11; Brown, Lori, »Trump Plans for Safe Dating«, *Austin American-Statesman*, 29. Juni 1991, S. A24.

15 »Return Engagement: Was She Trumped, Er, Dumped? No Way! Marla Maples Has Donald – and a $250,000 Ring – Wrapped Around Her Finger«, *People*, 22. Juli 1991.

16 Hurt, S. 385–387; Carswell, Sue, »Trump Says Goodbye Marla, Hello Carla«, *People*, 8. Juli 1991; Heller Anderson, Susan, »Chronicle«, *New York Times*, 27. Juni 1991, S. B6; »Personalities«, *Washington Post*, 29. Juni 1991, S. C3; Weiser, Benjamin, »Fugazy Admits Perjury«, *New York Times*, 6. Juni 1997, S. 9; »Return Engagement: Was She Trumped, Er, Dumped? No Way! Marla Maples Has Donald – and a $250,000 Ring – Wrapped Around Her Finger«, *People*, 22. Juli 1991.

17 Helen, Sierra, »2 More Presidential Candidates Squaring Off in Court; Seattle Suburb Goes with the Floe«; Scarlett, Rhett, »Get Top Lip Service; Making a Point on Fragrances; The Donald, Again«, *Chicago Tribune*, 6. Februar 1992, S. 24.

18 Bickelhaupt, Susan, und Ellen O'Brien, »Not Singing Marla's Praises«, *Boston Globe*, 30. Mai 1995, S. 58.

19 Hurt, S. 417–419.

20 Baumgold, Julie, »Fighting Back«, *New York*, 9. November 1992, S. 36.

21 O'Brien, S. 204; Pienciak, Richard T., »Marla Against the Ropes«, *New York Daily News*, 20. Oktober 1997, S. 5.

22 O'Brien, S. 2, 204–205.

23 Roberts, Roxanne, »They Do, They Do, Already! Six Years, One Baby and a Zillion Bucks or So Later, the Trump-Maples Merger«, *Washington Post*, 21. Dezember 1993, S. B1; »Trump-Maples Wedding Will Be Lavish«, *Chicago Tribune*, 19. Dezember 1993, S. 4; Kurtz, Howard, »The Emperor's Old Clothes«, *Washington Post*, 2. September 1990, S. X5.

11. Der neue Trump

1 Interview.

2 Herring, Hubert, »Business Diary«, *New York Times*, 9. Mai 1992, S. A2.

3 Reeves, Tracey A., »Trump Decries Indian Gaming«, *Seattle Times*, 6. Oktober 1993.

4 O'Brien, Timothy, »What's He Really Worth?«, *New York Times*, 23. Oktober 2005.

5 O'Donnell, S. 252–253, 269–273.

6 Truell, Peter, »A Saudi Prince Fond of High-Profile Investing«, *New York Times*, 12. April 1995, S. D6; Sims, Calvin, »Rich Saudi Bails Out Disney Unit«, *New York Times*, 2. Juni 1994, S. D1; Stout, David, und Kenneth Gilpin, »Trump Is Selling Plaza Hotel to Saudi and Asian Investors«, *New York Times*, 12. April 1995, S. A1.

7 Eichenwald, Kurt, »Art of the Public Offering: Trump Plans to Sell Stock«, *New York Times*, 31. März 1995, S. D2; »Trump Gets $295 million in Sale of Stock, Debt«, *St. Louis Post-Dispatch*, 8. Juni 1995, S. 7C.

8 Sandler, Linda, »Heard on the Street: Trump Castle Junk Bonds Attract Gamblers Itching to Bet on the Empire's ›Iffi est‹ Casino«, *Wall Street Journal*, 2. Januar 1996, S. 18.

9 Blair, *Trumps*, S. 438–441.

10 Kolbert, Elizabeth, »Trump's Loss Is a Victory for Taste«, *New York Times*, 3. August 1998, S. 1.

11 Bagli, Charles, »Partnership in Deal for Empire State Building«, *New York Times*, 19. März 2002, S. B3.

12 Smith, Christine, »Selina Scott: Why Did I Say No to Warren Beatty?«, *Mail Online*, 5. Juni 2009.

13 Interviews mit Scott und Brocklebank; ebenso Carrell, Severin, »Great Scott, It's Trump v. Selina, Round Two«, *Guardian*, 6. August 2009.

14 Associated Press: »Donald Trump Regretting Not Asking Out Princess Diana«, *Bowling Green (Ky.) Daily News*, 2. Dezember 1997, S. 16C.

15 Pienciak, Richard T., »All-Biz Donald Repelled Marla: ›I Wanted

a Man Who Would Read Stories with Me to My Baby … That's Important‹«, *New York Daily News*, 19. Oktober 1997, S. 3; »Marla Against the Ropes«, *New York Daily News*, 20. Oktober 1997, S. 5.

16 »Other Shoe Drops For Publicist Maples' Aide Guilty In Foot Fetish Case«, *St. Louis Post-Dispatch*, 17. Februar 1994, S. 2; Ross, Barbara, und Larry McShane, »Heel Hound! Maples' Shoe-Fetish Stalker At It Again, Pleads Not Guilty to Nutty Email Rants«, *New York Daily News*, 28. Juni 2012, S. 9; Rosenberg, Rebecca, »Marla Maples' Stalker Sentenced to 60 Days in Jail«, *New York Post*, 21. März 2014.

12. Der Kandidat Trump

1 Roberts, Sam, »In New York, Black and Hispanic Strongholds Become More White«, *New York Times*, 15. Dezember 2010, S. A17; Heuvel, Katrina vanden, »A Populist Insurgency in New York City: Mayor Candidate Bill De Blasio Would Bring Needed Change to N.Y.C.'s ›Two Cities‹«, *Washington Post*, 14. August 2013.

2 »Trump's Castle Is Shifting to Publicly Held Company«, *New York Times*, 26. Juni 1996, S. 2; Sterngold, James, »Long Odds for the Shares of Trump's Casino Company«, *New York Times*, 9. März 1997, S. 4; Norris, Floyd, »Worse Odds Than Roulette: Buying Trump Casino Stock«, *New York Times*, 24. September 1999, S. C1.

3 Toobin, Jeffrey, »The Dirty Trickster: Campaign Tips from the Man Who Has Done It All«, *New Yorker*, 2. Juni 2008.

4 »Naked City«, *Spy*, Dezember 1989, S. 32.

5 Rich, Frank, »Who Doesn't Want to Be a Millionaire«, *New York Times*, 20. November 1999, S. A13.

6 O'Donnell, S. 62; Hurt, S. 53–55.

7 »Giuliani Gets 46 to Clinton's 43 in New York Senate Race, Quinnipiac College Poll Finds; Voters Say No Thanks to Trump, Beatty, Buchanan«, 5. Oktober 1999, https://archive.is/AnZ3T.

8 Siemaszko, Corky, »Trump Mulling White House?«, *New York Daily News*, 12. Juli 1999, S. 4; Rozhon, Tracie, »Fred C. Trump, Postwar Master Builder of Housing for the Middle Class, Dies at

93«, *New York Times*, 26. Juni 1999, S. B7; Siegel, Joel, »Trump ›Stump‹ Fee – 100 G«, *New York Daily News*, 2. Dezember 1999, S. 4; Mannies, Jo, »Trump Is Still Uncertain About His Candidacy Here«, *St. Louis Post-Dispatch*, 9. Februar 2000, S. B9; Carey, Christopher, »Success Guru Anthony Robbins Brings National Motivational Tour Here«, *St. Louis Post-Dispatch*, 9. Februar 2000, S. C1; Nagourney, Adam, »Reform Bid Said to Be a No-Go for Trump«, *New York Times*, 14. Februar 2000, S. 18.

9 Trump, Donald, »What I Saw at the Revolution«, *New York Times*, 19. Februar 2000, S. A15.

10 Siemaszko, Corky, »Trump Slams Bush on Iraq«, *New York Daily News*, 9. Juli 2004, S. 7.

11 Sanders, Peter, »Trump to Return over $17.5 Million to Shareholders«, *Wall Street Journal*, 29. März 2005, S. A2.

12 Farber, Henry S., »Overworked America: 12 Charts That Will Make Your Blood Boil«, Princeton University CEPS Working Paper No. 171, Juni 2008; Gilson, Dave, »Why ›Efficiency‹ and ›Productivity‹ Really Mean More Profits for Corporations and Less Sanity for You«, *Mother Jones*, Juli/August 2011; Ungar, Rick, »The Retirement Crisis Is Here for Millions – Income Inequality Now Set to Wreak Its Ugly Revenge«, *Forbes*, 19. März 2013; Cassidy, John, »American Inequality in Six Charts«, *New Yorker*, 18. Dezember 2013; Greenberg, Jon, »MSNBC's Melber: Congressional Wealth Climbed While Median American Saw No Change«, *Tampa Bay Times*, 11. Februar 2014.

13 Schooler, Deborah, Ward, L. Monique, Merriwether, Ann, und Allison Caruthers, »Who's That Girl: Television's Role in the Body Image Development of Young White and Black Women«, *Psychology of Women Quarterly* 28, No. 1 (März 2004), S. 38–47; Featherstone, Mike, »Body, Image and Affect in Consumer Culture«, *Body & Society* 16, No. 1 (März 2010), S. 1193–1221; Wolf, Michael, *The Entertainment Economy*, New York 1999, S. 79; Shane, Ed, *Disconnected America: The Consequences of Mass Media in a Narcissistic World*, New York 2001.

13. Trump, die Fernsehshow

1 January Golab, »The Loneliness of the Long Distance Runner«, *Los Angeles Magazine*, Januar 1996.

2 Lowry, Brian, »Reality and Voyeurism Heading to Summer TV«, *Los Angeles Times*, 4. February 2000, S. F1.

3 Petrozzello, Donna, »›Survivor‹ & the City: South Pacific Contest Ends in Central Park«, *New York Daily News*, 19. Mai 2002, S. 3.

4 Wegenstein, Bernadette, und Nora Ruck, »Physiognomy, Reality Television and the Cosmetic Gaze«, *Body & Society* 17 (2011), H. 4, S. 27–54.

5 »Economic Trends, 2000–2010«, www.decisionanalyst.com. Ebenso Weil, David, *The Fissured Workplace: Why Work Became So Bad for So Many and What Can Be Done to Improve It*, Cambridge, Massachusetts 2014.

6 Griffin, Annaliese, »A Profile of Matias Reyes«, *New York Daily News*, 5. April 2013; Burns, Sarah: *The Central Park Five*, New York 2011.

7 Carter, Bill, *Desperate Networks*, New York 2007, S. 277–282.

8 Aus Interviews mit Rancic, Burnett, Trump.

9 Traub, James, »The Anti-Trump«, *New York Times Magazine*, 20. Dezember 1998, S. 62.

10 Gilbert, Matthew, »›Apprentice‹ Isn't Business as Usual«, *Boston Globe*, 8. Januar 2004, S. 1; Ryan, Suzanne, »When Race Enters Boardroom, ›Apprentice‹ Really Heats Up«, *Boston Globe*, 29. Januar 2004, S. C1; Pozner, Jennifer, *Reality Bites Back*, Berkeley 2010, S. 165–168.

11 Pennington, Gal, »Viewers Speak: Enough Already with Reality«, *St. Louis Post-Dispatch*, 16. Dezember 2004, S. F1; Barnes, Brooks, »Martha Stewart Gets Low Ratings in Show's Debut«, *Wall Street Journal*, 23. September 2005, S. B2; »›Idol‹ Ads Fetch Record Prices«, *St. Louis Post-Dispatch*, 25. September 2005, S. 20; »Donald Ducks«, *Chicago Tribune*, 21. Oktober 2005, S. 72; »Stewart Hoped to Let Trump Go«, *Chicago Tribune*, 1. November 2005, S. 16; Hutchinson, Bill, »Donald to Martha, She Signs Off with a Veritably Homeric Paean to Humankind's Most Trusted Friend, Hubris«, *New York Daily News*, 20. Februar 2006; »And Finally«,

Chicago Tribune, 22. Februar 2006, S. 56; »Stewart's Show a Mistake for All, The Donald Says«, *Deseret News*, 22. Februar 2006, S. A2; Hutchinson, Bill, »Trump ›Fired‹ Up. Rips Martha for Blaming Him for the Failure of Her Show«, *New York Daily News*, 22. Februar 2006, S. 4; Hutchinson, Bill, »You Moron, Says Trump«, *New York Daily News*, 23. Februar 2006, S. 10; Kaplan, Don, »Poison Penn Calls Trump a Horror Show«, *New York Daily News*, 25. November 2012, S. 12; Day, Patrick, »Penn Jillette Speaks His Mind, as Is His Wont«, *Los Angeles Times*, 3. Februar 2013, S. D16.

12 Pauly, David, »He's Fired! Image Can't Pay the Bills as Real World Gives Reality TV Star Trump the Boot«, *Pittsburgh Post-Gazette*, 15. August 2004, S. D2.

13 Bikley, Christina, »Moving the Market: Trump Hotels Files Chapter 11; Donald Trump's Stake Will Drop«, *Wall Street Journal*, 23. November 2004, S. C3; Segal, David, »He's the Top; His Casino Business May Be Down, but Donald Trump Is on a Roll«, *Washington Post*, 9. September 2004, S. C1.

14 O'Brien, Timothy L., und Eric Dash, »Now, Reality for Trump Looks More Like ›Survivor‹«, *New York Times*, 24. September 2004, S. C1.

15 »›Lost‹ Cause«, *Pittsburgh Post-Gazette*, 11. November 2005, S. D2.

16 Aus Trumps eidesstattlicher Aussage im Fall *Donald J. Trump v. Timothy L. O'Brien*; siehe ebenso Frangos, Alex, »Trump on Trump: Testimony Offers Glimpse of How He Values His Empire – Worth Rises, Falls ›with Markets and Attitudes and with Feelings, Even My Own Feeling‹«, *Wall Street Journal*, 18. Mai 2009, S. 1.

17 Graham, Troy, »Dismissal of Trump Lawsuit Is Asked: A 2005 Book Cites Sources Alleging ›The Donald‹ Was Not a Billionaire. He Says His Public Image Suffered«, *Philadelphia Inquirer*, 19. Mai 2009, S. B1; Goodman, Peter S., »Trump Suit Claiming Defamation Is Dismissed«, *New York Times*, 16. Juli 2009, S. B5.

18 »Ivana Weighs In on Donald-Rosie Rhubarb«, *St. Petersburg Times*, 25. Januar 2007, S. 2B; Jicha, Tom, »The View's Ratings Are

Coming Up Rosie«, *South Florida Sun-Sentinel*, 15. Januar 2007, S. D1; Maynard, John, »Trump Fumbles, but NBC Still Wins«, *Washington Post*, 10. Januar 2007, S. C7; »Trump, O'Donnell Take Off the Gloves«, *Chicago Tribune*, 21. Dezember 2006, S. 27; Lisberg, Adam, »Donald Rips ›My Nice Fat Little Rosie.‹ Mogul Threatens to Sue ›View‹ Star in Miss USA Storm«, *New York Daily News*, 21. Dezember 2006, S. 3; »Adding a Few New Barbs to the Crown; It's Getting Ugly Fast as Donald Trump and Rosie O'Donnell Spar over the Miss USA Flap«, *Los Angeles Times*, 22. Dezember 2006, S. E36; »Quick Takes: Ratings, Conflict Up with O'Donnell«, *Los Angeles Times*, 23. Dezember 2006, S. E2; »People«, *St. Louis Post-Dispatch*, 29. Dezember 2006, S. A2; Thomas, Karen, »O'Donnell Leads Trump in Unpopularity Contest« *USA Today*, 9. Januar 2007, S. D2.

14. »Das Schöne an mir«

1   Brown, Tina, »Donald Trump, Settling Down«, *Washington Post*, 27. Januar 2005, S. C1.

2   McNichol, Tom, »The Art of the Upsell: How Donald Trump Profits from ›Free‹ Seminars«, *Atlantic*, 17. März 2014.

3   Montgomery, Ben, »Trump U in Tampa: inside one-day real estate seminar«, *The Tampa Bay Times*, 14. Juni 2008.

4   Ebd.; Feiden, Douglas, »Trump U Hit by Complaints From Those Who Paid Up to 30 G and Say They Got Very Little In Return«, *Daily News*, New York, 30. Mai 2010; McNichol, Tom, »The Art of the Upsell: How Donald Trump Profits from ›Free‹ Seminars«, *Atlantic*, 17. März 2014.

5   Chase, John, und Rick Pears, »The Self-Styled Consumer Advocate Has Run Unsuccessfully for Office for More Than 3 Decades«, *Chicago Tribune*, 10. Februar 2006; Mosk, Matthew, »An Attack That Came out of the Ether«, *Washington Post*, 28. Juni 2008.

6   Die ganze Geschichte kann man nachlesen in Hughey, Matthew W., und Gregory S. Parks, *The Wrongs of the Right: Language, Race, and the Republican Party in the Age of Obama*, New York 2014, bes. S. 45–48. Siehe auch Smith, Ben, und Byron Tau, »Birtherism: Where It All Began«, *Politico*, 22. April 2011.

7   Zimmerman, Jonathan, »Donald Trump, the ›Birthers‹, and the GOP's Moment of Truth«, *Christian Science Monitor*, 26. April 2011, S. 23.

8   Zeleny, Jeff, »The Caucus: Trump Will Speak at CPAC«, *New York Times*, 10. Februar 2011. Zitate aus der Trump-Rede via YouTube.

9   Haberman, Maggie, »Bill O'Reilly Pounds Birther Donald Trump«, *Politico*, 30. März 2011.

10 Für das Zitat »Das Schöne an mir ist auch« siehe: http://abcnews.go.com/Politics/donald–trump-president-trump-weighs-sheen-palin-obama/story?id=13154163.

11 Jones, Tim, »Family Portraits: Strong Personalities Shaped a Future Senator, Barack Obama«, *Chicago Tribune*, 27. März 2007; Farley, Robert, »Donald Trump Says President Obama's Grandmother Caught on Tape Saying She Witnessed His Birth in Kenya«, *PolitiFact*, 7. April 2011.

12 Peyser, Andrew, »Reality Intrudes on the Donald Show«, *New York Post*, 28. April 2011; Benson, Josh, und Maggie Haberman, »FAQ: How Did New Hampshire Like Donald Trump«, *Politico*, 28. April 2011.

13 »Donald Trump to Release Financial Tax Information at the ›Appropriate Time‹«, ABC News, 27. April 2011.

14 Siehe: www.motherjones.com/mojo/2011/donald-trump-poll-gop-plummet.

15 Parker, Ashley, »Road to G.O.P. Nomination Has a Trump Tower Exit«, *New York Times*, 27. September 2011, S. 13; Forden, Sara, Bloomberg News, »Trump Says He's Decided ›in My Mind‹ to Pursue the Presidency«, *Honolulu Star-Advertiser*, 2. Mai 2011; »Romney Leads GOP Field as Trump Pops Up«, *Wall Street Journal*, 6. April 6 2011; Griffin, Carson, Niemeitz, Brian, und Lisa Lang, »Kids Ask Don: Chill on Bam«, *New York Daily News*, 24. November 2012, S. 19; Hicks, Tony, »Donald Trump Drops Suit Against Bill Maher«, *Oakland Tribune*, 1. April 2013.

15. Ein nicht ganz Unschuldiger auf Reisen

1   Interviews mit Bewohnern von Balmedie.

2   »It is crucial we embrace«: *Evening Express*, 15. April 2006, S. 6;

Trump fliegt ein, um sich die Location für den Golfplatz anzusehen: BBC News, 28. April 2006.

3 DeGroot, Gerard, »With Extinction on Its Mind, Scotland Wants
   Population Growth«, *Christian Science Monitor*, 19. Februar 2004,
   S. 9; North Sea oil: facts and figures, February 24, 2014, www.bbc.
   com/news/uk-scotland-scotland–politics-26326117.

4 »How Jack of Clubs Came Up Trumps for Donald«, *Edinburgh
   Scotsman*, 14. Mai 2006; »Trump Tells McConnell of Scots Business Venture«, *Edinburgh Scotsman*, 25. Oktober 2005; www.scot-
   land.gov.uk/Resource/Doc/216107/0057771.pdf.

5 Ford, Martin, »Deciding the Fate of a Magical Wild Place«, *Journal of Irish and Scottish Studies* 4, No. 2 (Frühjahr 2011).

6 »Trump Threat to Ditch 300 Million Scottish Golfing Resort«,
   Edinburgh Scotsman, 1. April 2006.

7 Interviews mit Forbes, Munro, Milne.

8 Interviews mit Griffin and Forbes.

9 Interviews mit den Fords.

10 Baxter, Graeme, »Open for Business?: A Historical, Comparative
   Study of Public Access to Information About Two Controversial
   Coastal Developments in North-East Scotland«, *Information Re-
   search* 19 (2014), H. 1.

11 www.aberdeenshire.gov.uk/committees/filesmeta/802
   572870061668E802573C50042E4EF/291107isc.pdf.

12 Interview mit Ford. Siehe auch Ford, Martin, »Deciding the Fate
   of a Magical Wild Place«, *Journal of Irish and Scottish Studies* 4
   (2011), H. 2.

13 Carrell, Severin, »Heir of Stornoway: Trump's Flying Visit to the
   Family Home«, *Guardian*, 9. Juni 2008. Zu Leverhulmes Abenteuern in Lewis siehe Hutchinson, Roger, *The Soapman*, Birlinn
   2003.

14 Bernstein, Fred A., »Trump's Adventures in the Land of Golf«,
   New York Times, 6. Juli 2008, S. BU20. Siehe auch Ewen, David,
   Chasing Paradise, Edinburgh 2011, S. 90–93, 106, 110–112.

15 Lyall, Sarah, »Debate on Trump Project Takes the Low Road«,
   New York Times, 4. Mai 2009, S. A12.

16 Churchill, Carolyn, »Trump Accuses Menie Estate Landowner

of Living in Pigsty«, *Edinburgh Herald*, 27. Mai 2010; »Donald Trump Criticises Actions of Councillors Who Opposed Golf Resort Plans«, BBC, April 2009; Carrell, Severin, »Donald Trump Issues Abusive Statement Against Golf Course Opponent«, *Guardian*, 24. November 2009; Carrell, Severin, »Film-Makers Arrested on Site of Donald Trump's Scottish Golf Resort«, *Guardian*, 12. September 2010; siehe das Schreiben der Rechtsanwältin Ann Faulds an Christine Gore, Aberdeenshire Council, vom 17. Februar 2009, www.andywightman.com/docs/draftCPOrder.pdf; »Trump Accused of Buying Government Expertise«, *Edinburgh Herald*, 27. September 2009; »Sarah's a Trump Card in Donald's Controversial Golf Development«, *Edinburgh Herald*, 29. Mai 2009.

17   Ewen, S. 193.

18   Bolger, Andrew, »Trump Vows to Press On with Scottish Resort«, *Financial Times*, 26. Mai 2010; Trump-Brief vom 17. April 2012; »Money Talks as Europe's First £100M Course Hits Its Schedule for Opening«, *Edinburgh Scotsman*, 16. November 2011.

19   Robertson, Alastair, »The Role of Police and Council in Trump Golf Course«, *Glasgow Daily Record*, 16. Mai 2016; Woodifield, Peter, »Trump's Spat with Salmond over Scots Wind Turbines Escalates«, *Bloomberg*, 24. April 2012; Mills, Rod, »Donald Trump Pulls Plug on Second Scottish Golf Course in Wind Farm Row«, *Glasgow Scottish Daily Express*, 13. Februar 2014; »Has Trump International Golf Links Failed Scotland?«, www.globalgolfer-mag.com/matthewmooreblogspot/has-trump-international-golf-links-failed-scotland/.

Epilog. Donald Trump verstehen

1   Singer, Mark, »Trump Solo«, *New Yorker*, 19. Mai 1997.

2   »Donald Trump Talks 2012, Calls Obama the ›Worst President Ever‹«, Fox News, 14. April 2011; Trump über *The Situation Room*, CNN, 11. Dezember 2007.

3   Siehe: www.ontheissues.org/celeb/DonaldTrumpAbortion.htm.

4   Mooney, Chris, »Donald Trump's Climate Conspiracy Theory«, *Mother Jones*, 27. Januar 2014; Bosch, Torie, »Donald Trump En-

ters Anti-Vaccine Quack Territory«, *Slate*, 3. April 3 2012; Alcindor, Yamiche, »Anti-Vaccine Movement Is Giving Diseases a 2nd Life«, *USA Today*, 8. April 2014.

5   Alle Zitate von Trump, seinen Kindern und seinen Exfrauen stammen aus Interviews.

6   »Donald Trump: Central Park Five Settlement Is a ›Disgrace‹«, *New York Daily News*, 21. Juni 2014.

7   Curiel, Gonzalo, Gerichtsbeschluss im Fall *Makaeff v Trump University LLC* – United States District Court for the Southern District of California, 17. Juni 2014. Zur Entscheidung hinsichtlich der Sammelklage nach amerikanischem Recht siehe die Order Granting Class certicication, *Cohen v. Trump*, 3:13-cv-02519-GPC-WVG (S.D. Cal. Oct. 27, 2014), siehe: http://zhlaw.com/wp-content/uploads/2014/10/Order-Granting-Class-Trump-RICO.pdf. Zum Bankrott des Trump Ocean Resort Baja Mexico siehe *Los Angeles Times*, 27. November 2013, http://www.latimes.com/business/la-fi-mo-donald-trump-settles-baja-mexico-condo-resort-lawsuit-20131127-story.html.

8   Klara, Robert, »Brand Trump: How the Developer-cum-TV-Star-cum-Presidential-Candidate Became a Living Product«, *Adweek*, 2. Mai 2011.

9   Interview mit Smith.

10   Page, Clarence, »Our Mirror-Kissing Culture«, *Chicago Tribune*, 6. Juni 2012.

11   Lenzer, Robert, »He's His Own Trump Card: New York's Biggest Wheeler-Dealer Looking for Bigger, Better Deals«, *Boston Globe*, 23. Oktober 1988, S. A1; Khoury, Ken, und Dick Raspa, »The Business of Media: Organizing Carnival by the New Entrepreneurs«, in *Modern Organizations and Emerging Conundrums: Exploring the Postindustrial Subculture of the Third Millennium,* hrsg. von Richard Goodman, Lanham, Maryland, 1999; Oriard, Michael, »Muhammad Ali: The Hero in the Age of Mass Media«, in *Muhammad Ali: The People's Champ,* hrsg. von Elliott Gorn, Urbana 1995; Elkind, David, »Miseducation: Young Children at Risk«, *Pediatrics* 83, No. 1 (1. Januar 1989), S. 119–121.

12   Lewis, Michael, *The Culture of Inequality*, Amherst 1993, S. vi–xvi;

Molinsky, Andy, »Common Language Doesn't Equal Common Culture«, *Harvard Business Review Online*, 3. April 2013; Molinsky, Andy, und Dorie Clark, »How to Adapt to American-Style Self-Promotion«, *Harvard Business Review Online*, 7. April 2014.

13 Schwartz, Casey, »Is It Time to Redefine Narcissism?«, *Daily Beast*, 2. Dezember 2010.

BIBLIOGRAPHIE

Ariely, Dan. *The (Honest) Truth About Dishonesty.* New York: Harper-Collins, 2013.

Axelrod, David. *Believer: My Forty Years in Politics.* New York: Penguin Press, 2015.

Baida, Peter. *Poor Richard's Legacy.* New York: William Morrow, 1990.

Barrett, Wayne. *Trump: The Deals and the Downfall.* New York: HarperCollins, 1992.

Bellah, Robert N., et al. *Habits of the Heart.* Berkeley: University of California Press, 1985.

Blair, Gwenda. *The Trumps: Three Generations That Built an Empire.* New York: Touchstone, 2000.

– – –. *Donald Trump: Master Apprentice.* New York: Simon & Schuster, 2005.

Boorstin, Daniel J. *The Image.* New York: Vintage Books, 1992.

Braudy, Leo. *The Frenzy of Renown, Fame and Its History.* New York: Vintage Books, 1986.

Burnett, Alistair. *Aberdeen.* Gloucestershire, UK: NPI Media Group, 1999.

Burns, Sarah. *The Central Park Five.* New York: Vintage Books, 2011.

Bushkin, Henry. *Johnny Carson.* New York: Houghton Mifflin Harcourt, 2013.

Cashman, Sean Dennis. *America in the Gilded Age.* New York: New York University Press, 1984.

Ehrenreich, Barbara. *Fear of Falling.* New York: HarperCollins, 1989.

– – –. *Nickel and Dimed.* New York: Henry Holt, 2001.

– – –. *This Land Is Their Land.* New York: Metropolitan Books, 2008.

Ewen, David. *Chasing Paradise.* Edinburgh: Black and White, 2011.

Feagin, Joe R. *The New Urban Paradigm.* Lanham, Md.: Rowman & Littlefield, 1998.

Ferretti, Fred. *The Year the Big Apple Went Bust.* New York: G. P. Putnam's Sons, 1976.

Frank, Thomas. *One Market Under God: Extreme Capitalism, Market*

Populism, and the End of Economic Democracy. New York: Anchor Books, 2000.

– – –. *What's the Matter with Kansas?* New York: Metropolitan Books, 2004.

– – –. *Pity the Billionaire: The Hard-Times Swindle and the Unlikely Comeback of the Right.* New York: Henry Holt, 2012.

Frank, Robert H. *The Darwin Economy: Liberty, Competition, and the Common Good.* Princeton, N. J.: Princeton University Press, 2011.

Freeland, Chrystia. *Plutocrats: The Rise of the New Global Super-Rich and the Fall of Everyone Else.* New York: Penguin Books, 2012.

Gabler, Neal. *Life: The Movie.* New York: Vintage Books, 1998.

Goldstock, Ronald. *Corruption and Racketeering in the New York City Construction Industry.* New York: New York University Press, 1990.

Hofstadter, Richard. *The Paranoid Style in American Politics.* New York: Vintage Books, 2008.

Hollinger, David A., and Charles Capper. *The American Intellectual Tradition.* New York: Oxford University Press, 2011.

Hunter, James. *The Making of the Crofting Community.* Edinburgh: John Donald, 2000.

Hurt, Harry. *Lost Tycoon: The Many Lives of Donald J. Trump.* New York: W. W. Norton, 1993.

Hutchinson, Roger. *The Soap Man.* Edinburgh: Birlinn, 2003.

Jacobs, James B. *Gotham Unbound.* New York: New York University Press, 1999.

– – –. *Mobsters, Unions, and Feds.* New York: New York University Press, 2006.

Johnson, Haynes. *Sleepwalking Through History.* New York: W. W. Norton, 2003.

Katz, Michael B. *The Undeserving Poor: From the War on Poverty to the War on Welfare.* New York: Pantheon Books, 1989.

Kluger, Jeffrey. *The Narcissist Next Door.* New York: Riverhead Books, 2014.

Koch, Edward I. *Citizen Koch.* New York: St. Martin's Press, 1992.

Lachman, Seymour P., and Robert Polner. *The Man Who Saved New York: Hugh Carey and the Great Fiscal Crisis of 1975.* Albany, N. Y.: Excelsior Editions, 2010.

Lapham, Lewis H. *Money and Class in America*. New York: Weidenfeld & Nicolson, 1988.

Lasch, Christopher. *The Culture of Narcissism: American Life in an Age of Diminishing Expectations*. New York: W. W. Norton, 1979.

Lawrence, Ken. *The World According to Trump*. Kansas City, Mo.: Andrews McMeel, 2005.

Lopez, Ian Haney. *Dog Whistle Politics: How Coded Racial Appeals Have Reinvented Racism and Wrecked the Middle Class*. New York: Oxford University Press, 2014.

Marshall, P. David. *Celebrity and Power: Fame in Contemporary Culture*. Minneapolis: University of Minnesota Press, 1997.

Milne, David. *It's Only Sand*. Balmedie, UK: MilHouse Publishing, 2009.

Nackbar, Jack, and Kevin Lause. *Popular Culture: An Introductory Text*. Bowling Green, Ohio: Bowling Green State University Popular Press, 1992.

O'Brien, Timothy L. *TrumpNation: The Art of Being The Donald*. New York: Warner Business Books, 2005.

O'Donnell, John R., with James Rutherford. *Trumped!: The Inside Story of the Real Donald Trump – His Cunning Rise and Spectacular Fall*. New York: Simon & Schuster, 1991.

Perlstein, Rick. *The Invisible Bridge: The Fall of Nixon and the Rise of Reagan*. New York: Simon & Schuster, 2014.

Pierce, Charles P. *Idiot America: How Stupidity Became a Virtue in the Land of the Free*. New York: Anchor Books, 2009.

Pozner, Jennifer L. *Reality Bites Back: The Troubling Truth About Guilty Pleasure TV*. Berkeley, California: Seal Press, 2010.

Rush, George, with Joanna Molloy. *Scandal: A Manual*. New York: Skyhorse Publishing, 2013.

Sexton, Don. *Trump University Marketing 101*. Hoboken, N. J.: John Wiley and Sons, 2006.

Shorris, Earl. *A Nation of Salesmen: The Tyranny of the Market and the Subversion of Culture*. New York: W. W Norton, 1994.

Sinclair, Upton. *The Brass Check: A Study of American Journalism*. Urbana: University of Illinois Press, 2003.

Smith, Adam. *The Roaring '80s*. New York: Summit Books, 1988.

Smith, Liz. *Natural Blonde*. New York: Hyperion Books, 2000.

Sternheimer, Karen. *Celebrity Culture and the American Dream: Stardom and Social Mobility*. New York: Routledge, 2011.

Trump, Donald J. *Trump: The Art of the Deal*. New York: Random House, 1987.

– – –. *Trump: The Art of the Comeback*. New York: Times Books, 1997.

– – –. *Trump: Think Like a Billionaire*. New York: Ballantine Books, 2005.

– – –. *Think Big: Make It Happen in Business and Life*. New York: Collins Business, 2007.

– – –. *Trump: Never Give Up*. Hoboken. N. J.: John Wiley and Sons, 2008.

Tuccille, Jerome. *Trump: The Saga of America's Most Powerful Real Estate Baron*. New York: Donald I. Fine, 1985.

Twenge, Jean M., and W. Keith Campbell. *The Narcissism Epidemic: Living in the Age of Entitlement*. New York: Atria, 2009.

Veblen, Thorstein. *The Theory of the Leisure Class*. Oxford, UK: Oxford University Press, 2007.

Weiss, Richard. *The American Myth of Success*. Urbana: University of Illinois Press, 1969.

Whyte, William H., Jr. *The Organization Man*. New York: Simon & Schuster, 1956.

Wolf, Michael J. *The Entertainment Economy*. New York: Three Rivers Press, 1999.